상용자해

常用字解

상용자해
常用字解

시라카와 시즈카^{白川靜} | 박영철 옮김

도서출판

길

상용자해
常用字解

2021년 12월 31일 제1판 제1쇄 발행

2024년 6월 10일 제1판 제2쇄 인쇄
2024년 6월 20일 제1판 제2쇄 발행

지은이 | 시라카와 시즈카(白川靜)
옮긴이 | 박영철
펴낸이 | 박우정

기획 | 이승우
편집 | 이현숙
전산 | 최원석

펴낸곳 | 도서출판 길
주소 | 06032 서울 강남구 도산대로 25길 16 우리빌딩 201호
전화 | 02) 595-3153   팩스 | 02) 595-3165
등록 | 1997년 6월 17일 제113호

차 례

『상용자해』의 편집에 대하여

1. 상용한자표

전후 일본의 국어 정책은 한자의 자수와 그 音訓음훈의 용법을 제한하는, 잘못된 방향으로 출발했다. 겨우 1,850자의 한자와 제한된 음훈으로 국민의 언어생활을 모두 규제할 수도 있는 것이어서 그렇게 되면 곧 전통문화의 단절로 이어질 수 있다는 것은 쉽게 예상할 수 있을 터이다. 정부가 當用漢字表당용한자표를 고시한 지 50여 년이 지난 지금 그 결과는 참으로 명백하다. 고전은 경시되고 문화의 전통에도 큰 장해가 나타나고 있다. 고전어로 읽던 短歌단가가 거의 현대 가나(仮名) 표기법으로 표기되는 사태가 일상화되고 있다. 특히 뛰어난 고전을 많이 보유한 일본 민족에게 그 이해가 상실되고 수용 기회가 좁아지는 것은 일본 문화를 계승하는 데도 중대한 사태라고 해야 할 것이다.

이렇게 한자의 사용을 제한하는 것은 한자가 문자로서 그 기능에 한계가 있고, 또 그 문헌이 오늘날의 세계에서는 소용없는 것이라는 잘못된 사고방식에서 나온 것이었다. 처초의 문자 제한이 '당용한자표'라는 내각 고시 형식으로 발표된 것은 1946년의 일이었다. 패전 직후 곧 일본을 점령한 연합군이 통치상의 편의라는 점도 있어서 한자의 제한과 폐지를 일본 정부에 요구한 것이 발단이었다. 말하자면 점령 정책의 편의상 나온 요구이고 여기에는 어떠한 문화적 고려도 포함되지 않았다. '당용한자표'의 고시는 당시 일본 정부가 그 요구에 응한 것으로 그 외에 어떤 이유도 없다. 본래 이러한 정책은 역사상 그 예가 없는 일이다. 베트남이 프랑스령이었던 19세기에 한자를 폐지한 예가 있지만, 그것은 베트남이 식민지로서 프랑스에 지배당하던 시대의 일이다. 일본은 전후 50여 년, 이미 반세기 이상을 경과하여 지금의 성인 사회도 대개는 전후 교육을 받은 사람들이다. 1981년 '당용한자표'가 '常用漢字表상용한자표'로 바뀌어 내각 고시로 발표되고 자수는 100자 가까이 늘어나 1,945자가 되었지만, 한자의 지식은 일반적으로는 이 상용한자의 범위를 넘지 않는다고 생각한다.

2. 새로운 문자학에 대하여

그러나 이 50년 사이에 한자의 역사, 문자학에 대한 지견은 비약적인 전개를 이루었다. 그것은 1899년에 한자 성립기의 자료인 갑골문자가 발견되고, 이어서 은·주 시대 청동기의 銘文명문, 이른바 金文금문의 출토도 수천 점을 헤아려 한자의 성립 과정을 포함하여 字樣자양의 성립과 변화의 상태가 알려져 한자에 대한 지식이 일변했기 때문이다. 후한 시대 기원후 100년 許慎허신이 지은 『說文解字설문해자』(이하 『설문』)는 오랫동안 문자학의 성경으로서 자형학의 기초가 되어왔는데 그 자료로 삼은 바는 주로 秦代진대에 통용된 자형인 篆文전문이었다. 전문에는 이미 문자의 원형을 잃어서 갑골문자

갑골　　금문　　전문

나 금문의 자형과는 다른 것이 많다. 예를 들면 彝이에 대하여 『설문』(13상)은 米미와 糸사를 廾두 손 공으로 바치는 모양이라고 설명하지만, 위 그림에서 갑골문자와 금문의 자형은 닭을 두 손으로 꽉 잡는 모양이고, 꽉 잡아 피를 짜서 그 피를 청동기에 발라 정화하여 제기로 만드는 것을 보이는 글자이다. 전문의 자형은 중앙 부분이 米와 糸의 모양으로 되어 있어 『설문』은 이 전문의 모양에 따라 해설을 시도하고 있다.

『설문』의 자형 해석에는 잘못이 매우 많고 거의 수수께끼 풀이에 가까운 것도 있다. 그렇게 된 것은 彝의 해설에서 보듯이 허신이 옛 자형의 갑골문자나 금문을 볼 수가 없었고, 자료로 삼은 자형이 최초의 모양을 잃어버린 것이 많다는 점도 그 원인의 하나이다. 그러나 기본적으로는 글자의 초형이 명확하지 않고, 또 무엇보다도 한자가 성립한 시대에 관한 고대학적 지식의 결여가 자형의 해석을 그르친 가장 큰 이유이다.

예를 들면 矢시는 '맹세하다'라고 읽는 글자이다. 『설문』(5하)은 矢를 象形상형이라 보는데, 왜 '맹세하다'인지, 知지ㆍ智지가 왜 矢를 글자의 요소로 하는지에 대해서는 아무 설명도 없다. 또 矢가 도달하는 지점을 보이는 것은 至지인데, 屋옥ㆍ室실ㆍ臺대가 왜 至를 글자의 요소로 하는지에 대해서, 세 글자가 같은 계열의 글자임을 인정하면서도 다만 이르다(至)라는 뜻으로 해석할 뿐이다. 矢는 서

약할 때 그 표시로 쓰는 聖器성기이고 知 ·智는 신에게 기도하고 서약하는 것을 말하고, 族족은 氏族旗씨족기 아래서 서약하는 의례를 표시하며, 至가 屋 ·室 ·臺에 두루 쓰이는 것은 중요한 건물을 지을 때 신성한 화살을 쏘아 점을 쳐서 도달한 지점을 聖地성지로 삼아 그곳에 건물을 세웠다는 것이므로, 이 글자들은 古俗고속의 지식에 근거하여 이해해야 할 것이다. 또 동일한 요소와 자형은 동일한 의미를 갖는다고 해석해야 할 것이다. 이렇게『설문』을 대신할 새로운 문자학의 체계를 만들어내는 것은 갑골문자와 금문이라는 새로운 자료가 출현함으로써 가능하게 되었다.

문자의 訓詁훈고(글자의 의미 해석)는 역사적인 것이고,『설문』을 비롯해 漢代한대에 성립한『爾雅이아』,『釋名석명』, 조금 늦게 성립한『廣雅광아』,『玉篇옥편』등의 책에 기록되어 있다. 그래서 이 책에서는 이 훈고를 소개하고 자형학적으로 그 훈고를 설명할 수 있는지 어떠한지 해설하는 방법을 취했다. 해설의 내용은 (나의)『字統자통』이나『字通자통』과 다르지는 않으나 되도록 중고생을 포함해 많은 사람을 대상으로 이해하기 쉽게 해설하고자 힘썼다. 그 해설을 증명하는 데 필요한 범위에서 고전을 인용하고 고전의 용례를 밝혔다. 다만 어휘와 용례는 많이 열거하는 것을 피하고 그 訓義훈의와 용법을 설명하고 이해하는 데 필요한 만큼 해설을 보충하는 방법을 취했다.

3. 해설 방법

상용한자표의 前文전문에 의하면 "상용한자표는 현대 일반의 사회생활에 쓰는 것이고 과학, 기술, 예술 등 각종 전문 분야나 개개인의 한자 사용에 이르기까지 들어가려는 것이 아니며 종래의 문헌 등에 쓰이는 한자를 부정하려는 것도 아니다"라고 하지만, 실제로는 그 규제를 받는 일이 많다. 또 아무런 이유도 없이 자형을 변경하는 일이 있다. 당국은 이러한 잘못된 변개에 대하여 지금까지 아무 조치도 취하지 않는다. 3천 년의 역사를 지니고 천하에 공행하는 문자를 이처럼 어떤 정당한 이유도 없이 함부로 왜곡해도 되는 것일까?

상용한자표의 전문에서 이 개정은 고전이나 전문 분야에는 미치지 않는다고 했지만, 실태는 신문 등도 거의 상용한자표를 원칙으로 하고 있어 자유로운 한자 사용이 불가능한 상황이다. 그래서 납치 사건이 문제가 되어도 'ら致'라는 이상한 표기가 한때 신문에서 쓰이고 있었다(拉致납치의 拉은 2010년 상용한자표에 추가되었다 ─ 편집자). 또 상용한자표 발표 이전의 문장도 인용할 때는 대개 그 제약을 받는다. 규제는 과거의 문헌에도 미치고 있다. 고전을 함부로 변개하는 것은 문화유산에 대한 중대한 모독이라고 해야 할 것이다. 고전의 표기를 이처럼 획일화하는 것을 국어의 진보라고 생각하는 것은 큰 잘못이다. 이 문제에 대하여 보다 많은 사람이 관심을 가질 수 있게 되기를 바란다.

나는 이런 희망을 갖고 『字統자통』과 『字通자통』을 썼지만 사실 그것은 한자를 학습하는 단계에서 준비했어야 할 것이었다. 한자를 학습할 때 그 성립을 정확히 이해한다면 문자학적인 기초도 갖추어지고 학습은 더욱 효과적일 것이다. 가능하면 초등학교의 학습 때 그것이 이루어지기를 희망한다. 그러나 한자의 성립을 이해하기에는 고대 사회적 이해가 필요하고 초등학교 단계의 한자 학습에는 또 별도의 준비가 필요하다. 그래서 초등학교 단계의 학습 방법에 대해서는 따로 이에 알맞은 방법을 생각하기로 하고 이 책에서는 주로 중고생을 대상으로 해설을 시도했다.

4. 상용한자표 이외의 문자

문자의 해설에서 그 문자 구조의 각 부분을 설명할 때, 당연한 일이지만 상용한자 외의 한자가 그 요소가 되는 것이 많아서 여기에서부터 해설이 필요할 때가 있다. 예를 들면 基기의 경우, 성부는 其기인데 其는 상용한자에 없다. 其는 箕키 기의 상형자인데 쓰레받기의 모양이다. 조금 가로나비가 넓은 사각형이기 때문에 其에는 사각형 물건이라는 뜻이 있어서, 棋(장기)·碁(바둑)·旗(깃발)·箕(키, 쓰레받기)·欺(속이다, 네모난 탈을 쓰고 속이다)는 모두 '기'라는 음과 사각형 물건이라는 뜻을 이어받는 글자이다. 따라서 그것을 해설하지 않고서는 그 글자들의 의미를 이해할 수 없다. 또 志지는 之지(志 윗부분의 士사는 본래 之 모양으로, 간다는 뜻이다)를 성부로 하는 글자인데, 之는 상용한자가 아니다. 그러나 志, 士, 往왕은 모두 之를 글자의 요소로 포함하기 때문에 之를 해설하지 않고서는 이 글자들을 설명할 수 없다.

문자의 구조에 의해 字源자원을 밝히려고 한다면 그 문자 구성의 주요한 요소인 자형에 대해 설명할 필요가 있고 상용한자 이외의 문자를 포함해서 그 복합적인 관계를 밝혀야 한다. 그래서 이 책에서는 상용한자 이외의 많은 글자를 해설 중에서 다루게 되었다. 상용한자 이외의 구성 단위가 되는 글자의 이해는 오히려 문자학의 기본과 관계되는 것이고 문자의 형체학적인 이해의 주요한 방법이기 때문이다.

5. 문화사적 이해의 방법

한자의 이해에는 한자의 형태만이 아니라 그 형태가 의미하는 내용에 대한 이해가 필요하다. 예를 들면 史사는 『설문』(3하)에 "又우(손)가 가운데를 잡는 것에 따른다" 하여 "中正중정을 잡는다"는 史官사관의 입장을 나타내는 것이라고 하지만, 史·使사·事사가 같은 계열의 글자라는 것에서 알 수 있듯이 그것은 祭事제사에 관한 글자이다. 제사의 기록이 후에 史(문서)의 기원이 되는 것이고, 史라는 글자가 만들어졌을 때 역사 기술의 이념으로서 어느 쪽에도 치우치지 않고 올바르다는 의미의 중정이라는 관념이 이미 있었던 것은 아니다. 文문은 본래 死者사자의 가슴에 문신을 한 모양이다. 사자의 靈령이 시신을 벗어나는 것을 막고 사자의 부활을 기원하여 아름다운 붉은색으로 ×형 등의 문신을 했다. 産산은 아이가 데어났을 때 그 이마(厂) 위에, 彦언은 성년이 되었을 때 그 이마 위에 문신을 그린 것을 나타낸다. 모두 가입 의례를 뜻하는 글자이다. 부인이 죽었을 때 양쪽 가슴에 문신을 하여 奭석(밝다), 爽상(밝다)이라고 했다. 이것도 가입 의례를 뜻하는 글자이다.

한자는 본래 그 시대의 사회적 의례, 가입 의례의 실제를 바탕으로 생긴 것이고 그러한 생활 환경을 떠나서 관념적으로 구성된 것이 아니다. 거의 3천3백 년 전에 한자가 성립했던 당시의 종교적 관념에 기초해서 의례의 본질이 그대로 문자 구조에 반영된 것이다. 그래서 예를 들면 장례 의례는 그와 관계된 문자 구조에 그대로 반영되어 있다. 그 당시 사자의 옷에 대해 여러 가지 의례가 거행된 것을 문자 구조에 의해서 알 수 있는 것이다.

哀슬플 애는 사자의 옷깃 속에 신에게 바치는 기도문인 축문을 넣는 그릇 ㅂ축문 그릇 재를 넣어서 사자의 혼을 불러들이는 의례이다.

袁옷 길 원은 사자의 옷깃 언저리에 영력을 가진 옥을 두어 그 베개 밑에 간다는 뜻의 之를 더해서 사자가 사후 세계로 여행을 떠나는 것을 전송하는 의례이다.

褱품을 회는 사자의 옷깃 언저리에 눈물(眔답)을 흘리며 사자를 그리워하는 사별의 의례이다.

裛놀라서 볼 경은 금문의 자형은 睘인데 사자의 옷깃 언저리에 사자의 영에 힘을 더하는 옥을 두고 그 위에 생명의 상징으로서 눈을 그려 사자가 살아서 돌아오기를 바라는 의례이다.

衰쇠할 쇠는 사자의 옷깃 언저리에 삼베로 만든 喪章상장을 붙여 사자의 부정을 씻는 의례이다.

展별 전은 사자의 옷깃 언저리에 **呪具**주구인 珡전을 넣어 사체에 사령이 달라붙는 것을 막는 의례이다.

이상 예로 든 글자들로 당시의 장례 의례가 어떠한 형식으로 행해졌는지 알 수 있고 또 의례의 실제를 복원할 수도 있는 것이다. 이것은 이와 관계된 문자만이 아니라 고대 문자로 남아 있는 자형 전반에 대하여 말할 수 있다. 또한 자형의 해석에 필요할 뿐만 아니라 고대인의 생활이나 사고방식의 전반에 미칠 수가 있다. 문자를 통해서 그 생활사나 정신사적 이해까지 도달할 수 있는 것이다. 이에 대한 이해가 없이 문자를 체계적으로 이해하기는 곤란할 것이다. 문자를 이처럼 문화사적인 사실로서 이해하는 것은 문자학의 극히 중요한 부분이므로 이 책에서는 이에 대해서도 다소 언급을 해두었다.

2003년 12월

시라카와 시즈카(白川靜)

한자의 역사와 『설문해자』

1. 갑골문자와 금문

한자가 생겨난 것은 약 3천3백 년 전, 은 왕조의 武丁무정이라는 왕 때의 일이었다. 당시 은 왕조의 수도였던 河南省하남성(허난성) 북단에 가까운 安陽市안양시 서북부의 小屯소둔이라는 곳에서 지하 깊은 데서 은왕의 묘실이 많이 발견되고, 그 부근에서 왕실이 점치는 데 썼던 龜甲귀갑과 獸骨수골이 정중히 매장된 것이 발견되었다. 귀갑은 거북의 배딱지, 수골은 짐승의 뼈, 주로 소의 견갑골로 여기에는 점과 관련해 글자가 새겨져 있다. 그 문자를 갑골문자라 한다. 이 갑골문자가 중국에서 가장 오래된 문자이고 한자의 최초 형태이다. 갑골문자는 거북의 딱지나 짐승 뼈 같은 딱딱한 것에 예리한 칼로 새겨 넣은 것이기 때문에 線刻선각의 문자이다. 지하에 묻혀 있던 갑골문자가 발견되고 그 존재가 알려지게 된 것은 1899년이다.

소둔의 은왕 묘에서는 또한 뛰어난 청동기가 다수 출토되었다. 특히 무정의 비라고 하는 婦好부호의 묘(1979년 발굴)는 다른 왕묘가 거의 도굴을 당한 것과는 달리 다행히 도굴되지 않고 매장 당시의 모습으로 남아 있는 유일한 묘실이다. 부호 묘에서 출토된 2백여 점의 청동기에는 "婦好" 등의 간단한 銘文명문이 있다. 그 후 서서히 청동기 제작의 유래를 표시한 명문이 주입된 그릇이 만들어져서 은 말기 청동기에는 때로는 수십 자에 달하는 명문을 가진 것이 있다. 청동기에 주입된 문자를 金文금문이라 한다.

기원전 1088년 무렵의 殷周은주 혁명(은 왕조에서 주 왕조로 교체) 후 西周서주 시대(기원전 1088년~기원전 770년)로 들어오면, 은주 혁명 후의 경영에 관해 기술한 명문도 있고, 때로는 그 명문이 거의 5백 자에 달하는 것도 있다. 금문은 청동기가 만들어지고 나서 새겨 넣는 것이 아니라 청동기를 주조하는 과정에서 청동기 주형에 명문용 주형을, 주로 청동기 내벽에 붙여 주조해 만든 문자이다. 따라서 직선을 많이 사용한 선각의 갑골문자와는 달리 부드러운 곡선의 문자가 많고 그 선도 굵은 선이다.

갑골문자의 王

금문의 王

거의 문헌이 남아 있지 않은 시대의 일이기 때문에 갑골문과 금문은 당시의 사정을 생각할 수 있는 귀중한 동시 자료이다. 갑골문에 쓰인 문자의 수는 약 5천 자, 그중 후에도 사용되어 해독할 수 있는 문자의 수는 거의 2천 자이다. 금문에 쓰인 문자의 수는 약 4천 자, 그중 후에도 사용되어 해독할 수 있는 문자의 수는 약 2천 자이다.

갑골문과 금문에는 상형자가 많고 자형이 나타내는 의미를 이해할 수 있는 것이 많다. 또한 문자의 형태를 이해함으로써 당시의 생활이나 문화의 본질을 생각할 수 있다.

갑골문과 금문은 자형이나 문자의 구조상으로는 큰 차이가 없고, 한자의 원형을 보이는 오래된 글자로서 기본적으로는 동류의 글자로 취급할 수 있다. 한자의 형태와 그 의미의 관계를 이해하고 한자의 성립을 알기 위해서는 갑골문과 금문을 기본 자료로 삼아야 한다.

2. 籀文주문, 古文고문, 篆文전문

서주 시대 다음 춘추 시대(기원전 770년~기원전 403년)가 되면, 제후 각국이 지역적으로 분열 할거하여 한자의 통일성이 사라지고, 북방의 中山國중산국, 동남 지방의 吳오, 越월처럼 독자적인 양식의 글자를 사용하게 되었다. 자형도 변화하여 번잡한 자형과 간략한 자형의 차이도 현저해졌는데 간략화한 문자는 六國古文육국고문이라 한다.

서방에서 일어나 기원전 221년에 六國육국을 통일한 秦진은 본래의 서주 땅에 들어가 그 땅을 근거로 삼고 그 땅의 문화를 계승했다. 그래서 진 초기 유품으로 보이는 石鼓文석고문(북 모양의 돌에 새긴 문자. 지금 4백여 자가 남아 있다)에는 서주 후기 금문의 글자 모습이 남아 있다. 진은 천하를 통일하자 육국의 고문을 폐지하고 진의 땅에 남아 있던 글자를 통일 문자로 삼았다. 그 글자는 서주 후기의 아름다운 선 모양의 문자이기 때문에 篆文전문이라고 한다(小篆소전

석고문

이라고도 한다). 申신 자의 변천에서 알 수 있듯이 석고문에 보이는 획수가 많은 번체자를 籒文주문(大篆대전이라고도 한다), 간략화하여 본래의 자형을 잃어버린 육국의 문자를 古文고문이라 한다. 그리고 오, 월처럼 문자의 필획 끝에 새나 벌레의 모양 등을 장식으로 더한 것을 鳥蟲書조충서라고 한다.

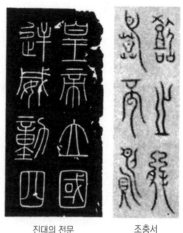

진대의 전문   조충서

갑골   금문   주문   고문   전문

申 자의 변천

後漢후한의 許愼허신이 기원후 100년에 쓴 『說文解字설문해자』는 전문을 주로 하고, 참고로 주문, 고문의 자형을 실었다. 허신이 『설문해자』를 썼을 때 갑골문자나 청동기는 출토되지 않아 허신은 한자의 가장 오랜 형태인 갑골문과 금문을 알 수가 없었다. 전문, 주문, 고문에는 예를 들면 彝떳떳할 이처럼 이미 문자의 원형을 잃어버린 글자가 많다.

갑골   금문   고문   고문   전문

彝 자의 변천

3. 簡册간책의 자, 隸書예서

갑골문자, 금문 외에 지금도 남아 있는 오랜 문
자 자료로서 玉書옥서, 竹簡죽간, 木簡목간이 있다.

옥서(옥에 쓰인 문서)에는 1965년에 본래 晉진
의 수도가 세워진 山西省산서성(산시성) 侯馬市후마
시(허우마시)에서 출토된 侯馬盟書후마맹서가 있다.
춘추 시대 육국의 하나였던 진이 趙조, 魏위, 韓한
삼국으로 분열하려고 할 때 조의 종족이 일치해
서 행동하는 맹약을 평평하고 앞이 뾰족한 옥에
朱주로 쓴 것이 수백 점 발견되어 후마맹서라고
불린다.

후마맹서

죽간(문자를 쓰기 위한 竹札죽찰)에 쓴 것으로는
秦진의 법령류를 기록한 睡虎地秦墓竹簡수호지진
묘죽간으로 불리는 것이 약 천 개 條조 정도 출토되
었다. 이것은 붓으로 죽찰에 직접 쓴 것인데 필기
체의 간략한 자형으로 쓰여 있고, 같은 자라도 필
획이 조금씩 다르다든지 상당히 자유롭게 기록되
어 있다. 그 문자는 대체로 고문의 계통에 속하는
것으로 보인다.

목간(문자를 쓰기 위한 木札목찰)은 죽간보다 札
찰의 폭이 넓고 또 운필하기 쉬운 점도 있어서 筆
意필의를 나타내기 쉽고, 書서의 미적 감각을 추구

수호지진묘죽간

할 수 있다. 그래서 붓놀림을 살려서 누름(押筆압필)이나 삐침(撥筆

　　　　　　　　　　　　　　　상용자해

발필)의 아름다움을 추구하는 서체가 생겨났다. 篆文전문은 글자 구조가 복잡하고 곡선적인데, 隷書예서에서는 직선적이고 또 그 선 놀림을 중심으로 하는 것으로서 후일 서법의 원점이 되었다. 漢한, 魏위 시대(기원전 206년~기원후 265년) 石刻석각의 서에는 이 예서체가 많다. 예서의 붓끝 놀림을 멈추고 붓끝을 모은 것이 楷書해서, 빨리 움직인 것이 行書행서, 草書초서이다.

예서

문자 구조를 생각할 때는 갑골문자와 금문을 우선으로 삼고 籒文주문과 古文고문을 보조 자료로 참고하는 것이 좋다. 허신의 『설문해자』는 전문을 주로 하여 자형의 해석을 시도한 것이다.

4. 『설문해자』

『설문해자』(이하 『설문』)는 후한의 허신이 전문, 주문, 고문, 그 외 당시 볼 수 있던 자료에 의해 그 자형을 연구하여 9,353자를 540개 부수로 나누고 그 부수에 따라 자형을 설명하는 방법을 취한 자형 연구서이다. 또 육서에 의해 문자의 성립을 설명하고 글자의 의미를 풀이하고 있다. 자형 연구로서는 가장 이른 것이고 또 그 후 『설문』에 필적하는 연구는 없었다.

秦진이 멸망하고 漢한의 시대가 되자 흩어져 있던 고문헌이 수집 정리되면서 오래된 자형에 대한 지식이 요구되었다. 『설문』은 그 요구에 응함과 함께 문자 전체가 또한 존재하는 질서 본연의 모습과 대응한다는 생각에서, 당시의 천인합일, 음양오행 사상에 기초하여, 一일에서 출발해 三삼이 되고 만상이 되고 만물은 또 십간십이지에 의해 순환하는 것으로 최후에는 십간십이지의 글자로 마무리 짓는 방법을 취했다. 문자 전체를 일종의 자연관에 합치하는 사상 체계를 나타내는 것으로 설명한다.『설문』의 원본은 사라졌는데 北宋북송 시대 986년 徐鉉서현이『설문』을 교정하여(문자, 어구의 잘못을 바로잡아)『설문』의 교정본(大徐本대서본이라고 한다)을 지었다. 본서의 해설에 인용한『설문』은 이 교정본이다.

5. 六書육서에 대하여

한자의 구성법에 대하여『설문』의 서문에서 육서 즉 한자 구성법 여섯 가지를 설명한다. 육서란 상형, 지사, 회의, 형성, 전주, 가차인데『설문』에서 각각 설명을 덧붙이고 있다.

象形상형이란 물건의 형상을 그대로 본뜨는 것, 그려 오는 것이다.『설문』은 그 예로 日일, 月월을 든다. 日은 둥근 태양의 형상에 가운데가 빈 원이 아니라 내용이 있다는 것을 보이기 위해 작은 점을 찍었다. 月은 달이 차고 이지러지고 하기 때문에 초승달 모양으로 한다. 大대는 팔다리를 벌리고 선 사람을 정면에서 본 모습, 女녀는 손을 앞으로 포개고 무릎을 꿇은 여자의 모습이다.

指事지사는 보면 곧바로 이해하게끔 사물의 관계를 나타내는 것이다.『설문』은 上상, 下하를 그 예로 든다. 上은 손바닥 위에 지시하는 점을 찍어 손바닥 위를 가리키고, 下는 손바닥을 뒤집어 그 밑에 지시하는 점을 찍어 손바닥 아래를 가리켜 각각 '위'와 '아래'라는 뜻을 나타낸다. 이러한 사물의 관계에 대한 표시를 지사라고 한다.

會意회의는 두 가지 이상의 글자 요소, 상형자나 지사자를 조합하여 새로운 의미를 표시하는 것이다. 『설문』은 그 예로 武무와 信신을 든다. 『설문』(12하)에서 戈창 과를 止멈출 지한다(전쟁을 멈추게 한다)는 것을 武라고 설명한다. 信은 『설문』(3상)에 "誠성이다"라고 설명한다. 이러한 『설문』의 해설에는 반드시 적확하지는 않은 것이 있다. 武는 戈와 止를 조합한 형태지만, 止는 원래 趾지이고 나아간다는 뜻이 있는 것으로, 武란 戈를 들고 나아간다, 즉 싸울 때의 걸음 형상으로서 '용감하다'는 뜻이 되는 것이다. 信신은 人인과 言언(神신에게 맹세하는 말)을 조합한 형태로, 신에게 맹세를 한 다음 사람과의 사이에 약속한 것을 信이라 하여 '진실'이라는 뜻이 된다.

形聲형성은 성부로 그 글자의 음을 표시하는 것이다. 川천이나 水수에 관계된 글자는 氵(삼수변)을 글자가 속하는 분류를 표시하는 한정 부호로 하고 여기에 그 글자의 성부를 더한다. 『설문』은 형성의 예로서 江강, 河하 두 자를 든다. 江은 성부가 工공이고 예부터 長江장강(揚子江양자강(양쯔강)이라고도 한다)이라는 뜻으로 쓰인다. 河는 성부가 可가이고 黃河황하(황허강)이고 북방의 川이었다. 상형이나 회의의 방법으로는 표시하기 어려운 산하, 새와 곤충, 초목 등 사물의 이름은 대개 이 방법으로 표시한다. 나무의 이름은 나무목 변, 금속성인 것은 쇠금 변을 붙인다. 木목이나 金금처럼 부수로 쓰이는 자에는 그러한 분류를 나타내는 한정 부호로서 쓰이는 것이 많다.

형성자에는 한정 부호를 나중에 추가한 글자가 있다. 예를 들면 申신은 神신(신령)의 본래 글자, 土토는 社사(신사, 영묘)의 본래 글자였다. 申은 번개가 치는 모양, 土는 긴 만두 모양으로 둥글게 한 흙을 대 위에 놓아둔 모습인데 모두 상형자이다. 그러나 申이 '펼치다', 土가 '흙'이라는 뜻으로 쓰이게 되면서 글자가 분화하게 되자 본래의 '신령', '신사'라는 의미를 한정하기 위해 示시(신령에게 제사 지낼 때 사용하는 탁자의 모양)를 더하여 神, 社라고 했다.『설문』에서는 神, 社를 모두 회의자라고 하지만, 갑골문과 금문에서는 申을 神, 土를 社의 뜻으로 썼고, 示는 후에 덧붙인 것임을 알 수 있다. 그래서 申, 土는 音符음부(聲符성부라고도 한다)로 쓰일 뿐 아니라 그 의미를 포함하여 쓰이기 때문에 이러한 관계의 글자를 亦聲역성이라고 한다.

轉注전주에 대해서는『설문』에 "建類一首건류일수, 同意相受동의상수, 考老是也고로시야"라고 설명하는데, 그 의미가 그다지 명확하지 않고 연구자 사이에서도 아직 해석이 일치하지 않는다.『설문』에서는 부수의 老部로부에 수록한 글자에 대해서는 壽수, 考고, 孝효 등 10자 모두 "老의 省생에 따르고 丂聲교성" 같은 식으로 설명한다. 이 설명을 참고해 볼 때 예를 들면 부풀어 오른 것을 畐가득할 복이라 하고, 하나의 관계로 이어진 것을 侖둥글 륜이라 하여, 畐·侖을 요소로 하는 글자에 일관된 의미가 주어진 관계의 글자를 전주라고 해석할 수 있을 것이다. 같은 성부를 갖는 많은 글자가 그 성부가 갖는 뜻과 음을 공유하는 관계가 전주이다.

상용자해

畐: 偪핍(다가오다), 副부(따르다), 幅폭(너비), 輻폭(바큇살)

侖: 倫륜(무리), 淪륜(잔물결), 綸륜(꼰 낚싯줄), 輪륜(바퀴)

이런 관계를 "同意相受"라고 규정할 수 있다고 생각한다.

　假借가차에 대해서는 『설문』에 "본래 그 글자가 없어 소리에 사물을 의탁한다"고 하여 令령, 長장 두 글자를 그 예로 든다. 令은 깊숙한 의례용 모자를 쓰고 무릎 꿇고 신의 명을 받는 사람의 모습으로, 신의 명으로 주어지는 것을 令이라 하여, '계시, 분부'라는 뜻이 된다. 이를 명령한 자라는 뜻으로 풀이한다. 長은 장발인의 모습으로 장발이기 때문에 '길다'는 뜻이 된다. 이를 長老장로라는 뜻으로 풀이한다. 가차는 자형으로 나타내기 어려운 것을 같은 음의 다른 글자의 음만을 빌려 표시하는 것인데 令, 長은 음만 빌린 자가 아니다. 이처럼 뜻의 관련이 있는 것이 아니라 예를 들면 대명사나 방위 이름처럼 처음부터 자형으로 표시할 수가 없는 것을, 같은 음의 글자를 빌려 표시하는 것을 가차라고 한다. 我아는 본래 톱(鋸거)의 모양이고 余여는 본래 손잡이가 붙은 장침의 모양인데 我와 余를 본래의 뜻과는 상관없이 일인칭 '나'라는 뜻으로 쓰는 것은 그 음을 빌린 가차 용법이다. 東동은 위아래를 묶은 자루(橐탁)의 모양이고, 西서는 鳥조의 보금자리(栖서)의 모양인데 방위 이름인 '동'과 '서'라는 뜻으로 쓰는 것은 가차 용법이다. 가차는 글자의 구성법이 아니고 글자의 용법을 말한다.

　이하 『실문』 외에 혜선 본문에서 인용한 주요 문헌에 대해서도 간단히 소개해둔다.

『詩經시경』: 기원전 9세기~기원전 8세기 무렵을 중심으로 한 중국의 고대 가요 305편을 모은 책. 각국 민요나 귀족 사회의 儀禮歌의례가, 宴遊歌연유가 및 周주, 魯노, 商상의 廟歌묘가.

『書經서경』: 요순의 신화 시대부터 周代주대까지의 기록을 집록한 책. 『詩經』 다음으로 오랜 문헌.

『周禮주례』: 주대의 관제를 중심으로 한 제도를 서술한 책.

『禮記예기』: 祭祀제사, 儀禮의례, 喪葬상장, 敎學교학 등의 禮예에 관한 기록.

『春秋左氏傳춘추좌씨전』: 魯國노국의 편년사 『春秋춘추』에 대해 左丘明좌구명이 쓴 傳전(해설). 史實사실을 상세히 기술했다.

『論語논어』: 공자와 그 제자들의 언행을 기록한 책. 공자의 언동에는 그 뛰어난 인격을 생각하게 하는 것이 많고 후에 유교의 경전이 되었다.

『孟子맹자』: 전국 시대 魯노의 孟軻맹가가 편찬한 책.

『爾雅이아』: 漢代한대에 성립한 중국 最古최고의 사전. 옛 경전의 주석을 모아 글자 등을 기술했다.

『廣雅광아』: 魏위의 張揖장읍이 지은 訓詁훈고 형식의 사전. 『爾雅』를 기초로 하여 이를 증보한 것.

『玉篇옥편』: 顧野王고야왕(6세기)이 지은 사전. 『설문해자』를 증보하여 16,917자를 실었다. 자형의 설명은 없고 음과 의미를 기술한 사전.

2천 년의 패러다임을 바꾼 새로운 사전

1.

한 나라의 문화 수준의 척도로 흔히 꼽는 것이 사전이다. 사전 중의 사전이라 불리는 것으로 『옥스퍼드 영어사전』(*Oxford English Dictionary*)이 있다. 이 사전이 그렇게 칭송받는 이유는 방대한 영어 단어의 어원을 추적하면서 그 단어의 역사적 용례도 함께 실었다는 점일 것이다. 옥스퍼드 영어사전은 하루아침에 만들어진 사전이 아니다. 많은 사람이 의기투합하여 전 국민의 힘을 빌려 70여 년에 걸쳐 만들었고 지금도 개정이 계속되고 있어서 감탄을 자아낸다.

한자문화권에서 옥스퍼드 영어사전과 비슷한 사전이 일본의 『大漢和辭典대한화사전』이다. 역시 수많은 용례의 제시로 한자문화권의 역사와 문화를 연구하는 데 불가결한 사전이다. 놀라운 것은 모로하시 데쓰지(諸橋轍次)가 거의 혼자서 만들었다는 사실이다. 일본 장인 문화의 경이로운 산물이라 할 만하다. 내가 교토 대학에 유학하던 시절에 박식한 지도교수의 연구실 책상에 다른 책은 눈에 띄지 않고 이 사전만 놓여 있어 놀랐던 기억이 있다. 또 10여 년 전 캐나다 중국학의 명문 브리티시컬럼비아 대학(UBC) 아시아연구소에 객원교수로 갔을 때, 하버드 중국사 시리즈의 편집자로서 존 킹 페어뱅크(John King Fairbank) 이후의 중국사 연구를 주도하는 티머시 브룩(Timothy Brook) 교수의 세미나에 참가한 적이 있었는데, 세미나 도중에 의문의 단어를 만날 때는 옆에 놓인 『대한화사전』을 펼치곤 하는 브룩 교수의 모습에서 새삼 『대한화사전』의 영향력을 실감했다. 생각건대 동서양의 동양학자들이 한자문화에 접근할 때 필수의 공구가 이 모로하시 데쓰지의 사전이었으리라.

그런데 이 책 『常用字解상용자해』를 번역하면서, 『대한화사전』이 제일 근거로 삼는 근본적인 사전이 바로 기원 100년 後漢후한의 許慎허신이 완성한 최초의 체계적인 사전 『說文解字설문해자』라는 사실을 깨닫게 되었다. 이는 나를 비롯한 동양학 연구자들이 지금껏 『설문해자』의 패러다임에 갇혀 있었다는 것을 의미한다. 『설문해자』는 한자학에서 경전으로서 권위를 지닌 책으로 2천 년 가까이 그 권위가 지속되었다. 그 『설문해자』의 패러다임이 이제 이 책 『상용자해』의 저자 시라카와 시즈카(白川靜, 1910~2006)가 수립한 문자학의 패러다임으로 바뀌려 하고 있다.

이 놀라운 패러다임의 전환은 어떻게 해서 일어나는 것인가? 한자는 形형·音음·義의 세 가지 요소로 이루어진 문자이다. 시라카와 선생에 따르면, 한자는 알파벳과 달리 말을 표기하는 음성 기호에 불과한 것이 아니라 대상을 표현하는 것이 중요한 形 중심의 문자로 발전되어온 것이어서 字形자형 중심으로 글자의 뜻을 파악하는 것이 올바른 방법이라고 한다. 음이 같으면 같은 뜻이라는 식의

音義說음의설은 어원학적으로는 의미가 있지만 한자학의 방법으로서는 신뢰하기 어렵고, 한자는 形·音·義 세 가지 요소를 포함하지만 성립기의 한자는 表音표음보다는 表意표의 위주로 이루어졌다고 한다. 형태가 있는 이상 음으로 불린 것은 당연하지만, 표음보다 표의가 중심이었다는 것이다.

이집트 신성문자도 상형문자이지만 이는 윤곽을 주로 묘사한 데 비해 한자는 선과 선이 교차하는 형태로 구조적인 표현이었고 이로부터 다양한 형태의 글자로 발전할 수 있었다고 한다. 다시 말해 이집트 문자는 橫횡의 형태를 선으로 묘사하는 구조를 지니기 때문에 문자화할 수 없지만 한자는 선을 교차시켰기 때문에 문자화할 수 있다는 것이다. 선을 교차시킨다는 것은 단순히 그림의 묘사가 아니라 선이 힘을 갖는다는 뜻이다. 이러한 구조에서 書法서법도 나올 수 있었다고 선생은 말한다. 즉 교차하는 각도, 형태, 선의 굵기, 경사의 정도에 따라 선에 力感역감이 생기고 이로써 여러 가지 표현이 가능해진다. 여기에서 藝術化예술화의 제일보가 되는 筆法필법이 만들어지고 문자가 書서로서 예술이 된다. 글자가 예술로서 그림과 함께 書畫一致서화일치라는 예술이 생기는 것은 한자가 선의 교차를 구조로 지니기 때문이라는 한자의 깊은 구조적 이해는 선생이 평생 갑골문·금문을 한 글자 한 글자 써온 경험에서 우러나온 장인적 체험의 산물일 것이다(『回思九十年』, 「漢字의 宇宙」, 360~61쪽). 또 하나의 상형문자 메소포타미아 설형문자도 점토판 위에 선을 긋기만 할 뿐 선의 교차라는 구조적인 표현 양식은 없다고 한다. 한자가 단음절어라는 것이 한자의 구조적 표현에 영향을 주었으리라고 선생은 말한다.

얼마 전 千字文천자문을 천 명이 새긴 千人千刻천인천각 전시회를 참관한 적이 있었는데 자못 장관이었다. 그 전시회에 걸린 세계 곳곳의 한자 애호가들의 서예를 보면서 예서나 초서로 쓰인 한자 중에서 어떤 감흥이 꿈틀거리는 것을 느낄 수 있었다. 그런데 같이 전시된 한글 서예를 보면서는 이상하게도 그런 감흥이 일어나지 않았다. 아마도 갑골문 이래 3천여 년 지속되어온 한자만이 갖는 특이한 주령, 문자령의 힘이 아니었을까. 시라카와 선생이 말하는 바 한자는 완벽한 문자이지만, 한글은 기호에 불과하기 때문일 것이다.

이 책『상용자해』(2판, 2012; 초판, 2003)는 시라카와 선생이 혼자 이루어낸 사전 3부작『字統자통』(1984),『字訓자훈』(1987),『字通자통』(2003)의 업적을 대중용으로 간략히 한 것이다. 또 이 사전 3부작은『說文新義설문신의』와『金文通釋금문통석』이라는 갑골문·금문 연구에 의한 선생의 독보적인 문자 해석 및 고대 사회에 대한 연구 업적을 토대로 한 것이다.

2.

고대 문자를 연구하는 데는 갑골문과 금문 등의 근본적인 자료와 그 시대에 대한 근본적인 이해가 필요하다. 허신의『설문해자』는 자형에 의거하여 한자의 기원을 설명한 것으로『상용자해』가 설명하는 방법과 본질적으로 같다. 다만『설문해자』가 근거한 글자체인 당시의 전서체가 이미 한자 본래의 모양인 갑골문과 금문의 모양을 많이 잃어버려서 본래의 자형을 복원하기 어렵다는 한계가 있다. 예를 들면 『설문해자』는 告고를 牛(소)와 口(입)의 회의자로 보고, 소가 뭔가 고하고 싶은 것이 있어서 입을 갖다 대는 것이라고 풀이한다. 그러나 갑골문의 자형을 새로 연구한 결과 『상용자해』는 소가 사람에게 고하는 것이 아니라 사람이 신에게 고한다고 해석하는데, 이는 口를 입이 아니라 기도문을 담은 그릇(ㅂ)으로 봄으로써 비로소 가능한 해석이다. 『설문해자』에서 口를 부수로 하는 한자는 대개 이렇게 해서 올바로 해석되는데, 이것이야말로 2천 년간 이어진 『설문해자』식 해석의 패러다임을 바꾸는 경천동지할 역사적 사건이라 할 만하다. 이것은 1899년 최초로 모습을 드러낸 갑골문의 발굴을 계기로 가능했다. 선생은 자신이 문자에 관심을 갖게 되었을 당시에 마침 갑골문 자료가 출간되고 있어서 행운이었다고 말한다. 그러나 자료만 있다고 새로운 패러다임을 세울 조건이 갖춰질 리는 없다.

이 책의 편집에 대한 글에서 彝이의 해석을 가지고 설명하듯이 허신이 彝의 자형을 오해한 것은 갑골문·금문 자료가 부족했던 탓이 크다. 하지만 초기 갑골학자 뤄전위(羅振玉)가 자형을 충분히 이해하면서도 "닭을 두 손으로 꽉 잡아 피를 짜서 그 피를 청동기에 발라 정화하여 제기로 만드는" 것을 형상화한 彝의 뜻을 충분히 설명하지 못한 것은 고대 사회의 역사적 이해가 없었기 때문이라고 선생은 비판한다(『桂東雜記』 5, 「說文學과 白川文字學」, 147~49쪽). 뤄전위의 연구를 비판하면서 선생은 고대문자학이 오랫동안 성립하지 않은 까닭은 현대적 입장에서 3천 년 전의 과거를 해석하려고 했기 때문이라고 한다. 이러한 비판은 과거 『설문해자』

등의 연구에도 마찬가지로 적용할 수 있을 것이다. 즉 『설문해자』의 해석이 현재로써 과거를 해석하려는 방법이기 때문에 오류가 많다고 말하는 선생의 비판(같은 글, 146쪽)은 청대 고증학의 금자탑이라고 할 段玉裁단옥재의 『說文解字注설문해자주』에도 마찬가지로 적용할 수 있다. 현대적 입장에서 과거를 바라보기 때문에 고대 자료가 갖추어졌는데도 불구하고 고대문자학의 충분한 기초를 마련할 수 없었다는 엄정한 비판이다.

시라카와 시즈카 문자학의 요체는, 요컨대 고대 문자를 올바로 해석하기 위해서는 3천 년 전 과거, 그 시대의 의식 형태로 돌아가서 그 시대를 응시해야 한다는 것이다(『桂東雜記』 5, 「한자의 체계」, 44쪽). 고대적 입장에서 고대 문자를 바라보되, 고대 문자의 배경을 이루는 고대 세계, 다시 말해 고대인의 생활과 그 의식을 충분히 이해하고 문자의 역사적 배경과 문자의 정신까지 파악해야 비로소 그 문자를 완전히 이해할 수 있다는 것이다. 이것이 선생이 제시하는 고대문자학의 길이고, 이런 길을 가장 정열적으로, 또한 遊藝유예의 세계에 노닐듯이 즐겁게 걸어간 사람이 바로 시라카와 시즈카 선생이다.

이를 잘 보여주는 실물이 새로운 문자학의 패러다임의 토대가 된 3천 쪽에 달하는 『설문신의』(전 16권)이다. 이는 단순한 문자 연구가 아니라 고대 사회에 대한 이러한 사회사적 배경을 바탕으로 한 것이다. 『설문신의』는 동아시아 문명을 지배해온 한자학의 패러다임이라 할 『설문해자』를 전복한 획기적인 업적이다. 이는 갑골문과 금문의 투철한 연구에 의한 것이고 史의 설명에 드러난 선생의 새로운 글자 ㅂ의 발견은 한자학에서 패러다임의 코페르니쿠스적 전환이라 해도 과언이 아닐 것이다. 시라카와 선생의 업적은 『공자전』, 『한자』, 『시경』, 『고대 민속 연구』, 『고대 문화 연구』, 『중국 신화』, 『중국 문학사』를 두루 포괄하는데, 모두 고대 세계에 대한 정심한 이해를 보여준다.

선생이 말하는 고대 한자의 세계는 도처에 주령이 존재하는 범신론적인 세계였다. 말이나 문자도 생명을 가진 존재였고 바람, 구름, 용 등이 모두 살아 있는 생명체로서 의식된 세계였다.

이 시대는 자연계의 활동이 신화적인 사실로서 이야기되고 있다. … 구름에는 용신이 있고, 바람은 대붕이 비상할 때 일으키는 여파였다. 사방에는 방향의 신이 있고 그 아래에는 바람의 신이 있고, 바람의 신이 지배하는 땅은 풍토 풍물과 여기에 사는 사람들의 풍격과 기질도 모두 바람의 신의 지배를 받았다. 이러한 신화적인 세계에 대응하는 지상의 생활은 주술만이 가능한 유일한 방법이었다. 존재하는 것에는 모두 呪的주적인 힘이 있다. 모든 것은 의미적인 세계이다. 문자는 이러한 세계 인식 아래 생겨났다. (『한자의 체계』, 2쪽)

이 시대는 무지개도 하나의 살아 있는 생명체로서 의식되던 시대였다. 갑골문에 다음처럼 적혀 있다.

왕이 점쳐 말하기를, 재앙이 있으리라. 8일 庚戌경술에 … 해 질 녘에 또 무지개가 북쪽에서 와서 강에서 물을 마시다. (『갑골문의 세계』, 45쪽)

이러한 갑골문을 해독하고 고대인의 마음을 이해하기란 쉬운 일이 아닐 것이다. 벌써 수십 년 전 처음 이러한 구절을 접하면서 느꼈던 충격이 지금도 선명하게 남아 있다. 선생의 독보적인 갑골문·금문 해독 능력은 아마도 천부적인 능력과 함께 수만 자를 하나하나 성실하게 채록한 선생의 근실한 면학 습관에서 나왔으리라 짐작한다. 96세를 일기로 타계한 선생의 업적은 초인적이라 할 정도로 방대하다. 선생 사후 몇 년이 지난 지금도 전집이 계속 발간되고 있으며 현재까지 나온 권수만 수십 권이다. 하나같이 주옥같은 작품이다.

패러다임을 바꾸는 선생의 획기적 연구는 내외 세계에서 인정받고 있다. 이미 국내에 『孔子傳공자전』, 『漢字한자』를 비롯해 9종이 번역되어 나왔고, 타이완(臺灣)에서는 놀랍게도 『금문통석』과 『설문신의』 같은 수천 쪽의 대저가 선역(選譯)되었다고 한다. 그러나 정작 선생의 고향인 일본이나 한자의 본토인 중국 대륙에서는 모른 체한다는 말도 들리는 듯하다. 일본에는 독학으로 공부한 私學사학 출신 학자의 설을 官學관학 출신 학자들이 인정하지 않는 경향이 있다고 한다. 우스갯소리인지 모르겠지만 선생의 설을 인정하면 독학으로 공부한 학자 한 사람의 설에 『설문해자』로 강의해온 백년 전통의 국립대학 체통이 무너지는 꼴이 되기 때문에 두려워한다는 것이다. 그러나 학문이란 늘 무너지면서 진보하는 것이다. 중국에서는 중화의 자존심 문제가 있어서 공식적으로 인정하지 않으려는 것처럼 보인다. 최근에 나온 권위 있는 문자학자가 편찬한 사전에도 선생의 설은 전혀 인용되지 않는다. 그러나 대만 학자들이 순수한 학문적 입장에서 선생의 대저를 선역(選譯)하는 것에서 보듯이 언젠가는 선생의 학설이 한자문화권을 지배하는 날이 오리라 믿는다.

3.

대학자 시라카와 시즈카를 알게 된 계기는 대학 입학 후 우연히 읽게 된 『공자전』이었다. 수십 년 전 일이지만 당시 『공자전』을 읽고 충격을 받아, 친했던 주변 친구들에게 호주머니 돈을 털어 책을 선물하기도 했다. 그 후 선생의 『한자』를 읽으면서 그의 학문이 갑골학이라는 문자학의 축적 위에서 나왔다는 사실을 어렴풋이 알게 되었다. 나는 우연히 교토 대학에 유학하게 되었지만 전공과 학교가 달라 같은 도시에 사는 선생을 찾아뵙지는 못했다. 그러나 그 대단한 전통을 자랑하는 교토 대학의 수업 시간에서도 선생의 영향이 미치는 것을 느낄 때가 있었다. 둔황(敦煌돈황) 문서의 권위자 치쿠사 마사아키(竺沙雅章) 선생이 역사의 史를 설명할 때였다. 史사의 기원을 설명할 때 초기 갑골문 연구로 유명한 왕궈웨이(王國維)와 역시 교토 대학 동양사학의 창립자 나이토 고난(內藤湖南)의 史를 이야기하면서도 시라카와 선생의 史를 언급하는 것이었다. 역시 교토 대학은 스승보다 진리를 더 포용할 줄 아는 풍격을 갖춘 대학이었던 것이다.

이제까지 몇 권의 번역서를 냈지만 이 책만큼 희열을 느끼면서 번역한 책은 없었나. 서의 매일 조금씩 새로운 글자를 번역하는 작업은 짜릿한 과정이었다. 여기에 수록된 한자 2천여 자를 번역하는 순간마다 새로운 진리를 발견하는 기쁨을 누렸다. 이 글자에는 또 어떤 새롭고 흥미로운 것을 발견하게 될까 하는 설렘이 기다리고 있었다. 누구나 그렇겠지만 새로운 경지의 책을 읽는 것은 새로운 세계를 아는 것과 같다. 번역은 고된 단순 작업일 때가 많지만 이 책은 예외였다. 항상 새로움과 놀라움이 나를 기다리고 있었다. 장자에 심취했던 서양 철학자 자크 라캉은 장자를 다 읽으면 무슨 재미로 책을 읽나 하고 걱정했다는데 내게는 이 책이 그랬다고 고백하고 싶은 마음이다.

『상용자해』를 읽고 번역하면서 학생 시절 아르놀트 하우저(Arnold Hauser)의 『문학과 예술의 사회사』를 탐독하던 추억도 떠올랐다. 한결같은 부동자세로 활기라곤 찾아보기 어려운 이집트 파라오 시대의 조각상과 약간 비스듬하게 사선으로 걸어가는 한 걸음을 떼어놓는 그리스 고전 시대의 인간미 넘치는 조각상의 그 한 걸음 차이란 참으로 대단한 인류사적 진보라는 설명이 말이다. 그리스 고전의 조각상도, 인간 감성을 자극하는 풍부하고 깊이 있는 하우저의 인문학적 설명도 매력적이었지만, 한자의 한 획 한 획에 오묘한 설명이 깃든 것을 보면서 다시금 그러한 매력적인 설명에 귀를 기울이는 자신을 발견하게 된다. 더구나 이것은 내 전공과 동떨어진 예술사가 아니라 늘 대면하는 한자의 세계에서 리얼하게 인정할 수밖에 없는 역사적 사실의 해석이다. 그 해석은 무릎을 치고 고개를 끄덕이면서 들을 수밖에 없고 단순하면서도 오묘하다.

선생은 동양과 동양 문화에 깊은 애정을 갖고 있었다. 동양 문화를 연결해주는 가장 깊은 유대는 한자라는 문자인데, 지금 동양은 한자 자체가 각 나라의 국어라는 지위에서 내몰리고 있는 상황이다. 이것은 근대화 이후 벌어진 동양 문화의 해체와 관련되는 큰 문제라고 생각한다. 시라카와 선생은 동양의 해체 현상을 극복하기 위해 동양 문화의 가장 근저에 있는 문자의 시원에 접근하여 동양 문화의 원체험에 도달하려 애썼고, 그 결과 방대한 업적의 **結晶**결정으로서 일반인을 위한 사전 3부작을 세상에 남겨놓았다. 그야말로 세상을 위해 학문이 할 수 있는 최선의 길을 걸어간 학자의 전형이라고 할 수 있다. 여기에 사전이란 어떠한 것이어야 하느냐는 선생의 생각에 귀 기울일 필요가 있을 것이다.

시라카와 선생 자신의 말로 표현하면, 종래의 사전은 "문자의 이해도 불충분하고, 다만 사전적인 뜻만 모아 용례로서 예문을 제시할 뿐이고, 이를 통관하는 것이 없고, 감격을 불러일으키는 것이 없다. 지식적인 탐사의 요구를 일으키는 것이 없다. 문자에 대한 충분한 이해를 거쳐서 표현되는 세계가 자아내는 청신한 놀라움이라는 것이 없다. 잠시 데리고 놀고 싶다는 지적 충동을 재촉하는 것이 없다"고 한다.

문자의 기원적 의미는 어떠했는가? 역사적으로 어떠한 의미를 전개해왔는가? 이 나라에서 어떻게 이해되어왔는가? 다른 자의와 어떠한 계열, 친연 관계를 갖는 것인가? 그 역사적인 또 체계적인 지식이 주어짐으로써 사전은 하나의 세계가 되고, 그 안정된 질서 속에서 놀 수 있는 것이다. (『回思九十年』, 2000, 74~75쪽)

선생은 20대 젊은 시절에 만주사변과 제2차 세계대전을 겪으면서 동아시아 세계가 분열하는 것을 몸으로 겪었다. 일본 패전 후

지금까지도 동아시아 세계는 서로 적대하고 있고 과거의 평화로운 질서는 보이지 않는다. 젊은 날 평화롭고 질서 있던 동양이라는 한자문화권 세계 안에서 『만요슈』(萬葉集)와 『詩經시경』의 비교 연구를 꿈꾸면서 동아시아의 이상적인 질서의 원형을 찾고 있었던 청년에게 전쟁이 끝난 후 동양은 사라지고 없었다. 일본은 미국의 속국이 되었고 한자 정책도 점령국 미국의 영향을 받는 상황이었다. 중국은 간체자를 쓰고 베트남은 이미 로마자를 쓴 지 오래됐고 한국도 한글 전용을 하고 있듯이 말이다. 그 사라진 동양을 회복하기 위해 학자로서 최대한 할 수 있는 일은 동양문화의 회복이고, 이를 위해서는 가장 근간에 있는 한자문화를 회복해야 한다는 것이 선생의 논지일 것이다.

과거의 동양은 전쟁을 일상적으로 반복하는 서양에 비해 평화로워 보인다. 무엇보다 한자가 3천 년간 거의 변하지 않고 지속되어왔다는 것이 그 증거이다. 한자문화권이 근대에 와서 파탄을 보인 것은 알파벳을 쓰는 서양문화권의 충격에 의한 것임을 부정할 수 없다. 선생이 비판하는 서양이 전쟁과 반목 속에서 그들 나름의 질서를 키워온 것도 인정하지 않을 수 없는 사실이다. 바로 이 점에서 갑골 금문 연구를 바탕으로 새로운 패러다임을 제시한 선생의 한자 연구는 주목할 가치가 있다. 기존의 위압적인 한자 암기가 아니라 한자의 원리와 체계와 정신을 꿰뚫은 완벽한 한자 안내서이기 때문이다. 독자는 박물관에서 오래전 죽은 공룡이 되살아나는 체험을 하듯이 이 책을 읽을 수도 있겠지만, 오늘날 서양이 지배하는 듯이 보이는 글로벌한 세계에서 한자 문명의 미래를 생각해볼 수도 있을 것이다.

상용자해

4.

내가 출판사에 원고를 넘긴 것은 2016년 12월 말경이었다. 도서 출판 길 이승우 편집장이 사전 출판의 대의에 동의해준 것은 참으로 고마운 일이었지만, 출판은 뜻밖에 폰트 문제라는 암초를 만났다. 결국 코로나 사태로 국경이 봉쇄되기 직전인 2020년 2월 중순경에 이승우 편집장의 제안으로 출판 기한 만료에 따른 재계약과 함께 폰트 문제를 의논하기 위해 저작권사인 도쿄 헤이본샤(平凡社)를 방문하고 협의를 거쳐 문제를 해결했다.

그 후에도 책을 편집하는 과정은 녹록하지 않았다. 번역할 때는 희열을 느꼈다고 했지만, 없는 한자를 새로 찾아 만들어 넣어야 하는 일은 고역이었다. 이 사전은 새로운 패러다임을 보여주는 문화사적 의미가 있는 만큼 기존 사전에 없는 단어의 창조에 새로운 음을 개발해야만 하는 탄생의 고통이 수반되었던 것이다. 史의 구성 요소인 ㅂ재가 대표적이다. 惠혜의 구성요소인 叀혜도 그렇다. ㅂ는 감사하게도 제자 나상훈 선생이 컴퓨터를 뒤져 찾아준 기호였다. 나상훈 선생은 막바지 교정 작업에도 귀한 시간을 할애해 큰 도움을 주었다. 이에 사의를 표한다. 현재 가장 큰 대형 사전에도 이런 글자들은 검색되지 않거나, 검색된다 해도 저자가 말한 그 음가가 나오지 않는다. 나는 전적으로 창조자인 저자의 뜻을 충실하게 따르고자 했다.

책을 만드는 과정에서 없는 한자들을 새로 만들고 다듬느라 수고한 전산 담당자 최원석 씨와 책의 편집과 교정을 맡은 이현숙 씨의 도움이 컸음을 밝힌다. 최원석 씨의 노고로 사전의 한자를 이렇게 아름다운 그림처럼 감상할 수 있게 되어 너무나 감사한 마음이다. 이현숙 씨는 옮긴이가 처음 만나보는 탁월한 편집자이다. 실수로 누락된 번역이나 오역이 의심되는 부분을 알려주고 전문가의 기량으로 편집에 책임과 성의를 보여주었다. 논의를 위해 이메일을 주고받은 횟수만도 100회가 넘는다. 척박한 한국 출판계 현실에서 이런 편집자를 만난 것은 행운이라고 할 수밖에 없다. 역시 번역은 쉽지 않은 일임을 느끼며 이번에도 까다로운 일본어 번역의 자문에 친절하게 응해준 남이숙 교수에게 감사드린다. 그리고 우여곡절이 많았지만 신의를 저버리지 않고 이 책을 출간해준 이승우 편집장에게 깊은 감사를 드린다.

5.

헤이본샤를 방문하기 위해 대한해협을 날아 일본으로 가는 하늘 위에서 생각했다. 일본 영주들이 각기 조공을 바치며 고려대장경을 얻으려고 수차례 왕래하는 모습이 『세종실록』에 기록되어 있듯이, 5백 년 전 조선 시대에는 일본 사무라이들이 대장경을 얻고 더 나아가 대장경판까지 구하러 배를 타고 몇 번이나 와서 빌었는데, 이제는 일본 출판사에서 출간된 책을 가져와 우리말로 번역해 소개하는 상황이니 그야말로 상전이 벽해가 되었구나. 그렇다! 동아시아 문화권에서 역사의 패러다임이 바뀐 것이다.

30여 년 전 교토 대학 도서관에서 『新修大藏經신수대장경』과 그 색인들이 나란히 서가에 배열된 모습을 보았을 때의 충격은 아직

도 선명하다.『신수대장경』이 큰 서가의 한 면을 가득 채울 만큼 방대한 분량임을 이미 알고는 있었지만, 그에 맞먹는 분량의 일자색인집이 서가에 즐비하게 꽂힌 모습은 처음 보았고 참으로 감동적인 장관이었다. 이 방대한 대장경에 이 방대한 색인이라니! 색인이 없는 책은 책이 아니라는 말이 있거니와,『신수대장경』색인을 뒤적이면서 그야말로 일본 근대 학문의 정수를 온몸으로 체험하는 순간이었다. 시라카와 선생의 고대문자학 연구법도『신수대장경』일자색인의 공부 방식과 상통하는 것으로 보인다. 더 거슬러 올라가면 한문을 읽을 때 한 글자 한 글자 의미를 풀어가며 읽은 일본식 訓讀法훈독법의 전통과 연결되는 것 같기도 하다.

훈독식 한문 읽기는 일본이 정밀하게 고전을 읽는 방법의 원류가 된 것으로서 백제로부터 문화적 가르침이 있었을 것이라고 선생은 말한다. 한자를 읽는 일본의 특이한 훈독식 방법이 백제의 도래인에게서 전수되었을 것이라고 추측하는 시라카와 선생에게 나는 인간적 친근감을 느낀다. 선생은 한자의 원류를 탐구해 동아시아 문화의 평화적 교류를 희망해왔다. 한일 양국의 문화 교류는 그 역사적 연원이 매우 깊다. 근대 이래 역사가 바뀌어 지금은 내가 그랬듯이 일본에 가서 문화를 배워 오는 시대가 되었다. 패러다임이 바뀌었다면 새로운 패러다임을 받아들이는 것이 학문적 태도일 것이다. 선생이 고대문자학에 생애를 바치고 사전을 만든 것은 결국 현실의 동양이라는 동아시아 공동체의 평화와 행복에 이바지하고자 함이었다고 생각한다. 3부작의 사전 중 마지막『字通』에 부치는 글에서 선생의 이러한 소망을 읽을 수 있다.

나는 『字通』의 어휘 용례에 선인들이 고심해서 성취한 표현의 일부를 완결된 형태로 제공하고 싶다고 생각했다. 독서도 체험인데 선인들이 체험으로서 토로한 바를 알아주었으면 하고 생각한 것이다. 그것은 또한 잃어버린 동양을 회복하는 길이고 중국을 더 깊이 이해하는 길이고 무엇보다도 잃어버린 아시아의 연대를 회복하는 길이다. 그들의 뛰어난 문화적 집적을 올바로 이해하는 것이 상호 경애를 낳는 방법이고 그 외에 민족의 융화는 있을 수 없다. … 한자는 인도유럽어의 어느 언어보다도 합리적인 구조를 갖고 모든 글자를 그 구조 위에서 설명할 수 있다. 나는 『字統』에서 이를 밝히려고 했다. (『白川靜著作集 12』, 「『字通』에 부친다」. 2000, 413~14쪽)

이것은 학자로서 선생의 연구에 대한 사회적 책임을 밝힌 것이다. 나 또한 선생의 희망대로 3부작 사전의 축약판으로서 『상용자해』가 즐거운 한자 학습의 길잡이가 되고 이를 통해 동아시아의 평화와 유대가 회복되기를 바란다.

2021년 10월

井默齋 정묵재에서

옮긴이 박영철

상용자해

常用字解

일러두기

1. 이 책은 『상용자해』 제2판(平凡社, 2012)을 번역했다.
2. 이 책에서 말하는 '상용한자'는 모두 일본 상용한자를 가리킨다. 일본 내각 고시에 따른 상용한자는 모두 2,136자이다. 원서는 여기에 旦을 추가하여 총 2,137자를 실었다. 이 책은 표제자 가운데 일본 한자 込, 匂는 싣지 않았다.
3. 표제자는 가나다순으로 배열하고, 음이 같은 한자는 총획순으로 배열했다.
4. 원서는 표제자 옆에 일본 상용한자를 함께 실었으나 이 책에서는 제외하였다.
5. ㅂ의 발견은 시라카와 시즈카 한자학에서 가장 큰 업적이라고 해도 좋을 것이다. 이 ㅂ의 명칭은 새로 부여할 필요가 있는데, ㅂ는 才에서 처음 모습을 보인다고 해도 좋을 글자이다. 저자는 ㅂ를 '사이'(さい)라고 읽는다. 우리말로는 '재'에 해당한다. 따라서 ㅂ의 이름을 '축문 그릇 재'로 새겨두기로 한다. 〔옮긴이〕

加 5획 | 가 | 더하다, 늘다

금문1 │ 전문1

|해설| 회의. 力력과 口를 조합한 모양. 力은 쟁기(耒뢰)의 모양이고 여기에 ㅂ재(신에게 바치는 기도문인 축문을 넣는 그릇의 모양)를 더한 모양으로 쟁기를 정화하는 의례를 말한다. 쟁기나 괭이 등의 농구는 신에게 기도하여 잘 정화하고 나서 사용하지 않으면 가을에 벌레가 생겨 작물을 망친다고 여겼다. 그래서 농구에 푸닥거리를 '더하는'(加) 의례를 하여 수확량이 늘기를 기도한 것이다. '더하다, 늘다'라는 의미로 쓴다.

|용례| 加年가년 加齡가령 加盟가맹 加害가해 附加부가 追加추가

可 5획 | 가 | 좋다, 허가하다, -해야 하다

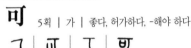

갑골1 │ 금문1 │ 금문2 │ 전문1

|해설| 회의. 口와 丁지팡이 가를 조합한 모양. 口는 ㅂ축문 그릇 재로 신에게 바치는 기도문인 축문을 넣는 그릇의 모양이다. 그 ㅂ를 지팡이(丁)로 쳐서 기도하는 것이 실현되도록 신에게 졸라댄다. 바라는 것을 실현'해야 한다'(可)고 신에게 명령하듯 강하게 호소하고 이에 대해 신이 '좋다'(可)고 '허가하는'(可) 것이다. 허가란 본래 신의 허가를 말한다. 可는 呵꾸짖을 가의 본래 글자이다.

|용례| 可能가능 可否가부 認可인가

佳

8획 | 가 | 좋다, 경사스럽다

佳
전문1

|해설| 형성. 성부는 圭흙 규. 圭에 卦점괘 괘의 음이 있다. 圭는 위가 둥글고 아래가 네모난 옥의 이름으로 圭玉규옥은 제후가 임명될 때 받는 경사스러운 옥이었다. 圭가 이 규옥과 관계가 있기에 佳는 좋은 사람이라는 의미가 될 것이다. '좋다, 아름답다, 경사스럽다' 는 뜻으로 쓴다. 佳人가인이란 미인을 말하고 또 좋은 友人우인을 말한다.

|용례| 佳景가경 佳境가경 佳麗가려 佳作가작 絕佳절가

架

9획 | 가 | 걸다, 걸리다, 시렁

|해설| 형성. 성부는 加가. 加에 더한다는 뜻이 있고 木목(두 개의 기둥) 위에 걸치는 물건, 또한 걸치는 일을 말하고, '시렁, 도리, 걸다' 라는 뜻으로 쓴다. 선반이나 받침대에 그 모양으로 만드는 것이 있다.

|용례| 架空가공 架橋가교 高架고가 擔架담가 書架서가

苛

9획 | 가 | 맵다, 사납다

苛
금문1

苛
전문1

|해설| 형성. 성부는 可가. 可는 재촉하며 때리는 것을 뜻하는 글자

이기 때문에 苛는 '맵다, 사납다'는 뜻이 된다.『禮記』「檀弓」에 시아버지와 남편과 아들이 모두 호랑이에게 물려 죽은 부인이 그런 곳임에도 무거운 세금이 없어서 떠나지 못한다는 말을 듣고, 공자가 "苛政가정(악정)은 호랑이보다 무섭다"라고 제자에게 가르쳤다는 이야기가 실려 있다. 또 작은 풀이 어지럽게 피는 모양에서 '어지럽다, 번거롭다'는 의미로 쓴다.

|용례| 苛稅가세 苛烈가열 苛酷가혹

家 10획 | 가 | 집, 주거

갑골1   갑골2   금문1   금문2   전문1

|해설| 회의. 宀집 면과 豕돼지 시를 조합한 모양. 家를 표시하는 宀(건물 지붕의 모양) 아래에 희생으로서 살해된 개(犬견)를 더한 모양이다. 家는 조상에게 제사 지내는 신성한 건물인 사당(廟묘)을 말한다. 그러한 건물을 지을 때는 우선 희생을 묻어 그 토지신이 노하지 않게 진정시키기 위해 地鎭祭지진제를 치르는 것이다. 옛 자형에서 犬은 살해된 것으로서 꼬리를 내려뜨린 모양으로 그려져 있다. 지금의 자형에서는 지붕 아래가 豕(돼지)이기 때문에 옛날에는 사람과 돼지가 한 지붕 밑에 같이 살았다고 설명하고 있었다. 그러나 갑골문자나 금문의 자형에 의해 宀의 아래는 犬이고 건축을 하기 전에 奠基전기(地鎭祭)로서 매장되었음이 밝혀졌다. 본래 家는 조상에게 제사 지내는 사당인데 이를 중심으로 가족이 거주했기 때문에 사람이 사는 '집, 주거'라는 의미가 되었다. 가족에 의해 가

문이 구성되기 때문에 주거로서의 건물뿐 아니라 가족, 씨족 등의
존재까지 家라고 한다.

|용례| 家計가계 家業가업 家庭가정 家風가풍 分家분가

假 11획 | 가 | 거짓, 임시, 빌리다

전문1

|해설| 형성. 성부는 叚가. 叚는 玉質옥질의 돌덩이를 잘라내고 이것
을 갈아서 아름다운 옥으로 손질하는 모양. 그래서 人面인면을 손
질하는 것을 假라고 한다. 즉 假面가면(나무나 흙으로 여러 가지 얼굴
모양으로 만들어 얼굴에 씌우는 것)이라는 뜻이다. 실물과 비슷하게 대
신해서 사용하는 것을 假라고 한다. 임시로 쓴다는 의미이다. '거
짓, 임시로, 일시적으로 대신하다, 빌리다'라는 뜻으로 쓴다.

|용례| 假居가거 假想가상 假裝가장 假託가탁

街 12획 | 가 | 거리, 길

茻
전문1

|해설| 형성. 성부는 圭규. 圭에 厓벼랑 애, 涯물가 애, 睚눈초리 애의 음
이 있다. 圭는 흙을 장방형 土版토판 모양으로 만들어 그 위에 점
친 결과를 쓴 것이다. 통로는 그 토판처럼 정연히 구획되기 때문에
그렇게 조성된 도로를 街道가도(간선도로, 거리의 큰길), 街路가로(거리
의 길)라고 한다. 行행은 십자로의 모양이다. '네거리 길, 길, 거리, 갈

림길'이라는 뜻으로 쓴다.

|용례| 街談가담 街頭가두 市街시가

嫁 13획 | 가 | 며느리, 시집가다

전문1

|해설| 형성. 성부는 家가. 家는 본래 조상에게 제사 지내는 廟묘(사당)였기 때문에 嫁란 그 廟에 봉사하는 여자를 말한다. 고대 중국에서는 사람들이 모두 성(동족의 조직)이 있고 결혼은 다른 성끼리 하고 같은 성끼리는 결혼하지 않았다. 시집온 신부는 남편 가의 사람으로 인정받기 위해 사당에 참배하고 봉사했다. 그래서 '며느리, 시집가다'라는 뜻이 된다. 또 賈고와 통하여 '전가하다'라는 뜻으로도 쓴다.

|용례| 嫁娶가취 轉嫁전가

暇 13획 | 가 | 겨를, 틈

전문1

|해설| 형성. 성부는 叚가. 叚는 암석을 잘라내는 모양으로 아직 갈지 않은 원석 그대로의 것을 말한다. 그래서 미지수라든가 멀다, 크다 등의 뜻을 포함한다. 시간 관계로는 暇가 되어 '겨를, 틈'이라는 뜻으로 쓴다. 거리 관계로는 遐하가 되어 '멀다'는 뜻으로 쓰고, 사실 관계에서는 假가가 되어 '거짓'이라는 뜻으로 쓴다.

歌 14획 | 가 | 노래, 노래하다

翳 | 彇
전문1 | 전문2

|해설| 형성. 성부는 哥가. 이 글자는 또 謌노래 가로도 쓴다. 哥는 可가를 중복한 모양이고, 可는 丁(나뭇가지 모양, 지팡이)로 ㅂ재(신에게 바치는 기도문인 축문을 넣는 그릇의 모양)를 쳐서 그 비는 것의 실현을 신에게 재촉한다는 의미로 '해야 한다'는 명령과 '좋다'는 허가의 두 가지 의미가 있다. 欠하품 흠은 서 있는 사람이 입을 벌려 외치는 모양인데, 신에게 재촉할 때 그 신에게 기도하는 소리에는 리듬을 붙여 노래하듯이 기도했을 것이다. 그 소리의 리듬을 歌라 하여 '노래하다, 노래'라는 뜻으로 쓴다. 일본어로 노래를 '우타'(うた)라 하는 것도 '우쓰'(拍つ: 치다 — 옮긴이), '웃타우'(訴う: 호소하다 — 옮긴이)와 관계가 있는 듯하다. 詠歌영가(노래를 부름)의 詠은 소리를 길게 늘이는 노래 방식, 歌는 강하게 다그치는 듯한 노래 방식일 것이다. 歌謠가요의 謠는 謠歌요가(시사 풍자 등을 포함하는 유행가)로서, 祭肉제육을 바쳐 신에게 조르듯이 노래하는 것을 말한다. 唱창은 모두 모여 기세 좋게 합창하는 노래 방식이다.

|용례| 歌曲가곡 歌舞가무 歌詞가사 歌唱가창 凱歌개가 詩歌시가

價 15획 | 가 | 값

전문1

|해설| 형성. 성부는 賈값 가. 賈는 물건을 매매한다는 뜻의 글자이기 때문에 價는 賈의 음과 뜻을 포함하는 글자로 보인다. 매매의 '값, 가격' 또는 물건의 '가치, 값어치'를 말한다. 후에 사람의 평가 (가치를 결정함) 등에도 쓴다.

|용례| 價格가격 賣價매가 物價물가 聲價성가 時價시가

稼 15획 | 가 | 벌다, 심다

전문1

|해설| 형성. 성부는 家가. 본래는 벼 등을 심어 보다 많은 수확을 얻으려고 농업에 힘쓰는 것을 의미하는 글자였는데, 일본어에서는 '가세구'(かせぐ, 稼ぐ)라고 읽고 이익을 추구하여 농업에 한하지 않고 일에 힘써 노력하는 것을 말하게 되었다.

|용례| 稼動가동 稼穡가색 稼業가업

各 6획 | 각 | 각각, 이르다

갑골1   갑골2   금문1   금문2   전문1

|해설| 회의. 夊뒤져서 올 치와 口를 조합한 모양. 口는 ㅂ축문 그릇 재

로, 신에게 바치는 기도문인 축문을 넣는 그릇 모양이다. 夊는 앞을 향해 가는 발자국의 모양을 거꾸로 한 모양으로, 위에서 내려오는 것을 나타낸다. 各은 축문을 바쳐 기도하여 신의 강림을 구함에 응하여 하늘에서 신이 내려오는 것, 즉 '이르다'가 본래 의미이다. 기도하여 신이 내려오기를 바라는 것, 신을 '부르는'(招초) 의미의 글자는 召소이고 招의 본래 글자이다. 各을 덧붙인 格격, 佫각, 逪각은 모두 '이르다'로 새겨 읽는 글자이다. 신내림을 하여 도로를 정결하게 하는 것을 의미하는 글자가 路로이다. 신령이 함께 내리는 것이 皆개이고 단독으로 내리는 것이 各이기 때문에 各에는 각자(한 사람 한 사람, 각기, 각각)라는 의미가 있다.

|용례| 各人각인 各種각종

却 7획 | 각 | 물리치다

전문1

|해설| 회의. 去거와 卩절을 조합한 모양. 去는 大대(사람을 정면에서 본 모양)와 𠚕거(신에게 바치는 기도문인 축문을 넣는 그릇인 𠙵재의 뚜껑을 벗긴 모양)를 조합한 글자이다. 재판은 옛 시대에는 재판관이 재판하는 것이 아니라, 신의 뜻에 따르는 神判신판의 형식으로 실현되어, 축문을 외치고, 신에게 맹세하고 진행되었다. 그래서 재판에 져서 유죄가 된 사람(大)은 축문이 不正부정했기 때문에 𠙵의 뚜껑을 떼어서 𠚕로 만든 것과 함께 버려졌다. 去는 '버리다'가 본래 의미이다. 패소자와 𠚕를 물에 흘려 버리는 글자가 法법이다. 卩은 무릎

꿇은 사람의 모양이기 때문에, 却은 버려진 것, 물리쳐진 것을 받아들이는 모양이고, 그래서 '버리다, 물리치다'라는 의미로 쓴다.

|**용례**| 却下각하 棄却기각 賣却매각 退却퇴각 破却파각

角 7획 | 각 | 뿔, 모, 구석, 싸우다

갑골1 금문1 전문1

|**해설**| 상형. 짐승 뿔의 모양. 뿔을 쥐고 짐승을 끌어당기는 것을 挌각이라 하고 소를 玄현(밧줄)으로 끌어당기는 것을 牽견이라 한다. 角은 모난 것이기 때문에 각에는 '모, 모난 것, 직각의 네모난 것, 싸우다' 등의 뜻이 있다. 殷周은주 시대의 청동으로 만든 酒器주기에 角이라 불리는 것도 있다.

角

|**용례**| 角力각력 角逐각축 口角구각 頭角두각

刻 8획 | 각 | 새기다, 엄하다, 때

전문1

|**해설**| 형성. 성부는 亥해. 亥는 骸해골 해, 核씨 핵에서도 알 수 있듯이 骨骼골격이 드러나는 듯한 모양의 사물을 말힌다. 亥는 본래 짐승의 모양이기 때문에, 짐승의 사체를 칼로 해체하는, '써는' 것을

常用字解 **11**

말하는 글자일 것이다. 짐승의 사체를 刻剝각박(껍질이나 고기를 도려냄. 학대함)하는 데서 '엄하다, 잔혹하다'는 뜻이 된다. 또 그릇에 새겨서 때를 재기 때문에 '때'(시각)라는 뜻으로 쓴다.

|용례| 刻苦각고 刻削각삭 刻字각자 深刻심각 一刻일각

脚 11획 | 각 | 다리

전문1

|해설| 형성. 성부는 却각. 却은 신판에 패배한 자(大대)와 신에게 기도할 때 쓴 ㅂ재(신에게 바치는 기도문인 축문을 넣는 그릇의 모양)의 뚜껑을 벗긴 것(ㄴ거)을 버리는 것을 무릎 꿇은 사람이 받아들이는 모양이고, '버리다, 물리치다, 물러나다'라는 의미가 있다. 여기에 몸의 부분을 의미하는 月(육달월)을 더한 脚은 물러날 때의 '다리'를 말한다. 정강이 아래의 다리 부분을 의미하는데, 기물의 경우는 상부의 물건을 지탱하는 아랫부분을 말한다.

|용례| 脚力각력 脚注각주 馬脚마각 行脚행각

殼 12획 | 각 | 껍질

전문1

|해설| 회의. 본래 글자는 㱿각으로 쓰고, 늘과 殳수를 조합한 모양. 늘는 이미 곡물의 알갱이가 빈 껍질의 모양. 殳는 지팡이처럼 긴

창이고 친다는 뜻이 있다. 곡물의 알갱이를 빼기 위해 쳐서 탈곡하고 바깥 껍질만이 남은 것이 殼이다. 殼에 포함된 几은 알갱이의 부스러기 같은 것으로 보인다. 殼(殼)은 '껍질, 겉겨'라는 뜻이고 여기에 禾화(벼, 곡류)를 더한 穀곡은 알갱이가 있는 '곡물'이라는 뜻이 된다.

|용례| 甲殼갑각 地殼지각

閣 14획 | 각 | 시렁, 문설주, 높은 건물

전문1

|해설| 형성. 성부는 各각. 各에는 格격처럼 얽혀서 사물을 '가로막다, 멈추다'라는 뜻이 있다. 閣에는 門문의 양편에 말뚝을 세우고 가로목을 걸쳐서 통행을 가로막는다는 의미가 있다. 이층 삼층처럼 높은 구조의 건물을 樓閣누각이라고 한다. '시렁, 문설주, 높은 건물, 대궐'이라는 뜻으로 쓴다.

|용례| 內閣내각

覺 20획 | 각 | 깨우치다, 깨다, 깨어나다, 깨닫다

전문1

|해설| 형성. 싱부 는 與(각). 학교의 校舍교사는 棟용마루 동에 千木천목(지붕의 합각머리 위에 ×자형으로 교차한 나무)이 있고 숗이 學학의 본래 글자이다. 敎導교도하는 것이기 때문에 좌우에 手수(臼국)를

더하여 與이 되고, 그 아래에 배우는 子자를 더하여 學이 되었다. 與에는 배운다는 뜻이 있고 배움으로써 知見지견이 얻어져 與 아래에 見을 더하여 知覺지각이라고 쓴다. '깨닫다, 깨어나다, 깨다'라는 의미로 쓴다.

|용례| 覺醒각성 覺悟각오 自覺자각 錯覺착각

干　3획 | 간 | 말리다, 마르다, 방패, 막다, 범하다

갑골1　갑골2　금문1　금문2　전문1

|해설| 상형. 장방형의 방패(盾순) 모양. 盾은 干(방패)을 눈 위로 쳐들어 몸을 지키는 모양. 상부에 좌우의 깃 장식이 붙은 원형의 방패 모양이 單홑 단으로, 戰싸울 전, 獸짐승 수 등의 글자에 포함되어 있고, 전쟁이나 사냥할 때 사용했다. 干은 방형의 방패이고 이 방패 아래 전승을 기도하는 의미의 ㅂ제(신에게 바치는 기도문인 축문을 넣는 그릇의 모양)를 더한 글자가 周주이다. 干은 본래 '방패'를 의미하고 방패로 '막다'라는 의미로도 사용했다. 扞막을 한, 攼구할 간은 干을 손으로 잡고 '막다, 지키다'라는 의미이다. 干에는 '범하다, 어지럽히다'라는 의미도 있고, 또 乾마를 간과 음이 같아서 '말리다, 마르다'라는 의미로도 쓴다.

|용례| 干戈간과 干犯간범 干涉간섭 干潮간조

　상용자해

刊 5획 | 간 | 깎다, 없애다

전문1

|해설| 형성. 성부는 干간. 干에는 범한다는 뜻이 있고 깎아 없애는 것을 刊이라 한다. 나무를 '깎는다'는 의미로 사용하는 것이 많고 간행刊行은 책의 版木판목을 만들어 木版목판으로 인쇄해서 책을 내는 것이어서 그와 관계된 말에 刊을 사용하는 일이 많다. 刊刻간각, 刊布간포(책을 간행해서 배포함)라고 말한다. 목판에서는 문자를 訂正정정할 때 그 부분만 깎아 대신할 수가 있어서 문자의 잘못을 바로잡는 것을 刊誤간오라고 한다.

|용례| 發刊발간 新刊신간

肝 7획 | 간 | 간, 마음

전문1

|해설| 형성. 성부는 干간. 내장의 간을 말한다. 간장이 오장 중에서도 특히 중요한 역할을 하는 것은 일찍부터 알려져 있어서 肝腎간신(중요한 곳)·肝要간요(간장과 허리. 要는 腰요의 본래 글자. 중요함)라 하고 때로는 心肝심간(심장과 간장. 진심)이라고도 한다. 또 사람의 '마음'이 있는 곳이라 생각하여 肝膽간담(간장과 담낭. 진심)이라 하고 '肝膽相照간담상조'(서로 속마음을 터놓고 친하게 사귀다)처럼 쓴다.

看

看 9획 | 간 | 보다

看
전문1

|해설| 회의. 手수와 目목을 조합한 모양. 눈(目) 위로 손을 들어 사물을 '본다'는 의미이다. '보다'라고 새겨 읽는 글자에 見견, 省성, 看간, 相상, 視시, 診진, 察찰, 睹도, 監감, 覽람, 瞻첨, 觀관 등이 있고 각각의 보는 방식이 있다. 看은 손을 들어 멀리 본다, 또 찬찬히 본다는 의미이다. 잘 보고 파악하라고 할 때는 看取간취, 끝까지 보는 것은 看破간파라고 한다.

|용례| 看過간과 看護간호

間

間 12획 | 간 | 사이, 틈, 고요함

금문1   금문2   전문1

|해설| 회의. 본래 글자는 閒한으로 쓰고 門문과 月월을 조합한 모양이다. 門 안에 달그림자가 있는 모양이라는 해석은 잘못이다. 금문의 자형에는 門 위에 肉육(日月일월의 月 모양과 비슷하지만, 이것은 肉의 모양이다)을 둔 모양이나 문 안에 外외를 쓴 것이 있다. 조상에게 제사 지내는 廟묘의 문에 肉을 바쳐 기도하는 어떤 의례를 표시하는 글자인 것 같고 내외를 띄워놓는다는 의미가 있다. '사이, 틈'이라는 의미 외에 '고요함, 편안함'이라는 의미로도 쓴다.

|용례| 間隔간격 間隙간극 世間세간

幹 13획 | 간 | 줄기, 기둥, 바루다

금문1 　　전문1

|해설| 형성. 성부는 干간. 正字정자는 榦간으로 성부는 倝간. 倝은 장식이 있는 깃대(旗竿기간)의 모양으로 기드림이 달려 있다. 㫃언은 倝과 마찬가지로 깃대에 기드림을 붙인 모양으로, 깃발을 의미하는 旂기, 旆패, 旌정, 旗기 등은 모두 㫃의 모양에 성부를 더한 형성자이다. 旗竿은 깃발의 기둥이고 기본을 이루는 것이기 때문에 幹에는 '기둥, 줄기'라는 의미가 있다. 또 근본을 '바루다'라는 의미도 있다.

|용례| 幹事간사 幹線간선 根幹근간 基幹기간

墾 16획 | 간 | 일구다, 개간하다

전문1

|해설| 형성. 성부는 狠간. 狠의 본래 글자는 豤으로 쓰고, 豕시는 멧돼지(猪저). 艮간에는 사람에게 주술을 거는 呪眼주안에 의해서 진퇴가 막혀 '미워하다, 화내다'라는 뜻이 있다. 멧돼지가 성이 나서 이빨로 흙을 파헤치는 것을 墾이라 하여, 흙을 파헤쳐 '개간하는' 것을 墾이라 한다. 산림이나 원야를 개간해서 경지로 만드는 것을 開墾개간, 논밭을 '일구다'라고 한다.

|용례| 墾田간전 墾鑿간착

懇 17획 | 간 | 정성

전문1

|해설| 형성. 성부는 貇간. 貇의 본래 글자는 狠으로 쓰고, 성난 멧 돼지(猪저)가 거칠게 날뛰면서 이빨로 흙이나 작물을 파헤치는 것을 墾간이라 한다. 작물을 뿌리내리기 위해 깊게 파서 밭을 가는 심정을 懇이라 한다. 懇에는 '마음을 담아서, 극진하게, 정중하게, 진심'이라는 의미가 있다. 懇願간원(마음으로 바람), 懇誠간성(정성스럽고 진심이 담겨 있음), 懇切간절(극진하고 친절함)이라고 쓴다.

簡 18획 | 간 | 대쪽, 글, 덜다

금문1 | 전문1

|해설| 형성. 성부는 間간. 대나무를 불에 쬐어 펴서 얇은 대쪽으로 만들어 그 위에 문자를 쓴 것을 簡, 竹簡죽간이라 하여, '대쪽, 글'이라는 뜻이 된다. 죽간에 쓰는 것은 玉옥이나 비단에 쓰는 것에 비해 가벼운 기록 방법이므로 '덜다'라는 의미가 되고 簡易간이, 簡單간단, 簡略간략(손쉬운 것)이라고 쓴다.

|용례| 簡潔간결 簡札간찰 書簡서간

喝 12획 │ 갈 │ 꾸짖다

전문1

|해설| 형성. 성부는 曷갈. 曷은 죽은 사람의 뼈 모양인 匄개(勹포는 사람을 옆에서 본 모양, ㄥ망은 亡망의 본래 글자로 무너진 뼈의 모양)에 曰왈(신에게 바치는 기도문인 축문을 넣는 그릇에 축문이 있는 모양)을 더한 모양으로, 죽은 사람의 뼈를 呪靈주령으로 삼아 격렬히 기도하여 남에게 저주 등을 가한다는 뜻이 된다. 그 격렬한 기도 소리를 喝이라 하는데 그 소리는 사람을 꾸짖거나 야단치거나 위협할 때의 소리와 비슷했을 것이다.

|용례| 喝采갈채 恐喝공갈 一喝일갈 恫喝통갈

渴 12획 │ 갈 │ 마르다, 다하다

금문1 │ 전문1

|해설| 형성. 성부는 曷갈. 曷은 죽은 사람의 뼈(匄개)에, 신에게 바치는 기도문인 축문을 넣는 그릇에 축문이 있는 모양(曰왈)을 더하여, 죽은 사람의 뼈를 주령呪靈으로 삼아 격렬히 기도하는 것을 말한다. 큰 소리로 기도하고 꾸짖어 목이 '마르는' 것을 渴이라 한다. 愒게와 통하여 '탐하다'라는 의미로도 쓴다.

|용례| 渴望갈망 渴水갈수 渴仰갈앙 枯渴고갈 飢渴기갈

葛 13획 | 갈 | 칡, 덩굴

전문1

|해설| 형성. 성부는 曷갈. 산야에 자생하는 덩굴풀의 일종으로 '칡'을 말한다. 줄기의 섬유로 베를 짜고 뿌리로 갈분을 만든다. 葛布갈포는 발이 거친 베로 하복으로 사용했다. 일본에서는 덩굴풀의 총칭으로 쓴다.

|용례| 葛巾갈건 葛藤갈등 葛衣갈의

褐 14획 | 갈 | 베옷

전문1

|해설| 형성. 성부는 曷갈. 褐은 거친 베의 직물로 그 색은 갈색(짙은 다갈색)이었다. 그 직물로 만든 솜옷 같은 의복을 褐博갈박이라 하고 그 의복을 입은 신분이 낮은 사람을 褐夫갈부라고 한다. 거친 베로 만든 의복을 褐衣갈의라고 한다. 裘褐구갈이란 거친 동복과 하복을 말하는데 그래서 1년이라는 뜻도 된다.

甘 5획 | 감 | 달다, 열쇠

전문1

|해설| 상형. 자물쇠에 열쇠를 채운 모양. '열쇠를 끼우다'가 본래 의

미이다. 입을 막는 것을 拑겸이라 하고 목에 채우는 칼을 鉗겸이라 한다. 甘을 '달다'는 뜻이라 하는 것은 甛감(뿌리에 단맛이 있는 풀인 감초)의 뜻에서 따왔을 것이다. 甘은 형벌 도구인 수갑과 칼의 모양과 같다.

|용례| 甘露감로 甘美감미 甘死감사 甘受감수 甘心감심 甘雨감우

紺 11획 | 감 | 감색

紺
전문1

|해설| 형성. 성부는 甘감. 『설문해자』(13상)에 "비단이 검푸르고 적색을 띤(揚) 것"이라고 한다. 揚양이란 그 색깔이 표면에 드러난다는 의미인데 紺은 진한 청색에 적색을 포함한 색, '감색'을 말한다. 『三國志』「魏書/倭人傳」(「魏志/倭人傳」이라고도 한다)에 魏王위왕이 倭왜(일본) 여왕 히미코(卑彌呼)에게 紺靑감청(선명한 남빛 염료로 물들인 옷감) 50필을 주었다고 기술되어 있다.

|용례| 紺碧감벽 紺地감지

勘 11획 | 감 | 헤아리다, 조사하다

勘
전문1

|해설| 회의. 甚심과 力력을 조합한 모양. 甚에는 戡이길 감, 堪견딜 감 등의 음이 있고 勘은 성부가 甚인 형성자가 아니라 회의자일 것이다. 甚에는 碪다듬잇돌 침과 같은 글자가 있고 力은 쟁기(耒뢰)의 모

양이기 때문에 勘은 쟁기를 간다는 의미의 글자가 된다. 그 가는 정도를 '헤아리는' 것에서 勘(헤아리다)이라는 뜻이 되고, 문장·문자가 옳은지 여부를 '조사하는' 것을 勘定감정이라고 한다.

|용례| 勘合감합

堪 12획 | 감 | 견디다, 뛰어나다

堪
전문1

|해설| 형성. 성부는 甚심. 甚에 勘헤아릴 감, 媅즐길 담의 음이 있다. 甚은 냄비를 부뚜막 위에 걸어놓은 모양으로, 부뚜막을 말한다. 부뚜막을 흙 속에 만든 것이 堪이고 그 안에서 도자기를 구웠을 것이다. 그래서 堪에는 고열에 '견디다', '뛰어나다'라는 의미가 있다.

|용례| 堪能감능 堪忍감인

減 12획 | 감 | 줄다

減   減
금문1 | 전문1

|해설| 형성. 성부는 咸함. 咸은 신에게 바치는 기도문인 축문을 넣는 그릇(ㅂ재) 위에 聖器성기인 戊월(鉞도끼 월)을 놓고, 기도의 효과를 지키는 것으로, '봉하다'(緘함)라는 뜻이 있다. 여기에 水수를 더하는 것은 기도의 효과를 減殺감쇄하는(줄이는) 행위로 생각되었을 것이다. 盜훔칠 도는 血盟혈맹(희생의 피를 마시고 굳게 맹세함)의 피에 침(次연)을 흘려 그 혈맹을 더럽히고 혈맹을 거스르는 것을 말한다.

상용자해

水를 더하는 것은 신성한 것을 더럽힌다는 의미가 있었던 것이다. 減은 효과를 적게 한다는 것에서 '줄이다, 줄다, 생략하다'라는 뜻으로 쓰인다.

|용례| 加減가감 減耗감모 減少감소 減退감퇴 激減격감 半減반감

敢 12획 | 감 | 삼가다, 감히

금문1 | 금문2 | 전문1

|해설| 상형. 금문의 자형은 국자(杓작)로 鬯酒창주(제사용 술로 향기가 배어 있다)를 퍼내어 제사하는 장소를 정화하는 의례를 나타낸다. 그것은 신을 부를 때의 의례이고, 삼가 행하는 것이기 때문에 '삼가다'라는 뜻이 된다. 신이 계신다고 생각하는 암석 지대에서 신에게 바치는 기도문인 축문을 넣는 그릇 ㅂ재를 두 개 늘어놓고 이 의례를 행하는 것을 巖암이라고 한다. 그 의례는 대개 엄숙하게 하는 행위이기 때문에 '감히'(과감하게) 한다는 뜻이 된다.

|용례| 敢爲감위 敢行감행 果敢과감 勇敢용감

感 13획 | 감 | 마음이 움직이다, 느끼다, 생각하다

금문1 | 전문1

|해설| 형성. 성부는 咸함. 咸은 ㅂ재(신에게 바치는 기도문인 축문을 넣는 그릇의 모양) 위에 聖器성기인 戉노써 鉞월을 올려 ㅂ를 지켜서 기도의 효과를 안에 가두어 지킨다는 의미가 있다. 그렇게 해두면 신

이 밤중에 몰래 찾아와 기도에 응해줄 것이라 여겼다. 그렇게 신의 '마음이 움직이는' 것을 感이라고 한다. 그래서 모든 일에 '마음이 움직이는' 것을 感이라 하고 또 마음(心심)에 느끼는 것, '생각하는' 것을 感이라 한다.

| 용례 | 感慨감개 感激감격 感動감동 感銘감명 感心감심 敏感민감

監 14획 | 감 | 거울, 보다

갑골1 갑골2 금문1 금문2 전문1

| 해설 | 회의. 臥와와 皿명을 조합한 모양. 臥는 사람이 고개 숙여 아래쪽을 보는 모양이다. 皿은 소반이고 물을 담은 수반水盤일 것이다. 監은 수반에 자신의 모습을 비추는 모양으로 水鏡수경을 말하고 '거울'이라는 뜻이 된다. 監은 鑑감(거울, 보다)의 본래 글자이기도 하다. 수경에 비추어 자신의 모습을 반성하는 것이므로 '거울 삼아 보다'라는 의미로도 쓴다. 監獄감옥, 監禁감금의 監은 檻우리 함의 자형을 생략한 용법이다.

| 용례 | 監督감독 監視감시 監察감찰 收監수감

憾 16획 | 감 | 원망하다

| 해설 | 형성. 성부는 感감. 感은 凵재(신에게 바치는 기도문인 축문을 넣는 그릇의 모양) 위에 聖器성기인 戌도끼 월을 놓아 기도의 효과를 가두어 지켜 그 기도에 신이 반응하는 것을 말한다. 그 신의 반응이 충분하지 않아 미련이 남는 것을 憾이라 하여, '원망하다'라는 뜻

이 된다. 恨한과 음훈이 가까운데 恨은 사람에 대하여 원망하는 것, 憾은 스스로 유감스럽게 생각하는 것, 怨원은 심중에 맺혀 늘 잊히지 않는 원망의 감정을 말한다.

|용례| 憾恨감한 遺憾유감

鑑 22획 | 감 | 거울에 비추어 보다, 거울, 보다

금문1　금문2　전문1

|해설| 형성. 성부는 監감. 監은 물을 담은 水盤수반에 고개를 숙여 자신의 모습을 비추는 모양으로 水鏡수경을 말하고, '거울, 보다'라는 의미가 있다. 監은 鑑의 본래 글자이다. 청동이나 구리, 철로 만드는 것이므로 鑑이라는 글자가 만들어졌다. 鑑, 鏡, 景경, 煌황은 그 음이 비슷하고 '빛나다, 비추다'라는 의미가 있다.

鑑

|용례| 鑑賞감상 鑑定감정 鑑察감찰

甲 5획 | 갑 | 갑옷, 투구, 첫째 천간

갑골1　갑골2　금문1　금문2　전문1

|해설| 상형. 거북의 딱지(甲) 모양. 거북의 배 딱지에는 중앙에 세로로 관통하는 縫線봉선이 있고 또 이의 교차하는 가로줄의 봉선이 있다. 옛 자형은 봉선이 교차하는 十십의 모양이다. 후에 거북의

딱지 상반부의 윤곽을 더해서 甲의 모양이 되었다. 거북이 단단한 딱지를 붙이고 있듯이 갑옷으로 무장하는 것을 甲이라 하고, 투구를 쓰는 것도 甲이라 한다. 그래서 甲은 '갑옷, 투구'라는 뜻이 된다. 甲은 天干천간의 첫째이기 때문에 '갑, 제일, 首位수위'라는 뜻도 된다.

|용례| 甲乙갑을 甲第갑제 甲冑갑주 甲板갑판 龜甲귀갑

岬   8획 | 갑 | 산허리

|해설| 형성. 성부는 甲갑.『玉篇』에 "산의 옆(旁방)"이라 하여, 산과 산 사이, 산골짜기라는 뜻이라고 한다. 일본어에서는 '미사키'(みさき)라고 읽고 물속에 돌출한 육지의 끝자락을 말한다.

江   6획 | 강 | 강

금문1   **금문2**   **전문1**

|해설| 형성. 성부는 工공. 工은 虹무지개 홍 자가 표시하듯이 무지개처럼 완만하게 휘어진 반원형 물건을 말한다. 중국에서는 북방 하천은 河하, 남방 하천은 江으로 부르는 경우가 많다. 江의 이름은 옛 서책인『詩經』이나『書經』에 보이는데 약 2천2백 년 전인 秦代진대의 금문에 長江장강(揚子江양자강이라고도 한다)을 江이라고 부른다. 장강이 중류에서 하류에 걸쳐 완만하게 굽은 모양인 것은 옛날부터 알려져 있었을 것이다. 江은 '강', 장강이라는 뜻으로 쓴다.

|용례| 江河강하 江湖강호

岡 8획 | 강 | 언덕

전문1

|해설| 회의. 网망과 火화를 조합한 모양. 网은 주물을 만들 때 사용하는 흙으로 만든 鑄型주형의 모양이고, 여기에 火(이 글자에서는 山산의 모양)를 더하여 불에 굽는 것을 岡이라 하여, 불에 구워 완성한 적토색 주형이라는 뜻이 된다. 녹여 부은 뒤에 주형을 칼로 쪼개는 것을 剛강(굳다, 강하다)이라고 한다. 岡은 적토색 땅이 좀 높은 곳, '언덕'이라는 뜻으로 쓴다. 좀 높은 언덕을 岡阜강부라 한다.

降 9획 | 강, 항 | 내리다, 항복하다

갑골1 | 갑골2 | 금문1 | 금문2 | 전문1

|해설| 회의. 自부(阝)와 夅강을 조합한 모양. 自는 본래 阝로 쓰는, 천상의 신이 오르내릴 때 사용하는 신의 사다리 모양이다. 夅은 내려오는 좌우 발자국을 위아래로 늘어놓은 모양이고, 내려온다는 의미를 표시한다. 신이 사다리를 내려오는 것을 降이라 하고, 神佛신불이 천상에서 지상으로 내려오는 것을 降臨강림이라고 한다. 중국에서는 신이 천상에 있고 이 신의 사다리로 오르내린다고 여겨졌다. 일본의 신화에도 아마테라스 오미카미(天照大御神)의 후손이 다카마가와라(高天原)(천상의 나라)에서 쓰쿠시(築紫) 휴가(日向)(지금의 미야자키현)의 다카치호노미네(高千穗峰)에 내려온 것이 일본의 기원이라는 天孫降臨천손강림 이야기가 있다. 降은 신이 '내린다'는

것이 본래 뜻이었는데, 후에 높은 곳에서 '내리다, 떨어지다, 내려오다'를 降이라 하게 되고, 또 적에게 패배하여 그 명령에 따르는 것을 降伏항복, 降服항복이라고 한다.

|용례| 降雪강설 降下강하 昇降승강 乘降승강 下降하강 滑降활강

剛 10획 | 강 | 굳세다, 강하다

| 갑골1 | 갑골2 | 금문1 | 금문2 | 전문1 |

|해설| 회의. 岡강과 刀도(刂)를 조합한 모양. 岡은 鑄物주물을 만들 때 사용하는 주형을 흙으로 만들어 밑에서 불(이 글자에서는 山산의 모양)을 붙여 태워 굳히는 모양으로, 견고한 주형을 말한다. 그 주형을 금속을 녹여 넣은 다음에 칼을 써서 자른 모양이 剛인데, 주형은 견고해서 쉽게 자를 수가 없기 때문에 剛에는 '굳세다, 강하다'라는 뜻이 있다. 물건이 굳세고 강하다는 뜻을 사람의 성정에 옮겨서 剛毅강의, 剛直강직(의지가 강하고 기력이 있어서 어떤 일에도 굴하지 않음), 剛健강건(심신 모두 튼튼함), 剛勇강용(기력이 강하고 용기가 있음)이라 한다.

|용례| 剛力강력 堅剛견강

康 11획 | 강 | 편안하다

| 갑골1 | 금문1 | 금문2 | 전문1 |

|해설| 회의. 庚경과 米미를 조합한 모양. 庚은 두 손으로 午오(杵절

굿공이 저)를 쥐고 곡물을 빻아 탈곡, 정백하는 모양. 아래에 米를 더한 것은 쌀겨를 벗겨 정미한다는 의미이다. 옛 자형에서 米 부분은 겨(糠강)가 흩어진 모양이므로 康은 糠의 본래 글자라는 것을 알 수 있다. 『爾雅』「釋詁」에는 "康은 靜정"이라 하고, 金文금문에는 "民민, 康靜강정하다"라 한다. 옛날에는 康에 '편안하다'는 뜻이 있었다.

|용례| 康樂강락 健康건강

強 11획 | 강 | 굳세다, 강요하다, 억지로

전문1

|해설| 회의. 弘홍과 虫충을 조합한 모양. 弘은 활시위를 뗀 모양으로 그 시위가 활 바깥에 늘어져 있다. 활시위에 虫을 더한 것은 아마 그 시위가 天蠶絲천잠사(참나무산 누에에서 뽑은 실을 酸산을 먹여 늘여서 말린 백색 실로 튼튼하여 낚싯줄 등에 많이 쓴다)임을 표시할 것이다. 그 시위가 다른 것으로 만든 시위보다 강인하기 때문에 '굳세다'라는 뜻이 되고, 무리하게 '힘쓰다'라는 뜻이 되고, 또 무리하게 '강요하다(밀어붙이다), 억지로'라는 뜻이 되었다.

|용례| 強健강건 強固강고 強記강기 強力강력 強要강요 強引강인

綱 14획 | 강 | 벼리

전문1

|해설| 형성. 성부는 岡강. 岡은 鑄物주물을 만들 때 그 주형에 불(이 자형에서는 山산의 모양)을 더하는 모양으로, 고열로 주형을 녹여 굳히는 것을 표시한다. 岡에는 굳고 세다는 의미가 있다. 그래서 끈을 합쳐 꼬아서 튼튼하여 끊어지지 않는 것을 綱이라고 한다. 綱은 '벼리, 통괄하다'라는 뜻이 되고 또 大綱대강(기본이 되는 것, 근본)이라는 뜻으로 쓴다.

|용례| 綱紀강기 綱領강령 綱目강목

鋼 16획 | 강 | 강철

|해설| 형성. 성부는 岡강. 岡은 鑄物주물을 만들 때 사용하는 주형을 흙으로 만들어 밑에서 불을 붙여 태워 굳히는 모양으로, 견고해진 주형이다. 칼을 써서 주형을 자르는 모양이 剛강인데, 견고해서 쉽게 자르기 어려우므로 剛은 굳세다는 뜻이 된다. 단련해서 굳센 성질의 철을 鋼이라 하고, '강철'이라는 뜻으로 쓴다.

|용례| 鋼材강재 鋼鐵강철 製鋼제강

講 17획 | 강 | 읽다, 꾀하다, 가르치다

전문1

|해설| 형성. 성부는 冓구. 冓는 같은 모양의 장식 끈을 상하로 연결한 모양으로, 짜 맞춘다는 뜻이 있다. 목재를 짜 맞추어 건물 등을 짓는 것을 構築구축이라고 한다. 말을 짜 맞추어 설명하는 것, 또 생각하는 것을 講이라 하여, '읽다, 생각하다, 꾀하다, 가르치다'라

는 뜻으로 쓴다.

|용례| 講釋강석 講習강습 講演강연 講義강의 講評강평 聽講청강

介 4획 | 개 | 갑옷, 돕다, 가로막다

갑골1 | 전문1

|해설| 상형. 몸 앞뒤로 갑옷을 입은 사람의 모양. 갑옷을 입고 무장하는 것은 몸을 지키고 몸을 '돕는' 것임과 동시에 남을 '가로막는' 것이다. 타인을 가로막고 홀로 자신의 의지를 지키는 생활 방식을 介然개연이라 하고, 潔癖결벽스럽게 타인을 거부하는 생활 방식을 狷介견개라 한다. 仲介중개(양자 사이를 알선함)라고 할 때의 介는 界경계 계와 통용하여 양자가 접하는 곳을 말한다.

|용례| 介意개의 介在개재 介冑개주 介蟲개충 紹介소개

改 7획 | 개 | 바꾸다, 바뀌다

갑골1 | 갑골2 | 갑골3 | 금문1 | 전문1

|해설| 형성. 성부는 己기. 改는 己(실 감는 도구, 실패)에 攴복(攵. 친다는 뜻이 있다)을 더한 글자인데 실패를 친다는 것으로는 글자의 뜻을 밝힐 수가 없다. 옛 자형은 攺개로 쓰고 이것이 改의 본래 글자일 것이다. 改는 아마 攺의 이체자이고 후에 攺의 형성자로 여겨 쓰이게 되었을 것이다. 攺는 巳사와 攴을 조합한 회의자이다. 巳는 뱀(蛇사)의 모양을 한 벌레(蠱고)라는 것으로 타인에게 저주를 걸

어 재앙을 가하려고 할 때 사용되었다. 여기에 攴을 더해 친다는
것은 자신에게 내리려는 재앙을 타인에게 옮겨 변경하려고 하는
일종의 주술이었다. 바꾼다는 것은 본래는 재앙을 떨쳐 버리려는
의례를 말했다. 그래서 改는 '바꾸다, 바뀌다'라는 뜻이 된다.

|용례| 改過개과 改良개량 改元개원 改訂개정 改竄개찬 改革개혁

皆 9획 | 개 | 모두

금문1　　전문1

|해설| 회의. 옛 자형은 比비와 曰왈을 조합한 모양. 比는 두 사람이
늘어선 모양이고 曰은 ㅂ재(신에게 바치는 기도문인 축문을 넣는 그릇)
에 축문이 들어가 있는 모양. 축문에 의해 신령을 불러 내리는(이를
뜻하는 글자가 召소) 것에 대해 신령이 나란히 강림하는 것을 皆라고
한다. 皆는 신이 함께 내리는 것으로 '모두'라는 뜻이 된다. 사람에
게는 偕함께 해라고 한다. 偕老同穴해로동혈은 부부가 함께 사이좋게
늙어 사후에도 함께 묻히는 것이다.

|용례| 皆勤개근 皆無개무 皆濟개제 悉皆실개

個 10획 | 개 | 낱, 하나

|해설| 형성. 성부는 固고. 固는 일정한 모양으로 고정된 물건. 個는
상대가 없이 한쪽만 있는 것을 말하고 '하나, 한 사람'이라는 뜻이
된다. 물건을 셀 때 붙이는 个개, 箇개와 같이 一個일개, 二個이개처
럼 쓴다. 唐代당대 이후 眞個진개(참으로), 這個저개(이)처럼 접미어로

쓴다.

|용례| 各個각개 個別개별 個性개성 個人개인

開 12획 | 개 | 열다, 열리다, 비우다

고문1　전문1

|해설| 회의. 閂빗장 산과 廾받들 공을 조합한 모양. 廾은 좌우 두 손을 늘어놓은 모양. 閂 안의 一일은 閂문을 닫기 위한 가로목인 빗장이기 때문에 그 아래에 廾을 더해 빗장을 풀어 두 손으로 문을 '열다'라는 뜻이 된다. 문에 한하지 않고 모두 '열다, 비우다'라는 뜻으로 쓴다.

|용례| 開業개업 開化개화 開花개화 打開타개

慨 14획 | 개 | 개탄하다

전문1

|해설| 형성. 성부는 旣기. 旣는 皀급(食器식기)을 앞에 놓고 배불리 먹은 다음 뒤를 바라보고 트림을 하는 사람의 모양(旡기)(사전은 '목멜 기'로 풀이하고 있으나 이것은 『설문해자』에서 유래하는 전통적(?)인 설명으로 납득이 가지 않는 설명이다. — 옮긴이)으로, 식사가 이미 끝났다(旣)는 뜻이 된다. 그 모습이 개탄할 때의 동작과 비슷하므로 心심을 더하여 '개탄하다'리는 뜻이 된다. '분노하다, 우려하다'라는 뜻으로도 쓴다.

|용례| 感慨감개 慷慨강개 慨然개연 慨嘆개탄 憤慨분개

蓋

14획 | 개 | 덮개, 덮다, 대개

금문1 | 금문2 | 전문1

|해설| 형성. 성부는 盍덮을 합.『설문해자』(1하)에 "苫이엉 점", 즉 갈대 (葦위)나 띠(茅모)를 엮어 지붕 등을 덮기 위한 덮개라고 한다. 盍은 기물에 손잡이가 달린 덮개를 한 모양으로 '덮다, 덮개'라는 뜻이 된다. 蓋는 盍의 음훈을 받아서 '덮다, 덮개'라는 의미로 쓴다. 부 사 '대개'로 쓰는 것은 그 음을 빌린 가차 용법이다.

|용례| 蓋棺개관 蓋世개세 蓋車개차 車蓋거개/차개

箇

14획 | 개 | 낱

전문1

|해설| 형성. 성부는 固고. 箇는 『설문해자』(5상)에 "대나무의 줄기 (枚매)"라 설명하고 본래는 대나무 주걱 같은 것의 이름인데 그것을 벌여놓아 수를 세었기 때문에 그 수를 세는 단위가 되어 一箇일개 (물건 하나), 二箇이개처럼 말한다. 글자는 또 생략해서 个개, 介개 등 을 쓴다. 介는 '一介일개'(사람 한 명)처럼 사람을 셀 때만 쓰고, 個는 사람인변의 글자이지만 물건을 셀 때 외에는 쓰지 않는다.

|용례| 箇所개소

概 15획 | 개 | 평미레, 개요, 대강

전문1

|해설| 형성. 성부는 旣기. 旣에 漑개, 慨개의 음이 있다. 『설문해자』 (6상)에는 글자를 槩개로 쓰고, 되로 담은 곡물을 평평하게 다듬는 도구인 '평미레'라고 한다. 고르게 해서 높이를 같게 만드는 것으로 '개요, 대강, 대체로'라는 뜻이 된다.

|용례| 槪略개략 槪算개산 槪要개요 槪況개황 大槪대개

客 9획 | 객, 각 | 손님, 여행자

금문1 금문2 전문1

|해설| 회의. 宀집 면과 各각을 조합한 모양. 宀은 큰 지붕의 모양으로 조상에게 제사하는 廟묘(사당)이다. 各은 ㅂ축문 그릇 재(신에게 바치는 기도문인 축문을 넣는 그릇의 모양)를 바쳐 기도하여 신을 부름에 응하여 신이 하늘에서 내려오는 모양이다. 客은 묘 안에 내려와 이른(格격) 신이고 밖에서 맞이한 신(客神객신이라고 한다)이다. 일본에서는 '손님'(異族이족의 신)이라고 했다. 客은 후에 神신을 말하는 것이 아니라 인간을 말하게 되어 客人객인이나 旅人여인(여행자)이라는 뜻으로 쓴다.

|용례| 客死객사 客室객실 過客과객 乘客승객 主客주객

坑 7획 | 갱 | 구멍

|해설| 형성. 성부는 亢목 항. 亢은 동맥 부분을 포함하는 사람 목구멍의 모양. 목구멍의 동맥을 드러내 격정적으로 한탄하는 것을 忼강개라 하고, 그러한 태도로 저항하는 것을 抗항이라 한다. 그래서 직선적으로 주위의 상황에 맞선 듯한 상태에서, 바로 옆으로 또는 바로 밑으로 직진하는 듯한 길을 파서 구멍을 내는 것을 坑이라 한다. 坑은 '구멍', 대개는 竪穴수혈(세로로 판 구멍)이 본래 의미일 것이다.

去 5획 | 거 | 떠나다, 버리다

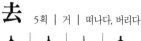

갑골1 | 금문1 | 금문2 | 전문1

|해설| 회의. 大대와 凵거를 조합한 모양. 大는 손발을 벌리고 선 사람을 정면에서 본 모양. 凵는 ㅂ재(신에게 바치는 기도문인 축문을 넣는 그릇의 모양)의 뚜껑을 벗겨 축문이 무효라는 것을 표시한다. 옛 시대에 재판은 축문을 외고 거짓이 있으면 벌을 받겠다고 신에게 맹세하는 神判신판의 형식으로 진행되었다. 신판에 패배한 자(大)는 살해되어, 축문이 不正부정했으므로 ㅂ의 뚜껑을 벗긴 凵와 함께 버려졌다. 去는 '버리다'가 본래 의미이다. 물에 흘려 버리는 것을 법法이라 하고, 재판에 패배한 자를 물리치는 것을 却각이라 한다. 去는 버린다는 의미에서, 버림으로써 그 장소를 '떠나다'라는 뜻이 되고, 시간이 지나다, '옛날'이라는 뜻으로도 쓰인다.

|용례| 去年거년 去來거래 去就거취 過去과거 死去사거 除去제거

巨 <small>5획 | 거 | 곡척, 크다</small>

<table>
<tr><td>금문1</td><td>금문2</td><td>전문1</td></tr>
</table>

|해설| 상형. 직각으로 굽은 자(곡척)의 모양. 規규는 그림쇠로, 원을 그리는 데 사용하고, 矩구는 직선이나 직각을 그리는 데 쓴다. 합쳐서 規矩규구라 하여 법칙이라는 뜻이 된다. 巨의 가운데 불룩한 곳은 손으로 잡는 곳이고 그곳을 잡는 사람의 모양(大대)을 더한 자형(금문2)도 있다. 鉅클 거와 통용하여 '크다'는 뜻으로도 쓰인다.

矩

|용례| 巨大거대 巨頭거두 巨萬거만 巨額거액 巨人거인 巨匠거장

車 <small>7획 | 거, 차 | 수레</small>

<table>
<tr><td>갑골1</td><td>갑골2</td><td>금문1</td><td>금문2</td><td>금문3</td><td>전문1</td></tr>
</table>

|해설| 상형. 수레의 모양. 수레의 본체와 그 좌우에 양 바퀴를 더한 모양. 고대 중국의 말이 끄는 車戰차전에서 마차에는 두 필의 말을 매었다. 차의 제작은 옛날

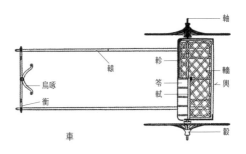

車

부터 발달해서 『周禮』 「考工記/車人」에 상세히 기록되어 있다. 또 殷周_{은주} 시대의 무덤에는 특히 車馬坑_{거마갱}(車와 馬를 매장한 갱)이 있어서 당시의 차에 대하여 알 수 있다.

|용례| 車馬거마 車塵차진 車轍차철 發車발차 車庫차고

居 8획 | 거 | 있다

| 금문1 | 금문2 | 전문1 | 전문2 |

|해설| 회의. 본래 글자는 凥_거로 쓰고, 尸_시와 几_궤를 조합한 모양. 尸는 조상에게 제사 지낼 때 조상의 靈_령 대신에 제사를 받는 신주이다. 几는 机_{책상 궤}의 모양으로 의자. 居는 신주가 의자에 앉은 모양이다. 居는 凥의 형성자이고 성부는 古_고이다. 凥와 居는 같은 글자이지만 居 자가 쓰이게 되었다. 고대에는 喪_상에 居하다(喪에 服복하다)라고 하듯이 의례 때 쭈그리고 앉는 자세를 말하고 그래서 '있다, 쭈그리고 앉다'라는 뜻으로 썼다. 후에 일상적으로 있는 곳이라는 '주거'로 쓰이게 되었다.

|용례| 居家거가 居室거실 居住거주 居宅거택 舊居구거 住居주거

拒 8획 | 거 | 거부하다, 막다

|해설| 형성. 성부는 巨_거. 巨는 직각으로 굽은 자의 모양으로 한쪽이 가로로 돌출해서 다른 쪽과 맞붙이기 어려운 모양이기 때문에, 다른 것을 거부한다는 의미가 있다. 巨에 손수변을 붙여서 동사로 한 拒는 '거부하다, 막다'라는 뜻이 된다.

|용례| 拒否거부 拒戰거전 拒絶거절

据
挶
전문1

11획 | 거 | 앉다

|해설| 형성. 성부는 居거. 拮据길거는 손을 격렬하게 움직이는 것을 말하고, 손가락 끝을 사용해서 손가락 끝이 아프게 되는 것을 据라고 한다. 据傲거오처럼 쓰는 것은 倨거만할 거와 통용한 의미이다.

距
歫
전문1

12획 | 거 | 며느리발톱, 떠나다

|해설| 형성. 성부는 巨거. 巨는 직각으로 굽은 자(矩구)의 모양으로 수탉의 며느리발톱(발에 붙은 거꾸로 난 돌기로, 공격의 무기로 쓴다) 모양과 비슷하다. 한쪽이 가로로 나와 있어서 다른 한쪽의 물건과 딱 맞추기 어렵기 때문에 巨는 거부한다는 뜻이 되고, 또 '떨어지다, 거리'라는 뜻도 된다. 닭의 며느리발톱을 鷄距계거라고 한다. 距는 '떨어지다, 떠나다, 어긋나다'라는 뜻으로 쓴다.

|용례| 距離거리 距躍거약

裾 13획 | 거 | 옷자락

전문1

|해설| 형성. 성부는 居거. 의복의 '옷자락, 깃, 소매'라는 뜻으로 쓴다. 의복의 옷자락을 衣裾의거라 한다. 『荀子』「子道」에 "子路자로, 盛服성복하고 공자를 뵙다. 공자 왈, 由유야, 이 裾裾거거는 무엇이냐?"라는 말이 있는데, 공자가 자로의 복장이 화려한 것을 훈계하는 말이다. 裾裾란 의복이 화려해서 눈에 띄는 것을 말한다. 子路는 용맹을 좋아하고 또 멋진 차림을 좋아한 사람인 듯하다.

據 16획 | 거 | 의하다, 점거하다

전문1

|해설| 형성. 성부는 豦거. 『설문해자』(12상)에 "지팡이로 지지하다"라 하여, 지팡이에 의지한다는 의미라고 한다. 豦는 梵鍾범종의 고리 부분을 鐻악기 걸이 거라고 하여, 그 거는 곳을 굳게 다진다는 의미이기 때문에, 몸이 의지할 곳을 據라고 할 것이다. 그래서 '의하다, 근거로 삼다, 근거하다, 점거하다'라는 뜻으로 쓴다.

|용례| 據點거점 根據근거 依據의거 占據점거 證據증거 割據할거

擧 18획 | 거 | 들다, 행하다

금문1

전문1

|해설| 회의. 與여와 手수를 조합한 모양. 與는 与여(두 개의 상아를 조합한 모양)를 네 개의 손으로 떠받치는 모양으로, 협력하여 운반한다는 의미이다. 여기에 또 手를 더하여 与를 높이 들어 올리는 것이 擧이고, '올리다, 바치다'라는 뜻이 된다. 그래서 물건을 바쳐서 의식이나 행사를 진행하는 것을 擧行거행이라 하고 또 모든 일을 '행하는' 것을 擧라고 한다. 많은 사람이 협력해서 与를 들어 올리는 데서 '모두, 전부'라는 뜻으로도 쓴다.

|용례| 擧國거국 擧動거동 擧兵거병 擧世거세 擧手거수 快擧쾌거

巾 3획 | 건 | 무릎 덮개, 천

갑골1 금문1 전문1

|해설| 상형. 허리에 띠는 천의 모양. 의례 때 사용하는 '무릎 덮개, 앞치마'를 말한다. 금문에서는 巾을 市불(무릎 덮개)이라는 뜻으로 쓴다. 후에 '수건, 행주, 두건, 천, 포목'이라는 뜻으로 쓴다. 띠에 巾을 붙인 모양의 글자가 帶대(띠, 띠를 두르다)이다.

|용례| 巾角건각 頭巾두건

件 6획 | 건 | 나누다, 절

件
전문1

|해설| 회의. 人인과 牛우를 조합한 모양. 唐宋당송 시대(7~13세기) 이후에 쓰이는 글자인데, 글자 구성의 의미는 알 수 없다. 『舊唐書』「刑法志」에 "단죄하는 곳, 20건 이상을 大대라 하고, 10건 이상을 中중이라 한다"라고 하여, 본래 재판 용어였던 것 같다. 件은 '나누다, 일을 구별하다, 절(문장에서 기술된 일부분)'이라는 뜻으로 쓴다.

|용례| 件數건수 事件사건 案件안건

建 9획 | 건 | 세우다, 서다

금문1 | 전문1

|해설| 회의. 聿붓 율과 廴길게 걸을 인을 조합한 모양. 聿은 붓(筆필)이고, 廴은 의례를 행하는 中庭중정 주위의 벽이다. 중정에 붓을 세워 방나나 地相지상을 점쳐 수도의 위치를 정한다. 그곳에 標柱표주를 세워 奠基전기(건물의 기단에 희생을 묻어 그 토지를 정화함) 의례를 행한다. 의례가 끝나면 工具공구를 잡고 땅을 다져 건조물의 토대를 쌓아 올린다. 이것을 築쌓을 축이라 한다. 건축이 끝나고 수도가 만들어져서, 建國건국(새로 나라를 만듦)이 되는 것이다. 建은 본래 측량하고 구획하고 수도의 設營설영을 말하는 글자였던 것 같은데 후에 건물을 만드는 것을 建設건설, 建造건조, 建築건축이라 하여 '세우다'라는 뜻이 된다. 또 법이나 달력 등을 제정하고 만드는 의미로

도 쓰였다.

|용례| 建立건립 建白건백 建策건책 封建봉건 創建창건

乾 11획 | 건, 간 | 마르다, 말리다, 펄럭이다

전문1

|해설| 회의. 倝간과 乙을을 조합한 모양. 倝은 車거에 세운 깃발(旗기)이 나부끼는 모양이고 乙은 그 깃대에 기드림이 길게 펄럭이는 모양. 그래서 맑고 상쾌한 기상 상태를 말하고 '마르다'라는 뜻이 된다. 『易經』의 三本삼본의 爻효를 늘어놓은 괘에 乾건, 兌태, 離리, 震진, 巽손, 坎감, 艮간, 坤곤이라는 팔괘가 있고 이를 조합한 六爻육효의 괘가 만들어지는데, 乾은 ☰으로 상하 三爻삼효가 乾이라 불리는 괘로서 그 괘는 "하늘의 운행은 건健하다"라고 하듯이 勇健용건(용기 있고 확실함)의 덕을 상징하는 것으로 여겼다. 그래서 乾卦건괘가 상징하는 모든 기상과 덕성이 모두 乾 자의 의미에 포함된다. 이것은 乾에 대하여 地지의 덕을 상징한다고 하는 坤卦곤괘도 마찬가지이고 乾坤건곤이란 天地천지를 말한다. 글자의 의미는 그 자형이 표시하는 본래 의미에서 벗어나 여러 가지 의미가 부여되는 경우가 있다. 乾을 사용하는 숙어 중 乾燥건조(마름) 외의 의미는 이 『易經』의 건괘가 갖는 상징적인 의미인 天천, 君군, 父부, 健건, 剛강 등의 뜻을 갖는 것이 많다.

|용례| 乾杯건배

健

11획 | 건 | 튼튼하다, 굳세다, 강하다

전문1

|해설| 형성. 성부는 建건. 建은 벽으로 둘러싸인 의례의 장소에서, 방위나 지형을 점치고 측량을 하여 건축의 기준을 만드는 것을 말한다. 밖으로부터 어지러워지는 일이 없고, 거점이 지켜지는 상태를 인체로 옮겨서 健이라고 한다. 그래서 健은 '튼튼하다, 굳세다, 강하다'는 뜻이 된다. 筋肉근육과 뼈를 연결하는 매우 강한 힘줄을 腱힘줄 밑동 건이라 한다.

|용례| 強健강건 健脚건각 健康건강 健勝건승 健在건재 健全건전

鍵

17획 | 건 | 열쇠, 비녀장

전문1

|해설| 형성. 성부는 建건. 『설문해자』(14하)에 鼎정(본래 취사용의 청동기인데 제기로 씀) 귀의 고리나 차바퀴가 빠지는 것을 방지하기 위한 '비녀장'이라고 한다. 楗건(문빗장, 열쇠)과 통하여 쇠 장식 '열쇠'라는 뜻으로 쓴다. 문의 중앙에 舁관(문을 닫기 위한 가로목 빗장)을 더한 모양이 關관(빗장, 닫다), 빗장을 세로로 해서 닫는 것을 楗이라고 한다.

|용례| 關鍵관건

乞 3획 | 걸 | 빌다, 구하다

갑골1 | 금문1

|해설| 상형. 雲氣운기가 흐르는 모양. 고대 중국에서는 운기를 보고 점치는 의례가 있었다. 의례의 장에서 기도했으므로 乞은 '빌다, 구하다'라는 뜻이 된다.

|용례| 乞巧걸교 乞食걸식

傑 12획 | 걸 | 뛰어나다

전문1

|해설| 형성. 성부는 桀걸. 桀은 나무(木목) 위 좌우 가지에 각각 사람을 묶어놓은 모양으로, 磔책(磔刑책형)의 본래 글자이다. 머리만 매달 때는 梟首효수라고 한다. 梟효는 머리를 거꾸로 매달아서 머리카락이 밑으로 늘어진 모양이다. 거꾸로 한 머리를 나뭇가지에 끈으로 매단 모양이 縣현이다. 책형을 당해 죽은 자의 靈령의 힘은 강력한 것이기 때문에 傑은 '뛰어나다, 빼어나다'라는 뜻이 된다.

|용례| 傑物걸물 傑士걸사 傑人걸인 傑作걸작 傑出걸출 豪傑호걸

儉 15획 | 검 | 검소하다

전문1

|해설| 형성. 성부는 僉첨. 僉에 檢찾을 검, 險험할 험의 음이 있다. 僉은 두 사람이 나란히 신에게 바치는 기도문인 축문을 넣는 그릇인 ㅂ재를 받들어 기도하는 모양으로, '모두, 함께'라는 뜻이 있고 또 恭儉공검(조심성이 많음)이라는 뜻이 있다. 네 개의 ㅂ를 늘어놓고 기도하는 嚚은, 囂효(시끄럽다)에 비교하면 儉은 기도 방법이 '검소(質素질소함, 조심스러움)했다.

|용례| 儉素검소 儉約검약

劍 15획 | 검 | 칼

 금문1   전문1

|해설| 형성. 성부는 僉첨. 僉에 檢찾을 검, 驗시험할 험의 음이 있다. 『설문해자』(4하)에 "사람이 차는 무기"라고 한다. 劍은 허리에 차는 것이고 帶劍대검(허리에 칼을 차는 것, 또는 그 칼)이라고 한다. '검, 양날이 있는 칼'을 말한다. 刀도는 한쪽 날인데 劍은 양쪽에 날이 있고, 고대 중국에서는 2천 수백 년 전에 남방에 있던 오나라와 월나라의 검이 유명했다.

|용례| 劍客검객 劍舞검무 劍士검사 劍術검술 劍豪검호

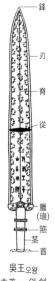

鋒
刃
脊
從
臘(瓔)
箍
莖
首

吳王오왕
夫差부차의 劍

檢 17획 | 검 | 찾다

전문1

|해설| 형성. 성부는 僉첨. 僉에 儉검소할 검, 驗시험할 험의 음이 있다. 僉은 두 사람이 나란히 신에게 바치는 기도문인 축문을 넣는 그릇인 ㅂ축문 그릇 재를 받들고 춤추며 기도를 하는 모양으로, 質素질소하다는 뜻이 있고 또 신의 뜻을 시험하고 찾는다는 뜻이 있다. 그래서 檢에는 '찾다, 생각하다', 또 찾은 결과를 '기록하다'라는 뜻이 있을 것이다.

|용례| 檢問검문 檢査검사 檢索검색 檢閱검열 檢證검증 檢察검찰

揭 12획 | 게 | 걸다, 들다

전문1

|해설| 형성. 성부는 曷갈. 曷은 죽은 사람의 뼈(歺개)에 신에게 바치는 기도문인 축문을 넣는 그릇(曰왈)을 더하여 죽은 사람의 뼈를 呪靈주령으로서 격렬하게 기도하는 呪儀주의를 말한다. 그 격한 기도 소리를 喝갈이라 하고, 큰 소리로 기도하여 목이 마르는 것을 渴갈이라 한다. 신에게 기도하여 구하는 것을 謁알이라 하고 자신에게 걸린 저주를 기도해서 막고 억누르는 것을 遏막을 알이라 한다. 성부가 曷인 글사는 모두 ㄱ 呪儀에 관련된 글자이다. 道殣도근(길 가다 쓰러진 사람)은 怨靈원령을 누르기 위해 楬갈(墓表묘표)을 세웠다. 높은 표지의 묘표를 세워서 도근이 있는 것을 게시했다. 그래서 揭는

'걸다, 들다'라는 뜻이 된다.

| 용례 | 揭示게시 揭載게재 前揭전게

憩 16획 | 게 | 쉬다

전문1

| 해설 | 형성. 본래 글자는 愒게로 쓰고 성부는 曷갈. 『설문해자』
(10하)에 "愒는 息식", 즉 '쉬다'라는 뜻으로 풀이한다. 『爾雅』「釋
詁」에 "憩는 息"이라 하여, 愒와 憩는 같은 뜻이다. 憩는 息식(숨)과
舌설을 조합한 회의자이고 옛 글자의 만드는 방법 등은 보이지 않
는데 憩는 愒의 속자일 것이다.

| 용례 | 憩息게식 休息휴식

格 10획 | 격 | 얽히다, 이르다, 바로잡다

금문1   금문2   전문1

| 해설 | 형성. 성부는 各각. 各은 신에게 바치는 기도문인 축문을 넣
는 그릇(ㅂ재)을 바치고 기도하고 신의 강림을 바라는 데 응하여 신
이 하늘에서 내려오는 모양으로, '이르다'라는 뜻이 있다. 신이 내려
오는 것을 來格내격이라 한다. 신의 뜻에 의해 일을 '바로잡는' 것으
로 경계의 말, 옳은 말을 格言격언이라고 한다. 바른 일에는 저항이
많고 트집을 잡고 얽어매는 일이 있기 때문에, 나뭇가지(枝지) 등이
'얽히는' 것을 말하고, 格鬪격투(서로 맞붙어 싸움)처럼 쓴다. 枝는 뼈

대를 형성하는 것으로 **骨格, 骨骼**골격(동물의 몸의 뼈대)이라고 한다.

|용례| **格式**격식 **格子**격자

隔

전문1

13획 | 격 | 떼다, 뜨다

|해설| 형성. 성부는 鬲력. 鬲에 丽깃촉 핵의 음이 있다. 鬲은 壺항아리 호 모양의 토기로 바닥이 뾰족하거나 세 발이 달린 것이 있어 땅에 세울 수 있다. 이렇게 속이 빈 토기는 靈령을 머물게 할 수가 있다고 여겨 신성한 지역의 주변에 파묻어 경계로 삼는 경우가 있었다. 일본 고대 천황 등의 **陵墓**능묘 주변에 하니와(埴輪식륜, 토기)를 묻은 것과 같은 사고방식이다. 각각의 성역에 출입할 때는 鬲으로 술을 따르거나 마시는 의례를 행했던 것 같다. 그 의례를 丽과라 하고 **周代**주대 초기의 청동기 명문에 **宮廟**궁묘에서 丽의 의례를 하는 것을 기록한 것이 있다. 隔은 신이 하늘에 오르내릴 때 사용하는 신의 사다리(自부. 阝이고 본래 모양은 阝)의 앞에 鬲을 놓은 모양이고 이로써 **聖**성과 **俗**속을 떼어놓는 것이 된다. 隔은 본래 성과 속을 떼어 구별한다는 의미였는데 후에 일반적으로 두 개의 사물을 '떼다, 가르다'라는 의미로 쓴다.

|용례| **隔年**격년 **隔離**격리 **隔壁**격벽 **隔絶**격절 **遠隔**원격

激 16획 | 격 | 격심하다

전문1

|해설| 형성. 성부는 敫교. 敫에 檄격문 격의 음이 있다. 敫는 放방에 白백을 더한 모양. 放은 方방(옆으로 가로지른 나무에 죽은 사람을 매단 모양)에 攴복(攵. 친다는 뜻이 있다)을 더해 사악한 靈령을 추방하는 의례를 말한다. 공동 생활을 해치는 자는 이 형식으로 그 영을 추방했다. 白은 해골(비바람을 맞고 백골이 된 두개골)의 모양이다. 해골이 남아 있는 죽은 사람을 나무에 매달아 때리는 모습이 敫이고, 그 죽은 사람이 가진 강력한 영의 힘을 때려서 刺激자격하는 것을 말한다. 敫는 자격에 의해서 격심해진다는 뜻이 있다. 그 뜻을 물로 옮겨서, 激은 물이 격하게 흐른다는 뜻이 된다. 후에 激은 모든 것에 대하여 '격심하다'라는 뜻으로 쓰인다.

|용례| 激烈격렬 激論격론 激流격류 激昂격앙 激情격정 急激급격

擊 17획 | 격 | 치다, 싸우다

전문1

|해설| 형성. 성부는 毄격. 毄은 상부를 묶어 맨 주머니(橐탁, 叀혜)를 殳수(지팡이처럼 긴 창)로 치는 모양. 곡물의 껍질을 떼어서 탈곡할 때 주머니에 곡물을 넣어 치는 것이다. 毄이 주머니의 물건을 '치다, 때리다'라는 뜻이 되고, 擊의 본래 글자인데 毄의 아래에 手수를 더하여 때린다는 행위를 보다 명확하게 표시했다. 擊은 橐만

이 아니라 일반적으로 '치다'라는 뜻에서 '공격하다, 싸우다'라는 뜻으로도 쓰인다. 橐을 매달 때는 繫매달 계라고 한다.

|용례| 擊鼓격고 擊退격퇴 擊破격파 攻擊공격 反擊반격

犬 4획 | 견 | 개

| 갑골1 | 갑골2 | 갑골3 | 금문1 | 전문1 |

|해설| 상형. 개의 모양. '개'를 말한다. 사냥개로 부린 것 같은 용맹한 개의 모양으로 그려져 있다. 殷周은주 시대의 옛 王墓왕묘에는 묘를 지키는 무인과 함께 관 밑이나 묘실 벽 쪽에 희생으로 매장된 경우가 있고, 이것을 伏복(사람과 개를 조합한 모양), 伏瘞복예(사람과 개를 묻어서 땅속에 숨은 악령을 내쫓음)라고 한다. 전국 시대(기원전 5~기원전 3세기)의 왕묘에는 애견이었던 듯한 개가 금은 장식과 함께 매장되어 있다. 개는 희생으로서는 특히 귀한 것으로 여겨, 하늘에 있는 上帝상제에게 제사하는 것을 類류(후에는 禷류로 쓴다)라 하여, 곡물을 바치고 희생물 개를 태워 그 냄새가 하늘에 올라가도록 제사를 지낸다. 건물이 완성되거나 기물이 제작되었을 때는 犬牲견생(희생물 개)으로 정화하는 일이 행해진다. 京경(아치 모양의 출입구가 있는 성문)의 落成式낙성식에 견생을 쓰는 것을 就취(되다, 성취하다), 견생으로 정화한 그릇을 器기라 하고, 견생으로 정화한 鬲솥 력 모양의 그릇을 獻바칠 헌, 신에게 바치는 묵은 술(酋추)에 희생물 개(犬)를 더하여 신에게 제사하고 신의 뜻을 헤아리는 것을 猷꾀할 유라 한다. 강아지를 狗구라 하는 것은 망아지를 駒구라 하는 것과

같다. 상용한자의 자형은 犬 부분이 大대(손발을 벌리고 선 사람을 정면에서 본 모양)로 바뀌어 견생이라는 중요한 의미를 잃어버렸다.

|용례| 犬馬견마 猛犬맹견 野犬야견

見 7획 | 견 | 보다, 나타나다

갑골1 갑골2 금문1 금문2 전문1

|해설| 상형. 눈(目목)을 중심으로 한 사람의 모양. 사람을 옆에서 본 모양(儿인) 위에 큰 눈을 그려 사람의 눈을 강조하여 '본다'는 행위를 말한다. 본다는 행위는 상대와 내면적으로 교섭하는 것을 의미한다. 예를 들면 숲의 우거짐, 강의 흐름을 보는 것은 그 자연이 갖는 강한 움직임을 몸에 옮겨서 취하는 움직임이었다. 일본의 『만요슈』(萬葉集)에도 "아무리 보아도 싫증 나지 않는구나"라 하여 '보다'라는 표현이 많은데, 그것은 대상인 魂혼을 불러들임으로써 새로운 생명력을 몸에 받아들인다는 관념을 나타내는 것이었다.

|용례| 見聞견문 見解견해 初見초견 必見필견

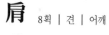

肩 8획 | 견 | 어깨

전문1

|해설| 상형. 어깨의 모양. 戶호 부분은 肩胛骨견갑골이 팔뼈에 이어져서 끼워지는 부분으로 骨臼골구라고 불리는 부분의 측면 모양이다. 그곳 주위가 강한 힘줄 근육으로 단단해져 있기 때문에 肉육

(月)의 모양을 더한다. 골구 부분을 중심으로 한 어깨(肩)를 표시하고 '어깨'라는 뜻으로 쓴다. 肩은 물건을 지고 내리는 힘이 있는 곳이므로 肩任견임(어깨로 지는 것)이라 하고, 부담이나 책임을 떠맡는 것을 두 어깨에 짊어진다고 말한다.

|용례| 肩輿견여 比肩비견

堅

12획 | 견 | 굳다

전문1

|해설| 형성. 성부는 臤간·현. 臤은 臣신(위쪽을 쳐다보는 눈의 모양으로 큰 눈동자)에 又우(손의 모양)를 더한 모양으로, 神신의 종으로 삼은 사람의 눈동자를 다치게 하여 시력을 잃게 하는 것을 말한다. 臣이란 시력을 잃고 신을 모시는 사람을 말한다. 눈동자를 다친 사람의 마음이 긴장되고 몸이 긴장하여 굳어진 상태를 흙으로 옮겨서 堅은 굳은 흙, '굳다'라는 뜻이 된다.

|용례| 堅固견고 堅城견성 堅守견수 堅實견실 堅持견지

遣

13획 | 견 | 보내다, 파견하다

갑골1 | 갑골2 | 금문1 | 금문2 | 전문1

|해설| 형성. 성부는 𥅠견. 고대에서는 군이 출정할 때 軍社군사에서 고기를 바쳐 전승을 기원하는 제사를 지내고 그 祭肉제육의 큰 덩어리(𠂤 모양으로 𠂤퇴, 脤肉신육이라고 한다)를 받들고 출발했다. 𠂤에

는 군의 수호령이 옮아 있다고 생각했던 것이다. 𠂤은 自를 두 손에 받들고 가져가는 모양이다. 신육을 가지고 행동하는 군이 주둔할 때는 自 앞에 신성한 나무를 표시로 세워서 㠯자(주둔지)라 하고, 건물 안에 自를 안치할 때는 건물의 지붕 모양인 宀면을 더하여 官관이라고 한다. 군이 행동할 때는 반드시 신육을 가지고 행동하므로 군을 나눌 때는 신육을 잘라 나눠 주었다. 피 멈추개가 붙은 칼로 신육을 잘라내는 것을 師사라고 하여, 잘라내는 권한을 부여받은 자를 師(軍官군관. 將軍장군)라고 한다. 𠂤에 간다는 의미의 辵착(辶, 彳)을 더한 遣은, 군을 '보내다, 파견하다'라는 것이 본래 의미인데, 후에 군 이외의 모든 것에 대해서도 '보내다'라는 뜻으로 쓰고, 나아가 '주다, 버리다'라는 뜻으로도 쓴다.

|용례| **先遣**선견 **派遣**파견 **分遣**분견

絹 13획 | 견 | 비단

전문1

|해설| 형성. 성부는 昌연. 昌에 涓물방울 연, 㕙하인청 현의 음이 있다. 『설문해자』(13상)에 "비단이 보릿대(麥稍맥견) 색 같은 것"이라고 하는데, 보릿짚이 연한 황색으로 광택이 나는 것과 비슷한 비단이라고 하는 것이므로, 이것은 황색 비단을 말하는 글자이다. '비단'이라는 뜻으로 쓴다. 昌은 누에 같은 벌레가 입을 벌린 모양으로 아마도 누에가 그 실을 토하는 모양을 그렸을 것이다. 갑골문자에 뽕나무 잎 위에 누에 모양을 그린 글자가 있어 3천 수백 년 전 은나

라 시대에 양잠이 행해져 비단이 만들어졌음을 알 수 있다. 비단은 동아시아의 특산품이었다.

|용례| 絹絲견사 絹布견포 絹本견본

繭 19획 | 견 | 고치

전문1

|해설| 회의. 뽕잎의 모양과 糸사와 虫충을 조합한 모양. 뽕잎 위에 누에가 실을 토하는 모양을 하나의 자형으로 종합한 것으로, 누에‘고치’라는 뜻이 된다. 세 요소로 분해할 수 있는 표현이기 때문에 전체를 상형이 아니라 회의로 보는 것이 좋다. 양잠은 꽤 오랜 옛날부터 행해졌고 갑골문자에는 그림처럼 뽕잎 위에 누에의 모양을 더한 문자가 있고, 갑골문에는 누에를 蠶示잠시(누에의 神신)로서 제사하는 것이 기술되어 있다. 주 왕조에서는 왕후가 강가의 織殿직전에서 재계하고 봉사하는 蠶室잠실 의례가 거행되었다.

|용례| 繭糸견사 繭蠶견잠

決 7획 | 결 | 정하다, 자르다

전문1

|해설| 형성, 성부는 夬결. 夬은 본래 叏쾌로 쓰고, 일부가 이지러진

둥근 옥을 손(又우)에 쥔 모양이다. 이것을 허리에 차서 물건을 자를 때 사용했다. 도려내는 것을 抉결, 고인 물을 한쪽을 잘라서(터서) 흐르게 하는 것을 決이라 하여, 決에 '자르다'라는 뜻이 있다. 결의를 표시할 때 玉玦옥결(허리에 찬 옥)을 올려서 알렸다는 이야기가 있다. 강의 범람을 막기 위해 제방의 일부를 決하는(자르는) 일이 있었다. 제방을 決하는 것은 決斷결단을 필요로 하는 중대한 일이기 때문에 決은 '마음에 정하다, 정하다'라는 뜻이 된다.

|용례| 決壞결괴 決死결사 決勝결승 決意결의 決戰결전 專決전결

缺

10획 | 결 | 이지러지다, 모자라다

缺
전문1

|해설| 형성. 성부는 夬결·쾌. 夬은 본래 叏쾌로 쓰고, 일부가 이지러진 둥근 옥을 손(又우)에 쥔 모양이다. 缶장군 부는 술이나 물을 담는 몸집이 뚱뚱한 토기이다. 토기는 이지러지기 쉬운 것이므로 缺은 기물이 이지러졌다는 뜻이 된다. 그래서 일반적으로 '이지러지다, 모자라다, 부족하다, 불충분'이라는 뜻으로 쓴다. 欠흠은 앞을 향해 입을 벌리고 선 사람을 옆에서 본 모양으로 하품이라는 뜻이다. 하품하고 기지개를 펴는 것을 欠伸흠신이라고 한다. 欠흠과 缺의 상용한자 欠결은 같은 자형이지만, 둘은 아무 관계도 없는 글자이다.

|용례| 缺落결락 缺席결석 缺點결점 出缺출결

結 12획 | 결 | 맺다, 매다, 묶다

結
전문1

|해설| 형성. 성부는 吉길.. 吉은 신에게 바치는 기도문인 축문을 넣는 그릇인 ㅂ축문 그릇 재 위에 작은 도끼의 머리 부분(士사의 모양)을 놓고 기도의 효과를 봉쇄하고 지키는 것을 말한다. 吉에는 봉쇄한다는 뜻이 있는데, 맺는다(結)는 것도 여기에 있는 힘을 봉쇄한다는 뜻이 있었다. 고대 일본에는 소나무 가지나 풀의 끝을 묶는 주술이 있었는데 그것은 혼을 묶어두어 생명의 안전과 다행을 기도하는 마음의 표현이었다고 한다. 또 끈을 묶는 것이 남녀 간의 애정을 굳게 하고 약속한다는 의미를 갖고 있었던 것이다. 結은 '맺다'라는 뜻에서 '잇다, 약속하다, 굳히다' 등으로 쓴다.

|용례| 結束결속 結繩결승 結實결실 結合결합 結婚결혼 終結종결

潔 15획 | 결 | 깨끗하다, 맑다

전문1

|해설| 형성. 성부는 絜혈. 㓞새길 갈은 칼(刀도)로 잘게 칼자국을 새긴다는 의미이고, 絜은 일본의 神事신사에 쓰는 시라카(白香. 麻마 등을 잘게 찢어 백발처럼 해서 묶은 것)처럼 만든 실 장식을 말한다. 이것을 액막이 때에 사용하는 것이어서, 絜에 '정하게 한다'는 의미가 있고, 潔의 본래 글자라고 볼 수 있다. 물을 써서 不淨부정을 씻어 없애는 것을 潔이라 한다. 潔은 '부정을 씻어 없애다, 깨끗하게 하

常用字解   **57**

다'라는 의미에서 '맑다, 깨끗하다(부정이 없어서 깨끗함)'라는 의미로
쓴다.

|용례| 潔白결백 潔癖결벽 淸潔청결 廉潔염결

兼 10획 | 겸 | 겸하다, 합치다

金文1 | 篆文1

|해설| 회의. 秝력과 又우를 조합한 모양. 又는 손(手수)의 모양. 두
개의 禾화(벼)를 합쳐 손에 쥔 모양이다. 하나의 벼(禾)를 손에 쥔
것은 秉잡을병이고 兼은 두 개의 벼(禾)를 합쳐 쥔 것으로서 여기
에서 '합치다', 또 둘 이상의 일을 함께 하는 데서 '겸하다'라는 뜻
이 된다.

|용례| 兼修겸수 兼業겸업 兼職겸직 兼學겸학

謙 17획 | 겸, 혐 | 삼가다, 양보하다

篆文1

|해설| 형성. 성부는 兼겸. 兼은 두 개의 禾화(벼)를 같이 손에 쥐는
모양으로 본래는 불쾌한 행위였던 것 같다. 그래서 가능하면 피한
다는 의미에서 謙은 '양보하다, 조심하다, 피하다, 삼가다'라는 뜻이
되었을 것이다. 謙이 그러한 뜻으로 쓰이는 것은 『易經』의 謙卦겸
괘부터인데, "天道천도는 盈영(가득 찬 것)을 虧휴하고(줄이고) 謙(겸손
함)을 益익한다(늘인다)"라고 하여, 오만한 것보다 겸손한 것이 좋다

는 老莊的노장적 사고방식이 보인다.

|용례| 謙讓겸양 謙退겸퇴 謙虛겸허

鎌 18획 | 겸 | 낫

鎌
전문1

|해설| 형성. 성부는 兼겸. 兼에 廉모서리 렴, 濂맑을 렴의 음이 있다. 兼은 두 개의 禾화(벼)를 합쳐 손(又우는 오른손의 모양)에 든 모양인데, 손에 쥐고 벼를 베는 금속 도구를 鎌이라 하고, '낫'을 말한다. 낫날 끝을 鎌刃겸인이라 하고, 낫같이 날카로운 것을 鎌利겸리라 한다.

중국 한대의 철제 鎌

更 7획 | 경, 갱 | (밤이) 깊어지다, (밤을) 새우다, 고치다, 다시

갑골1   금문1   금문2   전문1

|해설| 회의. 본래 글자는 㪅갱으로 쓰고, 丙병과 攴복을 조합한 모양이다. 丙은 무기 등 기물을 놓는 받침대의 모양이다. 矞바로잡을 율은 받침대 위에 矛창 모를, 商상은 큰 바늘(辛신)을 세워둔 모양이다. 更의 금문1 자형은 두 개를 겹친 丙을 아래에서 때리는 모양이고, 이로써 그 器物기물의 기능이 바로잡히고 계속됨을 의미할 것이다. 그래서 更은 '고치다, 바로잡다, 다시'라는 뜻이 된다. 改개가 수술적인 행위인 것처럼 更도 주술적인 방법이었을 것이다.

京 8획 | 경 | 서울

갑골1　갑골2　금문1　금문2　전문1

|해설| 상형. 출입구가 아치형인 성문 모양이다. 갑골문이나 금문의 자형에 의해 그 문의 형태를 알 수 있다. 위에 망루가 있고 그 성문을 京觀경관이라 한다. 큰 성문이고 都도를 그 문으로 지켰기 때문에 京은 '서울'이라는 뜻이 되고 크다는 뜻이 된다. 이 성문에는 전장에 버려진 시체를 모아서 메워 넣어 呪禁주금(주문을 외어 邪靈사령을 물리침)으로 삼았다. 문에는 사원의 山門산문처럼 外界외계에 대한 주금이라는 뜻이 있었던 것이다.

|용례| 京都경도 京師경사 京城경성 歸京귀경 上京상경

徑 10획 | 경 | 지름길

徑

전문1

|해설| 형성. 성부는 巠경. 巠은 직기에 날실을 걸고, 하단에 횡목을 놓고 실을 직선으로 당긴 모양이다. 彳척은 십자로의 모양인 行행의 좌반분인데 길이라는 뜻이 있다. 徑이란 직선적인 가까운 길을 말한다. 통상의 길과는 다른 편리한 길이므로 좁고 작은 길을 말한다. 짐승이 다니는 좁은 길을 徯徑혜경이라 하고, 편리하고 빨리 되

는 방법을 捷徑첩경이라 한다. 捷첩이란 빠른 것. 徑은 '길, 지름길' 외에 '곧, 즉시, 직경'이라는 뜻으로도 쓴다. 逕경은 徑과 같은 의미의 글자이다.

|용례| 徑路경로 經行경행 口徑구경

耕
耕
전문1

10획 | 경 | 밭 갈다

|해설| 형성. 성부는 井정. 井의 음은 본래 刑형(벌)이었다.『玉篇』은 畊밭 갈 경을 올바른 자형이라고 한다. 井이 만약 丼정(우물의 모양)이라고 하면 耒쟁기 뢰와 井의 회의자가 되는데 옛 용례가 없어서 확인할 수가 없다. 井을 井田法정전법(맹자가 이상적이라고 설명한 토지제도)의 井田 모양으로 해석하는 것은, 정전법의 존재가 확인되지 않기 때문에 이것도 확실한 것이 아니다. 耕, 畊경은 모두 옛 자료가 없어 문자의 성립 과정을 밝힐 수가 없다. '밭 갈다'라는 뜻으로 쓴다.

|용례| 耕作경작 耕田경전 耕地경지 農耕농경 牛耕우경

梗
㮂
전문1

11획 | 경 | 느릅나무, 대개

|해설| 형성. 성부는 更경.『설문해자』(6상)에 "山枌楡산분유(枌楡, 슥 느릅나무의 일종 — 옮긴이)라고 한다. 낙엽 고목의 '느릅나무'를 말한

다. 梗正경정(굳세고 바름), 梗塞경색(막혀서 통하지 않음), 梗槪경개(대개, 대강)처럼 '강하다, 막히다, 대개' 같은 뜻으로 쓴다. 桔梗길경은 가을의 七草칠초 중 하나인 도라지를 말한다.

莖 11획 | 경 | 줄기

전문1

|해설| 형성. 성부는 巠경. 巠은 직기에 날실을 걸고, 하단에 횡목을 놓고 실을 곧게 당긴 모양이다. 초두머리를 더해서, 풀이 곧게 선 부분의 '줄기'를 莖이라 한 것이다. 巠에는 직선적인 것이라는 의미가 있기 때문에 인체에서는 頸목 경, 脛정강이 경이라 하고, 직선적인 것은 강하므로 勁굳셀 경이라 한다.

|용례| 球莖구경 齒莖치경

頃 11획 | 경 | 요사이, 기울다, 잠시

전문1

|해설| 회의. 匕비와 頁혈을 조합한 모양. 匕는 오른쪽을 향한 사람의 모양인데, 詣이를 예의 성부 旨예와 마찬가지로 하늘에서 신이 내려오는 모양이다. 頁은 禮帽예모를 쓰고 예배하는 사람을 옆에서 본 모양이기 때문에, 내려오는 신에게 몸을 굽혀 절하는 자세를 頃이라고 하여, '기울다'라는 뜻이 된다. 또 신이 나타나는 것은 잠깐 동안이기 때문에 '잠시'라는 뜻으로 쓴다. '요사이, 근래'라는 의미

로도 쓴다. 頃에 사람을 더한 傾경(기울다)은 내려오는 신을 맞이하여 절하는 사람의 자세를 보다 명확히 한 모양이다.

|용례| 頃刻경각 頃歲경세 頃日경일 頃者경자

景

景 12획 | 경, 영 | 빛, 그림자

景
전문1

|해설| 형성. 성부는 京경. 京은 출입구가 아치형인 성문의 모양이고 위에 망루가 있다. 만약 성문이나 성루가 그림자의 관측에 사용되어 시각을 결정했다고 하면, 회의자라는 해석도 가능하고 그 관측 방법을 말하는 글자일지도 모르지만, 성문·성루를 그림자의 관측에 사용했다는 확실한 기록은 없다. 갑골문에 義京의경, 磬京경경의 이름이 보이는데 그 용도는 알 수 없다. 景은 빛이 있는 상태를 말하는 것으로 '빛'이라는 뜻이 되고 빛에 의해서 만들어지는 '그림자'라는 뜻도 되고, 빛에 반사되어 나오는 '광경, 모습'이라는 뜻으로도 쓰인다. 빛에 반영되어 그늘지는 상태를 影영(빛, 그림자)이라한다.

|용례| 景氣경기 景色경색 景仰경앙 光景광경 風景풍경

硬

硬 12획 | 경 | 굳다

|해설| 형성. 성부는 更경. 更의 본래 글자는 㪅경으로 쓰고 丙병(臺座대좌의 모양)을 때려서 변경한다는 의미가 있다. 更에 굳은 돌을 더하여 간단히 변경하기 어려운 것을 표시한 글자일 것이다. 硬은

물질이 '굳다'는 의미에서 사람의 마음 상태의 굳기, 완고함도 말하여, **硬骨漢**경골한, **硬骨**(의지가 굳세고 자신의 주의 주장을 굽히지 않는 사람, 硬骨漢이라고도 한다. 또 굳은 뼈)이라고 한다.

|용례| **強硬**강경 **硬度**경도 **硬筆**경필 **硬貨**경화

傾 13획 | 경 | 기울다, 위태롭다

전문1

|해설| 형성. 성부는 頃경. 頃은 위에서 내려오는 신을 맞이해 자세를 바로잡고 몸을 굽혀 절하는 모양이다. 몸을 앞으로 굽혀서 절을 하므로 頃에는 기울인다는 의미가 있다. 頃에 人인을 더한 **傾**은, 그 신을 맞이해 절하는 사람의 자세를 더욱 명확히 한 모양이고, '기울다, 기울이다'라는 뜻이 된다. 몸을 기울이는 것에서 '위태롭다'라는 뜻이 된다.

|용례| **傾危**경위 **傾向**경향 **傾斜**경사 **傾仄**경측 **傾倒**경도

敬 13획 | 경 | 공경하다, 삼가다

갑골1   금문1   금문2   전문1

|해설| 회의. 苟구와 攴복(攵)을 조합한 모양. 苟의 갑골문 형태는 양의 머리를 한 사람이 무릎을 꿇은 모양이다. 그것은 목축을 하는 티베트계의 **姜人**강인인데 희생으로 쓰기 위해 포로로 잡힌 사람이었다. 攴은 작은 가지를 잡고 때린다는 뜻이다. 敬은 희생으로

삼은 강인 앞에 신에게 바치는 기도문인 축문을 넣는 그릇인 ㅂ재를 놓고, 강인을 뒤에서 때려 神意신의를 다그쳐 경고한다는 뜻이 된다. 敬은 뭔가를 신에게 기도하는 呪儀주의이기 때문에 그때의 신을 공경하게 모시는 마음을 '공경하다'라고 한다.

|용례| 敬意경의 敬遠경원 敬虔경건 敬愼경신 敬服경복 畏敬외경

經 13획 | 경 | 지나다, 날실, 경영하다, 지나치다

巠 | 巠 | 經
금문1 | 금문2 | 전문1

|해설| 형성. 성부는 巠경. 巠은 직기에 날실을 걸고, 밑에 工공 모양의 횡목을 놓고 실을 세로로 당긴 모양으로 직기의 날실을 말한다. 이에 대해 씨실을 緯위라 한다. 양자를 합쳐 일의 진행, 순서를 經緯경위라 한다. 經緯에서 經過경과(지나감), 經驗경험(실제로 보거나 듣거나 함)이라는 뜻이 되었다. 날실을 중심으로 일을 시작하므로 經營경영(사업을 경영함), 經始경시(경영을 시작함)라고 한다. 날실은 일의 기본이므로 유교에서 가장 기본적이고 중요한 것을 쓴 책을 經書경서, 經典경전이라고 한다. '날실, 세로, 지나다, 지나치다, 경영하다, 근본, 법' 같은 뜻으로 쓴다.

|용례| 經國경국 經歷경력 經文경문 經費경비 經世경세 寫經사경

境 14획 | 경 | 경계

境
전문1

|해설| 형성. 성부는 竟경. 竟은 音음과 人인(儿)을 조합한 모양. 音은 言언(신에게 맹세하고 기도하는 말)을 신 앞에 바치고 기도하여, 그 기도에 응한 신의 소리(찾아오심), 소리에 의해 표시되는 신의 계시이다. 그 소리를 받드는 모양이 竟이고, 신의 계시가 있으면 기도는 끝나고 실현되는 것이다. 그래서 竟에는 '끝나다'라는 의미가 있다. 끝난다는 뜻을 토지로 옮긴 境은 영지가 끝나는 곳, 즉 '境界경계'라는 뜻이 된다. 境은 또 일정한 상태에 있는 것을 말한다.

|용례| 境界경계 境遇경우 境地경지 異境이경 逆境역경 國境국경

輕 14획 | 경 | 가볍다, 빠르다, 쉽다

輕
전문1

|해설| 형성. 성부는 巠경. 巠은 직기에 날실을 걸고, 밑에 工공 모양의 횡목을 놓고 실을 힘주어 당긴 모양. 巠에 직선적인 것, 또 직선적이고 긴장한 상태이기 때문에 가볍고 빠른 것이라는 뜻이 있다. 그래서 輕은 가볍고 빠른 車차라는 뜻이 되고 후에 '가볍다, 빠르다'는 뜻으로 쓴다. 가볍기 때문에 '손쉽다, 쉽다'는 뜻도 된다.

|용례| 輕蔑경멸 輕薄경박 輕率경솔 輕重경중 輕快경쾌

憬 15획 | 경 | 멀다

憬
전문1

|해설| 형성. 성부는 景경. 『詩經』「魯頌/泮水」에 "憬경하다, 저 淮

夷회이(화이허淮河회하 유역의 종족)"라는 구절이 있다. 懷은 '아득하다, 멀다'라는 뜻이다. 憧그리워할 동과 합쳐 憧憬동경이라 하고, 아득한 것을 생각하며 멍하니 있는 모습을 말한다.

慶 15획 | 경 | 기쁨, 선물, 복

금문1	금문2	금문3	전문1

|해설| 회의. 鷹치와 心심을 조합한 모양. 고대의 재판은 싸우는 쌍방이 解鷹해치라고 불리는 양과 비슷한 신성한 동물을 바치고 신의 재판을 받는다는 神判신판의 형식으로 진행되었다. 그 재판에서 승소한 자의 해치에게는 해치의 가슴에 心 모양의 문신을 하여 吉慶길경(경사스러운 일)의 표시로 삼았다. 그래서 慶이란 신판에 의한 승소를 말하는 글자이기 때문에 신에 의해 주어진 '기쁨, 선물, 복'이라는 것이 본래 의미이다. 후에는 축하하다 등의 뜻으로도 쓰인다. 패소자의 해치는 죽여서, 패소자(大대. 서 있는 사람을 정면에서 본 모양)와 선서에 사용한 축문을 넣는 그릇(ㅂ재)의 뚜껑을 벗긴 것(ㄥ)을 합친 것(합친 모양이 去거)과 함께 물에 흘려서 버렸다. 그 글자가 灋법(법의 본래 글자)이고 버리다(廢폐)라는 뜻이 된다.

|용례| 慶福경복 慶弔경조 慶祝경축 慶賀경하

鏡 19획 | 경 | 거울

전문1

|해설| 형성. 성부는 竟경. '거울'을 말한다. 거울은 옛날에는 水鏡수경(그릇에 물을 담아 그 수면에 얼굴이나 모습을 비추어 보는 거울)을 사용했기 때문에 鑑감이라고 했다. 監감이 鑑의 본래 글자이다. 銅동으로 만든 거울 면이 가장 오래된 것

婦好 묘의 銅鏡

은 3천3백여 년 전 殷代은대의 왕인 武丁무정의 妃비 婦好부호의 묘에서 출토되었는데, 청동기 시대에 들어가면서 청동 등의 금속으로 만든 거울이 등장하여 점점 정교하고 아름다운 것이 만들어지게 되었다.

|용례| 鏡鑑경감 鏡面경면 鏡影경영 銅鏡동경

鯨 19획 | 경 | 고래

𩵋 전문1   𩵋 전문2

|해설| 형성. 성부는 京경. 『설문해자』(11하)는 𩵋경·강 자를 들어 "바다의 큰 고기"라고 한다. 『玉篇』은 鯨 자에 "물고기의 왕"이라고 한다. '고래'를 말한다. 𩵋 자보다 鯨 자를 쓰는 경우가 많다. 당 杜甫두보의 시 「飮中八仙歌음중팔선가」에 "술 마시는 모습이 큰 고래(長鯨)가 百川백천의 강물을 들이켜는 것 같구나"라는 구절이 있다. 鯨은 고래 수컷, 鯢예는 고래 암컷, 합쳐서 鯨鯢경예라고 한다.

|용례| 鯨飮경음 捕鯨포경

競 20획 | 경 | 겨루다, 다투다

갑골1　갑골2　금문1　금문2　전문1

|해설| 회의. 竟겨룰 경을 두 개 늘어놓은 모양. 竟은 言언과 兄형을 조합한 모양으로 兄은 祝축(신을 모시는 사람)이고, 言은 신에게 맹세하고 기도하는 말이다. 竟은 言을 머리에 이고 기도하는 祝이고, 두 사람이 나란히 기도하는 것을 競이라 한다. 나란히 겨루듯이 열심히 기도하는 데서 '겨루다, 다투다'라는 의미로 쓴다. 두 사람이 나란히 춤추고 그 舞樂무악을 신에게 바치는 것을 異손이라 한다. 神事신사에는 두 사람이 함께 행하는 형식을 취하는 일이 많았다.

|용례| 競技경기 競奔경분 競爭경쟁 競走경주

警 20획 | 경 | 경고하다, 다그치다

전문1

|해설| 형성. 성부는 敬경. 敬은 희생으로 삼은 姜人강인(티베트계의 이민족)을 무릎 꿇리고 앞에 ㅂ축문 그릇 재를 놓고 강인을 때려서 무언가를 기도하는 呪儀주의로, '경고하다'가 본래 의미이다. 말을 하여 경고하는 것을 警이라 한다. 또 '삼가다, 갖추다'라는 의미로도 쓴다.

|용례| 警戒경계 警告경고 警備경비 警衛경위 警策경책 警護경호

驚 23획 │ 경 │ 놀라다

전문1

|해설| 형성. 성부는 敬경. 敬은 기도를 하는 사람(苟구)을 때려서 이를 경고한다(儆경)는 의미이다. 말은 특히 놀라기 쉬운 동물이기 때문에 경고(주의)를 받고 놀라는 말이 驚이고, '놀람'이라는 뜻을 나타냈다. 驚駭경해(놀람)의 駭도 말이 놀라는 것이 본래 의미였다.

|용례| 驚愕경악 驚異경이 驚天경천 驚歎경탄

戒 7획 │ 계 │ 경계하다

갑골1 │ 금문1 │ 전문1

|해설| 회의. 戈창 과와 廾받들 공을 조합한 모양. 廾은 좌우의 손을 늘어놓은 모양. 戈를 두 손으로 높이 받든 모양이 戒로, 무기를 갖고 전쟁 준비를 하고 경계하는 것을 말한다. 전쟁에 '대비하다'라는 의미에서 후에 널리 마음을 다잡고 잘못을 범하지 않도록 주의한다는 뜻의 '경계하다'로 쓴다. 두 손으로 斤근(도끼)을 휘두르며 싸우는 것을 표시하는 글자는 兵병(전쟁, 兵士병사)이고 戒와 같은 방식으로 만들어진 글자이다.

|용례| 戒愼계신 戒心계심 自戒자계 破戒파계 訓戒훈계

系 7획 | 계 | 실오리

| 갑골1 | 갑골2 | 금문1 | 전문1 |

|해설| 상형. 장식실을 이어서 늘어뜨린 모양. 옛 자형에는 위에 손 (爪조)을 더하여 장식실을 잡은 글자(갑골2, 금문1)가 있는데, 葬儀장의 때에 喪章상장으로 組繫조계(늘어뜨려 장식한 매듭)를 붙였다. 變변, 綿련, 顯현 등은 장식실을 붙인 모양이다. 늘어뜨린 장식실이기 때문에 繫맬 계와 통용하는 경우가 많다. '실오리, 실'이라는 뜻에서 후에 핏줄, 家系가계 등 이어지는 것 전반을 말하게 되었다.

|용례| 家系가계 系圖계도 系譜계보 系列계열 系統계통 體系체계

季 8획 | 계 | 끝, 때

| 갑골1 | 금문1 | 금문2 | 전문1 |

|해설| 회의. 禾벼 화와 子자를 조합한 모양. 禾는 벼 모양의 쓰개로, 稻魂도혼(벼에 사는 신령)의 상징일 것이다. 季는 도혼을 쓰고 도혼으로 분장하여 농작물의 풍작을 기도하는 춤을 추는 아이의 모습이다. 막내아들(子)을 季라고 하는데 子는 ₤의 모양으로 하는 자형(금문1)이 있고, 왕족의 막내아들을 季라고 했을 것이다. ₤은 殷은 왕조의 윗자를 의미하는 글자였다. 도혼 쓰개를 쓰고 풍작을 기원하는 新年기년의 춤을 추는 남사를 年년, 여자를 委위라 한다. 季는 춤추러 나온 막내아들을 말하는 글자일 것이다. '끝' 외에 春季춘계처럼 '때'라는 뜻으로도 쓴다.

屆

전문1

8획 | 계 | 보내다, 도착하다, 이르다

|해설| 회의. 尸시와 凷흙덩이 괴를 조합한 모양. 尸는 사체가 누운 모양, 凷는 흙(土토)을 구멍(穴혈) 속에 넣는 모양. 屆계는 『詩經』 「大雅/蕩」에 "侯作侯祝후작후축, 靡屆靡究미계미구"(사람을 저주하고 기도하여 이르지 않는 곳 없네)라 하여, '이르다'라는 뜻으로 쓴다. 屆는 땅속 깊이 묻는다는 의미의 글자로 보인다. 일본어에서는 '보내다, 도착하다'라는 의미로 써서 '편지를 보내다, 혼인계(신고), 선물이 도착하다, 주의가 두루두루 미치다'라고 쓴다.

係

전문1

9획 | 계 | 걸다, 걸리다, 잇다

|해설| 회의. 人인과 系계를 조합한 모양. 系는 呪飾주식인 장식실을 거는 것으로, 장식실을 사람에게 거는 것은 이로써 어떤 관계를 만들고, 붙들어 맨다는 의미일 것이다. 繫맬 계와 음훈이 가까운데, 繫는 橐자루 탁에 넣은 물건을 매단다는 의미이다. 係는 장식실을 사람에게 연결해서 그 사람을 붙들어 맨다는 의미가 있으므로, 關係관계(두 개 이상의 사물이 연결을 갖는 것, 또 그 연결), 係累계루(몸을 묶는다는 의미로 번거로운 일이나 돌봐주어야 하는 가족을 말한다)라

고 쓴다.

|용례| 係屬계속

契 9획 | 계 | 약속하다, 새기다, 부절

전문1

|해설| 회의. 㓞계와 大대를 조합한 모양. 㓞는 칼(刀도)로 丯개 모양의 칼자국을 내어 표시로 삼는다는 뜻이다. 大는 손발을 벌리고 서 있는 사람을 정면에서 본 모양. 契는 아마도 사람의 이마 따위에 칼로 자국을 내서 노예의 신분을 표시한 것일 것이다. 후에 나무나 대나무 등에 약속의 표시로 자국을 내고, 나무에 자국 낸 것을 契계(새기다)라고 한다. 契는 약속의 표시로서 '새기다', 또 표시를 새겨 '약속하다'라는 뜻이 되는데, 약속을 새긴 나무를 세로로 두 개로 나누어 약속의 증거로 삼는 '符節부절'을 뜻하기도 한다. 실을 맺어 약속하는 것은 契約계약, 鼎정(본래 익히고 삶는 데 사용하는 청동기로 제기)에 명문을 새겨 중요한 약속을 할 때는 約劑약제라고 한다. 齊제는 齋의 생략형으로 네모난 鼎이다.

|용례| 契券계권 契機계기 契會계회

界 9획 | 계 | 경계

전문1

|해설| 형성. 성부는 介개. 介는 몸의 앞뒤로 갑옷을 입어 무장한

사람의 모양이다. 그래서 介에는 몸을 지키고 돕는다는 의미와 남을 가로막는다는 의미가 있다. 이 가로막는다는 의미를 논밭에 파급하여 界는 논밭을 가르고 나누는 '경계'라는 뜻이 된다.

|용례| 境界경계 界域계역 視界시계 業界업계 他界타계 下界하계

計 9획 | 계 | 꾀하다, 헤아리다, 세다

전문1

|해설| 회의. 『설문해자』(3상)의 자형에 의하면 言언과 十십을 조합한 모양의 글자이지만, 옛 자료가 없어서 본래의 자형을 결정할 수가 없다. '계'라는 음으로 본다면, 卟계(점치다) 자와 관계가 있는 듯하다. 卟는 점의 기록에 의해서 점의 성패 수를 조사하는 것이고, 稽계(생각하다, 비교하다)와도 관련 있는 글자일 것이다. 計라는 자형이 성립한 것은 갑골문자나 금문이 사용된 시대를 꽤 지나서였을 것으로 보인다. '세다, 꾀하다, 생각하다' 등의 뜻으로 쓴다.

|용례| 計略계략 計算계산 計畫계획 推計추계

啓 11획 | 계 | 열다

갑골1 　갑골2 　갑골3 　금문1 　금문2 　전문1

|해설| 회의. 尸호(戶)와 攴(攵칠 복)과 口를 조합한 모양. 尸는 그 안에 신을 모신 감실의 외여닫이 문의 모양. 口는 ㅂ축문 그릇 재로 신에게 바치는 기도문인 축문을 넣는 그릇 모양이다. 攴은 작은 가지

　　　　　　　　　　　　　　　　　상용자해

를 갖고 때린다는 뜻인데 옛 자형은 又우(손의 모양)로 쓰는 것이 많다. ㅂ를 감실 문 안에 감추어두고 기도함으로써 신의 계시(말씀)는 그 문 안에 나타나는 것이다. 그래서 감실의 문을 손으로 '여는' 것, 또 문 안의 신의 계시를 보는 것을 啓라고 한다. 신의 계시를 얻는 것에서 啓上계상, 啓奏계주, 啓白계백(말씀을 올림)이라는 뜻으로 쓴다. 후에 모두 '열다'라는 뜻으로 써서 啓蒙계몽(사람들의 무지를 열고 지식을 줌)과 같은 의미를 말하게 되었다. 신의 계시를 받아 그것으로써 일을 시작하는 것을 肇시작할 조라고 한다.

|용례| 啓發계발 啓土계토

械 11획 | 계 | 형틀, 기구

전문1

|해설| 형성. 성부는 戒계. 『설문해자』(6상)에 "桎梏질곡"(차꼬와 수갑), 즉 손발에 채우는 형벌 도구인 '형틀'이라고 한다. 구조적으로 조합하여 작동하는 것을 機械기계라고 하는데 機는 베를 짜는 틀이다. 기계는 본래는 군사용으로 만들어진 기구였던 것 같고 『孫子』「謀攻」에 "器械기계를 갖춘다"고 하여 그 주석에 "기계는 機關攻守기관공수의 總名총명"이라 한다. 器는 제사에 사용하는 그릇이기 때문에 여기서 器械는 機械여야 한다.

階

전문1

12획 | 계 | 단, 계단

|해설| 형성. 성부는 皆개. 阜부(阝. 본래 모양은 𨸏)는 신이 하늘에 오르내릴 때 쓰는 신의 사다리 모양. 皆는 신령의 강림을 기도하는 데 응하여 신령이 나란히 내려오는 모양이기 때문에 階는 본래 신이 하늘에서 내려오기 위한 계단을 의미했을 것이다. 그래서 '단, 계단'이라는 뜻으로 쓴다. 제단은 토단 위에 쌓는 것이 많고 그 때문에 토단의 앞쪽에는 흙 계단을 만들었다. 級급도 계단을 뜻하는 글자로, 합쳐서 階級계급(계단. 지위나 신분 등의 등급)이라고 한다.

|용례| 階梯계제 歷階역계

溪

전문1

13획 | 계 | 시내

|해설| 형성. 성부는 奚해. 谿계, 磎계로도 쓰는데 산간 골짜기에 흐르는 물을 말한다. 그러한 溪谷계곡(谷間곡간)의 물은 맑기 때문에 그곳에 사는 수초는 제사에 올려지는데, "澗谿간계(溪流계류) 沼沚소지(늪가)의 毛모(수초)"를 신에게 올린 일이 옛 책에 보인다. 奚는 사람이 辮髮변발(남자의 머리 주위를 깎고 남은 중앙의 머리카락을 땋아서 가느다랗게 늘어뜨린 형태)을 한 모양이므로 가늘고 구불구불한 모양을 말하는 글자일 것이다.

|용례| 雪溪설계 溪流계류

稽

15획 | 계 | 이르다, 머무르다, 생각하다

| 금문1 | 금문2 | 전문1 |

|해설| 회의. 禾계와 尤우와 旨예를 조합한 모양. 禾는 군문에 세운 표지목의 모양. 尤는 죽은 개의 모양으로 희생물 개. 旨는 𦣻계, 詣예의 본래 글자로 축문을 담는 그릇의 모양인 曰왈에 대해 하늘에서 신령이 내려오는 모양으로, 신령이 이르는(詣) 것을 말한다. 禾 모양의 표지목 아래에 희생물 개를 묻고, 祝禱축도하여 내려오는 신을 맞이해 신이 이르러 신을 머무르게 하는 것을 稽라고 하여, '이르다, 머무르다'라는 뜻이 된다. 신을 맞이해 신의 뜻을 짐작하는 데서 '생각하다'라는 의미로도 쓰게 되었을 것이다.

|용례| 稽古계고 稽考계고 稽留계류 稽首계수 滑稽골계

鷄

19획 | 계 | 닭

| 갑골1 | 갑골2 | 갑골3 | 주문1 | 전문1 |

|해설| 형성. 성부는 奚해. '닭'을 말한다. 『설문해자』(4상)는 雞계를 정자로 하고, 鷄는 그 籒文주문(西周서주 후기 金文금문 글자 모양을 보여주는 획수가 조금 많은 글자)이라고 한다. 奚해는 닭(鷄)의 울음소리를 옮겨 적은 것으로 鳩(비둘기 구)의 九구도 그 울음소리이다. 갑골문자에는 볏과 긴 꼬리가 있는 상형자(갑골1)가 있고, 그것은 鳳봉의 모양에 가까운데 鷄는 신성한 새로 여겨진 것 같다. 새는 신화적인 저승을 가진 신성한 새의 경우에는 그 모습의 전부를 윤곽으

로 그리고, 보통의 새는 隹새 추의 모양을 사용했다. 鷄는 닭의 울음소리를 옮겨 적은 글자인데, 일본어 고어 '가케'(かけ. 닭)도 영어의 cock도 모두 닭의 울음소리를 옮겨 적은 말이다.

|용례| 鷄卵계란 鷄鳴계명 鷄舍계사 養鷄양계

 20획 | 계 | 잇다, 매다, 잇따르다

금문1 | 전문1

|해설| 형성. 성부는 㡭계. 㡭는 직기에 건 실을 둘로 절단한 모양. 斷단은 도끼로 실을 절단한 모양. 절단한 실에 실을 더하여 繼는 실을 '잇다, 매다'라는 뜻이다. 이어서 계속하는 것에서 繼承계승(선대나 전임자의 지위, 재산 등을 물려받음)처럼 앞을 받아서 뒤로 잇는 '잇따르다'라는 뜻으로 쓴다.

|용례| 繼母계모 繼嗣계사 中繼중계 後繼후계

 5획 | 고 | 낡다, 옛날

갑골1 | 갑골2 | 금문1 | 금문2 | 전문1

|해설| 회의. 十십과 口를 조합한 모양. 十은 장방형 방패의 모양. 口는 ㅂ축문 그릇 재인데 神신에게 바치는 기도문인 축문을 넣는 그릇의 모양이다. 이 그릇 위에 聖器성기로서 干간(방패)을 두어 ㅂ를 지키고 기도의 효과를 오랫동안 보존하는 것을 古라 한다. 그래서 '오래된 것, 낡다, 옛날' 등을 뜻하게 된다. 古에 口둘레 위를 더하여 기

상용자해

도의 교화를 강화한 것이 固굳을 고이다. 古에 때린다는 뜻의 攴칠
복을 더하는 것은 기도의 효과를 고의로 해치는 일이기 때문에 故
일부러 고라고 한다.

|용례| 古物고물 古書고서 古稀고희 復古복고 往古왕고 懷古회고

尻 5획 | 고 | 궁둥이

尻
전문1

|해설| 형성. 성부는 九구. 尻는 口입 구, 孔구멍 공과 음이 가깝다. 일
반적으로 작은 구멍이 있어 물건이 출입하는 곳을 말하는 글자이
다. '궁둥이'를 말한다.

考 6획 | 고 | 생각하다, 아버지

금문1   금문2   금문3   전문1

|해설| 형성. 성부는 丂교. 耂는 老로의 윗부분 모양과 같고 장발 노
인을 옆에서 본 모양이다. 여기에 성부인 丂를 더한 글자가 考이다.
亡父망부(죽은 아버지)가 考의 본래 뜻이다. 亡母망모(죽은 어머니)는
妣비라 하고, 몹시 낙담하는 일을 "考妣고비를 喪상하는 것 같다"고
말한다. '생각하다, 비교하다, 조사하다'라는 의미는 校교와 음이 같
아서 통용하는 의미이다.

|용례| 考案고안 思考사고 再考재고

告 7획 | 고 | 알리다, 기도하다

갑골1 갑골2 금문1 금문2 전문1

|해설| 상형. 본래 글자는 告로 써서 작은 나뭇가지에 ㅂ축문 그릇 재를 단 모양. 口는 ㅂ, 신에게 바치는 기도문인 축문을 넣는 그릇의 모양이다. 작은 나뭇가지에 ㅂ를 달아 신 앞에서 신에게 고하여 기도하는 것을 말한다. 『설문해자』(2상)에서는 글자의 윗부분을 소의 뿔로 읽고 소가 뭔가를 사람에게 고할 때, 가로목을 건 뿔로 사람과 접촉하는 것이라고 하는데, 소가 그런 행동을 할 수는 없다. 告는 본래 신에게 '기도하다'라는 의미였는데, 후에 윗사람에게 '호소하다', '알리다'라는 뜻이 된다. 왕의 명령을 誥고할 고라고 한다. ㅂ를 나무에 달고 받들어 신에게 기도하며 제사 지내는 글자가 史사(제사, 문서)이다.

|용례| 告白고백 告別고별 告示고시 宣告선고 通告통고

固 8획 | 고 | 굳다, 본래

전문1

|해설| 회의. 口둘레 위와 古고를 조합한 모양. 古는 ㅂ축문 그릇 재(신에게 바치는 기도문인 축문을 넣는 그릇의 모양) 위에 聖器성기인 干간(방패)을 두어 기도의 효과를 오랫동안 보존하는 것을 말한다. 古의 밖에 口의 모양을 더한 固는, 기도의 효과를 굳게 지키는 것으로 '굳다'라는 뜻이 된다. 기도의 효과가 고정되는(움직이지 않음, 변하지

않음) 데서 '본래, 원래'라는 뜻이 된다. 그러나 너무 固執고집(자신의 생각이나 의견을 굳게 지켜 변하지 않음)하면 頑固완고(자신의 생각이나 태도를 밀어붙임)하다고 말하게 된다.

|용례| 固辭고사 固有고유 固持고지 確固확고

孤 8획 | 고 | 고아

전문1

|해설| 형성. 성부는 瓜과. 어려서 아버지가 없는 '고아'를 孤라고 한다. 늙어서 남편이 없는 사람은 寡홀어미 과라고 한다. 왕이 자신을 칭할 때 孤, 寡라 하고, 寡人과인이라 하는 것은 겸칭(겸손한 말씨)이다. 孤客고객(혼자 여행하는 사람)처럼 '혼자'라는 뜻으로 사용하는 것 외에 孤雲고운(외따로 떠도는 구름), 孤舟고주(외로이 떠 있는 배)처럼 고독하고 쓸쓸한 정경의 사물에도 쓴다.

|용례| 孤高고고 孤獨고독 孤立고립 孤城고성 孤松고송 孤兒고아

股 8획 | 고 | 넓적다리, 가랑이

전문1

|해설| 형성. 성부는 殳창 수. 殳에 股의 음은 없지만, 羊양과 殳를 조합한 𣪊거세한 양 고의 음에서 온 것으로 보인다. 『설문해자』(4하)에 "髀비"라고 한다. 髀는 넓적다리이다. '가랑이, 넓적다리'라는 뜻으로 쓴다. 肱팔뚝 굉과 합쳐 股肱고굉이라 하여, 수족처럼 의지하는

보좌인을 비유하여 말한다.

|용례| 股間고간

拷 9획 | 고 | 치다

|해설| 형성. 성부는 考고. 이 글자는 『설문해자』에 보이지 않고, 『玉篇』에 이르러 "打타"라고 보인다. 죄인을 쳐서(拷) 취조하는 것을 拷라고 하여, '치다, 때리다'라는 뜻이 된다. 취조할 때 몽둥이로 치거나 손가락을 끼워서 아프게 하는(拶指찰지라고 한다) 등 갖가지 방법으로 拷問고문(범죄를 자백시킬 목적으로 심한 육체적 고통을 줌)하는 일이 있고 그 도구를 拷具고구라고 한다.

拷問圖

故 9획 | 고 | 까닭, 고의로, 본래

금문1　금문2　전문1

|해설| 회의. 古고와 攴복(攵)을 조합한 모양. 古는 ㅂ축문 그릇 재(신에게 바치는 기도문인 축문을 넣는 그릇의 모양) 위에 聖器성기인 干간(방패)을 두어 기도의 효과를 오랫동안 보존하는 것을 말한다. 古에 친다는 뜻의 攵을 더한 것은 기도의 효과를 고의로 해치는 것이기 때문에 故는 '오래다, 본래'라는 원래 뜻 외에 '고의로, 事故사고(나쁜 사건)'라는 뜻이 되고 또 그것을 정당화하는 이유, '까닭'이라는

뜻이 된다.

|용례| 故舊고구 故國고국 故宮고궁 故意고의 故人고인

枯 9획 | 고 | 마르다

전문1

|해설| 형성. 성부는 古고. 古는 ㅂ축문 그릇 재(신에게 바치는 기도문인 축문을 넣는 그릇의 모양) 위에 聖器성기인 干간(방패)을 두어 ㅂ를 지키고 기도의 효과를 오랫동안 보존하는 것을 말한다. 그래서 古에 '오랜 물건, 오래다'라는 뜻이 있는데, 너무 오래되어 긴 시간이 지나면 나무는 마르고(枯) 물도 마르는(涸물 마를 학) 것이다. '마르다, 건조하다'라는 뜻으로 쓴다. 성부가 古인 글자에는 생기를 잃었다는 의미를 가진 글자가 많다. 歹부서진 뼈 알은 죽은 사람의 잔골 모양인데, 殆말라 죽을 고는 사람이 죽는다는 뜻이 된다.

|용례| 枯淡고담 枯木고목 枯死고사 枯樹고수 榮枯영고

苦 9획 | 고 | 괴롭다, 쓰다, 씀바귀, 매우

전문1

|해설| 형성. 성부는 古고. 『설문해자』(1하)에 "苓령", 즉 씀바귀라는 풀이라고 한다. 매우 쓴 풀이어서 苦는 '쓰다, 매우'라는 뜻이 된다. 苦勞고로(심신이 모두 괴로움)는 옛날에는 劬勞구로라고 했는데, 劬는 몸을 구부려(句구) 쟁기(力력. 쟁기의 모양)로 밭을 가는 것으로 농경

常用字解 **83**

이 괴롭고 힘들다는 의미였다. 苦는 劬가 본래 글자이고 劬와 같은 음이어서 劬의 뜻을 빌려 '괴롭다, 괴로워하다'라는 뜻으로 쓴다.

|용례| 苦惱고뇌 苦言고언 苦役고역 苦戰고전 苦學고학

高 10획 | 고 | 높다, 뛰어나다

 갑골1   금문1   금문2   전문1

|해설| 회의. 京경의 생략형과 口를 조합한 모양. 口는 ㅂ축문 그릇 재이고, 신에게 바치는 기도문인 축문을 넣는 그릇의 모양이다. 京은 아치형 출입구가 있는 都도의 성문 모양이다. 문 위에 망루가 있는 큰 성문이다. 그 성문에 축문을 바쳐 악령 등이 들어오지 못하도록 액막이를 하는 것을 高라 한다. 망루가 있는 큰 성문이기 때문에 高는 '높다, 크다, 뛰어나다'라는 뜻이 된다. 高低고저의 高의 뜻에서, 장소나 지위 등이 높다는 뜻이 되고, 정신적으로 高尙고상하다(뜻이 높고 깨끗함)는 뜻이 된다.

|용례| 高級고급 高邁고매 高位고위 至高지고

庫 10획 | 고 | 곳집(곳간)

 전문1

|해설| 회의. 广집 엄과 車거를 조합한 모양. 广은 벼랑 가에 있는 집의 모양. 兵車병거를 수장하는 건물을 庫라 하여, 병거 곳집이라는 뜻이 된다. 후에 일반적으로 물건을 수납하는 '곳집'이라는 뜻으로

쓴다. 병거는 쌍두마차였기 때문에 차체를 넣는 건물과 마구간이 필요했다. 중요한 문서를 넣는 건물은 府부라 하고, 합쳐서 府庫부고 라 한다. 兵略병략에 뛰어난 사람을 武庫무고(무기 창고)라 한다. 병거 를 庫에 수납할 때는 희생의 피로 祓淸불청하는 의례를 했기 때문 에 庫는 聖所성소에 부설하는 경우가 많았다.

|용례| 庫裡고리 在庫재고

雇 12획 | 고 | 세내다

갑골1

雇
전문1

|해설| 회의. 戶호와 隹추를 조합한 모양. 戶는 신에게 제사를 지내 는 감실 외여닫이 문의 모양. 감실 문 앞에 새(隹)를 놓고 새점을 쳐서 신의 뜻을 찾는 것, 새의 힘을 빌려 신의 뜻을 묻는 것을 雇 라 한다. 그래서 雇는 '세내다'(빌려서 쓰다, 이용하다)라는 의미가 되 고, 후에 사람의 힘을 빌리는 것, 임금이나 요금을 지불하고 사람이 나 탈것 등을 사용하는 것을 '세내다'라고 한다. 신의 뜻을 찾은 결 과를 삼가 拜見배견하는 것은 顧돌아볼 고라 한다.

|용례| 雇役고역 雇用고용 解雇해고

鼓 13획 | 고 | 북, 치다

갑골1 | 갑골2 | 금문1 | 금문2 | 전문1

|해설| 회의. 정자는 鼓로 쓰고 壴고와 攴복을 조합한 모양. 壴는

북(鼓)의 모양, 攴에는 친다는 뜻이 있다. 鼓는 북을 치는 모양이고 '북을 치다, 치다, 북'이라는 뜻이 된다. 북만 아니라 타악기를 쳐서 울리는 것을 친다(鼓)고 한다. 용기를 북돋우는 소리가 나기 때문에 북을 쳐서 용기를 북돋우는 것을 鼓舞고무라 하고, 배를 두드리면서 만족하게 생활하는 것을 鼓腹고복이라고 한다.

鼓

|용례| 鼓歌고가 鼓笛고적 雷鼓뇌고

稿

15획 | 고 | 볏짚, 초고

전문1

|해설| 형성. 성부는 高고. 高는 백골이 된 죽은 사람의 뼈(가슴에서 윗부분 뼈의 모양)에 신에게 바치는 기도문인 축문을 넣는 그릇(ㅂ재)을 더한 것으로, 죽은 사람을 조문한다는 뜻이다. 백골이 된 뼈이기 때문에 高에는 희고 매끄럽다는 의미가 있다. 『설문해자』(7상)는 자형을 稾로 하고 "稈간"(볏짚)이라 풀이한다. 말라서 하얗게 된 나무를 稿마를 고라 하고 볏짚이 말라서 광택이 나는 것을 稾라 한다. '초고, 갈겨 쓴 것'을 稿라고 하는 것은, 초고에는 조악한 종이를 썼기 때문일 것이다.

|용례| 寄稿기고 原稿원고 草稿초고 投稿투고

錮 16획 | 고 | 막다

전문1

|해설| 형성. 성부는 固고. 『설문해자』(14상)는 "鑄塞주색하다"라고 풀이한다. 깨진 금속제 그릇을 녹인 구리 등으로 수리하는 것을 말한다. 涸물 마를 학, 痼고질 고처럼 固굳을 고의 음과 의미를 받는 글자에는 응고된 상태의 물건이라는 뜻이 있다. 錮는 '막다, 가두다'라는 뜻이 된다.

|용례| 禁錮금고

顧 21획 | 고 | 돌아보다, 생각하다

 |
금문1 | 전문1

|해설| 회의. 雇고와 頁혈을 조합한 모양. 頁은 머리에 의례용 모자를 쓰고 절하는 사람을 옆에서 본 모양. 雇는 신에게 제사를 지내는 감실의 문 앞에 새(隹추)를 놓고 새점을 쳐서 신의 뜻을 찾는 것이고, 그 신의 뜻을 정중하게 배견하는 것을 顧라고 한다. 그래서 顧는 신의 은혜, 신의 顧念고념(마음에 둠)이라는 뜻이 되고, 그것을 사람에게 옮겨서 '은혜를 베풀다, 생각하다, 마음에 두다'라는 뜻이 된다. 또 신이 계시하는(말씀하는) 신의 뜻을 보고 반성하는, '돌아보다, 돌이켜보다'라는 뜻으로도 쓴다.

|용례| 顧慮고려 顧問고문 顧視고시 回顧회고

曲 6획 | 곡 | 굽다, 자세하다

금문1 | 전문1

|해설| 상형. 대나무나 덩굴 등을 잘게 쪼개 엮어 만든 바구니의 모양. 대나무나 덩굴 등을 구부려 가늘게 엮어 만드는 것이므로 '굽다, 구부리다, 자질구레하다, 자세하다' 등의 뜻이 된다. 또 枉曲왕곡(법을 굽힘)이라고 하여 '不正부정'을 뜻하고 노래의 절이라는 뜻으로 쓰기도 한다.

|용례| 曲線곡선 曲直곡직 曲學곡학 曲解곡해 邪曲사곡 委曲위곡

谷 7획 | 곡 | 골짜기

갑골1 | 금문1 | 전문1

|해설| 상형. 골짜기 입구의 모양. 윗부분 八팔의 모양이 중첩되어 있는 것은 산맥이 중첩되듯이 쫓아가는 모양. 하부는 口가 아니라 凵거와 같은 모양으로 골짜기 입구 모양이기 때문에 전체의 형태가 '골짜기'를 표시한다. 갑골문은 골짜기 입구에 凵축문 그릇 재를 놓은 모양이고 그곳은 聖所성소로서 제사 지냈을 것이다. 水源수원이 있는 곳은 모두 성소로서 제사를 지내는 경우가 많았다.

|용례| 谷風곡풍 山谷산곡 幽谷유곡

15획 | 곡 | 곡식, 기르다

전문1

|해설| 형성. 성부는 殼각. 殼은 곡물의 열매를 두들겨 탈곡하는 모양이고 탈곡되어 속이 빈 것이 殼이다. 殼껍질 각은 찌꺼기 같은 것이 속에 남은 껍질이고, 껍질에 禾화(벼)가 들어 있는 것이 穀이다. 穀은 '곡물', 곡류 일반을 말한다. 벼가 익어서 그 열매가 터지려고 하는 모양이 穆삼갈 목이다. 곡류는 인명을 보전하는 것이므로 '기르다, 살다'라는 뜻으로 쓴다.

|용례| 穀粒곡립 穀物곡물 五穀오곡 雜穀잡곡

困 7획 | 곤 | 괴롭다, 곤란하다

 |
갑골1   전문1

|해설| 상형. 口위 모양 틀에 나무를 끼워서 출입을 막는 문턱(문지방, 문의 멈춤목)의 모양. 閫문지방 곤의 본래 글자이다. 『晏子春秋』「雜上」에 "井里정리의 困"이라는 것은 마을 출입구의 문인데 보안을 위해 출입구의 문이 엄중히 설치되어 있었다. 문에 멈춤목을 설치해서 출입을 금지하는 데서 困은 진퇴에 '괴롭다, 곤란하다'는 뜻이 된다. 후에 일반적인 일에 대하여 괴롭다, 곤란하다는 뜻으로 쓰고, 문의 멈춤목이라는 뜻으로는 閫곤을 썼다.

|용례| 困苦곤고 困窮곤궁 困憊곤비 困乏곤핍 困惑곤혹 貧困빈곤

昆 8획 | 곤 | 벌레

금문1　전문1

|해설| 상형. 곤충의 모양. 比비 부분이 그 다리에 해당한다. 곤충은 작은 벌레로 군집하는 것이 많고 그 모이는 모양을 混섞을 혼이라고 한다. 昆을 昆弟곤제처럼 형제라는 뜻으로 쓰는 것은 같은 음인 鬈형 곤 자에서 가차한 용법이다. 昆의 음에 작다는 의미가 있는 것 같고 물고기(魚어)의 알을 鯤곤이라고 한다.

|용례| 昆蟲곤충 昆布곤포

骨 10획 | 골 | 뼈

전문1

|해설| 상형. 살이 남아 있는 가슴뼈보다 위에 있는 뼈의 모양. 冎뼈 발라낼 과는 가슴보다 위에 있는 뼈의 모양. 아래의 月월은 살의 모양이다. 骨은 살이 붙은 뼈로 '뼈'라는 뜻이 된다. 뼈는 육체의 핵을 이루는 것으로, 骨格골격(몸의 전체를 형성하고 지탱하는 뼈의 모임), 筋骨근골(근육과 골격)이라고 한다. 뼈는 굳센 것이기 때문에 氣骨기골(자신이 믿는 것을 밀고 나가려고 하는 강한 기분)이라고 한다. 骨董골동(고도구, 고미술품으로 중시되는 물건)은 匫董골동으로 쓰는 것이 좋다. 匫은 古器고기, 董은 정리해서 선택한다는 의미이다.

|용례| 骨肉골육 骨子골자 接骨접골

工 3획 | 공 | 장인

| 갑골1 | 갑골2 | 금문1 | 금문2 | 전문1 |

|해설| 상형. 工은 어떤 工具공구의 모양인 것 같고, 금문에는 금속을 단련할 때 쓰는 단야대로 보이는 것이 있다. 工은 또 주술적 행위의 呪器주기로서 이용되는 것이 있었던 듯하다. 그것은 巫祝무축(신을 모시는 사람)의 巫(무당)의 옛 자형이 工을 좌우 손에 쥔 모양인 것, 左좌가 工을 쥐고 신이 있는 곳을 찾는 것을 의미하는 글자라는 점에서 알 수 있다.

|용례| 工夫공부 工事공사 工作공작 工程공정 起工기공 細工세공

公 4획 | 공 | 공공, 군

| 갑골1 | 금문1 | 금문2 | 전문1 |

|해설| 상형. 궁정 안 의례를 행하는 식장의 평면형.『韓非子』「五蠹」에 "厶사(私사)에 반대되는, 이것을 公이라 한다"라 하고,『설문해자』도 이 설을 취하는데, 옛 자형에는 厶의 모양이 포함되어 있지 않다. 옛 자형에서는 광장을 나타내는 口위 모양의 상부에 좌우의 담을 직선 두 개로 표시한다. 여기서 행해지는 의례, 행사가 公事공사, 公務공무이다. 여기서 조상에게 제사하고 소송도 행해졌다. 궁전이나 조상에게 제사 지내는 廟묘 앞에서 의례를 행하는 장소를 公이라고 하는 것에서, 公은 '궁전, 祖廟조묘, 君군(남의 위에 서서 지배하는 자, 군주, 제후 등)'이라는 뜻이 되고, 또 '공공'이라는 뜻이

된다. 나아가 지배하는 자의 사고방식을 公平공평(치우치지 않고, 모두 같이 취급함), 公正공정(공평하고 올바름)한 것이라 했다.

|용례| 公共공공 公然공연

孔 4획 | 공 | 구멍

금문1 | 금문2 | 전문1

|해설| 상형. 후두부에 머리털을 자르는 듯한 곡선을 더한 어린아이의 모양. 孔穴공혈, 孔竅(구멍)라고 할 때의 구멍일 것이다. '구멍'이라는 뜻으로 쓴다. 아마 젖먹이 때 어떤 의례적인 의미로 행해진 生子생자 의례의 하나였을 터인데 의례 방법은 명확하지 않다.

|용례| 氣孔기공 鼻孔비공

功 5획 | 공 | 공적

금문1 | 금문2 | 전문1

|해설| 형성. 성부는 工공. 工은 공작하는 기구, 力력은 耒쟁기 뢰의 모양이다. 力이 의미를 표시하는 부분이므로 功은 農功농공(농작업)의 일을 말한다. 工은 百工백공(각종의 공인)처럼 일의 내용을 특정하지 않는 것이고, 功은 후에 농공만이 아니라 모든 작업이나 일에서 성과가 있는 것을 말하여, '공적'이라는 뜻이 된다. 工과 功은 통용하는 일이 많고 금문의 成工성공, 戎工융공은 成功성공(일이 이루어짐, 목적을 달성함), 戎功융공(큰 공적)이라는 뜻이다.

|용례| 功德공덕 功名공명 功業공업 功績공적 軍功군공 論功논공

共 6획 | 공 | 함께, 모두, 삼가다, 바치다

갑골1 | 금문1 | 금문2 | 전문1

|해설| 회의. 두 손에 각각 물건을 들어 바치는 모양. 옛 자형은 좌
우의 손을 늘어놓은 모양(갑골1)이다. 그 글자는 収받들 공(廾공)이
고 供공의 본래 글자이다. 共은 아마 의례 때 사용하는 呪器주기를
공손히 받들어 신을 예배하는 모습을 보이는 글자일 것이다. 그래
서 共은 '삼가다, 공손하다'라는 뜻이 되고 恭공의 본래 글자이다.
좌우의 손을 함께 받드는 것이어서 共에는 '함께, 모두'라는 뜻도
있다.

|용례| 共同공동 共謀공모 共用공용 共有공유 共濟공제 共催공최

攻 7획 | 공 | 공격하다, 다스리다

금문1 | 금문2 | 전문1

|해설| 회의. 工공과 攴복(攵)을 조합한 모양. 工은 공작 도구. 攴에
는 친다는 뜻이 있다. 工을 써서 공작하고 '기물을 만드는, 다스리
는' 것을 攻이라 한다. 『周禮』「考工記」는 고대의 기물 제작자의
조직, 제도를 기술한 것으로, 攻木목공·攻金공금 등의 職직이 있는
데 나무나 금속을 가공하는 직이다. 군사에 내해시도 기술하는데
戎功융공이란 戰備전비, 軍備군비라는 의미였다. 후에 攻은 '공격하

다, 싸우다'라는 뜻이 된다.

|용례| 攻擊공격 攻略공략 攻勢공세 猛攻맹공 專攻전공

供 8획 | 공 | 바치다

전문1

|해설| 형성. 성부는 共공. 共은 의례 때 사용하는 呪器주기를 두 손으로 공손히 받들어 신을 예배하는 모습을 보이는 글자이고, 共은 供공과 음훈이 같다. 供은 두 손으로 물건을 '바치다, 준비하다'라는 뜻으로 쓴다.

|용례| 供給공급 供養공양 供饌공찬 供花공화 提供제공

空 8획 | 공 | 하늘, 비다, 허공, 헛되다

전문1

|해설| 형성. 성부는 工공. 工은 무지개(虹홍)처럼 완만하게 弓形궁형으로 굽은 모양의 것을 표시하는 경우가 있고, 穴구멍 혈의 상부가 그렇게 굽은 것을 空이라 한다. 空은 본래 穴이라는 의미였다. 穴은 속에 아무것도 없는 것이고 空은 '비다, 비우다, 허공, 헛되다'라는 뜻이 된다. 돔 모양의 구멍을 크게 확대해서 그 굽은 상부를 天空천공(하늘, 大空대공)이라고 보고, 空을 '하늘'이라는 뜻으로 쓰게 되었다.

|용례| 空間공간 空洞공동 空腹공복 空疎공소 空轉공전 空虛공허

恐 10획 | 공 | 두려워하다, 송구하다, 아마

금문1 　 전문1

|해설| 형성. 성부는 巩공. 巩은 工과 丮극(두 손으로 물건을 잡는 모양)을 조합한 모양으로, 巫祝무축(신을 섬기는 사람)이 왼손으로 잡는 呪具주구인 工을 손에 쥔 모양이다. 巩은 주구인 工을 두 손으로 잡고 높이 들어 신에게 기도하여 신을 맞이할 때의 동작이고, 그때의 신을 두려워하며 송구해하는 마음을 恐이라 한다. 후에 신 이외의 것에 대해서도 '두려워하다, 송구하다'라는 뜻으로 쓴다.

|용례| 恐懼공구 恐縮공축 恐怖공포 恐惶공황

恭 10획 | 공 | 공손하다, 삼가다

전문1

|해설| 형성. 성부는 共공. 共은 의례 때 사용하는 呪器주기를 공손하게 받들어 신을 예배하는 것을 보이는 글자로, '삼가다, 공손하다'라는 뜻이 된다. 그 신을 예배할 때의 마음을 보이기 위해 共의 아래에 心심을 더하여 恭이 된다. 共이 '함께'라는 의미로 사용되면서 본래의 뜻을 표시하기 위해 恭이라는 글자가 만들어졌다. '삼가다'라는 의미로는 金文금문에서는 龔 자가 쓰였다.

|용례| 恭儉공검 恭順공순 恭賀공하 溫恭온공

貢 10획 | 공 | 공물을 바치다, 공물

貢
전문1

|해설| 형성. 성부는 工공. 『설문해자』(6하)에 "功공을 바치는 것", 즉 생산품(功)을 貢納공납(공물을 바침)한다는 뜻이라고 한다. 員비단 백은 布員포백(직물)을 공납한다는 뜻이므로 貢은 百工백공(각종 공인)이 만든 생산물을 공납한다는 뜻일 것이다. 『周禮』「天官/大宰」에 祀사, 嬪빈, 器기, 幣폐, 材재, 貨화, 服복, 斿유(旗기), 物물을 九貢구공이라고 부르는데 이들은 모두 공물이었다.

|용례| 貢獻공헌 年貢연공 朝貢조공

控 11획 | 공 | 당기다

전문1

|해설| 형성. 성부는 空공. 『설문해자』(12상)에 "당기다(引인)"라고 한다. 활을 당기는 것, 또 화살이 떨어지는 것을 말한다. 또 말을 당기는 데도 쓴다. 『莊子』「外物」에는 무덤 도둑이 죽은 사람의 입속에 있는 옥구슬(含함이라고 하는 죽은 사람의 소생을 기원해서 입에 물리게 하는 옥)을 빼내기 위해 "턱을 두드리다(控)"라는 표현이 있다. 이런 것에서 생각해보면 控은 활을 당기고, 턱을 두드릴 때의 소리를 묘사한 말인 듯하다.

|용례| 控除공제 控制공제

果 8획 | 과 | 끝내다, 끝나다, 끝, 열매

금문1 | 금문2 | 전문1

|해설| 상형. 나무 위에 열매가 달린 모양. 열매를 말한다. 꽃이 다 피어 과실이 되기 때문에 성장을 '끝내고', 그 結果결과(열매를 맺게 한 것, 끝)로서 과실이 수확된 것이다. 일을 끝내는 것에서 최종 상태를 결단하는 의미에도 쓴다. '열매, 과실, 끝내다, 끝나다, 끝'이라는 뜻으로 쓴다.

|용례| 果斷과단 果樹과수 果實과실 成果성과

科 9획 | 과 | 품등, 규정

전문1

|해설| 회의. 禾벼 화와 斗말 두를 조합한 모양. 禾는 곡류, 斗는 용량을 재는 量器양기이기 때문에 말 등의 양기로 곡물의 양을 재는 것을 科라고 한다. 농작물의 양을 재고 그 질을 품정하는 일이어서 科에는 등급을 정한다는 의미가 있다. 이를 위해 일정한 조건을 고려해 규정을 정하는 것도 科라고 한다. '품등, 정도, 등급, 규정'이라는 뜻으로 쓰고, 일본어에서는 '죄'라는 뜻으로 쓴다.

|용례| 科擧과거 科第과제 敎科교과 罪科죄과

菓

12획 | 과 | 열매, 과자

|해설| 형성. 성부는 果과. 果는 나무에 열매가 맺힌 모양. 초두머리가 있는 菓는 자형으로 말하면 초목의 열매이지만 菓子과자라는 뜻으로 쓴다. 옛날에 과자는 과실을 가공한 것으로서 예를 들면 설탕에 절여 甘味감미를 더하여 먹었다. 그래서 菓盤과반은 과실을 담는 쟁반에도 과자를 담는 쟁반에도 쓴다.

|용례| 茶菓다과 製菓제과

過

13획 | 과 | 지나다, 지내다, 잘못하다, 과오

금문1 | 금문2 | 전문1

|해설| 형성. 성부는 咼와. 咼는 冎과(사람 상반신의 잔골)에 凵재(신에게 바치는 기도문인 축문을 넣는 그릇의 모양)를 더하여 禍화(재앙)를 떨쳐 버리기를 기도하는 뜻이 된다. 여기에 辵착(辶. 걷다)을 더한 過는 특정의 중요한 장소를 통과하기 위해 禍를 떨쳐 버리는 의례를 말하는 글자일 것이다. 그래서 '지나다, 지내다'라는 뜻이 된다. '과오'라는 뜻이 있는 것은 過尤과우(재앙, 죄)의 의미와 관계가 있다.

|용례| 過去과거 過多과다 過度과도 過失과실 過言과언 過誤과오

誇

13획 | 과 | 자랑하다

전문1

|해설| 형성. 성부는 夸과. 夸는 큰 칼의 모양. 그 칼로 고기를 잘라 내는 것을 劀도려낼 고라 하고, 가랑이를 벌리고 넘는 것을 跨과라고 한다. 夸에는 일반적으로 크다, 크게 벌리는 모양의 것이라는 뜻이 있다. 그래서 誇는 일을 과장되게 말해서 남에게 '자랑하다'라는 뜻이 된다. 그것은 경박한 행위이므로 浮誇부과(경망스럽고 과장됨)라 하고, 다소의 거짓도 섞여 있으므로 誇誕과탄(엉터리)이라고 한다.

|용례| 誇大과대 誇示과시 誇張과장

寡

14획 | 과 | 과부, 적다

금문1　금문2　금문3　전문1

|해설| 회의. 宀집 면과 頁머리 혈과 人사람 인을 조합한 모양. 宀은 조상에게 제사 지내는 廟묘(사당). 寡는 장례 때의 예복으로 머리에 喪章상장을 두른 사람이 묘 안에서 신령을 바라보며 한탄하는 모습을 옆에서 본 모양이다. 옛 자형에는 눈물을 흘리는 모양(금문3)도 있고, 寡란 '과부'를 말한다. 『禮記』「王制」에는 "늙어서 남편 없는 사람, 이를 寡라 한다"라고 정의한다. 늙어서 처가 없는 사람은 鰥환(홀아비)이라 했다. 鰥, 寡, 孤고(고아), 獨독(늙어서 자식이 없는 사람)은 천하의 窮民궁민(의지할 데 없는 사람)으로서 고대 중국에서도 구제 대상이 되었다. 寡는 未亡人미망인, 행복이 적은 사람이기 때문에 '적다, 약소한 것'이라는 뜻이 된다. 또 겸손한 표현으로서 王왕 등이 일인칭으로 사용하여 과인이라고 했다. 寡는 孤와 음이 가깝고 고독이라는 의미도 있다.

|용례| 寡默과묵 寡聞과문 多寡다과 衆寡중과

課 15획 | 과 | 시험하다, 할당하다

課
전문1

|해설| 형성. 성부는 果과. 果는 과실을 말한다. 果 음의 글자에는 夥(많다), 窠(보금자리), 顆(낱알) 등 어느 부분에 무엇이 밀집되고 또 구분이 되는 상태를 표시하는 글자가 많다. 과실에는 귤처럼 그러한 모양을 가진 것이 많기 때문이다. 그래서 課는 '하나하나의 항목으로 나누어진 것', '그 하나하나의 부분을 책임지고 인수하다'라는 뜻이 된다. '할당하다, 일, 시험하다'라는 뜻으로 쓴다.

|용례| 課稅과세 課試과시 課業과업 賦課부과 日課일과

鍋 17획 | 과 | 냄비

|해설| 형성. 성부는 咼와. 咼는 冎과(사람 상반신의 잔골)에 축문을 넣는 그릇의 모양인 ㅂ재를 더하여 禍화(재앙)를 떨쳐 버리기를 기도하는 뜻이 된다. 상반신의 뼈는 둥글고 우묵한 모양이고 바닥이 둥근 금속제의 '냄비'를 鍋라고 한다. 옛날에는 인력거의 기름통 등의 뜻으로 썼고 냄비라는 뜻으로 쓰는 것은 송대(10~13세기)부터이다.

郭 11획 | 곽 | 성곽, 둘레

갑골1 갑골2 갑골3 금문1 전문1

|해설| 형성. 본래 글자는 𩫖곽으로 쓰고 성부는 𩫖. 𩫖은 성곽의 모양으로 그 평면형. 성곽의 양단에 먼 곳을 보기 위한 망루를 설치한 모양이다. 후에 줄여서 享향이 되고 邑읍의 생략형인 阝(우부방)을 더했다. 옛날 자형으로는 邑(口위. 도시의 외곽)의 사방에 망루를 돌출하여 더한 모양(갑골3)이 있다. 郭에는 성벽으로 사방을 '둘러싸다', 또 가운데가 빈 '둘레'라는 의미가 있다.

|용례| 輪郭윤곽 外郭외곽

串 7획 | 관 | 꼬챙이, 꿰다

|해설| 상형. 물건을 꼬챙이에 꿴 모양. '꿰다'라는 뜻으로 쓴다. 毌꿰뚫을 관과 비슷하고 화폐 貝패를 꿰어 잇는 것을 貫관이라 한다. 貫은 毌과 貝를 조합한 모양. 慣익숙할 관과 통하여 '익숙하다'는 의미로도 쓴다.

官 8획 | 관 | 벼슬, 관장하다

전문1 金文1 金文1

|해설| 회의. 宀면과 𠂤퇴를 조합한 모양. 건물의 지붕을 표시하는 宀 아래에 군대가 행동할 때 군의 수호령으로 휴대하는 脤肉신육

(祭肉제육. 自 모양이다)을 안치한 모양. 고대에는 군이 출발할 때 軍社군사에서 肉육을 바쳐 전승 기원의 제사를 지내고 그 제사의 고기를 받들어 모시고 출발했다. 그 고기의 모양이 𦜳(自), 그리고 군이 주둔할 때는 이것을 건물에 안치했다. 그 안치한 신성한 곳을 官이라 하고 그 건물 안에서 장군들이 생활하므로 館관이라 한다. 官이 館의 본래 글자이다. 군을 나누어 행동하게 할 때는 신육을 잘라 분배했다. 그 고기를 두 손으로 받들어 모시는 모양이 𦊆견이고, 이렇게 받들어 모시고(𦊆) 군을 행동하게 하는 것을 遣견이라 하여 '파견하다'라는 뜻이 된다. 師사는 피막이(지혈 장치)가 달린 칼로 신육을 잘라내는 것으로, 이 잘라내는 권한을 부여받은 사람을 師사(군관, 장군)라고 한다. 군의 원정이 끝나 歸還귀환하면 寢廟침묘(사당)에 보고하는데, 歸는 自(신육)와 귀환을 표시하는 止지(발자국의 모양)와 술을 뿌려 침묘를 정결하게 하기 위한 帚비 추를 조합한 모양이다. 自를 포함한 글자는 본래는 모두 군사에 관한 글자이다. 본래 군의 주둔지를 말하는 官은 후에 '벼슬, 관직, 관장하다'라는 의미로 쓰이게 되었다.

|용례| 高官고관 官途관도 官僚관료 官吏관리 官廳관청 退官퇴관

冠 9획 | 관 | 관, 원복

전문1

|해설| 회의. '冖'덮을 멱과 元원과 寸촌을 조합한 모양. '冖'은 덮개의 모양인데 冠은 完완, 寇구와 같이 廟묘(사당) 안에서 행하는 의례를 말

하는 글자이기 때문에, 宀이 아니라 宀면(조상에게 제사 지내는 사당의 지붕 모양)을 따라야 할 것이다. 元은 머리를 크게 그려 강조한 모양으로 목이나 머리라는 뜻이 있다. 廟 안에서 손(寸)으로 元(머리)의 머리카락을 묶어 머리에 관을 씌우는 모양으로, 남자의 성인식인 元服원복 의례를 말한다. 또 '관'이라는 뜻 외에 冠은 사람 머리 위에 씌우는 것이기 때문에 '가장 위에 있는 것, 뛰어나다'라는 의미로도 쓴다.

|용례| 冠者관자 弱冠약관 榮冠영관 衣冠의관

貫 11획 | 관 | 뚫다, 돈꿰미

전문1

|해설| 회의. 毌관과 貝패를 조합한 모양. 毌은 패를 묶어 연결한 모양. 貝 화폐를 하나로 연결하는 것을 '뚫다'라고 한다. 물건을 뚫는다는 의미에서 시간적으로 '연결하다, 계속하다', 장소적으로 '연속하다'라는 뜻이 되고, 또 慣관과 통해 '습관, 관습'이라는 뜻으로도 쓴다.

|용례| 貫流관류 貫盈관영 貫通관통 本貫본관 魚貫어관

棺 12획 | 관 | 관

전문1

|해설| 형성. 성부는 官관. 官은 軍군이 행동할 때 휴대하는 脤肉신

육(ß 모양의 祭肉제육)을 주둔지의 건물 안에 안치하는 모양으로 縮
얽을 관(물건을 묶어 맴)이라는 뜻이 있다. 棺은 사체를 천으로 감싸
서 수납하는 나무 상자, 즉 '관'을 말한다. 관을 넣는 외관을 槨덧널
곽이라 한다. 棺槨관곽(관과 외관)은 고귀한 사람에게 쓰이고 일반인
의 사체는 들판에 버려 풍화를 기다려 뼈를 수습해 매장하므로 葬
장이라고 한다.

|용례| 棺柩관구 棺材관재 石棺석관 出棺출관

款 12획 | 관 | 진심, 기뻐하다

전문1

|해설| 회의. 柰수와 欠흠을 조합한 모양. 柰는 祟빌미 수의 약자. 祟
는 재앙을 일으키는 呪能주능을 가진 짐승의 모양. 이것을 때려 적
이 가하는 주술의 힘을 줄이고 없애는 것을 殺살이라고 한다. 欠은
입을 벌려 큰 소리를 내며 기도하는 사람을 옆에서 본 모양이다.
款은 주능을 가진 짐승의 재앙을 이용해 진심으로 기원하고 그 기
도에 신이 응답하기를 기대하는 것을 말한다. 그래서 款은 '참, 진
심'이라는 뜻이 되고 또 약속이라는 뜻이 된다.

|용례| 款誠관성 落款낙관 定款정관

慣 14획 | 관 | 익다, 길들이다

전문1

|해설| 형성. 성부는 貫관. 貫은 貝패를 꿰어 묶어서 한 줄로 한 것이므로 貫通관통이라는 뜻이 된다. 그래서 시간적으로 '연결되다, 계속하다, 오래되다'라는 의미가 되는데 그 심정을 더하여 '익다, 길들이다'라는 의미로 쓴다. 摜익숙해질 관은 『설문해자』(12상)에 "習습"(익히다)이라 한다. '익다'는 '익히다'와 관계가 있는 말이다.

|용례| 慣例관례 慣習관습 慣行관행 習慣습관

전문1

管 14획 | 관 | 관, 피리, 통, 관장하다

|해설| 형성. 성부는 官관. 管은 대나무의 '관'으로 구멍을 뚫어 악기로 쓴다. 管은 그 구멍이 가늘고, 가는 구멍의 관을 통해서 보아도 좁은 범위밖에 보이지 않기 때문에, 견문·견해가 좁은 것을 管見관견·管窺관규라고 한다. '피리, 통' 등 일반적으로 가늘고 긴 관과 같은 것을 말하고, 管樂관악(관악기로 연주하는 음악), 氣管기관(목구멍에서 폐까지 둥근 관), 土管토관(점토를 구워 만든 관)과 같이 쓴다. 管制관제(국가가 자유로운 활동을 제한함), 管理관리(책임지고 맡아 함)라고 하는 것은 官(관리하다)의 음과 뜻에 따랐을 것이다.

寬 15획 | 관 | 느긋하다, 넓다

전문1

|해설| 회의. '宀'면과 萈환을 조합한 모양. 조상에게 제사 지내는 사

당(廟묘) 안에서 눈썹(眉미)을 굵고 크게 그린 巫女무녀(覒)가 기도하는 모양. 무녀는 신들린 상태가 되어 느슨한 모습으로 神託신탁(신의 말씀)을 진술한다. 황홀하여 의식이 없는 상태이므로 '느긋하다'는 뜻이 되고, 또 신의 뜻을 받고 있으므로 '풍부함, 넓다'는 뜻이 된다. 모두 사람의 기질, 태도에 대하여 말한다.

|용례| 寬大관대 寬嚴관엄 寬容관용 寬弘관홍

館 17획 | 관 | 숙소

전문1

|해설| 형성. 성부는 官관. 官은 軍군이 출정할 때 軍社군사의 제사에 바친 脤肉신육(祭肉제육. ⟨ 모양이다)을 받들어 모시고 출발하여 군이 주둔할 때 그것을 건물 안에 안치한 모양이다. 신육을 안치한 신성한 건물이 官이고 館관의 본래 글자이다. 官은 장군들이 생활하는 곳이기도 했으므로 館이라고 한다. 후에 공식 의례를 행하는 건물이나 큰 '숙소' 등도 館이라고 했다. 館은 고대에는 정부 공관이나 학교 이름 등에 썼는데 지금은 여관, 영화관처럼 쓰기도 한다.

|용례| 館舍관사 歸館귀관

關 19획 | 관 | 관문, 걸리다, 빗장, 닫다

금문1   금문2   전문1

|해설| 회의. 門문과 絲관을 조합한 모양. 門의 중앙에 絲(문을 닫기

위한 가로목인 빗장)을 더한 모양으로 문을 '닫다'라는 뜻이 된다. 關은 빗장을 거는 구조적인 것이기 때문에 機關기관(장치에 의해서 작동하는 기구. 기계)이라 하고, 교통로인 關을 '關門관문, 關所관소'라고 한다. 양자 사이를 關으로 가두는 것이므로 關係관계(두 개 이상의 일이 서로 걸림)라고 한다.

|용례| 關鍵관건 關心관심 關與관여 難關난관 玄關현관

罐 24획 | 관 | 항아리, 통

금문1

전문1

|해설| 형성. 성부는 雚관. 缶은 罐의 성부를 생략한 약자이고 현재 罐의 상용한자로 쓴다. 별도로 缶부라는 글자가 있고 이것은 장군(토기)의 상형자이다. 罐도 본래 토기의 瓶병 같은 것을 말하는 글자였다. 식품을 채운 '통조림'의 罐 자로 쓰는데 통조림의 罐은 양철 같은 금속제이므로 鑵두레박 관을 쓰는 일도 있지만 鑵은 두레박을 뜻하기 때문에 역시 罐을 쓰는 것이 옳다. 통조림의 '缶'은 원래 영어의 can(깡통, 양철 깡통)이기 때문에 罐·鑵은 모두 깡 음의 차자이다.

觀 25획 | 관 | 보다

갑골1

금문1

금문2

전문1

|해설| 형성. 성부는 雚관. 雚은 鸛황새 관으로 신성한 새라고 하여

새점에 사용된 것으로 보인다. 雚을 사용해 새점을 쳐서 신의 뜻을 헤아리는 것, '보는, 판별하는' 것을 觀이라 했을 것이다. 勸권은 농경의례에 관한 글자이기 때문에 觀도 본래 농경에 대하여 신의 뜻을 보는 일이 행해졌을 것인데 후에 널리 '보다, 자세히 보다'라는 의미로 사용하고, 멀리까지 볼 수 있는 높은 건물을 觀이라 한다.

|용례| 觀光관광 觀察관찰 觀覽관람 壯觀장관 道觀도관

括 9획 | 괄 | 묶다

전문1

|해설| 형성. 성부는 舌괄. 본래 글자는 揯괄로 쓰고 성부는 昏괄. 昏은 작은 손잡이가 달린 刀도(氏씨)로 ㅂ제(신에게 바치는 기도문인 축문을 넣는 그릇의 모양)를 찔러 그 기도의 효과를 잃게 하는 것으로 刮깎을 괄도 같은 의미이다. 깎아낸 것을 한 묶음으로 '묶는' 것을 括이라 한다.

|용례| 括髮괄발 括弧괄호 一括일괄

光 6획 | 광 | 빛나다, 빛

갑골1　갑골2　금문1　금문2　전문1

|해설| 회의. 火화와 人인(儿)을 조합한 모양. 儿은 사람을 옆에서 본 모양으로, 옛 자형에서는 무릎을 꿇은 사람이다. 머리 위에 큰

불빛을 그려서, 불을 강조해 보이는 글자이다. 사람 위에 큰 눈을 그려서 눈을 강조하는 見견이나, 사람 위에 止지(발자국의 모양)를 그리는 先선과 마찬가지의 글자 만들기 방식이다. 고대 사람들에게 불은 신성한 것이었기 때문에 불을 지켜 신을 모시는 사람이 있었다. 光은 그러한 불을 다루는 성직자를 표시한다. 후에 불의 '빛' 그 자체를 光이라고 하여, 빛을 내어 아름답게 보이는 데서 '빛나다'라는 뜻이 되고 그 의미를 사람에게 옮겨서 光榮광영(영예), 光烈광렬(훌륭한 공적)이라고 한다.

|용례| 光明광명 光彩광채 光華광화 光輝광휘 閃光섬광 榮光영광

狂   7획 | 광 | 미치다

갑골1　갑골2　전문1

|해설| 형성. 성부는 王왕. 본래 글자는 㞷왕이 성부. 㞷은 王(왕위의 상징인 도끼의 머리 부분 모양인 ⽄) 위에 之지(발자국의 모양)를 놓은 모양. 왕의 명령으로 멀리 사행을 갈 때 사자는 이 신성한 도끼(鉞월) 위에 발을 올리는 의식을 하여 그 靈령의 힘을 받고 출발한 것이다. 玉座옥좌(왕의 좌석) 앞에 놓인 도끼와 접촉하여 이상한 힘이 주어지듯이, 어떤 영의 힘에 의해 이상한 힘을 얻어 '미치는' 것을 狂이라 한다. 『論語』에 狂狷광견(뜻이 높고 마음이 좁음)이라는 말이 있는데, 공자는 중용(지나침이나 부족이 없이 올바름)의 사람을 찾을 수 없다면 그다음으로 광견한 사람이 좋다고 말한다. "狂者광자는 나아가서 취하고, 狷者선사는 하시 않는 것이 있다"(광자는 이상이 높아

서 의욕적이고, 견자는 절조가 있어서 나쁜 일은 하지 않는다)는 것이 그 이유이다. 공자는 이상이 높고 의욕이 있는 광견한 사람을 아꼈다. 중국에서는 평범한 삶의 방식과는 달리 이상을 높이 갖고 의욕적이고 자유롭게 사는 사람이 존경받았던 것이다.

|용례| 狂氣광기 狂喜광희 熱狂열광

廣 15획 | 광 | 넓다

| 금문1 | 금문2 | 금문3 | 전문1 |

|해설| 형성. 성부는 黃황. 黃은 본래 佩玉패옥(혁대 같은 데 차는 옥)의 모양인데, 黃에 橫횡(늘어뜨리다)이라는 뜻도 있어, 패옥의 모양에 옥을 짜 넣어 조직한 모양에서 넓다는 의미도 포함하게 되었을 것이다. 그래서 廣屋광옥(넓고 큰 집), 큰 건물이라는 뜻이 되어, 일반적으로 '넓다, 크다, 넓어지다, 넓히다'라는 뜻으로 쓴다.

|용례| 廣大광대 廣言광언 廣野광야 廣義광의

鑛 22획 | 광 | 쇳돌

전문1

|해설| 형성. 성부는 廣광. 廣은 큰 집을 말한다. 『설문해자』(9하)에는 "磺광"이라고 하는데 黃황은 그 광석의 색을 말하는 것 같다. 옛 자형의 예가 보이지 않는데 아마 쇳돌(원광석)의 색이라고 하는 磺이 본래 글자일 것이다. '쇳돌'(원광석)이라는 뜻으로 쓴다. 礦石광석

을 채취하는 장소는 신성한 곳이라고 하여 그 장소에는 엄중한 呪
禁주금(주술을 하여 사령들을 물리침)을 하는 규정이 있었다.

|용례| 鑛物광물 鑛山광산 鐵鑛철광

掛 11획 | 괘 | 걸다, 걸리다

|해설| 형성. 성부는 卦괘. 卦는 土版토판(圭규)에 점의 결과를 써넣
은 것으로 후에 易역 팔괘의 이름으로 쓴다. 卦란 筮竹서죽(점에 사
용하는 죽으로 만든 가는 막대기)을 손에 걸어 나눈다는 의미이다.

怪 8획 | 괴 | 이상하다, 이상하게 여기다

전문1

|해설| 형성. 성부는 圣괴. 圣는 土토(土主토주, 즉 토지신) 위에 又우
(손의 모양)를 더한 모양. 圣에는 옛날에 '골'이라는 음이 있어서 논
밭의 개간을 의미하는 글자인데 그와는 달리 토주에게 제사 지내
는 의례를 말하는 글자일 것이다. 토주는 그 지역의 守護靈수호령
으로 활동하는 것인데 그 토주에 뭔가 이상한 일이 생겼을 것이다.
그래서 怪에는 '이상하다, 이상하게 여기다, 이상한 것'이라는 뜻이
있다.

|용례| 怪力괴력 怪物괴물 怪異괴이 奇怪기괴 妖怪요괴

拐 8획 | 괴 | 속이다

|해설| 형성. 본래 글자는 아마도 掛괘이고 卦괘 음의 글자일 것이다. 옛 사서에는 보이지 않는 글자로 당대(7~10세기) 이후에 만들어졌을 것이다. 誘拐유괴(사람을 속여서 꾀어냄)처럼 쓰고, 이 말 때문에 상용한자에 추가되었다. 송대의 岳飛악비(12세기)가 말 세 필을 갈대 끈으로 연결하여 적진에 돌격시켰다고 전해지는데 이를 拐子馬괴자마라고 한다. '연결하여 잡다'가 본래 의미인데 후에 '(사람을) 속이다'라는 의미로 쓰이게 되었다.

|용례| 拐帶괴대

塊 13획 | 괴 | 덩어리, 흙덩이

전문1

|해설| 형성. 성부는 鬼귀. 鬼에 嵬높을 외의 음이 있다. 鬼는 큰 머리를 가진 사람으로 큰 것이라는 의미가 있다. 흙덩이가 큰 것을 塊라고 하여 '흙덩이, 덩어리'라는 의미로 쓴다. 산이 험하고 높은 것을 嵬라 한다. 塊의 옛 자형으로서 凷가 있다. 움푹하게 팬 땅에 큰 흙덩이가 있는 것을 보이는 글자일 것이다.

|용례| 塊然괴연 塊土괴토 石塊석괴 肉塊육괴

壞 19획 | 괴 | 부수다, 부서지다, 깨지다

壞	黐	鈋	壞
금문1	주문1	고문1	전문1

|해설| 형성. 성부는 褱회. 褱는 옷(衣의) 속에 眔답(눈에서 눈물이 흐르는 모양으로 눈물을 뜻한다)을 더한 모양으로, 죽은 사람의 옷 깃 언저리에 눈물을 흘려 죽은 사람을 그리워하고 생각하는 사별 의례를 말한다. 옛 자형(고문1)에는 土토에 眔을 흘리는 모양이 있는데, 土는 社사(토지의 수호신에게 제사를 지내는 神社신사)의 본래 글자이기 때문에 신사에서 눈물을 흘리는 의례를 행한 것을 표시한다. 또 褱에 攴복(치다)을 더한 옛 자형(주문1)이 있고 이것은 씨족 혹은 지역의 수호신에게 제사를 지내는 社를 파괴하는 것을 나타낼 것이다. 이로써 뭔가 사정이 있어서 살던 곳을 떠날 때 수호신에게 제사를 지내는 社를 파괴하는 의례를 한 것 같다. 그래서 壞에는 '부수다, 부서지다, 깨다, 깨지다'라는 의미가 있다.

|용례| 壞屋괴옥 壞滅괴멸 決壞결괴 全壞전괴 倒壞도괴 破壞파괴

巧 5획 | 교 | 솜씨 좋다

巧
전문1

|해설| 형성. 성부는 工공. 工은 공작하는 기구의 모양. 丂교는 曲刀곡도의 모양으로 모두 공작하는 기구인데 丂가 의미를 표시하는 부분이다. 기물 등을 만들 때 丂(작은 칼)로 작업하는 깃을 巧라고 한다. 그래서 巧는 '뛰어난 재주, 훌륭한 솜씨'라는 뜻으로 쓴다. 技巧

기교(기술이 훌륭함)라는 뜻을 사람의 언동으로 옮겨서 巧言교언(말만
잘함, 또 그런 말), 巧笑교소(예쁘게 웃음, 또 거짓 웃음)라고 말한다.

|용례| 巧妙교묘 巧手교수 巧者교자 利巧이교

交 　6획 | 교 | 사귀다, 섞이다, 주고받다, 서로

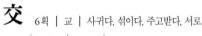

갑골1　갑골2　금문1　전문1

|해설| 상형. 다리를 꼬고 서 있는 사람을 정면에서 본 모양. 다리를
꼬는 데서 交錯교착(뒤섞임)이라는 뜻이 되고, 交際교제(타인과 사귐,
사람의 섞임), 交友교우(우인으로서 사귐)처럼 인간끼리 사귀는 것을
말한다. '사귀다, 섞이다'라는 의미에서 '서로, 주고받다, 교환하다'라
는 뜻이 된다. 물품을 교환하고 장사하는 것을 交易교역이라 한다.
交는 보기 좋은 모습으로 여겨진 것 같고, 佼예쁠 교, 姣예쁠 교에는
'잘생기다, 아름답다'는 의미가 있다.

|용례| 交戰교전 交叉교차 交差교차 舊交구교

郊 　9획 | 교 | 성 밖

전문1

|해설| 형성. 성부는 交교. 交는 다리를 꼬고 서 있는 사람을 정면
에서 본 모양으로 두 개의 물건이 상접한다는 의미가 있고, 郊라
는 것은 다른 邑읍과 상접하는 곳을 말할 것이다. 阝는 邑의 생략
형. 고대의 邑은 지금의 村촌에 해당한다. 그래서 郊는 '성 밖'을 뜻

한다. 또 국경의 이족과 접하는 곳을 뜻하기도 하고 이러한 곳은
밖으로부터 邪靈사령이 들어올 우려가 있어서 邪氣사기를 물리치는
侯禳후양 의례를 행했다.

|용례| 郊外교외

校 10획 | 교 | 학교, 본받다, 재다

전문1

|해설| 형성. 성부는 交교. 交는 다리를 꼬고 서 있는 사람을 정
면에서 본 모양. 처마에 교차목(千木천목. ちぎ. ×형으로 교차시킨 나
무—옮긴이)이 있는 건물을 校라고 한다. 그것은 고대에 일정한 나
이가 된 귀족 자제들을 교육하기 위한 學舍학사였다. 學의 본래 모
양은 叒이고 교차목 형식의 지붕이 있는 학사이다. 여기에 학사에
서 배우는 子자와 지도하고 가르치는 의미의 臼국(좌우 두 손의 모
양)을 더한 글자가 學이다. 校는 校舍교사(교실이 있는 학교의 건물),
學은 학습이고, 교사에서 가르치는 것을 敎교라고 한다. 校는 '학
교, 본받다'라는 뜻 외에, 較견줄 교와 통용하여 '비교하다, 재다, 헤
아리다'라는 뜻으로도 쓴다.

|용례| 校閱교열 校定교정 校訂교정 校庭교정 休校휴교 全校전교

敎 11획 | 교 | 가르치다, 배우다

갑골1 | 갑골2 | 금문1 | 전문1

|해설| 회의. 爻효와 子자와 攴복(攵)을 조합한 모양. 爻는 지붕에 교차목(×형으로 교차시킨 나무)이 있는 건물의 모양으로, 校舍교사를 말한다. 子는 그곳에서 배우는 자제. 爻와 子를 조합한 孝교가 學배울 학의 본래 글자이다. 爻에 攴(채찍)을 더하여 學舍학사에서 배우는 자제들을 장로들이 채찍으로 때려 격려하는 것, 鞭撻편달하는 것을 표시하여, 敎는 '가르치다'라는 뜻이 된다. 교차목이 있는 건물 형식은 일본의 神社신사 건축에 남아 있듯이 신성한 건물의 형식이다. 고대 중국에서는 그 신성한 건물에 일정한 나이가 된 귀족 자제들이 모여 장로들에게 전통이나 예의 등을 배웠다.

|용례| 敎誡교계 敎導교도 敎授교수 敎習교습 敎育교육 敎義교의

絞 12획 | 교 | 꼬다, 묶다, 목매다

전문1

|해설| 형성. 성부는 交교. 交는 다리를 꼬고 서 있는 사람을 정면에서 본 모양으로 일반적으로 물건을 교차하는 것을 말한다.『설문해자』(10하)에 "縊목맬 액"이라고 한다. 縊은 실을 묶어 맨다는 뜻. 목을 매어 죽이는 것을 絞首교수라 하고 그 형벌을 絞首刑교수형이라 한다.

|용례| 絞殺교살

較 13획 | 교 | 견주다

| 금문1 | 금문2 | 금문3 | 전문1 |

|해설| 형성. 성부는 交_교. 옛 자형에서는 較_교로 쓰고 성부는 爻_효. 較는 車_차의 지지대에서 앞쪽으로 튀어나온 가로목으로 爻가 그 모양이다. '비교하다, 분명하다'라는 뜻은 엇갈린 나무가 두 개(爻) 튀어나온 것에서 나왔을 것이다.

|용례| 比較_{비교}

橋 16획 | 교 | 다리

전문1

|해설| 형성. 성부는 喬_교. 喬는 高_고(성문 앞에 신에게 바치는 기도문인 축문을 넣는 그릇 ㅂ재를 놓은 모양. 망루가 있는 성문) 위에 신을 부르는 標木_{표목}을 세운 모양이다. 고대의 다리에는 그 양단에 이러한 신성한 표목을 세웠을 것이다. '다리, 높은 다리'라는 뜻으로 쓴다. 강을 낀 聖地_{성지}라고 하는 곳에서는 橋占_{교점}(다리점. 다리 끝에 서서 왕래하는 사람의 이야기를 듣고 그것으로 길흉을 점침)을 치는 일이 행해졌다.

喬의
갑골문자

|용례| 橋脚_{교각} 橋梁_{교량} 陸橋_{육교}

矯 17획 | 교 | 바루다, 속이다

矯
전문1

|해설| 형성. 성부는 喬교. 喬는 高고(망루가 있는 성문) 위에 신을 부르는 標木표목(표시가 되는 나무)을 세운 모양이다. 樓門누문처럼 呪禁주금(주술)을 행함으로써 惡邪악사를 바로잡는다고 여겨졌다. 『설문해자』(5하)에는 굽은 화살을 바르게 하는 재갈(箝겸)이라고 하는데, 화살을 바르게 하는 것은 寅삼갈 인이라 하여, 화살의 좌우에 손을 더한 모양이다. 矯는 옛날에는 矯枉교왕(사실을 속이고 굽힘)처럼 '속이다'라는 의미로 썼다. '바루다(굽어 있는 것을 바로 하고, 바로 된 것을 굽혀서 모양을 갖추다), 고치다'는 후에 생긴 의미이다.

|용례| 矯俗교속 矯正교정 奇矯기교

九 2획 | 구 | 아홉

갑골1 | 갑골2 | 금문1 | 금문2 | 전문1

|해설| 상형. 몸을 구부린 龍용의 모양. 용에 虫훼(벌레가 아니다)의 모양과 九의 모양이 있는데, 九는 용의 머리가 갈라진 모양이고 아마 암컷 용일 것이다. 수컷 용인 虫훼와 조합한 모양이 禹우(홍수를 다스렸다는 신의 이름)이다. 숫자 '아홉'이라는 뜻으로 쓰는 것은 그 음을 빌린 가차 용법이다. 중국에서 九는 신성한 수이고 九歌구가, 九章구장은 모두 신에게 제사하는 노래의 이름이다. 九에 신성하다는 의미가 있었을 것이다.

|용례| 九重구중 重九중구

久 3획 | 구 | 오래다

전문1

|해설| 상형. 사람의 사체를 뒤에서 나무로 지지하는 모양. 이 모양으로 관에 수납하는 글자가 匛구, 후에 관이 나무로 만들어지는 일이 많아서 柩널 구 자가 된다. 동사로서는 '지지하다'라는 뜻이 된다. 사람의 사체 모양인 久가 구원久遠(미래를 향해 끝없이 계속됨. 永遠영원)이라는 뜻이 되는 것은, 인생은 한때이지만 사후 세계는 영원하다는 고대인들의 생각에 의한 것이다. 사체에서 사후 세계를 연상하고 영원이라는 의미를 도출한 것이다. 길을 가다 쓰러진 死者사자를 의미하는 眞진이 후에 진실, 진정한 존재라는 뜻으로 변해 간 것과 같다.

|용례| 久雨구우 永久영구 持久지구

口 3획 | 구 | 입

전문1

|해설| 상형. 입(口)의 모양. 갑골문이나 금문에는 사람의 입으로 보이는 명확한 용례는 없고, 모두 신에게 바치는 기도문인 축문을 넣는 그릇의 모양인 ㅂ제이다. 古고, 右우, 可가, 歌기, 召소, 名명, 各각, 客객, 吾오, 吉길, 舍사, 告고, 害해, 史사, 兄형, 祝축, 啓계, 品품, 區

구, 臨림, 嚴엄 등에 포함된 口는 모두 ㅂ로 해석함으로써 비로소 그 자형의 의미를 이해할 수 있다. 물론 사람의 입인 口 자도 있고, 2천 수백 년 전의 서책인 『詩經』이나 『書經』에도 보인다. 口와 ㅂ 의 異同이동을 확인할 수는 없다.

|용례| 開口개구 口角구각 口頭구두 口授구수 口傳구전 口調구조

勾 4획 | 구 | 구부리다

|해설| 회의. 勹포와 厶사를 조합한 모양. 본래 句굽을 구와 같은 글자 인데, 句는 屈肢葬굴지장을 가리키는 말일 것이다. 厶는 보습(耜사) 처럼 구부러진 물건의 모양. 勹는 몸을 구부린 사람을 옆에서 본 모양으로 몸을 구부린 죽은 사람의 모양이기 때문에, 勾도 본래는 굴지장의 모양일 것이다. 그래서 '구부리다, 끌어당기다, 갈고리' 등 의 뜻으로 쓴다. 勾引구인(한패로 끌어들임), 勾配구배(경사), 勾留구류, 勾玉구옥(구부러진 옥)처럼 쓴다.

丘 5획 | 구 | 언덕, 무덤

갑골1　갑골2　금문1　금문2　전문1

|해설| 상형. 옛 자형에서는 두 산 사이에 끼인 골짜기의 모양으로, 산간의 움푹 팬 곳을 말하는 것 같다. 현재 토지가 조금 높아진 곳 을 丘라 하여, '언덕'이라는 뜻으로 쓴다. 그래서 丘陵구릉이라 하고 또 골짜기에 가까우므로 丘壑구학(언덕과 골짜기)이라고도 한다. 고 대 사람들은 그러한 지형의 곳을 골라서 살았다. 후에는 묘지로 선

택되어 丘墳구분, 丘墓구묘(무덤)라고 한다. 옛 주거의 흔적을 丘墟구
허(조금 높은 언덕의 舊蹟구적)라고 한다.

句 5획 | 구 | 구부리다

| 갑골1 | 금문1 | 전문1 |

| 해설 | 회의. 勹표와 口를 조합한 모양. 勹는 몸을 구부린 사람을
옆에서 본 모양으로, 몸을 구부린 죽은 사람의 모양이다. 여기에 신
에게 바치는 기도문인 축문을 넣는 그릇인 ㅂ재를 더하여 죽은 사
람을 매장하는 의미를 표시한 것이다. 局국과 같이 본래 屈肢葬굴
지장을 가리키는 말일 것이다. 몸을 구부리고 굽히는 것을 句曲구
곡이라 한다. 句는 '구부리다'라는 뜻에서 굽은 모양의 물건을 가리
키고, 句兵구병(날 끝이 굽은 병기), 句爪구조(길고 굽은 발톱을 가진 매
와 같은 조류)라고 한다. 문장의 뜻이 끊어질 때, 굽은 모양의 점(,)
을 표시로 붙였으므로, 문장 중 한 단락의 말을 句라 하여 語句어
구(문장 중의 문자와 단어), 章句장구(문장의 단락)처럼 쓴다.

臼 6획 | 구 | 절구

전문1

| 해설 | 상형. 절구의 모양. '절구'를 말한다. 『설문해자』(7상)에 "찧는
(舂용) 것이다. 옛날에는 땅을 파서 절구를 삼았고, 그 후에는 木石
목석을 뚫았다. 象形상형"이라 하는데, 땅을 파서 만드는 것은 함정

常用字解

이다. 臼는 나무나 돌을 깊게 파낸 모양의 도구이고 곡물 등을 찧는 데 쓴다. 절구와 절굿공이를 臼杵구저라 하고, 절구로 찧는 것을 舂臼용구라 한다. 舂은 午오와 収받들 공과 臼를 조합한 모양으로, 午는 杵, 収은 좌우의 손을

臼와 杵

늘어놓은 모양이다. 두 손으로 공이를 들어서 절구 속의 물건을 찧는 모양인 舂은 '절구 찧다, 찧다'라는 뜻이 된다. 절구 모양으로 깊이 파인 구멍에 위에서 사람이 떨어지는 모양이 臽함이고 陷落함락(구멍에 떨어짐)하는 것을 말한다. 自부(阝. 본래 모양은 𨸏)는 신이 하늘에 오르내릴 때 사용하는 신의 사다리 모양이므로, 신의 사다리 앞 聖所성소를 지키는 함정을 파는 것을 陷함이라 하고, '떨어지다, 떨어뜨리다'라는 의미로 쓴다. 臼와 자형이 비슷한 𦥑국은 두 손을 합친 모양이다.

求 7획 | 구 | 구하다, 가죽옷

求
전문1

|해설| 상형. 벗겨낸 짐승의 가죽 모양. 그 가죽을 무두질(털과 지방을 제거하고 부드럽게 함)해서 가죽옷으로 만든 것이 裘가죽옷 구인데, 求가 裘의 본래 글자이다. 求는 원래 '구하다'라는 뜻으로 쓰였다. 그것은 이 짐승이 갖는 靈령의 힘으로 앙화를 없애고 바라는 일이 실현되기를 구하기 때문이었다. 만약 재앙을 면하려고 할 때는 이 짐승의 가죽을 때려서 재앙이 줄어들기를 구했다. 그것을 救구라고

하는데 救濟구제한다는 의미이다.

|용례| 求愛구애 求職구직 求心구심 求人구인 希求희구 要求요구

究 7획 | 구 | 다하다

전문1

|해설| 형성. 성부는 九구. 九는 그 몸을 구부린 龍용의 모양으로, '구부러지다'라는 뜻이 있다. 구멍 속에서 몸을 구부려 옹색한 모양으로 파고들어가는 것을 究라 하고, '다하다, 끝까지 가다'라는 뜻으로 쓴다. 窮궁과 음훈이 가까운 글자이다. 활 모양 천장의 높은 모양이라면 穹하늘 궁, 몸을 구부려 파고들어가는 것은 窮이다. 究, 穹, 窮은 음훈이 가깝고 통용하는 경우가 많다.

|용례| 究極구극 究明구명 研究연구 探究탐구

具 8획 | 구 | 갖추다, 자세히

갑골1
갑골2
금문1
금문2
전문1

|해설| 회의. 貝패와 廾공을 조합한 모양. 廾은 좌우의 손을 늘어놓은 모양. 貝 부분은 옛날에는 鼎정(본래 음식을 익히기 위한 청동기인데 제기로 썼다)의 모양이므로 具는 두 손으로 鼎을 떠받드는 모양이다. 큰 鼎은 鼎 양 귀에 막대

圓鼎원정

를 끼워서 짊어지고 운반했다. 鼎은 제사나 향연 때에 공손히 떠받들어 바친 제기였다. 그 鼎에 담을 물건을 갖추어 준비하는 것을 '갖추다', 준비된 것을 '갖춰지다'라고 한다. 전부 갖춰진 상태를 '具(자세히), 備비(모두)'라고 하므로 具는 '모두, 자세히'라는 의미로도 쓴다. 후에 널리 器具기구를 말한다.

|용례| 家具가구 敬具경구 具備구비 具申구신 具體구체

拘 8획 | 구 | 잡다, 구부리다

전문1

|해설| 형성. 성부는 句구. 句는 句曲구곡(구부러짐)처럼 구부러진다는 뜻이 있는 글자이다. 勹표는 몸을 구부린 죽은 사람을 옆에서 본 모양이고 여기에 신에게 바치는 기도문인 축문을 넣는 그릇(凵재)을 더하여, 죽은 사람을 매장하는 의미를 표시한 것이 句이다. 손발을 구부려 매장하는 방법을 局국이라고 한다. 사람을 잡아서 몸을 굽히듯이 억누르는 것을 拘라고 한다. 拘는 '잡다, 억누르다, 구부리다'라는 뜻이 된다.

|용례| 拘泥구니 拘留구류 拘束구속 拘引구인 拘置구치

區 11획 | 구 | 구획 짓다, 나누다

갑골1

갑골2

금문1

전문1

|해설| 회의. 匚혜와 品품을 조합한 모양. 匚 안에 凵축문 그릇 재를 세

개 놓아둔 모양이다. ㄷ는 은밀히 의식을 행하는 **聖所**성소로서 감추어진 장소이다. 많은 축문 그릇을 나란히 늘어놓고 기도하는 장소를 區라 하고, 소리를 내어 기도하는 것은 **歐**노래할 구, 때로는 ㅂ를 때려서(毆) 기도가 실현되기를 바라는 일도 있다. 기도하는 장소를 작은 구역으로 둘러막고 기도하므로 區는 '구획 짓다, 나누다'라는 뜻이 된다.

|용례| **區別**구별 **區分**구분 **區域**구역 **區劃**구획

救 11획 | 구 | 구하다

금문1 | 전문1

|해설| 회의. 求구와 攴복(攵)을 조합한 모양. 攴에는 때린다는 뜻이 있다. 求는 **裘**가죽옷 구의 본래 글자로, 벗겨낸 짐승 가죽의 모양이다. 이 짐승은 **靈**령의 힘을 가진 특별한 짐승이고 그 가죽을 때림으로써 저주나 재앙을 물리칠 수 있다고 여겼다. 재앙을 일으키는 짐승과 같은 짐승을 때려서 그 재앙을 물리친다는 것은, **共感呪術**공감주술이라고 하는 방법이다. 救는 이 주술에 의해 재앙에서 벗어나 구제되는 것을 보여주는 글자이고 '구하다, 돕다'라는 의미를 갖는 글자이다.

|용례| **救急**구급 **救命**구명 **救援**구원 **救護**구호

球

11획 | 구 | 옥, 공

珜
전문1

|해설| 형성. 성부는 求구. 求는 벗겨낸 짐승 가죽의 모양으로 裘가
죽옷 구의 본래 글자이다. 求는 빙글빙글 말아서 둥글게 할 수 있는
것이기 때문에 둥근 것을 의미하는 말이 되는데, 球란 둥근 '옥'을
말한다. 고대에는 왕위를 상징하는 것으로서 小球소구, 大球대구의
수여가 행해졌다. 球는 정기에 의해 태어나고 靈령의 상징이 되는
것으로, 일본에서는 '다마'(たま)라고 하여, 다마시이(靈, たましい)와
어원이 같고, 영이 내리는 것으로 여긴 듯하다.

|용례| 球技구기 球形구형 眼球안구 蹴球축구 投球투구

溝

13획 | 구 | 도랑

전문1

|해설| 형성. 성부는 冓구. 冓는 같은 모양의 장식 끈을 상하로 연결
한 모양. 장식 끈을 연결한다는 상징적인 방법으로 결혼식을 표시
하고, 결혼하는 것을 婚媾혼구라고 한다. 두 개의 水路수로가 연결
되도록 수로를 파는 것을 溝라 하고, 溝는 관개 등을 위해 인공적
으로 판 '도랑'을 말한다. 능묘와 같은 聖地성지에는 주위에 도랑을
둘러서 외부와 거리를 두는 것이 있었다. 谷곡을 자연의 도랑으로
보아서 溝壑구학(산골짜기)이라고 하는데, 기근 때에 노인이나 어린
이는 구학에 버려졌다고 한다.

構 14획 | 구 | 얽다, 꾸미다, 짜다, 만들다

전문1

|해설| 형성. 성부는 冓구. 冓는 같은 모양의 장식 끈을 상하로 연결한 모양으로 '짜 맞추다'라는 의미가 있다. 목재를 짜 맞추어 물건을 만드는 것을 構라 하여, '만들다, 짜다, 꾸미다, 얽다, 짜 맞추다'라는 뜻이 된다.

|용례| 構想구상 構成구성 構造구조 構築구축 構陷구함

歐 15획 | 구 | 노래하다, 토하다

전문1

|해설| 회의. 區(区나눌 구)와 欠하품 흠을 조합한 모양. 欠은 입(口구)을 벌리고 선 사람을 옆에서 본 모양. 區는 匸감출 혜(비밀이 감추어진 곳)에 ㅂ재(신에게 바치는 기도문인 축문을 넣는 그릇)를 많이 놓고 기도하는 곳을 말한다. 입을 벌리고 크게 신음하는 듯한 기도 소리를 내는 것을 歐라고 한다. 그 소리는 노래하는(歌가) 소리와 비슷하고 입을 벌려 소리를 내는 모양은 무엇을 토하는 모양과 비슷하므로 '노래하다, 토하다'라는 의미로 쓴다.

|용례| 歐州구주 歐吐구토 歐血구혈

毆 15획 | 구 | 때리다, 치다

금문1 **전문1**

|해설| 회의. 區나눌 구와 殳창 수를 조합한 모양. 區는 匸감출 혜(비밀이 감추어진 곳)에 ㅂ재(신에게 바치는 기도문인 축문을 넣는 그릇)를 많이 놓고 기도하는 곳이라는 뜻이다. 기도할 때 ㅂ를 殳(지팡이같이 긴 창)로 치고 신령을 위협해서 기도가 실현되도록 요구하는 것을 毆라고 하여 '때리다, 치다'라는 뜻이 된다. 그 기도할 때의 노래하는 듯한 소리를 謳(歌가), 謳노래할 구라고 한다.

|용례| 毆擊구격 毆殺구살 毆打구타

駒 15획 | 구 | 망아지

금문1 **금문2** **전문1**

|해설| 형성. 성부는 句구. 勹포(몸을 구부린 사람을 옆에서 본 모양으로 몸을 구부린 죽은 사람의 모양)와 口(ㅂ축문 그릇 재)를 조합한 모양인 句는 본래 屈肢葬굴지장을 가리키는 말이고 작게 구부린 것이라는 의미가 있다. 駒는 '망아지'를 말한다. 또 일반적으로 '말'이라는 뜻으로도 쓴다. 개의 새끼를 狗구(강아지, 개)라고 하는 것과 같다.

|용례| 駒隙구극 駒馬구마 隙駒극구 白駒백구

상용자해

購 17획 | 구 | 사다

購
전문1

|해설| 형성. 성부는 冓구. 冓는 같은 모양의 장식 끈을 상하로 연결한 모양으로 결합한다는 뜻이 있다. 장식 끈을 결합한다는 상징적인 방법으로 결혼식을 나타내고, 결혼하는 것을 婚媾혼구라고 한다. 貝패는 子安貝자안패의 모양으로 南海產남해산의 자안패는 귀중한 것이었으므로 고대 중국에서는 화폐로 사용되었다. 상하를 결합하듯이 양자 간에 매매 관계가 성립하는 것을 購라고 한다. 購는 물건을 購入구입하다(금전을 지불하고 사다), '사다'라는 뜻인데, 필요한 물건을 손에 넣을 때 옛날에는 물물 교환을 많이 했다.

|용례| 購求구구 購讀구독 購買구매

舊 18획 | 구 | 오래다, 옛

 | | |
갑골1 | 갑골2 | 금문1 | 전문1

|해설| 회의. 雈환과 臼구를 조합한 모양. 雈은 올빼밋과의 부엉이. 臼는 절구가 아니라 새를 잡기 위한 ◡ 모양의 도구. 이것으로 부엉이의 발을 얽어매어 날 수 없게 해서 잡는 것을 舊라고 한다. 부엉이는 낮에는 눈이 보이지 않아서 발을 얽어매어 잡기가 쉬울 것이다. 부엉이가 발을 잡혀 움직일 수가 없어서 움직이지 않으므로 '오래다'(긴 시간이 지나다)라는 의미가 되고, 긴 시간이 지나서 '옛'이라는 뜻이 된다. 久구와 음훈이 가까운 글자이다.

|용례| 舊慣구관 舊交구교 舊聞구문 舊惡구악 舊友구우 復舊복구

懼 21획 | 구 | 두려워하다, 놀라다

금문1 | 고문1 | 전문1

|해설| 형성. 성부는 瞿구. 瞿는 새가 좌우를 둘러보고 놀라는 모양. 아마 새의 모습으로 점치는 새점의 습속을 배경으로 하는 글자일 것이다. '두려워하다, 놀라다'라는 뜻이 되고, 恐懼공구(두려워함)처럼 쓴다. 愳는 懼의 속자. 具구는 鼎정(본래 음식을 익히기 위한 청동기인데 제기로 썼다)을 두 손으로 떠받드는 모양이다.

驅 21획 | 구 | 몰다, 달리다

전문1

|해설| 형성. 성부는 區구. 區는 감춰진 장소에 ㄴ재(신에게 바치는 기도문인 축문을 넣는 그릇의 모양)를 세 개 놓아둔 모양으로 그 기도의 장소, 또 기도하여 악령을 물리친다는 의미가 있다. 그래서 驅에는 '몰다, 쫓아버리다'라는 의미가 있다. 先驅선구(남보다 앞서서 일을 하는 것, 또 말을 타고 선도함)라고 하는 것은, 本隊본대보다 먼저 말을 달려 길을 祓淸불청하여 안전을 확보한다는 의미일 것이다. 고대에는 영역 밖을 나갈 때는 이민족 사람을 먼저 가게 하여 악령을 내쫓아 길을 淨정하게 하는 의례가 있었다. 후에 말 등을 달리게 하는 것을 驅라 하고 '몰다'라는 의미로 쓴다. 駈구는 속자.

상용자해

|용례| 驅使구사 驅除구제 驅逐구축 長驅장구 疾驅질구

　7획 | 국 | 굽다, 부서

전문1

|해설| 회의. 尺척(月)과 口를 조합한 모양. 月은 죽은 사람을 매장할 때 그 손발을 구부려 매장하는 屈肢葬굴지장의 모양이다. 口는 ㅂ축문 그릇 재이고 죽은 사람의 靈령이 평안하기를 기도하는 축문을 넣는 그릇의 모양이다. 즉 局은 손발을 구부려 몸을 굽혀 매장하는 방법이므로 局促국촉(오그라들다)이라는 뜻이 되고, 局限국한(구분), 局所국소, 局部국부(신체의 일부분)라는 뜻이 되고, 部局부국(기관의 일부분)처럼 쓴다. 바둑·장기의 판이나 승부라는 뜻으로도 사용하여 局外국외(남이 바둑 두는 것을 구경하는 구경꾼, 그 사건에 관계가 없는 사람), 結局결국(바둑을 한 판 끝내는 것, 결국, 요컨대, 마침내)이라 한다.

　11획 | 국 | 나라

금문1　금문2　금문3　전문1

|해설| 회의. 囗위와 或혹을 조합한 모양. 或은 口(도시를 둘러싼 성벽의 모양)의 주변을 戈창 과로 지키는 모양이고 國의 본래 글자이다. 或이 후에 '혹은'으로 쓰이게 되어 혼동을 피하기 위해, 或에 다시 囗를 더하여 國으로 한 것이고 무장한 나라의 수도를 말한다.

후에 '나라'라는 뜻으로 쓴다. 唐代당대 측천무후(7~8세기의 여제)는 國이 한정한다는 의미를 갖는 或을 요소로 삼는 것을 불만으로 생각하여 或 대신에 八方팔방(모든 방향이라는 의미)을 넣어서 圀국이라는 글자를 만들게 했다. 이 글자는 현재 도쿠가와 미쓰쿠니(德川光圀)의 이름에 남아 있다. 지금의 상용한자인 国의 자형은 國의 초서체에서 생긴 약자이다.

|용례| 國益국익 國家국가 國政국정 國都국도 國防국방 異國이국

菊 12획 | 국 | 국화

전문1

|해설| 형성. 성부는 匊국. 『설문해자』(1하)에 菊은 "大菊대국"이라고 하는데, 대국은 패랭이꽃 종류이고, 지금 가을에 피는 국화가 아니다. 가을 국화의 본래 글자는 蘜국이었다. 음력 9월 9일을 다섯 節句절구의 하나인 重陽중양, 국화의 절구라고 한다. 국화는 仙人선인이 사는 세계인 仙鄕선향에 피는 꽃으로서 존중되었다. 일본에는 나라(奈良) 시대에 중국에서 도래한 것 같다. 옛날에는 센토 어소(仙洞御所. 퇴위한 천황이 사는 곳)의 상징이 되었고 후에 황실의 紋章문장이 되었다.

|용례| 菊月국월 菊花국화 白菊백국

君 7획 | 군 | 임금

갑골1

금문1

전문1

|해설| 회의. 尹윤과 口를 조합한 모양. 尹은 ㅣ지팡이 곤을 又우(손의 모양)로 잡은 모양으로 신을 모시는 성직자를 말한다. 지팡이는 신의 지팡이인데, 여기에 신을 불러올 수가 있었다. 口는 ㅂ축문 그릇 재로, 신에게 바치는 기도문인 축문을 넣는 그릇의 모양이다. 君이란 신의 지팡이를 잡고 축문을 읽어 신을 불러올 수 있는 巫祝무축(신을 모시는 사람)의 長장이었다. 이 무축의 장이 통치하는 권한을 가졌기 때문에 씨족장을 君이라고 했다. 君은 본래 무축의 장을 가리키는 말이었는데 후에 君主군주(세습에 의해 통치하는 사람), 통치자, 임금(군주. 主君주군. 主人주인. 고귀한 사람)이라는 뜻으로 쓰였다.

|용례| 君臨군림 君臣군신 君子군자 主君주군

軍 9획 | 군 | 전쟁, 병사

금문1

금문2

전문1

|해설| 상형. 車수레 거 위에 세운 旗기가 펄럭이는 모양. 장군이 타는 兵車병거의 旗를 휘둘러 전군을 지휘하는 것을 揮휘라 하고 전군은 그 旗의 움직임에 의해 병거를 돌리는(運운, 이동시키는) 것이다. 중국의 옛 서책에는 전방에 강이 있을 때는 푸른 旗를 세워 후군에 전달한다고 기술되어 있다. 그래서 장군이 타는 병서인 軍은 '전쟁, 병사, 전쟁하다'라는 뜻이 된다.

|용례| 軍功군공 軍事군사 軍備군비 援軍원군

郡 10획 | 군 | 고을

郡
전문1

|해설| 형성. 성부는 君군. 君은 옛날에는 里君이군이라 불리는 촌락의 통치자로 그 지배하는 지역을 郡이라고 했을 것이다. 縣현은 옛날에는 國국의 직접적인 지배지였다. 기원전 221년에 중국 본토를 통일한 秦진 왕조는 전국을 36郡으로 나누고 郡 아래에 縣을 두었다. 메이지(明治) 이후의 일본에서는 현 아래에 군을 두는 제도를 취한다.

群 13획 | 군 | 떼 짓다, 무리

羣 羣
금문1 전문1

|해설| 형성. 성부는 君군. 君은 攈주울 군과 음이 같고 무리를 이루어 모인다는 뜻이 있다. 攈은 또 捃으로 쓰고 성부는 君. 羊양은 무리를 이루어 행동하는 습성이 있어서 양 무리를 群이라 한다. 이것을 사람에게 옮겨서 群眾군중(떼 지어 모여든 사람들)이라고 말한다. 양, 사람 이외에 대해서도 '떼 짓다, 무리'라는 뜻으로 쓴다.
|용례| 群居군거 群生군생 群雄군웅

상용자해

屈 8획 | 굴 | 구부리다, 굽히다, 따르다

금문1 | 전문1

|해설| 상형. 꼬리를 구부리고 따르는 듯한 자세를 한 짐승의 모양. 尸시는 짐승의 상체 모양이고 옛 자형에서는 그 밑에 긴 털의 꼬리를 더했다. 出출 부분은 止지(발자국의 모양)와 그 아래에 발뒤꿈치를 표시하는 곡선을 더한 모양이다. 屈은 짐승이 꼬리를 말고 웅크린 모양이므로 '구부리다, 굽히다'라는 뜻이 되고, 후에 널리 '굽히다, 구부러지다'라는 뜻이 된다. 꼬리를 마는 것은 굴복해서 복종하는 의사 표시이므로 '따르다'라는 뜻이 된다. 꼬리를 만 짐승이 사는 곳을 窟굴(굴, 석굴)이라 하고, 석굴에 사는 모습을 窮窟궁굴(심신의 자유를 뺏겨 생각대로 되지 않음)이라 한다.

|용례| 屈曲굴곡 屈服굴복 屈伏굴복 屈伸굴신 屈辱굴욕

堀 11획 | 굴 | 구멍, 해자

전문1

|해설| 형성. 성부는 屈굴. 屈은 꼬리를 말고 웅크린 짐승의 모양으로 그 짐승이 사는 구멍을 窟굴, 흙을 파내고 만든 동굴을 堀이라 하여, '구멍'이라는 뜻이 된다. 掘穴굴혈(동굴), 堀室굴실(지하실)처럼 쓴다. 일본어에서는 땅을 파고 물을 채운 '垓字해자'라는 뜻으로 사용하여 外堀외굴(성 바깥에 있는 해자. 이중으로 있을 때는 그 외측의 해자), 釣堀조굴(요금을 내고 낚시를 하는 곳)이라고 한다. 한자로는 해자

를 濠호라고 한다.

掘 11획 | 굴 | 파다, 뚫다

전문1

|해설| 형성. 성부는 屈굴. 屈은 꼬리를 말고 웅크린 짐승의 모양. 꼬리를 만 짐승이 사는 곳을 窟굴(굴, 바위굴)이라 하고, 흙을 파내어 동굴을 파는 것을 掘이라 한다. 그래서 掘은 '파다, 뚫다'라는 뜻이 된다. 매장품을 파내서 훔치는 것을 盜掘도굴이라 한다. 지하 깊이 만들어진 殷王은왕의 묘는 조영된 후 얼마 지나지 않아 모두 도굴을 당하였다.

|용례| 掘削굴삭 掘鑿굴착 發掘발굴 採掘채굴

窟 13획 | 굴 | 구멍, 암굴

|해설| 형성. 성부는 屈굴. 屈은 꼬리를 말고 웅크린 짐승의 모양이고 그 짐승이 사는 곳을 窟이라 하여 '굴, 바위굴, 움'을 말한다. 窟을 옛날에는 사람이 사는 窟室굴실(지하실)로 사용했다. 혹은 물건을 모아두는 장소로 하거나, 묘실로 쓰는 일도 있었다. 흙을 파내어 만든 짐승이 숨은 구멍은 堀굴이라 하고, 堀을 파는 것을 掘굴이라 한다.

|용례| 窟穴굴혈 洞窟동굴 巢窟소굴 巖窟암굴

상용자해

弓 3획 | 궁 | 활

| 갑골1 | 갑골2 | 금문1 | 금문2 | 전문1 |

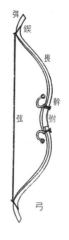

|해설| 상형. 활의 모양. 옛 자형에는 활줄을 당긴 모양인 것도 있다. 弓, 九구, 丩구는 모두 활 모양으로 힘을 가해서 휜다는 뜻이 있는데, 의성어로서 동일 계열의 말일 것이다. 躬몸 궁은 등골이 조금 활 모양이라서 弓을 붙였다. 射쏠 사의 身 모양으로 된 부분은 본래 활(弓)에 화살(矢시)을 메긴 모양이고, 射는 손(寸촌)으로 활을 쏜다는 의미이다.

|용례| 強弓강궁 弓馬궁마 弓矢궁시 弓箭궁전

宮 10획 | 궁 | 궁전

| 갑골1 | 금문1 | 금문2 | 전문1 |

|해설| 회의. 宀면과 呂려를 조합한 모양. 宀은 宮廟궁묘 같은 건물 지붕의 모양. 呂는 본래 吕로 쓰고, 궁실이 앞뒤로 늘어선 평면형이기 때문에, 宮은 지붕이 있는 꽤 큰 건물을 말한다. 宮은 본래 靈령에게 제사 지내는 사당(廟묘), 궁묘였다. 금문2의 자형에는 九구라는 성부를 더했다. 九는 몸을 구부린 龍용의 모양이므로 액막이를 한 신성한 건물이라는 의미를 덧붙인 것으로 보인다. 후에 宮은 왕이 있는 곳이라는 宮殿궁전이 되고 나아가 주서라는 뜻이 된다.

|용례| 宮城궁성 宮苑궁원 宮殿궁전 宮廷궁정 宮中궁중 王宮왕궁

窮 15획 | 궁 | 다하다, 궁하다(어려움을 겪다)

전문1

|해설| 회의. 穴구멍 혈과 躬몸 궁을 조합한 모양. 구멍 속에 몸을 두는 모양이기 때문에 窮屈궁굴(심신의 자유가 속박되어 마음대로 할 수 없음)이라는 뜻이 된다. 극도로 좁은 곳에 몸을 구부려 들어가는 것으로 '다하다'라는 뜻이 된다. 躬은 몸을 구부린 모양으로, 究구와 음훈이 가깝고, 窮極궁극(마지막, 끝)이란 본래 좁은 곳에 몸을 구부린다는 의미였다. 그래서 극한 상태에 있는 것을 窮이라 하여, '다하다, 끝나다'라는 뜻이 된다. 생활이 '궁하다'(어려움을 겪다)는 의미로도 쓴다.

|용례| 困窮곤궁 窮民궁민 窮地궁지 窮乏궁핍

券 8획 | 권 | 부절

전문1

|해설| 회의. 𢍏권과 刀도를 조합한 모양. 𢍏은 釆변(발톱을 포함한 짐승의 발바닥 가죽)을 두 손(廾공)으로 잡은 모양. 이것을 칼(刀)로 잘라 둘로 나누어 符節부절(가운데에 증거가 되는 문자 등을 쓴 나무패 등을 둘로 나눈 것)로 하는 것을 券이라 한다. 둘로 나누어 당사자 쌍방이 하나씩 갖고 후일의 증거로 삼았다. 券은 '부절, 증서'라는 뜻으로 쓴다. 卷권은 券과 자형이 비슷한 글자인데 동물의 가죽을 만다는 뜻으로 두루마리, 書卷(책)을 말한다.

|용례| 券契권계 券書권서 金券금권 旅券여권

8획 | 권 | 말다, 권, 구부러지다

전문1

|해설| 회의. 釆변과 廾받들 공과 卪권을 조합한 모양. 釆(발톱을 포함한 짐승의 발바닥 가죽)을 두 손(廾)으로 卪 모양(사람이 엎드려 웅크린 모양)으로 만다는 의미로 '말다, 구부러지다'라는 뜻이 된다. 그 마는 동작을 捲말 권이라 하고, 말듯이 뒤를 돌아보는 것을 睠돌아볼 권이라 한다. 일에 지쳐(倦권) 자세를 무너뜨리는 것은 惓싫증날 권, 倦피로할 권이라고 한다. 고대에는 문서를 가죽이나 비단에 써서 말아서 한 묶음으로 했기 때문에 문서, 서책을 書卷서권이라 했다. 문서를 종이 등에 쓰게 되었어도 서책의 책 수나 한 책 중의 구분을 卷을 붙여서 말한다.

|용례| 卷頭권두 壓卷압권

10획 | 권 | 주먹, 쥐다, 치다

전문1

|해설| 형성. 성부는 夾권. 전문의 자형 상부는 釆변으로, 발톱이 있는 동물의 발바닥 모양이다. 하부는 廾공(두 손을 늘어놓은 모양)과 手수이다. 拳은 손을 쥐는 것처럼 해서 주먹을 쥐는 모양으로 '주먹, 쥐다'라는 뜻이 된다. 또 주먹으로 '치다'라는 뜻으로 쓴다.

常用字解   **139**

圈　11획 | 권 | 우리

전문1

|해설| 형성. 성부는 卷권. 卷에는 발톱이 달린 동물의 발바닥 가죽을 만다는 뜻이 있고, 그렇게 해서 둥글게 둘러싼 범위를 圈이라 한다. 『설문해자』(6하)에는 "짐승을 기르는 閑한(우리)"이라고 풀이한다. 호랑이를 기르는 곳을 虎圈호권이라고 한다. 가두어 두는 우리(檻함)가 아니라 놓아 기를 수 있는 장소일 것이다. 범위가 작은 것으로는 구두점 같은 것을 圈點권점이라 하고, 큰 것으로는 支配圈지배권, 大氣圈대기권 같은 말이 있다.

|용례| 圈外권외 圈內권내

勸　20획 | 권 | 권하다, 힘쓰다

전문1

|해설| 형성. 성부는 雚관. 雚은 鸛황새 관으로 신성한 새라고 하여 새점에 사용되었을 것이다. 力력은 쟁기(耒뢰)의 모양. 그래서 새점으로 농작물의 풍작을 점치고 이렇게 하여 신의 뜻을 얻는 것을 勸이라 했을 것이다. 즉 농작업을 '권하다, 격려하다', 또 농작업에 '힘쓰다, 노력하다'라는 의미이다. 후에 일반적으로 '권하다, 힘쓰다'를 말한다. 새점을 쳐서 신의 뜻을 헤아리는 것, 보는 것을 觀볼 관

이라 하고, 雚을 써서 기도하여 좋은 결과를 얻어 기뻐하는 것을
歡기뻐할 환이라 한다.

|용례| 勸告권고 勸業권업 勸誘권유 勸獎권장 勸學권학

權 22획 | 권 | 저울질하다, 저울

權
전문1

|해설| 형성. 성부는 雚황새 관. 雚은 鸛황새 관으로 신성한 새라고 하
여 새점에 사용되었다. 그래서 權은 '저울질하다, 임시로, 임기응변
으로'라는 뜻이 된다. 임기응변이라는 뜻에서 강행한다는 뜻으로
되고 權力권력(타인을 강제하여 복종시키는 힘), 權勢권세(권력과 위세)라
는 뜻이 된 것으로 보인다. '저울, 저울추'라는 뜻으로도 쓴다.

|용례| 權量권량 權威권위 權化권화 實權실권

机 6획 | 궤 | 책상

机
전문1

|해설| 형성. 성부는 几안석 궤. 几는 机의 본래 글자로 상형자이다.
양단에 발이 있는 받침대 모양으로 본래는 걸상이었다. 또 '팔걸이'
를 말하는데 凭기댈 빙은 팔걸이에 몸을 기대는 것을 말한다. 또 독
서할 때의 '책상'을 말한다. 생각하면서 독서하기에 机案궤안(책상)이
라 하는데, 案도 책상이고 '생각한다'는 의미가 있다. 편지의 수신인
이름에 붙이는 경어로 机下궤하라고 쓰기도 한다.

| **용례** | 机上궤상

軌 9획 | 궤 | 길

전문1

| **해설** | 형성. 성부는 九구. 九에 宄도둑 귀, 馗길 규의 음이 있다. 수레 (輿여) 밑의 두 바퀴 사이를 軌라 한다. 軌는 6尺척 6寸촌으로 규정되었기 때문에 그 규정이 있는 것을 軌則궤칙, 軌式궤식이라 하고 모범 삼아야 할 것을 軌範궤범이라고 한다.

| **용례** | 軌道궤도 軌跡궤적 常軌상궤

潰 15획 | 궤 | 무너지다

전문1

| **해설** | 형성. 성부는 貴귀. 貴에 憒심란할 궤, 繢직물의 끄트머리 궤의 음이 있다. 이들 貴를 성부로 하는 글자는 '허물어지다, 흐트러지다'라는 의미를 갖는 것이 많다. 潰는 물이 넘쳐 둑이 터져 사물이 파괴되는 것을 말한다. 그래서 '무너지다, 깨지다'라는 뜻이 된다.

| **용례** | 決潰결궤 潰滅궤멸 潰瘍궤양

鬼 10획 | 귀 | 귀신

갑골1	갑골2	갑골3	갑골4	금문1	전문1

|해설| 상형. 귀신의 모양. 人鬼인귀를 말한다. 사람은 죽어서 인귀가 된다고 여겼다. 큰 머리 모양이 이 세상 사람의 모습과는 다른 것을 보인다. 옛 자형에는 厶사를 더하지 않고, 물방울을 더한 것(갑골4)이 있는데, 향이 스민 술을 뿌려 祓除불제하는 것을 보인다. 신에게 제사를 지낼 때 사용하는 机궤(祭卓제탁)인 示시를 더한 자형(갑골3)도 있다. 厶는 후에 더해진 것으로 雲氣운기(云운)를 나타낼 것이다. 후에 魂혼 자가 된다. 인귀에 대해 자연신을 神신이라 하고, 합쳐서 鬼神귀신이라고 한다.

|용례| 鬼門귀문 鬼神귀신 鬼才귀재 鬼火귀화

貴 12획 | 귀 | 귀하다, 존중하다, 높다

전문1

|해설| 회의. 臼두 손으로 받들 국과 貝패를 조합한 모양. 臼은 좌우의 손을 합친 모양. 貴는 貝(조개)를 두 손으로 받들어 잡는 모양으로, 귀중한 것으로서 취급한다는 의미를 표시한다. 옛 자형은 없지만 貝는 아마 子安貝자안패일 것이다. 남방의 바다에서 나는 자안패는 은 왕조와 주 왕조가 있던 중국 북부 지역에서는 매우 귀중한 것이 되어, 周代주대에는 화폐로 사용되는 일도 있었다. 본래 사물이 '귀하다'는 의미였는데 후에 사람의 신분이나 지위가 '높다'는 의미

로 쓰이게 되었다.

|용례| 高貴고귀 貴賓귀빈 貴人귀인 貴重귀중 騰貴등귀

 16획 | 귀, 구, 균 | 거북, 갈라지다

갑골1　갑골2　전문1

|해설| 상형. 거북의 모양. '거북'을 말한다. 손  발을 더한 거북의 전체를 옆에서 본 모양이 다. 久오랠 구와 음이 같고 장수하는 것이라 고 한다. 그래서 龜鶴귀학(거북과 학. 모두 장수 하는 동물로 장수를 뜻한다)이라 한다. 龜甲귀 갑(거북의 딱지)은 길흉을 점치는 데 사용하고, 거울(鑑감)은 미추를 비추어, 모두 規準규준이 되는 것이어서 본보기, 규범을 龜鑑귀감이 라 한다. 龜手균수(갈라진 손)처럼 균으로 읽고 '갈라지다'라는 의미 로 쓰이는 것은 釁흔(피를 바르다, 틈)과 통용하는 의미이다.

 17획 | 귀 | 돌아오다, 돌려보내다, 시집가다

갑골1　갑골2　금문1　금문2　전문1

|해설| 회의. 自퇴와 止지와 帚추를 조합한 모양. 自는 본래 ${\boldsymbol{\delta}}$ 모양 의 脤肉신육(祭肉제육)을 말한다. 군이 출발할 때 조상에게 제사 지 내는 사당(廟묘)이나 軍社군사에서 고기를 바쳐 제사를 하고 그 제 육을 守護靈수호령으로 받들고 출발했다. 帚는 木목의 끄트머리를

가늘게 찢은 비(箒추)의 모양을 한 것으로, 여기에 술을 뿌려 묘를 정화하기 위해 사용한 비로서 묘를 의미했다. 옛 자형은 自와 帚를 조합한 모양인데 후에 止(발자국의 모양)를 더하여 돌아오다(歸)라는 의미가 되었다. 그래서 歸는 군이 개선하고 돌아오면 모시던 제육을 묘에 바치고 무사히 歸還귀환(돌아옴)한 것을 조상의 영에게 보고하는 의례를 말한다. 歸란 본래 軍군이 '돌아오다'라는 의미였는데 후에 일반적으로 '돌아오다'라는 의미가 되었다. 여자가 결혼해서 남의 집 사람이 되는 것을 歸(시집가다)라고 하는 것은, 조상에게 제사하는 묘에서 결혼한 것을 보고하여 그 집 사람으로서 조상에게 인정받는 의례를 했기 때문에 歸를 '시집가다'라는 의미로 사용한 것이다. 모두 묘에서 조상에게 보고하는 의례였다.

|용례| 歸路귀로 歸鄕귀향 歸休귀휴 復歸복귀 回歸회귀

叫 5획 | 규 | 부르짖다

전문1

|해설| 형성. 성부는 丩구. 丩는 줄을 모아 꼬는 모양인데 이 글자는 부르짖는 소리를 소리대로 적은 글자일 것이다. 그래서 '부르짖다, 부르다'라는 뜻으로 쓴다. 喚환은 출산할 때 내는 큰 소리를 소리대로 적은 글자이므로 叫喚규환(큰 소리를 내어 외침)이란 큰 소리를 소리대로 적은 글자일 것이다. 큰 소리가 멀리까지 울리는 것을 大語叫叫대어규규라고 한다.

|용례| 叫號규호 絶叫절규

糾 8획 | 규 | 꼬다, 바루다

전문1

|해설| 형성. 성부는 丩얽힐 구. 丩는 줄을 합쳐 꼬는 모양이다. 줄을 꼬듯이 많은 사람을 모아서 합치는 것을 糾合규합이라 하고, 잘 합치지 않고 어수선한 것을 糾雜규잡, 紛糾분규라고 한다. 또 줄을 사용해 죄인을 포박하므로 糾察규찰(죄상을 추궁하여 밝힘), 糾彈규탄(죄나 책임을 추궁하여 비난하고 공격함)처럼 사용하여, '꼬다, 바루다'라는 뜻으로 쓴다.

規 11획 | 규 | 그림쇠, 재다, 규칙

전문1

|해설| 회의. 夫부와 見견을 조합한 모양. 夫의 본래 모양은 惢이고, 그림쇠(원을 그리는 도구. 컴퍼스)를 말한다. 夫婦부부의 夫 자가 아니다. 規는 '그림쇠'이고 원을 그리는 데 사용했다. 직선이나 직각을 그리는 것은 矩곡척 구라고 했다. 합쳐서 規矩규구라 하여 법칙이라는 뜻이 된다. 肅숙은 聿붓 율(筆필)과 그림쇠(惢)를 조합한 모양이고, 그림쇠로 윤곽을 그리고 붓으로 마무리해서 문양을 더하는 것을 말한다. 그림쇠를 사용해 원을 그리는 방식에서 '재다, 본보기'라는 의미가 생겼을 것이다. 직선이나 직각을 그리는 용구를 定規정규라고 하는데, 規는 본래 원을 그리는 용구였다.

|용례| 規格규격 規範규범 規律규율 規定규정 規制규제 規準규준

상용자해

均 7획 | 균 | 같다

금문1 　전문1

|해설| 형성. 성부는 勻균. 勻에 포함된 二이는 ❷이고, 같은 양을 녹여 넣은 구리 덩어리(銅塊동괴)의 모양이다. 勻은 같은 양을 녹여 넣은 것이므로 '같다, 같게 하다'라는 뜻이 있다. 흙의 고저를 같게 하여 평평하게 하는 것을 均이라 하고 '같다, 같게 하다, 고르게 하다'라는 뜻이 된다.

|용례| 均等균등 均分균분 均一균일 平均평균

菌 12획 | 균 | 버섯

전문1

|해설| 형성. 성부는 囷균. 囷에 밀집하는 것이라는 의미가 있다. 『설문해자』(1하)에 "地蕈지심" 즉 버섯의 종류라고 한다. 따뜻하고 습한 곳에 밀생하는 것을 말한다. 후에 細菌세균(현미경으로 볼 수 있는 작은 단세포 미생물)이 발견되어서 지금은 세균을 가리키는 경우가 많다.

|용례| 殺菌살균

克 7획 | 극 | 잘하다, 이기다

| 갑골1 | 갑골2 | 금문1 | 금문2 | 전문1 |

|해설| 상형. 손잡이가 달린 조각도의 모양. 상부에 손잡이가 있고 하부는 굽은 칼날의 모양. 나무를 조각하는 刻彔각록(송곳)의 모양과 비슷하다. 송곳을 비벼 넣어 나무를 새길 때 나무 부스러기가 흩어지는 모양이 彔이다. 克은 刻鑿각착(깊이 새겨 넣음)하는 도구의 모양이고 이것을 사용하면 나무를 새겨서 구멍을 낼 수 있으므로 '잘하다, 이기다'라는 뜻으로 쓴다.

|용례| 克己극기 克明극명 克服극복 相克상극 超克초극

極 12획 | 극 | 다하다, 끝, 극히

전문1

|해설| 형성. 성부는 亟극. 亟은 二이와 人인과 口와 又우를 조합한 모양. 二는 위아래 사이의 좁은 공간. 그 좁은 곳에 사람을 밀어 넣어 그 앞에 저주의 축문을 넣는 그릇인 ㅂ축문 그릇 재를 놓고 뒤에서 손(又우)으로 그 사람을 밀어서 보내는 것으로 사람을 가두어 벌하는 방법을 亟이라 한다. 그 형벌을 究極구극(끝까지 다함)하면 殛죽일 극하게 되므로, 死罪사죄의 형벌을 말한다. 亟은 殛의 본래 글자이고 형벌로서 죽인다는 의미가 있고, 그 죽이는 장소가 極이다. 막다른 장소에서 죄인을 구극하여 죽이는 것이므로 極은 '다하다, 끝'이라는 뜻이 된다. 또 구극이라는 뜻에서 極上극상(극히 상등

임)이라는 뜻이 된다.

|용례| 極祕극비 極致극치 極限극한 極刑극형

隙 13획 | 극 | 틈, 겨를

전문1

|해설| 회의. 自부와 㣛극을 조합한 모양. 自(阝)는 본래 모양을 𨸏로 그리는데, 하늘에 있는 신이 오르내릴 때 쓰는 신의 사다리 모양이다. 日은 玉옥의 모양이고 㣛은 옥빛이 위아래로 퍼져나가는 모양. 신의 사다리 앞에 옥을 놓고 옥빛이 퍼져나가는 것에 의해서 신이 나타나는 것을 隙이라 한다. 그 옥빛이 딴 곳으로 새는 데서 '틈, 겨를, 틈새'라는 뜻이 되었을 것이다. 隙은 속자이다.

|용례| 間隙간극 空隙공극 隙間극간 隙宇극우 隙穴극혈

劇 15획 | 극 | 격심하다

전문1

|해설| 회의. 虡거와 刂도(刀)를 조합한 모양. 虡는 호랑이 머리를 한 동물의 모양인데, 이것은 모의적인 의례를 행하기 위해 호랑이 가죽을 쓰고 사람이 그 역할을 연기하는 모습이다. 그 사람을 칼로 쳐서 포악한 자를 토벌하는 演戲연희가 신 앞에서 진행되었다. 그것은 전승을 기원하는 의례였을 것이나. 그때 연희의 동작이 격심했기 때문에 劇은 '격심하다'라는 뜻이 된다. 戲희도 같이 전승

을 기원하는 의례로서 행해졌다. 전승을 기원하는 의례의 극적인
동작이 후에 연극으로 변화했을 것이다.

|용례| 劇毒극독 劇藥극약 觀劇관극 戲劇희극

斤 4획 | 근 | 손도끼

갑골1 | 전문1

|해설| 상형. 도끼의 모양. 일본에서는 手斧수부(손도끼가 변화한 것)라
불리는 것으로 나무를 벌채하는 데 쓴다. 斤은 무기로도 사용되고
斤을 두 손으로 휘두르는 모양이 兵병(병기, 병사)이다.『莊子』「徐無
鬼」에 도끼를 움직여 여인의 코에 바른 백토를 벗겨냈다는 명장의
이야기가 실려 있는데, 남의 작품을 잘 첨삭하여 마무리하는 것을
運斤운근이라고 한다. 斤은 무게의 단위로도 쓴다.

|용례| 斤量근량 斧斤부근

近 8획 | 근 | 가깝다

고문1 | 전문1

|해설| 형성. 성부는 斤근. 斤은 도끼의 종류로 옛 자형에서는 止지
(발자국의 모양. 足족)와 斤을 조합한 모양(고문1)이다. 往왕은 王왕(왕
위의 상징인 도끼의 머리 부분의 모양) 위에 之지(발자국의 모양으로 간다
는 의미)를 올려 신성한 도끼의 靈령의 힘을 몸에 옮겨서 출발하는
의식이다. 近도 往과 같이 도끼에 발을 대고 출발하는 의식이다.

상용자해

都도를 중심으로 하는 王의 직할지를 圻경기 기라고 하는 것은, 近의 의례를 하고 행동하는 범위를 말하는 것이다. 그래서 近은 都에서 거리상 '가깝다, 가까운 곳'이라는 의미가 되고, 후에 시간상 '가깝다'는 의미로도 쓰이게 되었다.

|용례| 近畿근기 近況근황 近親근친 接近접근 側近측근

根 10획 | 근 | 뿌리

根
전문1

|해설| 형성. 성부는 艮간. 艮은 눈(目목) 아래에 뒤를 향한 사람의 모습(匕비)을 그린 모양이다. 目은 呪眼주안. 사람에게 저주를 걸어 재앙을 입히는 힘을 가진 주안을 만나 나아갈 수가 없어서 물러나는 사람의 모습이 艮이고, 막힌다(遮차)는 의미가 있다. 나무뿌리가 쉽게 뻗을 수 없어 단단하게 부푼 곳을 根이라 하고, '뿌리'라는 뜻이 된다. 나무뿌리는 나무를 크게 성장시키는 근본이기 때문에 '사물의 근본'이라는 의미가 되고, 根幹근간, 根基근기, 根元근원, 根源근원, 根底근저, 根柢근저, 根本근본이라고 한다. 또 根據근거라는 뜻으로도 쓴다.

|용례| 根氣근기 根絶근절 禍根화근

筋 12획 | 근 | 힘줄

筋
전문1

|해설| 상형. 근육이 뼈에 연결되는 곳인 腱힘줄 밑동 건의 모양. 竹죽처럼 보이는 윗부분이 腱, 月월은 肉육의 모양, 力력은 알통의 모양이다. 『설문해자』(4하)에서는 力과 肉과 竹을 조합한 회의자라고 하지만, 전체를 상형자로 보아야 할 글자이다. 腱과 肉과 알통은 그 전체의 관계를 나타내는 것이다.

|용례| 筋骨근골 筋力근력 背筋배근

13획 | 근 | 겨우, 조금

전문1

|해설| 형성. 성부는 堇근. 堇은 嘆한과 같이 飢饉기근과 관계가 있는 글자이다. 堇은 흉작 때 머리 위에 ㅂ축문 그릇 재를 인 巫祝무축(신을 모시는 사람)이 불태워 죽임을 당하는 모양이다. 기근 때 비를 빌어 비를 내리게 하지 못한 무축은 살해당했다. 『春秋公羊傳』「桓公三年」에 "겨우(僅) 곡식이 여물었다" 하여 곡물이 적음을 말하는 것이 본래의 뜻이었을 것이다. 여기에서 수량이나 정도가 적은 것을 말하여 '겨우, 조금'이라는 의미로 쓴다.

|용례| 僅僅근근

13획 | 근 | 부지런하다, 힘쓰다

금문1　금문2　전문1

|해설| 형성. 성부는 堇근. 堇은 嘆한과 같이 飢饉기근과 관계가 있

는 글자이다. 菫은 흉작 때 머리 위에 ∪축문 그릇 재를 인 巫祝무축 (신을 모시는 사람)이 앞으로 양손을 엇갈리게 묶인 채 불태워 죽임을 당하는 모양이다. 기근 때 비를 빌어 비를 내리게 할 수 없었던 무축은 이렇게 불타 죽었다. 力력은 耒쟁기 뢰의 모양. 농경에 부지런 해 기근을 면하려고 노력하는 것을 勤이라 하여, '부지런하다, 힘쓰 다'라는 뜻으로 쓴다.

|용례| 勤勞근로 勤勉근면 勤務근무 勤行근행 精勤정근

謹 18획 | 근 | 삼가다

전문1

|해설| 형성. 성부는 菫근. 菫은 漢한과 같이 飢饉기근과 관계가 있는 글자이다. 菫은 흉작 때 머리 위에 ∪축문 그릇 재를 머리에 인 巫祝무축(신을 모시는 사람)이 양손을 앞으로 엇갈리게 묶인 채 불태워 죽임을 당하는 모양이다. 이때 비를 빌어 삼가 신에게 기도하는 말이 謹이고, '삼가다'라는 뜻이 있다. 謹愼근신(말이나 행동을 조심스럽게 함)하여 신의 분노가 진정되기를 기원한다는 의미이다.

|용례| 謹賀근하 謹嚴근엄 謹愼근신 謹直근직

今 4획 | 금 | 지금

갑골1 갑골2 금문1 전문1

|해설| 가차. 본래 상형자인데 항아리 모양의 그릇이나 병의 뚜껑

모양이다. 하부에 마개가 붙어 있는 뚜껑으로, 버섯 같은 모양이다. 飮음의 본래 글자는 歓인데, 龠염은 酉유(술통의 모양)를 今(마개가 붙어 있는 뚜껑)으로 덮은 모양이다. 今을 뚜껑이라는 뜻으로 쓰는 일은 없고 今昔금석의 '今'(지금)이라는 뜻으로 쓰는 것은 그 소리를 빌려 쓰는 가차 용법이다.

|용례| 古今고금 今古금고 今春금춘 今回금회 今後금후 昨今작금

金 8획 | 금 | 쇠, 황금, 돈

금문1 │ 금문2 │ 금문3 │ 전문1

|해설| 상형. 녹여 넣은 금속의 모양. 金은 銅동 등을 일정한 모양으로 녹여 넣은 덩어리의 모양이다. 그 모양은 레일을 절단한 단면과 같다. 여기에 녹여 넣은 동의 작은 덩어리인 ▮를 더해서 녹여 넣은 금속 덩어리라는 것을 표시했다. 金은 금속(금, 은, 동, 철 등의 광물)을 말했지만, 옛날에는 銅을 가리키는 말이었고 청동기를 만드는 원료로서, 청동을 赤金적금이라고 했다. 후에 金은 황금, 금은의 금이라는 의미로 쓰였다. 중국에서는 전국 시대(기원전 5~기원전 3세기)부터 황금제의 물건이 많이 만들어지게 되었다.

|용례| 金印금인 金錢금전 金色금색 獻金헌금 純金순금 冶金야금

琴 12획 | 금 | 거문고

고문1 │ 전문1

|해설| 형성. 성부는 今금. 그 상부는 가로지른 거문고 줄의 모양. 전문의 자형은 거문고 모양 전체를 나타내는 상형자였는데 후에 줄 부분만을 남겨서, 그 소리를 표시하는 今을 붙여서 琴의 자형이 되었다. 琴은 신을 부를 때의 신성한 악기로 사용되어 그 재료로서는 명목인 오동나무를 골라 만들었다. 琴은 옛날에는 五絃琴오현금, 七絃琴칠현금이 있었는데 이십오현, 오십현 등 대형 琴을 瑟슬이라 했다. 琴과 瑟의 음색이 서로 조화하는 것에 비유해서 부부가 서로 사랑하는 것을 琴瑟相和 금슬상화라고 한다.

琴

瑟을 타는 樂人
(맨 위에 있는 사람)

|용례| 琴歌금가 琴線금선 彈琴탄금

禁 13획 | 금 | 꺼리다, 금하다

전문1

|해설| 회의. 林림과 示시를 조합한 모양. 林은 나무가 무성한 곳으로 신이 사는 곳이라고 여겼다. 示는 신에게 제사할 때 사용하는 탁자인 祭卓제탁의 모양. 제탁을 놓고 신에게 제사하는 신성한 지역

을 禁이라 한다. 그곳은 신이 있는 神域신역이기 때문에 여기에서 鳥獸조수를 잡는 것을 금하고 속인이 출입하는 것을 금지했으므로 禁은 '멈추다, 세우다, 禁止금지(하면 안 된다고 못 하게 함)'라는 뜻이 된다. 또 왕궁이나 궁전이 있는 장소도 禁과 같은 신성한 지역으로 보고, 禁衛금위(궁정의 경비), 禁中금중(宮中궁중, 御所어소), 禁門금문(어소의 문)이라고 말한다.

|용례| 監禁감금 禁忌금기 禁斷금단 禁令금령 禁制금제 嚴禁엄금

錦 16획 | 금 | 비단

錦
전문1

|해설| 형성. 성부는 金금. 帛백은 물들이지 않은 흰 바탕의 비단을 말한다. 錦은 '(금은 색실로 짠) 고급 비단, 綾織物능직물'을 말한다. 색사나 금사, 은사를 써서 아름다운 모양을 낸 견직물이다. 고대 중국에서는 蜀촉 지방의 특산이라고 하여 蜀錦촉금이라고 했다. 錦雲금운(아름다운 구름), 錦心금심(아름다운 마음)처럼 '아름답다'는 뜻으로도 쓴다.

|용례| 錦旗금기 錦衣금의

襟 18획 | 금 | 옷깃

襟
전문1

|해설| 형성. 성부는 禁금. 禁에는 '멈추다, 가두다'라는 뜻이 있다.

의복의 '옷깃'을 말한다. 옛 자형은 袷금으로 쓰는 경우가 많고, 성부는 金. 또 글자를 衿금으로 쓰는 경우도 있고, 성부는 今. 今에는 壺호(단지) 모양의 그릇에 뚜껑을 덮은 모양으로 가둔다는 뜻이 있다. 옷깃 언저리는 사람의 혼이 출입하는 곳이었다. 사자의 옷깃 언저리는 혼이 몸 밖으로 나가는 것을 막기 위해 닫는 것이고, 襟에는 '닫다, 닫는 곳'이라는 의미가 있을지도 모른다. 옷깃 언저리는 사람의 혼을 불러들이는 의례에 중요한 의미를 가진 곳이었으므로 마음이나 생각이라는 의미로 사용되어, 襟懷금회(심중, 생각), 胸襟흉금(가슴속, 마음)이라고 말한다.

|용례| 開襟개금 襟帶금대

及 4획 | 급 | 미치다

| 갑골1 | 갑골2 | 금문1 | 금문2 | 금문3 |

|해설| 회의. 人인과 又우를 조합한 모양. 又는 손의 모양이다. 사람의 뒤에서 손을 뻗어 앞사람을 잡으려는 모양으로, '따라붙다, 미치다'라는 뜻이 된다. 앞사람을 따라붙으려고 서두르는 마음의 상태를 急서두를 급이라 한다. 及 아래에 心을 더한 모양이다. 또 손이 닿아 물건에 미치는 것을 扱미칠 급이라 한다.

|용례| 及第급제 普及보급 言及언급 追及추급

扱 7획 | 급 | 미치다, 잡다, 다루다

전문1

|해설| 형성. 성부는 及급. 及은 사람의 뒤에서 손을 뻗어 앞사람을
잡으려는 모양으로 미친다는 뜻이 된다. 손이 닿아 물건에 도달하
는 것을 扱이라 한다. 손에 잡다, 끼워 잡다 등, 손의 움직임을 말
하는 글자이다. 扱이란 이것저것 보살펴주는 것, 그것 때문에 애써
서 꾸려나가는 것을 말한다.

急 9획 | 급 | 서두르다, 빠르다

전문1

|해설| 형성. 성부는 及급. 及은 사람의 뒤에서 손을 뻗어 앞사람을
잡으려는 모양으로 미친다는 의미가 있다. 及 아래에 心심을 더하
여 따라붙으려고 서두르는 마음을 急이라 하고, '서두르다, 빠르다'
라는 뜻이 된다. 서두른다는 의미에서 서둘러 처리해야 하는 일을
急用급용, 急務급무라고 한다. 急의 글자에 포함되는 크는 본래 又
우이고 손의 모양이다.

|용례| 急務급무 急變급변 急報급보 急所급소 急速급속 緊急긴급

級 10획 | 급 | 등급, 계단

전문1

|해설| 형성. 성부는 及급. 及에는 뒤에서 앞사람에게 미친다, 닿는다는 의미가 있다. 이 전후 관계를 상하 관계로 옮기면 계단이라는 뜻이 된다. 級은 본래는 실을 織機직기에 걸어서 순서를 따라 옷감으로 짜 간다는 의미인데, 후에 '등급, 계단'이라는 뜻으로 쓴다.

|용례| 階級계급 高級고급 等級등급 上級상급 進級진급

給 12획 | 급 | 더하다, 주다

전문1

|해설| 형성. 성부는 合합. 合에 翕합할 흡의 음이 있다. 合은 금문에서는 答답(대답하다, 보답하다)이라는 뜻으로 쓰이는 경우가 있고, 타인에게 받은 것과 같은 정도의 것을 주는 의미로 쓰인다. 給은 윗사람이 주다(주시다)라는 의미가 본래의 의미이고, 후에 일반적으로 '주다', 나아가 '더하다, 채우다'라는 뜻으로 쓰인다.

|용례| 給付급부 給仕급사 給水급수 補給보급 支給지급

肯 8획 | 긍 | 감히, 동의하다

 |
금문1 | 전문1

|해설| 상형. 본래 글자는 肎뼈 사이 살 긍으로 쓰고, 상부는 骨골, 하부는 肉육(月월은 肉의 생략형)으로, 뼈에 붙은 고기(腱힘줄 밑둥 건 부분)의 모양이다. 『莊子』「養生主」에 庖丁포정(丁이라는 이름의 요리사)의 칼 다루는 솜씨가 훌륭해서 그 칼끝이 肯綮긍계(뼈와 살의 결합 부분)에 걸리지 않고 소를 해부해 가는 모습이 묘사되어 있다. 곤란한 상황을 무릅쓰고 하는 것을 '감히'(肯て)라고 하고, '감히 하는 것'을 '수긍하다'(동의하다)라고 한다. 그래서 肯은 肯定긍정(인정함, 허락함)의 뜻이 된다. '감히, 동의하다, 허락하다'라는 뜻으로 쓴다.

|용례| 首肯수긍

己 3획 | 기 | 자기

갑골1 | 금문1 | 금문2 | 전문1

|해설| 상형. 직각으로 굽은 자 비슷한 그릇의 모양. 자나 실패에 쓰는 물건일 것이다. 실패에 실을 감는 것을 紀기라 하고, '거두다, 다스리다, 본'이라는 뜻이 된다. '자기'라는 뜻으로 쓰는 것은 그 음만을 빌려 쓰는 가차 용법이다. 十干십간의 하나, '기'로 쓰는 것도 가차 용법이다.

|용례| 克己극기 利己이기 自己자기 知己지기

企 6획 | 기 | 꾀하다, 발돋움하다

갑골1 | 갑골2 | 전문1

|해설| 상형. 발꿈치를 들어 발돋움하는 사람을 옆에서 본 모양. 사람을 옆에서 본 모양인 사람의 밑에 止지(발자국 모양으로 발이라는 뜻)를 더하여 사람이 발돋움을 하여 먼 곳을 보는 모습을 표시하는데, '발돋움하다, 바라다보다'라는 뜻이 된다. 사람이 이 자세를 할 때는 남에 대하여 뭔가를 꾀할 때이기 때문에 企는 '꾀하다'라는 뜻이 된다. 일본어에서 '꾀하다'라는 말은 고어를 분석하면 '발꿈치를 들다'라는 의미로 풀이되는데, 발꿈치를 드는 것은 발끝으로 서는 것이고 뭔가를 꾀하고 계획한다는 의미로 쓰인다. 企와 '꾀하다'의 의미 전개는 企立기립(발꿈치를 들고 섬)에서 企劃기획(계획을 세움)으로 의미가 전개되는 방식과 동일하다.

|용례| 企圖기도 企望기망

伎 6획 | 기 | 재주

優
전문1

|해설| 형성. 성부는 支지. 支에 岐갈라질 기, 庋시렁 기의 음이 있다. 伎는 忮기울어질 기와 음훈이 가깝고 忮는 『설문해자』(8상)에 "頃경"이라 하여 몸을 기울여 움직이는 뜻이라고 한다. 사람이 노래하고 춤출 때 몸의 움직임이나 모습을 伎라고 하여 '재주, 광대'(익살스러운 몸짓으로 춤추고 노래하여 신이나 사람을 즐겁게 하는 재주를 부리는 사람, 배우)라는 뜻으로 쓴다. 일본의 가부키(歌舞伎)는 일본어의 '가부쿠'(傾く, 머리가 기울다)라는 동사의 명사형인데, 伎 자에 그 '기울다'(傾경)라는 의미가 있는 것이다. 歌舞가무하는 여자를 妓기

(歌姬가희, 舞姬무희)라고 한다. 技재주 기는 주로 손을 쓰는 재주를 말한다.

|용례| 技藝기예

肌 6획 | 기 | 살갗

전문1

|해설| 형성. 성부는 几궤. 『설문해자』(4하)에 "肉육"이라고 하는데 오히려 피부를 주로 가리켜 하는 말이며 '살갗'을 의미한다. 肌膚기부(살갗)는 筋骨근골과 대조되는 말로, 합쳐서 肌骨기골(살갗과 뼈. 신체)이라 한다.

岐 7획 | 기 | 갈라지다, 갈림길

전문1

|해설| 형성. 성부는 支지. 支에 伎재주 기, 庋둘 기의 음이 있다. 支는 본래 나뭇가지(十십)를 손(又우)으로 잡은 모양인데 후에 일반적으로 分枝분지를 말한다. 사람의 수족을 四肢사지라 하고 새의 좌우 날개는 翅시라고 한다. 岐는 산의 岐路기로를 말하는 글자로 '갈라지다, 갈림길'이라는 뜻으로 쓴다. 산의 기로이기 때문에 높은 곳이라는 의미가 있고, 인물이 뛰어난 것을 岐秀기수라 하여 사람에게도 옮겨서 말한다.

|용례| 多岐다기 分岐분기

技　7획 | 기 | 재주, 솜씨 좋음

|해설| 형성. 성부는 支지. 支에 伎재주 기, 妓기생 기의 음이 있다. 𠦪기는 사람이 몸을 기울여 가무 등의 연기를 하는 모양으로, 왼쪽 부분이 기우는 의미를 표시한다. 그렇게 몸을 기울여 손을 '솜씨 좋게' 움직여 연기하는 것, 또 그 연기를 '재주'라고 한다. 技藝기예(노래나 춤 등 예능의 재주)라는 뜻에서 技術기술(물건을 만들거나 가공하는 방법)이라는 뜻으로 되어간다. 技는 주로 손을 쓰는 재주를 말한다.

|용례| 國技국기　技巧기교　技能기능　特技특기

汽　7획 | 기 | 김, 거의

전문1

|해설| 형성. 성부는 气기. 气는 구름이 흘러가는 모양으로 雲氣운기를 말한다. 운기는 수분이 많으므로 汽는 물이 氣化기화(액체가 기체로 변함)하는 상태를 말하고, '김'이라는 뜻이 된다. '거의'라고 새겨 읽는 訖흘, 幾기와 음이 가깝고 통용하기 때문에 '거의'라고 읽는다. 증기의 힘으로 움직이는 차, 배를 汽車기차, 汽船기선이라고 한다.

忌 7획 │ 기 │ 꺼리다, 꺼림칙하다, 삼가다

금문1

전문1

|해설| 형성. 성부는 己기. 성부가 같은 글자에 諅기가 있고, 『설문해자』(3상)에 諅는 "誋계"라 하는데, 공경히 신을 섬긴다는 의미이다. 또 忌는 跪궤와 음이 가깝고 跪는 무릎을 꿇는다는 의미이다. 己는 구부리는 모양이기 때문에 무릎 꿇어 몸을 구부리는 자세를 말하고 忌는 그러한 자세로 삼가 신을 섬길 때의 심정이나 생각을 말하는 글자일 것이다. 禁忌금기(不淨부정이 있다고 하여 금지함, 타부)를 지키고, 몸을 씻고 삼가는 것을 '꺼리다'라고 한다. '忌避기피하다, 부정을 피하다'에서 곧 '꺼림칙하다'라는 의미로 전개되었다.

|용례| 忌中기중 忌避기피

奇 8획 │ 기 │ 기이하다, 뛰어나다

奇
전문1

|해설| 회의. 夵기와 口를 조합한 모양. 口는 ㅂ축문 그릇 재이고, 신에게 바치는 기도문인 축문을 넣는 그릇의 모양이다. 夵는 손잡이가 달린 큰 曲刀곡도의 모양이다. 奇는 이 곡도로 신을 졸라서 기도가 실현되기를 구한다는 의미로, 可가와 글자를 만드는 방식이 비슷하다. 큰 곡도를 사용해 신에게 기도하는 기도 방식은 보통 일이 아니므로 '다르다, 기이하다'라는 의미가 되고, 보통보다 '뛰어나다, 우수하다'라는 의미도 된다.

|용례| 奇怪기괴 奇遇기우 奇才기재 奇貨기화 珍奇진기 好奇호기

祈 9획 | 기 | 빌다

| 갑골1 | 갑골2 | 금문1 | 금문2 | 전문1 |

|해설| 형성. 성부는 斤근. 斤에 圻지경 기, 沂물가 기의 음이 있다. 옛
자형에는 單단(상부에 두 개의 깃 장식이 붙은 타원형 방패 모양)이나 신
에게 맹세하는 말을 의미하는 言언을 더한 모양, 또 깃발(旗기)의 모
양을 더한 자형이 있다. 그런 점에서 생각하면 祈는 군의 원정이나
수렵의 성공을 기원하는 글자인 것 같다. 후에 모든 일에 대하여
'빌다, 구하다'라는 의미로 쓰이게 되었다.

|용례| 祈年기년 祈念기념 祈禱기도 祈雨기우 祈晴기청

紀 9획 | 기 | 법, 적다

| 금문1 | 전문1 |

|해설| 형성. 성부는 己기. 己는 실을 감는 실패의 모양. 己는 紀의
본래 글자일 것이다. 그래서 紀는 실패에 실을 감는 것, 거둔다는
뜻이 된다. 후에 일반적으로 순서대로 정리하는 것, 또 정리해서
'적는' 것을 말한다. 그 의미를 말로 옮겨서 순서대로 정리해 적는
것을 記기록할 기라고 한다. 또 紀綱기강(나라의 규율, 정치의 기본)처럼
'법, 기본'이라는 뜻으로 쓴다.

|용례| 紀年기년 紀元기원 紀行기행

氣 10획 | 기 | 선물, 공기

氣
전문1

氣
전문2

|해설| 형성. 본래 글자는 气로 쓰고 성부는 气기. 气는 구름이 흐르는 모양으로 雲氣운기를 말한다. 气는 생명의 원천, 大本대본이라 하고, 米미(곡류)는 그 气를 기르는 근본이므로 气에 米를 더하여 氣가 되었다. 또 餼보낼 희(선물)로도 쓰는데 氣가 餼의 본래 글자이다. 氣는 모든 활동력의 원천이고 大氣대기(지구를 둘러싼 공기 전체), 元氣원기(활동의 근원이 되는 氣力기력)로서 존재하고 사람은 氣息기식(호흡)함으로써 산다. 또 사람에게 나타나는 것을 氣質기질(마음씨), 氣風기풍(집단이나 같은 지역 사람들이 공통으로 지니는 기질)이라고 한다.

|용례| 氣骨기골 氣分기분

 記 10획 | 기 | 적다, 문서

記
전문1

|해설| 형성. 성부는 己기. 己는 실을 감는 실패의 모양으로 紀의 본래 글자일 것이다. 紀는 실을 순서대로 정리하여 실패에 감는다는 의미이다. 그 의미를 말에 옮겨서 순서대로 정리해 '적어두는, 적는' 것을 記라고 한다. 또 '쓰인 것, 문서, 기억하다'라는 의미로도 쓴다. 紀와 記는 통용하는 경우가 많고 紀載기재·記載기재(적다), 紀述기술·記述기술(문장으로 서술하다), 紀錄기록·記錄기록(남길 필요가 있는

사건을 적다, 또 적은 문서)처럼 같은 의미로 쓴다.

|용례| 記念기념 記憶기억 手記수기

起 10획 | 기 | 일어나다, 일으키다, 서다

전문1

|해설| 형성. 성부는 巳뱀 사. 巳는 뱀의 모양이고, 走주는 달린다, 간다는 뜻이기 때문에 起는 뱀이 머리를 쳐들고 나아간다는 뜻이 된다. 그 뱀의 모습은 사람이 일어서서 뭔가를 시작할 때의 자세와 비슷하므로, 起에는 '서다, 일어나다, 일을 시작하다, 만들다, 일으키다'라는 의미가 있다.

|용례| 決起결기 起工기공 起立기립 起算기산 起床기상 起案기안

埼 11획 | 기 | 갑, 곶

|해설| 형성. 성부는 奇기. 夸기(손잡이가 달린 큰 曲刀곡도의 모양)와 口(ᄇ축문 그릇 재, 신에게 바치는 기도문인 축문을 넣는 그릇의 모양)를 조합한 모양인 奇는, 곡도로 신을 졸라서 기도가 실현되기를 구하는 것을 의미한다. 큰 곡도는 똑바로 서기가 어려우므로 奇에 치우치다, 불안정하다는 의미가 있다. 육지가 수중에서 돌출하여 그 지형이 변화가 많은 곳을 埼라 하여, '갑, 곶'이라는 의미로 쓴다. 글자는 또 碕기, 崎기로 쓴다.

基

11획 | 기 | 터, 기초

基
금문1

基
전문1

|해설| 형성. 성부는 其기. 其는 箕기(사각형의 쓰레받기), 丌 받침대 기를 나타내는 글자로 사각형의 물건, 또 臺座대좌라는 뜻이 있다. 그래서 흙으로 단을 쌓아 건물의 기초, 토단으로 삼는 것을 基라 하여 '터, 기초'라는 뜻이 된다. 其는 성부인데 네모난 것, 대좌가 되는 것이라는 의미도 포함한다. 건물의 기단에 희생을 묻고 그 토지를 불제하는 것을 奠基전기라 한다.

|용례| 基本기본 基因기인 基點기점 基準기준 基地기지

寄

11획 | 기 | 기대다, 의지하다

전문1

|해설| 형성. 성부는 奇기. 奇는 손잡이가 달린 큰 曲刀곡도를 凵재(신에게 바치는 기도문인 축문을 넣는 그릇의 모양)에 더한 모양으로 치우치다, 뛰어나다는 의미가 있다. 또 큰 곡도의 모양은 불안정하고 똑바로 설 수가 없으므로, 사물에 기대는 것을 倚의라 한다. 곡도를 신성한 것에 기대게 하는 것을 寄라 하고, 사람을 의지하고 사람에게 맡기는 것도 寄라 한다. '의하다, 의지하다, 맡기다'라는 의미로 쓴다. 寄附기부는 본래 사람을 의지하는 의미였는데 지금은 사람에게 돈이나 물건을 주는 의미로 사용된다.

|용례| 寄居기거 寄生기생 寄宿기숙 寄與기여 寄寓기우 寄贈기증

崎 11획 | 기 | 곶, 험하다, 갑

|해설| 형성. 성부는 奇기. 奇에 치우치다, 불안정하다는 의미가 있다. 崎는 산길 등이 '험한' 것을 말한다. 육지가 수중에서 돌출하여 그 지형이 변화가 많은 곳을 埼기, 碕기(곶, 갑)라고 한다. 崎는 埼와 통용하여 일본에서는 '곶, 갑'(사키, 미사키)이라는 뜻으로 많이 쓰고, 長崎(나가사키) 등도 그 예이다.

既 11획 | 기 | 이미, 끝나다, 다하다

| 갑골1 | 금문1 | 전문1 |

|해설| 회의. 皀급과 旡기를 조합한 모양. 식사를 하고 배가 불러 식기(皀)를 앞에 놓고 뒤를 향해 트림을 하는 사람의 모양으로, 식사가 끝난 것을 말하는 뜻에서 '끝나다, 이미'라는 뜻이 된다. 嘅탄식할 개, 慨분개할 개는 한숨을 쉬며 개탄한다는 의미이고, 既의 뜻을 계승한 글자이다.

|용례| 皆既개기 既決기결 既得기득 既成기성 既往기왕 既婚기혼

飢 11획 | 기 | 주리다

| 전문1 | 전문2 |

|해설| 형성. 성부는 几궤. 글자는 또 饑수릴 기로 쓰는네 성부는 幾기. 幾에는 적다, 거의 없다는 의미가 있다. 飢는 먹을 것이 없어서

'주리다, 주림'이라는 의미로 쓴다. 几는 机책상 궤의 상형자인데 사람이 뼈만 남은 骸骨해골 같은 상태를 骨立골립이라 한다. 机(几)에는 그러한 모습의 연상이 있을지도 모른다.

|용례| 飢饉기근 飢歲기세 飢餓기아 飢寒기한

幾

12획 | 기 | 얼마, 낌새, 희미하다, 위태롭다

| 금문1 | 금문2 | 전문1 |

|해설| 회의. 玆사와 戈과를 조합한 모양. 玆는 絲사의 본래 글자로 실 장식이다. 사악한 것을 물리치는 힘이 있는 실 장식을 붙인 창(戈)을 써서 이상한 것을 조사하고, 규명하는 것을 幾라고 한다. 희미한 낌새(일이 일어나려고 하는 표시)를 살피고 이것을 조사하는 것이어서, '낌새, 희미하다'라는 뜻이 된다. 譏察기찰(찾아서 조사함)이라는 것이 幾의 본래 의미였는데, 幾가 '얼마'라는 의미로 사용되면서 譏(비방하다, 조사하다)가 만들어졌다.

|용례| 幾多기다 幾微기미 幾人기인

期

12획 | 기 | 때, 만나다

| 금문1 | 금문2 | 전문1 |

|해설| 형성. 성부는 其기. 其는 箕기(사각형의 쓰레받기)의 모양으로 네모나고 크기가 일정한 것이라는 의미가 있다. 그래서 시간의 일정한 길이를 期라 한다. 옛 자형에는 月월 외에 日일의 모양을 더

상용자해

한 것(금문1)도 있고, 月이나 日의 운행에 의한 시간이나 월일의 일정한 시기를 표시했다. 期日기일(전부터 그렇게 하도록 결정한 특정한 시일), 納期납기(상품 등을 납입하는 기일)처럼 특정한 시간을 말하고, 시간을 결정해서 '만나는' 것도 말한다.

|용례| 期待기대 期限기한 時期시기 豫期예기

棋

12획 | 기 | 바둑, 장기

전문1

|해설| 형성. 성부는 其기. 其는 箕기(사각형의 쓰레받기)의 모양으로 대개 사각형의 물건을 말한다. 바둑판이나 장기판의 모양은 사각이기 때문에 碁기, 棋라 하고 '바둑, 장기'라는 뜻으로 쓴다. 옛날에는 博棋박기, 六博육박, 弈棋혁기라고 했다. 중국에서 3세기에 쓰인 『藝經예경』에 棋局기국은 縱橫종횡 각각 17줄, 흑백의 바둑돌 각각 150개라고 하는데, 지금의 바둑에 가까운 것이었다. 일본에는 遣唐使견당사에 의해서 전해졌다고 한다.

棄

12획 | 기 | 버리다

갑골1　　갑골2　　금문1　　금문2

|해설| 회의. 厶돌과 華범과 廾공을 조합한 모양. 厶은 갓 태어난 아기를 거꾸로 한 모양. 華은 짚 등을 엮어 만든 그릇. 廾은 좌우의 손을 늘어놓은 모양. 갓 태어난 아기를 그릇에 넣어 두 손으로 멀

리 밀어내는 모양으로, 아기를 '버리다'라는 뜻이 된다. 옛날에는 처음 태어난 아기를 버리거나 물에 띄워 보아, 기를지 말지를 결정하는 습속도 있었다. 周주 왕조의 시조 后稷후직은 생후에 한 번 버려져서 棄라고 이름을 지었는데, 길조가 나타나서 키워졌다는 전설이 있다.

|용례| 棄權기권 棄捐기연 放棄방기 投棄투기 廢棄폐기

欺

12획 | 기 | 속이다

전문1

|해설| 형성. 성부는 其기. 其는 사각형 쓰레받기의 모양. 귀신 쫓기(귀신을 몰아내고 유행병을 물리치는 의식) 등을 할 때, 蒙倛몽기라고 불리는 사각의 큰 가면을 쓰고 신으로 분장하여 연기를 한 데서, 가면으로 속이고 거짓말한다는 것이 본래의 뜻이다. 후에 널리 사람을 '속이다, 거짓말하다'라는 의미로 쓴다.

|용례| 欺瞞기만 欺詐기사 詐欺사기

碁

13획 | 기 | 바둑

|해설| 형성. 성부는 其기. 其에 期때 기의 음이 있다. 碁는 정방형 받침에 종횡 19로를 그어 흑백의 돌을 갖고 싸우는 놀이로 烏鷺오로라고도 한다. 秦진, 前漢전한 시대(기원전 3~기원전 1세기) 무렵부터 유행했고 일본에는 遣唐副使견당부사였던 기비노 마키비(吉備眞備)에 의해 8세기에 전래되었다고 한다. 헤이안(平安) 시대에는 여성의

놀이로도 유행해서 『겐지모노가타리에마키』(源氏物語繪卷. 일본 최초의 장편소설 『겐지모노가타리』의 그림판)에는 바둑 두는 장면이 그려져 있다.

|용례| 碁盤기반 碁石기석

旗 14획 | 기 | 기

㫃
전문1

|해설| 형성. 성부는 其기. 㫃깃발 언은 깃발을 붙인 깃대. 其는 箕기 (사각형의 쓰레받기)의 모양으로 방형의 물건이라는 의미가 있다. 棋는 방형의 바둑판. 旗는 거의 방형의 軍旗군기, '기'였다. 옛 서책에는 군이 진격할 때 전방에 강이 있을 때는 青旌청정(푸른 기), 전방에 적군이 있을 때는 호랑이 가죽을 세우는 규정이 있었다고 한다. 기를 사용해서 군을 지휘하므로 장군기의 아래, 본진을 旗下기하라고 했다. 후에는 요릿집이나 술집 간판으로 기를 세웠으므로 旗亭기정(요릿집), 酒旗주기(술집)라고 한다. 旌기 정은 이것을 수여하여 표창을 하였기 때문에 표창하는 것을 旌表정표라고 한다.

|용례| 旗手기수 半旗반기 旌旗정기

畿 15획 | 기 | 서울

畿
전문1

|해설| 형성. 성부는 幾기. 絲사(糸)와 戈과를 조합한 모양인 幾는,

사악한 것을 물리치는 힘이 있는 실 장식을 붙인 창(戈과)을 써서 譏察기찰(찾아서 조사함)하는 것을 말한다. 田土전토를 기찰하는 것, 그렇게 하여 정화된 지역을 畿라고 한 것이다. 이 정화된 지역을 확대해서 '서울'이라는 뜻으로 쓰고 서울을 중심으로 한 천자의 직할지를 畿內기내라고 한다.

|용례| 京畿경기 近畿근기 王畿왕기

器 16획 | 기 | 그릇

금문1　금문2　금문3　전문1

|해설| 회의. 㗊집과 犬견을 조합한 모양. 口는 ㅂ축문 그릇 재이고, 신에게 바치는 기도문인 축문을 넣는 그릇의 모양이다. ㅂ를 네 개 늘어놓고 그 중앙에 개를 둔 모양인데 개는 祓除불제를 위한 희생으로 쓴 것으로서, 器란 의례 때 사용되는 정화된 '그릇'을 말한다. 器는 彝器이기(조상의 제사 등에 쓰는 제기)나 明器명기(葬儀장의 때 쓰는 그릇)라는 것이 본래 의미이다. 후에 器材기재(도구), 器械기계나 사람의 능력이라는 의미로 쓰인다. 상용한자 器의 자형은 犬을 大대(손발을 벌리고 선 사람을 정면에서 본 모양)로 바꾸었는데 이래서는 器 자의 뜻을 이해할 수 없다.

|용례| 器具기구 器量기량 器用기용 容器용기 凶器흉기

機

16획 | 기 | 베틀, 기능, 용수철 장치

樣
전문1

|해설| 형성. 성부는 幾기. 幾는 사악한 것을 물리치는 힘이 있는 실 장식이 달린 창(戈과)으로, 이것을 이용해서 惡靈악령 등이 숨어 있는 것을 조사하고 추궁할 수 있다고 여겼다. '장치, 용수철 장치'나 '기능'이 있는 도구를 機, 機械기계라 하고 그 작용을 機能기능이라고 한다. 옛날 기계로는 織機직기(옷감을 짜는 기계, 베틀)가 대표적이다.

|용례| 機關기관 機器기기 機略기략 機先기선

騎

18획 | 기 | 타다, 걸터앉다

騎
전문1

|해설| 형성. 성부는 奇기. 奇에 單奇단기(단 하나인 것)라는 의미가 있다. 마차는 중앙 말의 좌우에 驂참이라는 곁마를 붙여 삼두마차로 하는 것이 있는데, 騎馬기마(乘馬승마)일 때는 1두이기 때문에 騎라고 한다. 말을 '타다, 걸터앉다'라는 의미인데, 말 이외의 것에 쓰기도 한다. 중국에서 기마전이 시작된 것은 춘추전국 시대(기원전 8~기원전 3세기) 이후의 일인데 기마전 이전에는 마차를 쓰는 車戰차전이었다.

|용례| 騎兵기병 騎射기사 騎士기사 騎乘기승 單騎단기

緊 15획 | 긴 | 죄어들다

전문1

|해설| 형성. 성부는 臤굳을 간, 어질 현. 臤은 臣신(위를 보는 눈의 모양으로 큰 눈동자)에 又우(손의 모양)를 더한 모양으로, 신의 종으로 삼는 사람의 눈을 다치게 하여 시력을 잃게 하는 것을 말한다. 그때 눈을 다친 사람의 마음이 긴장되고 몸이 죄어드는 상태를 緊이라고 한다. 그래서 緊은 '죄어들다, 죄다, 굳다, 심하다'라는 뜻이 된다. 이민족을 잡아서 신에게 봉사시키기 위해 한쪽 눈의 시력을 잃게한 것이다. 일본에서도 (이마에 눈이 달린) 애꾸눈 괴물은 본래 신의 봉사자였다. 문자의 구조에는 이 글자처럼 민속학상의 해석이 필요한 것이 있다.

|용례| **緊密**긴밀 **緊張**긴장 **緊縮**긴축

吉 6획 | 길 | 좋다, 경사스럽다

갑골1　갑골2　금문1　금문2　전문1

|해설| 회의. 士사와 口를 조합한 모양. 士는 작은 鉞도끼 월의 머리 부분을 날이 밑을 향하게 한 모양이다. 鉞은 사악한 것을 쫓아내는 힘을 지닌다고 여겼다. 口는 ㅂ축문 그릇 재로, 신에게 바치는 기도문인 축문을 넣는 그릇의 모양이다. 축문에는 신을 향한 기원을 실현하는 효능이 있다고 여겼기 때문에 ㅂ 위에 신성한 鉞을 놓아 두어 기도의 효과를 지키는 것을 나타낸 글자가 吉이다. 鉞에 의

해 기도의 효과가 좋은 상태가 되면 기도가 실현되어 사람들은 행복해지고 경사스럽게 된다. 그래서 吉에는 '좋다, 행복하다, 경사스럽다'라는 의미가 있다. 吉과 마찬가지로, 나무로 짜서 만든 그릇의 이중 덮개인 五오를 凵 위에 놓아서 기도의 효과를 지키는 글자가 吾오(지키다, 나)이다.

|용례| 吉報길보 吉日길일 吉兆길조 吉徵길징 吉凶길흉 不吉불길

喫

12획 | 끽 | 먹다, 마시다

전문1

|해설| 형성. 성부는 契계. 吃말 더듬을 흘과 같은 계통의 글자이므로 같은 음으로 읽혔다(현재 우리말 발음은 '끽, 흘'로 다르지만, 일본에서는 'きつ'(기쓰), 중국에서는 'chi'로 같이 읽힌다. ― 옮긴이). 唐代당대 무렵부터 쓰여, 杜甫두보(8세기)의 시「李校書이교서를 보낸다」에 "술을 마주해도 마실(喫) 수가 없다"는 구절이 있다. '먹다, 마시다'라는 뜻으로 쓰는데 들이켤 때 나는 소리를 옮겨 쓴 의성어였을 것이다.

|용례| 喫茶끽다 喫飯끽반 滿喫만끽

那 16획 | 나 | 어찌

전문1

|해설| 형성. 성부는 冄염. 然연(젠, ぜん)(중국의 북방음을 轉寫전사한 일본의 한자음 — 옮긴이)이 然(넨, ねん)(중국의 남방음을 전사한 일본의 한자음 — 옮긴이)으로 되듯이, 那는 冄(젠, ぜん)(冄의 일본어 음 — 옮긴이)이 轉音전음한 글자이다. 冄은 실이나 털이 늘어진 모양으로 많고 부드럽다는 뜻이 있다. 阿那아나는 꽃이 아름다운 모습, 가지가 부드러운 것을 말한다. 부사 '어찌'로 쓰는 것은 그 음을 빌린 가차 용법이다.

|용례| 那邊나변 那何나하 旦那단나

暖 13획 | 난 | 따뜻하다

전문1

|해설| 형성. 성부는 爰원. 『설문해자』(10상)에 煖난 자를 예시하는데, 煖은 煗따뜻할 난과 同字동자이다. 아마 이 煗이 최초의 글자일 것이다. 煗은 성부가 耎연. 耎에 偄나약할 난의 음이 있다. 耎은 머리카락을 자른 巫祝무축(신을 모시는 사람)을 정면에서 본 모양이다. 기근일 때 무축을 불태워 祈雨기우를 하는 의례가 있다. 煗, 煖, 暖은 '따뜻하다'는 뜻으로 쓰는데 지금은 暖 자를 쓴다.

|용례| 暖氣난기 暖房난방 暖色난색 寒暖한난

難

19획 | 난 | 어렵다, 괴롭히다

| 금문1 | 금문2 | 전문1 | 전문2 |

|해설| 회의. 堇한과 隹새 추를 조합한 모양. 堇은 금문의 자형에서는 불화살(火矢화시. 불을 장치하여 쏘는 화살)의 모양이므로, 難은 새 (隹)를 불화살로 쏘는 것이고 새를 놀라게 하고 괴롭힌다는 뜻이 된다. 불화살로 새를 쏘는 것은 儺나(역귀를 쫓음)의 의례와 관계가 있고, 새를 쓰는 점으로서 행해졌을 것이다. '괴롭히다, 괴롭다'라는 뜻에서 '어렵다, 힘들다'라는 뜻이 되었다. 이 글자의 堇과 嘆탄의 堇은 별개의 글자이다.

|용례| 困難곤난 難問난문 難色난색 難題난제 難航난항 難解난해

男

7획 | 남 | 남자

| 갑골1 | 갑골2 | 금문1 | 전문1 |

|해설| 회의. 田전과 力력을 조합한 모양. 力은 耒쟁기 뢰의 모양. 농지(田)와 農具농구인 쟁기(耒)를 조합해 경작을 표시하는데, 옛날에는 농지 관리자를 男이라고 했다. 후에 五等爵오등작(公爵공작, 侯爵후작, 伯爵백작, 子爵자작, 男爵남작)의 하나로 쓴다. 『詩經』에는 '남자'라는 뜻으로 士사를 많이 쓰는데 이것은 전사 계층에 대하여 쓰는 말이다.

|용례| 男女남녀 男子남자 美男미남

南

9획 | 남 | 남녘

| 갑골1 | 갑골2 | 금문1 | 금문2 | 전문1 |

|해설| 상형. 銅鼓동고의 모양. 옛날 장강 중류 유역의 우한 (武漢무한)에서 후난(湖南호남) 에 걸쳐 거주한 苗族묘족이 사용한 악기인데 바닥이 낮

銅鼓

갑골문의 設

아 매달아 鼓面고면을 친다. 갑골문에 南남을 치는 모양인 設남(인명)이라는 글자가 있다. 윗부분의 鐶쇠고리 환에 끈을 꿰어서 동고를 위에 매단 모양이 南이다. 묘족은 이 동고를 지금도 南이라고 부른다. 후에 그 음을 빌려 방위 이름인 '남녘'이라는 뜻으로 쓴다. 본래 방위 이름을 표시하는 글자는 없고 東동녘 동, 西서녘 서도 그 글자의 본래 의미와는 무관하게 그 음만을 빌린 가차자이다.

|용례| 南端남단 南方남방 南北남북 南風남풍 指南지남

拉

8획 | 납 | 꺾다, 부러뜨리다, 끌어가다

| 전문1 |

|해설| 형성. 성부는 立립. 『春秋左氏傳』「桓公十八年」의 환공 암살 기사의 注주에 "彭生팽생 多力다력하여 公공의 가슴을 쳐서(拉) 죽이다"라고 한다. 갑자기 덤벼들어 죽였을 것이다. '꺾다, 부러뜨리다'라는 뜻이 된다. 또 '끌어가다'라는 뜻으로 써서 拉致납치라고

한다.

納 10획 | 납 | 거두다, 받아들이다

금문1 | 전문1

|해설| 형성. 성부는 內내.『설문해자』(13상)에 "실이 눅눅해서 納納납납하다"라고 실이 눅눅한 모습을 뜻한다고 하지만, 본래 직물을 세금으로 납입하는 것을 말하는 글자일 것이다. 후에 일반적으로 '거두다, 받아들이다'라는 뜻으로 쓴다. 出納출납이라는 글자는 갑골문, 금문에는 出內출내, 出入출입으로 쓰는데 內, 入이 아니라 納을 쓰게 되는 것은 전국 시대(기원전 5~기원전 3세기) 이후일 것이다.

|용례| 納經납경 納骨납골 納稅납세 納涼납량 納得납득 收納수납

娘 10획 | 낭 | 아가씨, 어머니

갑골1 | 전문1

|해설| 형성. 성부는 良량. 본래 글자는 孃양으로 쓰고 성부는 襄양. 襄에는 부푼다는 뜻이 있고, 가슴이 부푼 여자, 살집이 풍만한 여자를 孃이라 하여, '어머니, 아가씨'라는 뜻이 된다. 후에 수·당 시대(6~10세기) 무렵부터 娘 자를 쓰게 되었다. 隋수 왕조에는 娘子軍낭자군(여인 부대)이 있었다. 중국에는 자식을 주는 신에게 제사하는 娘娘廟낭낭묘가 있는데 그 묘의 제사는 서민으로 북적거렸다.

|용례| 娘子낭자 小娘소낭

內 4획 | 내 | 안

갑골1 | 금문1 | 금문2 | 전문1

|해설| 상형. 가옥 입구의 모양. 큰 나무를 짜고 그 위에 지붕이 있는 건물 입구 모양이다. 지붕이 없는 입구 모양은 入입이다. 금문에는 '문에 入(들어가다)'을 '문에 內(들어가다)'라고 표기하는 용례가 많은데, 內는 입구에서 들어간 '안, 속'이라는 뜻으로 쓴다. 內心내심(마음속), 內省내성(자신의 언동이나 사상을 깊이 되돌아봄)처럼 마음속을 말할 때도 쓴다.

|용례| 國內국내 內裏내리 內需내수 內部내부 內外내외

奈 8획 | 내 | 어찌하랴, 어찌

전문1

|해설| 형성. 정자는 柰로 쓰고, 『설문해자』(6상)에 "柰果내과", 즉 과실수의 이름이라 하고 성부를 示시라고 하지만, 음이 맞지 않는다. 奈는 柰의 속자라고 하는데 지금의 자형에는 잘못이 있다고 생각된다. 옛날부터 '奈何내하'라고 썼고, 『禮記』「曲禮下」에 "어찌하여(奈何) 社稷사직을 버리고 갈 수 있는가"라고 한다. 那나와 통하여 '어찌'라는 뜻으로도 쓴다.

|용례| 奈落나락

耐 9획 | 내 | 견디다

전문1

|해설| 회의. 而이와 寸촌을 조합한 모양. 而는 두발을 자른 상투(髻계) 없는 사람을 정면에서 본 모양으로, 기우제를 하는 巫祝무축(신을 모시는 사람)의 모습. 비를 구하고(需), 기다리는(需) 것을 需수(구하다, 기다리다)라고 한다. 무축에 손(寸)을 더하여 무축을 사역하는 모양이 耐이고 잘 '견디는' 것을 말한다. 『설문해자』(9하)에 耐의 正字정자를 耏라 하고, "耏는 罪죄가 있어도 髡곤(머리 깎는 형벌)에는 이르지 아니하는 것", 머리 깎는 형벌이 가벼운 것을 耏라 한다고 풀이한다. (현재) 耐와 耏는 별개의 뜻을 가진 글자로 쓰인다.

|용례| 耐久내구 耐用내용 耐震내진 耐寒내한 耐火내화 忍耐인내

女 3획 | 녀, 여 | 여자, 딸, 처녀, 계집, 너

갑골1　갑골2　금문1　금문2　전문1

|해설| 상형. 무릎 꿇은 여자의 모양. 손을 앞으로 포개어 공손하게 靈所영소에 절하는 모양이다. 갑골문에는 작은 점을 더한 글자(갑골2)가 있는데 그것은 여자를 술로 정화하는 모양이고, 신령을 모실 때 여자의 모습이라는 것을 알 수 있다. 무릎 꿇은 것은 여자가 남자 앞에서 꿇은 것이고 女 자에는 여자가 남자에게 예속된 남존여비 시대의 사상이 반영되어 있다는 해석은 잘못이다. 조상의 靈령에게 제사 지내는 사당 안에 앉아 있는 여자(安안)에게는, 소매에

靈이 깃든 옷을 작은 선으로 표시하여, 靈의 授受수수를 나타내는 모양이 있다. '여자' 외에 대명사로서 2인칭 '너'라는 뜻으로 쓰는 데, 汝녀 여의 본래 글자이다. 본래는 여자를 부르는 말일 것이다.

|용례| 老女노녀 少女소녀 女流여류 女神여신 女兒여아 女人여인

年 6획 | 년 | 해, 여물다, 결실

갑골1　갑골2　금문1　금문2　전문1

|해설| 회의. 禾화와 人인을 조합한 모양. 禾는 벼 모양의 쓰개로, 稻魂도혼(벼에 깃든 신령)의 상징일 것이다. 모내기를 할 때 풍부한 결실을 기원해 田전의 춤을 추는 남자의 모습을 年이라고 하여, '결실'이라는 뜻이 되고, 벼는 1년에 한 번 결실하므로 '해'라는 뜻이 된다. 갑골문에 "결실(年)을 받을까"라고 점을 치는 용례가 많다. 벼를 머리에 쓰고 낮은 자세로 춤추는 여자의 모습은 委위이고, 풍년을 기원해 남녀 두 사람이 춤추며 기도했다.

|용례| 年代연대 年度연도 年末연말 年月연월 豊年풍년

念 8획 | 념 | 생각하다, 마음

금문1　금문2　전문1

|해설| 형성. 성부는 今금. 今은 꼭지(栓전)가 달린 뚜껑의 모양. 단지나 병 모양의 하부에 꼭지가 붙어 있는 뚜껑이다. 歃마실 음은 飮음의 본래 글자인데, 酓염은 술통(酉유)을 마개(今)로 닫은 모양이다.

心심은 심장의 모양. 마개를 하여 속의 것을 막아버리듯이 심중에 깊숙이 감추는, 심중에 깊이 생각하는 것을 念이라 하여, '생각하다, 생각, 마음'이라는 뜻이 된다.

|용례| 斷念단념 無念무념 信念신념 念願염원 一念일념 執念집념

捻 11획 | 념 | 비틀다, 집다

전문1

|해설| 형성. 성부는 念념. 『說文新附』(12상)에 "손가락으로 비트는 것"이라고 한다. 손가락 끝으로 '비틀다, 집다'를 말한다. 불쾌감을 표시할 때 코를 집는 것을 捻鼻염비라고 한다. 拈비틀 념과 음훈이 가깝다.

|용례| 捻挫염좌 捻出염출

寧 14획 | 녕 | 평안하다, 오히려, 어찌

갑골1   갑골2   금문1   금문2   전문1

|해설| 회의. 宀면과 心심과 皿명과 丂교를 조합한 모양. 宀은 조상에게 제사하는 사당의 지붕 모양. 心은 심장의 모양. 丂는 물건을 놓는 높은 받침대로 옛 자형에는 丂가 없는 宓의 자형도 있는데, 寧과 宓은 같은 자일 것이다. 寧은 사당 안에서 받침대 위 접시에 희생 동물의 심장을 담아 바치는 모양이다. 『설문해자』(5상)에 "기원하는 말", 『爾雅』「釋詁」에 "조용하다"라고 설명한다. 사당 안에

서 희생으로 삼은 동물의 심장을 바치고 寧靜영정, 安寧안녕(평안함)을 기원하여 행하는 의례를 寧이라 하고, '평안하다, 온화하다, 조용하다'라는 뜻이 된다. 갑골문에 "왕은 오늘 밤 평안한가"라는 말처럼 왕의 영정을 점치는 일이 보인다. 丁寧정녕(작은 일까지 주의가 골고루 미침. 정중하고 예의 바름)이라고도 말한다.

奴 5획 | 노 | 종, 노예

금문1　　금문2　　전문1

|해설| 회의. 女녀와 又우를 조합한 모양. 又는 손의 모양. 여자를 손으로 잡은 모양이 奴이고 잡힌 여자, '종, 노예, 하인'이라는 뜻이 된다. 『설문해자』(12하)에 "노비는 모두 옛날의 죄인이다"라고 한다. 죄를 범한 자는 신을 모시는 자로서 노예가 되었다. 죄를 범하는 것은 법률에 저촉되는 단순한 범죄가 아니라 신의 금기를 범한 자로서, 신에 대해 불결함을 갖는다고 여겼으므로 入墨입묵 등을 하여 신에게 봉사시켰다. 고대 신전에는 수많은 노예가 신에게 봉사했다는 기록이 고문헌에 보인다. 이족의 포로를 노예로 한 것도 많다. 守錢奴수전노(돈을 모으는 데만 열심인 인색한 사람)처럼 사람을 욕할 때 奴를 붙인다.

|용례| 奴僕노복 奴婢노비

努 7획 | 노 | 힘쓰다

|해설| 형성. 성부는 奴노. 力력은 쟁기(耒뢰)의 모양. 농경에 힘쓰는

것을 말한다. 努는 자형에서 보면 노예가 농경에 힘쓰는 것을 말한다. 살아가기 위한 농산물을 만들어내는 농작업은 기계를 갖지 못했던 고대인들에게는 특히 努力노력(쉬거나 게으름 피우지 않고 열심히 일함)이 필요한 일이었다. 怒노는 '분노하다, 분개하다, 화내다'라는 격한 감정을 의미하는 말인데, 노력에는 그러한 격렬함이 필요했다. 후에 농경뿐 아니라 일반적으로 '힘쓰다'라는 뜻으로 쓴다.

怒 9획 | 노 | 화내다, 성내다, 꾸짖다

| 금문1 | 전문1 |

|해설| 형성. 성부는 奴노. 奴에 努힘쓸 노, 弩쇠뇌 노 등 격렬하고 기세가 좋다는 뜻이 있고, 그러한 마음의 상태를 怒라고 한다. 『설문해자』(10하)에 "화내다(恚에)"라고 한다. '노하다, 화내다, 꾸짖다, 격렬하다'라는 뜻으로 쓴다. 엄청난 분노의 형상을 "怒髮衝天노발충천"(분노로 머리털이 곤두서서 하늘을 찌른다)이라고 한다.

|용례| 激怒격노 怒氣노기 怒號노호

農 13획 | 농 | 갈다

| 갑골1 | 갑골2 | 금문1 | 전문1 |

|해설| 회의. 금문의 자형은 田전과 辰신을 조합한 모양. 辰은 대합 같은 조개가 발을 내밀고 움직이는 모양이다. 그 조개의 껍데기를 깨부수어 나무 끝에 매단 농구인 蜃器신기로 밭을 가는 것을 農이

라고 한다. 갑골문은 林림, 森삼과 辰을 조합한 모양인데 蜃器로 林野임야를 개간한다는 뜻이 된다. 田의 모양이 잘못해서 曲곡이 되고 農의 형태가 되었을 것이다. 금문의 『令鼎』에 "耤農적농"이라는 말이 있는데, 신에게 바치는 공물을 만드는 神田신전의 공동 경작이라는 의미이다. 農은 '갈다, 농경'이라는 뜻으로 쓴다. 蜃器의 蜃을 손(寸촌)으로 잡는 모양이 辱욕인데, '김을 매다'(잡초를 뽑다)라는 뜻이 된다. 농경은 잡초를 뽑는 일에서 시작한다.

|용례| 農具농구 農民농민 農樂농악 農業농업 農園농원 農作농작

濃 16획 | 농 | 짙다, 진하다

전문1

|해설| 형성. 성부는 農농. 農은 대합 같은 조개껍데기(辰신)로 만든 농구인 蜃器신기로 논밭을 일구는 것을 말한다. 농작업에는 엄청나게 많은 노력이 필요하므로 農에는 두텁다, 진하다는 의미가 있다. 濃은 『설문해자』(11상)에 "露로가 많은 것"이라고 한다. 사물이 '진하다, 많다, 깊다, 강하다, 두텁다, 빽빽하다'는 뜻인데 그 뜻을 사람의 감정에도 파급해서 쓴다.

|용례| 濃度농도 濃密농밀 濃淡농염 濃厚농후

惱 12획 | 뇌 | 괴로워하다, 괴롭히다

전문1

|해설| 형성. 성부는 𡿺뇌. 𡿺는 옛 자형이 없어서 확인할 수가 없지만, 囟신과 기본적으로는 같은 자일 것이다. 囟은 숨구멍(유아의 두 개골 봉합 부분)의 모양으로 그 속에는 생각하는 기능을 하는 腦뇌가 있다. 思사는 본래 글자는 恖로 쓰고, '생각하다'라는 뜻이 된다. 𡿺는 숨구멍에 머리털이 약간 있는 모양이라고 볼 수 있다.『설문해자』(12하)에는 𢛯뇌를 正字정자라 하고, "원망하는 바 있는 것", 원망하고 괴로워하는 뜻이라고 한다. '괴로워하다'라는 뜻으로 쓴다.

|용례| 惱亂뇌란 惱殺뇌쇄 煩惱번뇌

腦 13획 | 뇌 | 뇌

전문1

|해설| 형성. 성부는 𡿺뇌.『설문해자』(8상)는 𦜉뇌를 正字정자라 하고, "머리의 䐄수(髓)"라고 한다. 𡿺는 囟신에 머리털이 약간 있는 모양이라고 볼 수 있다. 囟은 숨구멍(유아의 두개골 봉합 부분)의 모양으로 그 속에 腦뇌가 있다. 𡿺에 몸의 부분임을 표시하는 月(육달월)을 더한 腦는 '뇌, 腦髓뇌수, 머리'라는 뜻이 된다.『春秋左氏傳』「僖公二十八年」에 晉侯진후가 楚子초자에게 뇌수를 먹히는 꿈을 꾸고, 초자를 두려워했다는 이야기가 있는데, 옛날에는 사람의 뇌수를 먹는 습속이 있었을 것이다. 베이징 교외에서 발견된 수십만 년 전의 화석 인골의 두개골에는 후두부에 작은 구멍이 있는데 그것이 뇌수를 마신 구멍이라고 해석하는 설이 있다. 마음속으로 괴로워하는 것을 惱뇌라고 한다.

尿

7획 | 뇨 | 오줌

갑골1　갑골2　전문1

|해설| 상형. 서서 소변을 보는 사람을 옆에서 본 모양. '오줌, 소변'
이라는 뜻으로 쓴다. 屎시는 尸시(엉덩이를 표시한다)와 米미(똥의 모
양)를 조합한 모양으로 똥을 말한다.

|용례| 糞尿분뇨 夜尿야뇨 尿意요의

能

10획 | 능 | 잘하다, 견디다, 작용

금문1　금문2　전문1

|해설| 상형. 물속에 사는 곤충의 모양.『설문해자』(10상)에 "곰의 무
리이다. 발은 사슴과 비슷하다"라고 하는데 금문의 자형은 소라게
모양과 비슷하다. 금문에서는 周주 왕조 초기(기원전 11세기)의『也
段』에 "多公다공, 福복을 잘 주셨다"고 하여, '잘하다, 견디다'라는
뜻으로 쓴다. '잘하다'라는 뜻에서 能力능력(일을 수행하는 힘), 效能
효능·功能공능(효력. 재능과 솜씨), 知能지능(지력의 작용)처럼 '작용, 힘'
이라는 뜻이 된다.

尼 5획 | 니 | 여승, 다가가다

전문1

|해설| 회의. 尸시와 匕비를 조합한 모양. 尸와 匕는 모두 사람의 형상인데, 尼는 앞사람(尸)의 뒤에서 사람(匕)이 기대는 모양으로, '다가가다, 친하다'라는 뜻이 된다. 후에 '여승'이라는 뜻으로 쓰고 尼僧이승(여승), 僧尼승니(남녀 승려)라고 한다. 공자(기원전 6~기원전 5세기)는 이름이 丘구, 자를 仲尼중니라고 한다. 공자는 부모가 尼山이산이라는 산에 빌어 태어났다고 하는데, 아마 그 尼丘(尼山)를 나누어서 이름을 丘, 자를 仲尼라고 했을 것이다.

泥 8획 | 니 | 진흙, 집착하다

전문1

|해설| 형성. 성부는 尼니. 尼는 尸시와 匕비를 조합한 모양으로, 두 사람이 서로 의지하며 친숙한 것을 말한다. 흙이 물을 포함하고 물과 섞인 상태를 泥라 하고, '진흙, 진창, 친숙해지다, 집착하다'라는 뜻으로 쓴다.

|용례| 雲泥운니 泥土이토 泥流이류

匿 11획 | 닉 | 숨다, 감추다

금문1

전문1

|해설| 회의. 匸감출 혜와 若약을 조합한 모양. 匸는 남에게 알려지지 않은 숨겨진 장소. 若은 神託신탁(신의 말씀)을 찾아서 기도하는 巫女무녀(신을 모시며 신의 말씀을 사람에게 전하는 여자)에게 신이 내려 명한 상태에 있는 것을 표시한다. 숨겨진 장소에서 무녀가 몰래 기도하는 것을 匿이라 하고, '숨다, 감추다'라는 뜻이 된다. 몰래 기도하여 남을 저주하는 사악한 마음을 慝나쁠 특이라고 한다.

|용례| 祕匿비닉 隱匿은닉 匿名익명

溺 13획 | 닉 | 빠지다, 잠기다

전문1

|해설| 형성. 성부는 弱약. 弱에 嫋나긋나긋할 뇨의 음이 있다. 弱은 弓을 늘어놓은 모양. 弓은 장식을 붙인 의례용으로 힘이 약한 활이다. 搦부드럽게 누를 익, 嫋뇨 등 성부가 弱인 글자에는 힘이 약하다는 뜻이 있다. 溺은 물에 쓸려 가는 것을 말하고, '빠지다, 잠기다'라는 뜻으로 쓴다. 또 溺은 尿오줌 뇨와 통하여 溺器요기는 변기를 말한다.

|용례| 溺死익사 溺愛익애

多 6획 | 다 | 많다, 낫다, 남다

| 갑골1 | 금문1 | 전문1 |

|해설| 회의. 夕석과 夕을 조합한 모양. 夕은 肉육의 모양이기 때문에, 夕을 두 번 거듭해서 고기(肉)가 많은 것을 말한다. 夕(肉)을 도마(俎조) 위에 위아래로 두 개 놓고, 조상에게 제사 지내는 사당(廟묘)에 바치는 모양은 宜의이다. 多는 바치는 고기가 많은 데서 후에 '많다'는 의미가 되고, 많다는 것에서 '낫다, 남다'라는 뜻이 된다. 많음을 남에게 자랑하는 것을 侈자랑할 치라 하고, 입을 크게 벌리는 것을 哆를 치라고 한다. 곡물(禾화)과 많은 고기(多)를 바쳐 제사하여, 재앙을 다른 곳으로 옮기는 것을 移이라고 한다.

|용례| 過多과다 多感다감 多數다수 多言다언 多才다재 雜多잡다

茶 10획 | 다, 차 | 차

|해설| 형성. '차, 찻잎'을 말한다. 茶는 옛 사전에는 보이지 않는 글자이고 본래 글자는 아마 茶도로 쓸 것이다. 성부는 余여. 余에 途길 도, 稌벼 도의 음이 있다. 『爾雅』「釋木」에 "檟가는 苦茶고도"라 하고, 『經典釋文』에 "茶는 茗명(늦게 딴 차)의 일종"이라고 하여, 茶는 후의 茶에 해당한다. 唐代당대의 陸羽육우(8세기)는 『茶經』에 茶의 기원부터 그 製法제법, 음용법, 산지 등 茶의 모든 것에 걸쳐 상세히 기술하고 있다. 宋元송원 시대(10~14세기) 이래 茶는 사대부에게 애용되었다. 일본에는 禪宗선종과 함께 가마쿠라(鎌倉) 시대(12~14세기)에 도래했다고 하는데, 처음에는 약용으로 마셨고 후에

茶道다도가 성립했다.

|용례| 茶菓다과 茶室다실 茶碗다완 茶園다원 煎茶전다 製茶제다

丹 4획 | 단 | 단사, 붉은색

갑골1 | 금문1 | 전문1

|해설| 상형. 丹沙단사를 채취하는 우물의 모양. 우물 안에 丹(유황과 수은이 화합한 붉은 흙. 또 붉은색)이 있는 모양이다. 그래서 '단사(붉은색), 붉다'라는 뜻이 된다. 단사를 포함한 유황류는 땅속 틈에서 올라오므로 그 광맥은 세로로 연결되어 있다. 그것을 굴착하려면 우물처럼 竪穴수혈을 판다. 중국에서는 수은을 얻고 적색 물감을 얻기 위해서 여러 가지 방법이 시도되어, 이른바 鍊丹術연단술이 발달했다. 이름에 丹이 붙은 약이 많은 것은 丹으로 장생할 수 있다고 생각했기 때문이다. 丹靑단청(붉은 물감의 재료가 되는 돌과 푸른 물감의 재료가 되는 흙. 또 붉은색과 푸른색)이라고 쓰는데, 丹誠단성, 丹精단정, 丹心단심(진심), 丹念단념(진심을 갖고 대함)처럼 '진심'이라는 뜻으로도 쓴다.

旦 5획 | 단 | 새벽, 아침

금문1 | 전문1

|해설| 상형. 구름 위로 해가 떠오르는 모양. '새벽, 아침, 내일'이라는 뜻으로 쓴다. 고대 중국에서는 왕실의 중요한 의례는 새벽, 이른

아침에 행해졌다. 금문에는 "내일(旦), 周王주왕, 大室대실(의례를 행하는 장소)에 이르다"라고 하는 것이 많다. 정치상의 일도 아침 중에 행해졌으므로 朝政조정(정치. 아침의 정치)이라고 한다. 朝조(아침, 내일)는 艸초와 日일과 月월을 조합한 모양으로 艸 사이에 日(태양)이 나와 있는데, 새벽달이 아직 걸린 모양이고 새벽 때를 말한다.

|용례| 旦夕단석 元旦원단 早旦조단

但 7획 | 단 | 다만

전문1

|해설| 형성. 성부는 旦단. 『설문해자』(8상)에 "웃통을 벗다(裼석)"라고 한다. 어깨의 피부를 드러내는 것을 말하는데, 그 의미로는 袒단, 襢웃통 벗을 단을 쓴다. '다만'이라는 뜻으로 쓰는 것은 그 음을 빌린 가차 용법이다.

段 9획 | 단 | 단

금문1　　금문2　　전문1

|해설| 회의. 厂과 殳수를 조합한 모양. 殳는 지팡이 같은 긴 창을 손에 잡은 모양으로 친다는 뜻이 있다. 厂은 무쇠의 모양으로 무쇠를 쳐서 불리는 것을 段이라고 한다. 段은 鍛단의 본래 글자이다. 무쇠의 모양은 층을 이루고 있어서 층이 있는 것, 층으로 나눠진 것, '단'을 段이라고 한다.

單

12획 | 단 | 방패, 하나, 다하다

| 갑골1 | 갑골2 | 금문1 | 금문2 | 전문1 |

|해설| 상형. 본래 글자는 單으로 쓰고, 타원형 방패 모양. 윗부분에 깃털 장식 두 가닥을 붙인 방패의 모양이다. 부족에 따라 방패의 모양이나 문양이나 장식이 각각 달랐다. 單(방패)과 戈과(창)를 조합한 모양이 戰전이고, 방패와 창으로 싸운다는 뜻이 된다. 본래 군사에 관한 말이고 옛날에 一隊일대를 單, 三單삼단을 軍군이라고 했다. 그래서 單一단일(하나인 것. 혼자인 것), 單行단행(혼자서 감), 單身단신처럼 '혼자, 하나'라는 뜻으로 쓴다. 또 單極단극(끝까지 다하다)처럼 '다하다, 모두'라는 뜻으로 쓴다.

|용례| 單極단극 單身단신 單一단일 單行단행

短

12획 | 단 | 짧다, 못하다

전문1

|해설| 형성. 성부는 豆두. 『설문해자』(5하)에 "길고 짧은 것이 있을 때는 화살로써 바로잡는다"라고 하여, 화살로 長短장단의 길이를 잰다는 뜻이라고 한다. 豆는 발이 높고 목 부분이 짧은 식기이다. 그래서 短은 짧은 화살을 말하고, 일반적으로 '짧다, 낮다'는 뜻이 된다. 또 '못하다'라는 뜻이 되어 남의 단점을 '비난하다'라는 뜻으

로도 쓴다.

|용례| 短氣단기 短刀단도 短命단명 短髮단발 短所단소 短篇단편

團 14획 | 단 | 둥글다, 모이다, 덩어리

금문1   전문1

|해설| 형성. 성부는 專전. 專에 摶단(치다, 뭉치다), 漙이슬 많을 단의 음이 있다. 專은 叀혜(윗부분을 묶은 자루의 모양)에 물건을 넣고 손(寸촌)으로 쳐서 둥글게 뭉친 것이다. 그것을 다시 원형을 더하여 밖에서 싼 모양이 團이고 '둥글다, 둥글게 모으다, 모임, 둥글게 다지다, 덩어리'라는 뜻이 된다. 다진 것을 손으로 뭉치는 것을 摶이라고 한다.

|용례| 團結단결 團欒단란 團體단체 一團일단 集團집단 蒲團포단

端 14획 | 단 | 끝, 가장자리, 바르다, 실마리

전문1

|해설| 형성. 성부는 耑단. 耑은 머리카락을 휘날리는 巫祝무축(신을 모시는 사람)의 모양. 而이는 두발을 잘라서 상투가 없는 무축을 정면에서 본 모양이다. 立립은 일정한 위치에 선 사람의 모양으로 위치를 표시한다. 端은 정해진 위치에 端然단연히(예의 바르게) 앉은 무축의 모양이고, '바르게 앉다, 바르다, 바로잡다'라는 뜻이 된다. 殷代은대의 婦好墓부호묘에서 출토된 기물의 배열에서 생각하면 식

장에서 무축은 상위의 左端좌단에 위치해 있다. 그래서 端은 '끝, 가장자리'라는 뜻이 되고, 여기에서 수를 세기 시작하므로 '처음, 실마리'라는 뜻이 된다.

|용례| 極端극단 端整단정 端坐단좌 端直단직 末端말단 發端발단

壇 16획 | 단 | 단

壇
전문1

|해설| 형성. 성부는 亶단. 亶은 건물의 기초인 土壇토단 위에 곡물 창고(廩倉늠창)가 있는 모양으로, 壇의 본래 글자이다. 『설문해자』(13하)에 "제사의 壇場단장"이라고 한다. 祭場제장(제사를 지내는 장소)으로서 흙을 쌓아 올려 지은 '단'을 말한다. 흙을 평평하게 하여 신에게 제사하거나 의례를 행하는 장소를 場장이라고 한다. 壇場은 본래 祭祀제사를 행하는 신성한 장소였다.

|용례| 壇上단상 佛壇불단 祭壇제단 花壇화단

鍛 17획 | 단 | 단련하다

鍛
전문1

|해설| 형성. 성부는 段단. 段은 무쇠를 두드려 단련하는 모양이고, 鍛의 본래 글자이다. '쇠를 불리다, 단련하다, 두들기다'라는 뜻으로 쓴다. 『周禮』「考工記/段氏」는 농구 등을 단련하여 만드는 職직이다. 박편의 금속을 두들기는 것을 鍛鍊단련이라고 하는데 노력해서

기예나 심신을 단련하는 뜻으로도 쓴다.

|용례| 鍛冶단야 鍛鐵단철

斷

18획 | 단 | 끊다, 거절하다, 가르다

전문1

|해설| 회의. 㡭계와 斤도끼 근을 조합한 모양. 㡭는 베틀에 건 실을 둘로 절단하는 모양. 斤은 그 실을 절단한 도끼이다. 실을 절단하는 것을 斷이라고 하는데, 후에 일반적으로 '끊다, 절단하다, 가르다'라는 뜻으로 쓰고, 또 '버리다, 거절하다, 결정하다' 등의 뜻으로도 쓴다.

|용례| 斷續단속 斷裁단재 斷絶단절 斷切단절 斷定단정 斷罪단죄

達

13획 | 달 | 통달하다, 다다르다

금문1　금문2　전문1

|해설| 형성. 성부는 幸달. 幸의 본래 모양은 夲어린 양 달이고, 大대(뒤에서 본 암양의 허리 모양) 아래에서 새끼 양이 나와 떨어지는 모양이다. 새끼 양이 미끄러지듯이 잘 태어나는 모습을 말한다. 辵착(辶, 辶)에는 걷는다, 간다는 뜻이 있다. 그래서 막히는 일 없이 빨리 가는 것을 達이라고 하여, '통달하다, 관통하다'라는 뜻이 된다. 『詩經』「大雅/生民」에 "처음 태어나는 것 達 같기를"(새끼 양처럼 편안히 태어나기를)이라고 한 것은 쑥 빠져나온다는 정도의 뜻이다. 막

힘없이 통하는 데서 '다다르다, 이르다, 미치다, 깨닫다'라는 뜻이
된다.

|용례| 達見달견 達人달인 達成달성 榮達영달 上達상달 通達통달

11획 | 담 | 담담하다, 옅다

전문1

|해설| 형성. 성부는 炎염. 炎에 啖씹을 담, 痰가래 담의 음이 있다. 『설
문해자』(11상)에 "엷은 맛"이라고 한다. 맛의 농담을 말하는 것이 본
래의 뜻이다. 맛이 '엷다'는 뜻에서 색이나 상태에 대해서 일반적으
로 '담담하다, 옅다, 말갛다'는 뜻으로 쓴다. 澹담박할 담과 통용하는
데 澹에는 '물이 움직이다, 흔들리다, 조용하다'는 뜻이 있다.

|용례| 枯淡고담 冷淡냉담 淡交담교 淡泊담박 淡水담수 淡彩담채

15획 | 담 | 이야기하다, 말하다, 말

전문1

|해설| 형성. 성부는 炎염. 炎에 淡엷을 담, 啖먹을 담의 음이 있다. 『설
문해자』(3상)에 "말하다(語어)"라고 한다. 談笑담소(마음을 터놓고 즐겁
게 대화함), 戲談희담(장난으로 하는 말)처럼 일상적인 담화(말)를 말한
다. '이야기하다, 말하다, 말'이라는 뜻으로 쓴다. 중국의 六朝육조 시
대(3~6세기)에는 '淸談청담'의 풍조가 일어나 철학적인 논의를 좋아
했다. 譚이야기할 담과 음훈이 가깝다.

|용례| 談論담론 談合담합 對談대담 相談상담 餘談여담

擔 16획 | 담 | 메다, 짊어지다

전문1

|해설| 형성. 성부는 詹담. 『설문해자』(8상)에는 儋멜 담 자를 제시하여 "짊어지다(何하)"라고 한다. 擔은 속자, 担단은 약자이다. 후에 擔자를 많이 쓴다. '메다, 짊어지다, 떠맡다'라는 뜻으로 쓴다.

|용례| 加擔가담 擔架담가 擔當담당 擔任담임 分擔분담 荷擔하담

曇 16획 | 담 | 흐리다

전문1

|해설| 회의. 日일과 雲운을 조합한 모양. 구름이 햇빛을 가리는 모양으로 '흐리다'는 뜻이 된다. 曇天담천(흐린 하늘, 흐린 날씨)이라고 말한다. 검은 구름의 모습을 형용하여 曇雲담운이라고 한다. 불경에 보이는 優曇華우담화는 3천 년에 한 번 꽃이 핀다는 식물의 이름이다.

膽 17획 | 담 | 쓸개, 배짱, 마음

전문1

|해설| 형성. 성부는 詹담. 『설문해자』(4하)에 "肝간을 연결하는 府부"라고 한다. 간의 오른쪽에 위치하고 담즙을 분비하는 기관인 '담낭, 쓸개'를 말한다. 간과 쓸개는 연동하여 활동하므로 肝膽相照간담상조(서로 속마음을 터놓고 친하게 사귐)라고 한다. 담낭(쓸개)은 담력(일을 해치우는 정신력)을 발하는 곳이라고 하여 大膽대담(보통 사람이 두려워하는 일이라도 태연히 해치움), 膽勇담용(대담하고 용기가 있음), 膽略담략(대담하고 사려 깊고 계략이 풍부함)이라고 한다. 소름이 끼치는 것을 肝膽간담을 서늘하게 한다고 말한다.

答　12획 | 답 | 대답하다, 대답

|해설| 형성. 성부는 合합. 合에 荅좀콩 답의 음이 있다. 옛날에는 合을 答대답할 답의 뜻으로 썼고, 금문의 『陳侯因資敦』에 "그 德덕에 대답하다(合揚합양)"라고 한다. 合은 口(ㅂ재이고, 신에게 바치는 기도문인 축문을 넣는 그릇의 모양)에 덮개를 한 모양인데 그릇과 덮개가 맞는 것을 말한다. 후에 물음에 '대답하다'라는 글자에 答을 쓰게 된다.

|용례| 答辯답변 答案답안 應答응답 回答회답

踏　15획 | 답 | 밟다, 힘차게 밟다

전문1

|해설| 형성. 성부는 沓답. 沓은 水수와 曰왈을 조합한 모양. 曰은 ㅂ재(신에게 바치는 기도문인 축문을 넣는 그릇의 모양)에 축문이 있는 모

양인데, 沓은 여기에 물을 뿌려 曰을 더럽혀 기도의 효력을 없앤다는 뜻이다. 『설문해자』(2하)는 沓을 蹋밟을 답으로 쓰는데, 성부는 㒓답. 㒓은 習습을 거꾸로 한 형태인데, 習은 ㅂ를 깃털로 문질러서 기도의 효과를 자극하는 행위이므로, 㒓은 習을 거꾸로 해서 기도의 효력을 없애는 뜻이 된다. 踏, 蹋은 그러한 의미를 갖고 발로 밟아 더럽히는 것, 짓밟는 것을 말한다. 踏은 '밟다'라는 뜻으로 쓰는데, 밟는 것은 옛날에는 地靈지령을 가라앉히기 위한 주술의 행위였고 중국에는 발로 밟는 여러 가지 민속이 있었다.

|용례| 踏査답사 踏襲답습 踏破답파

唐 10획 | 당 | 당나라, 크다

갑골1 | 갑골2 | 금문1 | 전문1

|해설| 회의. 庚경과 口를 조합한 모양. 庚은 杵공이 저를 두 손(収공)으로 들어 올린 모양으로, 탈곡·정백하는 것을 말하고, 그렇게 탈곡해서 겉겨가 흩어지는 모양이 康강인데, 糠겨 강의 본래 글자이다. 口는 ㅂ축문 그릇 재이고, 신에게 바치는 기도문인 축문을 넣는 그릇의 모양이다. 『설문해자』(2상)에 "큰소리(大言대언)", 즉 荒唐황당(엉터리, 허풍)이라는 뜻이라고 하는데, 신에게 바치는 쌀을 精白정백(곡물을 찧어서 껍질을 벗겨내어 희게 함)한다는 의미일 것이다. '크다, 헛되다'라는 뜻으로 쓰고, 唐突당돌(돌연, 뜻밖)이라고도 쓴다. 일본에서는 '가라(から)'(중국. 또한 조선)라는 뜻으로 쓰고, '가라'에서 도래한 물건이나 사람을 나타내는 말에 붙여 唐織당직·唐紙당지·唐物당물

이라고 말한다.

堂 11획 | 당 | 전각(높고 큰 집)

금문1

전문1

|해설| 형성. 성부는 尙상. 尙에 棠팥배나무 당, 黨무리 당의 음이 있다. 尙은 신을 맞이해 신에게 제사하는 창 옆에 신의 기척이 나타나는 것을 말한다. 土토는 土壇토단(흙으로 쌓은 단)인데, 토단 위에 쌓은 신을 맞이하여 제사하는 건물을 堂당이라 하여 '전각'(높고 큰 집)이라는 뜻이 된다. 본래 신전에 쓴 건물이고 殿堂전당(神佛신불 등에게 제사하는 건물. 크고 훌륭한 건물)이라고 한다. 후에 '건물, 객실, 正殿정전'이라는 뜻으로 쓴다.

|용례| 講堂강당 公堂공당 堂下당하 聖堂성당

當 13획 | 당 | 맞닥뜨리다, 맡다, 맞다, 마땅하다

금문1

전문1

|해설| 형성. 성부는 尙상. 尙에 堂전각 당, 棠팥배나무 당의 음이 있다. 『荀子』에 當을 '이전에', '시험 삼아'로 쓴 용례가 있고, 본래 嘗상(맛보다, 시험하다, 일찍이)과 통용하는 글자였음을 알 수 있다. 嘗은 신에게 제물을 바치고 기도한 것에 응해서 내려오는 신을 맞이하는 것을 말한다. 尙은 신을 맞이하는 窓창 가에 신이 나타나는 것을 말한다. 田전이 田間전간을 뜻한다고 하면 當은 밭에 신을 맞이해

상용자해

제사하는 것을 말하는 농경의례를 표시하는 글자일 것이다. 농경에 관해서 각각 시기적절하게 신을 맞이해 제사하므로, 적당한 시기에 '맞닥뜨리다, 만나다, 맞다, 어울리다'라는 뜻으로 쓴다.

|용례| 當面당면 當選당선 當時당시 當人당인 當日당일 正當정당

糖 16획 | 당 | 엿

糖
전문1

|해설| 형성. 성부는 唐당. 글자는 또 餳엿 당으로 쓰고, 성부는 易별양. 易에 湯탕의 음이 있다. 본래 '엿'이라는 뜻으로 썼는데 지금은 설탕(사탕수수 등으로 만든 단맛이 강한 조미료)이라는 뜻으로 쓰고, 糖分당분(糖類당류의 성분. 단맛), 製糖제당이라고 말한다. 별사탕을 糖花당화, 糖粒당립이라고도 한다.

黨 20획 | 당 | 무리, 한패

黨
전문1

|해설| 형성. 성부는 尙상. 尙에 當맞닥뜨릴 당, 堂전각 당의 음이 있다. 尙은 신을 맞이하여 제사하는 창 옆에 희미하게 신의 기척이 나타나는 것을 말한다. 黑흑은 연기로 그을린 부뚜막의 색깔. 부뚜막 위의 창에 신을 맞이하는 것을 黨이라 하고, 취사를 함께 하고, 음식을 함께 하고, 제사를 함께 하는 무리, '한패'라는 뜻이 된다. 같은 부뚜막의 밥을 먹는 동료라는 뜻이다. 본래는 동족, 혈족 집단이라

는 뜻이었는데 후에 지연 집단이나 정당 같은 정치적 단체도 가리키게 되었다.

|용례| 黨爭당쟁 黨派당파 徒黨도당 鄕黨향당

大 3획 | 대 | 크다, 왕성하다, 뛰어나다

갑골1 금문1 금문2 전문1

|해설| 상형. 손발을 벌리고 선 사람을 정면에서 본 모양. '크다, 왕성하다, 뛰어나다'라는 뜻으로 쓴다. 大 위에 큰 머리를 더한 모양은 天천. 大의 머리 위 상투(髻계)에 비녀(簪잠)를 꽂은 모양은 夫부인데, 결혼식에서 정장을 한 新夫신부(신랑)의 모습이다. 大와 一일을 조합한 立립은 일정한 장소에 서는 것을 말하고, 立을 좌우로 나란히 한 모양은 竝병(並)으로 '나란히 하다'라는 뜻이 된다. 大 양옆의 밑에 선을 더한 모양은 亦역(옆, 또)인데 腋겨드랑이 액의 본래 글자이다.

|용례| 強大강대 大計대계 大意대의 大衆대중 大體대체 大賢대현

代 5획 | 대 | 바뀌다, 시대, 대신하다

전문1

|해설| 형성. 성부는 弋익. 弋에 弎변할 특의 음이 있다. 弋은 아마 본래 杸숙으로 쓰는 글자로, 杸은 戚척(도끼)의 날이 흰빛을 발하는 모양이다. 杸은 呪器주기로서 祓淸불청하는 힘이 있다고 여겼다. 이

상용자해

弋(홀)을 사람에 더해, 禍화를 불청하여 다른 곳에 옮길 수 있다고
여겼기에 代대는 고친다는 의미가 되고, 고침으로써 '교체하다, 바
뀌다'라는 의미가 되어 '세대가 바뀌다, 시대'라는 뜻으로 쓴다.

|용례| 交代교대 代代대대 代理대리 代謝대사 代筆대필 現代현대

待 9획 | 대 | 기다리다

금문1 | 전문1

|해설| 형성. 성부는 寺사. 寺에 特한 마리 특, 等같을 등의 음이 있다.
寺에 물건을 보유하고 또 그 상태를 지속한다는 뜻이 있고, 待는
시간이 지나도 '기다리다, 고대하다'라는 뜻이 있다. 또 '갖추다, 접
대하다'라는 뜻으로도 쓴다. 갑골문의 '征'(흘림), 금문의 '征'(가다)
라고 하는 征지에서 분화한 글자일 것이다.

|용례| 待機대기 待遇대우 歡待환대

帶 11획 | 대 | 띠다, 띠

전문1

|해설| 상형. 帶대에 巾건을 붙인 모양. 巾은 의례 때 사용하는 앞치
마의 모양. 『설문해자』(7하)
에 "띠(紳신). 남자는 혁대(鞶
帶반대), 여자는 허리끈(帶絲
대사)이고, 패옥(佩패)을 거는

帶鉤

모양을 본뜬다. 패옥에는 반드시 巾이 있다" 하고, 남녀의 띠를 말하며, 띠에는 玉옥이나 巾을 매단다. 帶는 '띠, 띠다, 두르다, 몸에 붙이다'라는 의미로 쓴다. 남자의 혁대의 띠고리 쇠장식을 帶鉤대구라고 하는데, 미술 공예품으로서 뛰어난 것이 많다.

|용례| 帶甲대갑 帶劍대검 帶刀대도 帶同대동 世帶세대

袋 11획 | 대 | 자루

전문1

|해설| 형성. 성부는 代대. 『說文新符』(7하)에 "岱대는 주머니(囊낭)", 『설문해자』(7하)에 "縢등은 주머니(囊)"라고 한다. 岱, 縢, 袋는 본래 같은 말일 것이다. 囊주머니 낭은 본래 東동의 모양이고, 헝겊의 위아래를 묶은 헝겊 자루의 모양이다. 袋는 '자루'라는 뜻이고, 隋唐代수당대(6~10세기) 이후에 사용된 글자이다.

隊 12획 | 대 | 떨어지다, 무리

隊
전문1

|해설| 회의. 自부(阝)와 豕수를 조합한 모양. 自는 본래 𨸏 모양으로 쓰고, 신이 하늘에 오르내릴 때 사용하는 신의 사다리 모양. 그 앞에 희생 동물인 豕를 둔 모양이 隊이고 하늘에서 신이 내려온 곳을 표시한다. 隊는 墜추의 본래 글자이고 '떨어지다'라는 뜻이 된다. 금문에는 豕를 墜추의 뜻으로 써서, "대하여 감히 떨어뜨리지

(豙) 않는다"처럼 선인의 功業공업을 잃지 않는 것을 말한다. 豙,
隊, 墜는 같은 계열의 글자이다. 隊는 '무리, 짝'이라는 뜻으로도
쓴다.

|용례| 隊列대열 隊伍대오 隊長대장

貸 12획 | 대 | 빌려주다

전문1

|해설| 형성. 성부는 代대. 『설문해자』(6하)에 "베풀다(施시)", 『廣雅』
「釋詁」에 "주다(予여)"라고 한다. 貸는 본래 '베풀다, 주다'라는 의미
이고, 貸救대구(베풀어서 구함), 貸施대시(베풂)라고 한다. 후에 貸借대
차(물품, 금전 등을 빌려줌), 貸與대여(빌려줌), 賃貸임대(요금을 받고 빌려
줌)처럼 '빌려주다'라는 뜻으로 쓴다.

對 14획 | 대 | 치다, 향하다, 답하다

갑골1　갑골2　금문1　금문2　전문1

|해설| 회의. 丵풀 무성할 착과 土토와 寸촌을 조합한 모양. 丵은 상부
에 톱니가 달린 굴착 도구이다. 이것을 손(寸촌)에 쥐고 땅을 쳐서
굳히는 모양이 對이고, '치다'라는 뜻이 된다. 版築판축(성벽의 건축법
으로 판과 판 사이에 넣은 흙을 다져가는 방법)할 때 두 사람이 상대하
여 흙을 치기 때문에 '향하다, 대하다, 답하다'라는 뜻으로 쓴다.

|용례| 對面대면 對偶대우 對坐대좌 對向대향 一對일대

臺 14획 | 대 | 전각, 받침대, 관청

금문1

전문1

|해설| 회의. 高고의 생략형과 至지를 조합한 모양. 至는 화살(矢시)이 도달하는 곳을 표시하는데, 중요한 건물을 세울 때 신성한 화살을 쏘아 그 건설 장소를 선정하는 것을 말한다. 그렇게 선정된 장소에 세워진 높은 건물을 臺라고 하여, '전각'(보기 좋은 높은 건물)이라는 뜻으로 쓴다. 또 '물건을 놓는 받침대, 관청'이라는 뜻으로도 쓴다. 臺는 집 위에 나무를 세운 모양의 글자가 있어, 표목과 같은 장식을 붙인 것 같고, 그곳에 신이 깃들인 신성한 높은 건물이 되었을 것이다. 殷은 紂王주왕의 鹿臺녹대나 楚초 莊靈장령의 章華臺장화대는 화려한 臺觀대관(높은 건물)이었다고 한다.

|용례| 臺座대좌 臺地대지 燭臺촉대 寢臺침대

戴 17획 | 대 | 이다

전문1

|해설| 형성. 성부는 𢦏재. 𢦏의 두음은 옛날에는 dz, tz였으므로 𢦏에 '대'의 음이 있었다. 異이는 鬼귀의 형상을 한 것이 두 손을 들고 무서운 모습을 한 모양으로, 그 神異신이한 것을 받들어 섬기는 것을 戴라 하여, '이다, 받들어 섬기다'라는 뜻으로 쓴다. 𢦏는 창(戈과)의 날 위에 才재(신성한 표시. 十의 모양)를 붙인 모양으로 사물을 정화하는 의미가 있다. 머리에 관을 이는 것을 戴冠대관이라 하

고, 군주가 왕관을 머리에 이고 즉위를 고하는 의식을 대관식이라 한다. 짐을 지거나 머리에 싣고 운반하는 것을 **負戴**부대라 하고, 군주로서 받드는 것을 **奉戴**봉대라고 한다.

德

15획 | 덕 | 덕, 올바르다, (인정을) 베풀다

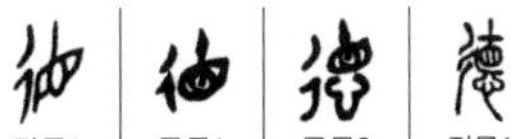
갑골1 | 금문1 | 금문2 | 전문1

|해설| 회의. 彳척과 省성과 心심을 조합한 모양. 갑골문, 금문1은 彳과 省을 조합한 모양. 彳은 行(십자로의 모양)의 좌반분으로 간다, 걷는다는 뜻이다. 省은 目목의 呪力주력을 강화하기 위해 눈썹(眉미)에 장식을 붙여 그 강한 주력이 있는 눈으로 순찰하는 것, 돌아보는 것을 말한다. 그 눈에는 邪惡사악한 것을 祓淸불청하는 주력이 있다고 여겼다. 省에 彳을, 후에 또 心을 더하여 目의 주력, 위력을 다른 곳에 미치게 하는 것을 德이라 한다. 德은 본래 눈의 강한 주력을 말하는 글자였지만, 그 주력이 그 사람이 본래 지닌 내면적, 인간적 힘에서 발하는 것임이 자각되어 德이라는 개념이 생겨났다. 德은 道德도덕(사람이 지켜야 할 도, 행위의 규준), 德性덕성(타고나면서 지니는 도덕심)처럼 '올바르다, 좋다, 인정(은혜), (인정을) 베풀다' 등의 뜻으로 쓰이게 되었다.

|용례| 德望덕망 德義덕의 德行덕행 美德미덕 報德보덕

刀 2획 | 도 | 칼

갑골1 | 전문1

|해설| 상형. 칼의 모양. '칼, 날붙이'라는 뜻으로 쓴다. 『설문해자』 (4하)에 "兵병", 즉 무기라는 뜻이라고 한다. 兵은 도끼를 두 손으로 휘두르는 모양으로 무기를 말한다. 刀는 한쪽 날, 劍검은 양쪽으로 날이 있는 칼이다. 전국 시대(기원전 5~기원전 3세기)에 刀 모양의 동전이 사용되어 刀幣도폐, 刀布도포, 刀貨도화라고 했다.

殷代은대의 刀

|용례| 短刀단도 刀劍도검 刀圭도규 名刀명도 木刀목도

到 8획 | 도 | 이르다, 닿다

금문1 | 금문2 | 전문1

|해설| 회의. 금문의 자형은 臸로 쓰고, 至지와 人인을 조합한 모양. 至는 쏜 화살이 도달한 곳을 표시한다. 그 화살이 도달한 곳에 사람이 선 모양이 臸이고 화살의 도달점에 사람이 '이르다, 닿다'라는 뜻이 된다. 또 到底도저(결국), 到頭도두(마침내. 결국)처럼 '구석구석까지 미치다, 극하다'라는 뜻으로 쓴다. 臸는 금문에서는 "보내다"라고 致치의 뜻으로 쓰는 경우도 있어, 臸에는 '이르다'와 '보내다'라는 뜻이 있고 후에 到와 致가 되었다는 것을 알 수 있다.

|용례| 到達도달 到來도래 殺到쇄도 周到주도

度 9획 | 도 | 재다, 법도, 건너다, 횟수

度
전문1

|해설| 회의. 席석의 생략형과 又우를 조합한 모양. 又는 손의 모양. 度는 손으로 깔개인 자리를 펴는 모양인데, 자리의 길이를 척도로 삼아 길이를 재는 것을 말한다. 그래서 '재다, 척도'라는 뜻이 된다. 또 자리를 펴서 끝에서 끝까지 까는 것이므로 '건너다, 넘다'라는 뜻이 된다. 척도라는 뜻에서 **法度**법도(규칙. 법률), **制度**제도(규정. 규칙)처럼 '법도, 규칙'이라는 뜻으로 쓴다. 또 3度(3회)처럼 '번, 횟수'라는 뜻으로도 쓴다.

|용례| **強度**강도 **度量**도량 **度越**도월

挑 9획 | 도 | 도전하다

挑
전문1

|해설| 형성. 성부는 兆조. 『설문해자』(12상)에 "휘다(撓뇨)"라고 한다. 손에 힘을 주어 사물을 휘게 하는 것을 말한다. 兆는 卜兆복조(점괘)의 모양으로, 구워서 생긴 갈라진 금의 모양이다. 힘으로 남에게 '도전하는' 것을 '挑'라고 한다. **挑戰**도전(싸움을 걺. 곤한 것에 맞섬), **挑發**도발(자극해서 사건이나 욕정을 일으키도록 만듦)처럼 쓴다. 격하게 펄쩍 뛰어오르듯이 뛰는 것을 跳뛸 도라고 한다.

倒

10획 | 도 | 넘어지다, 거꾸로

전문1

|해설| 형성. 성부는 到도. 到는 쏜 화살이 도달한 곳에 사람이 이르는 것, 도착하는 것을 말한다. 倒는 그 화살의 도달점에서 사람이 되돌아오는 것을 말하고, '거꾸로 하다, 거꾸로'라는 뜻이 된다. 거꾸로 한다는 뜻에서 '넘어뜨리다, 넘어지다'라는 뜻이 된다.

|용례| 倒立도립 倒産도산 倒錯도착 轉倒전도

島

10획 | 도 | 섬

전문1

|해설| 회의. 鳥조의 생략형과 山산을 조합한 모양. 山은 海中해중에 돌출한 바위섬으로, 무인의 바위섬에는 해조가 많이 모이므로 그러한 '섬'을 島라고 한다. 바위섬 중 큰 것을 島, 작은 것을 嶼섬 서라고 한다.

|용례| 島民도민 島嶼도서 半島반도 列島열도 離島이도

徒

10획 | 도 | 도보, 무리, 헛되이

금문1	금문2	전문1

|해설| 형성. 금문에 의하면 본래 글자는 辻로 쓰고, 성부는 土토.

본래는 辵착(辶, 辶)의 모양에 따르는 글자였는데 辵 부분이 형태를 바꾸어 徒 모양이 되었다. 『설문해자』(2하)에 "辻는 걸어서 가는 것이다"라 하여, '徒步도보(차에 타지 않고 걸어서 감)를 뜻한다고 한다. 土는 社사(神社신사. 신사를 중심으로 한 조직. 結社결사)의 본래 글자이므로 그 社에 속하는 자를 徒라고 하여, '무리, 패, 사람들'이라는 뜻으로도 쓴다. 또 特특, 獨독과 통용하여 '다만, 홀로'라는 뜻으로 쓴다.

|용례| 徒黨도당 徒勞도로 徒涉도섭 徒手도수 徒行도행 生徒생도

桃
10획 | 도 | 복숭아

桃
전문1

|해설| 형성. 성부는 兆조. 兆는 卜兆복조(점괘)의 모양. 『설문해자』(6상)에 "果과"라고 한다. '복숭아'를 말한다. 복숭아는 鬼귀를 물리치는 힘이 있다고 여겨, 桃茢도열(복숭아나무와 갈대 고갱이로 만든 비)은 邪氣사기를 물리치는 데 쓰였다. 桃弧棘矢도호극시(복숭아나무 활과 가시나무 화살)도 사기를 물리칠 때 썼다.

|용례| 桃李도리 桃園도원 桃花도화 白桃백도

逃
10획 | 도 | 달아나다, 도망치다, 피하다

전문1

|해설| 형성. 성부는 兆조. 兆는 卜兆복조(점괘)의 모양으로 거북의

딱지에 열로 힘차게 터져 생긴 균열의 모양이다. 발로 힘차게 뛰어 오르는 것을 跳뛸 도라고 한다. 辵착(辶, 辶)에는 '가다, 달리다'라는 뜻이 있으므로 힘차게 달리는 것, 달려가는 것을 逃라 하고, '달아 나다, 도망치다'라는 뜻이 되고, 달아나는 것에서 '피하다, 숨다'라 는 뜻이 된다.

|용례| 逃亡도망 逃奔도분 逃散도산 逃走도주

悼 11획 | 도 | 애도하다, 슬퍼하다

전문1

|해설| 형성. 성부는 卓탁. 卓에 掉흔들 도, 椊노 도의 음이 있다.『설 문해자』(10하)에 "두려워하다(懼구)"라고 한다.『詩經』「檜風/羔裘」 에 "마음속으로 이를 슬퍼하다"(슬픔이 치밀어 오르다), 그 주석인 「毛 傳」에 "悼는 흔들리는(動동) 것이다"라 하는데, 마음이 흔들릴 정도 의 깊은 슬픔을 말한다.『方言』「一」에 "悼는 슬픔이다"라 하여, 哀 悼애도(사람의 죽음을 슬퍼함)하는 것을 말한다. '애도하다, 슬퍼하다' 라는 뜻으로 쓴다.

|용례| 悼亡도망 追悼추도

陶 11획 | 도 | 질그릇, 기르다

금문1

금문2

鹵
전문1

|해설| 형성. 성부는 匋도. 匋는 가마에서 토기(缶부)를 굽는 모양.

自부(阝)는 본래 阝 모양으로 신이 하늘에 오르내릴 때 사용하는 신의 사다리 모양이다. 陶는 신성한 장소인 신의 사다리 앞에서 토기를 굽는 모양인데, 신에게 바칠 제물을 넣기 위한 '질그릇'(陶器도기)이라는 뜻이 된다. 후에 일반적으로 '질그릇'이라는 뜻이 되고, 陶育도육(양육함), 陶冶도야(인격을 갖추려고 몸과 마음을 닦아 기름)처럼 '기르다'라는 뜻으로 쓰고, 陶醉도취(마음이 끌려 빠져듦), 鬱陶울도(마음이 막히는 것. 근심함)로도 쓴다.

途 11획 | 도 | 길

|해설| 형성. 성부는 余여. 余에 荼씀바귀 도, 涂길 도의 음이 있다. 余는 손잡이가 달린 큰 바늘의 모양. 이 바늘을 呪具주구로 사용하여 흙 속을 찔러서 지하에 숨은 惡靈악령을 제거하는 것을 除道제도라고 한다. 제도를 水路수로에서 행하는 것을 涂도, 도로에서 행하는 것을 途라 하고, 涂, 途는 정화된 '길'이라는 뜻이 된다.

|용례| 歸途귀도 途中도중 別途별도 使途사도 用途용도 前途전도

渡

전문1

12획 | 도 | 건너다

|해설| 형성. 성부는 度도. 度는 손으로 자리를 펴는 모양인데, 자리의 길이를 척도로 삼아 길이를 잰다는 뜻이 된다. 또 자리를 펴서 끝에서 끝까지 까는 것이므로 건넌다는 뜻이 된다. 물을 건너는 것을 渡라 하고, 후에 '건너다, 지나다'라는 뜻으로 쓴다.

|용례| 渡船도선 渡世도세 渡津도진 渡河도하 渡航도항 讓渡양도

都 12획 | 도 | 수도, 우아하다, 모두

금문1 금문2 전문1

|해설| 형성. 성부는 者자. 者에 堵담 도, 陼물가 저의 음이 있다. 者는 曰왈(ㅂ에 신에게 바치는 기도문인 축문을 넣은 모양) 위에 나뭇가지를 쌓고 그 위에 흙을 뿌려 만든 토담으로, 외부 침입자에 대비해 만든 것이다. 阝부는 邑읍이고 城中성중에 사람이 있는 모양이므로 집락, 마을이라는 뜻이 된다. 주위를 둘러싼 토담으로 수호되는 큰 집락을 都라 하여, '수도'라는 뜻이 된다. 수도는 사람이 모이는 곳이므로 '모두'라는 뜻으로 쓴다. 또 都雅도아(품위 있고 우아함)처럼 '우아하다'는 뜻으로도 쓴다. 수도의 주변에 있는 농지를 鄙시골 비라 한다.

|용례| 古都고도 都鄙도비 都城도성 都市도시 都人도인 都合도합

盜 12획 | 도 | 훔치다

금문1 전문1

|해설| 회의. 次침 연과 皿그릇 명을 조합한 모양. 次은 水수와 欠흠을 조합한 모양인데, 입을 벌리고 선 사람(欠)이 입에서 침을 흘리는 모양이고, 涎침 연의 본래 글자이다. 皿은 아마 본래 血혈로 쓰고, 쟁반에 피가 담긴 모양일 것이다. 血盟혈맹(희생의 피를 서로 마시며 서

약을 맺음)할 때에 쟁반의 피에 침을 흘리는 모양이 盜이고, 혈맹을 더럽히고 혈맹을 위반한다는 뜻이 된다. 혈맹을 위반하는 반역자를 盜라 하고, 공동체의 盟約맹약에 배반하고 반대 행동을 하는 자를 盜라고 했기 때문에 망명자는 모두 盜로 취급되었다. 孔子공자(기원전 6~기원전 5세기)도 일생 중 두 번 망명했는데 그때 盜와 같은 취급을 받았다. 賊적은 鼎정(청동 제기)에 새겨진 중요한 계약, 맹세의 명문을 창 등의 병기로 손상하는 모양으로, 맹세의 위반자를 말한다. 盜와 賊은 본래 사회적 범죄자라는 뜻인데 후에는 타인의 금품을 빼앗는 도둑, 도적이라는 뜻으로 쓴다.

| 용례 | 盜難도난 盜用도용 盜作도작 盜竊도절 盜聽도청 盜品도품

塗 13획 | 도 | 칠하다, 진흙, 길

전문1

| 해설 | 형성. 성부는 涂도. 涂는 塗의 본래 글자이다. 『孟子』「公孫丑上」에 "塗炭도탄(진흙이나 탄 가운데)에 앉다"라는 말이 있고 그 주석에 "泥니"(진흙)라고 한다. 塗는 '칠하다, 진흙'이라는 뜻으로 쓰고, 또 塗說도설(길에서 말하다)처럼 '길'이라는 뜻으로 쓴다. 칠하는 것은 呪禁주금(주문을 외어 邪靈사령 등을 물리침)의 방법으로 행해지는 것이 많고, 殯빈(매장하기 전에 잠시 유체를 관에 넣어 안치함)할 때 관을 진흙으로 바르는 것을 塗殯도빈이라 한다.

| 용례 | 塗料도료 塗裝도장 塗炭도탄

道 13획 | 도 | 길, 말하다

금문1 **금문2** **전문1**

|해설| 회의. 首수와 辵착을 조합한 모양. 辵(辶, 辶)에는 걷는다, 간다는 의미가 있다. 금문에는 又우(손의 모양)를 더한 자형(금문2)이 있고, 首를 손에 들고 간다는 뜻이 된다. 이 首와 辵과 又(寸촌도 손이라는 뜻)를 조합한 글자가 導도이다. 옛 시대에는 다른 씨족이 있는 토지는 그 씨족의 靈령이나 邪靈사령이 있어 災厄재액을 가져온다고 여겼기에, 異族이족의 머리를 손에 들고 그 呪力주력으로 邪靈을 祓淸불청하고 앞으로 나아갔다. 불청하고 나아가는 것을 導이끌 도라 하고, 불청된 곳을 道라 하고 '길'이라는 뜻으로 쓴다. 손잡이가 달린 큰 침(余여)을 呪具주구로 사용하여 이 침을 땅속에 찔러 지하에 사는 惡靈악령을 불청하는 것을 除제라고 한다. 그렇게 해서 불청된 길을 途도라 한다. 후에는 道理도리(사물의 당연한 이치)라고 쓰고, 일본에서는 어떤 藝예의 전문 분야라는 뜻으로 써서 華道화도, 茶道차도처럼 말한다. '말하다'라는 뜻으로도 쓴다.

|용례| 道程도정 道中도중 道標도표 邪道사도 神道신도

跳 13획 | 도 | 뛰다, 뛰다, 춤추다

전문1

|해설| 형성. 성부는 兆조. 兆는 卜兆복조(점괘)의 모양으로, 거북의 딱지를 불에 구워 생긴 금의 모양이다. 힘으로 남에게 도전하는 것

을 挑도라 하고 격하게 뛰어오르듯이 뛰는 것을 跳라고 한다. 힘을 안에 모았다가 격하게 밖으로 나타내는 행위를 말한다. '튀다, 뛰다, 춤추다'라는 뜻으로 쓴다.

|용례| 跳梁도량 跳舞도무 跳躍도약

圖 14획 | 도 | 꾀하다, 그림, 그리다

 금문1　 전문1

|해설| 회의. 囗위와 啚비를 조합한 모양. 囗는 전체의 범위를 표시하고 안에 啚를 쓴다. 啚는 곡물 창고의 모양인 㐭곳집 름과 囗를 조합해 곡물 창고가 있는 지역을 표시한다. 啚는 鄙비(시골, 천하다)의 본래 글자이다. 圖는 곡물 창고의 소재지를 기입한 農園농원의 지도로, '지도'라는 뜻이 되고, '그림, 그리다'라는 뜻이 된다. 곡물 창고의 설치 장소는 처음부터 그러한 설계를 하므로 '계획하다, 꾀하다'라는 뜻이 된다. 또 '도서, 문서'라는 뜻으로도 쓴다.

|용례| 圖鑑도감 圖謀도모 圖說도설 圖版도판 圖表도표 圖形도형

賭 14획 | 도 | 걸다, 내기

 전문1

|해설| 형성. 성부는 者자. 者에 堵담 도, 都도의 음이 있다. 者는 曰왈(ㅂ에 신게에 바치는 기도문인 축문을 넣은 모양) 위에 나뭇가지를 쌓고 그 위에 흙을 뿌려 만든 토담의 모양이다. 睹볼 도, 覩볼 도는 문

힌 기도의 書서처럼 숨겨진 것을 분간하는 것을 말한다. 賭도 분명하지 않은 미래의 일을 예측하는 것이고, 그래서 '내기, 도박'이라는 뜻이 된다. 목숨 걸고 일에 맞닥뜨리는 것을 '身命신명을 건다(賭)'고 한다.

|용례| 賭博도박

稲 15획 | 도 | 벼

금문1　금문2　금문3　전문1

|해설| 형성. 성부는 舀퍼낼 요. 舀에 滔만연할 도, 慆기뻐할 도의 음이 있다. 舀는 절구(臼구) 속의 것을 손가락 끝(爪조)으로 집어내는 모양인데, 금문에는 절구 속의 것이 흘러나오는 자형(금문3)이 있다. 禾화는 벼의 모양이다. 稻는 '벼'라는 뜻으로 쓴다. 滔는 절구 속의 것이 넘쳐서 흘러나오듯이 물이 넘치는 것, 흘러나오는 것을 말한다. 簠보(기장 등을 담아서 바칠 때 사용하는 청동기)의 명문에는 "이것으로 稻粱도량(벼와 기장)을 담는다"라는 표현이 자주 쓰인다. 稻는 신에게 바치는 제물의 하나였다.

|용례| 稻田도전　水稻수도　陸稻육도

導 16획 | 도 | 이끌다

금문1　금문2　전문1

|해설| 형성. 성부는 道도. 금문에는 道를 首수와 辵착과 又우를 조

합한 모양으로 쓰는 글자가 있고, 그것이 導의 본래 글자이다. 辵 (辶, 辶)에는 간다는 뜻이 있고 又는 손의 모양, 寸촌도 손의 모양이다. 異族이족의 땅에 갈 때, 이족의 머리를 손에 들고 그 呪力주력으로 邪靈사령을 祓淸불청하고 앞으로 나아가는 것을 導라 하고, 불청된 곳을 道라 한다. 導는 '이끌다', 道는 '길'이라는 뜻으로 쓴다. 『설문해자』(3하)에 "導引도인이다"라는 도인은, 道家도가의 특별한 호흡법에 의한 延命연명의 術술이다.

|용례| 導入도입 先導선도 善導선도 前導전도

毒

9획 | 독 | 두껍다, 독, 해치다

고문 | 전문1

|해설| 상형. 많은 머리 장식을 달고 제사에 봉사하는 부인의 모양. 女녀의 윗부분은 그 머리 장식을 겹쳐 쓴 모양이다. 『설문해자』(1하)에 "두꺼운 것이다. 남을 해치는 풀이 往往왕왕 나다"라고 하여, 毒草독초가 여기저기에 자라는 의미라고 한다. 그리고 毒의 고문으로 薊독을 든다. 성장하고 제사에 임하는 부인의 머리에 실 장식을 붙인 모습이 繁번이다. 머리 장식을 많이 하는 것을 毒이라 하여, '두껍다'는 뜻이 된다. 毒藥독약(독 성분을 가진 약)에서 '독'의 의미는 薊의 음을 빌린 가차 용법일 것이다.

|용례| 毒殺독살 毒酒독주 猛毒맹독 服毒복독 害毒해독 解毒해독

督 13획 | 독 | 보다, 바로잡다

督
전문1

|해설| 형성. 성부는 叔숙. 叔에 俶뛰어날 숙, 怒근심할 녁의 음이 있다. 『爾雅』「釋詁」에 "바로잡다(正정)", 『설문해자』(4상)에 "살피다(察찰)"라 하고, 監督감독(지시하거나 감시하여 단속함)하여 '보다, 잘 보다, 바로잡다, 계칙하다'라는 뜻이라 한다. 叔은 聖器성기인 도끼(戚척)의 머리 부분을 잡는 모양이므로 도끼의 권위에 의해 일을 바로잡는다는 뜻이라고 생각할 수 있다.

|용례| 督勵독려 督戰독전 督責독책 督促독촉

獨 16획 | 독 | 한 사람, 다만

전문1

|해설| 형성. 성부는 蜀촉. 蜀에 韣활집 독의 음이 있다. 蜀은 수컷 짐승의 모양이고, 虫훼 부분은 그 性器성기의 모양이다. 수컷은 무리를 떠나 있는 경우가 많으므로 獨은 한 마리의 짐승이라는 뜻에서 사람에게로 옮겨, '한 사람, 다만'이라는 뜻으로 쓴다. 特특, 徒도와 통하여 '다만'이라고도 읽는다.

|용례| 獨斷독단 獨力독력 獨立독립 獨眼독안 獨酌독작

篤 16획 | 독 | 두텁다

전문1

|해설| 회의. 竹죽과 馬마를 조합한 모양. 竹은 아마 竺축의 생략형으로 보이는데, 竺은 『爾雅』「釋詁」에 "두텁다(厚후)"라고 한다. 竺에 毒독이라는 뜻이 있고, 篤은 말(馬)에게 竺(竹죽. 毒)을 줘서 말이 괴롭다는 뜻이 된다. 篤은 篤學독학(학업에 힘씀), 篤行독행(성실하게 행함), 篤實독실(성실함)처럼 예부터 '두텁다'는 뜻으로 쓰고, 후에 篤疾독질(중병), 危篤위독(중병으로 죽을 것 같은 상태)처럼 '병이 중하다'는 뜻으로 쓴다.

讀 22획 | 독, 두 | 읽다

전문1

|해설| 형성. 성부는 賣매(賣속). 賣에 瀆도랑 독, 牘나뭇조각 독의 음이 있다. 『孟子』「萬章下」에 "그 시를 외우고(頌송) 그 서를 읽는다(讀)"라 하고, 또 『春秋穀梁傳』「僖公九年」에 "서를 읽고(讀), 희생 위에 더한다"라 하는데, 신에게 바치는 기도문인 축문을 읽는다는 의미이다. 籀읽을 주와 음훈이 가깝다. 금문에서 籀는 任命書임명서를 읽는다는 의미로 쓰고, 축문이나 임명서를 낭독한다는 것이 오랜 용법이다. 후에 일반적으로 '읽다'라는 뜻으로 쓴다.

|용례| 句讀구두 亂讀난독 濫讀남독 代讀대독 讀了독료 讀本독본

豚 11획 | 돈 | 돼지, 새끼 돼지

갑골1 | 금문1 | 전문1

|해설| 회의. 月(육달월)과 豕시를 조합한 모양. 豕가 돼지의 모양. '돼지'를 말한다. 豚의 자형은 豕의 복부에 月(肉)을 더했는데, 돼지 복부의 고기를 표시하거나 새끼를 밴 돼지를 표시하는 것이다. 금문의 자형은 又우(손의 모양)를 더했고, 돼지고기를 바치는 것을 표시한다. 소나 양, 개 등과 함께 돼지도 희생으로서 신에게 바쳐졌다.

|용례| 豚舍돈사 養豚양돈 河豚하돈

頓 13획 | 돈 | 쓰러지다, 갑자기

전문1

|해설| 형성. 성부는 屯둔. 屯은 직물 테두리의 실을 묶어 맨 술 장식의 모양으로 여기에서 '머무르다, 막다른 곳'이라는 의미가 있다. 頁혈은 의례용 모자를 쓰고 예배하는 사람을 옆에서 본 모양. 그래서 깊이 몸을 숙여서 절하는 것을 頓首돈수라고 한다. 頓挫돈좌(일이 막혀 진행되지 않음), 頓伏돈복(쓰러져 엎드림)처럼 '쓰러지다, 넘어지다'라는 뜻으로 쓴다. 또 頓死돈사(갑자기 죽음. 급사), 頓知돈지(즉석에서 나오는 지혜), 整頓정돈(깔끔히 정리함)이라고도 쓴다.

상용자해

突 9획 | 돌 | 부딪다, 갑자기

갑골1

전문1

|해설| 회의. 穴혈과 犬견을 조합한 모양. 犬은 희생으로 바치는 개. 이 글자에서 穴은 부뚜막(竈조)의 아궁이이고, 그곳에 개를 바쳐서 제사하는 것을 말한다. 부뚜막신은 불의 신이다. 『설문해자』(7하)에 "개가 구멍에서 갑자기 나오는 것"이라고 하여, 구멍에서 개가 급히 나오는 의미라고 하는데, 부뚜막에서 연기를 내기 위한 煙突연돌인 竈突조돌을 말한다. 그래서 '튀어나오다, 부딪다'라는 의미가 되고, 또 突然돌연처럼 '갑자기'라는 의미로 쓴다.

|용례| 突起돌기 突端돌단 突入돌입 突進돌진 突出돌출 追突추돌

冬 5획 | 동 | 겨울

갑골1

금문1

금문2

전문1

|해설| 상형. 뜨개실의 말단을 동여맨 모양. 갑골문, 금문의 자형은 말단을 동여맨 모양인데 후에 그 밑에 仌(氷얼음 빙)을 더해 冬이 되었다. 冬이 그 음을 빌린 가차 용법으로 사계의 이름인 '겨울'이라는 뜻으로 쓰이게 되어서, 실의 말단을 표시하는 糸사변을 더한 終종 자가 만들어졌다. 冬은 終의 본래 글자이다.

|용례| 冬季동계 冬期동기 冬至동지 越冬월동 初冬초동 暖冬난동

同 6획 | 동 | 같다

| 갑골1 | 갑골2 | 금문1 | 금문2 | 전문1 |

|해설| 회의. 갑골문, 금문의 자형은 凡_범과 口를 조합한 모양. 凡은 쟁반의 모양. 口는 ㅂ_{축문 그릇 재}인데 신에게 바치는 기도문인 축문을 넣는 그릇의 모양. 『書經』「顧命」에 즉위 의례에 쓰는 酒器_{주기}를 同瑁_{동모}라고 하는데, 同_동은 대롱 모양의 술잔 이름이라고 생각된다. 興_흥은 同을 두 손으로 잡은 다음 또다시 두 손으로 잡고 大地_{대지}에 술을 부어, 대지에 잠자는 靈_령을 불러 깨우는 의례이다. 周代_{주대}에는 제후가 모여 천자를 배알하는 會同_{회동}이라는 의례가 있었다. 모여서 同이라는 술잔으로 행하는 의례를 함께하는 데서 '함께하다, 같이하다, 같다, 함께'라는 뜻이 된다.

|용례| 同乘_{동승} 同時_{동시} 同一_{동일} 同情_{동정} 同志_{동지} 混同_{혼동}

東 8획 | 동 | 동녘

| 갑골1 | 갑골2 | 금문1 | 금문2 | 전문1 |

|해설| 가차. 본래 橐_{주머니 탁}의 모양이다. 위아래를 묶어서 주머니 모양으로 한 것인데 주머니라는 뜻으로 쓰는 일은 없고 방위의 이름인 '동녘'이라는 뜻으로 쓴다. 방위의 東_동, 西_서, 南_남을 표시하는 글자는 그 본래 글자는 없고 모두 본래 뜻과는 관계없이 음만을 빌린 가차자이다. 東이 '동녘'이라는 뜻으로 쓰이면서 東에 성부 石_석(石에 宕_탕, 拓_척의 음이 있다)을 더한 형성자 橐이 만들어졌다(拓과

橐의 중국어 음은 tuo로 같다. ― 옮긴이). 石을 뺀 부분은 본래의 東 모양이다.

|용례| 東國동국 東風동풍 東海동해

洞 9획 | 동, 통 | 동굴, 통하다

전문1

|해설| 형성. 성부는 同동. 同은 본래 대롱 모양의 酒器주기이고, 대롱 모양의 물건을 말한다. 洞은 『설문해자』(11상)에 "빠르게 흐르는 것"이라 하여, 물이 흐르는 모습이라고 하는데, 洞窟동굴, 洞穴동혈 (동굴)이 본래의 뜻이다. 대롱 모양인 동혈은 水勢수세에 의해 만들어진 것이 많고 깊숙한 것이 많다. '동굴, 굴'이라는 뜻에서 '통하다, 꿰뚫다, 깊다'라는 뜻으로 쓰인다.

|용례| 空洞공동 洞見통견 洞察통찰 洞徹통철

凍 10획 | 동 | 얼다, 곱다

전문1

|해설| 형성. 성부는 東동. 東은 橐자루 탁의 모양으로 위아래를 묶은 자루에 물건이 차 있는 모양이다. 그 자루의 상태가 얼어붙은 (凍結동결) 모양과 비슷하다는 의미일 것이다. 『설문해자』(11하)에 "仌(氷빙)", 즉 물이 언다는 뜻이라고 한다. '얼다, 곱다'라는 뜻으로 쓴다.

|용례| 凍死동사 凍傷동상 解凍해동

胴 10획 | 동 | 몸통

|해설| 형성. 성부는 同동. 同은 본래 대롱 모양의 酒器주기이고, 대롱 모양의 물건을 말한다. 신체 부분이라는 의미를 표시하는 月(육달월)을 더하여 신체 중의 중심 부분을 胴體동체라고 한다. 가운데가 빈 물건의 중앙 부분을 胴이라 하고, 북, 샤미센(三味線), 거문고나 배, 비행기 등의 중앙 부분도 胴이라 말한다.

動 11획 | 동 | 움직이다

금문1 　전문1

|해설| 형성. 성부는 重중. 본래 글자는 童동을 따르고, 성부는 童. 금문에서는 童을 動의 뜻으로 썼고, 후에 力력(쟁기〔耒뢰〕의 모양)을 더하여 농경에 종사하는 것을 말하여, '몸을 움직이다, 움직이게 하다, 움직이다, 하다'라는 뜻이 된다. 童은 눈 위에 입묵을 한다는 뜻이고, 受刑者수형자, 노예 신분인 사람을 말한다. '농경에 종사하다, 일하다'라는 뜻으로는 후에 働동 자를 사용하는데 働은 일본에서 만들어진 글자이다.

|용례| 動亂동란 動作동작 動轉동전 動靜동정 言動언동

棟 12획 | 동 | 용마루, 마룻대

전문1

|해설| 형성. 성부는 東동. 『설문해자』(6상)에 "마룻대(極극)", 즉 지붕을 관통하는 나무를 말한다. '마룻대, 용마루'라는 뜻으로 쓴다. 그 마룻대를 버팀대로 옆으로 가로지른 나무를 들보(梁량)라고 한다. 합쳐서 棟梁동량(지붕의 용마루와 들보)이라고 한다. 용마루(棟)와 들보(梁)는 건물의 중요한 부분이기 때문에 집단 중에서 지도적 위치에 있는 사람, 우두머리라는 뜻으로도 쓴다. 病棟병동(병실로 충당된 한 동의 건물)이라고도 쓴다.

童 12획 | 동 | 동자, 하인

금문1 　금문2 　전문1

|해설| 형성. 금문의 자형은 아랫부분이 東동(자루〔橐탁〕의 모양)이고 성부는 東. 후에 重중을 따르는 자형이 있고, 里는 그 생략형. 윗부분 立의 모양은 옛날에는 辛신과 目목을 조합한 모양으로, 辛(손잡이가 달린 큰 바늘)으로 눈 위에 형벌로서 입묵을 하는 것을 말한다. 童이란 입묵의 형벌을 받은 자로 '노예, 하인'을 말한다. 그러한 사람은 머리를 틀어 올리는 것이 허락되지 않았으므로, 똑같이 머리를 틀어 올리지 않는 '동자, 아이'를 童이라 한다. 후에 童은 '동자'라는 뜻으로 쓰고, '하인, 종'으로는 僮동을 써서 僮僕동복이라고 한다.

|용례| 童心동심 童顏동안 童幼동유 童話동화 兒童아동

働 13획 | 동 | 일하다

|해설| 형성. 성부는 動동. 動은 力력(쟁기의 모양)을 따르고 본래 농경에 종사하는 것을 말한다. 働은 일본에서 만들어진 글자인데, 메이지(明治) 이후 구미어의 번역어로 사용한 말일 것이다. 稼働가동(일함. 기계를 움직임), 勞働노동(일함)처럼 '일하다'라는 뜻으로 쓴다. 후에 중국에서도 쓰이게 되었다.

銅 14획 | 동 | 구리

금문1 　전문1

|해설| 형성. 성부는 同동. 『설문해자』(14상)에 "赤金적금"이라고 한다. '구리'를 말한다. 周주 왕조 초기의 금문에서는 銅을 金금이라 부른다. 청동기의 원료로서 중국 각지에서 산출되었는데 남방에서는 특히 양질의 구리가 산출되어 南金남금이라 불렸다.

|용례| 金銅금동 銅器동기 銅像동상 銅錢동전 銅貨동화 靑銅청동

憧 15획 | 동 | 그리워하다

전문1

|해설| 형성. 성부는 童동. 童에 鐘쇠북 종, 橦깃대 동의 음이 있다. 『설

문해자』(10하)에 "마음이 정해지지 않는 것"이라고 마음이 불안정한 상태를 말한다고 하는데, 뭔가 다른 것에 마음이 끌리는, '그리워하다'라는 뜻으로 쓴다. 憬멀 경과 합쳐서 憧憬동경이라고 하여, 어떤 것을 그리워해서 마음이 사로잡힌 상태를 말한다.

瞳 17획 | 동 | 눈동자

|해설| 형성. 성부는 童동. 초목이 없는 민둥산(禿山독산)을 童山동산이라고 하듯이 아무 잡티가 없는 상태를 童이라고 하므로, '맑은 눈동자, 눈동자'를 瞳이라고 한다. 눈동자를 옛날에는 眸子모자라고 했다. 瞳子동자, 瞳睛동정, 瞳孔동공은 눈동자를 말한다. 사물의 도리에 어두운 것을 瞳曚동몽이라고 한다.

斗 4획 | 두 | 말

금문1 　금문2 　전문1

|해설| 상형. 자루가 달린 국자의 모양.『설문해자』(14상)에 "10되(升승)이다. 상형. 자루가 있다"라고 한다. 升은 국자(勺작)로 음식을 뜨는 모양인데, 그 뜬 분량의 이름이 되었다. 斗는 용량 단위이고 1升의 10배를 말한다. 1斗의 양을 재는 '한 말들이 말, 말'이라는 뜻으로도 쓴다. 北斗七星북두칠성은 일곱 개 별의 배치 모양이 斗 모양과 비슷해서 북두칠성이라 이

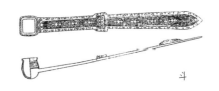

斗

름 붙인 것이다.

豆 7획 | 두 | 콩, 두(굽 달린 제기)

갑골1 **금문1** **금문2** **전문1**

|해설| 상형. 굽이 높은 식기의 모양. 『설문해
자』(5상)에 "옛날, 고기를 담는 그릇이다"라고
하는데 의례 때에 소금에 절인 것이나 음료를
담는 그릇이었다. 의례에 사용한 豆는 나무나
기와로 만든 것이었다. 후에 荅좀콩 답과 통하
여 '콩'이라는 뜻으로 쓴다.

청동기 豆

|용례| 豆乳두유 大豆대두

痘 12획 | 두 | 천연두

|해설| 형성. 성부는 豆두. 법정 전염병의 하나인 천연두(마마)를 말
한다. 완두콩 크기의 물집이 생기므로 痘瘡두창, 疱瘡포창이라고도
한다. 고열과 함께 물집이 생겨서 마맛자국이 남는다. 바이러스가
일으키는 전염병으로 사망률도 높아서 두려워했는데, 천연두의 예
방 접종인 種痘종두로 예방할 수 있게 되어 지금은 거의 사라졌다
고 한다.

상용자해

頭 16획 | 두 | 머리, 우두머리, 처음

| 금문1 | 전문1 |

|해설| 형성. 성부는 묘두. 묘는 굽이 높은 식기의 모양. 그 모양은 곧게 뻗은 목 위에 사람의 머리가 있는 모습과 비슷하여, 頁혈(의례 때에 머리에 의례용 모자를 쓴 사람을 옆에서 본 모양)에 묘를 더한 頭는 '머리'라는 뜻이 된다. 사람의 머리는 인체의 가장 위에 있는 것이기 때문에 頭目두목, 頭領두령(우두머리)처럼 '우두머리'라는 뜻으로 쓴다. 또 初頭초두(처음), 年頭연두(해의 처음)처럼 '처음'이라는 뜻으로도 쓴다.

|용례| 頭角두각 頭巾두건 頭髮두발 頭上두상 店頭점두

屯   4획 | 둔 | 모이다, 진을 치다, 고뇌하다

| 금문1 | 금문2 | 전문1 |

|해설| 상형. 직물 테두리의 실을 묶어 맨 술 장식의 모양. 직물 테두리의 실을 묶어 매는 데서 '모이다, 묶다, 진을 치다'라는 뜻이 된다. 屯은 純순의 본래 글자이고, 금문에는 屯을 純의 뜻으로 쓴다. 금문에 보이는 賜與사여에 "玄衣현의(검은색 옷) 黹屯치둔(불순)"을 주는 것이 있는데, 黹屯은 黻純불순, 즉 수놓은 무늬와 테두리 장식이 달린 옷으로, 의례용 예복이다. 屯邅둔전, 屯難둔난(고뇌하고 괴로워함)처럼 '고뇌하다'라는 뜻으로도 쓴다.

|용례| 屯所둔소 屯營둔영 屯田둔전 駐屯주둔

鈍 12획 | 둔 | 무디다, 어리석다

鈍
전문1

|해설| 형성. 성부는 屯둔. 屯은 직물 테두리의 실을 묶어 맨 술 장식의 모양으로, 둥글게 뭉친 것이다. 그래서 칼날이 무뎌지고 날이 잘 들지 않는 것을 鈍이라고 한다. 날이 '무디다'는 의미를 사람에게 옮겨 '머리가 둔하다, 어리석다'는 뜻으로 쓴다.

|용례| 鈍感둔감 鈍器둔기 鈍才둔재 愚鈍우둔

得 11획 | 득 | 얻다, -할 수 있다, 깨닫다

갑골1　갑골2　금문1　금문2　고문1　전문1

|해설| 회의. 갑골문, 금문의 자형은 彳척과 貝패와 又우를 조합한 모양과, 貝와 又를 조합한 모양이다. 彳은 行행(십자로)의 좌반분으로 간다, 걷는다는 뜻. 又는 손의 모양으로 寸촌도 손이라는 뜻이 있다. 밖에 나가 貝를 손에 넣어 갖는 것을 得이라 하고, '얻다, -할 수 있다, 손에 넣다'라는 뜻이 된다. 貝는 남방의 바다에서만 얻을 수 있는 子安貝자안패로, 귀중품이었으므로 화폐로 사용되는 경우도 있었다. 그래서 貝를 얻는 것은 화폐를 취득하는(손에 넣는) 것을 의미했다. '알다, 깨닫다'라는 뜻으로도 쓴다.

|용례| 得失득실 得心득심 得意득의 得策득책 損得손득 利得이득

登 12획 | 등 | 오르다, 권하다, 여물다

갑골1

갑골2

금문1

금문2

전문1

|해설| 회의. 癶발과 豆두를 조합한 모양. 癶(止)은 양발을 나란히 한 모양으로, 출발하려고 한다는 뜻이 있다. 豆는 굽이 높은 그릇의 모양인데, 발판의 모양이라고 보아도 좋다. 登은 발판 위에 두 발을 나란히 한 모양으로 위에 '오르다, 올라가다'라는 뜻이 된다. 또 갑골문, 금문에는 따로 豆(굽이 높은 식기의 모양)를 두 손(廾공)으로 든 자형도 있고, 식기에 제물을 넣어 '갖추다, 권하다'라는 뜻이 된다. 登歲등세(곡식 등이 잘 여묾)처럼 '여물다'라는 뜻으로도 쓴다.

|용례| 登校등교 登壇등단 登山등산 登用등용 登庸등용 登場등장

等 12획 | 등 | 같다, 한패

전문1

|해설| 형성. 성부는 寺사. 寺에 待기다릴 대, 特홀로 특의 음이 있다. 『설문해자』(5상)에 "똑같은 簡간"이라 하는데, 길이가 같은 竹簡죽간, 木簡목간(문자를 쓴 가느다란 대나무나 나무쪽)이라는 뜻이다. 죽간이나 목간은 1척 8촌, 2척 4촌처럼, 그 길이에 규정이 있고 같은 길이의 簡을 철하여 서책으로 만들었다. 그래서 '같다'는 뜻이 된다. 等級등급(정도)이 같은 자를 '한패'라고 하고, 等輩등배, 等倫등륜처럼 '한패'라는 뜻으로 쓴다.

|용례| 對等대등 同等동등 等分등분 上等상등 優等우등

燈 16획 | 등 | 불, 등불

|해설| 형성. 성부는 登등. 『玉篇』에 "燈은 등불이다"라 하며, '등불, 불'이라는 뜻으로 쓴다. 또 '점등'(불을 켜는 도구)이라는 뜻으로 써서 촛대에 盞燈잔등이 많이 달린 형식의 물건을 말하는데, 전국 시대(기원전 5~기원전 3세기) 中山王墓중산왕묘에서 15盞燈이 달린 것이 나오는 등 뛰어난 유품도 있다.

|용례| 燈籠등롱 燈火등화 電燈전등

謄 17획 | 등 | 베끼다

謄
전문1 |

|해설| 형성. 성부는 朕잉. 朕에 滕묶을 등, 騰오를 등의 음이 있다. 朕(月월은 본래 舟주의 모양으로 盤반(쟁반)을 말한다)은 쟁반에 있는 물건을 두 손으로 받들어 보내는 것을 말하고, 물품이나 화폐를 선물하는 것을 賸잉이라고 한다. 謄은 『설문해자』(3상)에 "옮겨(迻이) 쓰는 것이다"라 하여, '옮겨 쓰다, 베끼다'라는 뜻이라고 한다. 옮겨 쓰는 것, 베끼는 것을 謄寫등사라고 하고, 원본의 내용을 그대로 등사한 서류를 謄本등본이라고 한다. 戶籍謄本호적등본, 登記簿謄本등기부등본과 같이 쓴다.

藤 19획 | 등 | 등나무

|해설| 형성. 성부는 滕등. 『玉篇』에 "덩굴(蘽류)"이라고 한다. '등나

무 덩굴'을 말한다. 또 콩과의 덩굴성 **木本植物**목본식물(목질 조직이 발달한 식물)인 '등나무'를 말하고, 늦봄부터 초여름에 걸쳐 연보라색 꽃이 송이처럼 매달려 핀다. 등나무꽃이 시문에 보이는 것은 **唐代**당대(7~10세기) 이후가 되어서 많아진다. 중국에서도 정원에 등나무 시렁을 많이 만들었던 것이다. 칡(葛갈)이나 등나무는 얽히기 쉬운 것이어서 일이 복잡해지는 것이나 분쟁을 **葛藤**갈등이라고 한다.

|용례| **藤床**등상 **藤花**등화

騰 20획 | 등 | 오르다

騰
전문1

|해설| 형성. 성부는 朕잉. 朕에 滕솟을 등, 縢묶을 등의 음이 있다. 『설문해자』(10상)에 "傳전"이라 하여, **驛傳**역전(역참의 말을 바꿔 탐)이라는 뜻으로 풀이한다. 『詩經』「小雅/十月之交」에 "**百川**백천이 **沸騰**비등하다"(모든 강이 끓어 넘치다)라고 하는데, 대지진으로 강물이 끓어오르는 것을 말한다. 騰은 말이 날뛰는 것, 뛰어오르는 것을 말하는 글자인데, 지금은 물가의 **騰貴**등귀(뛰어오름), **暴騰**폭등(대폭으로 오름)처럼 '오르다'라는 뜻으로 쓴다.

裸 13획 | 라 | 벌거벗다, 겉옷을 벗다

전문1

|해설| 형성. 성부는 果과. 果는 臝라의 생략형. 본래 글자는 臝로 쓰고, 성부는 贏라.『설문해자』(8상)에 "웃통을 벗다(袒단)"라고 한다. 겉옷을 벗는 것을 말한다. 果는 나무 열매를 말하는데 사람의 알몸을 倮알몸 라 하고 옷을 벗은 '알몸'을 裸라고 한다.

|용례| 裸身나신 裸體나체 全裸전라

羅 19획 | 라 | 그물, 벌이다, 얇은 옷

갑골1　갑골2　전문1

|해설| 회의. 网망과 維유를 조합한 모양. 网은 그물의 모양. 갑골문의 자형은 새(隹추)에 그물을 거는 상형 글자이다. 후에 다시 糸사를 더하여 새에 그물을 걸어 붙잡는 모양이 羅이고, '그물, 그물 치다'라는 뜻이 된다. 얇은 옷과 그물코는 비슷하므로 '얇은 옷, 능견'이라는 뜻으로 쓴다. 또 羅列나열(벌여 늘어놓음)처럼 '늘어놓다'라는 뜻으로 쓴다. 그물코처럼 돌아보는 것을 邏순행할 라 하고, 그물에 걸리듯이 걸리는 것, 만나는 것을 罹걸릴 리라고 한다.

|용례| 綺羅기라 羅網나망 羅衣나의 網羅망라

絡 12획 | 락 | 얽히다

전문1

|해설| 형성. 성부는 各각. 各에 烙지질 락, 珞구슬 목걸이 락의 음이 있다.『설문해자』(13상)에 "헌 솜(絮서)"이라 하고, 또 "일설에 麻마의 아직 담그지 않은 것"이라고 한다. 헌 솜이나 베는 얽히고 달라붙기 쉬운 것이므로 絡은 '얽히다, 달라붙다'라는 뜻으로 쓴다.

|용례| 絡繹낙역 脈絡맥락 連絡연락 聯絡연락

落 13획 | 락 | 떨어지다

전문1

|해설| 형성. 성부는 洛락.『설문해자』(1하)에 "무릇 풀에 대해서는 零령이라 말하고, 나무에 대해서는 落이라 말한다"고 하는데, 零은 비나 이슬이 떨어지는 것을 말하고 落은 나뭇잎이 떨어지는 것을 말한다. 各각에는 위에서 내린다는 의미가 있다. 나뭇잎에 한하지 않고 일반적으로 '떨어지다, 내리다, 멈추다'라는 의미로 쓴다. 건축물이나 기물이 완성되었을 때 그것을 피로 정화하는 의례를 落이라고 한다. 창(戈과)의 제작이 끝나면 장식을 붙여 정화하는 것을 成성이라 하고, 합쳐서 落成낙성(공사가 완성됨, 건축물이 완성됨)이라고 한다.

|용례| 落膽낙담 落魄낙백 落月낙월 落日낙일 落着낙착 低落저락

酪 13획 | 락 | 유즙

전문1

|해설| 형성. 성부는 各각. 各에 洛강 이름 락, 絡얽힐 락의 음이 있다. 『說文新附』(14하)에 "乳漿유장"이라고 한다. 우유를 달여 음료나 치즈로 만든 것을 말한다. 酪은 목축 사회에서의 음식이기 때문에 漢代한대 기원전 1세기에 항복한 흉노의 땅에서 돌아온 蘇武소무에게 李陵이릉이 보낸 편지에 "羶肉전육(누린내 나는 양고기) 酪漿낙장 (소나 양의 젖으로 만든 음식물)으로써 飢渴기갈을 채운다"고 한 것이 이른 용례일 것이다. 소, 양 등의 젖을 짜서 가공한 버터, 치즈 등의 유제품을 만드는 농업을 酪農낙농이라고 한다.

樂 15획 | 락, 악, 요 | 즐기다, 음악, 좋아하다

갑골1　갑골2　금문1　금문2　전문1

|해설| 상형. 손잡이가 있는 방울의 모양. 白백 부분이 방울, 그 좌우의 幺요는 실 장식이다. 본래 舞樂무악 때 방울을 흔들어 신을 즐겁게 하는 데 사용했다. 또 병이 걸렸을 때 샤먼(신들린 상태가 되어 예언을 하거나 병을 치료하는 무녀)이 이것을 흔들어 병마를 제거했기 때문에 병을 치료하는 것을 藥료라고 한다. 療료는 후에 만들어진 형성자이다. '음악'으로 쓰일 때는 '악', '즐기다'일 때는 '락', '좋아하다'일 때는 '요'로 읽는다.

|용례| 樂天낙천 舞樂무악 樂曲악곡 行樂행락

諾 16획 | 락 | 대답하다, 승낙하다

| 갑골1 | 갑골2 | 금문1 | 금문2 | 전문1 |

|해설| 형성. 성부는 若약. 若은 ㅂ축문 그릇 재(신에게 바치는 기도문인 축문을 넣는 그릇의 모양) 앞에서 巫女무녀(신을 모시며 신의 말씀을 사람에게 전하는 여자. 무당)가 두 손을 들고 춤추며 기도하는데, 신탁(신의 말씀)을 받고 황홀한 상태로 있는 것을 표시한다. 신탁에 의해 그 기도하는 바가 받아들여지는 것을 諾이라고 한다. 諾이란 신이 '승낙하다(좋다고 인정하다), 허락하다'라는 뜻이었다. 갑골문에는 若을 諾의 뜻으로 쓰고 若이 諾의 본래 글자이다. 후에 응답하는 말인 '대답하다'라는 뜻으로 쓴다. 『禮記』「玉藻」에 "아버지가 명령하여 부를 때는 唯유하며, 諾하지 않는다"라고 하는데, 唯는 '네', 諾은 '네에' 하는 정도의 말이다(唯는 지체 없이 즉각 대답하는 것이고, 諾은 공손한 마음이 없이 느리게 대답하는 것이다.─옮긴이). 허락한다는 뜻에서 '이해하다, 따르다'라는 뜻으로 쓴다.

|용례| 諾否낙부 受諾수락 應諾응낙 快諾쾌락 許諾허락

卵 7획 | 란 | 알

전문1

|해설| 상형. 알이 마주 생겨나는 모양. 『설문해자』(13하)에 "무릇 물, 젖을 먹이지 않는 것은 卵生난생이다"라 하여, 젖을 먹지 않는 것은 알의 형태로 태어나서 부화한다고 한다. 魚卵어란의 모양이라

는 설도 있는데, 魚卵일 때는 鯤곤이 곤 음으로 읽는다. 옛 자형이 없어서 확인할 수가 없는데 전문의 자형에서는 나뭇가지에 붙는 알이라고 보인다. 어쨌든 알이 마주 보는 모양이고 '알'이라는 뜻으로 쓴다.

|용례| 鷄卵계란 卵白난백 卵巢난소 卵子난자 卵黃난황 排卵배란

亂   13획 | 란 | 어지럽다, 다스리다

전문1

|해설| 회의. 𤔔란과 乙을을 조합한 모양. 𤔔은 ㅐ(冂경 모양으로 실을 감는 실패)에 幺요(糸)를 걸어, 그 실이 어지럽혀졌으므로, 위아래로 손(위는 爪조, 아래는 又우)을 대어 풀려고 하는 모양으로 '어지럽다'라는 뜻이 된다. 그 실의 어지러움을 乙 주걱으로 다시 풀려고 하는 것을 亂이라 하고 '다스리다'라는 뜻이 된다. 𤔔이 '어지럽다', 亂이 '다스리다'라는 뜻인데, 후에 잘못해서 亂에 𤔔의 '어지럽다'라는 뜻을 덧붙였기 때문에, 亂은 '다스리다'와 '어지럽다'라는 뜻으로 쓰이게 되었다. 乱은 亂의 속자인데 지금 亂의 상용한자로 쓴다.

|용례| 亂世난세 亂戰난전 反亂반란 叛亂반란 混亂혼란

欄   21획 | 란 | 난간

전문1

|해설| 형성. 성부는 闌란.『설문해자』(6상)에 楝련을 정자로 하는데 楝은 나무 이름이고, 멀구슬나무이다.『玉篇』에 "欄은 木欄목란이다"라 하고 건물의 난간을 말한다. 본래 담장이라는 뜻으로 쓰고, 또 牢閑뇌한(우리)이나 나무로 짠 우물귀틀이라는 뜻으로도 썼다.

|용례| 空欄공란 欄干난간 欄外난외 欄檻난함

辣 14획 | 랄 | 맵다, 엄하다

|해설| 형성. 성부는 束속. 束은 刺랄의 일부이고 刺에 격렬하다는 뜻이 있다. '엄하다'는 뜻이 되고 辛辣신랄(엄한 모습), 惡辣악랄(매우 악독함)이라고 쓴다. 또 맛이 '매운' 것도 말하고, 라유(辣油날유)는 고추로 매운맛을 더한 기름이다.

|용례| 辣手날수 辣腕날완

嵐 12획 | 람 | 남기

전문1

|해설| 회의. 山산과 風풍을 조합한 모양.『說文新附』(9하)에 "산 이름"이라고 하는데『玉篇』에 "大風대풍"이라 하고, 일본어에서는 '폭풍'(아라시, あらし)이라는 뜻으로 쓴다. 일본어에서는 옛날부터 西風서풍을 '니시'(にし)라고 하는 등, 바람을 '시'(し)라고 하는 것이 있었다. 嵐은 山氣산기(산간의 안개)를 말하고, 산기가 자욱해서 파랗게 보이는 봉우리를 嵐峰남봉이라고 한다. 당대 말기 韋莊위장(9~10세기)의 시「洛北村居낙북촌거」에 "구름 밖의 嵐峰 반쯤 하늘에 들어

갔네"라는 구절이 있다.

|용례| 嵐氣남기 靑嵐청람

17획 | 람 | 넘치다, 함부로

전문1

|해설| 형성. 성부는 監감. 監에 覽볼 람, 藍쪽 람의 음이 있다.『설문해자』(11상)에 "넘치다(氾범)"라고 한다. 氾濫범람(물이 넘쳐흐름)하는 것을 말하고 '넘치다, 넘쳐흐르다'라는 뜻으로 쓴다. 또 濫獲남획(고기나 날짐승 등을 마구 잡음. 亂獲난획), 濫用남용(무턱대고 씀. 亂用난용)처럼 '함부로'라는 뜻으로 쓴다.

|용례| 濫發남발 濫伐남벌 濫費남비 濫造남조 汎濫범람

18획 | 람 | 쪽

전문1

|해설| 형성. 성부는 監감. 監에 濫넘칠 람, 襤누더기 람의 음이 있다.『설문해자』(1하)에 "靑청을 물들이는 풀"이라 하여, 청색으로 물들이는 염료를 추출하는 풀의 이름으로 풀이한다. 여뀌科과의 일년초 '쪽'을 말한다. 또 '藍色남색'이라는 뜻으로도 쓴다. 藍에서는 藍碧남벽이라는 선명한 청록색을 얻을 수 있다.

|용례| 藍本남본 出藍출람

覽 21획 | 람 | 보다, 바라보다

전문1

|해설| 회의. 監감과 見견을 조합한 모양. 監은 水盤수반에 자신의 모습을 비춘 모양으로, 물거울(水鑑수감)을 말한다. 監은 鑑감(거울)의 본래 글자이다. 水鑑에 비친 자신의 모습을 보는 것을 覽이라 하고 '보다, 바라보다'라는 뜻이 된다.

|용례| 觀覽관람 要覽요람 一覽일람 展覽전람

浪 10획 | 랑 | 파도, 어지럽다, 헤매다

전문1

|해설| 형성. 성부는 良랑. 『설문해자』(11상)에 "滄浪창랑의 물"이라 하여 강의 이름이라고 하지만, 波浪파랑(파도. 너울)이라는 뜻으로 쓴다. 浪은 물소리를 옮긴 말일 것이다. 浪費낭비(돈, 시간, 물건 등을 마구 씀), 放浪방랑, 流浪유랑(정처 없이 헤매며 다님)처럼 '함부로, 어지럽다, 헤매다'라는 뜻으로도 쓴다.

郎 10획 | 랑 | 군, 남자

전문1

|해설| 형성. 성부는 良랑. 良은 곡물에 바람을 부쳐 껍질을 제거하

고 알맹이만 남기는 도구이고, 곡물의 좋고 나쁨을 가려 좋은 것을 가려내는 데서 좋다는 뜻이 된다. 『설문해자』(6하)의 郞 자에 대해서, 淸代청대 段玉裁단옥재(18~19세기)의 注주에 "郞으로써 남자의 偁칭 및 관명으로 삼는 것은 모두 良의 가차자이다"라고 한다. 郞은 良士양사(좋은 남자)를 뜻할 것이다. '군, 남자, 젊은이'라는 뜻으로 쓰고, 관명에도 쓴다.

|용례| 新郞신랑

朗 11획 | 랑 | 명랑하다, 밝다

전문1

|해설| 형성. 성부는 良랑. 『설문해자』(7상)에 朖랑을 정자로 하고, "明명"이라 하고 '밝다'는 뜻이라고 한다. 본래 달빛이 밝음을 말하는 글자인데 '명랑하다, 밝다'는 뜻으로도 쓴다.

|용례| 朗讀낭독 朗朗낭랑 朗報낭보 朗詠낭영 朗月낭월 明朗명랑

廊 13획 | 랑 | 차양, 복도, 행랑

전문1

|해설| 형성. 성부는 郞랑. 건물의 '차양'이나 '행랑'을 말한다. 『說文新附』(9하)에 "東西동서의 序서"라고 한다. 廊廟낭묘(차양이 있는 正殿정전) 등의 행랑을 말한다.

|용례| 廊下낭하 畵廊화랑 回廊회랑

來 7획 | 래 | 오다, 초래하다, 보리

갑골1　갑골2　금문1　금문2　전문1

|해설| 상형. 麥보리 맥의 모양. 서 있는 보리를 옆에서 본 모양이다. 『설문해자』(5하)에 "周주나라가 받은 瑞麥서맥(길한 곡물), 來麰내모(소맥과 대맥)이다"라고 한다. 주 왕조의 시조신 后稷후직이 서맥, 嘉禾가화(좋은 곡물)를 얻어 나라를 일으켰다는 전승이 있다. 갑골문에는 來를 '초래하다, 오다, 가져오다'라는 의미로 쓰는데 그 음을 빌린 가차 용법이다. 徠래는 초래하다, 賚뢰는 주다로 쓴다.

|용례| 來客내객 來年내년 來歷내력 來信내신 到來도래 往來왕래

冷 7획 | 랭 | 차다, 식다

전문1

|해설| 형성. 성부는 令령. 『설문해자』(11하)에 "차다(寒한)", 즉 寒冷한랭이라는 뜻으로 풀이한다. '차다, 춥다, 식다, 식히다'라는 뜻으로 쓴다.

|용례| 冷却냉각 冷氣냉기 冷淡냉담 冷水냉수 冷眼냉안 冷雨냉우

略 11획 | 략 | 다스리다, 계략, 빼앗다, 거의

전문1

|해설| 형성. 성부는 各각. 各에 洛강 이름 락, 絡얽힐 락의 음이 있다. 『설문해자』(13하)에 "토지를 經略경략하는 것"이라 하여, 토지의 경계를 정하고 '다스리다, 경영하다'라는 뜻으로 풀이한다. 다스리기 위한 '계략'이라는 뜻으로 쓰고, 掠빼앗을 략과 통하여 略取약취(빼앗아 가짐)라고 하고 '갖다, 빼앗다'라는 뜻이 된다. 또 略解약해(대략 해석함), 略知약지(대략 앎), 省略생략(줄여서 간단히 함)처럼 '대략, 거의, 줄이다'라는 뜻으로 쓴다.

|용례| 計略계략 略歷약력 略式약식 略地약지 略取약취 略稱약칭

良 7획 | 량 | 좋다, 참

갑골1 갑골2 금문1 금문2 전문1

|해설| 상형. 긴 자루의 위아래로 입구를 달고, 곡물 등을 넣어 그 양을 재는 기물의 모양. 高鴻縉고홍진의 『中國字例』(1960년 출간)에 風箱留實풍상류실이라는 기물의 모양인데 곡물에 바람을 부쳐 껍질을 제거하고 알맹이만을 남기는 도구라 한다. 風箱留實은 곡물의 良否양부를 가르고 좋은 것을 골라내는 도구이므로 '좋다, 참'이라는 뜻이 된다.

|용례| 良士양사 良書양서 良心양심 良醫양의 良好양호 最良최량

兩 8획 | 량 | 둘

금문1 금문2 전문1

|해설| 상형. 수레의 멍에(軛액. 수레 끝채 앞에 붙이는 가로목. 우마의 목에 대어 차를 끌게 하는 가로목) 모양. 兩은 輛나란할 량의 본래 글자이다. 馬車마차는 양두 마차이므로 말 두 마리를 연결하는 멍에의 모양이 兩이고 '둘, 나란하다'라는 뜻이 된다. 좌우의 손이 교묘한 것을 倆재주 량이라 한다.

|용례| 兩極양극 兩端양단 兩輪양륜 兩面양면 兩分양분 兩者양자

涼

11획 | 량 | 서늘하다, 엷다, 쓸쓸하다

전문1

|해설| 형성. 성부는 京경. 京에 㿷슬플 량, 諒참 량의 음이 있다. 『설문해자』(11상)에 "엷다(薄박)"라고 한다. 다음의 淡담 자에 "엷은 맛이다"라고 하여, 싱거운 맛을 말한다. 『周禮』「天官/漿人」의 鄭司農注정사농주에 "涼은 물로써 술과 조화하는 것이다"라고 하므로 이른바 물타기라는 뜻이다. 涼風양풍(서늘한 바람), 淸涼청량(맑고 서늘함)처럼 '서늘하다'는 뜻으로 쓰고, 서늘하다는 데서 荒涼황량(쓸쓸함), 悲涼비량(왠지 슬프고 쓸쓸함)처럼 '쓸쓸하다'는 뜻으로 쓴다.

|용례| 納涼납량 涼氣양기 涼味양미

量

12획 | 량 | 재다, 짐작하다, 되

갑골1　금문1　금문2　고문1　전문1

|해설| 상형. 위에 주입구가 달린 큰 자루의 모양. 量의 자형에 포함

된 東동은 위아래를 묶어 맨 자루의 모양으로 橐자루 탁의 본래 글자이다. 東 위에 곡물 등의 주입구를 붙인 모양이 量인데, 아래에 土토 모양의 저울추(錘추)를 더했다. 그래서 '자루로 재다, 재다, 저울질, 되'라는 뜻으로 쓰고 推糧추량, 斟量작량(짐작함)처럼 '짐작하다'라는 뜻으로도 쓴다. 東(橐) 아래에 저울추처럼 土를 더한 모양이 重중이고 합쳐서 重量중량(무게)이라고 한다.

|용례| 計量계량 分量분량 量産양산

 18획 | 량 | 식량

전문1

|해설| 형성. 성부는 量량. 量은 곡물 등의 주입구를 단 자루의 모양이고 잰다는 뜻이 있다. 그 자루로 미곡을 재는 것을 糧이라 하고 일정량의 '식량'을 뜻한다. 본래는 여행 등에 휴대한 식량을 의미했다. 글자는 또 粮으로도 쓴다.

|용례| 兵糧병량 食量식량 糧米양미

 7획 | 려 | 쇠, 등뼈

갑골1 　금문1 　전문1

|해설| 상형. 청동기 등의 재료가 되는 銅塊동괴를 두 개 늘어놓은 모양. '쇠'를 말한다. 갑골문, 금문의 자형은 위아래를 잇는 선이 없고 吕려의 모양이다. 금문에서는 그 동괴를 "膚吕부려"라고 부른다.

또 척추뼈가 이어진 모양이라고 해석하여 『설문해자』(7하)에 "등뼈. 상형"이라고 하여 '등뼈'라는 뜻으로 풀이한다. 이 의미의 글자로는 후에 '려' 음을 취하여 膂려(등골, 힘)가 만들어졌다. 宀면(궁묘 지붕의 모양)과 呂를 조합한 모양인 宮궁의 경우 呂는 본래 吕로 쓰고, 궁실이 앞뒤로 이어진 평면형이다.

戾 8획 | 려 | 되돌리다, 어그러지다, 이르다, 죄

전문1

|해설| 회의. 戶호와 犬견을 조합한 모양. 『설문해자』(10상)에 개(犬)가 문(戶) 밑을 빠져나갈 때 몸을 비틀어 구부린다는 의미라고 하는데, 개의 그러한 동작을 위해 글자를 만드는 일은 없다. 戶는 문의 출입구, 집의 출입구이고, 출입하는 요처이기 때문에 그곳에 희생으로서 개를 묻어서, 액을 막고 사악한 靈령이 들어오는 것을 거부하는 것을 戾라고 하는데, '어그러지다, 이르다'라는 뜻으로 쓴다. 또 罪戾죄려처럼 '죄'라는 뜻으로 쓴다.

侶 9획 | 려 | 짝

侶
전문1

|해설| 형성. 성부는 呂려. 呂는 청동기 등의 재료가 되는 銅塊동괴를 두 개 늘어놓은 모양. 갑골문, 금문의 자형은 위아래를 연결하는 선이 없는 吕려 모양으로, 같은 크기의 동괴를 위아래로 늘어놓

은 모양이고, 나란한 것, 같은 것이라는 뜻이 있다. 同輩동배(연령, 경험 등이 같은 동료)의 사람을 侶라 하고 '짝, 한패'라는 뜻으로 쓴다.

|용례| 伴侶반려

旅 10획 | 려 | 여행

갑골1　금문1　금문2　전문1

|해설| 회의. 㫃언과 从종을 조합한 모양. 㫃은 기드림을 붙인 깃대의 모양으로 氏族旗씨족기를 말한다. 从은 왼쪽을 향한 사람이 앞뒤로 늘어선 모양이고 從종의 본래 글자. 씨족기를 들고 전진하는 씨족 군단을 旅, 멀리 출행하는 것을 旅라 하여, '여행, 여행하다'라는 뜻이 된다. 씨족으로서 행동할 때는 씨족기를 들고 행동했다. 씨족기 아래에서 서약하는 의례를 族족이라 하고, 氏族靈씨족령이 깃든 씨족기를 들고 출행하는 것을 遊유라고 한다. 옛날에는 산과 강의 신에게 제사하기 위해 또는 分社분사(신령을 나누어 모신 신사 ― 옮긴이)에 제사할 때 여행을 했다.

|용례| 旅券여권 旅費여비 旅宿여숙 旅情여정 旅程여정 旅行여행

慮 15획 | 려 | 깊이 생각하다

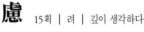

금문1　전문1

|해설| 형성. 성부는 虍로. 『설문해자』(10하)에 "謀思모사하는 것이다"라고 하여, 주의 깊게 생각하는 것, '깊이 생각하는' 것을 말한

다. 『詩經』「小雅/雨無正」에 "慮려하지 않고, 圖도하지 않고"(사려하지 않고)라는 옛 용례가 있는 글자인데 갑골문, 금문에 慮 자는 없다. 전국 시대(기원전 5~기원전 3세기)의 금문 『中山王方鼎』에 悬려로 쓰고, 慮는 思사를 요소로 포함하는 글자가 아니라는 것을 알 수 있다.

|용례| 考慮고려 配慮배려 思慮사려 憂慮우려 遠慮원려

勵 17획 | 려 | 힘쓰다, 격려하다

|해설| 형성. 성부는 厲려. 厲는 厂한과 萬만을 조합한 모양인데 厂은 산벼랑의 모양, 萬은 전갈(蠆채) 종류일 것이다. 벼랑 아래 비밀 장소에서 전갈 같은 곤충을 부리는 주술 의례를 행하는 것을 厲라 하고, '격렬하다, 힘쓰다, 강하다, 나쁘다' 등의 뜻이 된다. 力력은 쟁기의 모양이므로 쟁기로 논밭을 가는 일에 힘쓰는 것을 勵라 하여, '힘쓰다, 격려하다'라는 뜻이 된다.

|용례| 勵志여지 勵行여행 精勵정려

麗 19획 | 려 | 곱다, 늘어놓다

| 갑골1 | 금문1 | 금문2 | 전문1 |

|해설| 상형. 사슴뿔의 모양. 사슴 가죽을 늘어놓은 모양이라는 설도 있는데, 갑골문·금문의 자형에서 보면 늘어놓은 사슴뿔의 모양일 것이다. 한 쌍의 사슴뿔은 아름다운 것이기 때문에 '곱다, 아름답다, 늘어놓다, 나란히 하다'라는 뜻이 된다. 글자 윗부분의 丽려

가 麗의 본래 글자이다. 儷려는 나란히 한다는 뜻이고, 부부를 伉
儷항려라고 한다.

|용례| 奇麗기려 綺麗기려 端麗단려 美麗미려 麗人여인 麗姿여자

力   2획 | 력 | 힘, 쟁기, 힘쓰다

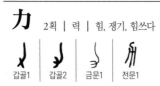

갑골1 갑골2 금문1 전문1

|해설| 상형. 쟁기의 모양. 『설문해자』(13하)에 사람의 힘줄 모양이라
고 하지만, 쟁기의 모양이다. 쟁기(耒뢰)는 力과 又우를 조합한 모양
인데, 力을 손(又)에 든 모양이다. 加가, 嘉가, 劾핵, 勸권, 協협, 勤근,
功공, 助조, 勢세, 靜정, 努노, 動동, 勉면, 勵려, 勞로에 포함된 力은 모
두 쟁기의 모양이다. 쟁기를 사용해서 논밭을 일구려면 많은 노력
이 필요했기 때문에 '힘, 노동, 힘쓰다, 격려하다'라는 뜻으로 쓴다.

|용례| 氣力기력 無力무력 力量역량 力作역작 力戰역전 自力자력

曆   16획 | 력 | 달력, 공적

금문1 금문2 전문1

|해설| 회의. 厤력과 曰왈을 조합한 모양. 厤은 厂한
(절벽의 모양)과 秝력을 조합한 모양. 秝은 軍門군문
에 세운 標木표목인 禾화를 세워놓은 모양으로 군문
의 모양이다. 절벽 아래에 兩禾양화를 세워 군문으
로 하는 것을 厤이라 하고 군의 본진을 말한다. 그 앞에 曰(신에게

金文 圖像의 秝

바치는 기도문인 축문을 넣는 그릇 ∪재에 축문이 있는 모양)을 놓고 전쟁에서 세운 공적을 표창하는 것을 曆이라 하여 '공적'이라는 뜻이 된다. 후에 '달력, 수, 헤아리다'라는 의미로 쓰인다.

|용례| 舊曆구력 曆年역년 曆法역법 曆數역수 曆日역일

歷 16획 | 력 | 지나다, 세다

갑골1 갑골2 금문1 금문2 전문1

|해설| 형성. 성부는 厤력. 厤은 崖벼랑 애 밑에 兩禾양화를 세워 軍門군문으로 만든 모양으로 군의 本陣본진을 말한다. 止지는 발자국의 모양으로 '돌아오다', '멈추다'라는 의미가 있다. 군의 행동에서 경험한 것, 전쟁에서 세운 공적을 歷이라 하고, 또 그 공적을 헤아리고 공적을 조사하는 것을 歷이라 한다. 그래서 '지나다, 시간이 지나다, 헤아리다'라는 의미로 쓰인다.

|용례| 經歷경력 巡歷순력 歷年역년 歷史역사 歷世역세

連 11획 | 련 | 이어지다, 잇다

전문1

|해설| 회의. 車차와 辵착(辶, 辶)을 조합한 모양. 『玉篇』에 글자를 "㔟련"으로 쓰고 "운반하다"라고 하고, 『廣韻』에 "㔟은 지고 물건을 나르는 것이다"라 하여, 등에 지고 물건을 운반하는 도구를 말한다. 聯련과 통하여 '이어지다, 잇다, 계속하다'라는 뜻으로 쓴다. 聯은

전장에서 죽인 적의 왼쪽 귀를 잘라 군공의 증거로 삼는데, 그 귀를 실로 꿰뚫는 모양인 것 같고, 그래서 '잇다, 계속하다'라는 뜻이 된다.

|용례| 關連관련 連結연결 連續연속 連勝연승 連戰연전 連呼연호

練 15획 | 런 | 누이다, 누인 명주

금문1 | 전문1

|해설| 형성. 성부는 柬간. 柬에 凍누일 런, 煉불릴 런의 음이 있다. 柬은 자루(橐탁)에 물건이 든 모양으로 물건을 가공하는 것을 표시한다. 『설문해자』(13상)에 "누임질을 한 명주"라고 한다. 『玉篇』에 "삶아서 씻는 것"이라고 하여, 달구어 실을 부드럽게 하는 '누이는' 방법을 말한다. '누이다'(실을 부드럽게 하다)라는 뜻에서 練習연습(기술이나 藝事예사 등을 반복해서 익힘), 練磨연마(몸, 정신, 기술 등을 갈고 닦음. 鍊磨연마)처럼 '단련하다'라는 뜻으로 쓴다.

|용례| 老練노련 修練수련 習練습련 試鍊시련 練達연달 鍊熟연숙

鍊 17획 | 런 | 불리다

전문1

|해설| 형성. 성부는 柬간. 柬에 凍누일 런, 煉불릴 런의 음이 있다. 柬은 자루(橐탁)에 물건이 든 모양으로 물건을 가공하는 것을 표시한다. 『설문해자』(14상)에 "金금을 다스리는 것"이라고 한다. 금속을 달

구어 그 속의 불순물을 제거하고 정제하는 것, '불리는' 것을 말한다. 물을 써서 누이는 것을 湅, 불에 달구어 불리는 것을 煉이라고 한다. 鍊磨연마(몸, 정신, 기술 등을 갈고닦음), 鍛鍊단련(금속을 때려 벼림. 훈련을 쌓아서 체력, 정신력을 벼리고 기술을 닦음)처럼 '단련하다'라는 뜻으로 쓴다.

|용례| 鍊成연성 精鍊정련

戀 23획 | 련 | 사모하다, 그립다, 그리움, 따르다

전문1

|해설| 형성. 성부는 䜌련. 䜌에 變흠모할 련, 攣구부릴 련의 음이 있다. 옛날에는 攣련 자를 사용한 것 같고 『漢書』「外戚/孝武李夫人傳」의 "上상께서 攣攣연련히 나를 귀여워하는 이유는 평소의 용모 때문이다"의 『顔師古注』에 "攣, … 또한 戀이라고 읽는다"라고 하여 사람에게 마음이 끌리는(攣) 것을 戀이라고 하고, '마음이 끌리다, 따르다, 사모하다, 그립다, 그리움'이라는 뜻으로 쓴다.

|용례| 悲戀비련 失戀실연 戀戀연연 戀慕연모 戀愛연애

列 6획 | 렬 | 나누다, 늘어세우다

전문1

|해설| 회의. 歺렬과 刀도(刂)를 조합한 모양. 歺은 사람의 육을 자르고 머리카락이 남아 있는 두골의 모양. 여기에 刀를 더한 列은

몸체와 머리 부분을 잘라 나누는 것을 말하고, '나누다'라는 뜻이
된다. 또 그 두골을 늘어놓는 것을 列이라 하여, '늘어놓다, 늘어
두다, 늘어세우다'라는 뜻이 된다. 殷代은대의 묘에는 斷首坑단수갱
이 많은데 목을 자르고 몸체와 머리 부분을 각각 열 개씩 하나의
구덩이에 묻어서, 수십 구덩이에 걸쳐 그 구덩이를 늘어놓은 예가
있다. 聖域성역의 출입구에 단수갱을 만들어 呪禁주금(惡邪악사를 물
리치는 주술)으로 삼는 것을 遮迾차열이라 한다. 迾렬에는 '가로막다'
라는 의미가 있다.

劣 6획 | 렬 | 떨어지다, 적다

전문1

|해설| 회의. 少소와 力력을 조합한 모양. 『설문해자』(13하)에 "弱약",
즉 劣弱열약(떨어지고 약함)이라는 뜻이라고 한다. 力은 쟁기의 모양
이므로 경작력이 적은 것, 부족한 것을 劣이라 하고, 후에 일반적
으로 '떨어지다, 약하다, 적다'라는 뜻으로 쓴다.

|용례| 卑劣비열 劣等열등 劣勢열세 劣惡열악 優劣우열

烈 10획 | 렬 | 격렬하다, 공적

금문1　금문2　전문1

|해설| 회의. 列렬과 火화(灬)를 조합한 모양. 列은 목을 잘라 몸체
와 머리가 나뉜 사체인데 그것에 불을 붙여 태우는 모양이 烈이므

로 '격렬하다, 심하다'는 뜻이 된다. 『설문해자』(10상)에 "불이 맹렬하다", 즉 불이 타는 기세가 격렬하다는 뜻이라고 한다. 剌공적 랄과 통용하여 功烈공렬(큰 공적)이라고 말한다. 금문의 자형은 剌. 剌은 東간(자루에 물건이 든 모양)을 칼로 가르는 모양의 글자인데 속이 터진다는 뜻이다. 조상의 威德위덕을 기려서 剌祖날조라고 말한다.

|용례| 猛烈맹렬 烈風열풍 烈火열화 壯烈장렬 酷烈혹렬

裂 12획 | 렬 | 찢다, 찢어지다, 터지다

전문1

|해설| 형성. 성부는 列렬. 列은 사람의 목을 잘라 몸체와 머리를 나누는 것을 말한다. 천을 잡아 찢는 것을 裂이라 하는데, 가위로 자르는 것과는 달리 격렬하게 잡아 찢는 것을 말한다. 후에 일반적으로 '찢다, 찢어지다, 터지다'라는 뜻으로 쓴다. 고대 중국에서는 죄인의 몸을 두 대의 牛車우차에 나누어 연결하여, 반대 방향으로 우차를 달리게 하여 몸을 잡아 찢는 車裂거열의 형벌이 있었다. 그것은 가장 잔혹한 형벌이었다.

|용례| 決裂결렬 龜裂균열 分裂분열 破裂파열

廉 13획 | 렴 | 구석, 깨끗하다, 싸다

전문1

|해설| 형성. 성부는 兼겸. 兼겸에 廉렴의 음이 있는 것은 監감에 濫

ㄹ

람, 各각에 洛락의 음이 있는 것과 같이, 두음 kl-의 k가 탈락한 것과 같을 것이다. 『설문해자』(9하)에 "기울다(仄측)"라고 한다. 기우는 데서 '구석'이라는 뜻이 되고, 그 구석을 굳게 지키는 데서 廉直염직(정직하고 굽은 일을 하지 않음)이라는 뜻이 된다. 淸廉청렴(마음이 맑고 사욕이 없음)이라는 뜻은 溓맑을 렴에서 가차한 용법이다. 廉價염가(값이 쌈. 싼값)처럼 '싸다'는 뜻으로도 쓴다.

|용례| 廉吏염리 廉士염사 廉正염정

獵 18획 | 렵 | 사냥하다, 찾아다니다

금문1

전문1

|해설| 형성. 성부는 巤렵. 巤은 말이 갈기를 나부끼며 달리는 모양. 『설문해자』(10상)에 "放獵방렵하는 것이다. 禽금(鳥獸조수)을 쫓는 것이다"라고 하여 '사냥하다, 사냥'이라는 뜻으로 풀이한다. 獵書엽서(책을 사러 찾아다님), 涉獵섭렵(널리 돌아다니며 찾아 구함)처럼 '찾아다니다'라는 뜻으로도 쓴다. 수렵은 고대에는 공동체의 중요한 행사로서 공적으로 행해지는 일이 많고, 제사와 관련해서 행해지거나 군사적인 수련을 겸해서 행해지는 일도 있었다. 또 '誓狩서수'처럼 점이라는 뜻으로 행해지는 것도 있었다.

|용례| 禁獵금렵 獵期엽기 獵師엽사 獵人엽인

令

5획 | 령 | 조칙, 명령하다, 좋다, -시키다

| 갑골1 | 갑골2 | 금문1 | 전문1 |

|해설| 상형. 깊숙한 의례용 모자를 쓰고 무릎 꿇고 神託신탁(신의 계시)을 받는 사람의 모양. 신의 신탁으로서 주어진 것을 令이라 하고, '신의 계시, 계시'라는 뜻이 되고, 천자 등 상위 사람의 '조칙, 명령, 명령하다'라는 뜻이 된다. 갑골문, 금문에서는 令을 命명의 뜻으로 쓰고, 令이 命의 본래 글자이다. 令은 신의 계시를 받고 神意신의에 따른다는 데서 '좋다, 훌륭하다'는 뜻이 되고, 또 사역의 '-시키다'로도 써서, 命과 구별하여 쓰게 되었다.

|용례| 君令군령 命令명령 令聞영문 令孃영양 令子영자 指令지령

鈴

13획 | 령 | 방울

| 금문1 | 금문2 | 전문1 |

|해설| 형성. 성부는 令령. 令은 깊숙한 의례용 모자를 쓰고 무릎 꿇고 신탁(신의 계시)을 받는 사람의 모양. 鈴은 '방울'을 말하는데 방울은 신을 불러 내리고 신을 보낼 때 쓰는 악기였고, 令은 방울 소리를 형용하는 것 같다. 신을 모시는 사람을 伶人영인이라고 하는데, 후에 무악을 연주하는 樂人악인을 말한다. 樂악은 자루가 달린 손 방울의 모양이다. 玉옥의 소리를 玲옥소리 령이라고 한다.

|용례| 鈴聲영성 振鈴진령 風鈴풍령

零 13획 | 령 | 비가 오다, 떨어지다

霉
전문1

|해설| 형성. 성부는 令령.『설문해자』(11하)에 "餘雨여우",『玉篇』에 "徐雨서우"라고 한다. '비가 천천히 오다, 비가 오다'라는 뜻으로 쓴다. 빗방울이 떨어지듯이 초목의 꽃이나 잎이 말라 떨어지는 것을 零落영락이라 하고, 사람이 영락하는 것도 말한다. 그래서 '떨어지다, 영락하다'라는 뜻으로 쓴다. 매우 작은 것, 조그마한 것을 零細영세라 하고 '조금'이라는 뜻으로도 쓴다. 또한 숫자 0이라는 뜻으로 쓰고 한란계가 표시하는 온도가 0도 이하인 것을 零下영하라고 한다.

領 14획 | 령 | 목, 깃, 다스리다

領
전문1

|해설| 형성. 성부는 令령.『설문해자』(9상)에 "목덜미(項항)"라고 한다. 淸代청대 段玉裁단옥재(18~19세기)의 注주에 "목(頸경)"의 잘못이라고 하는데, 요컨대 목덜미를 말하는 글자이고, '목, 목덜미, 깃, 옷깃 언저리'라는 뜻으로 쓴다.『詩經』「衛風/碩人」은 齊제의 姬君희군이 衛后위후에 시집가는 것을 축하하는 노래인데, "목덜미(領)는 굼벵이(蝤蠐추제) 같고"라 하여 목덜미가 하얗고 아름답다는 것을 노래한다. 허리(腰요)와 목덜미(領)는 인체의 가장 중요한 부분이므로 要領요령(사물의 가장 중요한 점)이라 하고, 또 領은 '통할하다, 다

상용자해

스리다, 우두머리'라는 뜻으로 쓴다.

|용례| 首領수령 領袖영수 領有영유 領地영지 領土영토 統領통령

齡 20획 | 령 | 나이

전문1

|해설| 형성. 성부는 令령.『說文新附』(2하)에 "나이(年년)",『字林』에 "나이(年齒연치)"라 한다. '나이, 연령'이라는 뜻으로 쓴다. 동물 종류 는 이빨을 보면 쉽게 그 연령을 알 수 있으므로 齒치를 글자의 요 소로 포함한다. 사람의 연령도 어릴 때는 齒로 알 수 있었다.

|용례| 高齡고령 馬齡마령 樹齡수령 弱齡약령 頹齡퇴령

靈 24획 | 령 | 영혼, 무녀, 신

갑골1	금문1	금문2	금문3	전문1

|해설| 회의. 霝비 올 령과 巫무당 무를 조합한 모양. 霝은 祈雨기우를 위해 Ѵ재(신에게 바치는 기도문인 축문을 넣는 그릇의 모양)를 3개 벌여 놓고 기도하는 것을 말한다. 巫는 그 기우를 하는 巫女무녀. 靈은 본래 기우 의례를 말한다. 기우만이 아니라 신령(신)의 강림을 구할 때에도 Ѵ를 벌여 놓고 똑같이 기도했기 때문에 후에 그 신령을 말 하고, 일반석으로 신령에 관한 것을 모두 靈이라고 한다. '무녀, 신, 영혼, 뛰어나다' 등의 뜻으로 쓴다. 금문에는 글자를 霝으로 쓰고 또 그 아래에 示시(신에게 제사를 지낼 때 사용하는 祭卓의 모양)나 心

심(심장의 모양)을 더한 모양도 있다.

|용례| 惡靈악령 靈感영감 靈柩영구 靈氣영기 靈驗영험 怨靈원령

例 8획 | 례 | 비유하다, 보기, 관례

전문1

|해설| 형성. 성부는 列렬. 列은 사람의 목을 베고, 잘라낸 두골을 늘어놓는 것을 말한다. 늘어놓아 呪禁주금(惡邪악사를 물리치는 주술)으로 삼는 것을 例라고 한다. 본래는 '부류, 보기'라는 뜻일 것인데 후에 '관례, 관습'이라는 뜻으로 쓴다.

|용례| 慣例관례 先例선례 例示예시 例外예외 例證예증 用例용례

隸 17획 | 례 | 붙다, 종, 따르다

隸   隸   隸
금문1   전문1   전문2

|해설| 회의. 祟수와 巾건과 又우를 조합한 모양. 隸는 그 변화한 자형이다. 祟는 재앙을 가져오는 靈力영력을 가진 짐승의 모양. 여기에 巾건을 대어 그 祟(빌미)를 巾에 옮기고 그 巾을 손(又우)에 갖게 하는 모양이 隸인데, 巾으로 빌미가 옮겨진 자를 말한다. 隸는 신의 종으로서 신에게 봉사하게 했다. 빌미를 옮긴 巾을 갖게 함으로써 그 사람의 몸에 빌미가 '붙는다'는 것이 隸의 본래 의미이고, 『설문해자』(3하)에 "달라붙다(附箸부착)"라고 한다. 부정이 옮겨진 자는 신의 종으로서 신에게 봉사하게 했다. 隸는 후에 널리 '종, 따르

다'라는 뜻으로 쓴다.

|용례| 奴隸노예 隸僕예복 隸書예서 隸屬예속 隸從예종

禮 18획 | 례 | 예의, 공경하다

   禮

갑골1　　금문1　　고문1　　전문1

|해설| 형성. 성부는 豊례. 豊는 醴례의 본래 글자인데 醴는 『설문해자』(14하)에 "술이 하룻밤 지나 익은 것이다"라고 한다. 단술 종류를 말한다. 의례 때는 醴酒예주를 쓰는 일이 많고 예주를 사용해서 하는 의례를 禮라 하고, '예의, 공경하다'라는 뜻으로 쓴다. 『中庸』「第二十七章」에 "禮儀예의 삼백, 威儀위의(예식에 맞는 동작, 태도) 삼천"이라는 말이 있고, 중국의 고대 문화는 禮敎예교(예의와 교화)를 중시하는 문화였다. 그 결과 繁文縟禮번문욕례(규칙 예식이 세세하게 규정되어 있어 귀찮음), 형식에 흐르는 것이 많았다. 상용한자로서 쓰는 礼는 『설문해자』에 고문으로서 제시되어 있고, 漢代한대의 石碑석비에도 쓰인다.

|용례| 失禮실례 禮敎예교 禮法예법 禮式예식 禮遇예우 禮儀예의

老 6획 | 로 | 늙다, 늙은이

금문1　　전문1

|해설| 회의. 耂로와 匕화를 조합한 모양. 耂는 머리가 긴 사람을 옆에서 본 모양으로, 장발이 늘어진 모양이다. 匕는 사람을 거꾸로

한 모양으로 누워 있는 죽은 사람의 모양이다. 이 글자의 경우는 죽음에 가깝다는 의미를 나타낸다. 장발의 연로한 사람을 老라 하여, '늙다, 늙어빠지다, 늙은이'라는 뜻으로 쓴다.

|용례| 敬老경로 古老고로 老死노사 老成노성 老衰노쇠 老人노인

勞 12획 | 로 | 힘쓰다, 피로하다, 위로하다, 돌보다

금문1 　 금문2 　 전문1

|해설| 회의. 炏형(본래의 자형은 炏)과 力력을 조합한 모양. 炏은 庭燎정료(화톳불), 篝火구화(모닥불)의 모양이고 力은 耒쟁기 뢰의 모양이다. 炏은 聖火성화이고 그 신성한 불로 쟁기를 祓淸불청하는 의례를 勞라고 한다. 농경의 처음과 마지막에 농구를 불청하는 의례가 있어 그 의례를 행함으로써 곡물의 충해를 막아 풍작을 얻을 수 있다고 생각했던 것이다. 청색 물감으로 쟁기를 정화하는 것을 靜정이라고 한다. 금문에 裻로라는 글자가 있는데 성화로 옷을 불청하는 의례를 말하는 것으로 보인다. 勞는 신이 '위로하다, 돕다, 돌보다'라는 것이 본래 의미이고, 후에 바뀌어 勤勞근로(일에 힘씀)처럼 '힘쓰다, 일하다'라는 뜻이 되고, '힘쓰다'에서 '힘들다, 피로하다'는 뜻이 된다.

|용례| 過勞과로 勞苦노고 勞動노동 徒勞도로 心勞심로 慰勞위로

虜 13획 | 로 | 포로

전문1

|해설| 형성. 성부는 虍로. 『설문해자』(7상)에 "잡은 것이다"라고 하여, 捕虜포로(전장에서 적에게 잡힌 사람)라는 뜻으로 풀이한다. 『詩經』 「大雅/常武」는 淮夷회이(남방에 있던 부족 이름)를 공격하는 것을 노래한 시인데, "자주 醜虜추로를 잡는다"라고 노래한다.

|용례| 虜囚노수 俘虜부로

路 13획 | 로 | 길

𤾋 𨆌
금문1 　전문1

|해설| 형성. 성부는 各각. 各에 賂뇌물 뢰, 輅수레 로의 음이 있다. 各은 ㅂ재(신에게 바치는 기도문인 축문을 넣는 그릇의 모양)를 바쳐 기도하여 신의 강림을 구함에 응하여 하늘에서 신이 내려오는 것을 말한다. 여기에 足족을 더한 路는, 신이 내려오는 '길'을 말한다. 『설문해자』(2하)에 "道도"라고 한다. 異族이족의 머리를 들고 그 呪力주력으로 邪靈사령을 祓淸불청하는 것을 道라 하고, 道路도로란 주력에 의해 불청된 길을 말한다. 路가 '길'이라는 뜻 외에 路車노거(제후가 타는 馬車마차), 路寢노침(천자나 제후의 正寢정침)처럼 천자나 제후의 일에 관해 쓰이는 것은, 路가 본래는 신이 내려오는 길이었기 때문일 것이다. 천자의 車를 輅라고 한다.

|용례| 歸路귀로 路頭노두 路面노면 路上노상 進路진로 通路통로

爐 20획 | 로 | 화로

|해설| 형성. 성부는 盧로. 爐는 '방바닥, 마룻바닥을 네모지게 파내어 난방·취사용 불을 피우게 만든 장치'이고 한랭지에서는 민가에서 중요한 장소가 되는 것인데 중국의 고문헌에 爐 자는 보이지 않는다. 明代명대(14~17세기)의 사전 『正字通』에 인용된 『歲時雜記』에 "京師경사, 시월 초하루에 술을 뿌려 고기 조각을 爐中노중에 구워 둘러앉아 마시고 먹는다. 이것을 暖爐난로라 한다"는 말이 보인다.

|용례| 爐邊노변 爐火노화 爐灰노회

露 21획 | 로 | 이슬, 젖다, 나타나다

전문1

|해설| 형성. 성부는 路로. 『玉篇』에 "하늘의 津液진액, 내려서 만물을 적시는 바이다"라고 한다. 비와 이슬은 만물을 생육하는 것이라 한다. '이슬, 젖다, 적시다'라는 뜻으로 쓰는 외에 露見노현, 露顯노현(숨어 있던 것이 드러남), 露呈노정(밖으로 드러냄)처럼 '나타나다'라는 뜻으로 쓴다.

|용례| 甘露감로 露骨노골 露天노천 露出노출 發露발로 披露피로

鹿 11획 | 록 | 사슴

| 갑골1 | 갑골2 | 금문1 | 금문2 | 전문1 |

|해설| 상형. 동물 '사슴'을 말한다. 옆에서 본 사슴의 전체 모양으로 그 특징인 훌륭한 뿔을 그렸다. 羊양이나 牛우는 정면에서 보고 특히 뿔을 주로 하는 자형이다. 사슴은 신성한 동물로 여겨진 듯하고, 갑골문에 문자를 사슴의 머리뼈에 새긴 것이 있고, 청동기에서 사슴을 그릇에 문양으로서 더한 것이 있다. 『詩經』「小雅/鹿鳴」에 "呦呦유유 사슴이 우네, 들판의 맑은대쑥을 먹는다"라는 구절이 있다. 呦呦는 사슴이 우는 소리인데, 사슴이 우는 소리는 평온하고 사랑스러움을 생각나게 하므로 鹿鳴녹명(사슴이 욺)을 노래하는 것은 사모하는 감정을 불러일으키는 발상이다. 일본 신화에는 신이 사슴이 되어 나타나는 예가 많다. 나라(奈良)시의 가스가(春日) 神社신사에서는 사슴이 신의 사자인 神鹿신록으로서 경내 일대에 다수 사육된다.

|용례| 鹿苑녹원 逐鹿축록

綠 14획 | 록 | 녹색

전문1

|해설| 형성. 성부는 彔새길 록. 『설문해자』(13상)에 "비단의 靑黃色청황색이다"라고 한다. 청색과 황색의 중간색 '녹색'을 말한다. 『詩經』「邶風/綠衣」는 옷을 들어 고인을 그리워하는 시인데 "녹색의 옷이여, 녹색 옷에 황색 안감이구나"라고 한다.

|용례| 綠樹녹수 綠地녹지 綠茶녹차 綠靑녹청 綠土녹토 新綠신록

錄

16획 | 록 | 적다, 쓰다

전문1

|해설| 형성. 성부는 彔새길 록. 彔은 송곳(錐추)과 같은 도구이고 나무에 구멍을 뚫어 나무 부스러기가 흩어지는 모양이다. 청동 등의 금속에 새겨 넣는 것을 錄이라 하여, '새기다, 적다'라는 뜻이 되고, 후에 널리 '적다, 쓰다'라는 뜻이 된다.

|용례| 記錄기록 錄寫녹사 錄音녹음 實錄실록

麓

19획 | 록 | 산기슭, 산지기

갑골1 갑골2 금문1 고문1 전문1

|해설| 형성. 성부는 鹿록. 글자는 또한 㯟록으로 쓰고 성부는 彔록. '산기슭'을 말한다. 수풀이 우거지고 鹿苑녹원(사슴을 기르는 목장)이 있는 듯한 산자락이다. 『詩經』「大雅/旱麓」에 "저 旱麓한록을 보면 榛楛진고가 濟濟제제하다"(저 旱山한산의 산자락을 보면 개암나무와 싸리나무가 무성하구나)라는 구절이 있다. 山麓산록의 수목이 무성한 모습을 보는 것은 사람의 생명력을 왕성하게 하는 振魂진혼을 뜻하는 것이었다. 산기슭에 있는 수풀을 林麓임록이라 한다.

상용자해

論 15획 | 론 | 말다툼하다, 풀다

論
전문1

|해설| 형성. 성부는 侖륜. 侖에 崙산이름 륜, 掄가릴 륜의 음이 있다. 侖은 순서를 따라 이어지는 것을 말한다. 『설문해자』(3상)에 "議의"라고 한다. 議論의론(자기의 의견을 말하고 언쟁하여 합의점에 도달하려 함)하는 것을 말한다. '말다툼하다, 헤아리다, 풀다'라는 뜻으로 쓴다.

|용례| 激論격론 論難논란 論理논리 論述논술 論外논외 論議논의

弄 7획 | 롱 | 가지고 놀다, 장난하다

금문1 | 금문2 | 전문1

|해설| 회의. 王왕(玉옥)과 廾공을 조합한 모양. 廾은 두 손을 늘어놓은 모양. 두 손으로 옥을 든 모양이 弄이다. 『詩經』「小雅/斯干」에 "璋장을 弄하게 하네"라 하고, 태어난 사내아이에게 璋(구슬)을 쥐게 한다. 남자 신생아에게 구슬을 쥐게 한 것은 생명력을 북돋우기 위한 振魂진혼 의례일 것이다. 여자에게는 瓦와(흙으로 만든 실패)를 쥐게 하여 弄瓦농와라고 한다. 후에 '가지고 놀다, 장난하다'라는 뜻이 된다.

|용례| 弄月농월 弄筆농필 翻弄번롱 愚弄우롱

瀧 19획 | 롱 | 비가 오다, 여울

갑골1　전문1

|해설| 형성. 성부는 龍룡.『설문해자』(11상)에 "비가 瀧瀧농롱하다"라고 하여 비가 내리는 모습이라고 하는데, 급류의 물, '여울'(강 흐름이 얕고 빠른 곳)이라는 설이 있다.『만요슈』(萬葉集)에서는 "비가 내리면 세차게 흐르는 산천"(2308), "봄비 내려서 세차게 흐르는 여울 소리"(1878)처럼 물이 세차게 흐르는 것을 말한다. 일본어에서는 '폭포'라는 뜻으로 쓴다. 지금의 폭포는 옛날에는 垂水수수라고 했다.

籠 22획 | 롱 | 바구니, 담다, 틀어박히다

전문1

|해설| 형성. 성부는 龍룡. '바구니'라는 뜻으로 쓴다.『설문해자』(5상)에 "흙을 올리는 기물"이라는 것은 흙 바구니이다. 물건을 담는 것이므로 '담다'라는 뜻이 된다. 일본어에서는 '집에 틀어박히다'처럼 안에 들어가 밖에 나오지 않는 것을 말한다.

|용례| 籠絡농락 籠城농성 籠鳥농조

賂 13획 | 뢰 | 뇌물, 선물

전문1

|해설| 형성. 성부는 各각. 各에 路길 로, 輅수레 로의 음이 있다. 『春秋左氏傳』에는 사죄의 마음을 나타내는 외교상의 선물로 賂 자를 쓴다. 후에 賄賂회뢰(자신을 잘 봐달라는 목적으로 보내는 금전이나 물품)처럼 '뇌물, 선물'이라는 뜻이 된다.

雷 13획 | 뢰 | 천둥, 우레

금문1

금문2

전문1

|해설| 상형. 본래 글자는 靁뢰로 쓰고, 성부는 畾뢰. 후에 생략하여 雷 모양으로 쓰고 성부인 畾의 음을 남겼다. 금문의 자형은 䨻뢰로 쓰고, 번개가 치는 모양이고 상형자이다. 번개가 치는 모양인 畾·䨻를 생략한 田전에, 雲운·雪설 등 천체 현상을 나타내는 글자에 붙이는 雨우를 붙여 雷로 하여, '천둥, 우레'라는 뜻이 된다. 천둥이 울리는 소리는 북을 울리는 소리와 비슷하고, 漢代한대의 塼畵전화(기와에 그린 그림)에는 북을 치는 雷神뇌신(천둥을 일으킨다고 여겨진 신)의 모습이 그려져 있다.

|용례| 落雷낙뢰 雷同뇌동 雷雨뇌우 雷電뇌전

賴 16획 | 뢰 | 부탁하다, 믿음직하다, 의지하다

전문1

|해설| 형성. 성부는 剌랄. 『설문해자』(6하)에 "남다(贏영)"라고 하여, 여분의 이익을 낳는다는 뜻으로 풀이한다. 剌에는 光烈광렬(공적)이라는 뜻이 있고, 貝패는 財貨재화라는 뜻이 있으므로 賴는 공적이 있고 재화가 있다는 의미가 되고, '부탁하다, 믿음직하다, 의지하다'라는 뜻으로 쓴다.

|용례| 信賴신뢰 依賴의뢰

瀨 19획 | 뢰 | 여울

瀨
전문1

|해설| 형성. 성부는 賴뢰. 『설문해자』(11상)에 "물, 모래 위를 흐르는 것"이라고 한다. '얕은 여울'(淺瀨천뢰)을 말한다. 賴는 그 흐르는 소리를 옮긴 것 같고, 竹管三孔죽관삼공의 피리를 籟세 구멍 퉁소 뢰라고 한다. 瀨와 籟는 모두 그 소리로 賴 음의 글자가 되었을 것이다. 좁은 해협이나 강의 여울 폭이 좁아진 곳을 세토(瀨戶, せと)라 하고 안위, 생명 등 운명이 걸린 중대한 갈림길을 세토기와(瀨戶際, せとぎわ)라고 한다.

了 2획 | 료 | 끝나다, 깨닫다

전문1

|해설| 상형. 물건을 비트는 모양. 『설문해자』(14하)에 "꼬이다(𢎩료). 자식이 팔이 없는 것에 따른다. 상형"이라고 하지만, 자식이 양손이 없는 모양이라는 설명은 전혀 무의미하다. 了의 형성자는 繚두를 요. 了戾료려(비틀려 꼬임)는 繚戾요려라고도 한다. 실이 꼬여 여기에서 끝이 나므로 '끝나다'라는 뜻이 된다. 憭료(총명하다, 밝다)와 통하여 '깨닫다, 이해하다, 밝다'는 뜻으로 쓴다.

|용례| 讀了독료 未了미료 完了완료 了解요해

料 10획 | 료 | 헤아리다, 재료, 식량

금문1 | 전문1

|해설| 회의. 米미와 斗두를 조합한 모양. 斗는 자루가 달린 국자의 모양. 斗로 미곡류의 양을 '재는' 것을 料라 한다. 『설문해자』(14상)에 "헤아리다(量량)"라고 한다. 분량을 헤아리는 것을 말한다. 후에 일반적으로 '헤아리다, 비교하다'라는 뜻으로 쓴다. 材料재료(물건을 만들 때 본래의 특질을 바꾸지 않고 쓰는 것)처럼 '기초가 되는 것, 근원'이라는 뜻으로 쓰고 또 飼料사료(가축에게 주는 먹이), 食料식료(식용으로 하는 것. 식물의 원재료)처럼 '식량'이라는 뜻으로 쓴다.

|용례| 料金요금 料理요리

寮 13획 | 료 | 관, 관청, 관리

갑골1　갑골2　금문1　전문1

|해설| 형성. 성부는 尞료. 宀면은 神廟신묘 같은 큰 건물의 지붕 모양이다. 尞는 본래 尞로 쓰는데, 엮은 나무를 태우는 모양으로, 경비할 때 피우는 화톳불, 庭燎정료(마당에서 피우는 화톳불)를 말한다. 화톳불을 피워 지키는 신성한 건물을 寮라 하여, '관, 관청, 관리'라는 뜻이 된다. 그 관청에 근무하는 사람을 僚벼슬아치 료라고 한다. 금문에는 大史寮대사료와 卿士寮경사료 두 계열의 관제가 보이는데, 대사료는 祭祀제사를, 경사료는 행정을 담당했던 것 같다. 일본의 고대 관제에도 圖書寮도서료, 大學寮대학료, 雅樂寮아악료 등이 있었다. 寮는 일본에서는 지금 학생이나 사원을 위해 설치한 공동 숙사라는 뜻으로 쓴다. 한편 尞에 횃불이라는 의미가 있고, 遼료는 '아득히, 멀다'라는 의미로 쓴다.

僚 14획 | 료 | 관리, 동료

전문1

|해설| 형성. 성부는 尞료. 尞는 본래 尞로 쓰고, 엮은 나무를 태우는 모양으로, 경비할 때 태우는 화톳불(籌火구화, 庭燎정료)을 말한다. 尞는 燎료(화톳불, 태우다)의 본래 글자이다. 화톳불을 태워 지키는 신성한 건물을 寮료(관청), 그 관청에서 근무하는 사람을 僚료라고 하여, '관직, 관리, 同僚동료'라는 뜻이 된다. 『書經』「皐陶謨」에

"百僚백료"라는 말이 있고 관리를 총칭해서 말한다.

|용례| 官僚관료 同僚동료 僚友요우

療 17획 | 료 | 고치다, 바로잡다

憭 **㦩**
전문1 전문2

|해설| 형성. 성부는 尞료. 전문2는 㦩료로 쓰고, 성부는 樂악. 樂은 자루가 달린 손 방울의 모양이고, 샤먼(신들린 상태가 되어 예언이나 병을 고치는 일 등을 하는 巫女무녀)이 그 손 방울을 흔들어 병마를 몰아내 병을 고치는 것을 㦩라 하여, '고치다, 바로잡다'라는 뜻이 된다. 후에 샤먼이 손 방울로 병마를 몰아내는 일 같은 것은 하지 않게 되어, '료' 음을 취하여 형성자인 療가 되었다.

|용례| 療病요병 療養요양 醫療의료 治療치료

瞭 17획 | 료 | 밝다

瞭
전문1

|해설| 형성. 성부는 尞료. 尞는 본래 尞로 쓰고, 엮은 나무를 태우는 모양으로, 경비할 때 태우는 화톳불(篝火구화, 庭燎정료)을 말한다. 聖所성소나 관청 등에서는 경계를 위해 철야 문전에서 화톳불을 태웠다. 尞는 화톳불이고 밝다는 뜻이 있다. 그 의미를 눈에 파급하여 瞭라고 하고 '눈동자가 밝다, 밝다'는 뜻으로 쓴다. 『孟子』「離婁上」에 "마음이 올바르면 눈동자가 밝다(瞭)"는 말이 있다.

龍 16획 | 룡 | 용

| 갑골1 | 갑골2 | 갑골3 | 금문1 | 전문1 |

|해설| 상형. 머리에 辛신 자 모양의 冠관 장식을 붙인 뱀의 몸을 한 동물의 모양이다. '용'이라는 뜻으로 쓰고, 불가사의한 힘을 가진 고대 전설상의 동물을 말한다. 鳳봉과 같이 冠 장식을 붙인 것은 聖獸성수의 표식이다. 갑골문, 금문의 龏공은 두 손으로 龍을 받드는 모양으로, 恭공손할 공의 본래 글자로 볼 수 있는 자이다. 龍을 사용하는 샤먼(신들린 상태가 되어 예언하는 巫女무녀)이 있어, 龍을 이용해 주술적인 의례를 행하는 일이 있었던 것 같다. 龍은 홍수신으로 여겨져 옛 신화에서는 龍 모양의 신으로 되어 있다. 갑골문에서는 구름(雲운)의 본래 글자인 云운은, 구름이 흐르는 아래에 龍의 말린 꼬리가 조금 보이는 모양이고, 旬열흘 순은 꼬리를 만 龍의 모양이고, 무지개(虹홍) 역시 龍 모양의 동물 모양이다. 처음에는 세력을 떨치다가 끝에는 부진한 것을 비유해서 龍頭蛇尾용두사미라고 한다.

|용례| 龍駕용가 龍宮용궁 龍神용신 龍王용왕 龍車용거·용차 雲龍운룡

淚 11획 | 루 | 눈물, 울다

| 전문1 |

|해설| 형성. 성부는 戾려. '눈물'의 본래 글자는 泶답이고 눈에서 눈

물이 떨어지는 모양의 상형자이다. 그 형성자가 涕체(눈물, 울다)인데, 淚는 漢代한대 이후에 쓰이는 글자이고 『설문해자』에 보이지 않는 글자이다. 唐代당대 시인 杜甫두보(8세기)는 涕淚체루(눈물)를 좋아한 사람으로, 그 시에 涕를 쓴 구절은 오십을 넘고, 淚를 쓴 구절은 백을 넘는다. "涕淚 번갈아 흐르다"라고 하므로 涕는 淚와 다른 점이 있는데, 콧물을 말한다.

|용례| 感淚감루 落淚낙루 淚腺누선 淚眼누안 淚痕누흔 聲淚성루

累

11획 | 루 | 거듭하다, 묶다, 번거롭게 하다

전문1

|해설| 형성. 본래 글자는 纍루로 쓰고 성부는 厽루. 厽는 흙을 쌓아 올린 모양으로 흙을 쌓아 올리듯이 실 다발을 쌓아 올리는 것을 累라 하고, '거듭하다, 늘리다, 더하다, 자주'라는 뜻이 된다. 또 累心누심(마음을 번거롭게 함), 係累계루(줄로 연결해 묶음. 보살펴주어야 하는 가족)처럼 '묶다, 번거롭게 하다'라는 뜻으로도 쓴다.

|용례| 累計누계 累年누년 累累누누 累代누대 累卵누란 累算누산

漏

14획 | 루 | 새다, 흘리다, 기르다

전문1

|해설| 형성. 성부는 屚루. 屚는 尸시(가옥의 처마 모양)와 雨우를 조합한 모양. 비가 새는 것을 말하고 漏의 본래 글자이다. 屚에 水수

를 더한 漏는 물이 새는 것을 말하는데, 후에 일반적으로 '새다, 흘리다, 기르다'라는 뜻으로 쓴다. 『설문해자』(11상)에 "구리로 물을 받아서 節절을 새긴다. 晝夜百節주야백절 있다"라 하여 물시계를 뜻한다고 한다. 漏刻누각(물시계)은 夏至하지에는 晝주 60刻각, 夜야 40刻, 冬至동지에는 晝 40刻, 夜 60刻으로 한다. 누각은 『周禮』 「夏官/挈壺氏」에 보이고, 唐代당대(7~10세기)에 漏刻博士누각박사를 두었다. 일본에서는 덴지(天智) 천황 시대(7세기 후반)부터 시작된다.

|용례| 漏洩누설 漏泄누설 漏電누전 遺漏유루 脱漏탈루 疏漏소루

樓

전문1

15획 | 루 | 높은 건물, 망루

|해설| 형성. 성부는 婁루. 婁는 여자가 머리를 높이 말아 올린 모양인데 머리를 높이 말아 올려 포개어 비녀로 고정한 모양이고, 몇 겹이나 겹친다는 뜻이 있다. 그래서 중층의 높은 건물을 樓라 하고, '높은 건물, 망루'라는 뜻이 된다. 옛날에는 신을 맞이하는 신성한 건물로서 지어진 것이었는데 후에 정치적, 군사적 의미를 지닌 건물이 되었다.

樓

|용례| 高樓고루 樓閣누각 樓鼓누고 樓觀누관 樓上누상 望樓망루

壘

 18획 | 루 | 보루, 포개다

금문1 | 전문1

|해설| 형성. 성부는 畾뢰. 畾는 흙을 자루에 채워 쌓아 올린 모양이고, 흙 그대로 다져서 쌓아 올린 모양은 厽루.『설문해자』(13하)에 "軍壁군벽"이라고 한다. 군영의 土囊토낭(흙 주머니)을 쌓아 올린 土壁토벽(보루)을 말한다. 일본어에서는 야구의 영어 base의 역어 '루'로 쓰고, 壘審누심(1, 2, 3루의 심판), 滿壘만루(1, 2, 3루에 주자가 있음)라고 한다.

|용례| 壘壁누벽 土壘토루

柳

 9획 | 류 | 버드나무

전문1 | 金文1

|해설| 형성. 성부는 卯(丣류).『설문해자』(6상)에 "少楊소양", 즉 어린 버드나무 가지를 뜻한다고 한다. '버드나무'라는 뜻으로 쓰고 버드나무 잎처럼 가늘고 멋진 미인의 눈썹을 柳眉유미라고 한다. 柳條유조(버드나무 가지), 柳花유화(버드나무 꽃)가 강남의 풍물로서 중국의 시문에 보이는 것은 六朝육조 시기(3~6세기) 무렵부터이다.

|용례| 柳絮유서 柳葉유엽 柳腰유요

流

10획 | 류 | 흐르다, 한패

금문1

전문1

전문2

| 해설 | 회의. 본래 글자는 水수와 㐬류를 조합한 모양. 㐬는 머리가 흐트러진 아이를 거꾸로 한 모양이므로, 어린아이가 물에 떠내려가는 모양이 流이고, '흐르다, 흘리다, 흐름'이라는 뜻이 된다. 고대에는 홍수로 물이 범람할 때 사람의 사체가 떠내려가는 일이 많았고 水死者수사자가 엎어져 뜨는 것을 氾범, 누워서 뜨는 것을 泛범이라 하고, 물속에 가라앉은 자식을 위에서 건지려고 하는 모양이 浮부이다. 또 고대에는 태어난 아이를 물에 뜨게 해보고 기를지 말지를 결정하는 습속도 있었다. 名流명류처럼 '한패'라는 뜻으로도 쓴다.

| 용례 | 急流급류 流動유동 流水유수 流失유실 流言유언 流轉유전

留

10획 | 류 | 멈추다, 머무르다, 남다

금문1

전문1

| 해설 | 회의. 卯(丣류)와 田전을 조합한 모양. 丣는 水流수류의 옆에 물웅덩이가 생기는 모양으로, 田地전지에 물이 모이는 것을 留라 하고, 물이 '모이다, 머무르다'라는 뜻이 된다. 후에 널리 '머무르다, 멈추다, 남다'라는 뜻으로 쓴다. 『설문해자』(13하)에 글자를 畱로 쓰고 "머무르다(止지)"라고 한다. 고인 물을 溜류라고 한다.

| 용례 | 留意유의 留滯유체 留保유보 保留보류 慰留위류 遺留유류

상용자해

硫 11획 | 류 | 유황

|해설| 형성. 성부는 㐬류. 㐬는 流류의 생략형. '유황'을 말한다. 유황은 황색, 무취의 무른 결정체이고, 화약, 성냥 제조 이외에 약제로 쓴다.

瑠 14획 | 류 | 유리

|해설| 형성. 성부는 留류. 瑠璃유리는 옥의 이름인데, 梵語범어(고대 인도의 산스크리트어) vaiḍūrya의 음역어인 吠瑠璃의 약어. 瑠璃 이외의 용법은 없는 글자이다. 琉璃유리라고도 쓴다. 유리는 고대 인도나 중국에서 중시된 옥인데 청색이 대표적이지만 그 외에 赤적, 白백, 綠록, 黑흑 등의 색이 있다. 『漢書』「西域傳上」에 "璧流離벽유리"(유리)의 이름이 보이는데, 『顏師古注』에 인용하는 『魏略』에 "大秦國대진국(로마 제국)의 산물"이라고 한다. 유리는 서방에서 중국으로 전래된 물품일 것이다.

類 19획 | 류 | 무리, 제사, 닮다

전문1

|해설| 회의. 米미와 犬견과 頁혈을 조합한 모양. 頁은 의례 때 의관을 정제한 모습이다. 쌀과 희생물 개를 바치고 禮裝예장하고 절하는 모습이 類이고, 하늘에 지내는 제사의 이름이다. 하늘에 있는 上帝상제에게 제사힐 때는 희생물 개를 태워서 그 냄새가 하늘로 올라

가게 하여 제사했던 것이다. 『書經』「舜典」에 "여기에 上帝에 제사 (類)한다"라는 말이 있다. 類가 '닮다, 무리'라는 뜻으로 쓰임에 따라서 본래 제사라는 뜻을 남기는 글자로서 示시(신에게 제사할 때 사용하는 祭卓제탁의 모양)를 더한 禷류가 만들어졌다.

|용례| 同類동류 分類분류 類例유례 類別유별 類似유사 類型유형

六 4획 | 류 | 여섯

| 갑골1 | 갑골2 | 금문1 | 금문2 | 전문1 |

|해설| 가차. 작은 천막 같은 형태의 건물 모양인데 六을 거듭한 모양이 坴언덕 륙. 幕舍막사라는 뜻으로 쓰는 것은 없고 이 음을 빌려서 숫자 6, '여섯'이라는 뜻으로 쓴다.

|용례| 六法육법 六書육서 六朝육조 丈六장륙

陸 11획 | 륙 | 뭍, 언덕

| 금문1 | 금문2 | 전문1 |

|해설| 형성. 성부는 坴륙. 坴은 六을 거듭한 모양인데, 六은 금문의 자형에서 보면 작은 천막과 같은 형태의 건물 모양이다. 阜부 (阝. 본래 모양은 𨸏)는 신이 하늘에 오르내릴 때 쓰는 사다리의 모양이므로, 陸은 신을 맞이하는 幕舍막사가 있는 곳이다. 『설문해자』 (14하)에 "高平고평의 땅", 즉 '언덕, 뭍'이라는 뜻으로 쓴다.

|용례| 上陸상륙 陸上육상 陸續육속 陸運육운 陸地육지 陸沈육침

倫 10획 │ 륜 │ 한패, 부류, 길

倫
전문1

|해설| 형성. 성부는 侖륜. 侖은 바퀴(輪륜)처럼 하나로 이어진 것을 말한다. 관계가 있는 人間인간끼리를 倫이라 하여, '한패, 동료, 부류'라는 뜻으로 쓰고, 人倫인륜(사람으로서의 길. 사람. 인간)처럼 '길'이라는 뜻으로도 쓴다.

|용례| **五倫**오륜 **倫理**윤리 **絶倫**절륜

輪 15획 │ 륜 │ 바퀴, 차, 돌다

輪
전문1

|해설| 형성. 성부는 侖륜. 侖은 바퀴처럼 하나로 이어진 것을 말한다. 차바퀴를 輪이라 하고, '바퀴, 차'라는 뜻이 된다. 차바퀴처럼 '돌다'라는 뜻이 되고 '둘레'라는 뜻으로도 쓴다.

|용례| **競輪**경륜 **年輪**연륜 **輪讀**윤독 **輪番**윤번 **輪轉**윤전 **銀輪**은륜

律 9획 │ 률 │ 법

전문1 │ 金文1

|해설| 형성. 성부는 聿율. 聿에 律의 음이 있는 것은, 位위에 立립의 음이 있는 것과 같다. 聿은 붓의 모양과 又우(손)를 조합한 모양으

로 붓이라는 뜻이다. 붓을 들어 건물의 위치, 배치를 정하듯이, 一律_{일률}로 공포한다는 뜻을 표시하는 글자이다. 그래서 '법, 규칙, 규정'이라는 뜻이 된다.

|용례| 規律_{규율} 法律_{법률} 律動_{율동} 一律_{일률} 自律_{자율}

慄 13획 | 률 | 두려워하다, 떨다, 떨리다

|해설| 형성. 성부는 栗_률. '두려워하다, 떨다, 떨리다'라는 뜻이 된다. 慄然_{율연}(두려워서 쭈뼛하는 모습), 慄烈_{율렬}(추위가 심한 모양), 戰慄_{전율}(두려워 몸을 떠는 모양)이라고 쓴다.

隆 12획 | 륭 | 성하다, 높다

전문1

|해설| 회의. 글자의 최초 형태는 自_부와 夂_치와 土_토를 조합한 모양. 自(阝. 본래 모양은 㠯)는 신이 하늘에 오르내릴 때 쓰는 사다리의 모양. 夂는 하향하는 발자국의 모양이고 신령이 내려오는 것을 표시한다. 土는 社_사의 본래 글자로 신에게 제사하는 神社_{신사}. 隆은 신의 사다리 앞에 신령이 강림하는 모양으로 神威_{신위}가 왕성한 것을 말한다. 후에 일반적으로 '성하다, 풍부하다, 높다, 크다'는 뜻으로 쓴다.

|용례| 隆起_{융기} 隆鼻_{융비} 隆盛_{융성} 隆昌_{융창} 興隆_{흥륭}

陵

11획 | 릉 | 능묘, 언덕, 넘다

금문1	금문2	전문1

|해설| 형성. 성부는 夌릉. 夌은 신을 맞이하는 건물인 㚒륙과 뒤를 향한 발자국의 모양인 夊쇠를 조합한 모양으로, 하늘에서 내려오는 神靈신령에게 제사하는 건물을 표시한다. 금문의 자형(금문2)에는 신에게 제사하는 神社신사인 土토(土는 社의 본래 글자)를 더한 글자가 있다. 自부(阝. 본래 모양은 𨸏)는 신이 하늘에 오르내릴 때 사용하는 사다리 모양. 내려온 신령을 맞아서 제사하는 곳을 陵이라 하고, 그것은 산이 평지에 가까운 곳에 만들어졌을 것이다. 그래서 陵은 '언덕'이라는 뜻이 되고, 그곳에 陵墓능묘(천자, 천황 등을 묻는 묘)를 조영하는 일이 많았으므로, '능묘'라는 뜻이 된다. 凌넘을 능과 통해서 '넘다, 능가하다'라는 뜻으로도 쓴다.

|용례| 丘陵구릉 陵夷능이 陵遲능지

吏

6획 | 리 | 관청, 관리, 다스리다

글자	글자	글자	글자
갑골1	금문1	금문2	전문1

|해설| 회의. 史사와 기드림을 조합한 모양. ㅂ재(신에게 바치는 기도문인 축문을 넣는 그릇의 모양)를 단 나무를 손으로 높이 들고 조상의 영에 제사하는 것을 史, 큰 나뭇가지에 ㅂ를 달고 지방에 나가서 산천에 제사하는 것을 使사, 그 나뭇가지에 또 기드림을 달아 산이나 강에서 국가적인 제사를 하는 것을 事사라 하고, 그 제사를 하

는 사람을 吏라고 한다. 事와 吏의 갑골문과 금문의 자형은 같다. 후에 吏는 '관청, 관리, 다스리다'라는 뜻으로 쓴다.

|용례| 官吏관리 能吏능리

利 7획 | 리 | 날카롭다, 이익

갑골1 금문1 금문2 전문1

|해설| 회의. 禾화와 刀도(刂)를 조합한 모양. 禾(곡물류)를 칼로 수확하는 모양으로, 수확해서 벌이로 하는 데서 '벌이, 이익'이라는 뜻이 된다. 『설문해자』(4하)에 "날카롭다"고 한다. 수확하는 칼이 '날카로운' 데서 후에 일반적으로 '날카롭다, 재빠르다'는 뜻이 된다.

|용례| 實利실리 利得이득 利用이용 利潤이윤 利益이익 利刀이인

里 7획 | 리 | 마을, 촌

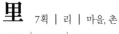

금문1 금문2 전문1

|해설| 회의. 田전과 土토를 조합한 모양. 土는 社사(신에게 제사하는 神社신사)의 본래 글자이므로 田의 神에게 제사하는 신사가 있는 곳을 里라 하고, 그 社를 중심으로 사람들이 거주하게 되었으므로 '마을, 촌락, 촌'이라는 뜻으로 쓴다. 후에 행정 단위나 거리 단위를 뜻하는 말로 썼다. 일본어 '사토'(里)는 지방의 수호신에게 제사하는 장소를 중심으로 운영되는 생활의 場장이라는 의미이므로, 里의 본래 의미에 적합하다. 俚속될 리는 시골, 천하다는 뜻으로 쓴다.

|용례| 里門이문 里程이정 村里촌리 鄕里향리

厘 9획 | 리 | 리

|해설| 형성. 성부는 里리. 본래 廛(店점)의 약자로 쓰였는데 후에 釐다스릴 리의 약자로 쓴다. 일본에서는 '린'으로 읽고, 길이 단위로 分분의 10분의 1(약 0.3밀리미터), 화폐 단위로 錢전의 10분의 1, 무게 단위로 돈의 10분의 1(약 0.4밀리그램), 비율 단위로 1할의 100분의 1이라는 뜻으로 쓴다.

梨 11획 | 리 | 배나무

전문1

|해설| 형성. 성부는 利리. 옛 자형은 㴝리. 낙엽 고목의 이름으로 '배나무'를 말한다. 그 감미로운 과실은 식용으로 한다. 중국에서 배나무는 맛이 좋은 과실로서 예부터 애호되어 魏文帝위문제(2~3세기)는 "달콤하기는 꿀과 같고, 부드럽기는 얼음과 같다"라고 하여 배의 감촉을 칭찬한다. 그 꽃은 희고 아름답고 그 가련함을 사랑받아, 白居易백거이(8~9세기)의 시 「長恨歌장한가」에 "梨花一枝이화일지, 봄비를 머금다"(선녀의 모습은 봄비에 젖은 한 떨기 배꽃 같다)라는 구절이 있다. 唐당 현종 황제(8세기)가 궁중의 梨園이원(배나무를 심은 정원)에서 가무를 연습하게 하여 연극계를 梨園이라고 한다. 일본에서는 특히 가부키(歌舞伎) 배우 사회를 말한다.

理 11획 | 리 | 다스리다, 이치, 결

理
전문1

|해설| 형성. 성부는 里리. 『설문해자』(1상)에 "玉옥을 다스리다"라고
한다. 『韓非子』「和氏」에 "王왕 즉 玉人옥인(옥을 가는 사람)으로 하
여금 그 璞(거친 옥)을 다스리게 하다"라고 한다. 옥을 다듬어서 옥
표면의 결을 드러내는 것을 理라 하고, '다스리다, 다듬다, 바로잡
다'라는 뜻이 된다. 피부의 결, 피부의 미세한 광택을 肌理기리라 하
고, '살결'이라는 뜻으로도 쓴다.

|용례| 理解이해 理路이로 處理처리 條理조리 情理정리

痢 12획 | 리 | 설사

|해설| 형성. 성부는 利리. 利에 날카롭다, 재빠르다는 뜻이 있다. 대
변이 굳지 않고 물같이 되어 나오는 설사를 말한다. 赤痢菌적리균에
의한 전염병에, 유아에게서 많이 보이는 疫痢역리(설사병)나 급성 소
화기계 전염병인 赤痢적리(이질)가 있다.

裏 13획 | 리 | 속, 안

금문1 금문2 전문1

|해설| 형성. 성부는 里리. 『설문해자』(8상)에 "옷의 안이다"라고 하
여, 옷의 안쪽을 말한다. 후에 일반적으로 '안, 속'이라는 뜻으로 쓴

다. 『詩經』「邶風/綠衣」에 "綠衣黃裏녹의황리"(녹색 옷에 황색 안감)라고 한다. 금문에서는 사여품의 하나로 虎冟熏裏호멱훈리(호랑이 가죽의 안감에 붉은 베를 댄 것)가 있고 車거 앞에 걸었다. 裡리는 속자이다.

|용례| 腦裏뇌리 裏面이면 表裏표리

履

전문1

15획 | 리 | 신다, 신, 밟다, 행하다

|해설| 회의. 정자는 履로 쓰고, 尸시와 彳척과 舟주와 夂쇠를 조합한 모양. 尸는 시동(조상의 영 대신에 앉아서 제사를 받는 자). 彳은 行행(십자로)의 좌반분으로 걷는다는 뜻이 있고, 夂는 뒤로 가는 발자국 모양으로 간다는 뜻이 있다. 舟는 통나무배의 모습과 비슷한 신발 모양이다. 履는 장례식 등의 의례에 신는 '신발, 신'이라는 뜻이 되고, 신을 '신다'라는 뜻이 된다. 신고 가기 때문에 履行이행(말한 것, 결정한 것을 그대로 행함)이라 하고, '행하다'라는 뜻으로 쓴다.

|용례| 履歷이력 草履초리

璃

15획 | 리 | 구슬 이름

|해설| 형성. 성부는 离리. 离는 虫훼(뱀 같은 파충류)가 위아래로 서로 얽힌 모양이고, 그러한 모양으로 된 것을 말한다. 瑠璃유리는 玉옥의 이름으로 琉璃라고도 쓴다. 보라색이 나는 紺色감색을 瑠璃色유리색이라고 한다. 玻璃파리는 지금의 유리(글라스)를 말한다. 샤미센(三味線)에 맞추어 말하는 이야기의 하나를 조루리(淨瑠璃, じょう

르リ)라고 한다.

離 19획 | 리 | 떼어놓다, 떠나다, 걸리다

전문1

|해설| 형성. 성부는 离리. 离는 두 마리의 虫훼(뱀 같은 파충류)가 위아래로 서로 얽힌 모양. 새(隹추)가 끈끈이(黐리)에 걸리는 것을 離, 끈끈이에서 떠나가려고 하는 것도 離라고 하여, '걸리다, 떼어놓다, 떠나다'라는 뜻으로 쓴다.

|용례| 分離분리 離別이별 離散이산 離任이임 離合이합

隣 15획 | 린 | 이웃, 이웃하다

금문1 　 금문2 　 전문1

|해설| 회의. 금문2의 자형은 隣으로 써서, 阜부와 㷠린을 조합한 모양. 㷠은 금문의 자형에 의하면 大대와 舛천을 조합한 모양인데, 大(손발을 벌리고 선 사람을 정면에서 본 모양)의 아래에 舛(좌우의 발이 밖을 향해 열린 모양)을 더하여, 聖所성소에 희생으로서 나무 기둥에 묶인 사람의 모양이고, 大의 위아래 작은 점은 선혈을 표시한다. 㷠은 사람을 희생으로 써서 도깨비불이 발화하는 것을 말한다. 阜부(阝)는 본래 모양은 𨸏이고, 신이 하늘에 오르내릴 때 쓰는 사다리의 모양이다. 隣은 그 신의 사다리 앞에 사람의 희생을 놓고 제사하여, 그곳에서 도깨비불이 발화하는 것을 표시하는 글자로, 그

것은 異族이족과의 경계의 呪禁주금(惡邪악사를 물리치는 주술)이었다. 隣이란 주금을 설치한 신성한 장소를 말하는데, 후에 '이웃, 이웃하다(늘어서다)'라는 의미로 쓴다. 중국 문헌에서는 鄰린을 正字정자로 사용하는데, 隣이 올바른 자형이고, 鄰은 나중에 만들어진 글자이다. 㷠에 火화를 더한 燐린은 도깨비불이라는 뜻으로 쓴다.

|용례| 近隣근린 善隣선린 隣家인가 隣室인실 隣人인인 隣接인접

林 8획 | 림 | 수풀

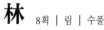

갑골1 | 금문1 | 전문1

|해설| 회의. 木목과 木을 좌우로 조합한 모양. 많은 나무가 무성한 곳을 林이라 하고 '수풀'이라는 뜻으로 쓴다. 木을 셋 조합한 모양은 森삼인데 나무들이 깊이 우거진 곳이고, 신이 사는 곳으로 여겼다. '수풀'은 '성장시키는 것'이라는 뜻이고, 나무에는 사물을 생장하고 기르는 힘이 있다고 보았던 것이다. 옛 시대 사람들은 이 성장시키는 힘이 왕성한 곳인 수풀 근처에서 생활했다.

|용례| 山林산림 植林식림 林間임간 林道임도 林立임립 林野임야

臨 18획 | 림 | 바라보다, 굽어보다

금문1 | 금문2 | 전문1

|해설| 회의. 臥엎드릴 와와 品품을 조합한 모양. 臥는 사람이 엎드려서 아래쪽을 보는 모양이고, 品은 ㅂ재(신에게 바치는 기도문인 축문을

넣는 그릇의 모양)를 세 개 늘어놓은 모양.『설문해자』(8상)에서는 "監 臨감림하는 것이다"라고 하여 하늘에서 아래를 굽어보는 의미라고 풀이한다. ㅂ를 바쳐 기도하는 데 응하여 하늘에 있는 신령이 아래 를 굽어보는 것을 臨이라 하고, 일반적으로 모두 '바라보다, 굽어보 다'라는 뜻으로 쓴다.『詩經』「大雅/大明」에 "上帝상제, 너에게 臨 하였다"라는 구절이 있다.

|용례| 君臨군림 臨檢임검 臨床임상 臨時임시 臨月임월 臨終임종

立 5획 | 립 | 서다, 세우다, 다다르다, 만들다

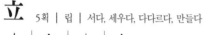

갑골1　금문1　금문2　전문1

|해설| 회의. 大대와 一일을 조합한 모양. 大는 손발을 벌리고 선 사 람을 정면에서 본 모양. 一은 그 선 곳의 위치를 표시한다. 立은 일 정한 위치에 선 사람의 모양으로 '서다'라는 뜻이 된다. 그 선 장소 를 位위(자리)라 하고, 立을 '자리에 서다, 임하다'라는 뜻으로도 쓴 다. 금문에는 立을 位(자리), 涖다다를 리, 莅다다를 리의 뜻으로 쓴다. 設立설립(새로 제도나 조직 등을 만듦), 創立창립(회사·학교 등의 단체·조 직 등을 처음 만듦)처럼 '만들다'라는 뜻으로도 쓴다.

|용례| 兩立양립 聯立연립 立證입증 立志입지

粒 11획 | 립 | 알

전문1

|해설| 형성. 성부는 立립.『설문해자』(7상)에 "알(糗삼)"이라고 한다. 쌀알을 말한다. 후에 일반적으로 '알'이라는 뜻으로 쓰인다.『書經』「益稷」에 "烝民증민(수많은 백성) 즉 粒하다"라는 것은 쌀을 먹고 생활할 수 있는 것을 말한다.

|용례| 細粒세립 粒食입식 粒子입자

馬 10획 | 마 | 말

| 갑골1 | 갑골2 | 전문1 | 전문2 | 전문1 |

|해설| 상형. 말의 모양. '말'을 말한다. 갈기(鬣렵)가 있는 말의 모양이다. 『설문해자』(10상)에 "怒로하는 것이다. 武무이다"라고 음이 통하는 말로 설명하고 있지만, 관계는 없다. 옛날에는 馬와 武의 음은 가까웠을 것이다. 중국은 광대한 땅이어서 예부터 마차를 사용하고 전쟁에서도 마차가 전차로서 활약했다. 殷代은대의 왕묘에는 말이나 차를 매장한 車馬坑거마갱을 동반하는 것이 있다.

|용례| 馬脚마각 馬齡마령 馬糞마분 馬車마차 乘馬승마 神馬신마

麻 11획 | 마 | 삼, 저리다

| 금문1 | 전문1 |

|해설| 회의. 广엄과 林패를 조합한 모양. 林는 마 껍질 섬유의 모양. 广은 宮廟궁묘 지붕의 모양이므로 궁묘에 삼을 걸어서 쓴다는 뜻이고, '삼'이라는 뜻이 된다. 삼은 흔히 神事신사에 쓰였다. 일본에서는 삼을 가늘게 잘라서 백발처럼 하여 묶은 것을 시라카(白香)라 하고 신사에 사용했다. 상복의 가슴이나 머리, 허리에 붙이는 麻布마포를 衰絰최질이라 한다. 『詩經』「曹風/蜉蝣」는 죽은 자를 애도하는 노래인데, "麻衣마의는 눈 같은데"라고 하는 베옷은 마의 흰옷으로 상복이다. 또 痲저릴 마와 통하여 '저리다'는 뜻으로 쓴다.

|용례| 麻痺마비 麻絲마사 麻索마삭 麻繩마승 麻紙마지

摩 15획 | 마 | 비비다, 갈다

摩
전문1

|해설| 형성. 성부는 麻마.『설문해자』(12상)에 "갈다(研연)"라고 한다. 양손을 마주 비비는 것을 摩라 하고, '비비다, 문지르다, 갈다'라는 뜻으로 쓴다. 매우 불가사의한 일을 摩訶不思議마하불사의라고 한다.

|용례| 摩滅마멸 摩擦마찰

磨 16획 | 마 | 갈다

磨
전문1

|해설| 형성. 성부는 麻마.『廣雅』「釋詁」에 "갈다(礪려)"라고 한다. 가는 것을 말한다. 또 磨滅마멸(닳아서 없어짐)하는 것을 말한다. 麻는 摸모(찾다, 문지르다)와 음이 가깝고, 손가락의 힘을 가하는 동작에 麻 음을 써서 磨, 摩마라고 말한다. 磨, 摩는 통용하는 경우가 많고 磨崖마애, 摩擦마찰이라고 한다.『설문해자』(9하)는 䃺갈 마 자를 든다.

|용례| 研磨연마 琢磨탁마

魔 20획 | 마 | 마귀

전문1

|해설| 형성. 성부는 麻마. 梵語범어(고대 인도의 산스크리트어) māra의
음역어 魔羅마라(불교에서 깨달음에 방해가 되는 것)의 약어. 사람에게
재앙을 주거나 악의 길로 유인하는 마귀를 말한다.

|용례| 魔力마력 魔法마법 魔性마성 魔術마술 睡魔수마

幕 14획 | 막 | 장막

전문1

|해설| 형성. 성부는 莫막.『설문해자』(7하)에 "휘장, 위에 있는 것을
幕이라고 한다"라고 설명한다. '천막, 텐트'를 말한다. 또 실내의 칸
막이 등에 사용하는 막, 커튼인 '휘장'(帷유)이라는 뜻으로도 쓴다.
행군 때 휴대하여 가고 진영이나 숙사로서 사용했다. 장군이 있는
곳을 幕營막영, 장군을 보좌하는 참모를 幕僚막료라 하고, 장군의
본영 전체를 幕府막부라고 한다.

漠 14획 | 막 | 사막, 조용하다, 넓다

전문1

|해설| 형성. 성부는 莫막. 莫은 艸초(草)와 艸 사이에 日일(태양)이

저물어가는 모양으로, 暮저물 모의 본래 글자이다. 『설문해자』(11상)에 "북방의 流沙유사"라 하고, 고비사막이라는 뜻으로 풀이한다. '사막' 외에 漠然막연(조용하고 편안함. 또 종잡을 곳이 없음), 廣漠광막(끝없이 넓게 펼쳐짐), 荒漠황막(황무지가 끝없이 이어진 모양)처럼 '조용하다, 쓸쓸하다, 넓다'라는 뜻으로도 쓴다.

膜 15획 | 막 | 막

전문1

|해설| 형성. 성부는 莫막. 莫에 천막이나 휘장처럼 둘러싸는 것이라는 의미가 있다. 신체의 부분을 표시하는 月(육달월)을 더해 살을 덮은, 또 살 사이에 있는 '얇은 꺼풀, 막'을 말한다.

|용례| 角膜각막 膈膜격막 粘膜점막

晚 12획 | 만 | 저물다, 늦다, 늦어지다

전문1

|해설| 형성. 성부는 免면. 免에 挽당길 만, 輓당길 만의 음이 있다. 『설문해자』(7상)에 "저물다(莫막)"라 하는데, '해 질 무렵'이라는 뜻으로 쓰고 시기, 연령 등이 '늦다, 늦어지다, 후'라는 뜻으로도 쓴다.

|용례| 今晚규만 晚年만년 晚照만조 晚餐만찬 晚秋만추 晚春만춘

萬

13획 | 만 | 만, 다수, 무수히

갑골1　갑골2　금문1　금문2　전문1

|해설| 상형. 본래 글자는 萬으로 쓰고, 벌레(虫훼)의 모양. 전갈(蠆채) 종류일 것이다. 萬을 그러한 벌레의 이름으로 쓴 예는 없다. 갑골문에는 이미 숫자 만으로 사용한 예가 있다. '숫자 만, 다수, 무수히'라는 뜻으로 쓴다. 『詩經』「邶風/簡兮」에 "公庭공정에 萬舞만무하다"라고 하여, 깃털을 들고 춤추는 殷人은인의 춤의 이름으로 쓴다.

|용례| 巨萬거만 萬感만감 萬國만국 萬端만단 萬物만물 萬事만사

慢

14획 | 만 | 업신여기다, 게으르다

전문1

|해설| 형성. 성부는 曼만. 曼은 冒모와 又우를 조합한 모양. 冒는 머리에 깊숙이 쓰는 두건, 모자의 모양이므로 두건에 손(又)을 대어 당기며 흘겨보는 모양이다. 『설문해자』(10하)에 "게으르다(惰타)", 또 "일설에 업신여겨 두려워하지 않다"라고 한다. 경멸의 감정을 담아서 흘겨보는 것을 慢이라 하고, '업신여기다, 경멸하다'라는 뜻이 된다. 慢遊만유(게으르게 놀러다님)처럼 '게으르다'는 뜻으로도 쓴다. 여자가 흘겨보는 것을 嫚업신여길 만이라 한다.

|용례| 高慢고만 慢侮만모 傲慢오만 自慢자만

滿 14획 | 만 | 차다, 족하다

構
전문1

|해설| 형성. 성부는 㒼만. 㒼은 한 면에 수를 놓은 예장용 무릎 덮개(蔽膝폐슬)의 모양. 무릎 덮개 전체에 자수를 했으므로 장식이 가득하다는 뜻이 있다. 물(氵)을 더해 물이 넘쳐 흐르는 것을 滿이라 하고, 물이 '차다'라는 뜻이 된다. 후에 일반적으로 '차다, 채우다'라는 뜻으로 쓰고, 차서 '족하다'는 뜻으로 쓴다. 장식이 많아서 눈이 헷갈리는 것, 헷갈려서 속는 것을 瞞속일 만이라 하고, 欺瞞기만으로 쓴다.

|용례| 滿面만면 滿溢만일 滿點만점 滿足만족 滿座만좌 滿天만천

漫 14획 | 만 | 질펀하다, 넓다, 어지럽다

|해설| 형성. 성부는 曼만. 曼은 머리에 깊숙이 쓰는 두건에 손(又우)을 대어 당겨, 눈이 드러나는 모양으로, 여인의 눈이 길고 윤택하며 아름다운 것을 말한다. 물이 끝없이 이어지는 모습을 漫이라 하고 '넓다, 평평하다, 어지럽다' 등의 뜻으로 쓴다.

|용례| 漫語만어 漫言만언 漫然만연 漫畵만화 散漫산만

灣 25획 | 만 | 민, 내해

|해설| 형성. 성부는 彎만. 彎은 활처럼 굽은 모양을 말한다. 그렇게 굽은 해안에 해수가 들어간 곳을 灣이라 하고 '만'이라는 뜻으로

쓴다. 옛 사전에는 보이지 않는 글자이고 六朝期육조기(3~6세기) 이후부터 쓰이기 시작한 글자이다.

|용례| 灣曲만곡 灣內만내 灣入만입 港灣항만

蠻 25획 | 만 | 오랑캐

| 금문1 | 금문2 | 전문1 |

|해설| 형성. 성부는 䜌만. 금문에는 䜌을 蠻의 뜻으로 쓰고 있고, 䜌이 蠻의 본래 글자이다. 『설문해자』(13상)에 "南蠻남만이다. 蛇種사종"이라고 하여, 남방의 '오랑캐'(이민족)이고 뱀의 종류라고 한다. 䜌은 신에게 맹세하는 말을 넣은 그릇에 실 장식을 매단 모양인데, 䜌을 오랑캐라는 뜻으로 쓰는 것은 그 음을 빌린 가차 용법이다. 후에 䜌에 虫훼(뱀 같은 파충류의 모양)를 더한 것은, 남방의 여러 종족을 蛇種이라고 생각하게 되었기 때문이다. 북방 이민족은 狄오랑캐 적이라고 했다. 蠻行만행(야만적인 행위), 蠻人야인(야만적인 사람), 蠻聲만성(비천한 큰소리), 蠻勇만용(앞뒤 가리지 않고 돌진하는 용기), 野蠻야만(문화가 개화되지 않음. 또 粗暴조포함)처럼 '거칠다, 난폭'이라는 뜻으로도 쓴다.

末 5획 | 말 | 끝, 아래

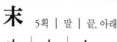

| 금문1 | 금문2 | 전문1 |

|해설| 지사. 木목의 윗부분에 두꺼운 점(•)을 더해서 나무의 말단

(가지 끝)을 표시한다. '가지 끝, 아래'라는 뜻으로 쓴다. 木의 아랫
부분에 두꺼운 점(•)을 더해서 나무의 하부, 나무뿌리를 표시한 글
자는 本본이고, 本末본말(근본과 말단. 처음과 끝)처럼 本과 末은 상대
적으로 쓴다.

|용례| 末端말단 末代말대 末路말로 末席말석 末子말자 終末종말

抹 8획 | 말 | 바르다, 지우다

|해설| 형성. 성부는 末말. 末에 가루(粉末분말)라는 뜻이 있고, 그것
을 손으로 발라버리는 것을 塗抹도말이라 하고, '바르다'라는 뜻이
있다. 발라서 그 표면에 있던 것을 지우는 것이므로 '지우다'라는
뜻으로 쓴다. 抹額말액은 머리띠인데 진시황제가 바닷가에서 만난
신들은 모두 말액을 하고 있었다고 한다.

|용례| 抹殺말살 抹消말소 抹香말향 一抹일말

亡 3획 | 망, 무 | 없다, 죽다, 도망가다, 멸망하다

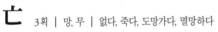

갑골1　갑골2　금문1　금문2　전문1

|해설| 상형. 손발을 구부린 죽은 사람의 뼈 모양. 그래서 '죽다'라
는 뜻이 된다. 亡은 屈肢葬굴지장의 모양, 혹은 풀숲 사이에서 백골
이 된 시체로도 보이는데, 그 시체에 아직 머리칼이 남아 있는 모
양이 㣺망할 황이고, 㣺이 초야에 버려진 상태를 荒황이라고 한다.
亡命망명(호적을 버리고 도망감. 국외로 도망감)처럼 '도망가다'라는 뜻
으로 쓰고, 또 亡絶망절, 滅亡멸망(망하다)처럼 '멸망하다'라는 뜻으

로 쓴다. '없다'라는 뜻은 그 음을 빌린 가차 용법이다. 无없을 무는
亡의 이체자이다.

|용례| 亡國망국 亡交망교 亡靈망령 亡賴망뢰 亡用망용 亡者망자

妄 6획 | 망 | 함부로, 거짓말

금문1 전문1

|해설| 형성. 성부는 亡망. 『설문해자』(12하)에 "어지러운 것"이라고
하여, 妄誕망탄(엉터리)이라는 뜻으로 풀이한다. '엉터리, 거짓말' 외
에 妄信망신(함부로 믿어버림), 妄想망상(있을 수 없는 일을 함부로 상상
함)처럼 '함부로'라는 뜻으로 쓴다. 불교에서는 망설이는(迷미) 마음,
煩惱번뇌로 더럽혀진 마음을 妄心망심, 妄念망념이라 하고, 망설임
(迷)의 마음에서 일에 집착하는 것을 妄執망집이라 한다.

|용례| 妄說망설 妄言망언 迷妄미망 虛妄허망

忙 6획 | 망 | 바쁘다

|해설| 형성. 성부는 亡망. 『列子』「楊朱」에 "子産자산이 忙然망연히
이에 응하지 못했다"(대답할 수가 없었다)라고 하여, '멍하다'는 뜻이
라고 한다. '바쁘다, 당황하다'라는 뜻으로 사용하는 것은 唐代당대
(7~10세기) 이후의 일인 것 같다.

|용례| 多忙다망 繁忙번망 閑忙한망

忘 7획 | 망 | 잊다

| 금문1 | 금문2 | 전문1 |

|해설| 형성. 성부는 亡망. 亡은 손발을 구부린 죽은 사람의 뼈 모양으로 죽은 사람을 말한다. 『설문해자』(10하)에 "알지(識식) 못하다"라고 하여, '잊다'라는 뜻으로 풀이한다. 『詩經』「大雅/假樂」에 "그르치지(愆건) 말고, 잊지(忘) 말고, 옛 법에 따른다"라고 한다. 『論語』「述而」에 "發憤발분해서 食식을 잊고(忘), 道도를 즐겨 근심을 잊고(忘), 늙음이 장차 다가오는 것을 알지 못하다"(마음을 떨쳐 면학에 열중해 식사하는 것을 잊고, 도를 즐겨서는 근심을 잊어, 늙어가는 것조차 모른다)라고 공자가 자신의 사람됨에 대해 스스로 한 말이 있다.

|용례| 忘却망각 忘年망년 忘失망실 忘我망아 忘憂망우 忘恩망은

望 11획 | 망 | 바라보다, 바라다

| 갑골1 | 갑골2 | 금문1 | 금문2 | 전문1 |

|해설| 형성. 성부는 亡망. 갑골문자의 자형은 발돋움하고 선 사람을 옆에서 본 모양(壬정) 위에 臣신(위쪽을 바라보는 눈의 모양으로 큰 눈동자)을 그린 모양(望)으로, 발돋움하고 서서 멀리 내다보는 사람의 모양이고, 상형자이다. 여기에 성부 亡을 더한 望은 형성자이다. 멀리 내다보는 데서 '바라보다, 애타게 기다리다, 바라다'라는 뜻으로 쓴다. 발돋움하고 서서 큰 눈동자로 멀리 내다보는 것은 雲氣운기를 보고 점치는 행위이고, 또 눈이 갖는 呪力주력(주술의 힘, 저주의

힘)으로 적을 억눌러 굴복시키는 주술적 행위였다. 갑골문에 望乘망승이라는 씨족명이 보이는데, 군대를 따르고 있지만, 눈의 주력으로 적의 상황을 알고 적을 굴복시키는 일을 직무로 하던 씨족일 것이다.

| 용례 | 待望대망 望見망견 本望본망 所望소망 切望절망 絶望절망

網
14획 | 망 | 그물

전문1

| 해설 | 형성. 성부는 罔망. 罔은 그물의 모양인 网망에 성부인 亡망을 더한 글자이고 그물을 말하고 網의 본래 글자이다. 网, 罔, 網은 한 계열의 글자이다. 날짐승을 잡는 '그물' 외에 일반적으로 그물코가 있는 것을 말한다. 『老子』「第七十三章」에 "天網천망은 恢恢회회, 성기어도 잃지 않는다"(하늘의 그물은 커서 성기지만 不法불법을 빠뜨리는 일은 없다)라고 하는데, 신은 작은 죄도 놓치지 않는다는 뜻이다. 한 번 펼친 그물로 많은 고기를 다 잡는 것, 이것이 바뀌어 악자를 남김없이 체포하는 것을 一網打盡일망타진이라고 한다.

| 용례 | 網羅망라 網絲망사 法網법망 漁網어망 魚網어망

每
7획 | 매 | 힘쓰다, 늘

갑골1 갑골2 금문1 금문2 전문1

| 해설 | 상형. 머리를 땋고 머리 장식을 붙인 여자의 모양. 금문에서

는 '힘쓰다'라는 뜻으로 쓴다. 每매와 又우를 조합한 모양인 敏은, 머리 장식에 손(又)을 더해, 머리 장식을 갖추고 제사에 힘쓰는 것을 말한다. '늘, 그때마다'라는 뜻으로 쓰는 것은 음을 빌린 가차 용법이다.

|용례| 每年매년 每每매매 每月매월 每日매일 每次매차 每回매회

妹 8획 | 매 | 누이

| 갑골1 | 갑골2 | 금문1 | 금문2 | 전문1 |

|해설| 형성. 성부는 未미.『설문해자』(12하)에 "女弟여제"라 하고, '누이'를 말한다. 누나는 "女兄여형"이라고 한다. 昧어두울 매와 통하여 금문에는 새벽을 妹辰매신이라고 한다.

|용례| 義妹의매 姉妹자매

枚 8획 | 매 | 널조각, 세다

전문1

|해설| 회의. 木목과 攴복(攵)을 조합한 모양. 攴에는 친다는 뜻이 있고, 나무를 도끼 등으로 쳐서 만든 '널조각, 얇은 것'을 말한다. 또 얇은 것을 '세는' 것을 말한다.

|용례| 枚擧매거 枚數매수

昧 9획 | 매 | 새벽, 어둡다

| 금문1 | 금문2 | 전문1 |

|해설| 형성. 성부는 未미. 未에 妹매의 음이 있다. 『설문해자』(7상)에 "새벽(昧爽매상). 밝아지려고 하는 것이다"라고 한다. '새벽'을 말한다. 밤이 아직 밝아지지 않은 어슴푸레한 상태이므로 '어둡다'는 뜻으로도 쓴다. 장래를 서약한 남녀의 노래인 『詩經』「鄭風/女曰雞鳴」에 "여자가 말하네, 닭이 운다고. 남자는 말하네, 아직 어둡노라고(昧旦매단)"라는 구절이 있다. 닭이 우는 새벽 전의 어슴푸레한 새벽을 매단이라고 한다.

|용례| 曖昧애매 愚昧우매 蒙昧몽매

埋 10획 | 매 | 묻다, 메우다

| 전문1 |

|해설| 형성. 본래 글자는 薶매로 쓰고, 성부는 貍매. 埋는 貍로도 쓴다. 貍는 너구리라는 뜻으로 쓴다. 『周禮』「春官/大宗伯」에 "貍沈매침으로써 山林川澤산림천택에 제사한다"라고 하는데, 지하에 희생을 묻는 것을 薶매라고 한다. 땅속에서 침입하는 蠱벌레 고라는 邪靈사령을 막기 위해 지하에 희생을 묻었던 것이다. 후에 일반적으로 땅속에 '묻다, 메우다'라는 뜻으로 쓴다.

|용례| 埋骨매골 埋沒매몰 埋葬매장

梅
11획 | 매 | 매화나무

楳 | **楳**
전문1 | 전문2

|해설| 형성. 성부는 每매. 글자는 또한 楳매로 쓰고, 성부는 某모. '매화나무'를 말한다. 『설문해자』(6상)에 "某는 酸果산과이다"라 하고, 某를 楳의 본래 글자라고 한다. 某는 본래 曰왈과 木목을 조합한 모양으로, 나뭇가지에 曰(신에게 바치는 기도문인 축문을 넣는 그릇인 ㅂ재에 축문이 있는 모양)을 달아서 신에게 바쳐 신의 뜻을 묻고 헤아린다(謀모)는 의미이고, 謀의 본래 글자이다. 매화나무는 중국 원산이고 일본에는 나라(奈良) 시대 이전에 도래했다고 하는데, 매화나무는 당시의 중국어 음대로 읽었을 것이다. 위에 모음을 붙여 '우메'(うめ, 매화 — 옮긴이)라는 일본어로 했던 것이다. 헤이안(平安) 시대에는 '무메'라고도 읽었다. 중국에서는 매화를 관상하는 풍습이 있고, 『만요슈』(萬葉集)에는 매화의 아름다움을 기리는 노래가 많다. 당시는 벚꽃보다 매화의 향기를 더 좋아했던 것이다.

|용례| 梅林매림 梅雨매우 梅園매원 梅花매화 入梅입매 紅梅홍매

媒
12획 | 매 | 중매인, 중개인, 술밑, 누룩

媒
전문1

|해설| 형성. 성부는 某모. 某에 朕아이 뺄 매, 禖매(禖祭매제)의 음이 있다. 某는 본래 曰왈과 木목을 조합한 모양으로 나뭇가지에 曰(신에게 바치는 기도문인 축문을 넣는 그릇인 ㅂ재에 축문이 있는 모양)을 달

아서 신에게 바쳐 신의 뜻을 묻고 헤아린다(謀모)는 의미이고, 謀의 본래 글자이다. 여자에게 혼사를 상의하는 것을 媒라 하고, '중매인, 중개인'이라는 뜻이 된다. 다른 새를 유인하기 위해 사용하는 새를 媒鳥매조(후림새)라고 한다.

|용례| 媒介매개 媒妁매작 媒體매체

買 12획 | 매 | 사다, 찾다

갑골1　금문1　전문1

|해설| 회의. 갑골문, 금문의 자형은 网망과 貝패를 조합한 모양. 网은 그물의 모양. 買는 조개를 그물로 모으는 모양으로, 조개를 몰래 사서 모으는 의미일 것이다. 『설문해자』(6하)에 "사다(市시)"라고 한다. 賣의 옛 자형은 出출과 買를 조합한 모양인 𧷓로 쓰고, 사 모아서 저장한 조개를 내보낸다는 의미이다. '사다' 외에 買愁매수(시름을 부르다)처럼 '부르다, 찾다'라는 뜻으로도 쓴다.

|용례| 買價매가 買收매수

魅 14획 | 매 | 도깨비, 정령, 홀리다

주문1　고문1　전문1　전문2

|해설| 형성. 성부는 未미. 본래 글자는 彲매로 쓰고, 鬼귀와 彡터럭삼을 조합한 모양. 彡은 긴 털의 모양인데, 긴 털 괴물을 彲라 하고, '도깨비, 요괴, 魑魅이매(산림, 목석에 산다고 하는 정령)'라는 뜻으로

쓴다. 주문1, 고문1 자형의 하부는 짐승의 모양인데 그것은 祟재앙 수의 자형과 가깝고, 魅는 재앙(祟)을 가져오는 괴물이라고 여겨 두려워했을 것이다. 魅了매료(사람의 마음을 완전히 끌어당겨 홀림), 魅力매력(사람의 마음을 끌어당겨 몰두시키는 힘), 魅惑매혹(사람의 마음을 끌어당겨 홀림)처럼 '홀리다'라는 뜻으로도 쓴다.

罵

15획 | 매 | 욕하다

전문1

|해설| 형성. 성부는 馬마. 『설문해자』(7하)에 罵는 "욕하다(詈리)", 詈는 "욕하다(罵)"라고 한다. 옛날 말을 타고 시내를 돌아다니면서 사람들의 욕을 받는 형벌이 있었을 것이다. 罵는 그러한 형벌을 나타낸다고 생각된다. 詈는 신에게 맹세하는 축문(言언)에 그물(网망)을 쳐서, 그 맹세를 무효로 하는 것을 의미한다. 또 刀도(刂)를 더해서 축문 그릇을 파괴하는 것은 罰벌이다.

|용례| 罵倒매도 罵詈매리 罵聲매성 痛罵통매

賣

15획 | 매 | 팔다, 팔리다

전문1

|해설| 회의. 옛 자형은 𧷓로 쓰고 出출과 買매를 조합한 모양. 조개(貝패)를 몰래 사서 모으는 것을 買라고 한다. 사서 모은 조개를 내보내는 것을 賣(賣)라고 한다. 『설문해자』(6하)에 "物貨물화를 내보

내는 것"이라고 한다. 금문에 贖속으로 쓰는 글자가 있는데 賣는 본래 贖罪속죄(죄를 배상함)로서 물건을 낸다는 뜻이었을 것이다. 賣는賣買매매(팔고 삼)처럼 '팔다'라는 뜻으로 쓴다.

|용례| 賣却매각 賣國매국 賣名매명 賣約매약 賣品매품 即賣즉매

脈 10획 | 맥 | 줄

전문1

|해설| 회의. 月(육달월)과 𣲖파를 조합한 모양. 𣲖는 물이 갈라져 흐르는 모양인데, 신체 부분임을 표시하는 月을 붙여 '혈관, 핏줄, 줄'을 脈이라고 한다. 중국의 고대 의학은 經脈경맥(경혈과 경혈을 잇는 줄)의 연구를 중심으로 하는 것이었다. 인체에는 십이 경맥과 십오 絡脈낙맥이 있다고 한다.

|용례| 氣脈기맥 亂脈난맥 脈絡맥락 脈理맥리 脈搏맥박 血脈혈맥

麥 11획 | 맥 | 보리

갑골1   갑골2   금문1   금문2   전문1

|해설| 회의. 來래와 夊쇠를 조합한 모양. 來는 보리의 모양. 夊는 止지(발자국의 모양)를 거꾸로 한 모양이고, 麥은 보리 밟기를 한다는 뜻일 것이다. '보리'라는 뜻으로 쓴다. 『설문해자』(5하)에 "까끄라기(芒망)가 있는 곡식이다. 가을에 심고(種종) 깊이 북돋운다"라고 한다. 夊는 뿌린 씨앗에 흙을 올리고 발로 밟는 것을 말할 것이다. 가

상용자해

을에 씨앗을 뿌린 보리가 익는 초여름 무렵을 麥秋_{맥추}라고 하는 것은 보리의 가을(수확 시기)이라는 의미이다. 周_주 왕조에는 주의 조상신 后稷_{후직}이 嘉禾_{가화}(좋은 곡물)를 얻어 나라를 일으켰다는 전승이 있는데, 가화란 大麥_{대맥}(보리), 小麥_{소맥}(밀)을 말한다. 대맥, 소맥은 서방에서 전래한 것으로 생각된다. 麥酒_{맥주}는 대맥의 麥芽_{맥아}를 발효시켜 만든다.

전문1

盲 8획 | 맹 | 눈멀다, 맹인, 어둡다

|해설| 형성. 성부는 亡_망. 亡은 손발을 구부린 죽은 사람의 뼈 모양인데, 가차해서 없다, 없음이라는 뜻으로 쓴다. 눈의 시력을 잃은 사람을 盲이라 하고, '눈이 멀다, 맹인'이라는 뜻으로 쓴다. 『설문해자』(4상)에 "눈에 눈동자(牟子_{모자})가 없는 것"이라고 한다. 盲을 瞽_{소경 고}라고도 한다. 고대에는 史官_{사관}을 瞽史_{고사}라고 하는데, 실명한 사람 중에는 故事_{고사}를 잘 암송하는 사람이 많았다. 또 樂官_{악관}, 巫祝_{무축} 등 神事_{신사}와 관계된 사람 중에는 실명한 사람이 많았다.

|용례| 盲人_{맹인} 盲點_{맹점} 盲從_{맹종} 盲進_{맹진}

猛 11획 | 맹 | 용맹하다

전문1

|해설| 형성. 성부는 孟맹.『설문해자』(10상)에 "용맹한 개"라 하여, 猛犬맹견(성질이 난폭한 개)이라는 뜻으로 풀이한다. 獶으르렁거릴 누는 『설문해자』(10상)에 "화난 개의 모습"이라고 하는데, 獶猛누맹은 본래 개의 성질이 거칠고 난폭한 것을 말한다. 용맹한 개라는 뜻에서 후에 일반적으로 '용맹하다, 굳세다, 격렬하다'라는 뜻으로 쓴다.

|용례| 猛省맹성 猛威맹위 猛將맹장 猛虎맹호 猛火맹화

盟

13획 | 맹 | 맹세하다

갑골1 　금문1 　금문2 　전문1

|해설| 회의. 明명과 血혈을 조합한 모양. 明은 창에서 달빛이 스며드는 것을 말하고, 그 창 쪽에서 신에게 제사했다. 신 앞에서 피를 마시고 맹세하는 것을 盟이라 하고, '맹세하다, 맹세'라는 뜻이 된다. 周代주대에는 뭔가 중대한 의혹이 있을 때 맹세하여 결백을 서약하고, 또 제후가 12년에 한 번 모여 서로 맹세하는 규정이 있었다. 盟約맹약의 約은 줄 등을 묶어서 그 매듭의 모양이나 수로 약속의 내용을 표시하는 것, 맹세는 신성한 것으로 여긴 화살을 부러뜨리는 동작을 하여 신에게 맹세하는 것을 말한다. 춘추 시대(기원전 8~기원전 5세기) 晉진의 수도 유적에서 발견된 侯馬盟書후마맹서는 옥이나 돌에 朱書주서, 墨書묵서한 것 약 5천 조각을 헤아리는데, 주로 일족 내부의 협력을 맹세한 것이다.

|용례| 加盟가맹 同盟동맹 盟誓맹서 盟約맹약 盟主맹주 血盟혈맹

7획 | 면 | 벗어나다, 벗다, 용서하다

|해설| 이 글자에 대해서는 두 갈래의 계통이 있다.

금문1 | 금문2

① 상형. 투구(胄주)를 벗는 모양. 투구를 벗는 데서 '벗다, 벗어나다, 용서하다'라는 뜻으로 쓴다. 戰陣전진 중에서 禮례를 할 때는 투구를 벗는 것이 예의였다.

전문1

② 상형. 분만할 때의 모양. 다리 사이를 벌려서 아이가 태어나는 모양이고, '낳다'라는 뜻이 된다. 免은 娩낳을 만의 본래 글자이다.

①과 ②는 자형이 유사해서 하나의 글자가 되었다.

|용례| 免官면관 免除면제 免罪면죄 免職면직 免責면책

 9획 | 면 | 힘쓰다, 북돋우다

전문1

|해설| 형성. 성부는 免면. 力력은 쟁기(耒뢰)의 모양이므로 농업에 힘쓰는 것을 勉이라 하고, 후에 일반적으로 '힘쓰다, 북돋우다'라는 뜻이 된다. 免은 分娩분만(아이를 낳음)할 때의 자세이고 분만할 때도 힘쓰고 북돋울 필요가 있었다.

|용례| 勉勵면려 勉學면학

面

9획 | 면 | 겉, 얼굴, 향하다

갑골1 　 전문1

|해설| 상형. 눈만 드러낸 가면의 모양. 神事신사 의례 때에는 여러 가지 가면이 사용된 것 같고, 戲희나 劇극의 자형에 의하면 호랑이 가죽으로 만든 쓰개가 사용된 것을 알 수 있다. 후에 顏面안면의 뜻이 되고 '겉, 얼굴, 낯짝, 향하다'라는 뜻으로 쓴다. 얼굴을 돌리는 것을 偭등질 면이라고 한다.

|용례| 面談면담 面貌면모 面前면전 面從면종 面會면회 素面소면

眠

10획 | 면 | 자다, 졸리다

전문1

|해설| 형성. 성부는 民민. 民은 눈동자(眼睛안정)를 찔려 시력을 잃은 사람을 말한다. 시력을 잃은 상태는 잠자는 상태와 비슷하므로, 眠은 '자다, 졸리다'라는 뜻으로 쓴다. 『설문해자』(4상)에는 정자를 瞑명이라고 하는데, 지금 瞑은 '어둡다, 어두워지다'라는 뜻으로 쓴다.

|용례| 假眠가면 眠食면식 不眠불면 睡眠수면 安眠안면 永眠영면

綿 14획 | 면 | 솜, 이어지다

전문1

| 해설 | 회의. 본래 글자는 緜면으로 쓰고, 帛백과 系계를 조합한 모양. 系는 실 가닥, 帛은 비단이므로 풀솜을 말한다. 『설문해자』(12하)에 "미세한 것을 잇는 것이다"라고 한다. 면화를 자아 이어서 실이 되는 '솜'을 말한다. 면화는 후에 남방에서 이입된 것이다. 綿綿면면(길게 지속됨)처럼 '이어지다, 계속되다'라는 뜻으로도 쓴다. 木목과 帛을 조합한 棉면은 솜, 목면을 말한다.

| 용례 | 綿密면밀 綿絲면사 綿布면포 綿花면화

麵 20획 | 면 | 밀가루

| 해설 | 형성. 성부는 面면. 『설문해자』(5하)는 글자를 麪면으로 쓰고 성부는 丏면. "麥맥의 屑末설말"이라고 한 것은 '밀가루'를 말한다. 반죽한 가루를 펴서 실 모양으로 한 식품을 총칭해서 麵·麵類면류라고 한다.

滅 13획 | 멸 | 멸망하다, 망치다, 없어지다

전문1

| 해설 | 형성. 성부는 烕멸. 烕은 火화에 聖器성기로서 도끼(戉월)를 더해, 주술적인 방법으로 불을 진압하고 불을 끄는 것을 말한다.

『詩經』「小雅/正月」에 "빛나는 宗周종주도 褒姒포사가 이를 망치는구나(威)"라 하고, 威은 망친다는 뜻으로 쓴다. 威에 水수를 더한 滅은 불을 진압하는 데서 일반적으로 '망치다, 멸망하다, 없어지다'라는 뜻으로 쓴다.

| 용례 | 滅亡멸망 滅盡멸진 消滅소멸 自滅자멸 絶滅절멸 破滅파멸

蔑

15획 | 멸 | 업신여기다, 무시하다, 드러내다

갑골1　　갑골2　　금문1　　금문2　　금문3　　전문1

| 해설 | 회의. 苜목과 伐벌을 조합한 모양. 苜은 눈(目목) 위에 장식을 더하여 呪力주력을 강화한 모양이고, 伐은 戈창 과로 목을 베는 모양이다. 고대 중국에서 전쟁 때에는 무녀들이 눈썹 장식 등을 하여 주력을 강화하여 적진에 주술을 걸었다. 그 힘이 승패를 결한다고 여겼던 것이다. 그래서 전쟁이 끝나면 주술의 힘을 소거하기 위해 그 무녀를 잡아 베어 죽였다. 이를 蔑이라 한다. 금문2, 금문3에는 禾화의 모양이 포함된다. 禾는 軍門군문 앞에 세우는 나무이고 여기에서 죽이는 일이 있었을 것이다. 蔑은 적의 주력을 없애는 일이기 때문에 여기에서 '없애다, 업신여기다, 무시하다'라는 뜻이 된다. 蔑曆멸력(軍功군공을 표창함)과 같이 '드러내다, 찬양하다'라는 의미로도 쓴다.

| 용례 | 輕蔑경멸 蔑視멸시 蔑稱멸칭

皿 5획 | 명 | 그릇

| 갑골1 | 갑골2 | 전문1 |

|해설| 상형. 낮고 평평한 그릇의 모양. 그릇에 丶을 더해 피가 있는 모양은 血혈. 皿 위에 물이 넘치는 모양은 益익이고, 溢일의 본래 글자이다. 皿에 물을 넣어 자신의 모습을 비추는 모양은 監감이고 水鏡수경(물거울)을 말한다. 盃술잔 배에서 監거울 감, 盥대야 관에 이르기까지 물에 관한 여러 가지 그릇은 모두 皿 모양으로 표시된다.

名 6획 | 명 | 이름, 명예

| 금문1 | 금문2 | 전문1 |

|해설| 회의. 夕석과 口를 조합한 모양. 夕은 肉육의 생략형. 口는 ㅂ축문 그릇 재이고 신에게 바치는 기도문인 축문을 넣는 그릇의 모양이다. 아이가 태어나서 일정 기간이 지나면 조상에게 제사 지내는 사당(廟묘)에 祭肉제육을 바치고 축문을 올려 아이의 성장을 고하는 名이라는 의례를 진행한다. 그때 이름을 붙였기 때문에, '이름, 이름 붙이다'라는 뜻이 된다. 또 名聲명성(좋은 평판, 명예), 名望명망(명성과 인망)처럼 '명예'라는 뜻으로도 쓴다. 아이가 태어나서 일정 일수가 지나 양육할 가망이 있으면, 사당에 출생을 보고하는 의례를 하고 幼名유명을 붙인다. 그것을 小字소자, 字자라 하고, 또 일정 기간이 지나면 사당에 성장을 고하여, 命名명명 의례를 행하는 것이다. 또 實名실명을 부르는 것을 피하기 위해, 이름과 어떤 관계가

있는 문자를 택해 字를 만들어 通名통명으로 사용했다.

|용례| 改名개명 名流명류 名文명문 名士명사 有名유명 人名인명

命 8획 | 명 | 목숨, 명령, 운수

갑골1 | 금문1 | 금문2 | 전문1

|해설| 회의. 令령과 口를 조합한 모양. 令은 깊숙한 의례용 모자를 쓰고 무릎 꿇고 神託신탁(신의 말씀)을 받는 사람의 모양. 口는 ㅂ재이고, 신에게 바치는 기도문인 축문을 넣는 그릇의 모양이다. 신에게 축문을 외치며 기도하여 신의 계시로서 주어지는 것을 命이라 하고, '신의 말씀, 명령, 분부'라는 뜻이 된다. 生命생명(목숨)처럼 '목숨'이라는 뜻으로 쓰는 것은 사람의 목숨은 하늘에서 준 것, 신의 명령이라고 생각했기 때문이다. 또 運命운명(행이나 불행의 운. 운수)처럼 '운수'라는 뜻으로도 쓴다. 갑골문, 금문에서는 令을 命의 뜻으로 쓰고, 令이 命의 본래 글자이다.

|용례| 命令명령 命名명명 命運명운 壽命수명 宿命숙명 延命연명

明 8획 | 명 | 빛, 밝다, 밝히다

갑골1 | 갑골2 | 금문1 | 금문2 | 고문1 | 전문1

|해설| 회의. 본래 글자는 朙명으로 쓰고, 囧빛날 경과 月월을 조합한 모양. 囧은 창의 모양. 창에서 달빛이 스며드는 것을 明이라 하고, '빛, 밝다, 밝히다' 등의 뜻이 된다. 고대 중국 북부의 황토 지대

상용자해

에서는 반지하식 주거가 많고 竪穴수혈을 중심으로 만들어진 방의 창은 하나이고, 창문으로 들어오는 밝은 빛을 신의 방문이라고 간주하여 창 쪽에서 신에게 제사했다. 그래서 神신을 神明신명이라 한다.

|용례| 光明광명 明白명백 明朝명조 明察명찰 明確명확 鮮明선명

冥 10획 | 명 | 어둡다

전문1

|해설| 상형. 죽은 사람의 얼굴을 덮는 검은 천의 모양. 그 천을 幎冒멱모라 한다. 幎冒로 덮어서 어둡고 깊은 사후의 세계로 가는 것이 결정되므로, '어둡다, 깊다, 심오하다, 멀다'는 뜻으로 쓴다. 大海대해의 깊고 어두운 것을 溟명(바다, 어둡다)이라 하고, 大海를 溟海명해라고 한다. 해가 어두운 것을 暝어두울 명이라 하고 저물녘의 경색을 暝色명색이라 한다.

|용례| 冥界명계 冥途명도 冥路명로 冥想명상 冥福명복 晦冥회명

銘 14획 | 명 | 적다, 새기다

금문1 금문2 전문1

|해설| 형성. 성부는 名명.『說文新附』(14상)에 "적다(記기)"라고 한다. '적다, 쓰다, 새기다, 새겨 넣은 글'이라는 뜻으로 쓴다. 金文금문(청동기에 주입된 글)에는 조상에게 제사하는 말, 천자로부터 관직

에 임명되는 冊命책명의 말, 封建봉건이나 토지·인민의 양도에 관한 것 등 중요한 문헌으로서 기록해야 할 내용이 많다. 『春秋左氏傳』「襄公十九年」에 "彛器이기(조상에게 제사하는 사당에 바치는 제기)를 지어 그 功烈공렬(=功業)을 새겨서(銘), 자손에게 보인다"라고 한다.

|용례| 刻銘각명 銘記명기 銘文명문 銘心명심

鳴 14획 | 명 | 울다, 울리다

갑골1 갑골2 금문1 금문2 전문1

|해설| 회의. 口와 鳥조를 조합한 모양. 口는 ㅂ제이고, 신에게 바치는 기도문인 축문을 넣는 그릇의 모양이다. 鳥는 위를 보고 우는 봉황새(鳳봉)의 모양을 한 새. 신에게 기도하고 새 우는 소리로 점을 치는 것을 보이는 글자이다. '새가 울다, 울다'라는 뜻 외에 소리가 '울리다', 소리를 '울리다'라는 뜻으로 쓴다.

|용례| 鷄鳴계명 雷鳴뇌명 鳴動명동 悲鳴비명

毛 4획 | 모 | 털, 짐승

금문1 금문2 전문1

|해설| 상형. 드리워진 모발의 모양. '털'을 말한다. '짐승'이라는 뜻으로 쓰는 경우도 있다. 지표의 풀을 체모에 비유해서 毛라고 한다. 『春秋左氏傳』「隱公三年」에 "澗谿간계(계곡) 沼沚소지(물가)의 毛"라고 하는 毛는 水草수초인데, 이것을 따서 신에게 바치는 공물로

삼았다. 토지가 척박해 작물이 자라지 않고 초목도 자라지 않는 것을 不毛불모라 한다.

|**용례**| 毛髮모발 毛羽모우 毛布모포 脫毛탈모

母 5획 | 모 | 어머니, 할머니, 유모, 근원

| 갑골1 | 금문1 | 금문2 | 전문1 |

|**해설**| 상형. 가슴에 유방이 있는 여자의 모양. 『설문해자』(12하)에 "기르다(牧목)"라고 한 것은 다만 음이 가까운 글자로 훈을 더한 것에 불과하다. '어머니' 외에 '할머니, 유모'라는 뜻으로 쓰고, 자식을 낳은 어머니처럼 사물을 낳는 '근원, 근본'이라는 뜻으로도 쓴다. 每매는 머리를 땋고 머리 장식을 붙인 부인의 모습인데, 그 머리 장식에 손(又우)을 더해, 머리 장식을 갖추어 제사에 힘쓰는 것을 敏민이라고 한다.

|**용례**| 母國모국 母子모자 母性모성 母體모체 繼母계모 慈母자모

矛 5획 | 모 | 창

| 전문1 |

|**해설**| 상형. 긴 자루가 있는 창의 모양. 『설문해자』(14상)에 兵車병거 위에 세운 길이 2丈장(약 6미터)의

矛로 짐승을 찌르는 사람

戟으로 적을 찌르는 병사

창이라고 한다. 끝에 가로날(橫刃횡인)이 있는 창을 戟극이라고 한다. 창을 臺座대좌(囧경) 위에 세워 무위를 표시하는 것을 喬율, 喬을 받들고 순행하여 査察사찰을 행하는 것을 遹바로잡을 휼이라 하여, 금문에서는 遹正휼정, 遹省휼성이라고 한다.

|용례| 矛戈모과 矛戟모극 矛盾모순

侮 9획 | 모 | 업신여기다

갑골1 | 금문1 | 전문1

|해설| 형성. 성부는 每매. 每에 梅매화나무 매의 음이 있다. 每는 머리를 땋고 머리 장식을 한 부인의 모양. 『廣雅』「釋詁」에 "깔보다"라고 하여, 輕侮경모(업신여김)라는 뜻이라고 한다. 『書經』「盤庚上」에 "너, 늙은 사람을 업신여기지 말라", 『春秋左氏傳』「昭公元年」에 "홀아비와 과부(鰥寡환과)를 업신여기지 말라" 등 옛 용례가 있다.

|용례| 侮蔑모멸 侮辱모욕

冒 9획 | 모 | 무릅쓰다, 덮다

금문1 | 전문1

|해설| 회의. 冃쓰개 모와 目목을 조합한 모양. 冃는 모자의 모양이므로 冒는 머리에 깊숙이 모자를 쓰고 눈만 내놓은 모양이고, '덮다, 쓰다'라는 뜻이 된다. 『설문해자』(7하)에 "쓰고 나아가는 것이다"라

상용자해

고 하여, 머리에 투구를 쓰고 진격한다, 冒險모험(위험을 무릅쓰고 행함)한다는 뜻이라고 한다. 冒死모사(죽음을 무릅씀), 冒瀆모독(신성한 것이나 깨끗한 것을 무릅쓰고 더럽힘), 冒犯모범(무릅씀) 등처럼 '무릅쓰다'라는 뜻으로 쓴다.

某 9획 | 모 | 헤아리다, 아무개

| 금문1 | 금문2 | 전문1 |

|해설| 회의. 曰왈과 木목을 조합한 모양. 본래의 자형은 나뭇가지에 曰(신에게 바치는 기도문인 축문을 넣는 그릇인 ㅂ재에 축문이 있는 모양)을 붙여 신에게 바치고, 신의 뜻을 헤아려 묻는 의미이고, 謀모(헤아리다)의 본래 글자이다. 女녀에게 결혼을 헤아리는 것을 媒매(중매)라 하고, 아들을 구하는 것을 신에게 헤아려 기도하는 것을 禖아들 구할 매라고 한다. 某國모국(어떤 나라), 某氏모씨(어떤 사람), 某日모일(어떤 날), 某所모소 · 某處모처(어떤 장소)처럼 '모, 아무개'라는 뜻으로 쓴다.

耗 10획 | 모, 경 | 줄다

|해설| 형성. 성부는 耕경을 생략한 耒. 또 毛모의 음으로 읽는 경우도 있다. 『詩經』「大雅/雲漢」에 "下土하토를 耗斁모두하다"(지상을 다 소모하다)라고 한다. 斁두는 짐승 사체가 분해되는 것을 말하고, 耗는 田野전야가 황폐하다는 의미일 것이다. 耗土모토란 거칠고 석박한 토지를 말한다. 耗盡모진(다 떨어짐), 耗損모손(써서 줄어짐), 消耗

소모(써서 없어짐. 체력 등을 다 써버림)처럼 '줄다, 없어지다'라는 뜻으로 쓴다. '모'는 관용음이다.

帽 12획 | 모 | 모자

|해설| 형성. 성부는 冒모. 冒는 冃모(모자의 모양)와 目목을 조합한 모양으로, 머리 깊숙이 모자를 쓰고 눈만 내놓은 모양이고, 帽의 본래 글자이다. 冃는 모자의 모양인데 目을 더해서 冒가 되고 또 巾건(헝겊)을 더해서 帽가 되어, '모자, 두건'이라는 뜻으로 쓴다. 중국에서는 옛날에 귀인 앞에서는 모자를 벗는 일이 없었다.

|용례| 帽子모자 無帽무모 脫帽탈모

募 13획 | 모 | 모으다

전문1

|해설| 형성. 성부는 莫막. 莫에 摸모(찾다, 잡다)라는 뜻이 있다. 널리 사람을 '모으는' 것을 말한다. 力력은 쟁기의 모양이므로 농업에 종사하는 사람을 모은다는 것이 본래 의미일 것이다.

|용례| 公募공모 募金모금 募兵모병 募集모집 應募응모

貌 14획 | 모 | 형태, 얼굴

전문1   전문2

상용자해

|해설| 상형. 본래 글자는 兒모로 쓰고, 머리를 주로 한 사람의 모양. 白백은 백골이 된 두개골의 모양이다. 사람의 '형태, 얼굴, 모습'이라는 뜻으로 쓴다. 후에 성부가 兒인 형성자 貌로 쓴다. 豸치는 신판에 쓰이는 羊양과 비슷한 신성한 동물의 모양인데, 解廌해치라고도 불린다. 廌치는 그 동물의 전체 모양이고 豸는 그 생략형일 것인데, 兒에 豸를 더한 의미는 명확하지 않다.

|용례| 面貌면모 美貌미모 變貌변모 禮貌예모 外貌외모 容貌용모

慕 15획 | 모 | 그리워하다

금문1 | 전문1

|해설| 형성. 성부는 莫막. 莫의 아랫부분은 心심. 莫에 摸모(찾다, 잡다)의 뜻이 있고, 손으로 더듬어 물건을 찾는다는 의미가 있다. 그렇게 의지할 사람을 찾는 마음을 慕라고 하여, '그리워하다, 연모하다, 생각하다'라는 뜻이 된다. 『孟子』 「萬章上」에 "사람은 어려서는 부모를 그리워한다"라는 말이 있다.

|용례| 慕情모정 思慕사모 仰慕앙모 愛慕애모

暮 15획 | 모 | 저물다, 저물녘, 늦다

갑골1 | 금문1 | 금문2 | 전문1

|해설| 형성. 성부는 莫막. 莫은 풀(艸초)과 풀(艸) 사이에 해(日일)가 지는 모양이고, '저물다, 저물녘, 어둡다, 늦다'라는 뜻이 되고 暮의

본래 글자이다. 莫이 부정의 뜻 '없다'로 쓰이게 되면서 다시 日을
더해 暮가 되었다.

|용례| 暮景모경 暮年모년 暮雲모운 暮春모춘 薄暮박모

模 15획 | 모 | 본, 본받다

전문1

|해설| 형성. 성부는 莫막. 『설문해자』(6상)에 "法법"이라고 하여, 模
範모범(틀. 본받아야 할 본)이라는 뜻으로 풀이한다. 위에서 씌워서 대
나무로 만드는 틀을 範이라 하고, 나무로 만드는 '본'을 模라고 한
다. 손으로 찾는 것을 摸찾을 모라고 한다. '본받다, 본뜨다'라는 의미
로도 쓴다.

|용례| 規模규모 模刻모각 模寫모사 模造모조 模楷모해 模型모형

謀 16획 | 모 | 헤아리다, 꾀하다, 꾀

금문1   전문1

|해설| 형성. 성부는 某모. 某의 본래 자형은 曰왈과 木목을 조합한
모양으로, 나뭇가지에 曰(신에게 바치는 기도문인 축문을 넣는 그릇 ㅂ
에 축문이 있는 모양)을 붙여 신에게 바치고, 신의 뜻을 묻고 헤아리
는 의미이고, 謀(헤아리다)의 본래 글자이다. 그 헤아리는 말을 謀라
하고, '헤아리다, 꾀'라는 뜻이 된다. 신에게 헤아리는 것을 咨謀자모
라 하는데, 咨는 축문을 외치며 신에게 탄식하며 묻는다(咨)는 뜻

이다.

|용례| 共謀공모 謀計모계 謀略모략 謀反모반 謀逆모역 無謀무모

木 4획 | 목 | 나무

갑골1 ｜ 금문1 ｜ 전문1

|해설| 상형. 가지가 있는 나무의 모양. 위 가지는 위로 향하고, 아래 가지는 밑으로 늘어져 있다. '나무'를 말한다. 木은 소재로서의 나무를 말하는 경우가 많고, 樹수는 심은 나무, 서 있는 나무를 말한다.

|용례| 巨木거목 枯木고목 老木노목 木石목석 木陰목음 木製목제

目 5획 | 목 | 눈, 보다, 눈짓하다

갑골1 ｜ 금문1 ｜ 전문1

|해설| 상형. 눈의 모양. 옛날에는 가로로 긴 형태였는데 지금은 세로로 긴 형태이다. 눈은 외계와 접하는 제1의 기관인데 자형상 눈을 모티브로 하는 것이 많고, 臣신·望망·監감·相상·限한·見견·看간 등의 글자는 目목을 글자의 요소로 포함한다. 보는 것은 상대에 대한 최초의 행위이고 또 정신적인 교섭도 의미했다. 目 위에 눈썹이 있는 모양은 眉눈썹 미, 눈썹 장식을 붙인 巫女무녀를 媚아첨할 미라고 한다. 눈과 눈썹은 얼굴 중에서 가장 눈에 띄는 곳이기 때문에 眉目미목(얼굴 모양, 얼굴)이라고 한다.

|용례| 面目면목 目擊목격 目送목송 目的목적 目前목전 目標목표

牧 8획 | 목 | 목장, 소 치는 사람, 기르다

뷁	牪	뷁	牪
갑골1	갑골2	금문1	전문1

|해설| 회의. 牛우와 攴복(攵)을 조합한 모양. 攴은 나뭇가지를 손(又우)에 든 모양으로 친다, 채찍질한다는 뜻이 된다. 소를 방목하는 것을 牧이라 하고, '소 치는 사람, 기르다'라는 뜻이 된다. 소뿐 아니라 말(馬마), 양(羊양) 등을 방목하는 것도 말한다. 또 소, 말, 양 등을 방목하는 장소인 '목장'이라는 뜻으로 쓴다.

|용례| 牧羊목양 牧牛목우 牧人목인 牧草목초 牧畜목축 遊牧유목

睦 13획 | 목 | 친하게 지내다, 친하다

睦
전문1

|해설| 형성. 성부는 坴륙. 『설문해자』(4상)에 "눈이 순하다", 또 "일설에 공경하고 화목하다"라고 한다. 친하고 부드러운 기분으로 사람을 보는 것을 말하고, '친하게 지내다, 친하다, 온화하다'는 뜻으로 쓴다.

|용례| 睦友목우 親睦친목

상용자해

沒 7획 | 몰 | 가라앉다, 죽다

전문1

|해설| 형성. 성부는 殳몰. 殳은 卪범과 又우를 조합한 모양. 卪은 엎드려 숨어 있는 사람의 모양인데, 여기에 손(又)을 더한 殳은, 사람이 가라앉는 것, 물에 잠기는 것을 말하고, 沒의 본래 글자로 보는 것이 좋다. 沒은 『설문해자』(11상)에 "가라앉다(沈침)"라 하여, 沈沒침몰(물에 잠겨 보이지 않게 됨)한다는 뜻으로 풀이한다. '가라앉다, 빠지다, 水死수사하다, 죽다'라는 뜻으로 쓴다. 사람이 죽는 것을 歿죽을 몰이라 한다.

|용례| 沒頭몰두 沒落몰락 沒收몰수 沒入몰입 日沒일몰 出沒출몰

夢 14획 | 몽 | 꿈, 꿈꾸다

갑골1 　갑골2 　금문1

|해설| 회의. 茣환과 夕석을 조합한 모양. 茣은 눈썹을 굵고 크게 그린 巫女무녀(신을 모시는 여자)가 앉아 있는 모양. 조상에게 제사 지내는 사당(廟묘) 안에서 그 무녀가 기도하는 모양이 寞관이다. 꿈은 수면 중에 심층 심리적인 작용으로 나타나는 것이라고 하는데, 옛날에는 주술을 행하는 무녀가 조작하는 靈령의 작용에 의해 밤(夕)의 수면 중에 나타난다고 여겼다. 그래서 夢은 '꿈, 꿈꾸다'라는 뜻이 된다. 『周禮』「春官」에는 占夢점몽이라는 관직이 있어 꿈을 판단했다. 또 연말에는 1년간의 꿈을 조사하고, 堂贈당증이라는 악

귀 쫓기 의례를 행하고, 꿈 보내기 행사를 하여 그해의 악몽을 물리쳤다. 신분이 높은 사람이 죽는 것을 薨죽을 홍이라 하는데 薨이란 夢魘몽마에 의해 죽는 것으로, 신분이 높은 사람에게는 夢魘의 위험이 많았을 것이다.

|용례| 夢想몽상 夢中몽중 惡夢악몽 占夢점몽

妙 7획 | 묘 | 묘하다, 뛰어나다, 아름답다

전문1

|해설| 형성. 성부는 少소. 少에 眇작을 묘, 秒희미할 묘의 음이 있다. 『玉篇』에 글자를 玅묘로 쓰고 "精정"이라 하고, "지금 妙로 쓴다"라고 한다. 『廣雅』「釋詁」에 "좋다(好호)"라고 한다. '뛰어나다, 자세하다, 묘하다, 아름답다'는 뜻으로 쓴다.

|용례| 妙麗묘려 妙齡묘령 妙案묘안 微妙미묘 美妙미묘 神妙신묘

苗 9획 | 묘 | 모, 끝

전문1

|해설| 회의. 艸초(풀)와 田전을 조합한 모양. 『설문해자』(1하)에 "풀이 밭에 나는 것이다"라고 하는데, 밭에 심는 작물의 '모'를 말한다. 후에 모든 식물의 '모'를 말한다. 苗裔묘예(멀리 핏줄을 잇는 자손)처럼 '끝'이라는 뜻으로도 쓴다. 남방 이민족에 苗族묘족이 있고, 옛날에는 南人남인이라고 했다. 南任남임이라는 銅鼓동고를 가진 종족인

데 갑골문에 의하면 제사를 할 때 姜人강인과 함께 희생으로 바쳐
진다.

|용례| 種苗종묘

描 12획 | 묘 | 그림을 그리다, 그리다

|해설| 형성. 성부는 苗묘. 옛 용례는 없고 元代원대(13~14세기)의
『六書攷』에 "描와 摹묘(摸)는 聲성이 서로 가깝다"라고 하여, 摹寫
모사한다는 뜻이라고 한다. '그림을 그리다, 그리다'라는 뜻으로 쓰
는데, 描線묘선(모양을 그린 선)을 주로 하고, 데생풍의 붓놀림을 말
한다.

|용례| 描寫묘사 線描선묘 素描소묘

猫 12획 | 묘 | 고양이

貓
전문1

|해설| 형성. 성부는 苗묘. '고양이'를 말한다. 고양이는 너구리(狸리)
속이라고 하므로 고양이를 狸奴이노라고도 한다. 고양이의 눈동자
가 열고 닫히는 것은 밝기에 따라 매우 다르게 변하기 때문에 사
물이 어지럽게 변화하는 것을 비유해서 고양이의 눈이라고 한다.
子日자일은 쥐의 날인데, 그날에 고양이를 써서 주술을 거는 것을
猫鬼묘귀라고 한다. 고양이에게는 왠지 기분 나쁜 것이 느껴져서 그
러한 습속이 생겼을 것이다.

墓 14획 | 묘 | 무덤

墓
전문1

|해설| 형성. 성부는 莫막. 莫에 '저녁, 암흑'이라는 뜻이 있다. 『설문해자』(13하)에 "丘구"라고 하여 '丘墓구묘(무덤)라는 뜻으로 풀이한다. 묘지는 저습지를 피해 언덕과 같은 곳을 택했다. 殷代은대의 圖像도상(씨족의 기호)에 도판처럼 큰 亞아(지하 묘실의 평면형)에 莫과 犬견을 써넣은 것이 있다. 莫은 어둡다는 뜻, 犬은 개를 희생으로 삼아 祓淸불청한다는 뜻일 것이다. 墓는 은대의 왕묘처럼 옛날에는 지하에 깊이 만들었고, 후에 흙을 쌓아 墳丘분구를 쌓게 되었다.

圖像

|용례| 墓所묘소 墓地묘지 墓標묘표 墓表묘표 墓穴묘혈

武 8획 | 무 | 굳세다, 무사

갑골1   갑골2   금문1   금문2   전문1

|해설| 회의. 戈과와 止지를 조합한 모양. 止는 발자국(趾지)의 모양인데, 갑골문의 자형은 之지와 같고, '가다, 나아가다'라는 뜻이 있다. 창(戈과)을 들고 나아가는 모양이 武이고, 그것은 창을 잡고 싸울 때의 걸음걸이이므로, '용감하다, 굳세다, 강하다'는 뜻이 된다. 또 창을 들고 나아가는 '무사, 무인'이라는 뜻으로 쓴다. 武는 文문과 나란히 하는 덕의 이름이 되어, 文德문덕에 대해 勇용을 중시하는 武德무덕을 말하며 文武문무로 대칭된다.

|용례| 武士무사 武術무술 武藝무예 武人무인 武裝무장 勇武용무

茂 9획 | 무 | 우거지다, 뛰어나다

금문1

전문1

|해설| 형성. 성부는 戊(무). 『설문해자』(1하)에 "풀이 풍성한 것이다"라고 한다. 초목이 '우거진' 것을 말한다. 왕성하게 우거진 데서, 茂功무공(뛰어난 공적), 茂才무재(뛰어난 인재)처럼 '뛰어나다'는 뜻으로도 쓴다. 또 楙무(우거지다, 뛰어나다)는 음이 같고 茂와 같은 의미의 글자이다. 楙는 『설문해자』(6상)에 "나무가 왕성한 것이다"라고 한다. 나무가 '우거진' 것을 말한다.

|용례| 繁茂번무

畝 10획 | 무 | 묘, 이랑

금문1 전문1

|해설| 형성. 본래 글자는 畮로 쓰고, 성부는 每매. 每에 母어미 모의 음이 있다. 『설문해자』(13하)에 "6尺척(사방)을 步보라 하고, 步百보백을 畮라 한다"라고 한다. 경지 면적 백 보를 말한다. 논밭의 넓이 단위 '묘'라는 뜻으로 쓰는데 그 넓이는 시대에 따라 다르다. 또 '이랑'(작물을 지을 때 배수 등을 위해 일정한 간격을 두고 기다랗게 흙을 쌓아 올린 곳)이라는 뜻으로 쓴다.

務 11획 | 무 | 힘쓰다, 격려하다, 일

금문1 | 전문1

|해설| 형성. 성부는 敄무. 敄는 矛모와 攴복(攵)을 조합한 모양. 攴에는 친다는 뜻이 있고, 창(矛)을 들어 사람을 공격하여 구사한다는 뜻이 있다. 『玉篇』에 "힘쓰다(强강)"라고 한다. 力력은 쟁기의 모양이므로 농경에 힘쓰는 것을 務라고 하는데, 후에 일반적으로 '힘쓰다, 격려하다, 일'이라는 뜻으로 쓴다. 努노, 勉면도 본래 농경에 힘쓰는 것을 말한다.

|용례| 服務복무 事務사무 業務업무 義務의무 雜務잡무

無 12획 | 무 | 없다, 춤추다

갑골1 | 갑골2 | 금문1 | 금문2 | 전문1

|해설| 가차. 본래 상형자이고 춤추는 사람의 모양. 舞무의 본래 글자이다. 옷 소매에 장식을 붙여 소매를 나부끼며 춤추는 사람의 모습이다. 갑골문에서는 舞雩무우라는 기우제의 글자로 쓴다. 有無유무의 '없다'라는 뜻으로 사용하는 것은 그 음을 빌린 가차 용법이다. 無가 오직 '없다'라는 뜻으로 쓰이게 되면서 無에 舛천(좌우의 발이 밖으로 향해 열린 모양인데 춤출 때의 발 모양)을 조합한 舞가 '춤추다, 춤'이라는 뜻으로 쓰인다.

|용례| 無禮무례 無論무론 無名무명 無事무사 無用무용 無知무지

貿 12획 | 무 | 바꾸다, 매매하다

금문1 | 전문1

|해설| 형성. 성부는 卯묘. 卯가를 묘는 제사에 바치는 희생의 고기를 둘로 가르는 모양으로, 가른다는 뜻이 된다. 貿는 둘로 나뉜 것을 '교환하다, 바꾸다'라는 뜻으로 쓴다. 貝패는 子安貝자안패의 모양인데 南海産남해산 자안패는 매우 귀중한 것이었기 때문에 옛날에는 화폐로 사용되었다. 그래서 貿는 貿易무역(외국과 상업 거래를 함)처럼 화폐를 써서 사고팔고 하는, '매매하다'라는 뜻으로 쓴다. 『呂氏春秋』「上農」에 "남녀, 功공(일)을 바꿔서 長生장생한다"는 말은, 衣食의식의 일을 교환하는 것을 말한 것이다.

|용례| 貿販무판

舞 14획 | 무 | 춤추다, 격려하다

갑골1 | 갑골2 | 금문1 | 금문2 | 전문1

|해설| 회의. 無무와 舛천을 조합한 모양. 無는 춤추는 사람의 모양. 옷 소매에 장식을 달고 소매를 나부끼며 춤추는 사람의 모습이다. 無가 오직 有無유무의 無(없다)라는 뜻으로 쓰이게 되면서, 춤출 때의 발 모양인 舛(좌우의 발이 밖으로 향해 열린 모양)을 더해 舞로 하여, '춤추다'라는 뜻으로 쓴다. 無는 본래 舞雩무우라는 기우제이고, 갑골문에는 무우가 많이 보인다. 鼓舞고무(사람의 기분을 분발하게 함)처럼 '격려하다'라는 뜻으로도 쓴다.

|용례| 歌舞가무 亂舞난무 舞曲무곡 舞臺무대

霧 19획 | 무 | 안개

전문1

|해설| 형성. 성부는 務무. 글자는 또한 霚로 쓰고, 성부는 敄무. 『설문해자』(11하)에 "地氣지기 발하여 天천이 응하지 않음을 霧라고 한다"고 설명한다. '안개, 안개 끼다'라는 뜻으로 쓴다.

|용례| 濃霧농무 霧散무산 霧消무소 霧笛무적 霧中무중

墨 15획 | 묵 | 먹, 검다, 입묵

금문1 | 전문1

|해설| 회의. 黑흑과 土토를 조합한 모양. 黑은 橐자루 탁에 불을 지펴 자루 속의 것을 검은 분말로 만들어 검댕(煤매)을 얻는 것을 말한다. 여기에 흙(土)을 섞어 반죽하여 고형으로 만든 것을 墨이라 하여 '먹'이라는 뜻이 된다. 옻(漆칠)을 섞어 고형으로 만든 것도 있었던 것 같다. 갑골문의 刻字각자 전에 먹으로 쓴 글자가 지금도 남아 있다. 형벌로 가해지는 입묵에 먹을 사용하는 일이 있었으므로, '입묵'이라는 뜻으로도 쓴다. 또 '검다'는 뜻으로도 쓴다.

|용례| 墨書묵서 墨汁묵즙 墨刑묵형 墨痕묵흔 文墨문묵 筆墨필묵

默 16획 | 묵 | 말 없다, 고요하다

전문1

|해설| 형성. 성부는 黑흑. 黑에 墨묵의 음이 있다. '말 없다, 고요하다'는 뜻으로 쓴다. 『唐本說文』에 "개가 몰래 사람을 쫓는 것"이라고 하는데, 개가 잠자코 사람을 쫓는 것을 말하기 위해 글자를 만드는 일은 있을 수 없다. 默은 개를 희생으로 묻어서 服喪복상하는 것을 말하고, 『論語』 「憲問」에 "高宗고종(은나라 왕 武丁무정) 諒陰양음(服喪), 삼 년 말하지 않다"라고 하는데, 복상하는 삼 년간은 말을 하는 것이 금기였다. 『國語』 「楚語上」에도 "삼 년 묵묵히 도를 생각하다"라는 말이 있다.

|용례| 默讀묵독 默祕묵비 默殺묵살 默想묵상 暗默암묵 沈默침묵

文 4획 | 문 | 글월, 무늬, 모양, 장식

갑골1 　
갑골2 　
금문1 　
금문2 　
전문1

|해설| 상형. 문신(입묵)의 모양. 정면을 바라보고 서 있는 사람의 흉부에 心심, ×, ∨ 등의 입묵을 써넣은 모습이다. 아마 死者사자의 가슴에 주술 장식으로서 붉은색 등으로 일시적으로 그려 사자의 혼령이 사체를 벗어나는 것을 방지하여 사자의 부활을 기원하고, 또한 바깥에서 들어오는 邪靈사령이 빙의하는 것을 막으려는 의미가 있을 것이다. 産산, 彦언에는 文이 포함되는데, 産은 줄생했을 때의 生子생자 儀禮의례를 보이는 글자이다. 彦은 文과 厂한과 彡

삼을 조합한 모양인데, 額이마 액(厂)에 아름다운 문신을 더하여 일정한 연령에 달한 남자의 통과 의례를 보여준다. 죽은 여인의 좌우 유방에 사악한 혼령이 빙의하는 것을 물리치기 위해 㚤밝은 모양 리 모양의 문신을 선명한 붉은색으로 그린 형태가 爽밝을 상, 爾아름다울 이, 奭밝을 석인데, 문신이 선명한 것을 말한다. 爽의 상반신의 모양이 爾이다. 그래서 文은 아름답게 장식한 '무늬, 모양, 채색, 장식'이라는 뜻이 된다. 아름다운 색이나 모양을 가리키는 기호와 같은 문자의 彡을 추가한 彣벌겋고 퍼런 빛 문(무늬)은 문신이 아름다운 것을 말한다. 입묵할 때 쓰는 침 끝에 먹물이 맺힌 모양이 章장인데, 文과 합쳐서 文章문장(무늬, 모양, 또 문자를 연결하여 정리된 사상을 표현한 것)이라고 한다. 또 文字문자라고 하여 글자나 말이라는 뜻으로 쓴다.

|용례| 文物문물 文案문안 文樣문양 文才문재 文筆문필 語文어문

門

8획 | 문 | 문, 집, 가족

갑골1 갑골2 금문1 금문2 전문1

|해설| 상형. 쌍여닫이 문짝의 모양. 『釋名』「釋宮室」에 "門은 미는 (捫문) 것이다"라고 한다. 밀어서 여는 문짝이 있는 '문, 문간, 입구'를 門이라고 했다. 문간이라는 뜻에서 그 문간이 있는 '집'이라는 뜻이 되고 그 집에 사는 '가족, 일족'이라는 뜻으로 쓴다. 외여닫이의 문짝 모양이 戶호이다.

|용례| 家門가문 門外문외 門人문인 門戶문호 破門파문 閉門폐문

상용자해

紋 10획 | 문 | 무늬

|해설| 형성. 성부는 文문. 『玉篇』에 "綾紋능문"이라 하여, 비단으로 짠 문양을 말한다. 일본어에서는 紋章문장·紋所문소(집이나 단체를 나타내는 표시의 도안), 紋樣문양(文樣문양), 家紋가문(家의 紋章)처럼 '문장'이라는 뜻으로 쓴다. 家紋은 귀족 사회의 家門가문 표시로 쓰였는데 에도(江戶) 시대에 紋章으로서 일반화했다.

蚊 10획 | 문 | 모기

전문1　전문2

|해설| 형성. 본래 글자는 蟁문으로 쓰고, 성부는 民민. 蚊의 성부는 文문. 곤충 '모기'라는 뜻인데, 모두 그 날개 소리를 옮긴 의성어이다. 모기의 일본어 '가'(か)도 의성어이다. 『설문해자』(13하)에 "사람을 무는 날벌레"라고 한다.

|용례| 蚊雷문뢰 蚊虻문맹 蚊帳문장

問 11획 | 문 | 묻다, 찾다

갑골1　금문1　전문1

|해설| 회의. 門문과 口를 조합한 모양. 口는 ㅂ재이고, 신에게 바치는 기도문인 축문을 넣는 그릇의 모양. 門은 신에게 세사하는 감실의 쌍여닫이 문짝 모양. 그 문짝 앞에 ㅂ를 놓고 기도하여, 신의 뜻

을 묻고 신의 계시(말씀)를 구하는 것을 問이라고 한다. 신의 뜻을 '묻는' 데서 후에 일반적으로 '묻다, 물음, 찾다'라는 뜻으로 쓴다.

|용례| 問難문난 問答문답 問題문제 問責문책 不問불문 愚問우문

聞

14획 | 문 | 듣다, 명예

| 갑골1 | 갑골2 | 갑골3 | 금문1 | 전문1 |

|해설| 형성. 성부는 門문. 갑골3의 자형은 발돋움하고 선 사람을 옆에서 본 모양 위에 큰 귀를 그려서, 듣는다는 귀의 기능을 강조한 형태이다. 고대인은 귀에는 희미한 소리로 계시되는 신의 소리를 듣는 기능이 있다고 생각했던 것이다. 신의 소리, 신의 계시(말씀)를 들을 수 있는 사람이 聖성인데, 성직자를 말한다. 갑골1의 자형은 입 근처로 손을 가져가는 모양인데, 이것은 以聞이문(천자에게 아룀)이라는 뜻의 글자일 것이다. 금문1의 자형은 爵술잔 작에 耳이를 더한 모양인데, 신에게 술을 바쳐 기도하고 신의 뜻을 묻는다는 의미를 표시한다. 전국 시대(기원전 5~기원전 3세기)에 이르러 성부 門을 더한 聞의 자형이 되었다. 신의 소리를 '듣다'라는 뜻에서 일반적으로 '듣다'라는 뜻이 되고, 聞望문망·聲聞성문(명성과 인망. 명예)처럼 '명예'라는 뜻으로도 쓴다.

|용례| 見聞견문 聞知문지 未聞미문 博聞박문 傳聞전문 仄聞측문

物 8획 | 물 | 물건

전문1

|해설| 형성. 성부는 勿물. 勿은 쟁기(犂리)로 밭을 가는(撥발) 모양인데, 勿의 음도 撥과 가깝다. 『설문해자』(2상)에 "만물. 소를 大物대물로 한다"라고 하여, '물건'이라고 풀이한다. 物의 옛 자형이 없어서 확인하기 어려운 점이 많지만, 勿의 갑골문·금문의 자형은 분명히 쟁기(耒뢰)로 흙을 일구는 모양이다. 그러나 物에 대해서는 『詩經』「小雅/無羊」에 "삼십이나 物 있으니, 너의 희생 갖춰졌네"(여러 가지 털색의 것 희생물도 갖추어졌다)라고 하여, 희생되는 소의 털색이 여러 가지 있다는 것을 말한다. 勿은 『설문해자』(9하)에 旗印기인을 뜻한다고 한다. 物을 소가 쟁기로 밭을 간다는 뜻의 글자로 할지, 희생되는 소의 털색으로 할지, 旗印으로 할지, 物의 옛 자형이 없어서 확인할 수가 없다.

|용례| 物産물산 物質물질 物品물품 産物산물 人物인물 作物작물

未 5획 | 미 | 아직, 양

 갑골1　 갑골2　 금문1　 금문2　 전문1

|해설| 상형. 가지가 무성한 나무의 모양. 그 뻗어난 가지를 가위(鋏협)로 잘라 가지치기하는 것을 制제라 하고, 옷을 마름질해서 의복을 만드는 것을 製제라고 한다. '아직 -하지 못하다, 아직'이라는 뜻으로 쓰는 것은 그 음을 빌린 가차 용법이다. 十二支십이지의 羊양

常用字解　**345**

이라는 뜻으로도 쓴다.

|용례| 未見미견 未滿미만 未明미명 未然미연

米 6획 | 미 | 쌀

갑골1 　　 전문1

|해설| 상형. 알갱이가 붙은 벼 이삭의 모양. 『설문해자』(7상)에 "粟속의 열매. 벼 열매의 모양을 본뜬다"라고 하여, 벼·기장을 포함한 곡물 열매를 米라고 한다고 설명한다. '쌀'이라는 뜻으로 쓴다. 장강 중하류 지역에서는 예부터 벼농사를 했고, 우한(武漢) 주변 屈家嶺굴가령 문화의 쌀 종류는 일본 종과 같은 계열이라고 한다.

|용례| 米價미가 米穀미곡 米飯미반 米壽미수 米作미작 白米백미

尾 7획 | 미 | 꼬리, 뒤

갑골1 　　 전문1

|해설| 상형. 꼬리를 똑바로 편 짐승의 모양. 『설문해자』(8下)에 西南夷서남이에는 사람의 뒤에 실 장식을 붙이는 풍속이 있다고 하는데, 사람이 아니라 짐승의 꼬리이다. 꼬리를 구부려 웅크리는 듯한 자세를 한 짐승의 모양은 屈굴이다. 尾(꼬리를 똑바로 편 암컷 짐승)와 蜀촉(수컷 짐승)을 조합해서 짐승이 교미하는 것을 屬촉이라고 하는 것을 보더라도 尾는 짐승의 '꼬리'이다. 꼬리이므로 '끝, 뒤, 최후' 등의 뜻으로도 쓴다.

|용례| 頭尾두미 末尾말미 尾行미행 後尾후미

味 8획 | 미 | 맛, 맛보다

전문1

|해설| 형성. 성부는 未미. 未는 가지가 무성한 나무의 모양이고, 나뭇가지의 새싹과 같은 곳이 맛이 좋기 때문에 좋은 맛(滋味자미)을 味라고 한다.『설문해자』(2상)에 "滋味"라 하고, '맛, 맛보다'라는 뜻으로 쓴다.

|용례| 味覺미각 味讀미독 新味신미 珍味진미 美味미미

眉 9획 | 미 | 눈썹

갑골1 | 갑골2 | 전문1

|해설| 상형. 눈 위에 눈썹이 있는 모양. '눈썹'을 말한다. 갑골문의 자형에 의하면 눈의 윗부분에 그려진 것은 무녀(신을 모시는 여자)에게 주술의 목적으로 붙인 특별한 눈썹 장식일 것이다. 눈썹과 눈은 얼굴에서 가장 눈에 띄는 곳이기 때문에, 남성의 용모(얼굴 생김)가 뛰어나게 아름다운 모습을 眉目秀麗미목수려라고 한다. 눈썹 장식을 붙인 무녀를 媚미라 하고, '신에게 아양 떨다, 아양 떨다'라는 뜻으로 쓴다.

|용례| 眉間미간 眉雪미설 眉壽미수 愁眉수미

美 9획 | 미 | 아름답다, 좋다, 칭찬하다

갑골1 갑골2 금문1 전문1

|해설| 상형. 羊양의 전체 모양. 羊은 양 상반신을 앞에서 본 모양인데, 양 뒷발까지 더해서 위에서 본 모양이 美이다. 美 아랫부분의 大대는 새끼 양이 태어나는 모양인 㚻달(㚻의 본래 모양) 자의 大와 마찬가지로 암양의 허리 모양이므로, 양 뿔에서 뒷발까지 전체를 그린 모양이 美이다. 성숙한 양의 아름다움을 美라 하고, 후에 일반적으로 '아름답다'는 뜻으로 쓴다. 아름답다는 뜻에서 '좋다, 칭찬하다'라는 뜻으로도 쓴다. 羊과 我아(톱의 모양)를 조합한 모양인 義의는 희생으로서 바친 양이 결함이 없고 완전하고 올바른 것이라는 것을 표시한다. 희생으로서 신에게 바치는 양은 아름답고 완전한 것이 요구되었는데, 그 양이 아름다운 것을 표시하는 글자가 美이다.

|용례| 美食미식 美顔미안 美人미인 美醜미추 優美우미 讚美찬미

迷 10획 | 미 | 헤매다, 망설이다

금문1 전문1

|해설| 형성. 성부는 米미. 『설문해자』(2하)에 "망설이다(惑혹)"라 하고, 『玉篇』에 "어지럽다(亂란)"라고 한다. 惑亂혹란(망설이고 어지러움)한 것을 말하고, '헤매다, 망설이다, 어지럽다'라는 뜻으로 쓴다. 『詩經』「小雅/節南山」에 "백성으로 하여금 헤매게(迷) 하지 말라"처럼

상용자해

옛날부터 쓰는 자이다.

|용례| 迷宮미궁 迷亂미란 迷路미로 迷信미신 低迷저미 混迷혼미

微
전문1

13획 | 미 | 없애다, 어렴풋하다, 몰래

|해설| 형성. 성부는 散미. 散는 장발의 巫女무녀(巫, 신을 모시는 여자)에 支복(攵)을 더한 모양으로, 적의 무녀를 때려 적의 呪力주력을 없애는 呪術주술을 말한다. 彳척은 行행(십자로의 모양)의 좌반분이기 때문에 도로에서 散의 주술을 행하는 것을 微라 하여, '없애다, 자르다, 약하게 하다'라는 뜻이 된다. '없애다, 약하게 하다'라는 의미에서 '어렴풋하다, 은은하다, 몰래'라는 뜻이 된다. 적군의 눈썹 장식을 붙인 무녀를 잡아 죽여 그 주력을 잃게 하는 것을 蔑이라 하여, '업신여기다, 깔보다'라는 뜻이 된다. 蔑은 후에 蔑멸로 쓴다. 微, 蔑은 비슷한 주술적 행위를 말하는 글자이다.

|용례| 輕微경미 微細미세 微小미소 微少미소 微弱미약 微罪미죄

彌
금문1 | 전문1

17획 | 미 | 두루, 오래다, 점점

|해설| 회의. 正字정자는 彌미로 쓰고, 長장(镸)과 爾이를 조합한 모양. 『설문해자』(9하)에 "오래다. 長에 따르고, 爾聲이성"이라고 하는데 음이 맞지 않는다. 금문은 글자를 彌미로 쓰고, 弓궁과 日일과

爾이를 조합한 모양. 弓은 사악한 것을 물리치는 呪具주구로서 의례에 쓴다. 日은 玉옥으로 靈力영력을 갖는다. 爾는 여자의 상반신에 아름다운 문신(일시적으로 붉은색 등으로 그린 입묵)을 한 모양이므로, 彌는 옥이나 문신으로 사람의 생명력을 왕성하게 한다는 振魂진혼 의례를 말하고, 장수·다행을 기원하는 의미가 있다. 그래서 '오래다, 점점, 두루'라는 뜻으로 쓸 것이다. 금문에서는 장수를 기원하는 것을 "考命彌生고명미생되기를 구한다"라고 말한다.

|용례| 彌久미구 彌滿미만 彌漫미만 彌日미일

謎 17획 | 미 | 수수께끼

전문1

|해설| 형성. 성부는 迷미. 『說文新附』(3상)에 "隱語은어"라고 하고, '수수께끼'를 말한다. 중국에서는 술자리에서의 놀이로서 많이 하던 것인데, 글자 찾기 같은 것이다. '門東문동의 풀(艸초)'로 蘭란 자를 맞히는 식이다. 일본어에서는 '나조'(なぞ)라고 읽고 실체를 알 수 없는 것이라는 뜻으로 쓰고, 수수께끼에 싸인 사건과 같이 말한다.

民 5획 | 민 | 백성, 사람

금문1 금문2 전문1

|해설| 상형. 눈을 찌르는 모양. 금문의 자형은 눈동자를 찌르는 모

양이고, 시력을 잃게 하는 것을 말한다. 시력을 잃은 사람을 民이라 하여, 神신에게 봉사하는 사람이 되었다. 臣民도 본래 시력을 잃고 神에게 봉사하는 사람이고 합쳐서 臣民신민(군주에게 종속하는 자로서의 人民인민)이라 한다. 民은 神에게 봉사하는 사람이라는 뜻이었는데 후에 '백성, 사람'이라는 뜻으로 쓴다.

|용례| 國民국민 民間민간 民力민력 民生민생 民心민심 民營민영

敏 11획 | 민 | 총명하다, 힘쓰다, 빠르다

갑골1 | 갑골2 | 금문1 | 전문1

|해설| 회의. 옛 자형에 의하면 본래 글자는 每매와 又우를 조합한 모양. 每는 머리를 묶고 머리 장식을 붙인 부인의 모양. 又는 손의 모양. 머리 장식에 손(又)을 더해, 머리 장식을 갖추고 제사에 힘쓰는(敏) 것을 敏이라 하여, 게으름 피우지 않고 재빠르게 제사에 힘쓰는 것을 敏捷민첩(동작이 빠름)이라고 한다. 그래서 '힘쓰다, 재빠르다, 빠르다'는 뜻이 되고, 민첩하게 제사에 힘쓰는 데서 '총명하다, 영리하다'는 뜻이 된다. 疌섭은 머리를 땋아 올린 부인이 조상에게 제사하는 사당 안에서 제사로 바쁘게 돌아다니는 모양으로, 捷재빠를 첩의 본래 글자이다. 敏에 실 장식을 더하여 머리 장식을 많이 하면 繁번이 된다.

|용례| 過敏과민 機敏기민 敏感민감 敏速민속 銳敏예민

密 11획 | 밀 | 몰래, 편안하다, 자세하다

금문1 | 금문2 | 전문1

|해설| 회의. 宀면과 必필과 火화를 조합한 모양. 宀은 조상의 靈령에게 제사 지내는 사당의 지붕 모양. 必은 병기의 창(戈과)이나 도끼(鉞월)의 머리 부분을 손잡이에 장착하는 부분의 모양인데, 密의 금문 자형에서는 戈이다. 사당 안에 戈를 呪器주기로서 안치하고, 불(火화)을 더해 정화하여 조상의 靈의 안녕을 구하는 의례를 密이라고 한다. 그 의례는 祕儀비의로서 몰래 엄숙하게 진행되었으므로 '몰래, 편안하다, 자세하다'는 뜻이 된다. 必을 바쳐 신에게 제사하는 것을 祕비(祕)라 하고, 합쳐서 祕密비밀(숨겨서 남에게 알리거나 보이게 하지 않는 것)이라고 한다.

|용례| 密告밀고 密使밀사 密約밀약 密議밀의 細密세밀 嚴密엄밀

蜜 14획 | 밀 | 벌꿀

전문1 | 전문2

|해설| 형성.『설문해자』(13하)에 정자를 䀄밀로 하고, "벌의 단 엿"이라고 한다. 꿀벌이 꽃의 액에서 만든 '꿀, 벌꿀'을 말한다. 䀄은 양봉 상자에 꿀벌이 밀집하는 뜻을 표시한 회의자일 것이다. 蜜은 그 형성자이고, 성부는 宓밀. 꿀은 식용으로 하는데 옛날에는 죽은 사람을 담가서 미라를 만들 때도 사용되었고, 蜜人밀인은 미라를 달리 부르는 명칭이다.

|용례| 蜜酒밀주 蜜蠟밀랍

朴 6획 | 박 | 순박하다, 후박나무

朴
전문1

| **해설** | 형성. 성부는 卜복. 『설문해자』(6상)에 "나무껍질"이라고 한다. 朴實박실(꾸밈이 없고 성실함), 朴素박소·素朴소박(꾸밈이 없고 있는 대로임), 純朴순박(소박하고 꾸밈이 없음)처럼 '순박함'이라는 뜻으로 쓴다. 樸통나무 박은 『설문해자』(6상)에 "木素목소"라고 하는데, 재목의 나뭇결, 원목을 말한다. 또 朴과 통용하여 순박함이라는 뜻으로 쓴다.

拍 8획 | 박 | 치다

拍 | **栢**
금문1 | 전문1

| **해설** | 형성. 성부는 白백. 白은 두 손을 칠 때의 소리를 본뜬 의성어이다. 『설문해자』(12상)에는 글자를 拍으로 쓰는데, 『釋名』, 『廣雅』 등의 옛 사전에는 모두 拍으로 쓴다. '치다, 두들기다, 손을 두들기다'라는 뜻으로 쓴다. 搏칠 박과 통용한다.

| **용례** | 拍手박수 拍子박자 拍板박판

泊 8획 | 박 | 배를 멈추다, 머무르다

泊
전문1

| **해설** | 형성. 성부는 白백. 『설문해자』(11상)에는 글자를 洦으로 쓰

고 "얕은 물"이라 하고, 『玉篇』에 "배를 멈추다"라고 한다. 배를 碇
泊정박(닻을 내려 멈춤)시키기 좋게 파도가 조용한 곳을 말한다. '멈
추다, 머무르다'라는 뜻으로 쓴다. 泊然박연(마음이 느긋함)이라고도
쓴다.

|용례| 宿泊숙박 外泊외박 淳泊정박

迫 9획 | 박 | 다가오다, 다그치다

전문1

|해설| 형성. 성부는 白백. 두 손바닥을 마주쳐서 나는 소리를 옮긴
의성어가 白인데, 두 손을 마주치듯이 닿게 하는 것을 迫이라 한
다. 『설문해자』(2하)에 "다가오다"라고 한다. '다그치다, 다가오다'라
는 뜻으로 써서, 迫眞박진(진실에 다가와 있음), 急迫급박(상황이 매우 급
함), 緊迫긴박(정세가 절박하여 방심할 수 없음), 切迫절박(시간이나 기한
등이 가까이 닥침)처럼 '다가오다'라는 뜻으로 쓴다. 또 迫害박해(강한
입장에 있는 자가 다그쳐서 해를 가함), 脅迫협박(위협하여 뭔가를 실행하
도록 다그침)처럼 강한 힘으로 다그친다는 뜻으로 쓴다.

剝 10획 | 박 | 벗기다

전문1

|해설| 회의. 彔록과 刀도(刂)를 조합한 모양. 전문의 자형에서 彔은
魅매(도깨비. 본래 글자는 彲매)의 고문의 자형(彔)에도 가깝고, 짐승의

모양이다. 剝은 벗겨내는 음을 옮겼을 것이다. 짐승 가죽을 칼로 벗겨내는 의미에서, '벗기다'라는 뜻으로 쓴다.

|용례| 剝製박제 剝脫박탈 剝落박락 剝離박리

舶 11획 | 박 | 배

|해설| 형성. 성부는 白백. 『廣韻』에 "海中해중의 大船대선이다"라고 하여, 해상 교통에 사용하는 큰 배를 말한다. 외국 무역이 점차 활발해진 唐代당대(7~10세기) 이후에 쓰이게 된 글자이다. 무역에 사용되는 대형선을 船舶선박이라 하고, 외국에서 배에 하물을 싣고 운반해 오는 것을 舶載박재, 舶來박래라고 한다.

博 12획 | 박 | 넓다, 넓히다, 쌍륙

금문1 | 금문2 | 전문1

|해설| 형성. 성부는 尃부. 尃에 搏칠 박, 膊포 박의 음이 있다. 尃는 뿌리를 포함한 묘목을 손에 든 모양으로, 묘목을 땅에 심는 것을 말한다. 十십은 아마 방패(干간)의 모양으로 치다(博)라고 읽어야 할 글자일 것이다. 금문에 "獫狁험윤(북방족의 이름)을 洛陽낙양에서 博伐박벌하다"라고 博의 모양으로 쓰는 글자도 있다. 博·搏은 搏과 같은 자일 것이다. 尃에 '넓다, 많다'는 의미가 있고, 博은 '넓다, 넓히다, 크다, 많다'는 의미로 쓴다. 簿박과 통하여 '쌍륙, 도박'이라는 뜻으로도 쓴다.

|용례| 賭博도박 博徒박도 博覽박람 博物박물 博識박식 博愛박애

撲 15획 | 박 | 치다

금문1 　전문1

|해설| 형성. 성부는 菐복. 菐에 僕종 복, 樸통나무 박의 음이 있다. 菐은 톱니가 있는 기물(丵착)을 양손에 든 모양으로 '치다, 때려눕히다'라는 뜻으로 쓴다. 금문에는 戣복 자가 있고, 토벌하는 것을 戣伐복벌이라고 한다.

|용례| 撲滅박멸 撲殺박살 相撲상박 打撲타박

縛 16획 | 박 | 묶다

전문1

|해설| 형성. 성부는 專부. 專는 뿌리를 포함한 묘목을 손에 든 모양인데, 묘목의 뿌리를 끈 등으로 '묶는' 것을 縛이라고 한다. 후에 '묶다, 매다'라는 뜻으로 쓴다. 잡목을 묶어 매는 모양은 束속이고, 합쳐서 束縛속박(행동의 자유를 제한함)이라고 한다. 사람을 잡아서 묶는 것을 捕縛포박이라 하고, 항복할 때 두 손을 뒤로 묶고, 얼굴을 앞으로 내밀어 사람에게 보이게 하는 것을 面縛면박이라 한다. 자신의 언동 때문에 스스로 몸을 움직일 수 없게 되어 괴로운 것을 自繩自縛자승자박이라고 한다.

상용자해

薄

17획 | 박 | 엷다, 엷어지다, 깔보다

전문1

|해설| 형성. 성부는 溥부. 尃부는 뿌리를 포함한 묘목을 손에 든 모양으로, 금문에 "명을 펴다(尃)" "크게(尃)"라고 쓰고 널리 베푼다, 넓은 범위에 퍼지게 한다는 의미가 있다. 溥는 넓다, 크다는 의미가 있다. 薄은 '엷다'는 뜻으로 쓰고, 『詩經』 「小雅/小旻」에 "엷은 얼음(薄氷박빙)을 밟는 것처럼"이라는 구절이 있다. 또 '적다, 천하다, 깔보다' 등의 뜻으로 쓰고, 迫박과 통하여 '다가오다'라는 뜻으로도 쓴다.

|용례| 輕薄경박 薄命박명 薄暮박모 薄謝박사 薄情박정 薄幸박행

反
4획 | 반 | 휘다, 뒤집히다, 배반하다

갑골1 | 금문1 | 전문1

|해설| 회의. 厂한과 又우를 조합한 모양. 厂은 崖벼랑 애의 모양. 反은 가파른 벼랑에 손을 걸치고 기어오르려고 하는 모양으로 벼랑이 가팔라서 몸이 뒤집히는 것을 말한다. 금문에 보이는 反은 모두 叛逆반역이라는 뜻으로 쓰이는데, 反은 아마 聖所성소를 침범하려고 해서 기어오르는 것을 시도하는 행위이고, 그러한 행위는 반역으로 간주되었다. 그래서 反은 '배반하다, 뒤집히다, 뒤집다'라는 뜻으로 쓴다. 反에 성부 半반을 더한 형태가 叛배반할 반인데 反이 叛의 본래 글자이다.

|용례| 謀反모반 反對반대 反逆반역 反抗반항 違反위반

半 5획 | 반 | 반, 나누다

半 | 半
금문1 | 전문1

|해설| 상형. 소를 정가운데에서 둘로 나눈 모양. 희생물 소를 둘로 나누는 것을 半이라 하고, '나누다, 반'이라는 뜻이 된다. 半에 月(육달월)을 더한 胖반(반쪽, 풍족함)은 희생물 소의 고기 '반쪽'(片身편신)을 말한다. 分분은 八팔과 刀도를 조합한 모양. 八은 좌우로 물건이 나누어지는 모양이므로 分은 칼로 물건을 둘로 나눈다는 뜻이 된다.

|용례| 大半대반 半分반분 半生반생 半世반세 半身반신

伴 7획 | 반 | 따라가다, 짝, 동행

伴
전문1

|해설| 형성. 성부는 半반. 半은 희생물 소를 둘로 나누는 모양. 사람이 두 명이거나 물건이 두 개 함께 있는 것을 伴이라 하여, '짝, 동료, 수행, 따라가다'라는 뜻이 된다.

|용례| 同伴동반 伴侶반려 伴食반식 伴奏반주 隨伴수반

返 8획 | 반 | 돌아가다, 돌려주다

| 금문1 | 금문2 | 금문3 | 전문1 |

|해설| 형성. 성부는 反반. 反은 가파른 벼랑에 손(又우)을 걸치고 기어오르려고 하는 모양으로 벼랑이 가파르므로 몸이 뒤집히는 것, 돌아오는 것을 말한다. 辵착(辶, 辶)에는 달린다, 간다는 뜻이 있다. '돌아가다, 되돌아오다, 돌려주다, 되돌리다'라는 뜻으로 쓴다. 反이 대체로 反逆반역(배반하고 거스름)이라는 뜻으로 쓰이고, 돌아간다는 뜻으로는 返을 쓴다.

|용례| 返却반각 返禮반례

班 10획 | 반 | 가르다

| 금문1 | 금문2 | 전문1 |

|해설| 회의. 珏쌍옥 각과 刀도를 조합한 모양. 珏은 두 개의 옥을 묶은 것으로 이것을 刀(刂)로 가르는 것을 班이라 한다. 『설문해자』(1상)에 "瑞玉서옥(제후가 갖는 옥)을 나누는 것이다"라고 한다. '나누다, 가르다'라는 뜻으로 쓰고, 班給반급(나누어 줌), 班田반전(班田收授法반전수수법에 의해 口分田구분전을 반급하는 것. 또 그 구분전)이라고 말한다. 또 班白반백(백발이 섞인 두발. 斑白반백)이라고도 쓴다. 일이나 행동을 함께 하기 위해 나뉜 그룹이라는 뜻으로 써서 班長반장(반의 우두머리)이라고 한다. 珏쌍옥 각의 색이 섞이는 것을 斑얼룩 반이라고 한다.

ㅂ

畔 10획 | 반 | 두둑, 물가, 배반하다

전문1

|해설| 형성. 성부는 半반. 半은 희생물 소를 둘로 나누는 모양으로, 나눈다는 뜻이 된다. 田전과 田을 나누는 경계를 畔이라 하여, '두둑, 경계'라는 뜻이 되고, 畔疇반주(밭두둑)라고 한다. 또 湖畔호반(호숫가)처럼 '물가'라는 뜻으로 쓴다. 叛반과 통용하여 '배반하다'라는 뜻으로 써서, 畔逆반역(나라나 주인에게 반역해 대항함)이라고 한다.

般 10획 | 반 | 돌다, 즐기다

 | |  | |
갑골1 | 갑골2 | 금문1 | 금문2 | 전문1

|해설| 회의. 舟주와 殳수를 조합한 모양. 舟는 접시의 모양. 殳에 친다는 뜻이 있다. 접시는 물건을 담아 운반하는 것인데, 이 글자의 경우는 악기인 것 같고, 舟(접시)를 악기로서 치는 것을 般이라 하여, 般樂반락(즐김)처럼 '즐기다'라는 뜻으로 쓴다. 또 般旋반선(돎. 빙빙 돎)처럼 '돌다'라는 뜻으로 쓴다. 般은 盤반의 본래 글자로 盤과 같이 쓰는 경우가 많다. 또 一般일반(널리 전체에 걸침. 또 동일한 것), 諸般제반(여러 가지), 先般선반(지난번)이라고 쓴다.

斑 12획 | 반 | 얼룩

전문1

|해설| 회의. 玨쌍옥 각과 文문을 조합한 모양. 玨은 두 개의 옥을 묶은 모양인데 옥의 문양이나 색이 섞인 것을 斑이라 하여, '얼룩'이라는 뜻이 된다.『설문해자』(9상)에 글자를 辬반으로 쓰지만, 辡따질변은 辯말싸움할 변의 경우처럼 재판에서 원고와 피고가 서약하고 싸우는 것을 말하는 글자이기 때문에, 斑을 정자라고 해야 할 것이다.

|용례| 斑文반문 斑紋반문 斑髮반발 斑白반백 斑點반점

搬 13획 | 반 | 나르다, 옮기다

|해설| 형성. 성부는 般반. 般은 盤반의 본래 글자인데, 물건을 넣은 접시를 손에 드는 것을 搬이라 하여, '나르다, 옮기다'라는 뜻이 된다. 搬은 새로 만들어진 글자이기 때문에 옛 사전에는 보이지 않고, 옛날에는 般을 쓰고 있었다. 搬은 원대, 명대(13~17세기) 이후에 쓰이게 되었다.

|용례| 搬運반운 搬入반입 搬出반출 運搬운반

頒 13획 | 반 | 나누다

전문1

|해설| 형성. 성부는 分분. 分에 攽나눌 반, 盼볼 반의 음이 있다.『詩

經』「小雅/魚藻」에 "물고기 있네, 수초(藻)에 있네, 커다란(頒) 그 머리 있네"라고 하여 물고기 머리가 크다는 뜻으로 쓰는데, 이 의미로 쓰는 다른 용례는 없다. 다른 용례는 頒賜반사(물품을 나눠 줌), 頒氷반빙(얼음을 나눠 줌)처럼 '나누다, 가르다'라는 뜻으로 쓴다. 頁혈은 의례 때 의관을 정제하고 절하는 사람의 모습이므로 頒은 의례로서 행해진 頒賜의 예를 표시하는 글자일 것이다. 斑(얼룩 반)과 통하여 頒白반백(백발이 섞인 두발)이라고 말한다.

|용례| 頒布반포

飯 13획 | 반 | 밥, 먹다

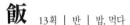

금문1	전문1

|해설| 형성. 성부는 反반. 『설문해자』(7하)에 "먹다(食식)"라 하고, 黍稷서직(메기장과 찰기장)의 종류를 '먹다', 또 '밥'이라는 뜻으로 쓴다. 『禮記』「曲禮上」에 "黍서를 먹을 때 젓가락을 쓰지 말라"고 하고, 또 "밥을 뭉치지 말라"고 하므로, 옛날에 중국에서는 손가락으로 집어서 먹었음을 알 수 있다. 그때 주로 엄지손가락을 사용하므로 엄지손가락의 밑동 부분을 飯이라고 한다.

|용례| 米飯미반 飯器반기 飯食반식 殘飯잔반

盤 15획 | 반 | 대야, 접시, 즐기다, 돌다

갑골1	금문1	금문2	전문1

|해설| 형성. 성부는 般_반. 갑골문은 접시 안의 물건을 뜨는 모양이고, 盤의 본래 글자이다. '대야, 주발, 접시'라는 뜻으로 쓴

청동기 盤

다. 般은 舟_주(盤의 모양. 악기로서의 盤)를 치는 모양이고 般樂_{반락}(즐김)으로 쓴다. 접시(盤)는 원형이 많기 때문에 盤旋_{반선}(뱅글뱅글 돎)처럼 '돌다'라는 뜻으로도 쓴다.

|용례| 旋盤_{선반} 水盤_{수반} 圓盤_{원반}

拔 8획 | 발 | 빼다, 빼앗다

전문1

|해설| 형성. 성부는 犮_발. 犮에 髮_발(머리털)이라는 뜻이 있고, 拔이란 머리털을 손으로 '뽑는' 것을 말한다. 『설문해자』(12상)에 "뽑다(擢)", 『廣雅』「釋詁」에 "내보내다"라 하여, 拔擢_{발탁}(다수 중에서 선출하여 특히 중요한 역할을 맡김), 拔除_{발제}(제거함)를 뜻한다고 한다. 많은 것 중에서 무리를 앞질러 뛰어난 것을 拔群_{발군}이라 하고, 필요한 부분만을 뽑아 쓰는 것, 또 그 뽑아 쓴 것을 拔粹_{발수}·拔萃_{발췌}라 하고, 일의 근본 원인이 되는 것을 제거하는 것을 拔本_{발본}이라고 한다.

勃 9획 | 발 | 일어나다, 왕성하다

전문1

|해설| 형성. 성부는 孛발. 孛은 초목의 꽃이 지고, 열매가 여물기 시작해 부푸는 모양인데, 안에 감춰진 힘이 밖으로 나타나는 것을 말한다. 『설문해자』(13하)에 "排배하다"라고 설명하는 것은 안에서 밀어젖힌다는 의미일 것이다. '일어나다, 왕성하다, 갑자기'라는 뜻으로 쓴다. 力력은 쟁기의 모양이므로 勃은 본래 농작물이 왕성하게 생장하는 것을 말하는 글자일지도 모른다. 물의 기세가 왕성한 것, 물이 솟아 나오는 것을 浡넘칠 발, 渤물소리 발이라고 한다.

|용례| 勃起발기 勃發발발 勃興발흥

發 12획 | 발 | 일어나다, 드러나다

금문1 　전문1

|해설| 회의. 癶발과 弓궁과 殳수를 조합한 모양. 癶은 본래 址의 모양인데, 止지(발자국의 형태로, 발이라는 뜻)를 좌우 가지런히 한 형태로 출발할 때의 자세이다. 글자의 아랫부분은 활을 쏘는 모습이다. 發이란 개전에 앞서서 우선 활을 쏘아 개전을 알리는 것을 말한다. 그래서 일을 '시작하다, 일어나다'라는 뜻이 되고, 發動발동(활동을 시작함. 또 법률에 의한 권리를 행사함), 發作발작(급히 일이 일어남. 병의 증상이 급히 일어남), 發足발족(활동을 시작함. 출발)이라고 한다. 發見발견(처음 찾아냄), 發明발명(이론 등을 새로 생각해냄. 기계 등을 새로운 생

각에 근거해서 만들어냄)이라고 쓴다. 또 發覺발각(감춰진 비밀이나 죄악 등이 드러남), 發露발로(마음속에 감추고 있던 것이나 기분 등이 드러남)처럼 '드러나다, 나타나다, 들추어내다'라는 뜻으로 쓴다.

鉢　13획 | 발 | 바리때

전문1

|해설| 형성. 본래 글자는 盋발로 쓰고, 성부는 犮발. 梵語범어(고대 인도 산스크리트어) pātra의 음역어인 鉢多羅발다라의 약어. 일본에서는 鉢 자를 쓴다. 鉢은 불교 수행자의 식기인데, 승니가 탁발할 때 소지하는 그릇이기도 하다.

|용례| 衣鉢의발 托鉢탁발

髮　15획 | 발 | 터럭, 머리털

금문1　금문2　전문1

|해설| 형성. 성부는 犮발. 금문의 자형은 首수와 犬견을 조합한 모양인데, 개(犬)를 희생으로 하여 재액을 물리친다는 의미였던 것 같다. 髮은 그 형성자라고 생각된다. '머리털, 머리카락'이라는 뜻으로 쓴다. 髟표는 긴 머리털이 나부끼는 것을 말한다.

|용례| 斷髮단발 理髮이발 整髮정발 剃髮체발

方 4획 | 방 | 쪽, 외국, 방법, 마침(지금 바로)

갑골1 갑골2 금문1 금문2 전문1

|해설| 상형. 가로걸린 나무에 죽은 사람을 매단 모양. 이것을 境界경계의 곳에 呪禁주금(惡邪악사를 물리치는 주술)으로서 둔 것이고, '外方외방'(멀리 떨어진 나라, 외국)이라는 뜻이 된다. 方位방위, 方角방각, 方向방향처럼 '쪽'이라는 뜻으로 쓰고, 또 方法방법처럼 '길, 방법'이라는 뜻으로 쓴다. 惡靈악령을 추방하기 위해 方을 때리는 것을 放방이라 한다. 白백은 해골의 모양이므로 해골이 남아 있는 죽은 사람을 나무에 매달아 때리는 모양이 敫교인데, 악령을 추방하는 의례이다.

|용례| 方今방금 方途방도 方法방법 方位방위 方形방형

坊 7획 | 방 | 저자, 가게, 절

坊

전문1

|해설| 형성. 성부는 方방. 方에 방형으로 구획한다는 뜻이 있다. 성내 도로를 바둑판 모양으로 구분하고 그 하나의 구획을 坊이라 하여 각각 坊名방명을 붙였다. 坊市방시처럼 '저자'(시장)라는 뜻으로 쓰고, 坊肆방사(店점), 酒坊주방(酒屋주옥)처럼 '가게'라는 뜻으로도 쓴다. 사원 내부도 坊으로 구분되어, 일본어에서는 '절'이라는 뜻으로 쓴다. 승려들이 사는 사원 내 가옥을 坊舍방사·僧坊승방이라 하고, 坊舍의 주인을 坊主방주라고 한다.

상용자해

妨 7획 | 방 | 방해하다

전문1

|해설| 형성. 성부는 方방. 方은 가로걸린 나무에 죽은 사람을 매단 모양으로, 사악한 靈령을 물리치기 위해 주술로서 境界경계 지역에 두었다. 이것을 신이 하늘에 오르내릴 때 사용하는 신의 사다리(自부. ß) 앞에, 邪靈사령을 물리치는 주술로서 두어 聖域성역을 수호하는 것을 防방이라 한다. 女녀는 아마도 신을 모시는 巫女무녀일 것이다. 외부에서 가해지는 저주 등을 무녀로 하여금 妨遏방알하는(防止방지하는) 것을 妨이라 하여, '방해하다, 막다'라는 뜻이 된다. 遏멈출 알은 죽은 사람의 뼈(匈흉)에 曰왈(신에게 바치는 기도문인 축문을 넣는 그릇인 ㅂ에 축문이 있는 모양)을 더해, 죽은 사람 뼈의 呪靈주령에 의해 저주를 방지하는 것을 말한다.

|용례| 妨礙방애 妨害방해

邦 7획 | 방 | 나라

금문1 | 금문2 | 전문1

|해설| 형성. 성부는 丰봉. 『설문해자』(6하)에 "나라(國)"라고 하고 邦國방국(나라)을 말한다. 금문2의 자형은 土토(社사의 본래 글자인데, 신에게 제사하는 神社신사) 위에 丰봉(어린나무의 모양)을 심고, 그 옆에 邑읍을 더한 모양인데, 封建봉건(천자의 영토 일부를 분여하여 세후로 임명하고. 나라를 만드는 것)의 의례를 말한다. 그래서 邦은 영토, 봉건

에 의해 만들어진 '나라'라는 뜻이 된다. 國국은 본래 무장한 나라의 수도를 말한다.

|용례| 邦土방토 本邦본방 聯邦연방 異邦이방

防 7획 | 방 | 막다, 싸다

전문1

|해설| 형성. 성부는 方방. 方은 가로걸린 나무에 죽은 사람을 매단 모양으로, 사악한 靈령을 물리치기 위해 주술로서 境界경계 지역에 두었다. 自부(阝. 본래 모양은 𠂤)는 신이 하늘에 오르내릴 때 사용하는 사다리의 모양이고, 그 앞에 呪禁주금(邪靈사령을 물리치는 주술)으로서 方을 두는 것을 防이라고 하여, 惡邪악사를 '막다', 聖所성소를 '지키다'라는 뜻이 된다. 『설문해자』(14하)에 "隄제"라 하고, '둑이라고 풀이한다. 隄도 성소를 지키기 위한 둑이었다.

|용례| 防備방비 防水방수 防禦방어 防音방음 防止방지 堤防제방

房 8획 | 방 | 방, 집

전문1

|해설| 형성. 성부는 方방. 方에 방형으로 구획된 것이라는 뜻이 있다. 『설문해자』(12상)에 "室실, 한편에 있다"라고 하는데, 건물 내부를 구획한 '방'이라는 뜻으로 쓴다. 또 房舍방사(집), 僧房승방(승려들이 사는 사원 내의 가옥)처럼 '집'이라는 뜻으로 쓴다.

상용자해

|용례| 房內방내 監房감방 廚房주방 獄房옥방 文房문방 冷房냉방

放 8획 | 방 | 놓다, 내쫓다, 내던지다, 마음대로

扴 금문1 | 放 전문1

|해설| 회의. 方방과 攴복(攵)을 조합한 모양. 方은 가로걸린 나무에 죽은 사람을 매단 모양으로, 사악한 靈령을 물리치기 위한 주술로서 경계의 곳에 두었다. 攴은 때린다는 의미이기 때문에 方을 때리는 모양이 放이고, 邪靈사령을 추방하는(쫓아내는) 의례를 말한다. 그래서 '내쫓다, 물리치다, 추방하다, 놓다'라는 뜻이 된다. 또 放縱방종(마음대로 함, 멋대로 함), 放漫방만·放慢방만(자기 마음대로임)처럼 '마음대로'라는 뜻으로도 쓴다. 白백은 해골(비바람을 맞아 하얗게 된 두개골)의 모양이기 때문에, 해골이 남아 있는 죽은 사람을 나무에 매달아 때리는 모양이 敫교이고, 그 죽은 사람의 강한 靈령의 힘을 때려서 刺激자격하는 것을 敫구할 교라 하는데, 邪靈의 추방을 구하는 의례이다. 그 의례를 邊徼변요(변경의 요새)에서 행하기 때문에 徼구할 요라 하고, 그 의례를 도로에서 행하는 것을 邀맞을 요라 하고, 그 의례 때 소리를 높여 꾸짖는 것을 噭부르짖을 교라 한다. 敫에 다시 해골의 형태를 더한 皦흴 교는 해골 색이 흰 것을 말한다. 문장의 힘으로 刺激을 주려고 하는 것을 檄격문 격이라 한다.

|용례| 開放개방 放言방언 放逸방일 放逐방축

芳 8획 | 방 | 향기롭다, 향기, 꽃

전문1

|해설| 형성. 성부는 方방. 『설문해자』(1하)에 "香草향초"라 하고, 芳香방향(좋은 향기)이 있는 꽃을 말한다. '향기롭다, 향기, 꽃'이라는 뜻으로 쓰고, 그 뜻을 사람에게 옮겨서 芳紀방기(젊은 여성의 나이), 芳志방지·芳情방정·芳心방심(타인의 간절한 배려심을 높여 부르는 말), 芳聲방성(좋은 평판), 芳名방명(좋은 평판. 이름)이라고 말한다.
|용례| 芳氣방기 芳樹방수 芳醇방순 芳草방초

肪 8획 | 방 | 기름

전문1

|해설| 형성. 성부는 方방. 方에 房방처럼 한곳에 모인다는 뜻이 있다. 『설문해자』(4하)에 "살찌다(肥비)"라고 한다. 脂肪지방(상온에서는 고체인 기름. 영양소의 하나)을 말한다. 피부가 지방으로 매끄러운 것을 肪膩방니라 하고 미인의 한 조건이 되었다.

倣 10획 | 방 | 본받다, 흉내 내다

|해설| 형성. 성부는 放방. 放은 가로걸린 나무에 매단 강한 靈力영력을 가진 죽은 사람을 때리는 모양으로, 죽은 사람의 靈령을 자극해서 그 영력에 의해 邪靈사령을 추방하는 의례를 말한다. 그래서

放에 본받는다, 다른 것을 흉내 내서 한다는 뜻이 있다. '본받다, 흉내 내다'라는 뜻으로 쓴다. 흉내 내는 것을 模倣모방, 依倣의방, 倣效방효라고 한다.

紡 10획 | 방 | 잣다

紡
전문1

|해설| 형성. 성부는 方방. 『玉篇』에 "紡絲방사"(실을 뽑음), 『廣韻』에 "績紡적방"이라고 하는데, 실을 '잣는' 것을 말한다.

|용례| 紡車방거 紡絲방사 紡績방적 混紡혼방

訪 11획 | 방 | 방문하다, 찾다, 묻다

訪
전문1

|해설| 형성. 성부는 方방. 方은 旁방(두루, 옆)과 통하여 '두루'라는 뜻이 있다. 『설문해자』(3상)에 "널리 헤아리는 것을 訪이라고 한다"고 설명한다. 각지의 신에게 의논하는 것, 또 성직자나 장로에게 의논하는 것을 訪이라고 하는 것이다. 신에게 의논해 신의 뜻을 묻는다는 의미에서 '사람의 소재를 묻다, 찾다, 방문하다'라는 뜻이 된다. 방문하다(사람의 근원을 찾다)라는 것은 소리를 낸다, 신이 자신의 소재를 알리기 위해 희미한 소리를 낸다는 것이 본래의 뜻이었다. 신이 있는 곳을 찾는 제사를 祊제사 팽이라고 한다.

|용례| 來訪내방 訪問방문 歷訪역방 往訪왕방

傍 12획 | 방 | 곁, 붙다

傍
전문1

|해설| 형성. 성부는 旁방. 旁은 凡범과 方방을 조합한 모양일 터인데 凡은 汎넓을 범, 方은 사방을 뜻하고, '두루, 곁'이라는 뜻으로 쓴다. 『설문해자』(8상)에 "가깝다(近)"라고 하여, 近傍근방(가까운 곳)이라는 뜻으로 풀이한다. 근방이라는 뜻에서 곁에 달라붙는 것을 傍이라 하고, '곁, 옆, 달라붙다, 붙다'라는 뜻으로 쓴다.

|용례| 路傍노방 傍觀방관 傍線방선 傍人방인

杯 8획 | 배 | 술잔

|해설| 형성. 성부는 不부. 不에 肧아이 밸 배의 음이 있다. 不는 꽃의 꽃받침(蕚악)의 모양으로, 작고 둥근 것이라는 뜻이 있다. 작은 '술잔'을 杯라 하는데, 후에 盃배 자를 쓴다. 술잔을 나누며 화해하는 것을 杯酒解冤배주해원이라고 한다.

|용례| 金杯금배 杯酒배주 酒杯주배 祝杯축배

拜 9획 | 배 | 절하다, 따다

拜　　拜　　拜
금문1　　금문2　　전문1

|해설| 회의. 手수와 桻휘를 조합한 모양. 桻는 꽃(花화)의 모양으로 하나의 줄기에 꽃이 핀 모양이다. 그것을 구부려 손으로 따는 모양

이 拜이고, '꽃을 따다, 따다'라는 뜻이 된다. 그 꽃을 따는 자세가 拜禮배례(머리를 숙이고 절함)하는 자세와 비슷해서 '절하다'라는 뜻이 된다. 금문에는, 조정에서 관직의 임명식을 할 때 임명되는 자가 拜手稽首배수계수(머리를 땅에 붙여 절함) 하는 것이 예였다.

|용례| 拜見배견 拜命배명 拜受배수 拜手배수 拜顔배안

背   9획 | 배 | 등, 뒤, 배반하다

전문1

|해설| 형성. 성부는 北북. 北에 邶나라 이름 패의 음이 있다. 北은 왼쪽을 향한 사람과 오른쪽을 향한 사람이 등을 마주 대도록 조합한 모양으로 '등'이라는 뜻이 되고, 背의 본래 글자이다. 北이 방위의 이름인 북녘이라는 뜻으로 쓰이게 되면서, 北에 신체 부분을 표시하는 月(육달월)을 더한 背가 '등, 뒤'라는 뜻으로 쓰이게 되었다. 두 사람이 등을 돌리는, 돌아서는 데서 '배반하다, 반대하다, 위반하다, 떠나다, 모반하다, 거스르다'라는 뜻이 된다.

|용례| 背景배경 背面배면 背信배신 背後배후 違背위배

ㅂ

倍   10획 | 배 | 많아지다, 곱절, 배반하다

전문1

|해설| 형성. 성부는 㕻부. 㕻는 초목의 열매가 익어 갈라지려고 하는 모양. 倍는 갈라져서 수가 많아지는 것이고, '많아지다, 곱절'

이라는 뜻이 되고, 倍加배가(두 배로 증가함. 곱절), 數倍수배(3~4배, 5~6배 정도 되는 것)라고 말한다. 『설문해자』(8상)에 "배반이다(反반)"라고 하는데, 갈라져 수가 늘어나는 데서 '배반하다'라는 뜻이 되고 倍德배덕(德義덕의에 어긋남)처럼 쓴다.

俳 10획 | 배 | 놀다, 광대

전문1

|해설| 형성. 성부는 非비. 非에 排밀칠 배, 俳노닐 배의 음이 있다. 非는 참빗(櫛즐)의 모양으로 양측에 똑같이 촘촘한 이를 새긴 빗의 모양이다. 『설문해자』(8상)에 "노는 것(戲희)"이라고 한다. 그래서 두 사람이 역을 맡아 나란히 노는 것을 俳라 하여, '놀다, 익살 부림'이라는 뜻으로 쓴다. 익살맞은 동작을 하며 춤추고 노래하는 사람을 俳優배우라고 한다. 익살을 주로 하는 하이카이렌가(俳諧連歌)의 제1구(發句발구)가 독립하여 5·7·5의 17음절로 이루어진 短詩단시가 하이쿠(俳句)이다.

配 10획 | 배 | 두루 살피다, 짝지어주다

갑골1 | 갑골2 금문1 | 전문1

|해설| 회의. 酉유와 己기를 조합한 모양. 酉는 酒器주기, 酒樽주준(술통)의 모양. 己기는 옛 자형에 의하면 卪절인데, 무릎 꿇은 사람의 모양이다. 酒器 앞에 사람이 무릎 꿇는 모양이 配인데, 酒器와 사

상용자해

람을 조합해, 사람에 맞추어 나누어 주는 것을 말하고, 男女남녀를 '짝지어주다'(결혼시키다), '맞추어주다, 분배하다'라는 뜻이 된다. 또 支配지배(다른 사람을 자신의 생각대로 움직임)처럼 '따르게 하다'라는 뜻으로도 쓴다. 食器식기(食膳식선) 앞에 사람이 무릎 꿇은 모양은 卽즉(卽즉)이고, 식기를 끼고 사람이 마주 보고 앉은 모양은 鄕향 이다.

|용례| 配當배당 配付배부 配分배분 配偶배우 配合배합 分配분배

培

11획 | 배 | 가꾸다

培
전문1

|해설| 형성. 성부는 㕻부. 㕻는 초목의 열매가 익어 갈라지려고 하는 모양. 갈라져서 수가 많아지는 것을 倍배라 하고, 늘어난다는 뜻이 된다. 초목의 뿌리 밑에 흙을 늘리는 것, 흙을 더하는 것을 培라 하고, '가꾸다'(뿌리 밑에 흙을 뿌려서 초목을 기르다)라는 뜻이 된다.

|용례| 培植배식 培養배양 栽培재배

排

11획 | 배 | 밀치다, 물리치다, 늘어놓다

排
전문1

|해설| 형성. 성부는 非비. 非에 俳놀 배, 徘노닐 배의 음이 있다. 非는 참빗의 모양이고 좌우에 촘촘하게 이가 나 있는 빗이다. 『설문해 자』(12상)에 "밀치다(擠제)"라 하여, 두 개 나란히 있는 것이 다른 한

쪽을 밀치는 뜻이라고 한다. '밀치다, 밀쳐버리다, 물리치다, 없애다'라는 뜻으로 쓴다. 또 '늘어놓다'라는 뜻으로도 쓴다.

|용례| 排擊배격 排氣배기 排列배열 排除배제

陪 11획 | 배 | 따르다, 곁에서 모시다

髐

전문1

|해설| 형성. 성부는 㕻부. 㕻는 초목의 열매가 익어 갈라지려고 하는 모양. 갈라져서 수가 많아지는 것을 倍라고 한다. 윗사람의 옆에 많은 사람이 자리를 차지하는 것을 陪席배석이라고 한다. 𨸏부(阝)는 본래 𨸏 모양인데, 신이 하늘에 오르내릴 때 사용하는 신의 사다리 모양이므로, 신성한 자리에 동석한다는 의미이다. 陪從배종(귀인을 모시고 따라감), 陪食배식(신분이 높은 사람과 식사를 함께 함), 陪臣배신(가신의 가신), 陪審배심(재판에 일반인이 참가함)처럼 '따르다, 곁에서 모시다, 가신'이라는 뜻으로 쓴다.

賠 15획 | 배 | 배상하다

|해설| 형성. 성부는 㕻부. 㕻는 초목의 열매가 익어 갈라지려고 하는 모양. 갈라져서 수가 많아지는 것을 倍배라 하고, 늘어난다는 뜻이 된다. '배상하다'(재화를 내서 손실을 메꿈)라는 뜻으로 쓴다. 타인에게 손해를 주었을 때는 賠償배상을 해야 하는데, 그 배상액은 손해액에 가산해서 지불하는 경우가 많았다. 징벌로서 액을 늘렸을 것이다. 금문에 그러한 예의 문장이 있다.

輩 15획 | 배 | 동료, 패거리, 동족

輩
전문1

|해설| 형성. 성부는 非비. 非에 俳놀 배, 排밀칠 배의 음이 있다. 非는 참빗의 모양인데 좌우에 촘촘하게 이가 난 모양이다. 『설문해자』(14상)에 "軍군의 車거를 發발할 때와 같다. 百兩백량을 一輩일배로 한다" 하고, 『六韜육도』 「犬韜」에 "百車백거에 一將일장"이라고 하므로, 兵車병거 百車를 一輩로서 하나의 전투 집단으로 한 것이다. 그 군에 속한 자를 同輩동배(동료)라고 한다. 輩는 같은 집단·조직에 속한 자, '동료, 패거리, 동족'이라는 뜻으로 쓴다.

|용례| 輩出배출 年輩연배 後輩후배

白 5획 | 백 | 흰색, 희다, 말하다

갑골1 갑골2 금문1 전문1

|해설| 상형. 白骨백골이 된 두개골의 모양. 비바람을 맞아 살은 떨어지고 백골만 남은 해골의 모양이기 때문에 '흰색, 희다'라는 뜻이 된다. 위대한 지도자나 죽인 적장의 머리는 백골이 된 髑髏촉루(해골)로 보존했다. 뛰어난 수장의 두골에는 뛰어난 呪靈주령(靈의 힘)이 있다고 믿었기 때문이다. 그래서 그러한 수장은 伯백이라고 불렸다. '말하다'라는 의미로도 쓴다.

|용례| 白馬백마 白眉백미 白髮백발 白眼백안 白夜백야 白衣백의

百 6획 | 백 | 백, 여러 가지

갑골1 갑골2 금문1 금문2 전문1

|해설| 지사. 白백 위에 횡선을 하나 더한 모양. 白 위에 선 한 가닥을 더해 숫자 '백'을 표시한다. 白은 해골의 모양이므로 수와 무관한 글자인데, 아마 白의 음을 취했을 것이다. 百의 자형에 한하여 白 중에 콧구멍의 모양을 나타낸 것 같은 △ 모양이 더해져 있다. 숫자 百은 成數성수이므로 '전체, 전부'나 '다수, 여러 가지'라는 뜻으로 쓰는 경우가 많다.

|용례| 百官백관 百度백도 百般백반 百藥백약 百害백해 百花백화

伯 7획 | 백 | 우두머리, 맏

갑골1 금문1 전문1

|해설| 형성. 성부는 白백. 白은 비바람을 맞아 살은 떨어지고 백골만 남은 두개골의 모양. 위대한 지도자나 죽인 적장의 머리는 백골이 된 髑髏촉루(해골)로 보존했다. 뛰어난 수장의 두골에는 뛰어난 呪靈주령(靈의 힘)이 있다고 믿었기 때문이다. 그래서 그러한 수장은 伯이라고 불렀다. 伯은 '우두머리, 두목'이라는 뜻으로 쓴다. 周代주대에는 형제의 순서를 伯백, 仲중, 叔숙, 季계라고 하여 '맏'이라는 뜻으로도 쓴다. 伯父백부(큰아버지)라고도 쓴다.

|용례| 伯母백모 伯仲백중 畵伯화백

番 12획 | 번 | 발바닥, 갈마들다

금문1 | 전문1

|해설| 상형. 짐승 발바닥의 모양. 釆변은 짐승 발톱의 모양이고, 番
은 발톱을 포함한 짐승 발바닥의 형상이다. 『설문해자』(2상)에 "짐
승의 발, 이것을 番이라고 한다"라고 설명한다. 짐승 발바닥이라는
뜻으로는 후에 蹯발바닥 번을 쓰고 番은 交番교번(교대로 번을 맡음),
順番순번(순서를 따라 교체해서 일을 맡음), 當番당번(순서대로 갈마들어
일의 번을 맡음), 輪番윤번(순번으로 그 일을 맡음)처럼 '갈마들다, 교체'
라는 뜻으로 쓴다.

煩 13획 | 번 | 괴로워하다, 고민하다

전문1

|해설| 회의. 火화와 頁머리 혈을 조합한 모양. 『설문해자』(9상)에 "열
로 머리가 아픈 것이다"라고 하는데, 火를 체열이라는 뜻으로 해석
하는 것은 무리이다. 火는 사람에게 더하는 것으로 大대(손발을 벌
리고 선 사람을 정면에서 본 모양)에 불을 더하는 모양이 赤적이고, 不
淨부정을 祓淸불청하는 것을 말한다. 赤에 攴복(攵)을 더해 때려서
죄를 물리치고 죄를 용서하는 것을 赦사라고 한다. 頁(의례 때 의관
을 정제하고 拜禮배례하는 사람의 모습)에 火(聖火성화)를 더한 煩은, 고
민이나 걱정을 없앨 때의 방법을 나타내는 글자일 것이다. 여기에
서 바뀌어 '고민하다, 괴로워하다'라는 의미가 되었을 것이다.

|용례| 煩惱번뇌 煩瑣번쇄 煩雜번잡

繁 17획 | 번 | 무성하다, 많다

금문1　금문2　전문1

|해설| 회의. 敏민과 糸사를 조합한 모양. 敏은 머리 장식에 손을 대고 있는 盛裝성장한 여인의 모습으로, 머리 장식을 갖추고 제사에 힘쓰는(敏) 것을 말한다. 그 부인의 머리 장식에 또 실 장식을 더한 모습이 繁이고 머리 장식이 많은 것을 말하며, '무성하다, 많다, 번성하다'라는 뜻이 되고, 많다는 것에서 '번거롭다, 바쁘다'라는 뜻이 된다.

|용례| 繁忙번망 繁殖번식 繁閑번한

翻 18획 | 번 | 뒤집다

전문1

|해설| 형성. 성부는 番번. 番은 짐승 발바닥의 모양으로 나풀거리는 것이라는 뜻이 있다. 翻意번의(의지를 뒤집음. 생각을 고침), 翻身번신(몸을 뒤집음), 翻覆번복(뒤집음), 翻弄번롱(마음대로 갖고 놂)처럼 '뒤집다'라는 뜻으로 쓴다. 또 원고를 판목에 옮겨 출판하는 것을 翻刻번각, 어떤 나라 말을 다른 나라 말로 옮기는 것을 翻譯번역이라고 한다. 翻은 飜뒤집을 번으로도 쓴다.

藩 19획 | 번 | 대울타리, 울타리

전문1

|해설| 형성. 성부는 潘반. 潘은 쌀뜨물.『설문해자』(1하)에 "울(屛병)"
이라 하고, '담, 울타리, 대울타리, 경계'라는 뜻으로 쓴다. 藩垣번원
(담), 藩屛번병(담. 울타리. 지킴), 藩籬번리(울타리. 대울타리)라고 쓴다.
울타리로 그 안을 지키는 데서 지배하는 領地영지, 屬領속령을 藩
이라 하여, 藩士번사(번에 속한 무사), 藩主번주(번의 영주. 大名다이묘)라
고 쓴다. 蕃번(우거지다. 붙다), 樊울타리 번과 통용한다.

伐 6획 | 벌 | 치다, 베다, 자랑하다

갑골1 | 금문1 | 전문1

|해설| 회의. 人인과 戈과를 조합한 모양. 창(戈)으로 사람의 목을 베
는 모양이 伐이고, '치다, 목을 베다, 베다'라는 뜻이 된다. 한 사람
의 머리를 베는 것은 伐, 두 사람의 머리를 베는 것을 戩섬이라 하
는데, 殲죽일 섬의 본래 글자이다. 갑골문에 "三十
羌삼십강을 죽일까" 등 이민족 姜人강인을 다수
죽이는 예가 많이 있다. 殷代은대 왕묘에는 신체
와 頭部두부를 열 개씩 따로 다수 매장한 것이
있는데, 강인의 머리를 베어 희생으로서 매장했
을 것이다. 군공을 표창하는 것을 伐旌벌정이라
하고, '드러내다, 자랑하다'라는 뜻으로도 쓴다.

戈

|용례| 伐木벌목 伐採벌채 殺伐살벌 征伐정벌 誅伐주벌

罰 14획 | 벌 | 징벌

금문1 | 전문1

|해설| 회의. 詈욕할 리와 刀도(刂)를 조합한 모양. 詈는 网그물 망과 言언을 조합한 모양인데, 신에게 맹세한 말인 言에 그물을 씌워서 그 맹세를 무효로 만드는 것을 의미한다. 또 칼(刀)을 더하여 파기하는 것을 표시한다. 신에 대한 맹세를 파기하고 무효로 만드는 것을 罰이라 하고, 신에게 거짓을 말한 것에 대한 '가책, 징벌'이라는 뜻이 된다. 『書經』「湯誓」에 "하늘의 罰을 내린다"라고 하고, 벌은 본래 天罰천벌(하늘이 내리는 벌)을 말한다. 후에 刑罰형벌(범죄자에게 가하는 制裁제재)이라는 뜻이 된다.

|용례| 罰金벌금 罰則벌칙 處罰처벌 體罰체벌

閥 14획 | 벌 | 공적, 문벌

전문1

|해설| 형성. 성부는 伐벌. 伐에 伐旌벌정(군공을 표창함)이라는 뜻이 있다. 伐旌의 伐은 옛날에는 멸로 썼고, 은 전쟁이 끝나면 눈썹에 장식을 붙인 적군의 무녀(신을 모시는 여자)를 잡아 죽여 그 呪力주력(주술의 힘)을 잃게 하는 것을 말하고, '업신여기다, 얕보다'라는 뜻이 된다. 은 후에 蔑멸로 쓴다. 군공을 표창하는 것을 蔑曆

상용자해

멸력이라고 한다. 閥은 伐(벌정)의 음훈을 받아 '공적, 공훈'이라는 뜻으로 쓴다. 門문에 家가, 명문이라는 뜻이 있는데, 군공을 표창받은 家를 閥이라고 하여 '명문'이 되고, '門閥문벌'(명문. 또 좋은 명문)이라고 한다. 지금은 學閥학벌(같은 학교의 출신자에 의해 만들어진 배타적 집단), 財閥재벌(대자본가. 대기업을 지배하는 일족), 派閥파벌(이해관계나 학력에 의해 연결되어 남과 대항하는 세력)이라고 쓴다.

凡 3획 | 범 | 무릇, 모두, 보통

| 갑골1 | 갑골2 | 금문1 | 금문2 | 전문1 |

|해설| 상형. 쟁반(盤반)의 모양. 盤은 본래 舟주의 모양이나 凡의 모양으로 그렸다. 汎범(뜨다, 넓다), 帆돛 범처럼 쓴다. 風풍의 갑골문 자형은 관 장식을 붙인 새의 모양이고, 봉황새(鳳봉)의 본래 모양과 같다. 風·鳳의 성부는 凡이다. '무릇, 모두, 다'라는 뜻으로 쓰는데 금문에 '모두'라고 쓰였고, 꽤 옛날부터의 용법이다. 후에 凡才범재(평범한 재능), 凡人범인·凡夫범부(보통 사람), 非凡비범(특히 뛰어난 것. 평범하지 않음), 平凡평범(흔하게 있고 특히 뛰어난 곳이 없는 곳. 보통)처럼 '보통'이라는 뜻으로 쓴다. 책의 맨 처음에 그 책을 읽는 데 참고 사항을 나열한 것을 凡例범례라고 한다.

氾 5획 | 범 | 뜨다, 넘치다

전문1

|해설| 형성. 성부는 㔾범. 㔾은 사람이 엎드린 모양이고, 氾은 익사자가 엎드린 자세로 뜨는 것이다. 누운 자세로 익사자가 흘러가는 모양은 泛범. 氾도 泛도 '뜨다'라는 뜻으로 쓴다. 고대에는 대홍수 때 익사자를 보는 일도 많았을 것이다. 浮뜰 부는 물속의 자식을 손으로 건저 올리는 모양이다. 『설문해자』(11상)에 氾은 "넘치다(濫 람)"라 하고, 氾濫범람(물이 넘쳐흐름)이라고 쓴다.

犯 5획 | 범 | 범하다, 어기다

㹠
전문1

|해설| 회의. 犭견과 㔾범을 조합한 모양. 犭은 짐승의 모양. 㔾은 사람이 앞을 향해 머리를 숙이는 모양이므로, 자형대로 해석하면 사람이 짐승의 위에 올라타서 짐승을 범한다는 뜻이 된다. 짐승을 범한다는 것은 일본의 고문헌에 보이는 '짐승을 범하는 죄'에 해당하는 것이 된다. 본래는 터부를 범한다, 신성한 것을 범한다는 의미였는데, 후에 犯罪범죄(죄를 범함), 犯法범법(법을 어김), 違犯위범(법이나 규칙을 어김), 共犯공범(두 명 이상이 공동으로 죄를 범함)처럼 죄나 법을 '어기다'라는 뜻으로 쓰는 경우가 많다.

帆 6획 | 범 | 돛

|해설| 형성. 성부는 凡범. 凡은 風풍의 갑골문자 성부에 쓰이는 받침의 모양인데, 배를 달리게 하기 위해 바람을 받는 천을 帆이라 하고, '돛, 돛단배'라는 뜻이 된다. 삼국 시대(3세기) 이후 강남에

는 전란이 많아지고, 수군도 편제되어 큰 **帆船**범선(돛단배)이 만들어졌다. 물 위를 항행하여 여행하는 일이 점점 많아져서 육조 시대(3~6세기)의 편지글에 "**布帆**포범(**布製**포제의 돛을 단 배), 무사하다"라는 인사말이 쓰였다.

|용례| **帆走**범주 **出帆**출범

 汎 6획 | 범 | 뜨다, 넓다

전문1

|해설| 형성. 성부는 **凡**범. 凡은 **風**풍의 갑골문자 성부에 쓰이는 받침의 모양인데, 바람을 받아 떠내려가는 것을 汎이라 하여 '뜨다, 떠다니다, 떠서 흘러가다'라는 뜻으로 쓴다. **氾**범(뜨다, 넓다)과 통하여 '넓다, 두루'라는 뜻으로도 쓴다. **汎濫**범람, **氾濫**범람은 물이 넘치는 것이다.

|용례| **汎論**범론 **汎愛**범애 **汎用**범용

範 15획 | 범 | 틀, 법

전문1

|해설| 형성. 성부는 **軓**범. 軓은 군이 출발할 때 **兵車**병거로 희생물 개(犬견)를 치어서 정화하는 것을 말한다. **軷**발도 軓과 같은 의미로 車거를 정화하는 **出行**출행 의례를 **軓軷**범발(**範軷**범발)이라 한다. 『설문해자』(14상)에 "範은 範軷"이라고 한다. 範은 또한 **型**형(거푸집)을 만드

는 것을 말한다. 凵범은 위에서 씌운다는 의미가 있고, 위에서 씌워서 대나무로 만드는 型을 範(范범), 나무(木목)로 만드는 型을 模모라 하고, 합쳐서 模範모범(型, 본받아야 할 본보기, 법)이라고 한다. '틀, 법, 본보기'라는 뜻으로 쓴다.

| 용례 | 範式범식 範型범형 師範사범

法 8획 | 법 | 법, 본받다, 방법

금문1 | 금문2 | 전문1 | 전문2

| 해설 | 회의. 본래 글자는 灋법으로 쓰고, 水수와 廌해태 치와 去거를 조합한 모양. 고대의 재판은 축문을 읽고 거짓이 있으면 벌을 받겠다고 신에게 맹세하고 행하는 神判신판의 형식으로 진행되었다. 廌는 解廌해치(해태)라고 불리는 羊양과 비슷한 신성한 동물인데, 원고, 피고 쌍방이 이것을 제출하고 재판을 진행했다. 去는 大대(손발을 벌리고 선 사람을 정면에서 본 모양)와 凵거를 조합한 모양인데, 凵는 凵재(신에게 바치는 기도문인 축문을 넣는 그릇의 모양)의 덮개를 벗겨서 축문이 거짓이었다는 무효 표시를 한 것이다. 재판에 패배한 자(大)가 解廌와 凵(덮개를 벗긴 축문 그릇)와 함께 물에 떠내려가는 것을 灋이라 하고, 廢버릴 폐라는 뜻이 된다. 금문에서는 "짐의 명령을 灋하지(廢폐하지) 말라"고 한다. 후에 灋에서 廌를 생략한 法의 자형이 되어, '법(법령·규칙), 본받다(법에 따르다), 방법'이라는 뜻으로 쓴다.

| 용례 | 法度법도 法律법률 法式법식 法制법제 適法적법 製法제법

壁 16획 | 벽 | 벽, 울타리, 벼랑

전문1

|해설| 형성. 성부는 辟벽. 辟은 辛신(손잡이가 달린 가느다란 曲刀곡도의 모양)으로 사람의 허리 살을 잘라내는 형벌을 말한다. 『설문해자』(13하)에 "담(垣원), 즉 '울타리'라는 뜻이라고 하는데, 울타리뿐 아니라 집의 '벽'도 말한다. 또 絶壁절벽(벽처럼 깎아지른 벼랑)처럼 '벼랑'이라는 뜻으로도 쓴다.

|용례| 壁面벽면 岸壁안벽 岩壁암벽

璧 18획 | 벽 | 둥근 옥

금문1 | 금문2 | 전문1

|해설| 형성. 성부는 辟벽. 辟은 辛신(손잡이가 달린 가느다란 曲刀곡도의 모양)으로 사람의 허리 살을 잘라내는 형벌을 말한다. 금문에서는 그 잘라낸 살점이 작은 ○으로 그려진다. 璧은 그 고기처럼 둥글다는 뜻일 것이다. '둥근 옥'이라는 뜻이 된다. 『설문해자』(1상)에 "瑞玉서옥, 둥근 것이다", 『爾雅』에 "肉육이 好호(옥의 구멍)보다 곱절 큰 것, 이것을 璧이라 한다"라고 설명한다. 평평하고 안에 작은 구멍이 있는 옥으로 하늘에 제사할 때 썼을 것이다. 殷墟은허의 婦好墓부호묘에서는 玉璧옥벽이 출토되었다.

玉璧

|용례| 璧玉벽옥 雙璧쌍벽 玉璧옥벽 完璧완벽

癖 18획 | 벽 | 버릇

|해설| 형성. 성부는 辟벽. 辟은 辛신(손잡이가 달린 가느다란 曲刀곡도의 모양)으로 사람의 허리 살을 잘라내는 형벌을 말한다. 尸시는 옆에서 본 사람의 모양으로 口구는 잘라낸 살점의 모양. 허리 살이 잘려 똑바로 설 수가 없어서 자세가 기울어지는 것을 僻벽이라고 한다. 그 기울어진 자세가 습관처럼 되는 것을 癖이라 하여, '버릇'이라는 뜻으로 쓴다.

|용례| 奇癖기벽 盜癖도벽 性癖성벽 惡癖악벽

辨 16획 | 변 | 시비를 가리다, 분별하다

| 금문1 | 금문2 | 전문1 |

|해설| 형성. 성부는 辡변. 辡은 만약 서약을 어길 때는 입묵의 형벌을 받겠다는 의미이고, 辛신(입묵할 때 쓰는 침의 모양)을 두 개 늘어놓은 모양으로 재판에서 원고와 피고가 서약하고 싸우는 것을 말한다. 刂도(刀)는 물건을 둘로 나눌 때 쓴다. 원고, 피고 쌍방의 주장을 분명히 하고 소송을 '가리는'(판가름하는) 것을 辨이라고 한다. '가리다' 외에 '나누다, 조사하다, 분명히 밝히다' 등의 뜻으로 쓴다.

|용례| 辨訟변송 辨證변증

邊 19획 | 변 | 근처, 가, 국경, 가장자리, 끝

금문1 　 금문2 　 전문1

|해설| 형성. 성부는 臱면. 自자는 정면에서 본 코(鼻비)의 모양. 그 하부는 물건을 두는 받침대의 모양. 方방은 가로걸린 나무에 죽은 사람을 매단 모양이기 때문에, 臱은 코(鼻)를 위로 향한 사체를 받침대 위에 둔 모양으로, 그 아래쪽은 늘어진 사체의 발이다. 辵착(辶, 辶)은 달린다, 간다는 뜻. 이민족과 접하는 邊境변경, 國境국경 근처는 이민족의 邪靈사령이 있는 곳이기 때문에, 臱을 두어 呪禁주금(사령을 물리치는 呪術주술)으로 삼았다. 邊이란 변경(국경)을 지키기 위한 呪儀주의이다. 그래서 '국경, 가장자리, 끝'이라는 뜻이 되고, 邊塞변새(국경의 요새)라고 쓴다.

|용례| 近邊근변 邊疆변강 邊地변지 邊土변토 周邊주변

 辯 21획 | 변 | 싸우다, 다스리다, 나누다

전문1

|해설| 형성. 성부는 辡변. 辡은 만약 서약을 어길 때는 입묵의 형벌을 받겠다는 의미이고, 辛신(입묵할 때 쓰는 침의 모양)을 두 개 늘어놓은 모양으로 재판에서 원고와 피고가 서약하고 싸우는 것을 말한다. 言언은 신에게 서약한 말이다. 원고와 피고가 말다툼하는 것을 辯이라 하고, '말다툼하다, 싸우다, 잘하다, 다스리다' 등의 뜻으로 쓴다. 또 辨변과 통하여 '가리다, 나누다'라는 뜻으로 쓴다.

|용례| 詭辯궤변 多辯다변 辯明변명 辯解변해 辯護변호

變 23획 | 변 | 바꾸다, 고치다, 어지러워지다

전문1

|해설| 회의. 䜌어지러울 련과 攴복(夂)을 조합한 모양. 言언은 신에게 한 맹세의 말로 그 맹세의 말을 넣은 그릇의 좌우에 실 장식을 붙인 모양이 䜌이다. 攴에는 친다는 뜻이 있으므로 맹세의 말을 넣은 그릇을 치는 것을 變이라 하여, 맹세를 깨트리고 고친다는 뜻이 된다. 그래서 '고치다, 바꾸다, 어지러워지다'라는 뜻으로 쓴다.

|용례| 激變격변 劇變극변 變改변개 變動변동 變亂변란 變形변형

別 7획 | 별 | 나누다, 헤어지다

갑골1 전문1

|해설| 회의. 冎과와 刀도(刂)를 조합한 모양. 冎는 사람 흉골 위에 있는 뼈의 모양. 그 뼈의 관절 부분을 칼로 분리하는 것을 別이라 하여, '나누다, 헤어지다'라는 뜻이 된다.

|용례| 別居별거 別離별리 死別사별 離別이별 特別특별

상용자해

丙 5획 | 병 | 병

| 갑골1 | 갑골2 | 금문1 | 금문2 | 전문1 |

|해설| 상형. 기물을 올려놓는 臺座대좌의 모양. 또 창槍이나 지팡이의 石突석돌(자루 끝의 지면에 세우는 부분) 모양으로 柄의 본래 글자이다. 商상, 遹바로잡을 휼, 裔후손 예 등의 모양에서 보면, 辛신(입묵하는데 사용하는 큰 바늘)이나 병기의 창(矛과)을 세우거나 옷을 걸 때의 대좌로서 쓰는 것이다. 십간의 셋째 '병'이라는 뜻으로 쓰는 것은 그 음을 빌린 가차 용법이다. 丙丁병정은 대좌와 釘정이라는 조합이다. 丙午병오년에 태어난 여성은 기질이 세서 남편을 잡아먹는다는 미신은 중국 明代명대(14~17세기)에 생겨났는데 에도(江戶) 시대 이후 일본에도 많은 사람이 믿었고 현대에도 영향력을 갖는다. (오행설에 의하면 丙은 불기운이고 午는 말의 기운과 관계있기 때문에 이 두 기운이 합쳐진 해에 태어난 여성은 그런 강한 기운을 갖는다고 여겨지는 것 같다. ─ 옮긴이)

兵 7획 | 병 | 무기, 무사, 전쟁

| 갑골1 | 금문1 | 금문2 | 주문1 | 전문1 |

|해설| 회의. 斤근과 廾공을 조합한 모양. 廾은 좌우 손을 늘어놓은 모양. 斤은 도끼의 모양이ㅁ로. 무기인 도끼(斤)를 두 손으로 휘두르는 모양이 兵이고, 무기를 말한다. 또 그 무기를 손에 든 '병사, 무사'라는 뜻이 되고, '전쟁, 싸움'이라는 뜻도 된다. 창(戈과)을 두 손

으로 들어 올리는 모양은 戒계이고, 전쟁을 준비한다, 계칙한다는 뜻이 된다. 『老子』「第三十一章」에 "兵은 不祥불상의 기물이다"(무기는 불길한 도구이다)라고 한다.

|용례| 兵器병기 兵亂병란 兵糧병량 兵力병력 兵士병사

柄 9획 | 병 | 자루, 손잡이, 권력, 근본

전문1

|해설| 형성. 성부는 丙병. 丙은 기물을 올려놓는 臺座대좌의 모양인데, 병기인 창(戈과)을 그 위에 세우거나 하는 데 쓴다. 기물의 '자루, 손잡이'라는 뜻으로 쓴다. 자루(柄)는 그 기물을 조작하는 곳이므로, '근본, 권력'이라는 뜻으로 쓰는데, 『國語』「齊語」에 "국가를 다스리는 그 柄(근본. 권력)을 잃지 않는다"라고 한다. 權柄권병(남을 지배하는 권력)을 등에 업고 남을 깔보거나 무시하는 것을 橫柄횡병이라고 한다.

倂 10획 | 병 | 합치다, 나란히 하다, 함께

전문1

|해설| 형성. 성부는 幷합칠 병. 幷은 从종과 二이를 조합한 모양인데, 앞뒤로 나란히 선 두 사람을 옆에서 본 모양의 발밑에 二를 더하여, 합쳐서 한 組조로 한 모양으로 倂의 본래 글자이다. 倂은 『설문해자』(8상)에 "나란히 하다(竝병)"라고 한다. 竝(並)은 좌우로 나란

히 선 사람을 정면에서 본 모양. 두 사람을 합쳐서 한 조로 한 모양이 倂이고, '나란히 하다, 합치다, 정리하다, 함께'라는 뜻이 된다.

|용례| 倂用병용 倂置병치 倂合병합 合倂합병

病 10획 | 병 | 병, 병들다, 피곤하다

전문1

|해설| 형성. 성부는 丙병. 『설문해자』(7하)에 "疾질(병환)이 더해지다"라고 한다. 병이 악화되는 것을 말한다. 『論語』「子罕」에 "子자(공자), 疾이 病하다"라 하여 병세가 위중한 것을 말한다. 지금은 '병, 병들다'라는 뜻으로 쓰고, 또 심신이 '피곤하다, 걱정하다'라는 뜻으로도 쓴다.

|용례| 看病간병 發病발병 病根병근 病沒병몰 病死병사 病狀병상

竝 10획 | 병 | 늘어놓다, 나란히 서다, 함께

 갑골1 갑골2   금문1   전문1

|해설| 회의. 立립과 立을 조합한 모양. 立은 일정한 위치에 선 사람을 정면에서 본 모양. 좌우에 두 사람이 나란히 선 모양이 竝이고, '나란히 서다, 늘어놓다, 및, 함께, 모두'라는 뜻으로 쓴다. 幷은 앞뒤로 나란히 선 두 사람을 합쳐서 한 組조로 한 모양인데, 倂병의 본래 글자이다. 倂과 통용하는 경우가 있다.

|용례| 竝列병렬 竝立병립 竝進병진 竝行병행

瓶 13획 | 병 | 병, 두레박

금문1 | 전문1 | 전문2

|해설| 형성. 성부는 幷병. 『설문해자』(5하)에는 餠병을 정자로 한다.
물이나 술을 넣는 '병', 또 물을 풀 때 사용하는 '두레박'을 말한다.
『詩經』「小雅/蓼莪」에 "술병(餠병)이 비는(罄경) 것은 술독(罍뢰)의
수치라네"라 하여, 큰 술독에서 작은 술병에 따를 술이 없다는 것
은 술독의 수치라고 하는데, 인민의 생활의 괴로움은 위정자의 수
치임을 비유한 것이다. 花瓶화병이라고 쓴다. 甁술병 담을 瓶과 혼용
해서 '병'으로 읽는 경우가 있다.

塀 14획 | 병 | 담

|해설| 형성. 성부는 屛병. 屛은 『설문해자』(8상)에 "가리다(蔽폐)"라
고 한다. 울타리나 병풍으로 가리는 것을 말하고, '울타리, 병풍'이
라는 뜻으로 쓴다. 屛이 屛風병풍, 屛障병장(병풍과 障子장자. 障子는
본래 판자문(板戶판호)을 말한다)처럼 쓰이게 되어, 건물 밖의 흙으로
쌓은 '담'을 말하는 塀이 만들어졌다.

餠 17획 | 병 | 떡

전문1

|해설| 형성. 성부는 幷병. 『설문해자』(5하)에 "麪餈면자"라고 한다. 밀

가루를 반죽해서 쪄서 만든 '떡'을 말한다. 일본에서는 쌀을 쪄서 만든 '떡'을 말한다.

步 7획 | 보 | 걷다, 가다

갑골1	갑골2	금문1	전문1

|해설| 회의. 止지(발자국의 모양)와 屮(발자국의 모양)를 조합한 모양. 발의 움직임을 나타내는 발자국의 모양을, 왼발과 오른발의 발자국 모양을 앞뒤로 늘어놓은 모양(갑골1), 또는 오른발과 왼발의 발자국 모양을 앞뒤로 늘어놓은 모양(갑골2)이 步인데, 앞으로 '걷다, 가다, 일보'라는 뜻이 있다. 발을 땅에 붙이고 걷는 것은 그 땅의 地靈지령에 접하는 방법이고, 중요한 의례 식장을 향할 때는 걸어서 가는 것이 지령에 대한 예의였다.

|용례| 徒步도보 步兵보병 步合보합 散步산보 進步진보

保 9획 | 보 | 지키다, 돕다, 편안히 하다

갑골1	갑골2	금문1	금문2	전문1

|해설| 회의. 人인과 子자와 褓보를 조합한 모양. 褓포대기 보는 태어난 아기에게 입히는 배내옷(産衣산의)인데 이 글자에서는 조상의 靈령에 빙의(神接신접)하기 위한 옷이고, 또 靈을 지키기 위한 옷이기도 하였다. 갑골1의 자형은 갓 태어난 아이에게 포대기를 더하여 안는 모양인데, 신생아에게 조상의 靈을 주고, 그 靈을 지키는 의례

를 표시한다. 금문1 자형의 아이 아래에 더해진 곡선이 褓이고, 금문2의 자형은 靈의 힘이 있는 玉옥을 더한 㑴로 쓴다. 신생아에게 靈을 주고 그 靈을 지키는 의례를 保라 하여, '지키다, 영을 지키다, 돕다, 편안히 하다' 등의 뜻으로 쓴다.

|용례| 保身보신 保安보안 保全보전 保持보지 保護보호 確保확보

捗

10획 | 보, 척 | 거두다, 순조롭다

|해설| 형성. 성부는 步보. 또 陟오를 척의 일부를 성부로 한다. 『集韻』에 "捗攎보로는 거두는 것"이라고 한다. '거두다'라는 뜻이다. 중국에서는 별로 용례가 없는 글자인데 일본어에서는 '순조롭다'는 뜻으로 쓰고, 進捗진척이라고 말한다. (일본어 進捗는 '신초쿠'라고 읽고 進陟진척과 같은 뜻이다. ─옮긴이)

報

12획 | 보 | 갚다, 대답하다, 알리다

갑골1	갑골2	금문1	금문2	전문1

|해설| 회의. 幸행(幸녑)과 㢼복을 조합한 모양. 幸은 수갑(手枷수가)의 모양. 수갑을 양손에 채우는 모양을 執집이라 하고, 拘執구집(체포)한다는 뜻이다. 㢼은 무릎 꿇은 사람(卩 절)을 손(又우)으로 누르는 모양이고, 服從복종의 服의 본래 글자이다. 報는 양손에 수갑이 차이고 무릎 꿇은 사람을 뒤에서 누르는 모양인데, 저지른 죄에 대한 보복형적 처치이므로, 본래 보복하는(앙갚음을 하는) 것을 말한다. 금문에서는 은혜라는 뜻으로 쓰고, 또 은혜에 '보답하다, 대답

396 상용자해

하다, 갚다'라는 뜻으로 쓴다. 후에 報告보고, 報知보지(말하여 알리는 것. 알림)처럼 '알리다'라는 뜻으로 쓴다.

|용례| 果報과보 急報급보 報道보도 報恩보은

普 12획 | 보 | 두루, 넓다

전문1

|해설| 회의. 본래 글자는 暜보로 쓰고, 竝병과 曰왈을 조합한 모양. 『설문해자』(7상)에 "태양에 색이 없는 것"이라 하고, 엷은 빛을 뜻한다고 하는데, 그 용례는 없다. 옛 용례가 없어서 확인할 수 없지만, 曹조의 본래 글자가 曹로, 棘조와 ㅂ을 조합한 모양인데 이와 같은 방법으로 竝과 曰을 조합했을 것이다. 曰은 ㅂ제(신에게 바치는 기도문인 축문을 넣는 그릇의 모양)에 축문, 서약문이 들어 있는 모양이다. 竝은 두 사람이 나란히 선 모양이므로, 두 사람이 나란히 서약하는 것을 暜라 하여, '모두, 두루(널리 퍼져 있다), 넓다, 퍼져 있다'라는 뜻으로 쓴다.

|용례| 普及보급 普天보천 普請보청 普通보통 普遍보편

補 12획 | 보 | 보수하다, 깁다, 돕다

전문1

|해설| 형성. 성부는 甫보. 甫는 뿌리를 감싼 묘목의 모양으로, 속으로 물건을 감싼다는 뜻이 있다. 그래서 의복의 흐트러짐을 감싸듯

이 補修보수(파손된 부분을 다시 보완함)하는 것을 補라고 한다. 의복의 보수뿐 아니라 일반적으로 '보수하다, 깁다, 돕다'라는 뜻으로 쓴다. 수레의 車箱거상(사람이 타는 상자 모양의 지붕이 있는 부분)의 양측 곁목을 輔도을 보라고 한다.

|용례| 補給보급 補完보완 補正보정 補足보족

譜 19획 | 보 | 계보

전문1

|해설| 형성. 성부는 普보. 普는 두 사람이 나란히 맹세하는 것을 말하고, '모두, 두루'라는 뜻이 있다. 『玉篇』에 "屬속"이라고 하는데, 系屬계속(이어져 연속됨)하는 사람을 도표로 만든 것으로 '系譜계보'(조상으로부터 혈연관계를 표시하는 기록이나 도표)를 말한다.

|용례| 圖譜도보 樂譜악보 年譜연보

寶 20획 | 보 | 보물

금문1 　 금문2 　 전문1

|해설| 형성. 성부는 缶부. 宀면은 조상에게 제사하는 사당 지붕의 모양. 사당 안에 玉옥, 貝패(子安貝자안패의 모양으로 귀중하게 여겨졌다), 缶부(토제 酒器주기와 水器수기)를 바치는 모양이 寶인데 그 바쳐진 물건을 '보물'이라고 한다. 『설문해자』(7하)에 "珍진"이라고 하여, 珍寶진보(진귀한 보물)라는 뜻이라고 한다. 사당에 바치는 제기인 청

동기의 명문에는 "寶障彝보준이를 만들다"라고 하는 것이 통례이다.

|용례| 國寶국보 寶劍보검 寶庫보고 寶器보기 寶物보물

伏 6획 | 복 | 엎드리다, 숙이다, 숨다

金文1 전문1

|해설| 회의. 人인과 犬견을 조합한 모양. 人과 犬을 희생으로 墓室묘실의 棺관 밑에 묻어 地中지중에 숨은 악령을 물리치는 것을 伏瘞복예라고 한다. 瘞는 지하에 묻는 것. 이 복예의 법이 伏의 본래 의미이다. 『설문해자』(8상)에 "살피다(司사)"라고 하여 개가 엎드려 사람을 살핀다는 의미라고 하는 것은 속설이다. 殷代은대 王墓왕묘의 관 밑에는 무장한 무인과 개가 매장된 사례가 있다. 후에 秦代진대에 설립된 伏祠복사(伏祭복제를 하는 사당)는 蠱고(주술에 쓰는 벌레)의 재액을 물리치기 위한 것으로, 개를 희생으로 사용한다. 매장한다는 의미에서 후에 '숨기다, 엎드리다, 숙이다'라는 의미로 쓴다. 服복과 통하여 '따르다'라는 의미로 써서, 降伏항복(진 것을 인정하고 적에게 복종함. 降服항복)이라고 한다.

|용례| 起伏기복 伏流복류 伏線복선 潛伏잠복

ㅂ

服 8획 | 복 | 따르다, 하다

갑골1 금문1 금문2 전문1

|해설| 형성. 성부는 𠬝복. 𠬝은 무릎을 꿇은 사람(卩절)을 뒤에서

손(又우)으로 억누르는 모양으로 굴복시키는 것을 표시한다. 舟주
(月)는 盤반의 본래 글자인데, 盤은 의례 때 사용하는 그릇이기 때
문에 盤 앞에서 어떤 의례를 행하는 것을 服이라 한다. 아마 降服
항복의 의례에 따르는 것을 의미할 것이다. 항복의 의례를 끝내고
복속의 직무가 주어지고 그 직무를 행하는 것을 服事복사라 한다.
'따르다, 종사하다, 행하다, 하다, 이용하다' 등의 뜻으로 쓴다.

|용례| 敬服경복 服飾복식 服役복역 服從복종 心服심복 降服항복

復

12획 | 복, 부 | 돌아오다, 앙갚음하다, 되풀이하다

갑골1　　금문1　　금문2　　전문1

|해설| 형성. 성부는 夏복. 夏은 용량을 재는 양기를 거꾸로 한 모
양. 도로를 뜻하는 彳척(십자로 모양인 行행의 좌반분)을 더해 도로를
걸어서 '돌아오다, 본래로 돌아오다'라는 뜻이 된다. 復讎복수, 復讐
복수, 報復보복(앙갚음을 함), 反復반복(되풀이함)처럼 '앙갚음하다, 되풀
이하다'라는 뜻으로 쓴다.

|용례| 復歸복귀 復活부활 回復회복 恢復회복

腹

13획 | 복 | 배, 안다, 마음

전문1

|해설| 형성. 성부는 夏복. 夏은 용량을 재는 양기를 거꾸로 한 모
양인데 그 양기는 배가 큰 것이다. 몸의 부분을 표시하는 月(육달

월)을 더한 腹은 사람의 신체 중에서 가장 크고 살찐 부분인 '배'를 말한다. 『설문해자』(4하)에 "두껍다(厚후)"라고 하여, 복부의 살이 두껍다는 뜻으로 한다. '마음'이라는 뜻으로도 쓴다.

|용례| 空腹공복 滿腹만복 腹心복심 腹案복안 腹痛복통 山腹산복

僕 14획 | 복 | 종, 저

| 금문1 | 금문2 | 고문1 | 전문1 |

|해설| 형성. 성부는 業복. 業에 撲칠 박, 樸통나무 박의 음이 있다. 僕의 본래 모양은 금문에서는 예관을 머리에 쓰고 의례에 종사하는 사람의 모양이고, 神신을 모시는 자였다. 고문1의 모양은 臣신을 따르는데, 臣이란 본래 神을 모시는 자였다, 후에 '종, 남자 하인'이라는 뜻으로 쓴다. 또 자기를 겸양해서 하는 말로 써서, '저'라는 뜻으로 쓴다. 역사서 『史記사기』를 쓴 司馬遷사마천(기원전 2~기원전 1세기)은 친구 任安임안에게 준 편지 중에 자신을 僕이라 칭한다.

|용례| 公僕공복 僕奴복노 僕隸복례 臣僕신복

福 14획 | 복 | 복, 돕다, 신에게 바친 음식

| 갑골1 | 갑골2 | 금문1 | 금문2 | 전문1 |

|해설| 형성. 성부는 畐복. 畐은 술통처럼 배가 불룩한 그릇의 모양. 示시는 祭卓제탁(신에게 제사할 때 공물을 올려놓는 탁상)의 모양이므로 신 앞에 술통을 바쳐 제사하고, 복을 구하는 것을 福이라 하여,

'복, 신의 도움, 도움'이라는 뜻으로 쓴다. 금문에 福으로 쓰는 글자
가 있는데, 조상의 영에게 제사하는 사당(宀면)에 술통을 바치고,
福을 구해 제사하는 것을 말한다. 이렇게 해서 福이 온다고 여겼
다. 祭肉제육, 신에게 바친 고기와 쌀 등을 福이라 하여, 이것을 동
족 간에 나누는 것을 致福치복이라고 한다. 신에게 바친 물건을 나
누는 것은, 신의 福祿복록(행복)이 주어지는 것이다.

|용례| 福利복리 福壽복수 至福지복

전문1

福 14획 | 복 | 겹옷, 거듭하다

|해설| 형성. 성부는 复복. 复은 용량을 재는 양기를 거꾸로 한 모
양인데, 두 번이라는 뜻이 있다. 『설문해자』(8상)에 "重衣중의", 즉
'겹옷'(안감이 붙은 옷)이라 하고, 또 '褚衣저의'라 하여 '솜옷'(안에 솜
을 넣은 겨울옷)이라고 풀이한다. 의복뿐 아니라 일반적으로 이중으
로 한 것을 複이라 하여, '합치다, 거듭하다, 이중'이라는 뜻으로
쓴다.

|용례| 複壁복벽 複数복수 複雜복잡 重複중복

금문1

전문1

本 5획 | 본 | 근본, 처음, 책

|해설| 지사. 木목의 밑부분에 두꺼운 점(●)을 더해서 지시적 방법

으로 나무의 하부, 나무뿌리를 표시한다. 그래서 '뿌리, 근본, 토대'
라는 뜻이 되고, 사물의 '처음'이라는 뜻으로 쓴다. 후에 책을 1본,
2본으로 불러서 '책'이라는 뜻으로 쓴다. 木 상부에 두꺼운 점을 더
해서 나무의 말단(가지 끝)을 표시한 글자는 末말이고, 합쳐서 本末
본말(근본과 말단, 처음과 끝)이라고 한다.

|용례| 刊本간본 教本교본 本能본능 本來본래 本邦본방 本心본심

奉 8획 | 봉 | 바치다, 받다, 모시다

전문1

|해설| 회의. 丰봉과 収공과 手를 조합한 모양. 収은 좌우의 손을
늘어놓은 모양인데 두 손으로 받든다는 뜻이 된다. 丰은 신이 빙의
하는, 위로 뻗은 나뭇가지이고 이것을 양손으로 신에게 바치고 또
그것을 밑에서 손으로 지탱한 모양이 奉이고, '신에게 바치다, 바치
다, 받들다, 신의 뜻을 받다, 모시다'라는 뜻으로 쓴다.

|용례| 奉公봉공 奉納봉납 奉仕봉사 奉讚봉찬 奉行봉행

封 9획 | 봉 | 봉하다, 닫다

금문1 금문2 주문1 전문1

|해설| 회의. 옛 글자의 모양은 丰봉과 土토와 又우를 조합한 모양.
丰은 어린나무의 모양. 土는 社사(神社신사. 신에게 제사하는 곳)의 본
래 글자. 又는 손의 모양. 신이 내리는 나무를 신사에 손으로 심는

것을 封이라고 하는데, 그것은 封建봉건(천자의 토지를 나눠 주고 제후로 임명함)할 때의 의례이기 때문에 '봉하다, 봉건'이라는 뜻이 된다. 무덤에 흙을 쌓고 나무를 심는 것을 封樹봉수라 하고, 천자가 제단을 설치하여 천지에 제사하는 의례를 封禪봉선이라고 한다. 封鎖봉쇄, 封書봉서(봉한 편지), 封筒봉통(편지, 문서 등을 넣는 종이 주머니), 密封밀봉처럼 닫는다는 뜻으로도 쓴다.

俸 10획 | 봉 | 봉록

| 해설 | 형성. 성부는 奉봉. 奉은 신이 빙의하는 위로 뻗은 나뭇가지를 두 손으로 신에게 바치고, 또 그것을 밑에서 손으로 지탱한 모양으로, '신에게 바치다'라는 뜻이 된다. 사람에게 제공하는 것, '봉록, 扶持부지(급여)'를 俸이라 한다.

| 용례 | 本俸본봉 俸給봉급 俸錢봉전 年俸연봉

峰 10획 | 봉 | 봉우리

전문1

| 해설 | 형성. 성부는 夆봉. 夆은 夂뒤처져 올 치와 丰예쁠 봉을 조합한 모양으로, 夂는 아래로 향한 발자국 모양으로 내린다는 뜻이 있다. 丰은 위로 뻗은 나뭇가지의 모양인데 그 가지는 신이 빙의하는 곳이므로 신이 내리고 빙의하는 나무를 夆이라 한다. 그러한 나무가 있는 산을 峰이라 하고, '봉우리, 산의 정상, 산'이라는 뜻으로 쓴다.『설문해자』(9하)에는 峯봉의 자형을 든다. 逢만날 봉은『설문해자』

(2하)에 "만나다(遇우)"라고 하여, 神異신이한 것(불가사의한 것)을 만나는 것을 말한다. 급변이 있을 때 올리는 불을 烽봉화 봉이라 한다.

|용례| 高峰고봉 秀峰수봉

棒 12획 | 봉 | 몽둥이

전문1

|해설| 형성. 성부는 奉봉. 奉은 丰봉(위로 뻗은 나뭇가지)을 두 손으로 신에게 바치고, 또 그것을 밑에서 손으로 지지하는 모양. 棒은 큰 나뭇가지의 지팡이를 말한다. 『설문해자』(6상)에 棓부를 정자로 들고, "몽둥이(梲탈)"라고 한다. 棒은 魏위·晉진 시대(3~5세기) 이후에 쓰이게 되었다. 중국에서는 야구를 棒球봉구라고 한다. 바늘 정도의 작은 일을 棒처럼 크게 말하는 것, 일을 과장해서 말하는 것을 針小棒大침소봉대라고 한다.

|용례| 棍棒곤봉 棒狀봉상 鐵棒철봉

蜂 13획 | 봉 | 벌

전문1

|해설| 형성. 성부는 夆봉. 『설문해자』(13하)에 글자를 䗾봉으로 쓰고, "飛蟲비충, 사람을 쏘는 것"이라고 한다. 곤충 벌을 말한다. 夆은 벌이 무리 지어 날 때의 날갯소리를 옮긴 글자일 것이다.

|용례| 蜂起봉기 蜂蜜봉밀 蜂房봉방 蜂腰봉요 養蜂양봉

縫 17획 | 봉 | 깁다

전문1

|해설| 형성. 성부는 逢봉.『설문해자』(13상)에 "바늘로 옷을 꿰매는 것"이라고 한다. 옷을 '깁는' 것을 말한다.『莊子』「盜跖」에 儒者유자는 縫衣봉의(소매 밑에서 양 겨드랑이를 기운 낙낙한 의복)를 입는다고 하는데, 그것은 지금 神官신관의 의복과 비슷한 것으로, 고대 儒者유자는 神事신사나 葬儀장의에 종사하는 자였음을 전한다.

|용례| 縫製봉제 縫織봉직 縫合봉합

夫 4획 | 부 | 지아비, 사나이, 저, 그것(대저), -도다

갑골1 금문1 금문2 전문1

|해설| 상형. 상투(髻계)에 비녀(簪잠)를 꽂은 남자의 모양. 大대(손발을 벌리고 선 사람을 정면에서 본 모양)에 一일을 더해, 머리의 상투에 비녀를 꽂고 정장한 모습을 표시한다. 머리에 비녀 세 개를 꽂고 여기에 손(又우)을 더해 머리 장식을 갖춘 여자의 모습이 妻처인데 이것은 결혼식 때 꾸며 입은 여자의 모습이다. 夫, 妻는 결혼식 때 정장한 남녀의 모습을 나타내는 글자이다. 그래서 夫는 '지아비, 사나이'라는 뜻이 된다. 夫人부인(귀인의 처. 타인의 처를 공경하여 부르는 말), 夫子부자(장로, 현자, 선생 등을 존경해서 하는 말)는 본래 '저(夫) 사람'이라는, 직접 이름을 부르지 않고 완곡하게 말하

簪

는 말씨이고, 경어 호칭이다. '그것'(대저)은 모두 또는 문장의 처음
에 쓰는 發語발어, '-도다'는 문장 끝에 쓰는 영탄의 조사이다.

|용례| 農夫농부 夫君부군 夫婦부부 夫妻부처 水夫수부 人夫인부

父  4획 | 부 | 아버지

갑골1 | 금문1 | 금문2 | 전문1

|해설| 회의. |곤(도끼의 머리 부분 모양)과 又우를 조합한 모양. 이 경
우의 도끼는 나무를 베는 도구로서의 도끼가 아니라, 의례용 도끼
이고 지휘권의 상징이다. 又는 손의 모양이므로 도끼의 머리 부분
을 손으로 잡는 모양이 父이고 지휘권을 갖는 사람, 지휘하는 사람
을 말한다. 집에서 자식을 지휘하는 '아버지'라는 뜻으로 쓴다. 또
부자의 관계를 넘어 남자를 존경해서 하는 말로 쓴다. 『春秋左氏
傳』「哀公十六年」에 공자가 죽었을 때, 노나라 애공이 공자를 애
도하여, "슬프도다, 尼父이부(공자. 공자의 자는 仲尼중니)"라고 한다. 王
왕은 왕위의 상징인 큰 도끼 머리의 날 부분을 밑으로 한 모양이
다. 士사는 전사의 신분을 상징하는 작은 도끼의
머리를 날을 아래로 하여 둔 모양이다. 각각 그 지
위, 신분을 상징하는 도끼로 그 지위, 신분의 사람
을 표시한다. 아버지가 손에 든 도끼(斤근)가 斧도끼
부이다.

斧

|용례| 亡父망부 父母부모 父事부사 父祖부조 岳父악부 義父의부

付 5획 | 부 | 붙이다, 넘기다, 주다

금문1 전문1

|해설| 회의. 人인과 寸촌을 조합한 모양. 付는 남에게 손(寸)으로 물건을 넘기는 모양으로, '넘기다, 주다, 덧붙이다'라는 뜻이 되고, 付屬부속(주된 것에 따름. 附屬부속), 付託부탁(맡김)이라고도 쓴다. 손으로 치는 것을 拊부라 하고, 손을 치며 기뻐하고 가슴을 치며 슬퍼한다고 한다.

|용례| 交付교부 寄付기부 送付송부

否 7획 | 부 | 아니다, 그렇지 않다

금문1 금문2 전문1

|해설| 회의. 不부와 口를 조합한 모양. 不는 본래 萼柎악부(꽃의 꽃받침과 꽃술의 받침대)의 모양인데, 그 음을 빌려 부정의 '아니다'라는 뜻으로 쓴다. 口는 ㅂ제이고, 신에게 바치는 기도문인 축문을 넣는 그릇의 모양이다. 축문을 외치며 신에게 기도하여 신이 승낙하지 않는 것을 否라고 하여, '아니다, 부정하다, 그렇지 않다, 없다'는 뜻이 된다. 『설문해자』(2상)에 "그렇지 않다(不)"라고 한다. 금문에서는 否를 丕클 비의 뜻으로 쓴다. 丕는 꽃술이 벌어지기 시작한 모양으로 그 꽃술 받침대 부분이 커져서 열매의 형태가 더해진 모양이 否이고, '크다'는 뜻이 된다. 이 丕, 否 계열의 否는 否定부정(아니라고 함) 계열의 否와 본래 다른 계열의 글자일 터이다. 지금 否에는 두

상용자해

가지 뜻이 있다.

|용례| 可否가부 適否적부 贊否찬부

扶  7획 | 부 | 돕다

금문1 　 금문2 　 전문1

|해설| 형성. 성부는 夫부.『설문해자』(12상)에 "돕다(左좌)"라고 한다.
부지하고 보호하는 것을 말한다. '돕다, 보호하다'라는 뜻으로 쓴
다. 금문의 자형에서는 夫를 옆에서 손으로 지지하는 모양이고, 회
의자 같은 표현으로 되어 있다. 말로서는 輔보와 동음이고 輔助보
조(남을 도와줌)라는 뜻이 있다. 扶桑부상은 동방의 태양이 솟는 곳
에 있는 神木신목의 이름인데 태양은 그 나뭇가지에서 하늘로 오른
다고 보았다. 일본의 異名이명으로도 쓴다.

|용례| 扶養부양 扶育부육 扶翼부익 扶助부조 扶持부지

府 8획 | 부 | 창고, 관청, 수도

금문1 　 전문1

|해설| 형성. 성부는 付부.『설문해자』(9하)에 "문서의 창고(藏장)"라
하여, '창고'라는 뜻으로 풀이한다. 중요한 문서는 府에서 보관했다.
『春秋左氏傳』「定公四年」에 "그 載書재서(맹약의 문서), 수장하여
周府주부에 있다"라 하고, 국제관계의 문서는 주 왕실의 창고인 수
부에 보관했다. 문서 이외의 財貨재화, 器物기물, 兵車병거 등도 넣는

창고는 府庫부고라고 했다. 후에 府署부서, 官府관부(관청), 政府정부
(중앙 관청)처럼 '관청'이라는 뜻으로 쓰고, 首府수부(중앙 정부의 소재
지)처럼 '수도'라는 뜻으로 쓴다.

附 8획 | 부 | 붙다, 합치다, 따르다

금문1 | 전문1

|해설| 형성. 성부는 付부. 付에 준다, 붙인다는 뜻이 있다. 阜부(阝)
는 본래 阝로 쓰고, 신이 하늘에 오르내릴 때 사용하는 신의 사다
리의 모양이다. 附는 그 신이 오르내리는 聖所성소에 부가한다는
의미이고, 신과 합쳐 제사하는 것을 말한다. 조상에 합쳐서 제사하
는, 합쳐서 장사 지내는 것을 祔부라고 한다. 신과 합쳐서 제사하는
데서 '붙이다, 합치다'라는 뜻이 되고, 附益부익(덧붙임), 附近부근(근
처. 또 가까이 감), 附着부착(달라붙음)이라고 말한다. 또 附屬부속(주된
것에 따름), 附和부화(남의 말에 따라서 맞장구를 침)처럼 '따르다'라는
뜻으로 쓴다. 다른 것을 무리하게 같다고 하는 것, 억지 쓰는 것을
附會부회라 하고, 또 傅會부회라고도 한다.

阜 8획 | 부

갑골1 | 갑골2 | 전문1

|해설| 상형. 본래 모양은 阝(𠂤)로 쓰고, 신이 하늘에 오르내릴 때
사용하는 신의 사다리 모양이다. 『설문해자』(14하)에 "돌이 없는 큰

흙산, 언덕"을 뜻한다고 하는데, 산이나 언덕을 阝처럼 수직의 형태로 쓰는 것은 없다. 阜는 부수로서는 阝(좌부방)가 되는데, 阜가 신의 사다리(神梯신제) 모양인 것은 阿아, 隱은, 限한, 際제, 障장, 防방, 陽양, 隈외 등의 글자가 신의 사다리나 그것이 있는 聖所성소와 관련된 글자라는 점에서 명백하다. 阜와 目목(사람에게 주술을 걸어 재액을 주는 힘을 가진 呪眼주안)과 匕비(등을 돌려 물러가는 사람의 모습)를 조합한 모양인 限은, 신의 사다리 앞의 신성한 장소에 걸린 呪眼 앞에서 물러가는 사람의 모양으로, 이곳을 극한으로 하여 더 나아갈 수가 없으므로 '제한하다, 한하다'라는 뜻이 된다. 自와 자형이 비슷한 𠂤퇴는 官관이나 師사의 요소인데, 승전을 기원하는 제사에 바쳐진 祭肉제육, 脤肉신육의 모양으로 自와는 무관하다.

訃 9획 | 부 | 알리다

|해설| 형성. 성부는 卜복. 卜에 仆죽을 부, 赴나아갈 부의 음이 있다 『禮記』「雜記上」에 "訃하여 君군의 臣신 某모, 죽었다고 하다"라고 하는데, 같은 문장을 『儀禮』「既夕禮」에서는 "赴하여"라고 쓴다. 訃는 赴와 통하는데, 사자를 보내어 알리는 것이다. 그래서 '알림, 알리다'라는 뜻이 된다. 특히 訃報부보는 사람의 죽음을 알리는 것을 말한다.

負 9획 | 부 | 지다, 짊어지다, 부탁하다, 거스르다

전문1

|해설| 회의. 人인과 貝패를 조합한 모양. 사람이 조개(貝)를 짊어지는 모양이 負이고, '짊어지다, 등에 지다'라는 뜻이 되고, 負荷부하(짐을 짐)라고 한다. 짐(荷物하물)을 짊어지는 데서 책임을 인수하는 것을 負擔부담이라 하고, 남에게 책임이나 임무를 맡게 하는 것, '부탁하는' 것을 負託부탁이라고 한다. 負俗부속(세속을 거스름), 勝負승부처럼 '거스르다, 지다'라는 뜻으로 쓰는 것은, 負가 背배(등, 거스르다), 敗패(지다)와 그 음이 가까워서 통용하는 경우가 있기 때문이다.

赴   9획 | 부 | 나아가다, 고하다

전문1

|해설| 형성. 성부는 卜복. 卜에 仆죽을 부, 訃알릴 부의 음이 있다. 『설문해자』(2상)에 "나아가다(趨추)"라고 한다. 빠르게 이르는 것을 말한다. '나아가다, 가다, 향하다'라는 뜻으로 쓴다. 『春秋左氏傳』의 문례에서는 죽었을 때, 사자를 보내어 그것을 알리는 것을 訃告부고라고 한다. 금문에서는 부고를 告고라고 한다. 멀리 알릴 때 부고라고 하는 것이기에, 訃(알리다)에 赴의 나아간다, 간다는 뜻이 포함되어 있을 것이다. 赴는 지금도 訃報부보(사람이 죽었다는 알림)처럼 쓴다. 새로운 근무지로 가는 것을 赴任부임이라고 한다.

상용자해

剖 10획 | 부 | 나누다, 가르다, 열다

전문1

|해설| 형성. 성부는 咅부. 咅는 초목의 열매가 익어 갈라지려고 하는 모양으로, 이것을 칼(刂도)로 둘로 나누는 것을 剖라 하고, '나누다, 가르다, 열다'라는 뜻이 된다. 천지가 開闢개벽(갈라져 열림)하는 것을 剖判부판이라고 한다. 『莊子』 「胠篋」에 "比干비간(殷代은대 현인의 이름)은 가슴이 갈라졌다"고 하는데, 가슴을 열어서 심장을 멈추는 형벌이 있었다.

|용례| 解剖해부

浮 10획 | 부 | 뜨다, 떠돌다

금문1　전문1

|해설| 형성. 성부는 孚부. 孚는 子자 위에 손(爪조)을 더한 모양으로, 사람을 손으로 잡는다는 뜻이고, 俘포로 부의 원래 글자이다. 浮는 물에 빠진 자식(子)을 위에서 구하려는 모양으로, '뜨다, 떠서 흘러가다, 떠돌다'라는 뜻으로 쓴다. 익사자가 누운 자세로 떠 있는 것을 泛뜰 범이라 하고, 엎어진 자세로 떠 있는 것을 氾(뜰 범)이라고 한다. 근거 없는 말을 浮言부언, 浮說부설이라고 한다.

|용례| 浮薄부박 浮雲부운 浮遊부유 浮游부유 浮舟부주 浮沈부침

釜 10획 | 부 | 가마

금문1 금문2 전문1

|해설| 형성. 성부는 父부. 釜는 옛날에는 계량기로 춘추 시대(기원전 8~기원전 5세기)의 청동기인 子禾子釜자화자부나 陣純釜진순부는 모두 곡물의 양을 재는 계량기이다. 그 모양은 바닥이 평평하고 발이 없고 배가 크다. 또 조상의 제사에 水草수초를 삶아 바치는 것을 노래한 『詩經』「召南/采蘋」에 "여기에 이것을 삶네, 이 솥(錡기)과 가마(釜)에"라고 하듯이, 음식을 삶는 기구인 '가마'라는 뜻으로 쓴다.

釜

|용례| 釜竈부조

副 11획 | 부 | 가르다, 곁따르다, 버금

주문1 전문1

|해설| 형성. 성부는 畐복. 畐은 술통처럼 배가 불룩한 그릇의 모양으로 가득 찬다, 채운다는 뜻이 있다. 畐을 칼(刂도)로 둘로 나눈 것을 副로 하여, '쪼개다, 나누다'라는 뜻이 된다. 『설문해자』(4하)에 "나누다(判판)"라고 한다. 글자는 또한 畐가를 벽의 모양으로 쓰는데, 희생물의 가슴을 가르는 것을 말한다. 둘로 나누어서 하나를 正정으로 하고 다른 하나를 副로 하여 예비로 하므로, 正副정부(정과 부. 정식의 것과 예비해둔 것), 副貳부이(보좌함. 또 예비해둠), 副本부본(원본

의 복사), 副業부업(본업과 동시에 하는 일)처럼 '베끼다, 예비, 곁따르다'
라는 뜻으로 쓴다.

婦 11획 | 부 | 며느리, 아내, 여자

갑골1 | 갑골2 | 금문1 | 금문2 | 전문1

|해설| 형성. 성부는 帚부(현재 음은 추 — 옮긴이). 갑골문에서는 帚
好부호(인명 — 옮긴이)처럼 帚를 婦의 뜻으로 썼기 때문에 帚부 음
으로 읽었다고 보는 것이 옳다. 帚는 木목의 끄트머리를 가늘게 찢
은 비(箒추) 모양을 한 것으로, 여기에 향기를 머금은 술을 뿌려 조
상의 영혼에게 제사 지내는 廟묘를 정화하는 데 사용했다. 그래서
帚는 후에 箒(비)가 된다. 帚를 손에 들고 廟를 정화하는 것을 掃
소(除제)한다고 하고 이 일을 하는 여자를 婦라 하여, '신부, 아내,
여자'라는 뜻으로 쓴다. 신부는 다른 집에서 시집와서 그 집 사람
이 되었기 때문에 그 집 조상의 영혼을 섬기고 그 영혼에 동화될
필요가 있어서 主婦주부(일가 주인의 妻처)로서 廟에 봉사할 의무가
있었다. 婦는 廟를 정화하고 조상을 모신다는, 집에서 매우 중요
한 직분을 담당한 것이다. 『설문해자』(12하)에 "服복이다. 여자가 비
를 드는 것에 따른다. 청소하는 것이다"라고 하여 복종하는 자이며
청소하는 자라고 하지만, 婦의 본래 의미와는 매우 다른 해석이다.
갑골문에는 婦好부호나 婦姘부정이 1만이 넘는 군사를 이끌고 출
전하는 사례가 있고, 殷代은대의 婦는 공적으로 중요한 역할을 했
던 것 같다. 周代주대 婦人부인의 지위는 공적 성격이 점차 약해지

고 있는데 그래도 금문 자료에는 夫부와 妻처의 이름을 나란히 적은 銘文명문이 다수 있다. 姑婦고부 간 문제는 옛날부터 어려운 문제로 되어 있는데 갑골문에는 婦人의 안부에 대하여 점을 칠 때, 시어머니의 靈령이 재앙을 가져왔는지를 묻는 예가 많다. 며느리에게 재앙을 가져오는 것은 대체로 시어머니의 靈이라고 여겨졌던 것 같다.

|용례| 婦女부녀 新婦신부 賢婦현부

部 11획 | 부 | 나누다, 부분

전문1

|해설| 형성. 성부는 咅부. 咅는 초목의 열매가 익어 갈라지려고 하는 모양으로, 이것을 칼(刂도)로 둘로 나누는 것을 剖부라고 한다. 『玉篇』에 "分判분판하다"라고 한다. 邑읍(阝)은 마을, 집락이라는 뜻이므로 部부는 '나누다, 나눠진 지역, 전체를 작게 나눈 것의 하나, 부분'이라는 뜻이 된다.

|용례| 部分부분 細部세부 一部일부 全部전부

符 11획 | 부 | 부절, 표시, 나뭇조각

금문1 | 전문1

|해설| 형성. 성부는 付부. 付는 남에게 손(寸촌)으로 물건을 넘긴다는 뜻이 있고, 남에게 넘겨서 표시로 삼는 것을 符라고 하여, '부

절, 증서, 표시, 나뭇조각'이라는 뜻으로 쓴다. 『설문해자』(5상)에
"信신이다. 漢한의 제도는 竹죽으로써 하고, 길이 6촌, 나누어서 서
로 맞추게 한다"라고 한다. 竹節죽절이고, 같은 것을 두 개 만들어
하나를 교부하여 증거로 삼는 것이다. 중요한 것은 청동으로 만들
었고, 1957년에 청동제 符節부절 '鄂君啓節악군계절'이 출토되었는
데, 기원전 4세기에 楚초나라 鄂君악군에게 준 車節거절과 舟節주절
로서, 竹符죽부(대나무 부절) 그대로의 형식을 가진 것이었다.

|용례| 符契부계 符合부합 符號부호 音符음부 切符절부

富 12획 | 부 | 가멸다, 풍성하다

금문1

전문1

|해설| 형성. 성부는 畐복. 畐은 술 단지처럼 배가 불룩한 그릇의 모
양으로 가득 찬다, 채운다는 뜻이 있다. 『설문해자』(7하)에 "갖추다
(備비)"라고 한다. 備에도 옛날에 '복' 음이 있었다. '가멸다, 많다, 풍
성하다, 성하다'라는 뜻으로 쓴다. 富는 宀면(조상에게 제사하는 사당
지붕 모양)에 따르기 때문에 본래 신에게 바치는 공물이 많음을 말
하는 글자일 것이다.

|용례| 富强부강 富貴부귀 富豪부호 豊富풍부

腐 14획 | 부 | 썩다

전문1

|해설| 형성. 성부는 府부. 府에는 臟腑장부(내장. 창자)라는 뜻이 있는 것 같고, 그곳은 썩어 문드러지기 쉬운 부분이다.『설문해자』(4하)에 "문드러지다(爛란)"라고 하여, 고기가 썩는다는 의미로 풀이한다. 후에 일반적으로 '썩다, 문드러지다'라는 뜻으로 쓴다. 나무가 썩고 못쓰게 되는 것을 朽후라고 하여, 합쳐서 腐朽부후(썩어서 너덜너덜하게 됨)라고 한다.

|용례| 腐刑부형 腐儒부유 腐臭부취 腐心부심 腐敗부패 陳腐진부

敷 15획 | 부 | 펴다, 두루

전문1

|해설| 형성. 성부는 尃부. 尃는 뿌리를 포함한 어린나무를 손에 든 모양으로, 어린나무를 심는 것을 말한다. 금문에 "命명을 펴고(尃), 政정을 편다(尃)", "크게(尃)"라고 쓴다. 敷, 溥넓을 부의 본래 글자로 보는 것이 좋다. 尃에 攴복(攵. 친다는 뜻)을 더해서 어린나무를 심고 흙을 다지는 것을 敷라고 하여, '펴다, 베풀다, 두루, 넓히다'라는 뜻으로 쓴다. 묘목을 심듯이 政令정령 등을 펴는(널리 행해지게 하다. 넓히다) 것을 말한다.

|용례| 敷設부설

膚 15획 | 부 | 살갗, 천박하다

금문1　籒文1　전문1

|해설| 형성. 본래 글자는 臚려로 쓰고, 성부는 盧로.『설문해자』(4하)에 "臚는 가죽이다"라 하고, 膚(살갗) 자를 臚의 籀文주문(주나라 때의 서체로 大篆대전이라고도 함 — 옮긴이)으로 제시한다. 금문의 자형은 膚로 쓰는데 아마 그것이 본래 모양일 것이다. 옛 시에서는 膚가 胡호, 余여 등과 운을 맞추어서, 盧로 음으로 쓰이는데, 후에 음이 변화하여 膚부 음이 되었을 것이다. '살갗'이라는 뜻으로 쓰는데 皮膚피부는 얇은 것이므로 膚薄부박, 膚淺부천(천박함)처럼 '천박하다'는 뜻으로도 쓴다. 상처 없는 완전한 피부에 비유해서 상처 없는 곳을 完膚완부라 한다.

賦

15획 | 부 | 거두다, 주다

賦 금문1   賦 전문1

|해설| 형성. 성부는 武무.『설문해자』(6하)에 "거두다(斂렴)", 즉 賦斂부렴(조세를 징수함)이라는 뜻이라고 한다. '징수하다, 거두다'라는 뜻에서 分賦분부(할당함), 賦與부여(나눠 줌)처럼 '나눠 주다, 주다'라는 뜻이 된다. 하늘에서 모든 사람에게 분여된 것을 天賦천부(타고남. 타고나면서 받음)라고 한다. 중국 문학에 賦라는 형식이 있는데, 漢賦한부라고 하듯이 漢代한대 문학을 대표하는 것이었다. 그 주된 것은『兩都양도의 賦』,『三都삼도의 賦』처럼 모두 장편이고, 당시 수도의 자연과 인문의 왕성한 모습을 필력을 다하여 시적인 말로 묘사한다. 그것은 일본으로 말하자면 지방 예찬의 문학인데, 옛날에는 지방의 靈령을 칭송해서 그 靈의 힘을 일으키기 위한 것이었다.『만

요슈』(萬葉集)의 요시노(吉野) 讚歌찬가 등이 그러한 종류의 문학이다.

|용례| 賦課부과 賦稅부세 年賦연부

覆 18획 | 부, 복 | 덮다, 뒤집다

전문1

|해설| 형성. 성부는 復복. 復은 反復반복처럼 되풀이한다는 뜻이 있다. 『설문해자』(7하)에 "뒤집히다(覂)"라고 하는데, 覂덮을 봉은 乏핍(누운 자세의 사체 모양)을 흙으로 덮은 것을 말한다. 襾(덮을 아)는 그릇의 주둥이에 덮개를 한 모양으로 덮는다는 뜻이 있다. 覆는 '덮다'라는 뜻으로 쓰는데 反覆반복(뒤집음)처럼 '뒤집다'라는 뜻으로도 쓴다.

|용례| 覆育부육 覆面복면 覆水복수 顚覆전복

簿 19획 | 부 | 장부

|해설| 형성. 성부는 溥부. 溥에 얇다는 의미가 있다. 대나무 쪽이 얇은 것을 簿라 하고, 이것을 꿰맨 것을 簿書부서, 帳簿장부라고 한다. 얇고 가느다란 대나무 쪽에 문자를 쓴 것을 竹簡죽간이라고 한다. 죽간을 꿰매어 '장부, 노트'로 삼았다.

|용례| 名簿명부 簿記부기 原簿원부

北

5획 | 북, 배 | 북녘, 배반하다, 달아나다

갑골1	갑골2	금문1	금문2	전문1

|해설| 회의. 오른쪽을 향한 사람의 모양과 왼쪽을 향한 사람의 모양을 등을 마주 대도록 조합한 모양. 두 사람이 등을 맞댄 모양이므로 '등, 배반하다'라는 뜻이 된다. 또 적에게 등을 돌리고 도망가는 것을 敗北패배라 하고, '달아나다'라는 뜻으로 쓴다. 王왕은 의식을 행할 때는 남쪽을 정면으로 하여 앉으므로 왕의 등을 향하는 방향, 거스르는 방향을 北북이라 하고, '북녘'이라는 뜻이 된다. 북이 방위 '북녘'으로 쓰이게 되어서 신체 부분을 표시하는 月(육달월)을 더한 背배가 '등'이라는 뜻으로 쓰이게 되었다.

|용례| 北斗북두 北面북면 北上북상 北進북진

分

4획 | 분 | 나누다, 구별하다

갑골1	갑골2	금문1	금문2	전문1

|해설| 회의. 八팔과 刀도를 조합한 모양. 八은 좌우로 물건이 나뉘는 모양이므로 칼로 물건을 둘로 나누는 것을 分이라 하고, '나누다, 떨어지다'라는 뜻이 된다. 『설문해자』(2상)에 "구별하다(別별)"라고 한다. 別은 骨節골절(뼈의 관절) 부분을 칼로 분리한다는 뜻이고, 합쳐서 分別분별(종류별로 나눔)이라고 한다.

|용례| 分斷분단 分擔분담 分銅분동 分散분산 分解분해 細分세분

奔 8획 | 분 | 달리다, 빠르다

금문1　금문2　전문1

|해설| 회의. 夭_요와 龰_색을 조합한 모양. 夭는 走_주의 상반분과 같은 모양인데, 머리를 조금 앞으로 기울여서 좌우의 손을 흔들며 달리는 사람의 모양이고, 달린다는 뜻이 된다. 夭에 止_지(발자국의 모양. 간다, 나아간다는 뜻이 있다)를 세 개 조합한 모양의 龰_색을 더한 奔은 '달리다, 빨리 달리다, 빠르다'라는 뜻이 된다. 止를 세 개로 하여, 夭에 止를 더한 走보다도 달리는 것을 강조한다. 뛰어다니는 것을 奔走_{분주}라고 하는데 본래는 祭事_{제사} 때에 바쁘게 돌아다닌다는 뜻이었다.

|용례| 奔流_{분류} 奔馬_{분마} 奔放_{분방} 奔逸_{분일} 出奔_{출분}

盆 9획 | 분 | 동이

금문1　금문2　전문1

|해설| 형성. 성부는 分_분. 『설문해자』(5상)에 "동이(盎_앙)"라고 한다. 盎은 배가 크고 입이 좁은 그릇, 盆은 밑이 좁고 입이 넓은 '동이'를 말한다. 列國期_{열국기}(춘추전국 시대. 기원전 8~기원전 3세기)에 盆이라는 청동기가 있고, 鑑_감(水盤_{수반})과 비슷한 모양인데 水器_{수기}이다. 지금은 식기를 얹는 평평한 盆이라는 뜻으로 쓴다. 일본에서는 음력 7월 중순에 행해지는 사자의 명복을 비는 불교 행사인 盂蘭盆_{우란분}을 줄여 盆, 御盆(오봉, おぼん)이라 한다.

|용례| 盆栽분재 盆地분지

粉 10획 | 분 | 가루, 분

粉
전문1

|해설| 형성. 성부는 分분. 分은 칼로 물건을 둘로 나누는 것을 말하는데 곡물 등이 잘게 나뉜 것을 粉이라 하여, '가루'라는 뜻이 된다. 『설문해자』(7상)에 "얼굴에 묻히는(傅부) 것"이라고 한다. 얼굴에 바르는 '白粉백분'을 말한다. 白粉에는 예부터 쌀가루를 사용했고, 후에 납(鉛연)을 원료로 하는 鉛粉연분, 鉛華연화를 사용했다. 화장은 옛날에는 가면과 같이 神事신사 때에 썼다. 외면을 꾸며 속이는 것을 粉飾분식이라고 한다.

|용례| 粉骨분골 粉末분말 粉塵분진 製粉제분 胡粉호분

紛 10획 | 분 | 뒤섞이다, 어지러워지다, 섞이다

紛
전문1

|해설| 형성. 성부는 分분. 分은 칼로 물건을 둘로 나누는 것을 말하는데 세분된 것을 말한다. 『설문해자』(13상)에 "말 꼬리의 주머니"라 하여, 말 꼬리를 모아서 주머니에 싼다는 뜻이라고 하는데, 그것은 득수한 시용법이다. 많은 실이 얽혀 어지러운 상태를 紛이라 하고, '어지러워지다, 얽히다, 뒤섞이다, 섞이다'라는 뜻으로 쓴다.

|용례| 內紛내분 紛亂분란 紛擾분요 紛雜분잡 紛華분화

雺 12획 | 분 | 안개

전문1

|해설| 형성. 성부는 分분. 分은 칼로 물건을 둘로 나누는 것을 말한다. 곡물 등이 미세하게 나눠진 것을 粉분, 雨氣우기가 미세하게 안개처럼 된 것을 雺이라 하여, '안개, 안개 끼다'라는 뜻으로 쓴다. 雺霧분무(안개), 雺圍氣분위기(지구를 둘러싼 대기. 또 그 장에 있는 사람들이 자연히 만들어내는 특별한 기분. 무드)라고 쓴다. 『설문해자』(1상)에 氛분(기운, 재앙)이라는 글자가 있는데, "祥氣상기"라고 하여 천지간에 나타나는 기상에 의해 길흉을 나타낸다고 보았다. 고전에는 氛자를 쓰고 있는데 氣가 氛의 본래 글자이다.

噴 15획 | 분 | 뿜다, 노하다

전문1

|해설| 형성. 성부는 賁분. 賁은 본래 卉훼를 휘를 요소로 하는 글자인데, 卉는 꽃이 일제히 피기 시작하는 모양이다. 그래서 賁에는 아름답다는 뜻이 있고, 또 안에 있는 힘이 격렬한 기세로 밖으로 나타나는 것을 말한다. 그러한 기세로 기운을 힘차게 뿜어내는 것을 噴이라고 한다. 『설문해자』(2상)에 "노하다(吒타)"라고 하여, '노하다, 토하다, 뿜다'라는 뜻으로 쓴다.

|용례| 噴飯분반 噴水분수 噴出분출 噴火분화

墳 15획 | 분 | 무덤, 언덕, 제방

墳
전문1

|해설| 형성. 성부는 賁분. 賁은 본래 卉휘를 요소로 하는 글자인데, 卉는 꽃이 일제히 피기 시작하는 모양으로, 안에 있는 힘이 밖으로 나타나고 밑에서 위로 솟아오른다는 뜻이 있다. 『설문해자』(13하)에 "墓묘"라고 한다. 흙을 쌓아 올린 '무덤'을 말한다. 또 무덤처럼 흙이 쌓인 '언덕, 제방'이라는 뜻으로도 쓴다. 殷代은대 왕의 능묘는 지하 깊숙이 만들어져 있었다. 공자가 어머니를 아버지의 무덤에 합장했을 때, 높이 4척의 흙을 쌓아 올린 일이 『禮記』「檀弓上」에 보이는데, 그때 공자는 "옛날에는 무덤을 만들고 墳을 하지는 않았다"(옛날에는 무덤은 만들어도 흙을 쌓아 올리지 않았다)고 말한다.

|용례| 古墳고분 墳丘분구 墳陵분릉 墳墓분묘

憤 15획 | 분 | 분노하다

憤
전문1

|해설| 형성. 성부는 賁분. 賁은 본래 卉휘를 요소로 하는 글자인데, 卉는 꽃이 일제히 피기 시작하는 모양으로, 안에 있는 힘이 밖으로 나타난다는 뜻이 있다. 마음속에 있는 분노가 밖으로 나타나는 것을 憤이라 하여, '분노하다, 화내다'라는 뜻으로 쓴다. 『論語』「述而」에 "憤하지 않으면 啓계하지 않는다"라는 것은, 마음속에서 솟

아오르는 것이 없으면 계발하지 않는다, 상대방이 자발적으로 구하는 마음이 **充實**충실하지 않으면 가르쳐 이끌어주지 않는다는 뜻이다.

|용례| 發憤발분 憤慨분개 憤怒분노 憤懣분만 憤死분사 悲憤비분

奮 16획 | 분 | 떨치다, 북돋우다

금문1   전문1

|해설| 회의. 금문의 자형은 衣의와 隹새 추와 田전을 조합한 모양. 옷 속에 새(隹)를 넣고 새의 발에 田 모양의 기물(새의 발을 멈춰두는 도구)을 끼우고, 새를 옷 속에 잡아두는 모양이 奮인데, 새가 도망가려고 '홰치다, 떨치다, 북돋우다'라는 뜻이 된다. 奮과 비슷한 글자가 奪탈인데 옷 속의 새(隹)가 도망가려는 것을 손으로 잡으려고 하는 모양이다. 옷은 아마 죽은 사람의 옷. 새는 죽은 사람의 靈령을 상징하는 鳥形靈조형령이고, 그 새를 옷 속에 머무르게 함으로써 죽은 사람의 靈은 그곳에 머무른다고 여겼을 것이다. 이러한 옛 풍속은 문헌상으로는 증명할 수가 없는데, 奮이나 奪의 옛 자형이 옷 속에 새를 놓아두는 모양이라는 점에서 본다면, 이와 같이 해석할 수밖에 없고, 한자의 옛 자형에 의해 중국의 古俗고속을 복원할 수 있는 예이다.

|용례| 發奮발분 奮起분기 奮發분발 奮迅분신 奮鬪분투 昂奮앙분

不

4획 | 불, 부 | 아니다, 꽃송이

| 갑골1 | 갑골2 | 금문1 | 금문2 | 전문1 |

|해설| 가차. 부정의 '아니다'로 가차해서 쓴다. 본래 상형자로 꽃의 萼柎악부(꽃받침과 꽃술의 받침대) 모양인데, '꽃송이, 꼭지'라는 뜻으로 쓰는 경우는 거의 없다. 금문에서는 "크게(不)"로 조를 비와 통하여 '크다'는 뜻으로 쓴다. 부정 '아니다'라는 뜻은 그 음을 빌린 가차 용법인데, 갑골문 이래 부정의 뜻으로 쓰인다. 不의 꽃술이 부풀기 시작한 모양이 조, 꽃술 받침대 부분이 열매가 된 모양이 否부, 열매가 익어서 터지려고 하는 모양이 音부, 音를 칼로 둘로 나누는 것을 剖부라고 한다.

|용례| 不動부동 不足부족 不變불변 不測불측 不便불편 不學불학

佛

7획 | 불 | 부처, 희미하다

| 전문1 |

|해설| 형성. 성부는 弗불. 『설문해자』(8상)에 "보아도 분명하지 않다", 즉 '희미하다, 어렴풋하다'는 뜻이라고 한다. 仿佛방불(희미하게 보이는 모습. 彷彿방불·髣髴방불)이라고 쓴다. 후에 佛陀불타의 佛 자로 써서 '부처, 불교'라는 뜻으로 쓴다. 佛陀는 梵語범어(고대 인도의 산스크리트어) buddha의 음역어인데, 올바른 깨달음을 얻은 자라는 뜻이다.

|용례| 佛道불도 佛門불문 佛法불법 佛師불사 佛像불상 佛心불심

拂 8획 | 불 | 떨쳐 버리다, 없애다

전문1

|해설| 형성. 성부는 弗불. 弗은 여러 개의 縱木종목에 줄을 감아 맨 모양인데, 구부러지고 비틀어진 나무를 묶을 수가 없이 '흐트러지다, 틀어지다, 어긋나다'라는 뜻이 있다. 그 흐트러진 것을 손으로 '떨쳐 버리는, 떨치는, 없애는' 것을 拂이라 한다. 拂曉불효(새벽), 拂拭불식(깨끗이 닦아 없앰. 제거함), 拂底불저(사물이 완전히 없어짐)라고 쓴다. 弼도울 필과 통하여 '돕다'라는 뜻으로 써서 拂輔불보(도움)라고 한다.

崩 11획 | 붕 | 무너지다, 쓰러지다, 죽다

고문 | 전문1

|해설| 형성. 성부는 朋붕.『설문해자』(9하)에 "산이 무너지다"라고 하여, 산벼랑 등이 붕괴하는 것을 말하고, '무너지다, 쓰러지다'라는 뜻으로 쓴다. 朋붕은 붕괴할 때의 울려 퍼지는 소리를 옮긴 것이다.『설문해자』에 든 고문의 글자는 自부(阝. 본래 阝 모양인데, 신이 하늘에 오르내릴 때 사용하는 신의 사다리 모양)를 요소로 포함하는 글자이고 산이 붕괴하는 장소는 신성한 장소로서 두려워했을 것이다. 천자가 '죽는' 것을 崩이라고 하는 것은 신성한 장소가 붕괴하는 것에 비유한 것으로 생각된다.

|용례| 崩潰붕궤 崩落붕락 崩御붕어

상용자해

棚　12획 | 붕 | 잔도, 누각, 시렁

橳
전문1

|해설| 형성. 성부는 朋붕.『설문해자』(6상)에 "棧잔"이라고 한다. 棧道잔도(벼랑에 연해 목재로 시렁같이 내뻗어서 만든 길)를 말한다.『倉頡篇』에 "누각"이라고 한다. 지붕이 있는 廊下낭하를 말한다. 집 안 '시렁'이라는 뜻으로도 쓴다.

比　4획 | 비 | 비교하다, 친하다

〳〳　**〢〢**　**〢〢**
갑골1　금문1　전문1

|해설| 회의. 오른쪽을 향한 두 사람을 조합한 모양.『설문해자』(8상)에 "密친할 밀", 즉 '친하다'는 뜻이라고 한다.『論語』「爲政」에 "군자는 周주하고(누구하고도 성실하게 사귀고) 比하지 않는다"라고 하여, 일부 사람과만 친하다는 뜻이라고 한다. 두 사람이 나란한 모양이므로 '나란하다, 늘어놓다, 따르다'라는 뜻이 되고, 또 比較비교처럼 '비교하다'라는 뜻으로 쓴다. 왼쪽을 향한 사람이 앞뒤로 나란한 모양은 从좇을 종인데 從의 본래 글자이다.

|용례| 對比대비 無比무비 比肩비견 比例비례 比類비류 比倫비륜

妃 6획 | 비 | 왕비

갑골1 | 갑골2 | 금문1 | 금문2 | 전문1

|해설| 회의. 글자는 본래 妃로 쓰고, 女녀와 巳사를 조합한 모양. 巳는 뱀의 모양. 이러한 자연신에게 제사하는 것을 祀제사 사라고 한다. 갑골문에 "靈妃영비에 제사(御어)할까"라고 점치고 있고, 신으로서 제사하던 것이다. 금문에서는 皇妣孝大妃황비효대비처럼 妣(죽은 어미. 亡母망모)의 존호로 쓰인다. 후에 '천자의 처, 왕비'라는 뜻으로 써서, 王妃왕비(국왕의 처)라고 말한다.

批 7획 | 비 | 치다

전문1

|해설| 형성. 성부는 比비. 比에 '늘어놓다, 비교하다'라는 뜻이 있다. 『설문해자』(12상)에 揌를 정자로 한다. 『春秋左氏傳』「莊公十二年」에 "쳐서(批) 이를 죽이다"라 하고, 강하게 '치다'라는 뜻으로 쓴다. 批難비난이란 결점이나 잘못을 지적해서 꾸짖는 것을 말한다. 그래서 批判비판(선악이나 가부에 대하여 논함. 또 작은 잘못 등을 특별히 꾸짖음), 批正비정(비판해서 정정함), 批評비평(일의 선악 등을 평가해서 논함)처럼 쓴다.

卑 8획 | 비 | 천하다, 깔보다, 낮다

금문1 | 금문2 | 전문1

| **해설** | 회의. 숟가락(匙시)의 형태와 又우를 조합한 모양. 又는 손의 모양이므로 손잡이가 있는 숟가락을 손에 든 모양이다. 큰 숟가락의 모양은 卓탁이고, '뛰어나다, 낫다, 높다'라는 뜻으로 쓴다. 卑는 작은 숟가락을 손에 든 모양이므로 '천하다, 낮다, 작다, 겸양하다'라는 뜻이 된다. 숟가락 대소의 차이에 의해서 귀함과 천함이라는 뜻으로 나뉜다. 卑에 천하다는 의미가 있으므로 婢비는 계집종을 말하고, 陴비는 낮은 울타리를 말한다.

| **용례** | 卑屈비굴 卑近비근 卑俗비속 卑賤비천 卑下비하

泌 8획 | 비 | 물살

전문1

| **해설** | 형성. 성부는 必필. 『설문해자』(11상)에 "좁은 흐름이다"라 하여, 좁은 곳을 빨리 흐른다는 뜻이라고 한다. 좁은 곳을 흘러가는 물소리를 형용하는 말일 것이다. 일본에서 泌를 '번지다, 스며들다'라는 뜻으로 쓰는데, 그것은 沁스며들 심의 誤用오용이다. 分泌분비(액이 밖으로 번져 나옴), 泌尿器비뇨기(腎臟신장, 방광 등 오줌을 생성하고 배출하는 장기)로 쓴다.

沸 8획 | 비 | 끓다, 들끓다

전문1

|해설| 형성. 성부는 弗불. 弗은 여러 개의 縱木종목에 줄을 감아 맨 모양인데, 구부러지고 비틀어진 나무를 묶을 수가 없어서 흐트러진다, 틀어진다는 뜻이 있다. 물 같은 액체가 데워져서 끓어오르는 것을 沸騰비등이라고 한다. 액체뿐 아니라 일반적으로 '끓다, 들끓다'라는 뜻으로 쓴다.

|용례| 沸點비점 煮沸자비

肥 8획 | 비 | 기름지다, 살찌다, 풍족하다, 번성하다

전문1

|해설| 회의. 月(육달월)과 卩절을 조합한 모양. 卩은 무릎 꿇은 사람의 모양이므로 肥는 무릎 꿇었을 때 넓적다리 부분의 살이 풍만한 것을 표시한다. 그래서 '기름지다, 살찌다'라는 뜻이 되고 기름지다에서 '풍족하다, 번성하다'라는 뜻이 된다. 肥沃비옥(토지가 기름짐)처럼 사람 이외의 것이 '기름지다'는 뜻으로도 쓴다. 한편 대야에서 입욕하는 사람의 넓적다리가 풍만한 것을 표시하는 모양은 盈찰 영이다.

|용례| 肥大비대 肥料비료 肥滿비만 肥瘠비척 施肥시비

非 8획 | 비 | 참빗, 어긋나다, 아니다

갑골1	금문1	금문2	전문1

|해설| 상형. 참빗(櫛즐)의 모양. 좌우로 촘촘한 이가 나 있는 형태의 '참빗'으로 옛날에는 非余비여라고 했다. '아니다'라고 부정의 뜻으로 쓰는 것은 그 음을 빌린 가차 용법이다. 부정하는 의미에서 非道비도(도리에 어긋남. 인정에 벗어남), 非法비법(법에 어긋남), 非禮비례(예의에 벗어남)처럼 '어긋나다, 벗어나다'라는 뜻으로 쓴다. 匪비는 非와 통하여 '아니다'라는 뜻으로 쓴다.

櫛

飛 9획 | 비 | 날다, 오르다, 빠르다

전문1

|해설| 상형. 새가 나는 모양. 새가 날개를 펴고 나는 모양으로, 날아오를 때의 자세를 말한다. 천천히 돌며 나는 것을 翔상이라고 한다. 飛行비행(공중을 날아감), 飛翔비상(공중을 높이 남), 飛來비래(날아옴)처럼 '날다'라는 뜻으로 쓰고, 飛炎비염(타오르는 불길)처럼 '오르다'라는 뜻으로 쓴다. 飛閣비각, 飛樓비루(높은 건물)처럼 쓰고, 또 飛檄비격(격문을 급히 사람에게 돌림. 급한 문장), 飛舟비주(나는 듯이 빠르게 가는 배), 飛書비서(급한 편지)처럼 '빠르다'는 의미로 쓴다.

祕 10획 | 비 | 숨기다, 몰래, 감추다

祕
祕
전문1

|해설| 형성. 성부는 必필. 必은 兵器병기의 戈창 과, 矛창 모나 鉞도끼
월의 머리 부분을 자루에 장착한 부분의 모양. 必을 조상의 靈령에
게 제사 지내는 廟묘(宀면) 안에 두는 모양은 宓편안할 복이고, 여기
에 火화를 더해 必을 불로 정화하는 모양은 密밀인데, 조상의 靈의
안녕을 구하는 의례였을 것이다. 必에 示시(신에게 제사할 때 사용하
는 탁자의 모양)를 더한 祕는, 必을 바쳐 신에게 제사한다는 의미일
것이다. 必을 呪器주기로서 사용하는 의례는 祕密비밀(감추어 남에게
알리거나 보이거나 하지 않는 것)리에 몰래 祕儀비의로서 행하였으므
로 祕는 '몰래, 숨기다, 감추다'라는 의미로 쓴다. 秘는 祕의 속자인
데 지금은 秘를 祕의 상용한자로 쓴다.

|용례| 祕書비서 祕儀비의 神祕신비

備 12획 | 비 | 갖추다, 빠짐없이

備
備
備
금문1   금문2   전문1

|해설| 형성. 성부는 葡비. 葡는 箙복(화살을 넣어 짊어지는 상자 모양
의 武具무구)의 모양. 箙은 화살을 넣은 箭筒전통의 모양이다(갑골
문은 ⑴, ⑴). 사람이 葡를 짊어진 모양이 備이고, 싸움에 '대비하다'
라는 뜻이 된다. 후에 일반적으로 '일에 대비하다, 갖추다, 갖춰지
다'라는 뜻이 되고, 미리 준비하려면 모두 갖추는 것이 필요하므로

상용자해

'빠짐없이, 모두'라는 뜻도 된다.

|용례| 不備불비 備蓄비축 備荒비황 常備상비 完備완비 準備준비

悲 12획 | 비 | 슬프다, 슬퍼하다

悲
전문1

|해설| 형성. 성부는 非비. 『설문해자』(10하)에 "아프다(痛통)"라고 한다. 悲痛비통(마음이 아픔)의 감정을 말하고, '슬프다, 슬퍼하다'라는 뜻으로 쓴다. 悲哀비애(슬퍼함)라는 뜻에서 일반적으로 비애의 정을 포함하는 것에 대하여 悲音비음(슬픈 소리), 悲秋비추(왠지 슬픈 가을), 悲風비풍(쓸쓸하고 슬프게 부는 바람)이라고 말한다. 悲와 같이 非와 心심을 요소로 하는 悱비는 번민한다는 뜻이다.

|용례| 悲運비운 悲壯비장 悲嘆비탄 悲歎비탄 悲話비화 悲喜비희

扉 12획 | 비 | 문짝

扉
전문1

|해설| 형성. 성부는 非비. 非는 참빗의 모양이고, 빗의 이가 좌우로 나란하듯이 좌우로 나란하다는 뜻이 있다. 『설문해자』(12상)에 "문의 문짝"(扉선)이라 하고, '문짝'을 말한다. 외여닫이 문의 형태가 戶호이고, 쌍여닫이 문의 형태가 門문인데, 樞추(문 끝 위아래로 돌출한 둥글고 짧은 막대기)로 여닫는 문짝을 扉라고 한다.

|용례| 開扉개비 門扉문비

費 12획 | 비 | 쓰다, 줄다

금문1 　전문1

|해설| 형성. 성부는 弗불.『설문해자』(6하)에 "財用재용(비용)을 흩트리는 것", 즉 낭비한다는 의미라고 한다. 弗은 금문에서는 부정사 '아니다'라는 뜻으로 사용하고, 費는 본래 부정적인 뜻을 지닌 말이다.『呂氏春秋』「禁塞」에 "마음(神신)을 쓰고 魂혼을 아프게 하다"라 하고 쓸데없이 정신을 낭비하는 것을 말하여, 재화만이 아니라 정신을 '쓰다'라는 뜻으로도 쓴다.

|용례| 空費공비 費用비용 消費소비 食費식비 旅費여비 出費출비

碑 13획 | 비 | 석비

전문1

|해설| 형성. 성부는 卑비.『설문해자』(9하)에 "세운 돌"이라 하고 '石碑석비'를 말한다. 옛날에는 무덤에 관을 내릴 때 돌을 세워서 그 상부에 둥근 구멍을 내어, 그곳에 끈을 꿰어 관을 매달아 내렸다. 후에 그 돌에 고인의 성명이나 경력을 새겼는데 이것이 碑文비문(석비에 새겨진 문장)이 되었다. 碑銘비명(비문)은 전기 자료로서 중요한 역할을 했다. 지금 시안(西安) 碑林비림에서는 수많은 고대 석비를 수장 보존하고 있다.

|용례| 墓碑묘비

鼻 14획 | 비 | 코

전문1

|해설| 형성. 성부는 畀비. 自자는 정면에서 본 코의 모양. 自에 콧김의 음인 畀를 성부로 더한 형성자가 鼻이다. 중국에서는 사람이 태어날 때 우선 코부터 나오므로 맨 처음의 조상을 鼻祖비조라고 한다. 사람이 우선 코부터 나온다는 것은 속설이다. 중국의 남쪽 지방에는 물을 코로 마시는 鼻飮비음의 습속이 있었다고 한다.

|용례| 鼻孔비공 鼻端비단 鼻音비음

貧 11획 | 빈 | 가난하다

전문1

|해설| 회의. 分분과 貝패를 조합한 모양. 貝는 子安貝자안패의 모양으로 매우 귀중한 재산으로 간주되었다. 그 貝를 나누는 것을 貧이라 하고, 재산을 나누어 부족해지는 것을 말한다. 그래서 '가난하다, 적다'는 뜻이 된다. 『詩經』「邶風/北門」에 "이미 가난한데(寞구) 또 가난해서(貧)"(형편없이 가난해서)라는 구절이 있다.

|용례| 貧苦빈고 貧窮빈궁 貧富빈부 貧弱빈약 貧乏빈핍 淸貧청빈

賓 14획 | 빈 | 손님, 대접하다

갑골1 갑골2 금문1 금문2 전문1

|해설| 회의. 宀면과 万만과 貝패를 조합한 모양. 宀은 조상에게 제사 지내는 사당(廟묘) 지붕의 모양. 万은 희생 동물의 뒷발 모양. 사당 안에 희생물의 뒷발과 呪器주기로서 貝를 바쳐 제사하고, 신을 맞이하는 의례를 賓이라 하는데, 본래 사당 안에 맞이하는 신, 客神객신(다른 곳에서 온 異族이족의 신)이라는 뜻이었다. 후에 사람에 대하여 말해, '손님'(다른 곳에서 온 客객. 客)이라는 뜻으로 쓰고, 손님으로서 '대접하다'라는 의미로도 쓴다. 죽은 사람을 매장하기 전에 임시로 관에 안치하는 것을 殯빈이라 한다.

|용례| 國賓국빈 來賓내빈 賓客빈객 賓禮빈례 迎賓영빈 主賓주빈

頻 16획 | 빈 | 물가, 자주

전문1

|해설| 회의. 步보와 頁혈을 조합한 모양. 『설문해자』(11하)에 瀕을 정자로 하고, "물가. 사람이 접근하는(賓附빈부) 곳이다. 얼굴을 찡그리고(顰戚빈척) 전진하지 못하고 머무르다"라고 하는데, 물가에서 얼굴을 찡그린다는 것은 무슨 뜻인지 잘 알 수 없다. 고대에 물가는 신을 맞이하는 곳이고 그곳에서는 신을 맞이하는 의례가 행해졌다. 瀕은 물가에서 행하는 신을 맞이하는 의례를 말한다. 頁은 의례 때 의관을 정제한 사람을 옆에서 본 모습이므로, 瀕은 물가에

상용자해

서의 의례를 말하는 글자일 것이다. 順순의 금문 자형은 瀕인데, 물
가에서 親친에게 제사하는 의례를 말하는 글자이고, 順(瀕)子는 孝
子효자라는 뜻으로 쓰인다. 濱, 順(瀕), 瀕 자를 종합해서 생각하면
물가에서 제사, 의례가 있었던 것은 틀림없다. 고대에는 水葬수장(사
자를 물에 흘려 묻음)의 습속도 있었으므로 수장과 관계가 있을지도
모른다. 지금은 '자주, 흔히'라는 뜻으로 쓴다.

|용례| 頻度빈도 頻發빈발 頻繁빈번

濱   17획 | 빈 | 물가, 끝, 바닷가

|해설| 형성. 성부는 賓빈. 정자는 瀕빈으로 쓰고 성부는 頻빈. 賓은
宀면과 万만과 貝패를 조합한 모양으로, 조상에게 제사하는 사당
(宀) 안에 희생 동물의 뒷발(万)과 呪器주기로서 貝를 바쳐 제사하
여 신을 맞이하는 의례를 말한다. 물가에서 신을 맞이하는 의례를
濱이라 하고, 의관을 바로 하여 물가에서 행하는 의례를 瀕이라고
한다. '물가, 바닷가'라는 뜻이다.

|용례| 海濱해빈 水濱수빈

氷   5획 | 빙 | 얼음, 얼다

금문1 | 전문1 | 전문2

|해설| 상형. 본래 글자는 仌빙으로 쓰고 얼음이 언 모양. 후에 水수
를 더해서 氷의 자형이 되었다. 금문에는 冰빙의 자형이 있는데, 水
는 흐르는 물의 모양이고 직은 물의 흐름을 표시하고, 작은 물의

흐름은 얼기 쉬우므로 물 옆에 얼음덩어리를 두 개 붙인 모양으로 보인다. '얼음' 외에 '얼다, 차갑다'는 뜻으로도 쓴다.

|용례| 結氷결빙 氷山빙산 氷柱빙주 氷解빙해 樹氷수빙

士　3획 │ 사 │ 선비, 무사

금문1　금문2　전문1

|해설| 상형. 작은 도끼(鉞월)의 머리 부분을 날을 밑으로 해서 둔 모양. 실용품의 무기가 아니라 士사의 신분을 표시하는 의례용 기물이다. 士는 전사 계급으로 왕을 모시는 자이다. 큰 도끼의 머리 부분의 모양은 王왕인데, 왕이 앉는 玉座옥좌 앞에 왕의 심볼로 두었다. 『설문해자』(1상)에 士는 一일에서 十십을 아는 것이라고 한 것은 속설이다. 士는 전사, 무사 외에도 후에 관리, 재판관, 남자라는 뜻으로 쓰였다.

鉞

|용례| 兵士병사 士氣사기 士女사녀 戰士전사

仕　5획 │ 사 │ 섬기다

전문1

|해설| 형성. 성부는 士사. 士는 작은 도끼를 날을 밑으로 해서 놓은 모양으로, 전사 계급의 신분을 표시하는 의례용 기물이다. 士는 전사 계급으로서 왕을 '모시는' 자를 말한다. 후에 일반적으로 윗사람을 '모시는' 것을 仕라고 한다.

|용례| 給仕급사 仕官사관 出仕출사

常用字解　　　　　　　　　　441

司 5획 | 사 | 맡다, 잇다

갑골1 　 금문1 　 전문1

|해설| 회의. ㅋ사와 口를 조합한 모양. ㅋ는 아마도 제사 때 사용하는 기물. 口는 ㅂ축문 그릇 재이고, 신에게 바치는 기도문인 축문을 넣는 그릇의 모양. 司는 축문을 외치며 기도할 때의 의례를 표시하는 글자일 것이다. 그리고 그 의례를 주관하는 사람이 그 일에 종사하는 것이므로 司는 '맡다'라는 뜻이 된다. 伺살필 사라는 글자에서 생각하면 그 사람은 신의 뜻을 알아차리는 사람이었던 것 같다.

|용례| 司法사법 司直사직 司會사회 上司상사

史 5획 | 사 | 제사, 글월

갑골1 　 갑골2 　 금문1 　 금문2 　 전문1

|해설| 회의. 中중과 又우를 조합한 모양. 中에 두 개의 계통이 있는데, 위아래로 깃발을 붙인 깃대의 모양과 木목에 ㅂ축문 그릇 재를 단 모양이다. 깃대는 중군(본진)의 장수가 올리는 군기의 깃대이다. 史에서 中은 木에 ㅂ(신에게 바치는 기도문인 祝詞를 넣는 그릇의 모양)를 단 모양이다. 又는 右手우수(오른손)의 모양이다. 史는 ㅂ를 단 나무(木)를 손으로 높이 받들고 신에게 기도하며 제사 지내는 의미이다. 史는 3천 수백년 전의 은 왕조에서는 종묘에서 조상의 영에게 제사 지낼 때, 즉 內祭내제 때에 조상의 왕을 史하는 제사의 이름으로 쓰였다. 지방에 나가서 산이나 강에 제사 지낼 때는 왕의 사자

가 ∀를 단 가지 큰 나무(木)를 받들고 출행했는데, 그 나무(木)를 든 사람을 使사라고 한다. 사자가 멀리 출행해 산이나 하천 등에서 국가적인 제사를 행할 때는 ∀를 단 나무에 깃발을 붙여 받들었는데 그것이 事사(제사, 섬기다)이고, 外祭외제라 한다. 史는 본래 제사라는 뜻이었는데 후에 제사 지내는 일을 하는 사람을 史라 하고, 또 제사를 기록하는 사람이나, 제사의 '기록'(文문)도 史라고 하여, 歷史역사(인간 사회의 변천 모습. 또 그 기록)라는 의미로 쓰이게 된다.

|용례| 國史국사 史家사가 史書서서

四 5획 | 사 | 넷, 네 번

갑골1　금문1　금문2　전문1

|해설| 가차. 갑골문은 수를 세는 용구인 산가지(算木산목)를 네 개 겹친 모양이고 그 글자는 指事지사이지만, 후에 四라는 자형을 쓰게 되었다. 숫자 '넷'을 말한다. 산가지를 겹친 선이 부정확한 때도 있으므로 음에 의한 표시로 변했을 것이다. 四는 呬숨 쉴 희의 성부인 四를 취한 것이고, 입을 열어 웃는 모양이다. 그 음을 빌려서 쓴다. 肆마음대로 할 사를 四로 쓰는 것은 글자의 변조를 피하기 위한 것이다.

|용례| 四季사계 四面사면 四方사방 四散사산 四時사시

寺 6획 | 사, 시 | 절

| 금문1 | 금문2 | 금문3 | 전문1 |

|해설| 형성. 성부는 之지. 옛 자형에서 상부는 之이고, 발자국의 모양. 寸촌은 又우(손가락을 편 오른손의 모양)의 손가락 아래에 一일을 더한 모양이다. 寺는 든다는 뜻으로 持지의 본래 글자이다.『설문해자』(3하)에 "관청"을 뜻한다고 하지만, 관청이라는 뜻으로 쓰는 것은 漢代한대 이후의 일이다. 옛날에는 궁중의 시관으로 특히 환관(궁중에서 일하는 거세된 남자)을 가리키는 글자였다. 후에 외국의 사절을 접대하는 관청인 鴻臚寺홍려시를 승려의 宿舍숙사로 했기 때문에 '절'이라는 뜻이 된다.

|용례| 末寺말사 寺宇사우 寺院사원 尼寺이사

死 6획 | 사 | 죽다, 죽이다

| 갑골1 | 갑골2 | 금문1 | 금문2 | 전문1 |

|해설| 회의. 歹알과 人인(ヒ)을 조합한 모양. 歹의 본래 모양은 冎로 쓰는데 죽은 사람의 가슴에서 윗부분이 뼈만 남은 모양이다. 옛날에는 사체를 일시적으로 풀숲에 버려 풍화되어 뼈만 남았을 때, 그 뼈를 수습해서 묻는 것을 葬장이라고 했다. 이러한 매장 방식을 複葬복장이라 한다. 주위 모은 잔골에 절하고 애도하는 모양이 死이고 '죽다, 죽이다'라는 뜻이 된다.

|용례| 瀕死빈사 死期사기 死力사력 死亡사망 死生사생 死守사수

似 7획 | 사 | 닮다, 잇다

전문1

|해설| 형성. 성부는 以이. 以의 옛 자형은 㠯사(耜쟁기 사의 모양)이고 아마 그 음을 빌렸을 것이다. 厶사(耜의 모양)는 아래에 口(ㅂ축문 그릇 재, 신에게 바치는 기도문인 축문을 넣는 그릇의 모양)를 더해 台태가 되는데, 始시와 姒사는 옛 자형에서는 같은 모양이다. 似는 『詩經』 「周頌/良耜」에 "以似이사, 以續이속"(언제까지라도 계속 이어지기를)이라는 용법이 있고, '잇다'라는 뜻으로 쓴다. 잇는 것, 뒤를 잇는 것은 비슷한 것이기 때문에 '닮다'라는 뜻이 되었을 것이다.

|용례| 相似상사 類似유사 疑似의사 擬似의사

伺 7획 | 사 | 살피다

전문1

|해설| 형성. 성부는 司사. 司는 신에게 바치는 기도문인 축문을 외치며 기도할 때 의례를 주관하는 것을 말한다. 그 의례를 맡아서 신의 뜻을 살펴 헤아리고 알아차리는 사람을 伺라고 했을 것이다. 伺는 '살피다'라는 뜻이 된다. 望은 발돋움하고 큰 눈으로 먼 곳을 바라보는 것을 말하고, 합쳐서 伺望사망(상태를 살펴봄)이라고 한다. 후에 사람의 뜻을 살피고 그 행위를 몰래 보는 것을 伺察사찰이라고 한다. 글자는 또 覗사(보다, 엿보다)와 통용한다.

|용례| 伺隙사극 伺候사후

沙  7획 | 사 | 모래

금문1 금문2 금문3 전문1

|해설| 형성. 성부는 少소. 少에 砂모래 사, 紗깁 사의 음이 있다. 금문
의 자형에서 少는 작은 모래가 어지럽게 흩어진 모양으로 그려져
있고, 모래를 말한다. 『설문해자』(11상)에 "물이 흐트러트린 돌"이라
고 한다. 물가 모래사장에 있는 가는 '모래'를 말한다. 砂사와 통용
하는데 砂는 조금 거친 모래를 말한다.

|용례| 白沙백사 沙丘사구 沙漠사막 沙石사석

邪 7획 | 사 | 어긋나다, 나쁘다

전문1

|해설| 형성. 성부는 牙아. 牙에 衺비낄 사의 음이 있다. 牙는 동물의
크고 구부러진 이빨인데 구부러진 것이라는 뜻이 있고 그래서 邪
는 올바른 모양이 아닌 것, '어긋나다(바르지 않다), 나쁘다'라는 뜻
이 된다. 邪는 阝(邑읍. 수도, 고을)에 부정형을 뜻하는 牙를 성부로
하는 글자이므로 성벽이 방형이 아님을 말할 것이다. 衺사는 옷 사
이에 성부 牙를 더한 글자인데 정상이 아닌 의복을 말한다.

|용례| 邪念사념 邪說사설 邪心사심 邪惡사악 邪推사추 正邪정사

社 7획 | 사 | 토지신, 신사

| 갑골1 | 갑골2 | 금문1 | 금문2 | 전문1 |

|해설| 형성. 성부는 土토. 土는 옛날 社사의 음으로 읽고 社의 본래 글자이다. 土는 흙을 세워 긴 만두 모양으로 뭉쳐 받침대 위에 놓은 모양이고, 土主토주(토지신. 地神지신)의 모양이다. 갑골문에는 작은 점이 찍힌 모양(갑골2)이 있는데, 토주에게 淨化정화의 술을 뿌리는 모양이다. 토주가 있는 곳이 '社'(신에게 제사를 지내는 곳)이고 토주에게 술을 뿌리고 예배한 것이다. 社는 본래 건물을 세우거나 지붕으로 덮는 일은 없었다. 示시는 신에게 제사를 지낼 때 사용하는 탁자의 모양인데, 土가 흙, 흙덩이, 大地대지 등의 뜻으로 쓰임에 따라서 土에 示를 더한 社가 본래의 '土'(신에게 제사를 지내는 곳)라는 뜻으로 쓰이게 되었다. 山川叢林산천총림(키 낮은 나무가 빽빽한 숲)의 땅은 모두 신이 사는 곳이라 생각하여 각지의 토주 위에 나무를 심어 제사 지내는 곳이 많았다. 후에 건물을 세워 그곳에서 신에게 제사를 지내게 되어 神社신사(신에게 제사를 지내는 건물)라고 한다. 또 후에 社를 중심으로 한 사람들의 집단이 만들어지게 되어 結社결사(공동의 목적을 위해 만든 단체), 會社회사(영리사업을 목적으로 하는 사단 법인)처럼 사람들의 집단이라는 뜻으로 쓴다.

|용례| 社稷사직 社會사회

私 7획 | 사 | 나, 몰래

전문1

|해설| 禾화와 厶사를 조합한 모양. 禾는 벼 등의 곡물. 厶는 쟁기
(耜사)의 모양. 쟁기를 사용해 경작하는 사람을 私라고 한다. 私는
私屬사속(일가에 종속함)의 경작자, 隸農예농을 말하고, '나'를 뜻한다.
『韓非子』「五蠹」에 "厶(私)에 반하는 것, 이것을 公공이라 한다"라
고 公私공사를 서로 대립하는 말이라고 하는데, 公은 궁정에서 의
례를 행하는 식장의 평면 모양이다. 다만 그 신분 관계로 말하면
公은 영주, 私人사인은 여기에 종속하는 자이고, 지배, 피지배의 관
계에서 公私라고 한다.

|용례| 私利사리 私費사비 私語사어 私情사정 私學사학 私刑사형

事 8획 | 사 | 일, 제사, 섬기다

갑골1　갑골2　금문1　금문2　전문1

|해설| 회의. 史사와 기드림을 조합한 모양. 덕재(신에게 바치는 기도문
인 축문을 넣는 그릇의 모양)를 단 나무를 높이 들고 조상의 靈령에게
제사 지내는 것을 史라 하고, 큰 나뭇가지에 덕를 달아 지방에 가
서 산천에 제사 지내는 것을 使사라고 한다. 그 큰 나뭇가지에 다시
기드림을 달아 산이나 강에서 국가적인 제사를 하는 것을 事사라
하고, '제사'라는 뜻이 된다. 이 국가적인 제사를 大事대사, 王事왕사
라고 했다. 갑골문에 "王事를 행할까(載)"라는 예가 많고, 殷王은왕

의 使者사자를 맞이해 王事를 행하는(즉 은왕의 제사를 지내는) 것이 은왕의 정치적 지배에 복종하고 섬기는 일이었다. 그래서 事는 '제사, 일'이라는 뜻 외에 '섬기다'라는 뜻이 된다.

|용례| 無事무사 事物사물 師事사사 事情사정 事態사태

使 8획 | 사 | 부리다, 심부름꾼

갑골1 | 금문1 | 금문2 | 전문1

|해설| 형성. 성부는 史사. 史와 使의 갑골문 자형은 같다. 史는 ㅂ 재(신에게 바치는 기도문인 축문을 넣는 그릇의 모양)를 단 나무를 손으로 높이 받들고 은 왕조의 祖上靈조상령을 모시는 제사이다. 지방에 나가서 산이나 강에 제사 지낼 때는 ㅂ를 단, 위로 가지가 나뉜 큰 나무를 들고 나갔다. 그 나무를 잡은 모양이 使이고, 제사의 '사자, 심부름꾼, 심부름하다'라는 뜻이 된다. 후에 사람이나 사물을 '부리다'라는 의미로 쓴다. 나라의 大事대사로 행해지는 중요한 제사에는 ㅂ를 단 나뭇가지에 기드림을 매달아 들고 나가서 제사를 지냈다. 이것을 事사라고 한다. 史, 使, 事의 갑골문 모양은 기본적으로는 같은 형태이다.

|용례| 使役사역 使者사자 使節사절 特使특사

卸 8획 | 사 | 내리다, 풀다

卸

전문1

|해설| 회의. 𠂤와 卪절을 조합한 모양. 𠂤 부분은 幺요(실 다발), 또는 午오(杵공이 저의 모양)으로 呪器주기였다. 卪은 무릎 꿇은 사람의 모양. 卸는 무릎 꿇고 幺나 午에 절하는 모양이고, 절하여 신을 맞이해서 邪靈사령을 막고 다스리는 의례를 말한다. 卸는 御어의 본래 글자였다. 후에 卸는 車馬거마에서 물건을 풀어 내리는 것을 말하여, '내리다, 풀다'라는 뜻으로 쓴다.

舍 8획 | 사, 석 | 버리다, 머무르다, 집

금문1　금문2　전문1

|해설| 회의. 余와 口를 조합한 모양. 余는 손잡이가 달린 긴 침의 모양이다. 口는 ㅂ축문 그릇 재로 신에게 바치는 기도문인 축문을 넣는 그릇의 모양이다. 害해(해치다)와 마찬가지로 긴 침으로 ㅂ를 푹 찔러 기도의 효능을 손상하여 기도의 효과를 버리게 하는 것을 舍라고 한다. 그래서 舍는 '버리다'라는 뜻이 되는데 捨버릴 사의 본래 글자이다. 금문에서는 舍를 '두다'로 읽는데 '주다'의 용법도 있고 여기에서 '머무르다, 숙소, 집'이라는 뜻이 되었을 것이다.

|용례| 校舍교사 宿舍숙사 精舍정사

思 9획 | 사 | 생각하다

전문1

|해설| 형성. 본래 글자는 恖로 쓰고 성부는 囟신. 囟은 숨구멍(유

아의 두개골 봉합 부분)의 모양이고, 그 속은 생각하는 기능을 하는 뇌가 있는 곳이기 때문에 心심을 더해서 마음으로 '생각하다'라는 뜻이 된다. 聰明총명의 聰의 오른쪽 부분은 思의 본래 글자인 恖와 비슷하지만, 윗부분 囪창 창이 窓창 창의 모양이고 음도 다르다.

|용례| 思念사념 思想사상 思惟사유 靜思정사 沈思침사

查 9획 | 사 | 조사하다

|해설| 형성. 성부는 且차. 옛 자형은 樝사로 쓰고 '풀명자나무'라는 나무 이름이었다. 槎사와 통용하여 뗏목이라는 뜻으로 쓰이는 경우도 있었다. 明代명대(14~17세기)의 사서 『正字通』에 고찰하다(조사하고 생각하다)라는 뜻이라고 한다. 지금은 '조사하다'라는 뜻으로 쓴다.

|용례| 査問사문 査察사찰 審査심사 精査정사

砂 9획 | 사 | 모래

|해설| 형성. 성부는 少소. 少에 砂모래 사, 紗깁 사의 음이 있다. 少는 작은 조개를 줄로 연결한 모양으로 그 작은 조개를 貨쇄라고 한다. 작은 조개처럼 조금 거친 '모래'를 砂라 하고, 물가 모래사장에 있는 고운 모래를 沙사라고 한다. 작은 물건을 이은 것이 少이므로 얇은 견직물을 紗사라고 한다.

|용례| 丹砂단사 砂丘사구 砂糖사탕 朱砂주사 辰砂진사 土砂토사

唆 10획 | 사 | 꼬드기다

|해설| 형성. 성부는 夋준. 夋에 梭북 사의 음이 있다. 唆는 사람을 '꼬드기다'라는 뜻으로, 그때의 꼬드기는 소리를 본뜬 의성어일 것이다.

|용례| 教唆교사 示唆시사

射 10획 | 사 | 쏘다

갑골1	금문1	금문2	전문1

|해설| 회의. 옛 자형은 弓궁과 矢시와 又우(손의 모양)를 조합한 모양 (금문2). 화살을 시위에 메겨 쏘는 모양이고 '쏘다'라는 뜻이 된다. 후에 弓과 矢 부분을 身신으로 오해하고, 『설문해자』(5하)에는 "弓弩궁노(활과 석궁), 몸(身)에서 쏘아 멀리 맞히는 것이다"라고 설명하지만, 身은 임신한 여자를 옆에서 본 모양으로, 여기에 寸촌(손)을 더해도 활을 쏜다는 뜻은 되지 않는다. 화살은 신성한 것이기 때문에 활을 당겨 화살을 쏘는 것은 장소를 정화할 때의 중요한 의례로 행해졌다. 후에 총을 쏜다는 뜻으로 쓴다.

|용례| 亂射난사 發射발사 射擊사격 射殺사살

師 10획 | 사 | 전쟁, 스승

갑골1	갑골2	금문1	금문2	전문1

상용자해

|해설| 회의. 自_퇴와 帀_잡(**J**)을 조합한 모양. 군대가 출정할 때 조상에게 제사 지내는 사당(廟_묘)이나 軍社_{군사}에서 고기를 바치고 전승을 기원하는 제사를 하고 그 제사의 고기(**ℓ** 모양으로 自 자. 脤肉_{신육}이라고 한다)를 가지고 출발했다. 군의 주둔지에서는 壇_단을 지어 그 위에 신육을 안치했다. 그 모양이 **J**이다. 건물 안에 안치할 때는 官_관이 된다. 만약 군이 나뉘어 행동할 때는 신육을 잘라 나누어 가지고 행동했다. 신육은 군의 守護靈_{수호령}이기 때문에 출정한 각 군은 반드시 지니고 있어야 한다. 帀은 신육을 잘라 나눌 때 사용하는 피 멈추개(지혈 장치)가 달린 칼이고, 師는 이 칼로 신육을 잘라내는 것을 말한다. 이 잘라내는 권한을 부여받은 사람이 師이고, '軍官_{군관}, 將軍_{장군}'을 말한다. 또 '군대, 전쟁, 싸움'이라는 뜻이 된다. 장군은 옛 씨족의 장로가 맡고, 현역에서 물러난 후에는 씨족의 지도자로서 청년의 교육을 맡았기 때문에 師는 '스승'이라는 뜻으로도 쓴다.

|용례| 教師_{교사} 師弟_{사제} 出師_{출사}

捨

11획 | 사 | 버리다

弄
전문1

|해설| 형성. 성부는 舍_사. 舍는 ㅂ_재(신에게 바치는 기도문인 축문을 넣는 그릇)를 손잡이가 달린 긴 침(수)으로 위에서 찔러 기도의 힘을 손상하여 기도의 효과를 버리게 하는 것을 말한다. 捨는 여기에 손을 더해 그 행위를 표시하는 형성자로 만들었다. 후에 일반적으

로 '버리다'로 써서 '두다, 용서하다'라는 뜻으로도 쓴다.

|용례| 捨施사시 捨身사신 取捨취사 喜捨희사

斜 11획 | 사 | 비끼다, 기울다, 구불구불하다

전문1

|해설| 형성. 성부는 余여. 余에 徐평온할 서, 除없앨 제의 음이 있다. 『설문해자』(14상)에 "푸는 것", 국자(斗두)를 가지고 물을 푸는 것으로 풀이한다. 斗는 자루가 달린 국자의 모양. 물을 풀 때 국자의 자루를 기울여서 푸기 때문에 斜는 '비끼다, 기울다'라는 뜻이 된다. 邪사와 음이 비슷해서 통용하여 邪를 기운다는 뜻으로 쓰는 경우도 있다.

|용례| 斜面사면 斜線사선 斜陽사양 斜月사월

蛇 11획 | 사 | 뱀

전문1

|해설| 형성. 성부는 它타. 它는 머리가 큰 뱀의 모양으로 蛇의 본래 글자이다. 它에 '다르다'(他타)라는 뜻이 있기 때문에 후에 虫훼(뱀 같은 파충류의 모양)를 더한 蛇가 형성자로 만들어져 '뱀'이라는 뜻으로 쓰인다. 祀제사 사의 성부 巳사의 갑골문은 ᚹ인데 뱀의 모양이다. 祀는 자연신에게 제사를 지내는 것을 말하고 자연신의 대표적 신격이 巳(뱀)였다. 뱀은 계곡에 많이 있어서 일본에서도 뱀을 谷

神곡신(계곡 또는 저습지를 주재하는 신)이라고 하여 신으로 여겼다.

|용례| 毒蛇독사 蛇足사족 蛇行사행 長蛇장사

赦 11획 | 사 | 용서하다

赦
전문1

|해설| 회의. 赤적과 攴복(攵)을 조합한 모양. 赤은 大대(손발을 벌리고 선 사람을 정면에서 본 모양) 아래에서 불(火화)을 더해 정화하는 의례이고, 不淨부정이 있는 자에게 행하는 징벌적인, 부정을 없애는 방법이다. 또 나뭇가지를 손으로 잡는 모양인 攴을 더해서, 때려서 죄를 정화하는 것을 赦라고 한다. 그것이 赦免사면(죄를 용서함)의 방법이었다. 赦는 '죄를 용서하다, 용서하다'라는 의미로 쓴다.

|용례| 赦罪사죄 容赦용사 恩赦은사

絲 12획 | 사 | 실, 생사

絲 | 絲 | 絲
갑골1 | 금문1 | 전문1

|해설| 회의. 糸가는 실 멱을 두 개 조합한 모양. 糸은 실 다발의 모양. 『설문해자』(13상)에 "누에가 토하는 것"이라고 한다. '생사'(비단실)를 말한다. 또 비단 이외에 '실'이라는 뜻으로도 쓴다. 양잠은 오래전부터 했는데 蠶示잠시(누에의 신)에게 제사 지내는 일이 갑골문에 기록되어 있다.

糸

人

|용례| 絲管사관 絲履사리 絲雨사우 絲鞋사혜 製絲제사

詐 12획 | 사 | 속이다, 거짓말하다

금문1 　전문1

|해설| 형성. 성부는 乍사. 乍는 나뭇가지를 세게 구부려 담 등을 만드는 모양으로 인력을 가해서 본래 모양을 변형하는 것을 말한다. 사람의 행위를 가해서 원형을 변경하는 의미의 乍에 言언을 더해, 기도나 약속에서 약속 사항을 변경해 사람을 '속이고, 거짓말하는' 것을 詐라고 한다. 詐欺사기(남을 속여 손해를 끼침)의 詐는 사실을 구부려 사람을 속이는 것, 欺기는 사각의 큰 가면을 얼굴에 쓰고 사람을 속이는 것을 말한다.

|용례| 詐僞사위 詐取사취 詐稱사칭

詞 12획 | 사 | 말

전문1

|해설| 형성. 성부는 司사. 司는 ㅂ재(신에게 바치는 기도문인 축문을 넣는 그릇의 모양)를 다루는 것을 표시하는 모양. 詞는 아마 그 기도문을 표시할 것이다. 『楚辭』「離騷」에 "重華중화(殷은의 조상신 舜순)에 대하여 (舜에게 제사하는 九嶷山구의산에 가서) 詞를 말하리라"라는 구절이 있는데, 신에게 하는 말, 기도하는 말을 詞라고 한다. '기도하는 말, 말'이라는 뜻으로 쓰는데 후에 널리 시나 글이라는 뜻으

456　　　　　　　　　　　　　　　　　　　　　　　　　　　　상용자해

로도 쓴다.

| 용례 | 歌詞가사 詞章사장 祝詞축사

嗣 13획 | 사 | 잇다, 상속인

금문1 　금문2 　전문1

| 해설 | 회의. 口와 冊책과 司사를 조합한 모양. 口는 ㅂ축문 그릇 재이고 신에게 바치는 기도문인 축문을 넣는 그릇의 모양. 옛 자형에는 冊과 司를 조합한 모양(금문1)이 있다. 冊은 희생 동물을 기르는 우리의 문 모양이다. 司에는 신의 일을 맡는다는 의미가 있다. 금문에는 지위를 잇는다는 의미로 司를 사용하는 예가 있다. 지위를 잇는 의례를 행할 때 희생을 바치는 일이 있었으므로 司에 冊을 더하고, 축문을 외치며 의례를 주관하기 위해 ㅂ를 더했을 것이다. 嗣는 '지위를 잇다, 뒤를 잇다'라는 뜻 외에도 '후계자, 상속인'이라는 뜻으로 쓴다.

| 용례 | 嗣續사속 嗣位사위 嗣子사자 後嗣후사

飼 14획 | 사 | 먹이다, 기르다

| 해설 | 형성. 성부는 司사. 금문에는 飤먹일 사로 쓰는 글자가 있고, 음식의 食식(먹다)이라는 뜻으로 쓴다. 飼는 아마 飤사의 형성자일 것이다. '먹이다, 기르다, 양식'이라는 뜻으로 쓰는 飼는 오래된 용례가 없고 당송 시대(7~13세기) 이후에 와서 보이는 글자이다.

| 용례 | 飼料사료 飼養사양 飼育사육

寫 15획 | 사 | 베끼다, 벗다, 쏟다

전문1

|해설| 회의. 宀변과 舃신 석을 조합한 모양. 宀은 조상에게 제사 지내는 사당의 지붕 모양으로 사당을 말한다. 舃은 장식이 있는 수를 놓은 의례용 신이다. 寫는 사당 안에서는 의례용 신으로 바꿔 신으므로 이전의 신을 벗고 갈아 신는다는 뜻이 되었다. 그래서 또 옮긴다는 뜻이 되는데 물건을 바꾸어 옮기는 데서 '베끼다'라는 뜻으로 쓴다. 潟갯벌 석은 조수가 밀려 나간 지형을 말하고 역시 '옮기다, 없애다'라는 뜻이 있다.

|용례| 寫實사실 寫眞사진 映寫영사

賜 15획 | 사 | 내리다

갑골1 | 갑골2 | 갑골3 | 금문1 | 금문2 | 전문1

|해설| 형성. 성부는 易사. 易는 賜의 본래 글자이고 그 모양은 우측에 작은 손잡이가 달린 爵작(술그릇)의 注口주구(귀때)로 술잔에 술을 따르는 모양이다. 따라지는 술까지 그려져 있다. 爵을 든 두손이 더해진 자형(갑골1)도 있다. 이 모양을 생략한 자형(갑골3과 금문2. 爵의 손잡이와 注口와 따라지는 술)이 易이다. 이 易는 貿易무역의 易역과는 별개의 글자이고 이 易는 술을 '내리다'라는 뜻이다. 후에 술 이외의 품물도 '내리다'라는 데서 貝패를 더하여 賜가 되었다. 또 錫주석 석을 '내리다'라는 뜻으로 쓰는 경우가 있다. 후에 '죽음을

상용자해

賜하다'(자살을 명하다)와 같은 표현도 있다.

|용례| 賜杯사배 賜與사여 賜宴사연 賜酒사주 下賜하사

謝 17획 | 사 | 사례하다, 사죄하다, 사과하다

전문1

|해설| 형성. 성부는 射사. 『설문해자』(3상)에 "辭去사거하는 것", 즉 이별의 말을 하고 물러나는 것을 말한다. 또 辭去라는 뜻에서 代謝대사(변천함)라고 써서 변천, 간다는 뜻이 되고, 謝世사세(죽음)라고 한다. 사례라는 뜻으로 써서 感謝감사, 謝禮사례, 謝辭사사라고 하고, 사과라는 뜻으로 써서 謝罪사죄, 陳謝진사라고 한다. '가다, 죽다, 예를 말하다, 사죄하다, 사과하다'라는 뜻으로 쓴다.

辭 19획 | 사 | 풀다, 말, 거절하다, 그만두다

금문1   금문2   전문1

|해설| 회의. 𤔲란과 辛신을 조합한 모양. 𤔲은 실타래의 아래위에 손을 더해 실이 흐트러진 것을 풀려는 모양이고, 辛은 손잡이가 달린 큰 바늘이다. 흩어진 실을 바늘로 풀어가는 것을 辭라고 한다. 그래서 辭는 '푼다'는 뜻이 되고, 옛날에 재판 용어로서 사용되었고 범죄를 저질렀다는 혐의를 해명하는 것을 辭라고 하기도 하고, 그 해명하는 말도 辭라고 한다. 후에 일반적으로 '말'이라는 뜻이 되고, 또 '거절하다, 그만두다'라는 뜻으로 써서 辭讓사양, 辭退사

퇴라고 한다.

|용례| 辭去사거 辭書사서 辭任사임 辭典사전 辭職사직 式辭식사

削 9획 | 삭 | 깎다, 해치다

전문1

|해설| 회의. 肖초와 刀도(刂)를 조합한 모양. 肖는 작은 살이 뼈에 붙은 모양, 또는 腱힘줄 밑동 건 부분이 붙은 살의 모양일지도 모른다. 削은 여기에 칼을 더한 모양으로 살을 도려낸다는 의미를 표시하여, '깎다, 해치다'라는 뜻이 된다. 후에 鞘칼집 초와 통용하여 칼집이라는 뜻으로 쓰는 경우가 있다.

|용례| 削減삭감 削除삭제 添削첨삭

索 10획 | 삭, 색 | 새끼, 찾다

전문1

|해설| 상형. 새끼를 꼬는 모양. 상부를 나무를 꿰어서 묶고, 그곳에서부터 꼬기 시작해서 밧줄 모양으로 엮어나가는 것이다. 그래서 '새끼, 새끼를 꼬다'라는 뜻이 된다. 새끼를 꼬듯이 점점 더듬어 물건을 찾는 것이므로 '찾다'라는 뜻이 되고 곧 끝이 나므로 '끝나다, 헛되다'라는 뜻이 된다.

|용례| 摸索모색 摸索모색 思索사색 索莫삭막 索漠삭막 索引색인

山 3획 | 산 | 뫼

| 갑골1 | 갑골2 | 금문1 | 전문1 |

|해설| 상형. 높은 산이 연달아 있는 모양. 중국의 산은 화산 활동보다는 지각 변동이나 물의 침식에 의해 생긴 것이 많아서, 산이 연달아 있는 모양으로 만들어져 있다. 화산 폭발로 생긴 후지산처럼 하나의 높은 봉우리 모양이 아니다. 산의 아름다운 모습은 주봉이 있고 그 좌우에 산이 연달아 있는 모양으로 그것이 산이라는 글자가 되었다.

|용례| 登山등산 山脈산맥 山水산수 山容산용 山河산하

産 11획 | 산 | 낳다, 태어나다

| 금문1 | 전문1 |

|해설| 회의. 文문과 厂한과 生생을 조합한 모양. 厂은 이마의 모양. 文은 문신(入墨입묵)으로 일시적으로 朱주나 墨묵으로 그린 입묵. 태어난 아이의 이마에 문신을 하는 의례를 産이라고 한다. 그래서 産은 '낳다, 태어나다'라는 뜻이 된다. 태어난 아이에게는 이미 靈령이 깃들어 있고, 나쁜 靈이 들어오면 안 된다는 의미에서 이마에 × 표를 그린다. 일본에도 아기의 이마에 ×나 犬견 자를 검댕이나 연지로 그리는 습속이 있었다. 産은 태어났을 때의 生子생자 儀禮의례를 표시하고 이 의례에 의해 태어난 아이의 靈이 지켜지는 것이다. 産은 아이를 낳는다는 뜻에서 사물을 낳는다, 만든다는 뜻으로도

쓴다.

|용례| 産物산물 産業산업 産出산출 産湯산탕 産婆산파 生産생산

 12획 | 산 | 우산, 양산

|해설| 상형. 우산을 펼친 모양. 중국에서 도래
한 것이기 때문에 '唐傘당산'이라고 한다. 햇볕
을 차단하는 傘은 日傘일산이라고 한다. 많은
사람이 몸을 기댈 수 있을 정도로 傘이 커서
그 세력 밑에 보호받기 위해 모이는 것을 傘

傘

下산하라고 한다. 繖산은 비단 일산. 본래 의례용 傘으로 귀인이 사
용했는데 지금은 사원 등의 행사에 사용되는 경우가 많다.

散 12획 | 산 | 흩다, 흩어지다

| 금문1 | 금문2 | 전문1 |

|해설| 회의. 昔석과 攴복(攵)을 조합한 모양. 攴에는 친다는 의미가
있다. 昔은 힘줄이 있는 고기로 딱딱하기 때문에 이것을 쳐서 부드
럽게 하는 것을 散이라 하여, '흩다, 흩어지다, 떨어지다, 어지러워
지다'라는 뜻이 된다. 흩어진 고기는 맛이 좋지 않기 때문에, 일반
적으로 무가치한 것, 쓸모없는 것을 散이라고 한다.

|용례| 飛散비산 散亂산란 散文산문 散人산인 散財산재

算 14획 | 산 | 세다, 계략

전문1

|해설| 회의. 竹죽과 具구를 조합한 모양. 竹으로 算木산목(계산 용구)
을 만들어 그것을 늘어놓아 수를 세는 것을 算이라고 한다. 算은
'세다'라는 뜻이 되고, 계산한다는 데서 '계략'이라는 뜻이 된다. 具
는 본래 鼎정(본래 음식을 익히는 청동기인데 제기로 쓴다)을 두 손으로
잡고 祭器제기로 바친다는 의미인데, 후에 기구라는 뜻이 되어, 여
기에는 그 의미로 쓴다. 따로 竹과 弄롱을 조합한 筭산이라는 글자
가 있는데 算木이라는 뜻으로 쓴다.

|용례| 槪算개산 計算계산 算數산수 算術산술

酸 14획 | 산 | 초, 시다, 괴롭다

전문1

|해설| 형성. 성부는 夋준.『설문해자』(14하)에 "酢초 초"라고 하여, 초
의 '신' 맛을 말한다. 독한 맛이기 때문에 酸寒산한(극히 가난함), 酸
苦산고(쓰라린 괴로움)라고 쓴다. 미각 외에도 정도를 넘은 심한 고통
을 말하여, '괴롭다, 쓰라리다, 구차하다'는 뜻으로 쓴다. 酸은 음식
五味의 하나인데 酸 외에 苦쓸 고, 甘달 감, 辛매울 신도 그 의미를 사
람이 감정으로 옮겨서 쓰인다.

|용례| 酸味산미 辛酸신산

人

殺 11획 | 살, 쇄 | 죽이다, 줄이다

갑골1 　 금문1 　 금문2 　 전문1

|해설| 회의. 希틸 긴 짐승 이(앙화)를 만드는 짐승의 모양(왼쪽 절반의 모양)과 殳창 수를 조합한 모양. 殳는 지팡이처럼 긴 창. 앙화를 일으키는 짐승을 창으로 쳐서 죽이는 모양으로, 이것으로써 앙화를 줄이고 무효로 하는 행위를 殺이라 하여, 減殺감쇄(줄임)가 본래 의미이다. 希의 작은 점은 앙화를 가져오는 짐승의 귀 모양이다. 갑골문과 금문은 그 짐승의 모양만을 그리고 있는데, 후에 蔡채(죽이다)자에도 보이는 용법이다(殺과 蔡는 금문에서는 동형으로 본래 같은 자이다.—옮긴이). 殺은 '죽이다'라는 뜻으로도 썼다.

|용례| 毒殺독살 殺戮살륙 殺生살생 殺人살인 殺害살해 相殺상쇄

三 3획 | 삼 | 셋, 세 번

갑골1 　 금문1 　 금문2 　 전문1

|해설| 지사. 수를 헤아릴 때 사용하는 算木산목을 세 개 겹친 모양. 숫자 '셋'을 말한다. 갑골문에서는 하나에서 넷까지 수를 이 형식으로 나타낸다. 三이라는 수는 參삼으로도 표시되듯이 세 개의 비녀를 가운데로 모아 머리에 꽂는 모양의 글자와 같아서, 參集참집(모임)이라는 뜻이 있다. 『설문해자』에 一일은 하늘의 수, 二이는 땅의 수, 三에서 天地人천지인의 道도가 갖춰진다고 한다. 三은 天地人의 수로서 聖數성수라고 하여 그 名數명수(동류의 뛰어난 것을 3, 5, 7 등

　상용자해

의 수를 붙여 정리해 부르는 방식)의 수는 천 수백이나 된다고 한다.

|용례| 三光삼광 三代삼대 三筆삼필

杉 7획 | 삼 | 삼나무

|해설| 형성. 성부는 彡삼. '삼나무'를 말한다. 본래 글자는 櫼삼인데 거의 용례가 없는 글자이다. 唐代당대 杜甫두보의 「古跡고적을 詠懷영회하다」라는 시에 "古廟고묘의 杉松삼송에 水鶴수학이 巢소하다"(유비에게 제사 지내는 사당의 삼나무 소나무에 황새가 집을 짓네)라는 구절이 있는데, 사당이나 사원에는 삼나무가 많다.

森 12획 | 삼 | 숲, 우거지다

갑골1 | 갑골2 | 전문1

|해설| 회의. 木목을 세 개 조합한 모양. 木을 세 개 조합하여 '숲, 무성하다'라는 뜻이 된다. 林림은 사람이 생활하는 장소에 가까운 나무숲인데, 森은 나무들이 깊이 우거진 곳, 사람이 들어가지 않은 나무의 바다, 원시림이었다. 森은 신이 사는 곳으로 여겨졌고 社사도 옛날에는 '숲'이라고 읽었다. 그래서 신의 기척을 느낄 듯한 엄숙한 모습을 森嚴삼엄이라고 한다.

|용례| 森林삼림 森立삼립 森森삼삼

插 12획 | 삽 | 꽂다, 끼워 넣다

전문1

|해설| 형성. 성부는 臿가래 삽. 臿은 가래를 땅에 꽂아 넣은 모양. 손에 가래를 들고 땅속에 초목을 심는 것을 插이라 하고, '꽂다, 끼워넣다'라는 뜻으로 쓴다. 『설문해자』(12상)에 "찔러서 들어가는 것"이라고 하여 깊이 심는 뜻이라고 한다.

|용례| 插秧삽앙 插入삽입 插花삽화

澁 15획 | 삽 | 꺼리다, 떫다

전문1

|해설| 회의. 본래 글자는 歰삽으로 쓰고 양발이 앞뒤로 서로 마주 보는 모양. 止지는 발자국의 모양으로 발을 뜻한다. 刃인은 止를 거꾸로 한 모양. 歰은 발이 나란히 마주 보면서 앞으로 나갈 수가 없어서 澁滯삽체(정체되어 나가지 못함, 꺼림)라는 뜻이 된다. 澁은 물 때문에 나가기 어려운 것을 말한다. '꺼리다'라는 뜻을 맛으로 옮겨서 목구멍을 넘어가기 어려울 것 같은 '떫은' 맛이라는 뜻으로도 쓴다.

|용례| 苦澁고삽 難澁난삽

上

3획 | 상 | 위, 임금, 들다, 오르다, 받들다, 존중하다

二	二	丄	丄	上
갑골1	금문1	금문2	고문1	전문1

|해설| 지사. 손바닥 위에 지시하는 점을 찍어서 손바닥 위를 표시하여 '위'라는 뜻을 나타낸다. 下하는 손바닥을 뒤집어 그 아래에 지시하는 점을 찍어서 손바닥 아래를 표시한다. 후에 지시하는 점은 세로 선이 되어서 丄, ⊤의 모양이 되고, 또 그 옆에 점을 더하여 上, 下의 모양이 되었다. 손바닥 위라는 뜻에서 모든 것의 '위, 위쪽'이라는 뜻이 되고 위로 '들다, 오르다'라는 뜻이 된다. 장소로는 '위', 시간으로는 '처음, 옛날'이라는 뜻이 되고 인간관계에서는 '윗사람, 받들다, 존중하다, 뛰어나다'라는 뜻이 된다.

|용례| 上古상고 上達상달 上方상방 上意상의 上人상인 海上해상

床

7획 | 상 | 침대, 상

|해설| 형성. 본래 글자는 牀이고 성부는 爿장. 爿은 침대라는 뜻으로 쓰이는 일은 없지만 침대의 모양이다. 『玉篇』은 床을 牀의 속자라고 하는데, 글자의 용례는 唐代당대 이후에 보인다. 劉知幾유지기(7~8세기)의 『史通』「斷限」에 "床上施床상상시상"(침대 위에 침대를 편다)이라는 속담이 있는데, '屋上架屋옥상가옥'(쓸데없는 일을 반복한다는 비유)이라는 말과 같다. 床은 침대라는 뜻이다.

|용례| 起床기상 病床병상

尙 8획 | 상 | 숭상하다, 아직

尙	**尙**	**尙**
금문1	금문2	전문1

|해설| 회의. 向향과 八팔을 조합한 모양. 向은 창문으로 비쳐드는 그 빛이 비치는 곳에 ㅂ재(신에게 바치는 기도문인 축문을 넣는 그릇의 모양)를 바쳐 신에게 제사를 지내는 것을 말한다. 그러면 그곳에 신의 기미가 희미하게 나타나는 것을 尙이라 한다. 八은 신의 기미가 나타나 감도는 것을 표시한다. 신에게 기원하여 신의 기미가 나타나 신이 빙의한 상태를 惝怳상황이라 한다. 惝怳의 상태에서 '숭상하다, 높다'라는 의미가 되고, '아직'이라는 뜻으로도 쓴다.

|용례| 高尙고상 尙古상고 尙早상조 尙齒상치

狀 8획 | 상, 장 | 모양

狀
전문1

|해설| 형성. 성부는 爿장. 이 글자에서 爿은 版築판축(기단, 성벽 등의 건축법으로 판자와 판자 사이에 넣은 흙을 다져가는 방법)에 사용하는 판자의 모양. 『설문해자』(10상)는 "개의 모양"이라고 하지만, 개를 희생으로 쓰는 것을 의미할 것이다. 판축할 때 희생으로 개를 바쳐 건축물의 규모나 상황을 정한 것으로 보이는데 현재 상황이나 장래 예상을 의미하는 말이 되어, '모양, 상태'라는 뜻이 된다. 狀貌상모(얼굴의 모습)처럼 사람의 모습이라는 뜻으로도 쓴다. 또 '문서, 표'라는 뜻으로도 쓴다.

|용례| 白狀백상 賞狀상장 狀態상태 狀況상황 情狀정상 現狀현상

峠 9획 | 상 | 고개

|해설| 일본 한자. 산길 꼭대기까지 올라간 곳에서 내려가는 분기의 곳을 '고개'라고 한다. 그곳은 신이 있는 곳으로서 道祖神도조신(외래의 역병이나 악령을 막는 신. 여행의 안전을 지키는 신)에게 제사하고, 공물을 바쳤다. 기세가 가장 성한 시기를 지나서 쇠퇴하기 시작하는 것을 고개를 넘는다고 말한다. 峠과 같은 방식으로 만들어진 일본 한자로 裃한 벌옷 롱이 있다. (裃은 일본어로 かみしも가미시모로 읽는 에도 시대 무사의 예복인데, 상의(かたぎぬ가타기누)와 하의(はかま하카마)가 같은 색의 옷이다. ─ 옮긴이)

相 9획 | 상 | 서로, 보다, 돕다, 모양

갑골1 | 금문1 | 전문1

|해설| 회의. 木목과 目목을 조합한 모양. 相은 나무를 눈으로 '본다'는 뜻이다. 무성하게 우거진 나무의 모습을 보는 것은 수목의 왕성한 생명력을 그것을 보는 사람에게 주고, 보는 사람의 생명력을 도와서 왕성하게 하므로, '돕는다'는 뜻이 된다. 돕는다는 것은 수목의 생명력과 사람의 생명력 사이에 관계가 생기는 것이기 때문에 '서로 하다, 서로'라는 뜻이 된다. 또 '모습, 모양'이라는 뜻으로도 쓴다. 보는 것은 사람의 생명력을 왕성하게 한다는 振魂진혼의 힘이 있다고 여겼던 것이다. 그래서 『詩經』「衛風/淇奧」의 "저 淇기(강 이름) 강가를 보면"이라고 하듯이 무성한 풀을 보는 것도 생명력을 돕는 진혼의 뜻을 갖는 발상이라고 한다. 또 본다고 말하지 않아도

『詩經』「小雅/南山有臺」에 "南山남산에 향부자(臺대. 풀 이름) 있네, 北山북산에 명아주(萊래. 풀 이름) 있네"라고 하듯이 풀이 존재함을 노래하는 것만으로도 진혼의 힘이 있다고 하여, 『詩經』에는 그러한 발상법이 많이 보인다. 일본의 『만요슈』(萬葉集)에도 "보아도 질리지 않고" "보아도 질리지 않는구나" "… 보인다" 같은 형식의 노래가 많은데 모두 이와 같은 진혼의 관념이다. 그러한 마음으로 생각하는 것을 想이라고 한다.

|용례| 相當상당 相思상사 相愛상애 異相이상 人相인상 眞相진상

商 10획 | 상 | 장사하다, 헤아리다

갑골1　갑골2　금문1　금문2　전문1

|해설| 회의. 辛신과 冂과 口를 조합한 모양. 辛은 손잡이가 달린 큰 바늘인데, 죄인에게 형벌로 입묵할 때 사용하는 침이다. 冂은 바늘을 세워놓는 臺座대좌의 모양이다. 口는 ㅂ축문 그릇 재로, 신에게 바치는 기도문인 축문을 넣는 그릇의 모양이다. 辛은 그 형벌권을 표시하기 위한 상징적인 큰 바늘이고 이것을 대좌에 세워 축문 그릇을 앞에 두고 기도하는 것을 표시하여, 신의 뜻을 묻는다는 의미가 되는데, 신의 뜻을 '헤아리다'가 본래의 뜻이다. 또 商은 殷은 왕조의 정식 국호인데 그 수도를 갑골문에 "大邑商대읍상"이라고 한다. 殷은 다음의 周주 왕조가 商을 경멸의 뜻을 담아서 부른 이름이다. '장사하다, 상업'이라는 뜻은 본래 상을 받는 것, 보상하는 것과 관계가 있고, 代償대상으로서 상을 준다는 행위와 관계가 있다.

상으로 주어진 것에서, 아마 갚음으로서의 **報賞**변상이라는 행위가
후에 거래와 같은 관계로 이해되면서 상행위라는 뜻으로 쓰이게
되었을 것이다.

|용례| **通商**통상

桑 10획 | 상 | 뽕, 뽕나무

전문1

|해설| 상형. 뽕잎이 우거진 모양. **叒**약은 뽕잎의 모
양. 뽕잎이 우거진 모양이 **桑**이고 '뽕, 뽕나무'라는
뜻이 된다. 양잠은 은대부터 이미 행해졌고 갑골문
에는 도판처럼 뽕잎 위에 누에를 그린 글자가 있고,

蠶示잠시(누에의 신)에게 제사하는 것도 보인다. 뽕을 따는 여자의
이야기는 문학에 자주 등장하는 소재이다.

|용례| **扶桑**부상 **桑園**상원 **桑田**상전

常 11획 | 상 | 항상, 법칙, 일찍이

금문1   전문1

|해설| 형성. 성부는 **尙**상. 『설문해자』(7하)에 "**下帬**하군"이라고 한
다. **帬**은 **裙**치마 군으로, 치맛자락을 말한다. 금문에서는 "반드시 항
상(尙) 저 읍에 있게 하라"는 말처럼 **尙**을 **常**(항상)이라는 뜻으로
쓴다. **尙**에 **巾**건(띠에서 늘어뜨린 옷)을 더해 **常**이 되었고, **衣裳**의상

의 裳(치맛자락)이라는 뜻이 되었다. 치맛자락의 길이는 일정하므로 '항상, 고정, 법칙'이라는 뜻이 되고, 시간으로 옮겨서 '늘, 평소'라는 뜻이 된다. 嘗상과 통용하여 '일찍이'라는 뜻으로도 쓴다.

|용례| 常軌상궤 常道상도 常備상비 常用상용 日常일상 通常통상

爽 11획 | 상 | 뚜렷하다, 시원하다

금문1　전문1

|해설| 회의. 大대와 㸚리를 조합한 모양. 大는 손발을 벌리고 선 사람을 정면에서 본 모양이고 㸚는 가슴에 그린 문신(입묵)의 모양이다. 문신은 통과 의례로 그린 것이므로 주홍색으로 일시적으로 그리는 繪身회신이라는 방법을 따랐다. 여성을 매장할 때 외부에서 邪靈사령이 빙의하는 것을 막기 위해 시신의 가슴에 㸚 모양의 문신을 주홍색으로 그린 모양이 爽인데, 문신이 아름다운 것을 말하고, '뚜렷하다, 아름답다, 산뜻하다'는 뜻으로 쓴다. 爽의 상반부 모양이 爾아름다울 이이다. 여성의 좌우 유방 부분에 呪飾주식(주술의 장식)으로서 문신을 주홍색으로 그린 모양이 奭뚜렷할 석이다.

|용례| 颯爽삽상 爽然상연 爽快상쾌

祥 11획 | 상 | 복, 증거

금문1　전문1

|해설| 형성. 성부는 羊양. 羊에 庠학교 상, 詳자세할 상의 음이 있다. 羊

　　　　　　　　　상용자해

은 양을 써서 재판하는 羊神判양신판에 사용되어, 신에게 바치는
희생으로서도 존중되었고, 義의, 善선은 모두 羊을 글자의 요소로
삼는다. 그래서 羊으로 점을 쳐서 얻은 결과를 祥이라고 했을 것이
다. '복, 경사스럽다'는 뜻이 된다. 후에 미리 길흉을 생각하는 것을
祥이라 하여, '증거, 표시'라는 뜻이 된다.

|용례| 吉祥길상 發祥발상 祥瑞상서 祥雲상운 瑞祥서상

喪 12획 | 상 | 죽다, 상복, 잃다, 멸망시키다

금문1　　금문2　　전문1

|해설| 회의. 哭곡과 亡망을 조합한 모양. 哭은 吅훤과 犬견을 조합
한 모양이고, 吅은 ㅂ제(신에게 바치는 기도문인 축문을 넣는 그릇)를
두 개 늘어놓은 모양이고, 犬은 희생으로서 바쳐진 개. 亡은 손발
을 구부린 죽은 사람의 모양. 葬儀장의에 임하여 ㅂ를 늘어놓고 희
생의 개를 바치고 흐느끼며 애도하는 것을 喪이라고 하여, '죽다,
상복, 상복을 입다'라는 뜻이 된다. 금문의 『卯殷』에 "네 아버지가
사망하였을 때 내 집의 窣(朱주. 朱는 수은과 황의 화합물인 朱砂주사
를 원료로 만드는 붉은색 물감. 그 불변의 성질 때문에 神事신사에 사용된
다.—옮긴이)를 가지고 喪(葬)하게 하였다"라 하여, 喪을 葬장사 지
낼 장이라는 뜻으로 쓴다. 갑골문에는 "衆중을 잃을까(喪)", "師사(軍
군)를 잃을까(喪)"라고 점을 치는 예가 많다. '잃다, 망하다, 멸망시키
다'라는 뜻으로도 쓴다.

|용례| 喪失상실 喪主상주

象 12획 | 상 | 코끼리, 모양

갑골1　갑골2　금문1　전문1

|해설| 상형. 코끼리의 모양. 갑골문에 "코끼리를 잡을 것인가"라고 점을 치는 말도 있고, 또 "宮궁을 만들다"라는 말도 있는데, 殷은 시대에는 그 영역 내에서도 코끼리를 포획해서 토목 공사에 사역하였던 것 같다. 코끼리의 코끝에 손(手수)을 더한 모양이 爲위이고, 코끼리를 사역한다는 뜻이다. 5~6세기 무렵에는 장강 北岸북안에도 아직 코끼리가 서식하고 있었다. '코끼리' 외에 像상, 樣양과 통용하여 '모양, 상태'라는 뜻으로도 쓴다.

코끼리의 도상

|용례| 對象대상 象牙상아 印象인상

傷 13획 | 상 | 상처, 아프다

전문1

|해설| 형성. 성부는 昜상. 昜은 昜볕 양의 위를 가린 모양. 昜은 받침대(一일) 위에 올려놓은 玉옥(日일) 빛이 아래쪽으로 뻗쳐나가는 모양이다. 昜은 靈령의 힘을 가진 玉으로 사람의 精氣정기를 왕성하게 하고 풍요롭게 하는 振魂진혼의 呪儀주의를 표시한다. 이것을 위에서 가려서 그 주의를 방해하는 것을 昜이라 하고 사람의 정기가 쇠하고 손상되는 것을 말한다. 昜을 사람에게 파급해서 사람이 방해되는 것, 손상되는 것을 傷이라 한다. 『설문해자』(8상)에 "創창"이

474　　　　　　　　　　　　　　　　　　　　　　　상용자해

라 하여 槍에 의한 상처라고 하는데, 傷은 신체의 '상처'만이 아니라 마음의 '상처', 마음이 '상처 입다'라는 의미도 된다. '마음이 아프다, 아프다, 슬프다'라는 의미로 쓴다.

|용례| 感傷감상 負傷부상 傷心상심 傷悴상췌 傷害상해 傷魂상혼

想

想 13획 | 상 | 생각하다

想
전문1

|해설| 형성. 성부는 相상. 相은 무성하게 우거진 나무의 모습을 봄으로써 보는 사람의 생명력을 왕성하게 하는 振魂진혼의 의례를 말한다. 이것을 타인에게 파급해서 '생각하는' 것을 想이라고 한다. 그래서 멀리 생각을 달린다, 생각이 미친다는 뜻이 있고, 想像상상(실제로 경험한 적이 없는 일을 머릿속에 생각해 그림, 생각해 떠올림)이라고 한다. 후에 想念상념, 思想사상(마음에 떠오르는 생각)이라는 뜻이 된다. '생각하다'라고 뜻을 새기는 글자는 思사, 想상, 懷회, 念념, 顧고, 意의, 惟유 등 많은데 상용한자로 '생각하다'라는 훈이 있는 것은 思 한 글자뿐이다.

|용례| 想見상견 愛想애상 回想회상

詳

詳 13획 | 상 | 자세하다

詳
전문1

|해설| 형성. 성부는 羊양. 羊에 庠학교 상, 祥복 상의 음이 있다. 『설문

해자』(3상)에 "자세하게 헤아리는 것"이라고 하여 '자세하다, 자상하다'는 뜻으로 풀이한다. 羊은 羊神判양신판(분쟁하는 당사자가 각각 양을 제출하고 행하는 재판)에 쓰는 동물이고, 심리를 할 때 당사자의 주장을 충분히 듣고 조사하는 것을 詳이라고 말할 것이다.

|용례| 未詳미상 詳錄상록 詳報상보 詳說상설 詳細상세 詳言상언

像 14획 | 상 | 모양

전문1

|해설| 형성. 성부는 象상. 『설문해자』(8상)에 "닮다"라 하고, 또 "養양자의 養처럼 읽는다"고 하므로, 養의 음이 있다. 養이 본래의 음일 것이다. 養은 樣모양 양과 동음이므로 像은 '모양(형식. 모형. 모범), 형태, 모습'이라는 뜻이 된다.

|용례| 木像목상 像型상형

箱 15획 | 상 | 상자

전문1

|해설| 형성. 성부는 相상. 『설문해자』(5상)에 "大車대거의 牝服빈복"이라고 하여 수레 위에 화물을 두는 상자를 의미한다고 한다. 후에 나무나 竹죽으로 만든 덮개가 있는 '상자'를 말한다. 서화, 공예품 등이 진짜라는 것을 증명하기 위해 상자의 덮개에 작자나 감정가 등이 서명, 압인한 것을 箱書상서라고 한다.

賞

 15획 | 상 | 상 주다, 기리다

 갑골1   금문1 금문2   전문1   전문2

|해설| 형성. 성부는 尙상. 본래 글자는 商상, 또는 商 아래 貝패를 더한 賞상으로 성부는 商이었다. 賞은 賞與상여(상으로 주어진 금전, 물품)로서 貝貨패화(조개 화폐)를 주는 것으로, '주다'라는 뜻이 된다. 후에 賠償배상(보상함)한다는 뜻을 포함하게 되었다. 금문에는 상으로 줄 때 "貝를 商하다"라고 한다. 조개를 더하여 賞이 되고 또 賞이 되었다. 후에 '褒賞포상(칭찬함), 칭찬하다'라는 뜻으로 쓴다.

|용례| 激賞격상 賞罰상벌 賞賜상사 賞譽상예 受賞수상 恩賞은상

償

 17획 | 상 | 보상하다

 금문1   전문1

|해설| 형성. 성부는 賞상. 賞은 성부가 尙상인 글자인데 본래 글자는 商상, 또는 賞상으로 쓰고, 준다는 뜻으로 쓴다. 그래서 商을 금문의 "貝패를 商하다"라는 말처럼 준다는 뜻으로 쓰는 것이 있고, 후에 貝를 더해 賞 자가 되고, 또 賞 자가 되었다. 賞이 '보상하다, 보답하다'라는 뜻으로 쓰일 때는 償이라 하고, 『설문해자』(8상)에는 "돌려주는 것(還환)"이라고 한다. 손실을 償還상환하고 補償보상한다는 뜻이다.

|용례| 代償대상 無償무상 償却상각

霜 17획 | 상 | 서리

霜
전문1

| 해설 | 형성. 성부는 相상. 『詩經』 「秦風/蒹葭」에 "白露백로(이슬), 서리(霜)가 되다", 즉 이슬이 얼어서 서리가 된다고 한다. 갑골문에는 霜柱상주(서릿발. 땅속의 수분이 얼어서 지표면에 모여 생긴 가느다란 얼음기둥)로 짐작되는 모양의 글자가 있는데, 아직 불확실하다. 霜은 백색이므로 서리가 내린 듯이 하얗게 센 귀밑털을 霜鬢상빈, 하얗고 날카로운 날을 霜刃상인이라 하고, 서리로 인한 농작물이나 수목의 피해를 霜害상해라고 한다.

塞 13획 | 새, 색 | 막다, 요새

전문1

| 해설 | 회의. 정자는 𡪄색과 土토를 조합한 모양. 𡪄은 건물(宀면은 건물의 지붕 모양) 내부에 두 손(廾공은 좌우의 손을 늘어놓은 모양)으로 呪具주구인 工공을 𠀎전의 형태로 중복한 모양으로, 邪靈사령 등을 여기에 봉쇄하는 것을 말한다. 土는 土主토주(토지신). 도로나 변경의 요지에 𡪄을 설치하여 토지신에게 제사를 지내고 사령이나 異族神이족신의 통행을 막는 것을 塞라고 하여, '막다, 멈추다, 잠그다, 요새'라는 뜻으로 쓴다. 동사 '막다'일 때는 '색', 명사 '요새'일 때는 '새'로 읽는다.

| 용례 | 邊塞변새 塞北새북 塞外새외 要塞요새 閉塞폐색

璽 19획 | 새 | 도장

전문1 | 전문2

|해설| 형성. 성부는 爾이. '도장'(印인), 특히 옥새(天子천자의 도장)를 말한다. 『설문해자』(13하)에 "왕자의 도장(印)이다. 이것으로써 땅을 관리한다"라고 하는데, 도장(印)은 옥질에 문자를 새긴 것으로 옥에 따르는 璽가 옳다. 옛날 銅印동인 등은 주조한 도장이었다. 璽印새인에는 손잡이가 있고 여기에 끈(綬)을 꿰어 띠게 하였는데 이를 璽綬새수(천자의 도장과 끈목)라 한다.

天皇 御璽
天平感寶 元年(749年)

|용례| 璽書새서 御璽어새

色 6획 | 색 | 색

전문1

|해설| 회의. 人인과 卩절을 조합한 모양. 卩은 무릎 꿇은 사람의 모양이기 때문에, 사람의 뒤에서 또 사람이 타는 모양으로, 사람이 서로 교접하는 것을 말한다. 짐승 위에 사람이 타는 모양은 犯범이다. 色은 사람이 교접할 때 같은 감정이 고양되는 의미로 써서, 놀라는 모습을 色斯색사·色然색연, 불끈 화난 표정이 되는 것을 '氣色기색을 띠다'라고 말한다. 고양된 감정은 표정이나 안색에 나타나므로 顔色안색이라는 뜻이 되고, 色候색후(안색에 나타나는 병상)라고

말한다. '안색'이라는 뜻에서 '윤기, 반들반들함, 색채, 색, 온화' 등의 뜻으로 쓴다. 赤적과 白백의 '색'은 염료를 대개 풀에서 얻었으므로 옛날에는 采채라 하였고, 합쳐서 色彩색채라 한다.

|용례| 色慾색욕 色情색정 色調색조 容色용색 彩色채색 血色혈색

生 5획 | 생 | 태어나다, 자라다, 살다, 생명

| 금문1 | 금문2 | 전문1 |

|해설| 상형. 풀의 새싹이 트는 모양. 싹이 터서 생장하는 것에서 사람이 '태어나다, 자라다, 살다, 생명'이라는 뜻이 되고, 또 사람 이외의 동식물 등에 대해서도 말한다. '자연 그대로, 날것'이라는 뜻으로도 쓴다. 금문에 보이는 "百生백생"은 百姓백성이라는 뜻이고, 生을 일찍부터 '백성, 사람'이라는 뜻으로 쓴다. 금문에는 또 '생명'이라는 뜻으로도 쓴다.

|용례| 生氣생기 生來생래 生靈생령 生滅생멸 生死생사 生水생수

牲 9획 | 생 | 희생

| 갑골1 | 금문1 | 전문1 |

|해설| 형성. 성부는 生생. 제사 때 신에게 바치는 동물의 '犧牲희생'을 말한다. 갑골문의 자형은 왼쪽 부분이 소가 아니라 양으로 되어 있다. 산 채로 바치는 제물로 하는 것이 원칙이고, 바치고 나서 도살했다. 갑골문에 보이는 희생에는 양, 소, 돼지 외에 개와 말이

있고, 개나 말은 특정한 목적을 갖고 쓰였다. 양, 소, 돼지는 바친 뒤에 신성한 먹을거리로서 제사에 참가한 사람들에게 나누어 주었을 것이다.

|용례| 牲牢생뢰 牲殺생살

西 6획 | 서 | 서녘

| 갑골1 | 갑골2 | 금문1 | 금문2 | 전문1 |

|해설| 가차. 갑골문과 금문의 자형은 거칠게 짠 바구니의 모양. 아마 새집(栖깃들일 서)의 모양일 것이다. 『설문해자』(12상)에 "새가 둥지(巢소) 위에 있는 것이다. 상형이다. 해가 서쪽에 있으니 새가 西서한다(둥지에 들어간다). 고로 東西동서의 西가 된다"라고 하여, 西 위에 새가 머리를 내민 모양으로 보는데, 새집의 모양 그 자체라고 보아도 좋다. 나무 위에 둥지가 있고, 둥지에 있는 새끼 머리가 셋이 나란히 보이는 모습이 巢이다. 田 부분이 西의 모양에 해당한다. 西를 방위 이름 '서'라는 뜻으로 쓰는 것은, '거칠게 짠 바구니'라는 뜻과는 무관하게 그 음을 빌린 가차 용법이다.

|용례| 東西동서 北西북서 西部서부 西北서북 西域서역 西風서풍

序 7획 | 서 | 차례

선분1

|해설| 형성. 성부는 予여. 予에 杼북 저, 紓느슨할 서의 음이 있다. 序

는 堂당 앞에 동서로 행랑이 있는 담의 부분으로, 낭하와 같은 가로로 긴 건축물이다. 그곳에서 교습이 이루어졌으므로 庠序상서(학교)라고 한다. 予는 직기에 건 날실을 번갈아 연 사이에 씨실을 통과시켜 베를 짜는 도구인 북(杼)의 모양이다. 순서를 따라서 북을 통하는 데서 '순서, 차례'라는 뜻이 되고 秩序질서라고 쓴다. 또 緒서와 통용하여 '실마리, 처음'이라는 뜻으로도 쓴다.

|용례| 序文서문 序列서열 順序순서

書 10획 | 서 | 쓰다, 글

금문1 금문2 전문1

|해설| 회의. 聿붓 율과 者자를 조합한 모양. 聿은 붓을 손(又우)으로 잡은 모양으로 붓(筆필)을 말한다. 者는 曰왈(신에게 바치는 기도문인 축문을 넣는 그릇인 ㅂ재에 축문이 있는 모양) 위에 나뭇가지를 쌓고 흙을 뿌려서 담장(흙담, 土壘토루)을 만드는 모양으로, 담장을 말한다. 者는 堵담장 도의 본래 글자이다. 옛 시대에는 邑읍(집락) 주위를 담장으로 둘러싸서 외부의 침입을 막고, 담장 안에는 부적처럼 曰을 묻어서 呪禁주금(주술)으로 삼았다. 그 부적에 표시한 신성한 문자를 書라고 한다. 후에 임명의 書 등을 말하고 금문에 "書를 받아 冊命책명(임명)하게 하다"라고 한다. 書는 본래 祭事제사에 쓴 것으로 書를 관장하는 자를 書史서사라 한다. 史사는 본래 제사의 이름을 말하고 그 기록이 史가 된다. 書는 후에 '쓰다, 글, 서책, 문자, 편지'라는 뜻이 되고 書法서법(문자를 쓸 때의 일정한 방법)에 따라 쓴

글자인 書道서도라는 뜻이 된다. 서도는 동양의 특이한 예술 분야이다.

|용례| 古書고서 書契서계 書卷서권 書寫서사 書信서신 書札서찰

徐 10획 | 서 | 천천히, 누굿하다

전문1

|해설| 형성. 성부는 余여. 余에 除없앨 제, 敍차례 서의 음이 있다. 余는 손잡이가 달린 큰 바늘의 모양으로, 환부의 농혈(고름과 피)을 찔러 빼내고 치료하는 데 쓴다. 이로써 아픔이 없어지고 편안해진다. 余는 또 길을 안전하게 하기 위해 흙 속을 찔러서 지하에 숨은 惡靈악령을 없애는 데도 쓴다. 악령을 祓淸불청한 길을 途도라 하고 통행이 편안해지는 것을 徐라 한다. 彳척은 行행의 좌반분이다. 徐는 편안해지는 것에서 '천천히, 누굿하다'라는 뜻이 된다.

|용례| 徐步서보 徐行서행 緩徐완서

庶 11획 | 서 | 많다, 여러, 바라다

금문1   금문2   전문1

|해설| 회의. 广엄과 廿입과 火화를 조합한 모양. 广은 주방의 지붕 모양, 廿은 요리에 사용하는 냄비의 모양, 火는 요리하는 불. 庶는 주방에서 요리하는 모양으로, '삶다'라는 뜻이 된다. 『儀禮』에 의하면 正饌정찬(주가 되는 식사)에 대하여 庶羞서수(여러 가지를 담은 식사)

를 添饌첨찬으로 바친다고 한다. 庶는 냄비로 잡탕을 요리하는 데서 '많다, 여럿'이라는 뜻이 되어, 庶事서사(여러 가지 일), 庶人서인, 庶民서민(일반인들), 庶務서무(여러 가지 사무)라고 말한다. 또 정찬에 비하여 첨찬이라는 데서 庶子서자(정실이 아닌 부인에게서 낳은 자식)라고 말한다. 또 庶幾서기(바라건대)처럼 '바라다'라는 뜻으로도 쓴다. 庶를 '삶다'라는 뜻으로 쓰지 않게 되면서 煮자를 쓰는데, 者는 외부 침입자를 막기 위해 만든 집락을 둘러싼 담장이므로, 불(灬)로 요리하는 것이 아니다. 遮차는 막는다는 뜻으로 쓰는데 막는 작용을 하는 것은 庶가 아니라 者이다. 庶와 者는 음이 가까워서 자형상 양자가 번갈아 쓰이는 잘못을 범하는 드문 예이다.

敍

11획 | 서 | 차례대로 하다, (차례대로) 말하다

갑골1 | 전문1

|해설| 회의. 余여와 攴복을 조합한 모양. 余는 손잡이가 달린 큰 바늘의 모양. 攴은 나뭇가지 모양(卜)의 물건을 손(又우)으로 잡고 때린다는 뜻이다. 敍는 큰 바늘로 찔러서 고름을 빼내어 치료하는 것을 말한다. 그래서 통증이 완화되어 점점 회복하기 때문에 '순서를 밟아서 하다, 순서를 좇아서 말하다, 차례대로 하다'라는 뜻이 되고 敍述서술(순서대로 씀), 敍錄서록(순서대로 기록함)이라고 한다.

|용례| 敍景서경 敍事서사 敍任서임

逝

11획 | 서 | 가다, 죽다

전문1

|해설| 형성. 성부는 折절. 折에 誓맹세할 서의 음이 있다. 『설문해자』 (2하)에 "가다(往왕)"라고 하며, 옛날에는 그 장소에 왕림하는 것을 말했다. 『書經』「大誥」에 "옛날 짐이 갔을(逝) 때", 『詩經』「小雅/小弁」에 "내 어살(어망을 장치한 곳)에 가지(逝) 마오"처럼 옛 용례가 있고, '가다'라는 뜻으로 쓴다. 후에 사람이 '죽다'라는 뜻으로 쓰고 사람 외에 逝水서수(흘러가는 물)라고도 쓴다.

|용례| 急逝급서 逝去서거 永逝영서 夭逝요서 長逝장서

婿

12획 | 서 | 사위

전문1

|해설| 형성. 성부는 胥서. 『설문해자』(1상)는 壻를 정자라고 하며, "夫부"라고 설명한다. 『方言』「三」에 東齊동제 지역에서는 壻서(xu)를 倩천(qian) 음으로 읽는다고 한다. 倩에는 빌린다(借차)는 뜻이 있다. 婿, 甥생(조카, 사위)은 모두 딸의 남편, '사위'를 말한다. 聟사위 서는 壻의 속자인데 글자의 구조를 알기 어렵다.

|용례| 女婿여서

署 14획 | 서 | 관청

전문1

| 해설 | 형성. 성부는 者자. 상부는 网그물 망의 모양이다. 官署관서의 문에 표지를 붙이는 일이 있는데, 署는 그 門屛문병이 있는 곳이다. 그곳에는 수위의 초소가 있었다. 그 초소가 署이고, 초소가 있는 '관서'라는 뜻이 된다. 署가 网에 따르는 것은 초소가 침입자를 단속하는 것과 관계가 있을 것이다. 문의 표지라는 데서 '쓰다'라는 뜻으로도 쓴다.

| 용례 | 部署부서 署名서명 署長서장 自署자서

誓 14획 | 서 | 맹세하다, 삼가다

금문1　금문2　금문3　전문1

| 해설 | 형성. 성부는 折절. 折에 逝갈 서의 음이 있다. 折은 초목을 도끼(斤근)로 절단하는 것을 말하는데, 그것은 신에게 맹세할 때의 몸짓이었다. 言언은 신에게 맹세하는 말이다. 誓는 '신에게 맹세하다'라는 뜻이었는데 후에 일반적으로 '맹세하다, 맹세'라는 뜻이 된다. 哲철과 통하여 '삼가다'라는 뜻으로도 쓴다. 신성하게 여겨진 화살을 부러뜨리는 몸짓을 하여 신에게 맹세하는 일도 있었던 것 같고, 矢시를 '맹세하다'라고 읽는다.

| 용례 | 誓文서문 誓詞서사 誓約서약 誓言서언 誓願서원

暑 15획 | 서 | 덥다

전문1

|해설| 형성. 성부는 者자. 日일은 햇빛. 햇볕이 내리쬐어 '덥다'는 뜻이 된다. 者는 집락을 둘러싼 담장 안에 呪禁주금(惡邪악사를 없애는 주술)으로서 曰왈(신에게 바치는 기도문인 축문을 넣는 그릇인 ㅂ에 축문이 있는 모양)을 묻어둔 모양이다. 성부로서는 者보다 庶서가 적당한데 者와 庶는 음이 가까워 서로 바뀌어 쓰이는 일이 있다.

|용례| 暑氣서기 暑熱서열 炎暑염서 殘暑잔서 避暑피서

緒 15획 | 서 | 실마리, 시작

緒
전문1

|해설| 형성. 성부는 者자. 者는 집락을 둘러싼 담장 안에 呪禁주금으로서 曰왈(신에게 바치는 기도문인 축문을 넣는 그릇인 ㅂ에 축문이 있는 모양)을 묻어 침입자를 차단한다는 뜻이고, 緒란 매듭 지은 실마리를 말한다. 그래서 端緒단서(일의 처음, 사물의 실마리), 緒餘서여(나머지)처럼 '처음, 실마리, 나머지'라는 뜻으로 쓴다. 또 마음에 비유하여 心緒심서(마음속에 품은 생각), 情緒정서(때마침 일어나는 여러 가지 생각, 또 노여움, 기쁨, 슬픔 등 감정의 움직임)라고 말한다.

|용례| 緒戰서전 由緒유서

人

夕 3획 | 석 | 저녁

| 갑골1 | 갑골2 | 금문1 | 전문1 |

|해설| 상형. 저녁달의 모양. '저녁, 저녁때'를 말한다. 달은 차고 이지러지고 하는 것인데, 둥근 모양의 日일(태양)과 구별하기 위해 초승달의 모양으로 한다. 月월과 옛 자형은 비슷한데 갑골문에서 夕에는 초승달에 점이 있고 月에는 점이 없는 글자가 있다. 지금의 자형은 夕에는 점을 하나, 月에는 점을 두 개 더하여 구별한다. 殷代은대에는 '朝夕조석의 禮예'가 있어서 朝조에는 해를 맞이하고 夕에는 달을 맞이했다. 그 예를 '大采대채, 小采소채'라고 하여 그때 식사를 했다. 政務정무는 大采 때에 행해지므로 정치를 朝政조정이라고 한다.

|용례| 今夕금석 夕陽석양 夕照석조 朝夕조석

石 5획 | 석 | 돌

| 갑골1 | 갑골2 | 금문1 | 전문1 |

|해설| 회의. 厂한과 口를 조합한 모양. 厂은 산벼랑의 모양. 口는 ㅂ축문 그릇 재이고 신에게 바치는 기도문인 축문을 넣는 그릇의 모양. 『설문해자』(9하)에 "山石산석"이라 하여 벼랑에 드러난 돌이라고 하는데, ㅂ는 돌덩어리가 아니다. 큰 암석 종류는 신령이 깃들이는 곳으로 여겨 제사의 대상이 되는 일이 많았으므로, 돌이란 ㅂ를 바쳐서 제사 지내는 큰 '돌, 바위'를 말한다. 후에 일반적으로 '돌'이라

상용자해

는 뜻으로 쓴다. 祏위패 석이나 宕넓을 탕이 각각 神事신사에 관한 글자라는 것은 돌에 대해 오래된 신앙이 있었던 것을 나타낸다. 祏은 종묘의 위패, 宕은 천자가 천지에 제사 지내는 石室석실이다.

|용례| 石材석재 石鏃석촉 藥石약석 隕石운석 礎石초석

昔 8획 | 석 | 옛, 오래다, 어제

| 갑골1 | 갑골2 | 금문1 | 금문2 |

|해설| 가차. 얇게 자른 고기 조각을 햇볕에 말린 건육의 모양으로 腊육포 석의 본래 글자이다. 昔이 '옛, 오래다, 어제' 등 시간 관계를 표시하는 뜻으로 쓰이게 되면서, '육포'의 글자로 月(육달월)을 더한 형성자인 腊이 만들어졌다. '어제'를 疇昔주석이라 하고, 여기에서 가차하여 昔은 시간 관계를 표시하는 말이 되었다. '지금, 어제' 등의 시간을 자형으로 표현하기는 곤란하기 때문에 今금, 昔을 그 의미로 쓰는 것은 그 음을 빌린 가차 용법이다.

|용례| 古昔고석 今昔금석 昔年석년 昔歲석세 昔時석시 昔日석일

析 8획 | 석 | 쪼개다, 나누다

| 갑골1 | 금문1 | 전문1 |

|해설| 회의 木목과 斤근을 조합한 모양. 도끼(斤)로 나무를 쪼개는 것을 말한다. 『설문해자』(6상)에 "나무를 쪼개는(破파) 것이다"라고 한다. 섶나무를 캐는 것을 析薪석신이라고 한다. 薪섶 신은 神事신사

에 쓰는 일이 많고 묶은 섶나무를 물에 흘려서 점을 치는 일이 있었다. 후에 잘게 '나누다'라는 뜻이 되어, 析理석리(일의 도리를 구분함), 解析해석(복잡한 구조를 갖는 일의 구조를 해명하기 위해 잘게 분석함), 分析분석(어떤 일을 분해하여 하나하나의 요소나 성질로 나눔)이라고 말한다.

席 10획 | 석 | 자리, 깔다

금문1　전문1

|해설| 회의. 옛 자형은 厂한과 蓆자리 석을 조합한 모양. 厂은 건물의 모양이고 그 안에 자리를 까는 모양이므로, '자리, 좌석, 깔다'라는 뜻이 된다. 지상에 직접 까는 것은 筵자리 연(좌석), 그 위에 다시 거듭해서 까는 것을 席이라고 한다. 윗사람 앞에 앉을 때는 자리 사이를 1丈장 벌리는 것이 예의였기 때문에 후에 편지에서 경의를 표하는 말을 函丈함장(1丈의 간격을 넣음)이라고 한다. 자리는 말아서 수납하는 것이므로 자리를 말듯이 남김없이 적의 영토를 공격하여 빼앗는 것을 席捲석권, 席卷석권이라고 한다.

|용례| 末席말석 席上석상 席次석차 列席열석 座席좌석 酒席주석

惜 11획 | 석 | 아끼다, 아쉬워하다

전문1

|해설| 형성. 성부는 昔석. 『설문해자』(10하)에 "아프다(痛)"라 하여,

痛惜통석(매우 슬퍼하고 아쉬워함)이라고 풀이한다. '아끼다, 아쉬워하다'라는 뜻으로 쓴다. 아낀다는 것은 사랑스럽게 생각한다는 뜻이고 『廣雅』「釋詁」에 "惜은 愛애"라고 한다. 한자에 일본어와 같은 감정의 관계가 있는 것을 알 수 있다. 이별을 아쉬워하는 것을 惜別석별, 또 널리 시간이 지나가는 것을 아쉬워하여 惜陰석음(헛되이 시간이 지나가는 것을 아쉬워함. 시간을 중요하게 생각해서 노력함), 惜春석춘(봄이 지나가는 것을 아쉬워함)이라고 말한다. 佛道불도를 수양하기 위해서는 몸과 생명을 버리고 아쉬워하지 말 것을 불교에서는 不惜身命불석신명이라고 한다.

|용례| 哀惜애석 愛惜애석

潟 15획 | 석 | 개펄

|해설| 형성. 성부는 舃석. 舃은 斥척과 동음으로, 물리친다는 뜻이 있다. 조수가 빠져서 개펄이 되는 지형을 潟이라고 하여, '개펄'이라는 뜻으로 쓴다. 또 모래나 돌이 많고 염분이 많아 경작에 적합하지 않은 토지를 舃鹵석로라고 한다. 舃鹵를 斥鹵척로라고도 한다.

釋 20획 | 석 | 풀다, 버리다, 용서하다

전문1

|해설| 회의. 釆변과 睪역을 조합한 모양. 釆은 동물의 발톱(爪조) 모양. 睪은 동물의 사체 모양인데 罒은 目목, 幸행은 지체의 모양이다. 동물의 발톱으로 사체를 찢어서 해체하는 것을 釋이라고 한다. 소

뿔을 칼로 잘라내는 것을 解해라 하고 그 사체를 조각조각 해체하는 것을 釋이라고 한다. 합쳐서 解釋해석(의미나 내용 등을 풀이함)이라고 한다. 후에 釋은 굳은 것, 뒤얽힌 것을 '풀다, 풀어헤치다'라는 뜻으로 쓰고, 또 舍사와 통하여 '버리다', 赦사와 통하여 '용서하다'라는 뜻으로도 쓴다.

|용례| 釋明석명 釋放석방 釋然석연 釋義석의

仙  5획 | 선 | 신선

전문1

|해설| 형성. 본래 글자는 僊선으로 쓰고 성부는 䙴선. 후에 仙으로 쓰고 山산을 성부로 하는데, 山에 사는 사람이라는 뜻도 포함했을 것이다. 䙴은 죽은 사람(覀아는 머리, 凵범은 하반신이 앉는 모양)을 収공(두 손)으로 안아서 옮기는 모양이다. 죽은 사람을 板屋판옥(판자로 둘러싼 집)에 넣어 풍화하기를 기다려 매장하는 것인데, 그 사람을 僊이라고 한다. 후에 산중에서 수행하고 '仙道선도(도술)를 닦은 사람'을 仙이라 하여, 神仙신선이라고 한다. 後漢후한 시대(1~3세기)의 『釋名』에 仙 자가 보인다.

|용례| 仙客선객 仙境선경 仙骨선골 仙人선인 仙鄕선향 酒仙주선

先 6획 | 선 | 먼저, 우선

갑골1 　 갑골2 　 금문1 　 금문2 　 전문1

|해설| 회의. 止지와 人인(儿)을 조합한 모양. 止는 발자국의 모양으로, 옛 자형은 之갈 지와 같고, 간다는 뜻이 된다. 人 위에 止를 더해 간다는 의미를 강조하여 先行선행(남보다 먼저 감, 선두를 감)이라는 뜻이 된다. 갑골문에 의하면 殷代은대에는 異族이족 사람을 선행시켜 도로의 안전을 확보하는 의례가 있었다. 미지의 땅에는 邪靈사령이 있다고 여겨 도로를 정화하는 의례를 행한 것은 途도, 道도 등의 글자를 보면 알 수 있다. 先行의 의례를 말하는 先은 후에 '먼저, 앞에, 우선'이라는 뜻이 되고, 또 그 의미를 시간 관계로 옮겨서 '옛날, 이전'이라는 뜻이 되어, 先賢선현(옛날의 현인, 先哲선철), 先祖선조(家系가계의 초대, 또 초대 이후 현존자 이전의 사람들)라고 한다. 또 미래의 일에 대해서도 先見선견(장래의 일을 내다봄), 先知선지(미리 앎)라고 한다.

|용례| 先遣선견 先導선도 先制선제 先着선착 優先우선

宣

 9획 | 선 | 말하다, 분명하다

갑골1　금문1　전문1

|해설| 회의. 宀면과 亘선을 조합한 모양. 宀은 조상의 영에게 제사 지내는 사당의 지붕 모양. 亘은 반원형 물건을 말하는 것이 많고 그러한 모양의 방을 宣室선실이라고 한다. 宣은 본래 宣室선실이라는 방의 이름이다. 殷은 왕조 최후의 왕인 紂주는 선실에서 살해되었다. 周代주대의 금문 『虢季子白盤』에 선실에서 獫狁험윤(흉노족의 옛 이름)을 정벌하여 獻馘헌괵(적장의 머리를 바침)의 의례를 행한 일

이 기술되어 있다. 선실은 재판이나 의례를 행하는 장소이고, 그곳에서 발령되는 것이 宣言선언(널리 말해 알림)이다. 宣은 '말하다, 말씀하시다'라는 뜻이 되고 후에 '분명하다'는 뜻으로도 쓴다.

|용례| 宣告선고 宣誓선서 宣戰선전 託宣탁선

 10획 | 선 | 부채, 사립문

전문1

|해설| 회의. 戶호와 羽우를 조합한 모양. 『설문해자』(12상)에 "문짝(扉)"이라고 한다. 羽는 좌우 날개가 있는 것이므로 쌍여닫이 문짝을 말한다. 후에 '團扇단선(둥근 부채), 쥘부채'를 말한다. 쥘부채는 접이식 부채로 摺疊扇접첩선이라 하여, 元원·明명 시대(13~17세기) 이후에 사용되었다. 사람을 부추겨서 행동을 일으키도록 하는 것을 扇動선동·煽動선동이라고 하는데, 扇은 불을 피울 때 부치므로 煽부칠 선 자가 만들어졌다.

|용례| 舞扇무선 扇面선면 扇子선자

旋 11획 | 선 | 돌다, 돌아가다

갑골1   갑골2   금문1   전문1

|해설| 회의. 㫃언과 疋소를 조합한 모양. 㫃은 기드림이 붙은 깃대의 모양. 疋는 무릎 아래 발의 모양. 깃발로 진퇴를 지시하여, 발을 돌려 되돌아가는 것을 旋이라고 하여, '돌다, 돌리다'라는 뜻이 된

다.『설문해자』(7상)에 "周旋주선하다. 깃발을 휘두르는 것이다"라고 하듯이, 군대의 행동은 모두 사령관이 표시하는 깃발의 지시에 따랐다. 周旋이란 본래 전장에서 여기저기 돌아다니면서 싸운다는 뜻이었고, 후에 '보살피다'라는 뜻이 된다. 旋은 본래 反轉반전을 말하는 글자였는데 현재 '돌다'(회전하다)라는 뜻으로 쓴다.

|용례| 旋律선율 旋回선회 斡旋알선

船 11획 | 선 | 배

𦩘	船
금문1	전문1

|해설| 형성. 성부는 㕣연. 㕣에는 '따르다'라는 뜻이 있으므로 물의 흐름에 따라서 출렁이는 배를 船이라고 한다.『越絶書』「吳內傳」에 "越人월인, 배를 일컬어 須慮수려라 한다"라고 하는데, 일본 修羅船수라선의 修羅는 須慮의 음에서 나온 말일 것이다.

|용례| 渡船도선 船橋선교 船舶선박 船倉선창 停船정선 舟船주선

善 12획 | 선 | 착하다, 옳다

𧶤	𦎧	善	譱
금문1	금문2	전문1	전문2

|해설| 회의. 본래 글자는 譱선으로 쓰고, 羊양과 誩말다툼할 경을 조합한 모양. 羊은 신판(신이 판결하는 재판)에 쓰는 解廌해태라고 불리는 양과 비슷한 신성한 동물. 誩은 두 言언이다. 言은 축문 그릇 재 위에 辛신(형벌로 입묵을 할 때 쓰는 큰 바늘의 모양)을 놓고, 만일 서약

을 지키지 않을 때는 이 바늘로 입묵의 형벌을 받겠다고 신에게 맹세하는 말이다. 誩은 신판에서 신에게 맹세한 원고와 피고이고, 譱은 원고와 피고가 해태 앞에서 신판을 받고 善否선부를 결정하는 것을 표시한다. 譱(善)은 해태를 중심으로 원고, 피고의 맹세의 말을 표시한 글자이고 재판 용어였는데, 후에 신의 의지에 맞는 것을 善이라 하여 '착하다, 옳다'는 뜻이 된다. 또 '뛰어나다, 훌륭한, 친하다' 등의 뜻으로 쓴다.

|용례| 勸善권선 獨善독선 善良선량 善惡선악 善意선의 善處선처

羨 13획 | 선, 연 | 부러워하다, 남다

전문1

|해설| 형성. 성부는 次선·연. 옛날에는 羨道연도(무덤길. 墓道묘도), 羨餘선여(나머지)라는 뜻으로 썼던 글자이다. 羨道는 神道신도라고도 하고, 희생을 바치고 제사하는 곳이다. 그 제사 뒤에 제물로 쓰고 남은 고기를 사람들에게 나누어 주는 일이 있어서, 羨에 '나머지'라는 뜻이 있을 것이다. 次침 연은 입을 벌리고 침을 흘리는 모양이므로, 희생양의 고기를 앞에 두고 침을 흘리며 부러워하는 것을 羨이라 하고, '부러워하다, 갖고 싶어 하다'라는 뜻이 된다는 해석이 있지만, '부러워하다'는 나중에 생긴 뜻일 것이다. 부러워하는 것을 羨望선망이라고 한다.

腺 13획 | 선 | 샘

|해설| 형성. 성부는 泉천. 액을 분비하는 의미를 泉에 부여했을 것이다. 임파선, 甲狀腺갑상선, 唾液腺타액선, 淚腺누선 등 동물의 몸에서 특유한 물질을 분비하는 기관을 나타낸다. 에도 시대 후기의 蘭學者난학자가 쓰기 시작한 일본 한자인데 중국에서도 쓰인다.

線 15획 | 선 | 실

금문1 | 전문1

|해설| 형성. 성부는 泉천. 泉은 벼랑 아래에서 흘러내리는 물의 모양. 전문은 綫선으로 쓰고, 성부는 戔전. 戔은 가늘고 긴 창(戈과)을 포갠 모양으로 얇은 것을 쌓은 상태를 말한다. 『설문해자』(13상)에 "실(縷루)"이라 하고, 『玉篇』에 "옷을 꿰매는(縫봉) 것"이라고 하는 데서 '실, 실낱, 바느질실'을 말한다. 바느질실이라는 뜻으로 옛 문헌에는 線을, 새로운 문헌에는 綫을 쓴다. 실 이외의 가늘고 긴 물건이라는 뜻으로도 쓴다.

|용례| 線路선로 沿線연선 斜線사선 脫線탈선 電線전선

選 16획 | 선 | 가리다, 갖추어지다

전문1

|해설| 형성. 성부는 巽손. 巽은 신 앞의 무대에서 두 사람이 나란히

춤추는 모양. 이렇게 신 앞에서 무악을 바치는 것을 撰찬(차리다, 뽑다)이라고 한다.『詩經』「齊風/猗嗟」에 "춤을 춘즉 갖추어지다"(舞則選兮)라 하여 갖추어지는 것을 말한다. 두 사람이 갖추어 춤추는 데서 '갖추다'라는 뜻이 되고, 신 앞에서 춤추는 자는 뽑힌 사람이므로 '뽑다'라는 뜻이 된다. 신에게 바치는 酒食주식을 饌찬(차리다, 음식)이라고 한다.

|용례| 選擧선거 選賢선현 人選인선

膳 16획 | 선 | 제물

膳
전문1

|해설| 형성. 성부는 善선.『설문해자』(4하)에 "갖추어진 음식"이라고 한다. 神饌신찬(신에게 바친 酒食주식)의 음식이 갖추어진 것을 말하고, '제물, 요리'를 말한다. 요리, 맛있는 요리를 膳羞선수라고 한다. 羞수는 羊양과 丑축을 조합한 모양인데 羊은 희생양이고, 丑은 손가락에 힘을 주어 물건을 잡는 모양이다. 양고기를 제사에 올리는 것을 羞라고 한다. 식기나 음식을 올리는 상, 또 음식을 食膳식선이라 하고 음식을 손님 앞에 늘어놓는 것을 配膳배선이라 한다.

禪 17획 | 선 | 물려주다

禪
전문1

|해설| 형성. 성부는 單단. 單에 闡열 천, 蟬매미 선의 음이 있다.『설

문해자』(1상)에 "하늘(天천)에 제사 지내는 것"이라고 한다. 封禪봉선의 예(천자가 제단인 墠선을 설치하여 천지에 제사 지내는 의례)를 말한다. 禪讓선양(천자가 그 위를 자신의 아들에게 세습하지 않고 덕이 있는 자에게 물려줌)에 의해 자리를 줄 때 선양의 예를 행하므로 천자의 자리를 '물려주다'라는 뜻이 된다. 후에 禪宗선종, 禪學선학이라는 뜻으로 쓴다. 선종은 인도에서 전래한 대승 불교가 중국 고래의 장자 등의 사고방식의 영향을 받아 중국의 독특한 사상적 종교로 성립했다.

|용례| 禪寺선사 禪院선원 禪位선위 坐禪좌선

鮮 17획 | 선 | 곱다, 새롭다, 적다

금문1

금문2

전문1

|해설| 형성. 성부는 羊양. 羊은 羴전의 생략형. 鱻선은 고기의 비린내, 羴은 양의 노린내를 말하는 글자로, 鮮은 그 양자를 합친 듯한 글자이다. 그 냄새가 독특하기 때문에 新鮮신선(고기가 싱싱함)이라 하고, 시각으로 옮겨서 鮮麗선려(곱고 아름다움)라 하고 '새로움, 고움'이라는 뜻으로 쓴다. 鮮少선소(적음)처럼 '적다'는 뜻으로 쓰는 것은 尟적을 선, 尠적을 선과 통용하기 때문이다. 尟은 숟가락(是시는 숟가락〔匙시〕의 모양)으로 뜨는 것이 적다는 뜻, 尠은 냄비(甚심은 냄비를 위에 얹은 화덕의 모양)로 요리하는 것이 적다는 뜻이다.

|용례| 鮮明선명 鮮魚신이 鮮血선혈

繕 18획 | 선 | 깁다

繕
전문1

|해설| 형성. 성부는 善선. 『설문해자』(13상)에 "깁다(補보)"라고 한다. 修繕수선(다시 기움)하는 것, '깁는' 것을 말한다. 자형에서 보면 의복을 보수한다는 뜻인데, 『春秋左氏傳』 「成公十六年」에 "갑옷과 무기(甲兵갑병)를 정돈하다(繕)", 『漢書』 「息夫躬傳」에 "창과 방패(干戈간과)를 수선하다"처럼 무기에 대해서도 말한다.

|용례| 營繕영선

舌 6획 | 설 | 혀

갑골1 갑골2 전문1

|해설| 상형. 입(口구)속에서 나와 있는 혀의 모양. '혀'를 말하고 '말'이라는 뜻으로도 쓴다. 갑골문의 모양은 그 끝이 두 갈래로 나뉜 모양으로 뱀의 혀같이 격렬하게 움직이는 혀이고, 사람의 혀가 아니다. 갑골문에는 혀의 병을 점치는 것을 기록한 것이 있다. 漢代한대의 董藹동애라는 사람은 손바닥에 책 속의 말을 베껴 쓰고 혀로 맛을 보고 그 말을 기억했는데 이것을 舌學설학이라고 한다.

|용례| 辯舌변설 舌端설단 筆舌필설

設 11획 | 설 | 설치하다, 늘어놓다, 베풀다

전문1

|해설| 회의. 言언과 殳수를 조합한 모양. 『설문해자』(3상)에 "施陳시진"이라 하여, 祭器제기 등을 陳設진설(늘어놓다)하는 의미라고 한다. 設은 갑골문·금문에 보이지 않고, 이 형태대로 해석하면 殳는 羽旄우수(기 장식)를 가진 모양이기 때문에 言(신에게 맹세하는 말)을 그 殳로 淨化정화하는 뜻이 된다. 그래서 제사 때에 신 앞에서 서약하는 의미가 되고, 후에 일반적으로 신 앞에서 진설하는 것을 말한다. 후에 널리 '설치하다, 늘어놓다, 베풀다'라는 뜻이 된다.

|용례| 假設가설 設立설립 設問설문 設備설비 設色설색

雪 11획 | 설 | 눈, 씻다

갑골1 갑골2 전문1

|해설| 상형. 하늘에서 눈 조각이 떨어져 내리는 모양. 갑골문에 의하면 그 눈 조각은 깃털같이도 보이고, 또 나뭇가지에 붙어 있는 모양도 있다. '눈, 눈 내리다'라는 뜻이 된다. 刷쇄(없애다, 쓸다), 拭식(닦다)과 음이 가까워 통용하여, '씻다, 닦다'라는 뜻으로 쓰고, 雪辱설욕(이전에 받은 치욕을 씻어 없앰)이라고 한다.

|용례| 降雪강설 雪洞설동 雪中설중 雪片설편 積雪적설

說 14획 | 설, 열 | 말하다, 기쁘다

전문1

|해설| 형성. 성부는 兌열. 兌은 巫祝무축(兄형. 신을 모시는 사람)이 신에게 기도하고 호소하여, 그 기도에 응해서 神氣신기가 희미하게 내려오는 것을 八팔 모양으로 표시한 것으로, 무축이 신들린 상태가 되어 멍한 상태에 있는 것을 말한다. 그때 무축의 마음을 悅기쁠 열이라고 한다. 言언은 신에게 맹세하는 말. 신에게 기도하고 호소하다, 신에게 '말하다'라는 뜻에서, 사람에게 '말하다, 설명하다'라는 뜻이 되었고, 悅과 통하여 '기쁘다'라는 뜻으로 쓴다.

|용례| 說教설교 說得설득 說明설명 演說연설 遊說유설 異說이설

纖 23획 | 섬 | 가늘다, 잘다

전문1

|해설| 형성. 성부는 䃌섬. 䌠첨은 두 사람을 나란히 창으로 목을 치는 모양으로 섬멸(모두 죽임)을 뜻한다. 䌠에 韭부추 구의 모양을 더한 䌠은 가늘게 한 것이라는 뜻이 있다. 가는 실을 纖이라 하여, '가늘다, 잘다'라는 뜻이 된다. 수많은 사람을 모두 죽이는 것을 殲섬이라 하고, 대 주걱으로 가느다란 제비를 만든 것은 籤첨(시험하다, 제비)이라고 한다.

|용례| 纖細섬세 纖手섬수 纖維섬유

涉
11획 | 섭 | 건너다

갑골1 · 갑골2 · 금문1 · 전문1

|해설| 회의. 水수와 步보를 조합한 모양. 흐르는 물을 걸어서 건너는 것을 말하고 '건너다'라는 뜻이 된다. 강을 걸어서 건너는 것은 위험한 일이기 때문에 이민족에게 徒涉도섭(강을 걸어서 건넘)을 시험하게 하거나 도섭이 하나의 의례로서 행해지는 일도 있었다. 順순의 옛 자형에 涉과 頁혈을 조합한 모양의 글자가 있는데, 나루터에서 머리에 의례용 모자를 쓴 사람이 신령에게 절하는 모양이다. 나루터는 그러한 의례의 장소이기도 했던 것 같다.

|용례| 交涉교섭 涉世섭세 涉外섭외

攝
21획 | 섭 | 잡다, 돕다

전문1

|해설| 형성. 성부는 聶섭. 聶은 『설문해자』(12상)에 "귀에 대고 몰래 말하는 것이다"라고 하여 소곤거린다는 뜻으로 풀이한다. 攝은 작은 것을 주워 모은다는 뜻이 있고, 옷소매가 흐트러지기 쉬운 곳을 끌어 올려 잡는다(攝)는 것을 말하기도 한다. '잡다, 돕다, 통솔하다, 기르다' 등의 뜻으로 쓴다.

|용례| 攝生섭생 攝養섭양 攝政섭정 攝取섭취 包攝포섭

成
7획 | 성 | 되다, 이루다

| 갑골1 | 갑골2 | 금문1 | 금문2 | 전문1 |

|해설| 회의. 戈과와 丨곤을 조합한 모양. 『설문해자』(14하)는 丁聲정성의 글자라고 하지만(成을 戊와 丁(=丁)으로 분석하여 戊는 이루어지다(成)라는 뜻을, 丁은 소리를 표시하는 형성자로 보았다.—옮긴이), 丁은 갑골문과 금문에서는 丨으로, 장식이 늘어뜨려진 모양이다. 成은 창(戈)의 제작이 끝나 장식을 달아서 祓淸불청하는 것을 표시하고, '成就성취하다(완성하다), 되다, 이루다'라는 뜻이 된다. 京觀경관(큰 성문)의 축조가 끝나면 희생물 개(犬견, 尤우)의 피를 써서 落成式낙성식 때 釁禮흔례를 행하는 것을 就취라고 한다. 축조나 제작이 끝나면 성취의 의례를 행하여 불청했던 것이다.

|용례| 成立성립 成否성부 成佛성불 成育성육 造成조성 組成조성

姓
8획 | 성 | 성, 일족

| 갑골1 | 갑골2 | 금문1 | 금문2 | 전문1 |

|해설| 형성. 성부는 生생. 生은 풀이 돋아나는 모양으로 사람이 태어난다는 의미가 있다. 사람이 태어나서 혈연으로 연결되는 사람들, 즉 '친족'을 姓이라고 한다. 옛날에는 모계에 의한 혈연 집단이었으므로 女녀를 더해 姓이라고 했을 것이다. 동족 관계가 확대되자 가족적인 氏씨에서 동족 결합의 큰 집단이 되고, 姓과 이름을 갖게 된다. 周王주왕의 일족은 姬姓희성이었다. 氏는 祭肉제육을 잘

라 나누는 데 사용하는 칼의 모양으로 씨족의 共餐공찬 의례(조상의 제사 후에 식사하는 모임)에 참가하는 자를 말하고, 姓은 조상을 같이하는 혈연 집단이다.

|용례| 改姓개성 姓名성명

性 8획 | 성 | 성질, 성품, 천성

전문1

|해설| 형성. 성부는 生생. 生은 풀이 돋아나는 모양. 사람이 본래 심중에 갖춘 감성이나 심정을 性이라 하고, '성질, 천성'이라는 뜻으로 쓴다. 性說성설은 전국 시대(기원전 5~기원전 3세기)의 儒家유가 맹자에 와서 성선설(사람의 본성을 선하다고 하는 설)이 주장되었고, 전국 시대 말기에 같은 유가 순자는 사람의 본성이 악하다고 하는 성악설을 주장했다. 성선설은 공자의 교설에서 거의 예정되어 있었다고 할 수 있다. 성악설은 수양의 필요성을 강조하기 위해 나온 것으로 性의 수정이 불가능하다는 것은 아니다.

|용례| 本性본성 性格성격 性分성분 性質성질 理性이성

星 9획 | 성 | 별

갑골1　갑골2　금문1　전문1

|해설| 형성. 성부는 生생. 옛 자형에는 상부를 晶정으로 쓰는 것이 있다. 이 글자의 경우 日일은 태양이 아니라 별의 모양이고, 晶은

많은 별빛이 반짝이는 모양이다. 그래서 星은 '별'이라는 뜻이 된다. 별의 지식은 『詩經』에 직녀성(거문고자리의 알파별 베가)이나 북두칠성의 이름이 보이는데, 상세한 지식은 서방에서 전해진 것이 많고, 목성의 지식도 오리엔트(서남아시아와 이집트)에서 전해졌다. 목성을 歲星名세성명으로 하는 赤奮若적분약(丑歲축세[소띠 해 ― 옮긴이]의 별칭)이나 攝提格섭제격(寅歲인세[호랑이띠 해 ― 옮긴이]의 별칭)은 오리엔트 지방 언어의 음역이다.

|용례| 明星명성 星光성광 星宿성수 聖座성좌

省 9획 | 성, 생 | 살피다, 없애다

갑골1   금문1   금문2   전문1

|해설| 형성. 금문의 자형은 生생 아래에 目목을 그린 모양으로 성부는 生이다. 후에 生이 少소 형태가 된다. 그래서 生·少 두 가지 음이 있는데, 生·少는 본래 眉눈썹 미에 장식을 더한 모양일 것이다. 目의 呪力주력(주술의 힘)을 강화하기 위해 눈썹 장식을 붙이는 일이 많기 때문이다. 그 주력이 있는 눈으로 순찰하는 것, 돌아보는 것을 省이라 한다. 금문에는 '省道성도'라는 말이 있고 도로를 순찰하여 정화한다는 의미이다. 순찰하는 것에서 省察성찰(자신의 행위나 생활을 돌아보고 善惡선악, 是非시비를 생각함), 反省반성(자신의 행위를 돌아봄)처럼 '돌아보다, 보다'라는 의미로 쓴다. 순찰해서 제거해야 할 것을 제거하는 데서 '없애다, 줄이다'라는 의미가 되어 省略생략(줄여서 간단히 함)이라고 말한다.

|용례| 內省내성 省悟성오 自省자성

城 10획 | 성 | 성, 쌓다

| 금문1 | 금문2 | 금문3 | 籒文1 | 전문1 |

|해설| 형성. 성부는 成성. 본래의 자형은 𩫖으로 쓰고, 𩫖은 **城郭**성곽(성벽)의 평면형으로, 그 남북 부분에 망루가 있는 모양이다. 成은 戈창 과에 장식을 붙여 액막이를 한다는 의미이기 때문에 城은 정화된 성벽, 성벽 안의 '성'을 말한다. 또 '성 쌓다, 쌓다'라는 의미로 쓴다.

|용례| 落城낙성 籠城농성 城址성지

盛 12획 | 성 | 담다, 번성하다

| 갑골1 | 금문1 | 금문2 | 전문1 |

|해설| 형성. 성부는 成성. 『설문해자』(5상)에 "黍稷서직(메기장과 찰기장)이 그릇에 있는 것이다. 제사를 지내려는 것이다"라고 하여, 서직을 '담는다'는 뜻으로 풀이한다. 서직뿐 아니라 旨酒지주(맛있는 술)에 대해서도 담는다고 말한다. 서직을 담는 그릇은 簋보라고 한다. 청동기 簋에는 대형이 있고, 많은 것을 담게 하여 신에게 바치므로 '많다, 번성하다'라는 뜻이 된다.

簋

聖 13획 | 성 | 성인

| 갑골1 | 갑골2 | 금문1 | 금문2 | 전문1 |

|해설| 회의. 耳이와 口와 壬정을 조합한 모양. 壬은 발돋움하고 선 사람을 옆에서 본 모양. 口는 ㅂ축문 그릇 재이고 신에게 바치는 기도 문인 축문을 넣는 그릇의 모양이다. 壬 위에 큰 귀 모양을 그려 듣 는다는 귀의 기능을 강조한 모양이다. 고대인은 귀에 희미한 소리 로 표시되는 신의 소리를 듣는 능력이 있다고 생각했던 것이다. 축 문을 외치고, 발돋움하여 신에게 기도하며 신의 소리, 신의 계시(말 씀)를 들을 수 있는 사람을 聖이라고 하여, 성직자라는 뜻이 된다. 신의 소리를 총명하게 이해하는 것을 聰귀 밝을 총이라 하고, 신의 소리를 듣고 마음으로 깨닫는 것을 聽들을 청이라고 한다. 본래 성직 자를 뜻하던 聖은 유교에 의해 최고의 인격이 되고, '聖人성인'(지식, 덕망이 가장 뛰어난 사람)이라는 뜻이 된다. 또 '총명하다'는 뜻이나 천자라는 뜻, 천자에 관해서 경어로 곁들이는 말로 쓴다.

|용례| 聖君성군 聖明성명 聖域성역 聖人성인 聖賢성현 聖火성화

誠 14획 | 성 | 진실, 진심

전문1

|해설| 형성. 성부는 成성. 成은 다 만든 창(戈과)에 장식을 달아 祓

淸불청하는 것을 나타낸다. 그렇게 정화된 마음으로 서약하는 것, 신에게 맹세하는 것, 또 그 맹세할 때의 마음을 誠이라 한다. 言말씀 언은 신에게 맹세하는 말이다. 그래서 '진실, 진실로 하다, 진심'이라는 뜻이 된다. 『中庸』「第二十章」에 "誠성이란 天道천도이다"라고 하여, 誠은 하늘과 인간의 道를 꿰뚫는 것이라고 한다. 誠을 중요한 덕목이라고 열심히 주장한 것은 유가의 맹자(기원전 4~기원전 3세기)이다.

|용례| 誠款성관 誠信성신 誠實성실 誠心성심 誠意성의 至誠지성

醒 16획 | 성 | 깨다

醒
전문1

|해설| 형성. 성부는 星성. 酉유는 술통의 모양이고 酒주의 본래 글자이다. 『說文新附』(14하)에 "취기가 풀리다"라고 한다. 술의 취기가 깨는 것을 말한다. '깨다' 외에 '눈뜨다, 깨닫다'라는 뜻으로도 쓴다. 술에 취해 미치는 것을 醉狂취광이라고 하는 것에 대하여, 술을 마시지 않고 미치는 것을 醒狂성광이라고 한다.

|용례| 覺醒각성 醒醉성취

聲 17획 | 성 | 음, 울림, 소리, 소문

갑골1

갑골2

전문1

|해설| 회의. 殸소리 성과 耳이를 조합한 모양. 殸은 달아맨 石磬석경

(돌로 만든 악기)을 쳐서 울리는 모양. 귀에 들리는 그 울리는 소리를 聲이라고 하여, '소리, 울림'이라는 뜻이 된다. 갑골문(갑골2)의 자형에 磬 아래에 ㅂ축문 그릇 재를 더한 것은 신을 부르기 위한 기도를 표시하는데, 磬이 본래 신을 부르기 위한 악기였음을 나타낸다. 聲은 후에 사람의 '소리'라는 뜻으로 쓰고 '소문'이라는 뜻으로도 쓴다.

|용례| 名聲명성 聲價성가 聲望성망 聲色성색 聲樂성악 聲音성음

世 5획 | 세 | 세상, 대

금문1 금문2 금문3 전문1

|해설| 상형. 갈라진 나뭇가지에 싹이 나온 모양. 초목의 싹이 트는 모양이 生생, 나무에 새로운 가지가 세 개 뻗은 모양이 枼엽, 그 나뭇가지 위에 있는 것이 葉엽이다. 새로운 싹이 자라는 데서 '사람의 일생, 생애, 수명, 세상(인간이 구성하는 사회)' 등의 뜻으로 쓴다.

|용례| 辭世사세 世間세간 世紀세기 世代세대 世上세상 世業세업

洗 9획 | 세 | 씻다

전문1

|해설| 형성. 성부는 先선. 先은 止지(발자국의 모양, 옛 자형은 之지와 같다)와 人인(儿)을 조합한 모양으로, 간다는 의미가 있다. 그 先에 물방울을 더한 모양이 갑골문에 보인다. 갑골문에는 舟주(水盤수반

의 모양)에 止를 더하여 洀전의 모양으로 쓰는 글자가 있는데 수반의 물로 발을 씻는다는 뜻의 회의자이다. 洗는 '발을 씻다, 씻다'라는 의미로 쓴다. 고대에는 여행에서 돌아오면 우선 발을 깨끗이 씻어 다른 땅에서 묻은 不淨부정을 없애는 풍속이 있고, 唐代당대 杜甫두보(8세기)의 시「彭衙行팽아행」에 "물을 덥혀 내 발을 씻는다"라는 구절이 있다.

|용례| 洗練세련 洗心세심 洗眼세안 洗足세족 水洗수세

細 11획 | 세 | 가늘다, 미미하다

전문1

|해설| 형성. 본래 글자는 𦂌로 쓰고, 성부는 囟신, 囟은 후에 田전이 되었다. 囟은 숨구멍(유아 두개골의 봉합 부분으로 맥이 뛸 때마다 쐘룩쐘룩 움직이는 부분)의 모양으로 가느다란 그물코의 모양과 비슷하다. 직물의 발이 가늘고 얇은 것을 細라고 했는데 후에 일반적으로 사물이 '가늘다, 미미하다'는 뜻이 되고, 사람이나 일이 '천하다, 작다, 근소하다'는 뜻으로 쓴다.

|용례| 細事세사 細小세소 細心세심 細人세인 細字세자 零細영세

稅 12획 | 세 | 구실, 공물

전문1

|해설| 형성. 성부는 兌태. 兌에 帨수건 세, 說말할 설의 음이 있다. 『설

문해자』(7상)에 "租조"라 하고, 租稅조세로 풀이한다. 미곡 종류를 조세로 바치게 했다. 『春秋』「宣公十五年」에 "처음으로 畝무(논밭의 넓이 단위)에 稅하다"라고 하는데, 수확량과 무관하게 경작 면적에 대해 조세를 부과했다.

|용례| 納稅납세 免稅면세 徵稅징세

勢 13획 | 세 | 기세, 힘, 형세, 상태

전문1

|해설| 회의. 埶심을 예와 力력을 조합한 모양. 埶는 藝심을 예의 본래 글자로 두 손으로 묘목을 땅에 심는 모양이다. 力은 쟁기(耒뢰)의 모양이므로 勢는 쟁기로 땅을 갈아 식수하는 것을 표시한다. 깊이 땅을 갈아서 심음으로써 나무가 생장할 힘을 얻는 것, 자연이 생성하는 힘을 勢라고 하여, '기세, 힘, 안에서 나오는 힘'이라는 뜻이 된다. 또 '형세, 상태'라는 뜻으로 쓴다.

|용례| 權勢권세 勢力세력 優勢우세 運勢운세

歲 13획 | 세 | 해

갑골1 갑골2 금문1 금문2 전문1

|해설| 회의. 오래된 자형에서는 戊월(鉞도끼 월)의 모양(갑골1). 후에 戊의 날 부분에 止지(발자국의 모양)를 상하로 썼는데, 지금의 자형에서 상부의 止와 하부의 少소 모양이 그것이다. 따라서 지금의 자

형은 戌과 步보(止와 少를 조합한 모양)를 조합한 모양이다. 歲는 본래 도끼(戌, 鉞)로 고기를 잘라 지내는 祭祀제사의 이름으로, 아마 그 제사를 1년에 한 번 지냈기 때문에 그 제사로 해를 계산했을 것이다. 그래서 歲는 '해, 1년'이라는 뜻으로 쓰인다. 해를 계산하는 데 夏代하대에는 歲, 殷代은대에는 祀사, 周代주대에는 年년을 썼다.

|**용례**| 歲末세말 歲暮세모 歲星세성 歲月세월 歲出세출

小 3획 | 소 | 작다, 적다

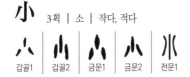

| 갑골1 | 갑골2 | 금문1 | 금문2 | 전문1 |

|**해설**| 상형. 작은 것이 흩어진 모양. 그 모양이 작고 수가 적어서 '작다, 적다'는 뜻이 된다. 흩어진 것은 아마 작은 조개일 것이다. 그래서 小와 貝패를 조합하면 貨쇄가 된다. 구슬을 사슬 모양으로 꿰맨 것은 瑣자질구레할 쇄, 금속 재질 물건을 긴 줄 모양으로 꿰맨 것을 鎖쇠사슬 쇄라고 한다. 작은 조개를 줄로 이은 모양이 少소이다. 貝는 옛날에는 呪器주기로서 존중되어 신체 장식으로도 쓰고 화폐로도 쓰였다.

|**용례**| 小心소심 小異소이 小川소천 小寒소한 小形소형 小型소형

少 4획 | 소 | 적다, 젊다

| 갑골1 | 갑골2 | 금문1 | 금문2 | 전문1 |

|**해설**| 상형. 작은 조개를 줄로 꿰맨 모양. 小는 작은 조개가 흩어

진 모양인데 그 조개를 줄로 꿰맨 모양이 少이다. 그 줄 부분은 독립한 글자의 모양이 아니므로 전체를 상형으로 본다. 꿰맨 조개의 수가 적으므로 '적다'는 뜻이 되고 그 뜻을 사람의 나이에 옮겨서 '젊다, 어리다'는 뜻이 된다.

| **용례** | 少壯소장 年少연소 幼少유소

召

5획 | 소 | 부르시다, 부르다

| 갑골1 | 갑골2 | 금문1 | 금문2 | 전문1 |

| **해설** | 회의. 人인과 口를 조합한 모양. 人은 위에서 내려오는 사람의 모양. 口는 ㅂ축문 그릇 재로 신에게 바치는 기도문인 축문을 넣는 그릇의 모양이다. 축문 그릇을 바쳐 기도하고 여기에 응하여 사람이 내려오는 모양이 召인데 이 경우의 人은 신령을 뜻하고, 신령을 불러들인다, 부른다는 뜻이 된다. 주 왕조 초기 인물인 召公소공은 성직자였는데 그 召公의 召 자는 금문에는 䚳로 되어 있다. 䚳는 술을 바치고 기도하여 내려오는 신령을 맞이하는 것을 나타내서 소공이 성직자였던 것을 알 수 있다. 召에 手손 수를 더하여 부르는 동작을 招초라 하고, 불러들인 신이 고하는 것을 詔조라고 한다. 하늘에서 신이 내려오는 것을 各각이라 하고, 조상에게 제사 지내는 廟사당 묘 안에 내려오는 신을 客객이라 한다. 客은 밖에서 맞이한 신으로 客神객신이다. 召는 신을 부르다, 부르시다에서 후에 사람을 '부르시다, 부르다, 불러들이다'라는 뜻이 된다.

| **용례** | 召集소집 召還소환

所 8획 | 소 | 바

금문1

금문2

전문1

| 해설 | 회의. 戶문 호와 斤손도끼 근을 조합한 모양. 戶는 감실 외여단이 문 모양이다. 쌍여닫이 문의 모양은 門문이 된다. 聖器성기로서의 斤(손도끼)으로 문을 지키는 것을 所라고 한다. 戶(문) 안에는 신위(신령의 자리)를 안치했을 것이다. 所는 신이 있는 곳, 성스러운 곳이다. 금문에는 "帝所제소", "靈公영공의 所"와 같이 신령이 있는 곳을 말한다. 후에는 "齊侯제후의 所에 모시다"와 같이 君侯군후가 있는 곳을 말하고, 황궁(천자, 천황의 거소)을 御所어소라고 한다. 성스러운 '곳, 聖所성소'라는 뜻에서 '장소, 지위'라는 뜻이 되고, 許허와 음이 통하여 '쯤'이라는 뜻이 된다. 所를 관계대명사 '-하는 바의'라는 의미로 쓰는 것은 '之於지어'의 음을 줄인 것이다.

| 용례 | 居所거소 急所급소 所見소견 所得소득 所感소감

沼 8획 | 소 | 늪

전문1

| 해설 | 형성. 성부는 召소. 『詩經』「大雅/靈臺」에는 神都신도인 辟雍벽옹에 신령을 맞이하는 靈臺영대의 주변에 있는 큰 연못을 靈沼영소라고 하여, "왕, 靈沼에 납시면 아아, 물고기 펄떡 뛰어오르네"라고 노래한다. 늪지는 신령이 있는 곳이라고 여겼기에, 沼라는 이름에는 뭔가 신성한 느낌을 내포하는 것도 있었으리라 생각된다.

唉 9획 | 소 | 피다

전문1

|해설| 형성. 성부는 夭웃을 소. 夭는 사람이 두 손을 든 모양으로 웃음을 터뜨리는 모습이다. 唉는 옛 용례는 없고 본래 글자는 笑소이고 '웃다'라는 뜻이었다. 笑는 巫女무녀가 두 손을 들고 몸을 구부려 춤추는 모양으로 상형자이다. 若약이 두 손을 들어 춤추며 신들린 상태에 있는 무녀의 모습인 것과 비슷하다. 신의 뜻을 누그러뜨리기 위해 신을 즐겁게 하는 동작을 笑라고 한다. 일본어에서는 꽃이 열린다는 의미에서 '피다'로 읽는다. 옛날에는 꽃이 '피다'를 開개, '披피'라고 했는데 唉를 '피다'로 쓰게 된 것은 꽃이 피는 모습을 사람의 입이 벌어지는 모습에 비유해서일 것이다.

昭 9획 | 소 | 밝다, 나타나다

금문1   금문2   전문1

|해설| 형성. 본래 글자는 卲소로 쓰고 성부는 召소. 召는 ㅂ재(신에게 바치는 기도문인 축문을 넣는 그릇의 모양)를 바쳐 신령이 내려오기를 기도하고 이에 응해 신령(사람의 모양)이 내려오는 모양. 卩절은 무릎 꿇은 사람의 모양이므로 卲소는 내려오는 신령을 맞이해 절하는 모양이고 靈威영위가 밝은 것을 말한다. '밝다, 빛나다, 나타나

다'라는 뜻이 된다. 금문에서는 邵 자를 쓰는데 이후 문헌에서 昭
자를 쓰게 되면서 邵는 쓰지 않게 되었다.

|용례| 昭光소광 昭明소명

宵 10획 | 소 | 저녁, 밤

금문1

전문1

|해설| 형성. 성부는 肖초. 『설문해자』(7하)에 "밤(夜)"이라고 풀이하
며 宀면에 어둡다는 뜻이 있다고 한다. 宀은 조상에게 제사 지내는
사당의 지붕 모양이다. 宀 아래는 금문의 자형에서는 작은 살이 뼈
에 붙은 모양인 肖가 아니라, 小소와 月월로 보인다. 그렇다면 宵는
사당 안에 月光월광이 희미하게 비쳐 드는 모양이고, '저녁, 밤'이라
는 뜻이 된다. 창문에서 월광이 들어오는 모양인 明명과 글자의 구
조가 비슷하다.

|용례| 徹宵철소

消 10획 | 소 | 사라지다, 다하다, 없애다

전문1

|해설| 형성. 성부는 肖초. 肖는 뼈에 붙은 말단의 작은 고기로 말
단의 사물을 말한다. 나뭇가지라면 梢나뭇가지 끝 초를 말한다. 그래
서 물이 쓸려 사라지는 것을 消라고 한다. 후에 일반적으로 '사라
지다, 다하다, 없애다'라는 뜻이 된다. 소실하는 것을 消散소산·消

滅소멸, 기력이 없는 태도를 消極소극이라고 한다. 마음이 쇠약해지는 것을 悄초(근심하다, 시들하다)라고 하여, 悄然초연(원기가 없음)이라고 쓴다.

|용례| 消食소식 解消해소

笑 10획 | 소 | 웃다, 미소 짓다

전문1

|해설| 상형. 본래의 자형은 없는데 巫女무녀(신을 모시며 신의 말씀을 사람에게 알리는 여자, 무당)가 두 손을 들어 몸을 구부려 춤추는 모양. 신에게 호소하려고 할 때, 웃으면서 춤추고 신을 즐겁게 하려는 모습을 笑라 하고, '웃다, 미소 짓다'라는 뜻이 된다. 若약은 무녀가 두 손을 머리 위로 쳐들어 춤추며 신탁을 구하는 모양이고, 笑와 다르게 ㅂ재(신에게 바치는 기도문인 축문을 넣는 그릇의 모양)가 더해져 있다. 머리 위로 쳐든 두 손이 若에서는 초두머리 모양(艹)으로, 笑에서는 대죽 모양(竹)으로 자형이 되었다. 그 아래의 夭요(구부리다)는 사람이 머리를 기울이고 몸을 구부려 춤추는 모양이다. 夭를 犬견으로 보아, 笑를 "竹籠죽롱(대바구니)을 뒤집어쓴 개(犬)가 어쩔 줄 모르는 모습이 우습다"라는 해석은 속설이다. 笑를 关·咲로 쓰는 것도 있었지만, 咲는 꽃이 '피다'라는 의미로 쓰이게 되었다.

|용례| 苦笑고소 冷笑냉소 談笑담소 笑覽소람 笑殺소살

상용자해

素 10획 | 소 | 흰 비단, 근본, 본래

금문1

전문1

|**해설**| 상형. 실을 염색할 때의 모양. 실을 염색할 때 실 다발 밑부분을 묶은 채로 물감이 든 그릇에 담그기 때문에 그 묶은 곳은 본래대로 흰 실로 남는다. 그 흰 실로 남은 부분을 素라고 하여, '흰 비단, 희다, 근본, 본래'라는 뜻이 된다. 素質소질(타고난 성질), 素性소성(타고난 혈연이나 가문), 素族소족(보통의 가문)처럼 '본래의 성질, 본래의 상태, 아무것도 더하지 않음'이라는 의미로도 쓴다.

|**용례**| 素服소복 素心소심 素顏소안 素材소재 質素질소

巢 11획 | 소 | 집, 집 짓다

♥ | **♥**
금문1 | 전문1

|**해설**| 상형. 나무 위의 새집에 새끼 새가 있는 모양. 보금자리에 새끼 새 머리 셋이 나란히 보이는 모양으로 '집, 집 짓다'라는 뜻이 된다. 고대에는 사람도 나무 위에 사는 일이 있어, 이것을 巢居소거라고 했다. 窟굴(굴, 바위 집)속에 사는 것을 巢窟소굴이라 하여 악당, 도적 등이 몰래 숨어 사는 곳이라는 뜻으로도 쓴다.

|**용례**| 卵巢난소 營巢영소

掃 11획 | 소 | 쓸다

| 갑골1 | 갑골2 | 금문1 | 전문1 |

| 해설 | 형성. 성부는 帚추. 『설문해자』(13하)에 埽쓸 소를 掃 자로 하는데, 문헌에는 모두 掃를 쓴다. 帚는 나무의 끝부분에 가는 枝葉지엽 등을 붙여 비(箒추) 모양을 한 것으로, 여기에 향기가 나는 술을 뿌려 조상의 영에게 제사 지내는 사당 안을 淨化정화하는 데 사용했다. 帚를 손에 들고 사당 안을 정화하는 것을 掃라 하고, '정화하다, 액막이하다'라는 뜻이 된다. 신이 하늘에 오르내릴 때 사용하는 신의 사다리(阝부. 본래 모양은 𨸏) 앞의 땅에 큰 침(余여)을 꽂아서 邪氣사기를 祓淸불청하는 것을 除제라고 한다. 합쳐서 掃除소제라 한다. 현재는 쓰레기나 먼지를 쓸어 없애 깨끗이 한다는 의미로 掃除라고 쓰고, 掃는 '쓸다, 없애다'라는 의미로 쓴다.

| 용례 | 掃地소지 掃蕩소탕 掃討소토 一掃일소 淸掃청소

紹 11획 | 소 | 잇다

| 금문1 | 금문2 | 전문1 |

| 해설 | 형성. 성부는 召소. 금문에 "皇祖皇帝황조황제를 紹縄소중하다"라는 말이 있는데, 고조의 뒤를 잇는 것을 말한다. 縄중은 잇는다, 계승한다는 뜻이다. 금문의 紹 자는 卲소로 쓰여 있는데, 卩절은 무릎 꿇은 사람의 모양이므로, 凵축문 그릇 재를 올려서 신령이 내려오는 것을 기원하고 내려온 신령을 맞이하여 절하는 모양이다.

상용자해

糸멱은 繼續계속, 繼承계승을 뜻한다. 紹소는 '잇다, 이어받다, 계승하다'라는 뜻으로 쓴다.

|용례| 紹介소개 紹述소술

疎 12획 | 소 | 서먹하다, 멀리하다, 성기다

|해설| 형성. 본래 글자는 疏소로 쓰고, 성부는 疋소. 疋는 㐬(통하다)로 㐬효는 성기게 짠 직물의 올 모양이다. 疏는 疋의 㐬 대신에 梳빗 소의 㐬소를 더한 모양이다. 『설문해자』(14하)에 "疏는 通통이다"라고 한다. 疏通소통(도리가 잘 통함. 지장 없이 통함), 疏野소야(말이나 행동이 거침. 粗野조야)라고 쓴다. 엉성한 올 사이를 통과한다는 데서 '통하다'라는 뜻이 된다. 疎는 성부가 疋이고 본래 疏의 속자이다. 결속이 엉성한 것을 말하는 글자일 것이다. 疏遠소원·疎遠소원(교제를 잘 하지 않음), 疏略소략·疎略소략(일을 소홀하게 다룸), 疏布소포·疎布소포(올이 성긴 베) 등 '성기다'로는 같이 쓰지만, 疎를 疏通소통처럼 '통하다'로 쓰는 일은 없다.

訴 12획 | 소 | 호소하다

전문1

전문2

|해설| 형성. 성부는 斥소. 斥의 본래 자형은 㡿착, 차이기 때문에 자는 또한 愬소로 쓴다. 屰거스를 역은 大대(손발을 벌린 사람을 정면에서 본 모양)를 거꾸로 한 모양으로, 맞은편에서 오는 사람을 위에서 본 모양이다. 『설문해자』(3상)에 "告고하다"라고 풀이한다. 와서 '호소하

는' 것을 말한다. 愬의 성부는 朔삭. 訴訟소송(호소함. 재판소에 재판을 청구함)에는 訴 자를 쓴다.

|용례| 訴狀소장 告訴고소

塑 13획 | 소 | 토우

|해설| 형성. 성부는 朔삭. 朔에 遡거슬러 올라갈 소의 음이 있다. 이 글자는 또 壊토우 소로 쓰는데, 이때의 성부는 素소이다. 점토로 만든 상인 塑像소상, '土偶토우'를 말한다. 素에는 본래, 朔에는 처음이라는 뜻이 있다. 나무의 고갱이(心심)를 원형(본래, 처음)으로 삼아 점토로 살을 붙인 상이라는 의미일 것이다. 사람 모양의 상은 泥塑人이소인이라고 한다. 흙으로만 만든 것이 토우인데 殷王은왕 帝乙제을은 토우의 신을 만들어 이것을 욕보이며 즐겼다고 한다.

|용례| 彫塑조소 泥塑이소

遡 14획 | 소 | 거슬러 올라가다

전문1 　 전문2

|해설| 형성. 성부는 朔삭. 朔에 塑토우 소의 음이 있다.『설문해자』(11상)에 游물 거슬러 흐를 소(생략형은 泝소)를 정자로 하고, "흐름을 거슬러 올라가는 것을 游洄소회라고 한다"라고 풀이한다. '거슬러 올라가다'라는 뜻으로 쓴다. 遡는 遡及소급(과거로 거슬러 올라감)처럼 물의 흐름을 거슬러 올라가는 경우뿐 아니라 시간을 거슬러 올라가는 경우에도 쓰는데, 泝는 하류에서 상류를 향해 올라가는 경

우에만 쓴다.

|용례| 遡流소류

燒

16획 | 소 | 태우다

燒
전문1

|해설| 형성. 성부는 堯요. 堯에 嶤땔나무 요, 繞두를 요의 음이 있다. 堯는 아궁이에 토기(土토)를 쌓아 올린 모양. 이를 불로 구워 내는 것을 燒라고 한다. 토기를 구워 내는 데서 후에 일반적으로 물건에 불을 더해 '태우다, 피우다'라는 뜻이 된다.

|용례| 燒却소각 燒死소사 燒身소신 燒香소향 延燒연소 全燒전소

騷

20획 | 소 | 떠들썩하다

騷
전문1

|해설| 형성. 성부는 蚤조. 蚤는 벼룩. 벼룩에 물려 손으로 벼룩에 물린 곳을 긁는 것을 搔긁을 조라 하고, 가려워서 말이 떠들썩하므로 騷라고 한다.

|용례| 騷擾소요 騷然소연

人

束

7획 | 속 | 다발, 묶다

| 갑골1 | 금문1 | 전문1 |

|해설| 상형. 잡목을 다발로 묶은 모양. '묶다, 묶은 다발, 다발'이라는 뜻으로 쓴다. 매어서(結결) 묶은(束) 것이므로 結束결속(사물을 끈으로 묶음. 또 뜻을 같이하는 사람이 서로 단결함)이라고 한다. 束薪속신(섶나무 다발)을 신에게 바치고 이것을 계곡물에 흘려서 점을 치는 습속이 중국 고대에 있었다. 고대 재판에서는 원고, 피고가 신에게 선서할 때 束矢속시(묶은 화살)를 제출하도록 되어 있었다.

|용례| 束髮속발 收束수속

俗

9획 | 속 | 풍습, 천하다

| 금문1 | 금문2 | 전문1 |

|해설| 형성. 성부는 谷욕. 이 경우의 谷은 溪谷계곡의 谷곡과는 다르고 容용, 浴욕, 欲욕의 글자에 포함된 谷욕과 같다. 容은 조상에게 제사 지내는 廟묘(宀면) 안에 ㅂ재(신에게 바치는 기도문인 축문을 넣는 그릇의 모양)를 바치며 기도하여 그 ㅂ 위에 희미하게 나타난 신의 모습이다. 그 신의 모습을 보고 싶다고 생각하는 것을 欲바랄 욕이라고 한다. 금문에 俗을 欲의 뜻으로 쓰는 예가 있다. 欲이란 신에게 기도하여 신의 모습이 나타나기를 바라는 것을 말하는데, 그러한 일반적인 신앙이나 의례의 상태를 俗이라 하여, '풍습, 관례, 예사'라는 뜻으로 쓴다. 또 '천하다, 낮다'라는 의미로도 쓴다.

|용례| 世俗세속 俗談속담 俗事속사 俗說속설 俗人속인 習俗습속

速 11획 | 속 | 빠르다, 신속하다

금문1　　籀文1　　전문1

|해설| 형성. 성부는 束속. 束은 잡목을 묶어 매는 모양. 옛 자형에는 欶기침할 수를 요소로 포함하는 것이 있는데, 欶는 묶을(束) 때 격하게 숨 쉬는 모양을 말한다. 빠르게 숨 쉬는 모양이라는 뜻을 취해서 '빠르다, 신속하다'는 뜻이 된다. 束薪속신(묶은 섶나무)은 신에게 바치는 것이었으므로 제사에 부르는 것을 부르다(速)라고 한다.

|용례| 加速가속 速決속결 速斷속단 速度속도 速效속효 時速시속

續 21획 | 속 | 잇다, 이어지다

전문1

|해설| 형성. 성부는 賣(賣속). 『설문해자』(13상)에 "이어지다(連련)"라고 한다. 續은 실이 연속되는 것을 말하는 글자이다. 후에 널리 '계속되다, 이어지다'라는 뜻으로 쓴다. 屬속, 촉과 음훈이 가까운 글자이다.

|용례| 續續속속 續出속출 續行속행 陸續육속 後續후속

孫 10획 | 손 | 손자

갑골1 갑골2 금무1 금문2 전문1

|해설| 회의. 子자와 系계를 조합한 모양. 系는 장식실을 늘어뜨린 모양. 孫은 조상에게 제사 지낼 때, 尸童시동(제사 받는 사람을 대신하여 제사를 받는 사람)이 되는 아이에게 주술적인 장식을 붙인 모양이다. 조부에게 제사할 때는 그 손자가 시동이 되었기에 '손자'라는 뜻으로 쓴다. 『禮記』「祭統」에 "제사의 법도에서 孫은 조부의 尸시가 된다"라고 한다.

|용례| 外孫외계 子孫자손 曾孫증손

損 13획 | 손 | 해치다, 덜다, 잃다

전문1

|해설| 회의. 手수와 員원을 조합한 모양. 員은 圓鼎원정의 모양. 鼎정은 본래 취사용의 세 발 달린 청동기인데 제기로 쓴다. 이 圓鼎에 들어 있는 신에게 올린 공물을 減損감손(줄임)한다는 뜻일 것이다. 혹은 鼎 그 자체를 毀損훼손(부숨)한다는 뜻일지도 모른다. 공자의 문인 중 閔損민손(기원전 6~기원전 5세기)이라는 사람이 있는데 자는 子騫자건이라고 한다. 騫은 蹇절 건으로 보행이 부자유스러운 것을 말한다. 이름과 글자는 의미상으로 관련 있는 것을 붙이므로, 이름 損에는 훼손한다는 뜻이 있을 것이다. 損은 鼎의 발을 손으로 훼손한다는 뜻일 것이다. '해치다, 손상하다, 덜다, 잃다'라는 뜻으로

상용자해

쓴다.

|용례| 損壞손괴 損傷손상 損失손실 損益손익 損害손해 欠損흠손

14획 | 손 | 달아나다, 양보하다

전문1

|해설| 형성. 성부는 孫손. 『설문해자』(2하)에 "달아나다(遁둔)"라고
한다. 달아난다는 뜻에서 '양보하다, 겸양하다'라는 뜻으로도 쓴다.

|용례| 謙遜겸손 不遜불손 遜辭손사 遜色손색 遜讓손양 遜位손위

率 11획 | 솔, 률 | 이끌다, 따르다, 대개

갑골1 갑골2 금문1 금문2 전문1

|해설| 상형. 실 다발을 짜내는 모양. 실 다발 위아래로 작은 가로목
을 질러 넣어 이것을 비틀어 물을 짜는 모양으로, 실 다발 좌우에
물방울이 떨어지는 모양을 더한다. 힘을 주어 세게 짜기 때문에 '이
끌다'라는 뜻이 되고, 물을 다 짜내는 것이기에 '모두, 대개'라는 뜻
이 된다. 또 率順솔순(복종함)처럼 '따르다'라는 뜻으로 쓴다.

|용례| 能率능률 率先솔선 率直솔직 率土솔토 引率인솔 統率통솔

松 8획 | 송 | 소나무

금문1 　 전문1

|해설| 형성. 성부는 公공. 公에 頌기릴 송, 訟호소할 송의 음이 있다. '소나무'를 뜻한다. 상록수로 마디가 많고 높이 솟아오른 모습이 보기 좋고 길한 나무로 생각되었을 것이다. 『詩經』「小雅/斯干」에 "대나무 무성하듯 소나무 무성하듯", 또 『詩經』「小雅/天保」에 "松柏송백이 무성하듯"이라는 구절처럼 예로부터 축송의 말로 쓰인다.

|용례| 松樹송수 松風송풍 青松청송

送 10획 | 송 | 보내다

금문1 　 전문1

|해설| 형성. 성부는 关소. 关는 두 손으로 물건을 받들어 헌상하는 모양으로 '선물을 보내다, 보내다'라는 뜻이 있다. 금문의 『毛公鼎』에 "너에게 이 关(선물)를 하사한다"라고 하는데, 关는 送의 본래 글자이다. 후에 사람에 대해서도 '보내다'라는 뜻이 된다. 佚보낼 잉은 후에 媵잉(보내다, 신부의 몸종으로 보내다, 몸종) 자가 되는데 关, 送, 佚, 媵, 賸잉(보내다, 나머지)은 같은 계열의 글자이다.

|용례| 返送반송 發送발송 配送배송 送別송별 送還송환 運送운송

訟 11획 | 송 | 호소하다, 공격하다

금문1 **금문2** **전문1**

|해설| 형성. 성부는 公공. 公에 頌기릴 송, 松소나무 송의 음이 있다. 公은 궁정 내 의례를 행하는 式場식장의 평면형으로, 여기에서 조상에게 제사 지내고 재판도 했다. 금문에서는 訊訟신송, 罰訟벌송과 같은 재판 용어가 보인다. '호소하다, 판가름하다, 공격하다'라는 의미로 쓴다. 頌은 公廷공정에서 노래하고 춤추며 조상의 덕을 기리는 것을 말하고, 그 덕을 기리는 노래를 頌歌송가라 한다.

|용례| 獄訟옥송 訴訟소송

刷 8획 | 쇄 | 쓸다, 씻다, 닦다

전문1

|해설| 회의. 㕞닦을 쇄의 생략형과 刀도(刂)를 조합한 모양. 㕞는 사람(尸시)이 앞 띠에서 늘어뜨린 수건(巾건)으로 손(又우)을 닦는 모양으로, '닦다, 씻어내다'라는 뜻이 된다. 刷는 㕞와 통하여 '닦다, 씻다'라는 뜻으로 쓴다. 刷는 『설문해자』(4하)에 "刮깎을 괄"이라고 하듯이 木簡목간(글자를 쓰는 데 사용한 얇고 길쭉한 나뭇조각) 등을 깎는다는 뜻. 깎아서 글자를 없애고 다시 글자를 쓰는 것이므로 '쓸다'라는 뜻도 되어서 印刷인쇄(판면에 잉크를 묻히고 판면상의 문자나 그림을 종이, 포 등에 문질러 찍음)라고 한다. 종이가 아직 없는 목산을 사용했던 시대에 만들어진 글자이다.

|용례| 刷新쇄신 增刷증쇄

碎 13획 | 쇄 | 부수다

전문1

|해설| 형성. 성부는 卒졸. 卒에 淬담금질할 쉬, 焠담금질할 쉬의 음이 있다. 卒은 사람이 죽었을 때 죽은 사람의 영의 탈출을 막고 악령이 들어오는 것을 막기 위해 죽은 사람의 옷깃을 포개서 매듭지은 모양이다. 이 글자는 돌을 깨트려 부술 때의 음이 卒졸의 음에 가깝기 때문에 의성적으로 그 음을 썼을 것이다. 본래 '돌을 부수다'라는 뜻에서 후에 일반적으로 '부수다, 부서지다'라는 뜻으로 쓴다.

|용례| 碎氷쇄빙 碎石쇄석 碎身쇄신

鎖 18획 | 쇄 | 사슬, 자물쇠, 잠그다, 빗장

전문1

|해설| 형성. 성부는 貨쇄. 貨는 작은 조개. 이것을 연결해서 사슬 같은 모양으로 한다. 그렇게 연결해서 긴 줄 모양으로 만든 금속 재질의 것을 鎖라고 하여 '사슬'이라는 뜻이 된다. 사슬 모양의 문자물쇠로 사용하여 빗장이라는 뜻이 되고, 문을 닫는 빗장이므로 '잠그다'라는 뜻이 된다.

|용례| 鎖骨쇄골 鎖國쇄국 鎖鑰쇄약 閉鎖쇄폐 連鎖연쇄 閉鎖폐쇄

衰 10획 | 쇠, 최 | 쇠하다, 상복

전문1

|**해설**| 회의. 본래 글자는 衣의와 冄염을 조합한 모양. 죽은 사람의 옷깃에 冄 모양의 베로 만든 **喪章**상장(거상의 뜻을 나타내기 위해 가슴이나 소매에 다는 표식 — 옮긴이)을 붙인 모양으로, '상복'이라는 뜻이 된다. 衰는 縗상복 최의 본래 글자이다. **葬儀**장의 때는 평소 행하는 예를 **減衰**감쇠(줄임)하므로 衰는 '줄이다, 약해지다'라는 뜻이 된다.

|**용례**| 老衰노쇠 盛衰성쇠 衰弱쇠약 衰頹쇠퇴 衰退쇠퇴

手 4획 | 수 | 손

금문1 금문2 전문1

|**해설**| 상형. 손의 모양. 손목 앞의 다섯 손가락을 펼친 모양이다. 금문에 "**拜手稽首**배수계수"(손을 맞잡고 머리를 땅에 붙여 절하는 예)라고 써야 할 곳을 "**拜首稽首**"로 잘못 쓴 사례가 있는 것(금문의 遹敦휼궤나 卯敦묘궤의 경우처럼 拜手稽手라고 잘못 쓴 예도 있다. — 옮긴이)을 생각하면, 手는 **手首**수수(손목)를 의미하는 말이었을지도 모른다.

|**용례**| 徒手도수 手記수기 手段수단 手法수법 手腕수완 入手입수

人

水  4획 | 수 | 물

갑골1 갑골2 금문1 금문2 전문1

|해설| 상형. 흐르는 물의 모양. 가운데에 커다란 흐름이 있고 좌우에 작은 흐름이 있는 모양이다. 큰 흐름이 세 갈래로 되어서 흐르는 모양은 川천이므로 水는 작은 물의 흐름을 나타낸다. 작은 물의 흐름은 얼기 쉬우므로 옆에 얼음 덩어리를 두 개 붙이면 冰얼음 빙(氷)이 된다. 水를 부수로 사용할 때는 옆으로 세 개의 점(氵)으로 나타낸다.

|용례| 覆水복수 水禽수금 水陸수륙 水邊수변 水濱수빈 水煙수연

囚 5획 | 수 | 가두다, 잡힌 사람

갑골1 전문1

|해설| 회의. 囗둘러쌀 위와 人인을 조합한 모양. 囗 안에 사람을 잡아 가둔 모양으로 '잡다, 잡히다, 잡힌 사람'이라는 뜻이 된다. 포로가 되어 잡힌 사람을 囚수라 하고, 죄에 의해 감옥에 갇힌 사람을 囚人수인이라고 한다. 감옥에 가둘 때는 대개 土室토실을 쓰는데 감옥을 深室심실, 圜土환토라고 한다.

|용례| 俘囚부수 囚縛수박 囚獄수옥

收 6획 | 수 | 거두다

전문1

|해설| 회의. ㅁ얽힐 구와 支복(攵)을 조합한 모양. ㅁ는『설문해자』
(3상)에 "서로 糾繚규료하는 것"이라고 하는데 줄을 꼬듯이 둘러 감
는 것을 말한다. 攵에는 친다는 뜻이 있어서 줄을 쳐서 다독거려
'거두는' 것을 收라고 한다. 힘을 가해 조여서 정리하는 것인데, 혼
란한 상태를 잘 정리해 다스리는 것을 收拾수습이라고 한다. 또 收
監수감(잡아서 형무소에 가둠)처럼 '잡다'라는 뜻으로도 쓴다.

|용례| 收錄수록 收束수속 收容수용 撤收철수 回收회수

守 6획 | 수 | 지키다

금문1   금문2   전문1

|해설| 회의. 宀면과 寸촌을 조합한 모양. 宀은 조상의 영에게 제사
지내는 사당의 지붕 모양으로 사당 등 중요한 건물을 말한다. 금문
에는 寸 부분이 干간(방패)을 손(又우)으로 잡는 자형(금문2)이 있고,
또 "그 友우(友官우관)와 함께 지키다"라고 하듯이 중요한 건물을 지
키는 것을 말한다. 후에 일반적으로 물건이나 일을 '지키다'라는 뜻
으로 쓴다.

|용례| 保守보수 死守사수 守備수비 守拙수졸 嚴守엄수 鎭守진수

秀 7획 | 수 | 빼어나다

전문1

|해설| 상형. 벼와 같은 곡물의 이삭 부분이 늘어져서 꽃이 핀 모양. 禾화 상부의 꽃이 피고 꽃술이 늘어져 있다. 꽃이 지고 벼가 여물어 이삭이 늘어져 그 열매가 터질 듯한 모양이 穆목(여물다, 삼가다)인데 白백 부분이 열매 모양이다. 그 열매가 떨어진 뒤의 모양이 禿대머리 독이다. 秀, 穆, 禿은 같은 계열의 글자이다. 꽃 필 때는 가장 아름답고 빼어난 상태일 때이고 '빼어나다'는 뜻으로 쓴다. 그 뜻을 사람에게로 옮겨서 秀才수재(빼어난 재능, 또 그 사람)라 한다.

|용례| 秀麗수려 秀英수영 秀逸수일 優秀우수

受 8획 | 수 | 받다

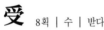

갑골1　갑골2　금문1　금문2　전문1

|해설| 회의. 爪표와 舟주를 조합한 모양. 爪는 爪조와 又우를 조합한 모양인데 爪와 又는 손이므로 위아래 손을 합친 모양이고, 舟는 쟁반의 모양이다. 쟁반에 있는 물건을 위 손은 주고 아래 손은 받는 모양이다. 그래서 위 손에서 보면 준다, 아래 손에서 보면 받는다는 뜻이 되는데, 갑골문·금문에서는 양쪽의 뜻으로 쓴다. 후에 준다는 뜻의 授수가 만들어져서 受는 '받다'로만 쓴다.

|용례| 甘受감수 受賞수상 受業수업 受診수진 受驗수험

垂 8획 | 수 | 늘어지다, 드리우다, 막 되려고 하다

坐
전문1

| 해설 | 회의. 㐅수와 土토를 조합한 모양. 㐅는 초목의 꽃이나 잎이 아래로 늘어진 모양. 아래에 土를 더해 늘어져 땅에 닿는 것을 나타냈을 것이다. '늘어지다, 드리우다'라는 뜻이 되고, 처져서 땅에 가까워지듯이 지금이라도 그 상태가 되려고 하는 것, '막 되려고 하다'라는 뜻이 되고, 垂死수사(죽음에 가까워짐), 垂老수로(노년에 가까워짐)라고 한다.

| 용례 | 垂教수교 垂範수범 垂訓수훈 懸垂현수

帥 9획 | 수, 솔 | 거느리다, 따르다

𦥐 | **𠙷** | **𦥯** | **帥**
금문1 | 금문2 | 금문3 | 전문1

| 해설 | 회의. 𠂤퇴와 巾건을 조합한 모양. 𠂤는 師 자의 𠂤(祭肉제육) 모양과 달리, 啓계 자에 포함되는 戶호(신을 모셔놓은 감실의 외여닫이 문의 모양)에 가깝다. 상하로 두 개 있는 감실의 외여닫이 문에 헝겊(巾)을 더해, 닦아서 감실을 정화하는 것을 帥라고 할 것이다. 率솔과 통용하여 '거느리다, 따르다'라는 의미로 쓴다.

| 용례 | 帥先수선 統帥통수 總帥총수

人

狩 9획 | 수 | 사냥

| 갑골1 | 갑골2 | 금문1 | 금문2 | 전문1 |

|해설| 형성. 성부는 守수. 狩獵수렵(사냥)의 狩에는 본래 獸짐승 수를 썼다. 獸는 嘼축과 犬견을 조합한 모양. 嘼의 상부는 單단인데 두 개의 깃 장식이 붙은 타원형 방패 모양으로 수렵할 때 사용했다. 하부의 口는 ㅂ축문 그릇 재(신에게 바치는 기도문인 축문을 넣는 그릇의 모양)이고 수렵에 앞서서 행하는 수렵의 성공을 기원하는 의례를 嘼이라고 한다. 여기에 사냥개의 犬견을 더하여 獸가 되어 수렵이라는 뜻으로 쓴다. 獸가 狩의 본래 글자인데 후에 수렵에 의해서 잡힌 '사냥감, 짐승'을 말하는 글자가 되고, '사냥, 사냥하다'라는 뜻으로는 형성자인 狩가 만들어졌다. 천자가 제후의 나라를 시찰하는 것을 巡狩순수라고 하는데 그것은 巡守순수의 뜻이다.

首 9획 | 수 | 머리, 우두머리, 처음

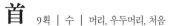

| 금문1 | 금문2 | 전문1 |

|해설| 상형. 머리카락과 눈(目목)을 표시한 머리의 모양. 目은 안면을 표현하고 그 위에 머리털을 붙였다. 머리를 거꾸로 단 모양이 縣매달 현이다. 이족의 머리를 들어 그 呪力주력에 의해 邪靈사령을 祓淸불청하고 나아가는 것을 導도라 하고 불청된 곳을 道길 도라 한다. 首는 인체에서 특히 중요한 부분이므로 중심이 되는 사람(우두머리, 두목)이나 물건이라는 뜻이 되어 首長수장, 首領수령, 首都수도라고

말한다. 또 首는 인체의 최상부에 있으므로 首位수위, 首唱수창, 首尾수미처럼 '제일, 처음'이라는 의미로 쓴다.

修 10획 | 수 | 닦다, 정화하다

修
전문1

|해설| 회의. 攸유와 彡삼을 조합한 모양. 攸는 사람의 등에 물을 끼얹어 씻는 모양으로 재계를 한다는 의미이다. 재계에 의해 심신이 淨化정화되고 마음이 편안해지는 것을 悠유(편안하다, 느긋하다)라고 한다. 정화된 것을 상징적으로 표시하는 기호와 같은 문자인 彡을 더하여 修라 한다. 修는 '정화하다, 닦다(언동을 갖추어 올바로 하다, 또 학문, 기예를 몸에 익히다), 가다듬다'라는 뜻이 된다.

|용례| 改修개수 修養수양 修業수업 修學수학 修行수행

殊 10획 | 수 | 다르다, 특히

殊
전문1

|해설| 형성. 성부는 朱주. 『설문해자』(4하)에 "죽이다", 즉 사형에 처하는 것이라고 하는데, 그것은 誅죽일 주와 음이 통하여 통용하기 때문이다. 죽인다는 뜻의 글자는 誅가 본래 글자일 것이다. 『詩經』「魏風/汾沮洳」에 "公路공로(관명)에 殊異수이하다"라는 구절이 있는데, 수이는 매우 뛰어나다는 뜻이나. 殊는 '다르다, 특히 뛰어나다, 특히, 매우'라는 뜻으로 쓴다.

人

袖 10획 | 수 | 소매

전문1

|해설| 형성. 성부는 由유. 由에 岫바위굴 수의 음이 있다. 由는 본래의 모양이 아마도 卣술통 유일 것인데, 조롱박 모양의 열매가 익어 녹아서 속이 빈 모양이고, 일반적으로 속이 빈 모양을 말한다. 열매가 익어서 기름 같은 상태가 된 것을 油유라고 하는데 하늘이나 공간을 宙주라 하고 산의 바위굴을 岫라고 한다. 자루 모양의 옷소매를 袖라고 하여 '소매, 소맷부리'라는 뜻으로 쓴다.

|용례| 袖裏수리 袖手수수 領袖영수 長袖장수

授 11획 | 수 | 주다

전문1

|해설| 형성. 성부는 受수. 受는 舟(盤) 위아래에 손을 더하여 쟁반 안의 물건을 위의 손(爪조)으로 주고 아래의 손(又우)으로 받는다는 뜻이 되는데, '주다'와 '받다' 두 가지 의미가 있다. 후에 受에 손수변을 더한 授는 '주다'라는 뜻으로 쓰고, 受는 '받다'라는 뜻으로만 쓰게 되었다.

|용례| 授賞수상 授受수수 授業수업 授與수여

羞 11획 | 수 | 바치다, 부끄러움

갑골1 | 갑골2 | 금문1 | 금문2 | 금문3 | 전문1

|해설| 회의. 羊양과 丑축을 조합한 모양. 『설문해자』(14하)는 丑을 성부로 하지만, 갑골문이나 금문의 자형은 羊과 又우(손의 모양)로 되어 있어 丑이 성부라고는 생각하기 어렵다. 丑은 손가락 끝에 힘을 주어 물건을 잡는 모양이다. 羞는 희생양을 신에게 바치는 것을 나타내고 '바치다'라는 뜻이 된다. 『春秋左氏傳』「襄公十八年」에 "신의 羞를 하는 일 없도록 하라"고 한 것은, 신에게 부끄러움을 바치는 일이 없도록 하라는 뜻이고, 羞는 '부끄러움'(수치)이라는 뜻으로 쓴다.

|용례| 羞恥수치 含羞함수

須 12획 | 수 | 수염, 기다리다, 마땅히 –해야 하다

금문1 | 금문2 | 금문3 | 전문1

|해설| 회의. 頁혈과 彡삼을 조합한 모양. 頁은 의례 때 禮帽예모를 쓰고 예배하는 사람을 옆에서 본 모양. 彡은 모양이나 색깔이 아름다운 것을 표시하는 기호와 같은 문자인데, 이 글자에서는 금문의 자형을 보면 얼굴에 붙여서 표시되어 있기 때문에 수염의 모양으로 보는 것이 좋다. 『설문해자』(9상)에 "얼굴의 털"이라 하여 수염을 뜻한다고 보고 회의자라고 하는데, 전체를 상형으로 보아도 좋은 글자이다. 구레나룻, 턱수염이 있는 사람의 모습으로 '수염'이라는

뜻으로 쓴다. 須는 鬚_{수염} 수의 본래 모양이다. '쓰다, 기다리다, 마땅히 -해야 하다' 등의 뜻으로 쓰는 것은 需_수(구하다, 기다리다) 등과 통용하는 가차 용법이다.

|용례| 斯須_{사수} 須臾_{수유} 必須_{필수}

搜 13획 | 수 | 찾다

전문1

|해설| 형성. 본래 글자는 挃_수로 쓰고, 성부는 叜_{늙은이} 수. 叜는 조상에게 제사 지내는 사당(廟_묘)에서 제사를 할 때 손(又_우)에 불을 든 모양으로, 불을 들고 제사를 지휘하는 것은 씨족의 長老_{장로}였으므로 장로, 늙은이라는 뜻이 된다. 叜는 후에 叟_수 자가 된다. 어두운 곳에서 물건을 찾을 때는 불을 들게 되므로 여기에 手_수를 더해 搜가 되고, '찾다'라는 뜻이 된다. 형의 아내는 사당에서 일하고, 叟 역할을 하였으므로 女_녀를 더하여 嫂_수로 하고, 형수라는 뜻이 된다.

|용례| 搜求_{수구} 搜査_{수사} 搜索_{수색}

愁 13획 | 수 | 시름겹다, 시름

전문1

|해설| 형성. 성부는 秋_추. 『설문해자』(10하)에 "근심하는(憂_우) 것"이라고 한다. 憂愁_{우수}(근심하고 슬퍼함)라고 합쳐 쓴다. '근심하다, 슬퍼

하다'라는 뜻이 된다. 秋를 성부로 하는 또 다른 글자로 愀_추가 있고 근심하는 모양을 말한다. 모두 秋를 성부로 하는 것은 가을이 어쩐지 쓸쓸한 계절감을 뜻에 내포하기 때문일 것이다.

|용례| 愁思_{수사} 愁傷_{수상} 愁訴_{수소} 哀愁_{애수} 旅愁_{여수}

遂 13획 | 수 | 이루다, 마치다, 마침내, 길

금문1 　　금문2 　　전문1

|해설| 형성. 성부는 㒸_수. 㒸는 靈_령의 힘을 가진 짐승. 이 짐승으로 행위를 계속할지 말지 점을 치고, 점친 결과 계속하는 것을 遂라고 한다. 그래서 遂는 계속해서 '끝까지 해내다, 이루다'라는 뜻이 된다. 遂行_{수행}(일을 최후까지 해냄)하는 데서 '마침내'라는 뜻이 된다. 辵착(辶, 辶)은 걷는다는 뜻이기 때문에 遂는 노상에서 점치는 것이다. 靈의 힘(呪靈_{주령})을 가진 尢_출이라는 짐승을 써서 십자로에서 치는 점은 術_술이다.

|용례| 未遂_{미수} 完遂_{완수}

睡 13획 | 수 | 자다

睡

전문1

|해설| 형성. 성부는 垂_수. 垂는 초목의 꽃이나 잎이 아래로 늘어지는 모양으로, 늘어진다는 뜻이다. 졸려서 눈꺼풀이 아래로 늘어지는 것을 睡라고 하여, '자는' 것을 말한다. 자는 모습은 평화롭고

아름답다고 하여, 물 위에 조용히 떠 있는 갈매기를 睡鷗_{수구}, 수면에서 꽃잎을 열고 닫는 연을 睡蓮_{수련}이라고 한다.

|용례| 睡魔_{수마} 熟睡_{숙수} 午睡_{오수} 昏睡_{혼수}

13획 | 수 | 갚다, 보답하다

전문1　전문2

|해설| 형성. 성부는 州_주.『설문해자』(14하)에는 글자를 醻_{잔 돌릴 수}로 쓰고 성부는 壽_수.『詩經』「小雅/楚茨」에 "獻醻_{헌수}, 交錯_{교착하}다"(함께 술을 주고받다)라 하는데, 일본의 연회처럼 술잔을 주거니 받거니 하는 것일 것이다. 잔을 돌려주는 것을 酬라고 하는데 잔을 주거니 받거니 하듯이 서로 주고받는 것을 應酬_{응수}라 하고, 제공된 노력 등에 대한 사례를 지불하는 금전이나 물품을 報酬_{보수}라고 하고, 은의에 보답하는 것을 酬恩_{보은}이라 한다. '갚다, 보답하다, 보상하다'라는 뜻으로 쓴다.

壽 14획 | 수 | 목숨, 장수, 축하하다

금문1　금문2　전문1

|해설| 형성. 성부는 䰏_수. 䰏는 밭두둑 사이에 ㅂ_재(신에게 바치는 기도문인 축문을 넣는 그릇)를 놓고 풍작을 기도한다는 뜻으로 禱_도의 본래 글자이다. 禱는 老_로의 일부를 생략한 耂와 䰏를 조합한 모양으로 사람의 장수를 기도하는 것을 말한다. 그래서 '장수, 목숨, 명

이 길다'는 뜻이 되고, 장수를 '축하하다'라는 뜻이 된다. 금문에서는 장수를 기도하여 "眉壽萬年미수만년 되기를"이라고 한다.

|용례| 白壽백수 壽考수고 壽命수명 天壽천수 喜壽희수

粹 14획 | 수 | 순수하다

전문1

|해설| 형성. 성부는 卒졸. 卒에 悴아플 췌, 萃모일 췌의 음이 있다.『설문해자』(7상)에 "잡되지 않음"이라고 한다. 精米정미, 불순물이 없는 쌀을 말한다. 粹와 雜잡을 상대적인 말이라고 하는데, 雜은 많은 색이 모여 섞이는 것을 말한다. 粹는 불순물이 없는 쌀이라는 뜻에서 일반적으로 '잡되지 않음'이라는 뜻이 된다. 雜은 많은 색이 모여 섞인다는 뜻에서 일반적으로 '섞이다'라는 뜻이 된다. 일본어에서는 촌스러움에 대비해 '멋스러움'이라는 뜻으로 쓴다.

|용례| 粹白수백 純粹순수 精粹정수

需 14획 | 수 | 구하다, 기다리다

금문1 　 금문2 　 전문1

|해설| 회의. 雨우와 而이를 조합한 모양. 而는 머리카락을 잘라 상투가 없는 사람의 모양으로 巫祝무축(신을 섬기는 사람)을 말한다. 가뭄 때 祈雨기우는 무축들이 행하는데 需란 비를 구하고(需), 기다리는(需) 것을 말하므로, 需는 '구하다, 기다리다'라는 뜻이 된다.

그 기우를 하는 무축을 儒유라고 한다. 기도를 바치는 무축을 불태워 기우하는 것도 있는데 그 불태워 죽임을 당하는 무축의 모양이 莫한이다.

|용례| 需求수구 需給수급 需要수요 必需필수

數 15획 | 수 | 수, 세다, 꾸짖다, 자주

금문1

전문1

|해설| 회의. 婁루와 攴복(攵)을 조합한 모양. 婁는 여자가 머리를 높이 땋아 올린 모양. 이것을 쳐서 머리형을 무너뜨린 것을 數라고 한다. 그것은 사람을 꾸짖는 행위로서 행해진 것으로 '꾸짖다'라는 뜻이 된다. 머리가 헝클어져 셀 수 없는 상태가 되므로 '수, 세다'라는 뜻이 되고, 수의 셈에는 일정한 법칙이 있으므로 命數명수, 曆數역수(자연히 따라오는 운명)처럼 말하고 '법규, 운명'이라는 뜻으로도 쓴다.

|용례| 個數개수 計數계수 數奇수기 數量수량 戶數호수

瘦 15획 | 수 | 여위다

전문1

|해설| 형성. 성부는 叟수. 『설문해자』(7하)에 글자를 瘦수로 쓴다. 叟의 본래 글자는 変수이다. 変는 조상에게 제사 지내는 사당(廟묘. ᐔ면은 사당 지붕 모양)에서 제사를 할 때 손(又우)에 불을 든 모양으

로, 불을 들고 제사를 지휘하는 長老장로, 늙은이를 말한다. 疒병들
어 기댈 녁은 침대 위에 병으로 누워 있는 사람의 모양. 늙은이는 瘦
臞수구(여위어서 홀쭉해짐)나 병들어 여윈 사람이 많으므로 瘦는 '여
위다'라는 뜻으로 쓴다.

|용례| 瘦軀수구 瘦身수신 瘦容수용

誰 15획 | 수 | 누구

전문1

|해설| 형성. 성부는 隹추. 隹는 새의 모양으로 새를 말한다. 唯유,
雖수, 進진, 推추, 雇고에 포함된 隹는 새점에 사용되는 것이다. 誰의
隹도 새를 사용하는 새점의 풍속을 표시하는 것으로, 자신에게 주
술을 거는 짓을 하는 자의 이름을 새점으로 묻는 것을 誰라고 할
것이다. 『설문해자』(3상)에 "誰何수하하는 것"(누군지 이름을 묻는 것)
이라 하여, '누구'라는 뜻으로 쓴다.

隨 16획 | 수, 타 | 따르다

전문1

|해설| 형성. 성부는 隋수. 隋는 𨸏부(阝)와 左좌와 月(肉육의 생략형)
을 조합한 모양. 𨸏는 본래 阝 모양으로, 신이 하늘에 오르내릴 때
쓰는 사다리의 모양. 左는 呪具수구인 工공을 손에 는 모양. 隋는
신의 사다리 앞에서 고기를 바치고 주구를 들고 기도하며 신이 있

는 곳을 찾는 모양으로, 隋타 음으로 읽을 때는 바쳐진 祭肉제육이라는 뜻이 된다. 隨는 아마 신이 있는 곳을 찾아서 그곳에 고기를 바친다는 뜻이고, '뒤따라가다, 따르다'라는 뜻이 된다.

|용례| 附隨부수 隨時수시 隨從수종 隨筆수필 隨行수행 追隨추수

樹 16획 | 수 | 나무, 심다, 세우다

전문1

|해설| 형성. 성부는 尌세울 주. 尌는 壴북 고(鼓)를 손(寸촌)으로 치는 모양이고, 농경의례에 관한 글자이다. 嘉아름다울 가는 力력(耒보습 사의 모양)에 ㅂ재(신에게 바치는 기도문인 축문을 넣는 그릇)를 더하여 耜를 祓淸불청하는 의례를 말하는데, 여기에 북소리를 더하여 가을의 蟲害충해를 없애고 곡물의 수확을 기도하는 농경의례를 말한다. 尌에 木목을 더한 樹는 북소리를 울려 樹木수목의 생육의 힘을 촉진하는 것을 표시한다. 樹는 '나무, 선 나무'라는 뜻에서 樹藝수예(초목을 심음)라는 의미가 되고 나아가 모든 것을 수립하는 것을 말한다.

|용례| 樹間수간 樹德수덕 樹林수림 樹陰수음

輸 16획 | 수 | 나르다, 옮기다

전문1

|해설| 형성. 성부는 兪유. 兪는 손잡이가 달린 수술칼(余여)로 환부

의 膿血농혈(고름과 피)을 찔러서 쟁반(月은 舟인데 쟁반의 모양)에 옮겨 담는 모양이고, 병이나 상처를 낫게 하는 것을 말한다. 농혈을 옮기는 데서 화물을 차에 옮겨 싣는 것을 輸라 하고 '나르다, 옮기다, 보내다'라는 뜻이 된다.

|용례| 輸送수송 輸入수입 輸出수출 運輸운수

穗 17획 | 수 | 이삭

전문1

전문2

|해설| 형성. 성부는 惠혜. 본래의 글자는 采이삭 수로 쓰고, 爪손톱 조와 禾벼 화를 조합한 모양이다. 벼 이삭을 손끝으로 집는 것을 말하고, '이삭'이라는 뜻이 된다. 후에 글자를 穟이삭 수로 쓰고, 성부는 遂수. 이 遂의 음이 남아서, 穗도 '수'로 읽게 되었다. 금문에 惠 자의 상부에 곡물 알갱이에서 세 개의 이삭이 나온 모양이 있는데, 穗 자의 惠는 그 모양이며, 惠愛혜애의 惠(은혜)와는 무관한 글자이다.

|용례| 出穗출수 禾穗화수

獸 19획 | 수 | 짐승, 사냥

갑골1

갑골2

금문1

금문2

전문1

|해설| 회의. 嘼축과 犬견을 조합한 모양. 嘼의 상부는 單단인데 두 개이 깃 장식이 달린 다원형 방패 모양으로 수렵할 때 사용했다. 하부의 口는 ㄇ축문 그릇 재(신에게 바치는 기도문인 축문을 넣는 그릇의

모양)이고 수렵에 앞서서 행하는 수렵의 성공을 기원하는 의례를 嚮라고 한다. 여기에 사냥개인 犬을 더하여 獸가 되어 사냥이라는 뜻이 된다. 獸가 狩獵수렵의 狩의 본래 글자이고 갑골문에서는 獸를 '사냥'이라는 뜻으로 쓴다. 후에 수렵에서 잡은 '사냥감, 짐승'을 말하는 글자가 되고, '사냥, 사냥하다'라는 뜻으로는 형성의 狩가 만들어졌다.

|용례| 禽獸금수 猛獸맹수 獸醫수의 獸畜수축 獸皮수피 野獸야수

髓 23획 | 수 | 골수

髓
전문1

|해설| 형성. 성부는 遀수. 『설문해자』(4하)에 "뼛속의 기름(脂지)"이라고 한다. 골수를 말한다. 신체 중에서 가장 중요한 것이라 하는데, 사물의 본질을 神髓신수, 眞髓진수라고 한다. 漢代한대의 東方朔동방삭(기원전 2~기원전 1세기)은 8천 년을 살았다는 仙人선인인데, 3천 년에 한 번 그 腦髓뇌수를 씻었다고 한다.

叔 8획 | 숙 | 희다, 젊다

叔 **叔** **叔**
금문1 금문2 전문1

|해설| 회의. 朮숙과 又우를 조합한 모양. 朮은 戚도끼 척의 머리 부분에서 밑으로 하얗게 날에서 빛을 발하는 모양이다. 又는 손의 모양이므로 朮을 손으로 잡은 형태가 叔이고 戚은 본래 聖器성기로

서 사용되었던 것 같다. 叔에는 '희다'는 의미가 있고, 銀은이나 주석(錫석) 등 白光백광이 나는 금속을 叔金숙금이라 한다. 도끼날의 빛은 희고 사물을 淨化정화하는 힘이 있다고 하여, 叔에는 '좋다'는 의미가 있다. 少소와 음이 가까워서 '젊다, 연하'라는 뜻으로 써서 叔伯숙백(형과 동생)이라고 쓴다.

宿 11획 | 숙 | 묵다, 묵을 곳, 품다, 번(숙직)

갑골1　갑골2　금문1　전문1

|해설| 회의. 宀면(집)과 佰숙을 조합한 모양. 宀은 조상의 靈령에게 제사 지내는 사당의 지붕 모양. 佰은 因席첨석(깔개) 위에 사람이 자는 모양이다. 사당과 같은 신성한 건물에 숙직하는(번을 드는) 것을 宿이라고 한다. 그래서 '묵다, 묵을 곳, 번(숙직), 머물다'라는 뜻이 된다. 제사하기 전에 우선 禁忌금기(일정 기간 식사나 외출 등을 꺼리고 심신을 정결하게 함)를 위해서 일정한 장소에 묵는 것도 있는데, 사전에 하는 것을 宿願숙원, 宿志숙지(이전부터의 기원)라 하고, 오랫동안 그 일에 종사해온 것을 宿學숙학, 宿儒숙유(깊이 공부한 학자)라고 한다. 그리고 뒤에까지도 영향을 남기는 상태를 宿恨숙한(오래전부터 품고 있던 원한), 宿醉숙취(술의 취기가 남음)라고 한다. 본래의 宿直숙직이라는 뜻에서 많은 의미가 전개되어온 글자이다.

人

淑 11획 | 숙 | 맑다, 얌전하다

| 금문1 | 금문2 | 전문1 |

|해설| 형성. 성부는 叔숙. 叔에는 '맑다'는 뜻이 있고, 『설문해자』
(11상)에는 물이 淸澄청정하다는 뜻이라고 하는데, 淑은 사람이 '맑
다, 얌전하다, 아름답다'는 뜻으로 쓴다. 금문에는 '맑다'는 뜻의 淑
을 弔조로 쓰는데, 弔는 繳격(주살의 줄)의 상형이다. 弔는 활에 주
살(화살에 줄 등을 달아 쏘아서 새 같은 것을 얽히게 해서 잡는 도구)의
줄을 감은 모양이다. 繳의 소리가 淑에 가까워 弔를 淑의 뜻으로
쓰게 되었다. 이것을 이해하지 못해서, 『詩經』「小雅/節南山」의
"不弔昊天부조호천"이라는 구절을 종래는 '하늘에 동정받지 못하다'
라고 읽어왔지만, 不弔는 不幸불행이란 뜻이므로 '하늘의 神助신조
를 받을 수가 없다'라고 읽어야 할 것이다.

|용례| 私淑사숙 淑女숙녀 淑媛숙원 淑姿숙자

肅 12획 | 숙 | 삼가다

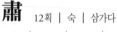

| 갑골1 | 금문1 | 금문2 | 전문1 |

|해설| 회의. 聿율과 規규의 본래 모양인 𢆶를 조합한 모양. 聿은 붓
(筆필), 規는 그림쇠(원을 그리는 도구. 컴퍼스)인데 본래 상형적으로
𢆶로 그리고, 그것이 후에 𣍚연의 형태가 되었다. 그림쇠로 윤곽을
그리고 붓으로 마무리하여 문양을 가하는 것을 肅이라고 한다. 네
모 모양의 방패(周주)에 문양을 그리는 것을 畫그림 화라 하고, 세밀

한 문양을 수놓은 직물을 繡수라고 한다. 물건에 문양을 더해서 엄숙하게 장식하는 것이 그것을 聖化성화하는 방법으로 여겨졌기 때문에 '삼가다, 공경하다'라는 뜻이 된다.

|용례| 肅敬숙경 淑淸숙청 自肅자숙

塾 14획 | 숙 | 행랑방, 글방

전문1

|해설| 형성. 성부는 孰숙. 塾은 건물의 문 옆에 있는 방이고 元服원복의 禮례와 같은 의례를 행하는 방이었다. 또 그곳은 학문을 배우는 방으로도 사용되었다. 일본의 에도 시대에는 塾이 학습 공간으로서 중요한 역할을 했다. 지금은 학교가 있지만 學習塾학습숙도 많다.

|용례| 私塾사숙 義塾의숙

熟 15획 | 숙 | 익다

|해설| 형성. 성부는 孰숙. 孰의 본래 글자는 취사하는 그릇에 丮극(손으로 물건을 잡는 모양)을 더하여, 삶는다는 뜻의 글자로 熟의 본래 글자이다. 취사에는 불을 사용하므로 아래에 불(灬)을 더하는데, 孰에 이미 삶는다는 뜻이 있기 때문에 熟은 孰의 繁文번문(획수가 많은 자)이며 형성자이다. 잘 삶는 데서 일반적으로 '익다'라는 뜻으로, 또 '익숙하다, 마무리되다'라는 뜻으로도 쓴다.

|용례| 爛熟난숙 成熟성숙 熟達숙달 熟讀숙독 熟慮숙려 熟練숙련

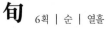 6획 | 순 | 열흘

갑골1　갑골2　금문1　전문1

|해설| 회의. 勹포와 日일을 조합한 모양. 갑골문은 꼬리를 만 龍용의 모양으로, 이것으로 10일을 뜻했다. 구름(雲운)과 비슷한 모양인데 구름은 雲 아래에 구름 속의 용이 만 꼬리가 조금 드러나 있는 형상이다. 一旬일순(10일간)의 旬이 본래 용의 모양으로 표시되는 것은, 일순의 길흉을 지배하는 것이 용 모양의 신이라고 여겨졌기 때문일 것이다. 은 왕조의 달력은 10일을 일순으로 하고, 후에 日을 더해서 旬의 모양이 되었다. 旬은 '열흘'이라는 뜻으로 쓴다. 旬은 일정한 속도로 도는 것이므로 순차로 돌아다니는 것을 徇순이라고 한다.

|용례| 上旬상순 旬日순일

 7획 | 순 | 돌다, 어루만지다

전문1

|해설| 형성. 성부는 巛천. 巛은 川천이고, 본래 畎澮견회(밭도랑)를 의미하는 글자이다. 『설문해자』(2하)에 "보면서 다니는 것(視行시행)"이라 하여, 視察巡行시찰순행을 뜻한다고 한다. '돌아다니다, 돌아보다, 돌다'라는 뜻으로 쓴다. 음이 같기 때문에 循순(좇다, 돌아다니다), 徇순(외치다, 돌아다니다)과 통용한다.

|용례| 巡狩순수 巡視순시 巡業순업 巡察순찰 巡廻순회 逡巡준순

盾

盾
전문1

9획 | 순 | 방패

|해설| 상형. 눈(目목) 위로 방패를 든 모양. 옛 자형은 없는데 상부는 방패를 들고 가려서 몸을 지키는 모양이다. 방패는 부족에 따라서 모양이나 장식이 다르다. 干간은 장방형 방패, 單단은 상부에 두 갈래의 깃 장식을 붙인 타원형 방패, 周주는 표면에 두루 문양을 조각한 네모 모양의 방패이다. 옛날 초나라에 창(矛모)과 방패(盾)를 파는 상인이 있어서, 이 창은 어떤 것이라도 뚫는 날카로운 창이고, 이 방패는 어떤 것으로도 뚫을 수 없는 방패라고 자랑하고 있었는데, 어떤 사람이 "당신의 창으로 당신의 방패를 찌르면 어떻게 되느냐?" 묻자 대답하지 못했다는 고사에서, 양립하지 못하는 것, 말이 맞지 않는 것을 矛盾모순이라고 한다.

殉

殉

10획 | 순 | 따라 죽다

|해설| 형성. 성부는 旬순. 旬은 徇순을 뜻하고, 旬에 따라 돈다는 뜻이 있고, 徇에 사람을 따른다는 뜻이 있다. 歹부서진 뼈 알은 본래 모양은 冎이고, 죽은 사람의 가슴 위 잔골의 모양인데, 사람이 여기에 절을 하는 모양이 死사이다. 主君주군, 主人주인 사후에 신하가 뒤를 따라 자살하는 것, '따라 죽는 것'을 殉, 殉死순사라고 하고, 殉死者순사자로서 동시에 매장되는 것을 殉葬순장이라고 한다. 은왕의 묘에는 때로 어린이를 순장한 것이 있는데, 그것은 왕에게 精氣정기를 주려는 의미에서였을 것이다. 후에는 순장자를 대신해서 土

偶토우(흙으로 만든 인형) 등을 사용했다.

|용례| 殉教순교 殉難순난 殉職순직

純 10획 | 순 | 섞이지 않다

屯 金1 | 屯 금문2 | 紵 금문3 | 紵 전문1

|해설| 형성. 성부는 屯둔. 屯에 啻춘의 음이 있다. 屯은 직물 가장자리의 실을 매듭지은 술 장식의 모양으로, 그래서 멈춘다(屯)는 뜻이 있다. 屯은 純의 본래 글자이고 직물의 실이 멈추는 곳, 가장자리 장식을 말한다. 금문에 보이는 賜與사여에 "玄衣현의(검은 옷) 黹屯불순"을 하사하는 것이 많은데 黹屯은 黻純불순, 수를 놓고 가장자리 장식이 달린 옷으로 의례용 예복이다. 또 금문에는 屯을 純粹순수(섞임이 없음)라는 뜻으로 쓴다. 후에 屯은 '모으다', 純은 '섞이지 않다, 완전하다, 전부, 오로지'라는 뜻으로 쓴다.

|용례| 不純불순 純白순백 純儒순유 純一순일 純正순정

循 12획 | 순 | 좇다, 돌다

循 전문1

|해설| 형성. 성부는 盾순. 循은 방패를 들고 순행하여 循撫순무(순종시킴)하는 것을 말한다. 『爾雅』「釋詁」에 循은 遹좇을 휼, 遵좇을 준과 같은 뜻의 글자라고 한다. 遹은 臺座대좌 위에 창(矛과)을 세워 순행하고 사찰하여, 무력을 배경으로 따르게 하는 것을 말한다. 遵

상용자해

은 酒樽주준(술통)을 받쳐 들고 순행하는 것인데 제사에 따르게 하는 것을 말한다. 循은 武威무위에 의해 따르게 하는 데서 일반적으로 '좇다, 좇게 하다'라는 뜻이 된다. 또 '돌다'라는 뜻으로도 쓴다.

|용례| 循吏순리 循守순수 因循인순 遵守준수

順

12획 | 순 | 순하다, 따르다

금문1 　금문2 　금문3 　전문1

|해설| 형성. 성부는 川천. 川에 馴길들 순의 음이 있다. 옛 자형에는 涉섭과 頁혈을 조합한 회의형(금문3) 글자가 많다. 그 글자는 瀕물가빈과 같은 자형이다. 頁은 머리에 의례용 모자를 쓰고 절하는 사람의 모습이기 때문에 본래는 나루터에서 행하는 의례를 말하는 글자일 것이다. 금문에 "順子순자"라는 말이 있는데 그 글자는 涉과 頁을 조합한 글자이고 順子는 효자라는 의미이다. 물가에서 부모에게 제사 지내는 의례가 있는데, 順은 그것을 표시하는 글자일 것이다. 옛 시대에는 水葬수장(사체를 물에 흘려 묻어버림)의 풍속도 있었으므로 이와 관계가 있을지도 모른다. 제사를 말하는 글자이므로 신의 뜻에 따른다는 것이 본래의 뜻인데, 후에 일반적으로 '따르다'라는 뜻이 되고 여기에서 '순하다, 바르다' 등의 뜻이 된다.

|용례| 順逆순역 順調순조 順次순차 順風순풍 柔順유순 從順종순

人

瞬

17획 | 순 | 깜작이다

전문1

| 해설 | 형성. 성부는 舜순.『설문해자』(4상)는 "瞚눈 깜작일 순"으로 쓰며, 또 眹순으로 쓰는 글자도 있다. 寅인은 화살 양쪽을 손으로 붙들어서 화살을 똑바로 바로잡는 모양이고, '삼가다'라는 뜻이 있다. 瞚, 眹은 모두 화살을 눈에 댄 모양인데 화살로 인해 저도 모르게 눈을 '깜작이다, 깜빡거리다'라는 것을 말한다. 瞬은 그 형성자이다. 깜작이는 것은 一瞬일순(극히 짧은 사이)을 가리키는 것이므로 瞬間순간, 瞬刻순각, 瞬時순시처럼 극히 짧은 시간을 말할 때 쓴다.

述

9획 | 술 | 말하다, 따르다

금문1　　금문2　　금문3　　전문1

| 해설 | 회의. 朮출과 辵착을 조합한 모양. 辵(辶, 辶)에는 길을 간다는 의미가 있다. 朮은 呪靈주령(靈의 힘)을 가진 짐승의 모양이다. 도로에서 이 짐승을 사용해 군의 진퇴를 점쳐 결정하는 것을 述이라 한다. 그래서 그 점에 의한 결정에 '따르다'라는 뜻이 된다. 遂수도 같은 구조의 글자이고 점의 결과를 기다려 행동을 계속하는 것을 말한다. 도로에서 述이나 遂처럼 점을 치는 것을 術이라 한다. 『論語』「述而」에 "述而不作술이부작"이라고 하는데, 古典고전에 따라 그대로 말하고 스스로 창작하는 것을 하지 않는다는 의미이다. '따르다'에서 '이전대로 말하다, 말하다'라는 의미가 되었다.

|용례| 口述구술 記述기술 著述저술 陳述진술

術 11획 | 술 | 재주

전문1

|해설| 회의. 行행과 朮출을 조합한 모양. 行은 큰길이 교차하는 십자로의 모양. 십자로는 여러 가지 靈령이 지나가는 곳이기 때문에 그곳에서는 여러 가지 呪術주술이 행해졌다. 朮은 呪靈주령(靈의 힘)을 가진 짐승의 모양이다. 도로에서 이 靈을 이용해서 군의 진퇴 등을 점쳐 결정하고 그 결정에 따라 행동을 계속하는 述이나 遂의 주술이 있었다. 그러한 주술, 재주를 術이라 한다. 후에 '재주, 일, 배우는 일' 등의 뜻이 되고, 技術기술(물건을 만들거나 가공하거나 하는 재주), 藝術예술(감상 대상이 되는 美미의 창작, 표현), 學術학술(학문)처럼 말한다.

崇 11획 | 숭 | 높다, 존중하다, 받들다

전문1

|해설| 형성. 성부는 宗종. 宗은 여러 성씨의 本宗본종, 本家본가이므로 '존중하다, 크다'라는 의미가 있다. 『爾雅』「釋山」에 "산이 크고 높은 것을 崧숭이라 한다"라고 하는데, 嵩높을 숭도 같은 음이어서 崇은 崧, 嵩과 통용한다. 崇은 신이 높다는 뜻에서 일반적으로 '높다'는 뜻이 되었고, 그 뜻을 사람에게 옮겨 '존중하다, 받들다'라는

常用字解 557

뜻이 된다.

|용례| 崇高숭고 崇拜숭배 尊崇존숭

膝 15획 | 슬 | 무릎

전문1

|해설| 형성. 성부는 桼칠. 본래 글자는 厀슬로 쓴다. 卪절은 무릎 꿇고 앉을 때의 무릎 모양이다. 여기에 성부 桼을 붙여 厀이 되고, 또 卪을 빼고 月(육달월)을 더해 膝이 되었다. '무릎'이라는 뜻으로 쓴다.

|용례| 膝蓋슬개 膝下슬하 膝行슬행

拾 9획 | 습 | 줍다, 모으다

전문1

|해설| 형성. 성부는 合합. 음이 맞지 않아서 회의라고 보는 생각도 있지만 惠혜에 穗수의 음이 있고, 契계에 契설의 음이 있듯이, 음이 전이했을 것이다. 合은 그릇과 뚜껑을 맞추는 모양인데 그렇게 골고루 갖추는 것을 收拾수습이라고 한다. '주워 가지다, 줍다, 주워 모으다, 모으다'라는 뜻으로 쓴다. 涉건널 섭과 통하여 계단을 오를 때 한 단씩 발을 같게 해서 오르는 것을 拾級습급이라고 한다. 숫자 十십은 변조하기 쉬우므로 이를 피하기 위해 拾을 대용하는 경우가 있다.

|용례| 拾得습득 拾取습취

習 11획 | 습 | 익히다, 되풀이하다

目칸1 | 전문1

|해설| 회의. 본래 글자는 羽깃 우와 曰왈을 조합한 모양. 현재 하부를 白백의 모양으로 하여 『설문해자』(4상)에 "자주 날다"라 하고 성부는 白이라고 한다. 그러나 음이 맞지 않기 때문에 "날면 날개 속의 흰 것이 보인다"라는 설도 있긴 하지만, 옛 자형을 보면 하부는 曰의 모양이다. 曰은 신에게 바치는 기도문인 축문을 넣는 그릇(ㅂ 축문 그릇 재)에 축문이 들어 있는 모양이고, 그 위를 문지르는(揩접) 것을 習이라고 한다. 축문을 넣는 그릇을 깃으로 문지르는 것은 그 기도의 효과를 자극하는 행위이고 그것을 되풀이하는 것을 習익힐 습이라 한다. 習이란 일본어에서는 '익숙해지다'라는 뜻이고 그러한 행위를 되풀이하는(習) 것은 익숙해서 즐기는 행위이다. 일정한 행위를 되풀이하는(習) 것에서 반복해서 학습하는 것이 되고 익숙해서 慣習습관이 된다. 그래서 習은 '반복하다, 익히다, 익숙해지다, 되풀이하다'라는 뜻이 된다. 羽와 같이 簪잠(先비녀 잠)도 呪器주기로 사용하는 경우가 있고, 두 개의 簪(兓잠)을 曰의 위에 두고 기도하고 저주하며 사람을 헐뜯는 것을 朁참이라 하는데, 譖참소할 참은 그 형성자이다. 羽는 장식으로서 병기 등에 붙이는 경우가 있고 타원형 방패에 두 갈래 깃 장식을 붙인 모양이 單단이다.

|용례| 獨習독습 常習상습 習得습득 習俗습속 習字습자 自習자습

人

濕 　17획 | 습 | 축축하다

전문1

|해설| 회의. 㬎현과 水수를 조합한 모양. 㬎은 日일(靈령의 힘을 가진 玉옥의 모양) 아래에 실 장식을 붙인 모양으로, 이것으로써 신을 부르고 신이 나타나기를 기원한다. 㬎에 절하는 사람의 모습이 顯나타날 현이고 신이 나타나는 것을 말한다. 신이 하늘에 오르내리는 지점에서 㬎에 절하여 신이 나타나기를 기원하는 의례를 행하는 것을 隰습지 습이라고 하는데, 그 의례가 행해지는 신성한 땅을 말한다. 濕은 신을 맞이하는 물가의 땅이라는 의미에서 '축축하다, 젖다'라는 뜻이 된다.

|용례| 多濕다습 濕氣습기 濕地습지 濕土습토 濕風습풍

襲 　22획 | 습 | 덮치다, 껴입다, 잇다

금문1 | 전문1

|해설| 회의. 龍용 룡과 衣의를 조합한 모양. 龍은 襲습과 음의 연관을 생각할 수 없기 때문에 衣의 문양으로 볼 수밖에 없다. 아마 死者사자의 옷 위에 龍 문양의 옷을 껴입었을(襲) 것이다. 또 位위를 잇는(襲) 의례 때 그 옷을 위에 껴입었기(襲) 때문에 '잇다, 계승하다'라는 뜻이 되는데, 뒤에서 그 지위를 잇는 것이어서 '덮치다'는 뜻이 된다.

|용례| 世襲세습 襲擊습격 襲職습직 逆襲역습

　　　　　　　　　　　　　　상용자해

升 4획 | 승 | 되, 오르다

| 갑골1 | 금문1 | 금문2 | 전문1 |

|해설| 상형. 국자에 무엇이 있는 모양. 국자로 무
엇을 퍼서 그 양을 재는 것을 표시한다. 그 크기
가 일정한 양이기 때문에 量器양기의 이름이 되
고, 또 그 분량을 말하는 이름이 되었다. 되는

升

10合홉 분량이다. '오르다'라는 뜻으로 쓰는 것은 昇오를 승, 陞오를 승
의 성부가 升이고 昇, 陞 자와 통용한다는 의미이다. "보리를 바치
다(升)"처럼 바친다는 뜻이나, "오곡이 여물지(升) 않는다"처럼 여물
다(實실)라는 뜻으로도 쓴다.

|용례| 斗升두승 升進승진

承 8획 | 승 | 받들다, 바치다, 받다

| 금문1 | 금문2 | 전문1 |

|해설| 회의. 卩절과 収공을 조합한 모양. 卩은 무릎 꿇은 사람의 모
양. 収은 좌우의 손을 늘어놓은 모양으로, 承은 몸을 구부린 사람
을 좌우의 손으로 떠받든 모양이다. 『설문해자』(12상)에 "받드는(奉
봉) 것이다. 받는(受수) 것이다"라 하여, 물건을 바치고 받는 의미라
고 하는데 사람을 떠받들고 또 밑에서 받는 모양이다. 그래서 높은
사람의 명령을 떠받들어 삼가 행하는 뜻이 되어, 承敎승교(가르침을
받음), 承從승종, 承順승순(윗사람의 명령을 받고 이에 따름)이라고 쓰고

承繼승계, 承接승접처럼 '이어받다, 받다'라는 뜻이 된다.

|용례| 承諾승낙 傳承전승

昇 8획 | 승 | 오르다

전문1

|해설| 형성. 성부는 升승. 昇降승강(오르고 내림)이라고 할 때 옛날에는 陞승 자를 썼다. 昇은 해가 떠오를 때 쓰는 글자이고 漢代한대 이후에 용례가 있다. 陞도 마찬가지로 성부는 升이고 신이 하늘에 오르내릴 때 사용하는 신의 사다리(𨸏부. 阝. 본래 모양은 𨸐) 앞에 土토가 있고 그 聖所성소에 오른다는 의미이기 때문에 제사 의례의 행위인 것 같다. 후에 昇 자를 그 의미로 쓰는 경우가 많다.

|용례| 上昇상승 昇進승진 昇天승천

乘 10획 | 승 | 타다, 틈타다

갑골1	금문1	금문2	전문1

|해설| 회의. 禾화와 人인과 人을 조합한 모양. 나무 위에 두 사람이 올라가 있는 모양이다. 갑골문과 금문은 禾가 아니라 가지가 위로 뻗은 나무이고 그 위에 한 사람이 올라가 있는 모양이다. 적의 상태 등을 살펴보기 위해 높은 나무에 올라가는 것이다. 갑골문에는 望乘망승이라는 이름의 부족이 보이는데, 아마 그러한 임무를 맡았을 것이다. 馬車마차에는 말 네 마리가 따르므로 말 四頭사두를 一

乘일승이라고 한다. 그래서 乘矢승시(화살 네 자루)라고 말한다. 마차로 달리는 기세는 속도가 붙으므로 기세가 오르는 것을 "(기세를) 타다(乘)"라고 한다. 나무에 '오르다, 타다'에서 일반적으로 '타다'라는 뜻이 되고 기세를 타는 데서 '기세를 타다, 틈타다'라는 뜻이 된다.

|용례| 騎乘기승 乘馬승마 乘船승선 乘勢승세 乘車승차

勝 12획 | 승 | 이기다, 낫다

전문1

|해설| 형성. 성부는 朕잉. 朕은 본래 𦨶으로 쓰고, 쟁반(舟)에 물건을 담아 두 손으로 받들어 남에게 보내는 것을 표시한다. 貝패(조개화폐)를 보내는 것을 䞋보낼 잉, 시집갈 때 데리고 가는 여자를 媵몸종 잉, 계약서의 부본을 謄베낄 등이라고 한다. 力력은 耒쟁기 뢰의 모양이다. 쟁기와 쟁반의 물건을 갖추어 풍작을 기원하여 좋은 결과를 얻는 것을 勝뛰어날 승이라고 한다. 그래서 '뛰어나다, 이기다, 우수하다'는 뜻이 된다.

|용례| 名勝명승 勝景승경 勝負승부 勝敗승패 全勝전승 形勝형승

僧 13획 | 승 | 중

전문1

|해설| 형성. 성부는 曾증. 曾은 시루(甑증)의 모양으로 甑의 본래 글

자이다. 梵語범어(고대 인도 언어인 산스크리트어)의 僧伽승가 saṃgha
를 생략한 음역으로 불교를 수련하는 사람을 말한다. '중, 승려'
라는 뜻으로 쓴다. 佛불의 음을 취해서 浮屠道人부도도인이라고도
한다.

|용례| 小僧소승 僧侶승려 僧院승원 僧衣승의

繩

繩
전문1

19획 | 승 | 줄, 바로잡다

墨繩

|해설| 형성. 성부는 黽민. 昜양이 場장이
되듯이 黽의 음이 변화한 것이다. 큰 줄
을 索삭이라 하고 가늘고 긴 줄을 繩이라
한다. 墨繩묵승(먹줄. 나무나 돌의 표면에 직
선을 긋는 도구. 墨壺묵호에 붙은 실감개에 감긴 삼실)으로 쓰는 일이 있
어서 묵승이라는 뜻이 되고, 묵승에서 '재다, 법, 바로잡다'라는 뜻
이 된다. 繩文烏跡승문오적(줄 문양과 까마귀 발자국)이란 문자의 기원
을 말한다.

|용례| 繩索승삭 繩直승직 捕繩포승

市

금문1

전문1

5획 | 시 | 시장(저자), 사다, 시가

|해설| 상형. 시장이 서는 장소를 표시하기 위해 세운 표식의 모양.

시장이 열리는 장소는 많은 사람이 모이기 때문에, 높은 표식을 세우고 감독자를 파견해서 관리했다. 오래된 자형에는 상부에 止지라는 성부를 더한 것이 있는데, 市의 자형에는 그 형태가 남아 있지 않아서 상형으로 한다. 市는 '시장, 팔다, 사다'라는 뜻인데 시장이 서는 '시가, 도시'라는 뜻으로도 쓴다. 고대의 市는 歌垣가원(젊은 남녀가 모여 음식을 먹고 춤을 추고 노래를 주고받으며 성적 해방을 행함)의 장소이기도 했다.

|용례| 都市도시 市場시장 市況시황

矢 5획 | 시 | 화살, 맹세하다

갑골1 | 갑골2 | 금문1 | 금문2 | 전문1

|해설| 상형. 화살의 모양. 화살은 신성한 것으로 여겨져, 예를 들면 서약할 때 그 표시로 화살을 사용하므로 '맹세하다'(矢)라고 읽기도 한다. 화살을 꺾는 것은 서약할 때의 행위였다. 초목을 도끼로 잘라 서약하는 것을 誓서(맹세하다)라고 하는데, 화살을 꺾는 것과 초목을 자르는 것은 서약의 행위로서 닮은 바가 있다.

|용례| 矢言시언 矢刃시인 流矢유시

示 5획 | 시 | 보이다, 신

갑골1 | 갑골2 | 전문1

|해설| 상형. 祭卓제탁(신에게 제사할 때 쓰는 탁자)의 모양. 祭제는 제

탁 위에 희생의 고기(月월의 모양)를 손(又우)으로 바치는 모양이다. 『설문해자』(1상)는 二이를 天천이라 하고, 하강하는 세 가닥 선은 日일, 月, 星성의 빛을 표시한다고 하지만, 갑골문에는 丁정의 모양도 있고(갑골1), 하강하는 선은 한 가닥이다. 큰 示의 교차하는 다리를 묶은 모양은 帝제(천신)이다. 신을 神示신시라고도 하며, 示는 '신'이라는 뜻이고, 視시와 통용하여 '보이다'라는 뜻이 된다.

|용례| 示談시담 示威시위 暗示암시 呈示정시 提示제시 表示표시

侍 8획 | 시 | 모시다, 섬기다

僚
전문1

|해설| 형성. 성부는 寺시. 寺에 侍(귀인의 옆에서 섬기다)의 뜻이 있고, 옛날 궁중에서 왕을 측근에서 모시는 환관(거세된 남자)을 寺人시인이라고 했다. 후에 '모시다, 섬기다'라는 동사에는 人인을 더한 동사적인 글자인 侍를 쓴다. 寺는 持지의 본래 글자이고 保持보지한다는 의미가 있고, 恃믿을 시, 持가질 지, 時때 시 등은 모두 지속한다는 의미를 포함한다. 일본어에서는 '사무라이'라는 뜻으로 쓴다.

|용례| 侍女시녀 侍坐시좌 侍者시자 近侍근시

始 8획 | 시 | 시작하다, 처음

妃 **㚸** **㚸** **始**
금문1 금문2 금문3 전문1

|해설| 형성. 본래 글자는 妃로 쓰고, 성부는 巳사. 巳는 㠯사로, 耜

보습 사의 모양이다. 후에 신에게 바치는 기도문인 축문을 넣는 그릇의 모양인 ㅂ축문 그릇 재를 더했다. 台태는 농경의 개시에 맞추어 행하는, ㅂ를 바쳐 신에게 기도하고 보습(耜)을 淨化정화하는 의례를 말한다. 농구는 정화하고 나서 사용하지 않으면 가을에 벌레가 생겨 농작물을 먹는다고 여겼다. 사람의 출생은 작물의 생산과 대응하는 것으로 보아 보습을 정화하는 의례가 출산에 맞추어 행하는 生子생자 의례로서도 행해져, 여자가 厶사(耜의 모양)와 ㅂ를 갖고 출산의 무사를 기도하는 것을 始라고 한다. 그래서 출생하는 것을 始라 하고 始는 '시작하다, 처음'이라는 뜻이 된다.

|용례| 始末시말 年始연시

施

9획 | 시 | 베풀다

금문1 　 전문1

|해설| 형성. 성부는 也야. 也에 弛늦출 이의 음이 있다. (弛의 중국 음은 'chi'로, 施의 중국 음 'shi'와 비슷하다. ― 옮긴이) 㫃언은 깃발이 바람에 나부끼는 모양. 깃발을 나부껴 군을 지휘하여 움직이는 것을 施라고 한다. 施에 '이동하다'라는 뜻이 있는데, 이동하라는 명령을 주는 것이 '베풀다'라는 의미일 것이다. 그 외에 '죽이다'라는 뜻이 있는데 그것은 (施의 고자인 ― 옮긴이) 岐시 자의 뜻인 것 같다. 岐는 也(蛇뱀 사의 모양)를 쳐서 죽인다는 뜻으로 施와 통용하는 의미일 것이다.

|용례| 施設시설 施政시정 施行시행 實施실시

是 9획 | 시 | 숟가락, 바르다, 이것, 이

금문1

금문2

전문1

|해설| 상형. 숟가락(匙시)의 모양. 日일이 숟가락에서 음식을 떠내는 부분이고 그 아래는 손잡이 부분이다. 是가 匙의 본래 글자인데 是가 '바르다'라는 뜻으로 쓰이게 되면서, 숟가락 모양인 匕비를 더한 匙가 만들어졌다. '바르다, 옳다'는 뜻으로 쓰는 것은 그 음을 빌린 가차 용법이다. 是非시비(옳음과 나쁨, 도리가 있음과 없음)의 非는 참빗 모양인데 부정의 '없음'이라는 뜻으로 쓰는 것은 그 음을 빌린 가차 용법이다. 此차, 時시와 통하여 '이것, 이'라는 뜻으로 쓴다.

|용례| 國是국시 是認시인 是正시정

柿 9획 | 시 | 감나무

전문1

|해설| 형성. 『설문해자』(6상)에 정자를 柿시로 쓰고 성부는 巿자. 『설문해자』에 "붉은 열매의 과실"이라고 한다. 낙엽 고목의 이름, 또 그 과실의 이름으로 '감'을 말한다. 『禮記』「內則」에 감을 오이, 대추와 함께 천자의 常食상식으로 올리는 것이 보이고 옛날부터 맛이 좋은 과실로 여겨졌다. 떫은 감에서 취한 감물은 종이, 나무, 베 등에 발라서 썩는 것을 방지했다. 唐代당대의 鄭虔정건(8세기)은 글씨를 좋아했지만 가난하여 글씨를 연습할 종이가 없어서 감잎에 글

자를 썼다고 전해진다.

時 10획 | 시 | 때

전문1

|해설| 형성. 성부는 寺시. 寺에 물건을 보유하고 또 그 상태를 지속한다는 의미가 있고, 持지의 본래 글자이다. 손에 계속 갖고 있는 것을 持라 하고, 시간적으로 지속하는 것을 時라고 한다. 時는, '때, 그때, 때로, 계절' 등의 뜻으로 쓴다. 『論語』「衛靈公」에 "夏하의 時를 사용한다"라는 것은 하 왕조의 달력을 쓴다는 의미로, 달력이라는 뜻이다.

|용례| 當時당시 同時동시 時間시간 時代시대 時事시사 時候시후

視 11획 | 시 | 보다, 나타내다

금문1 | 전문1

|해설| 형성. 성부는 示시. 示는 제사에서 사용하는 탁자인 祭卓제탁의 모양. 見견은 무릎을 꿇은 사람의 상부에 눈을 강조해 그려서 본다는 것을 의미한다. 視는 신 앞에서 신의 모습을 보는, 신의 뜻이 나타나는 곳을 '본다'는 뜻이 된다. 신의 모습을 우러러봄으로써 신의 뜻이 보이는 것이므로 '나타내다'라는 뜻이 된다. '보다'라고 읽는 글자는 문헌에 사용하는 글자가 30자를 넘는데 삭삭 보는 방법이 다르다.

詩 13획 | 시 | 노래

詩
전문1

| 해설 | 형성. 성부는 寺시. 옛 자형에 誏지로 쓰는 것이 있고 성부는 之지. 『詩經』「大序」에 "詩는 뜻이 가는 곳이다. 마음에 있는 것을 뜻으로 하고, 말로 發발하는 것을 詩로 한다"라고 한다. 또 『詩經』「大雅/崧高」에 "吉甫(인명. 尹吉甫윤길보, 서주 宣王선왕 시기의 인물), 誦송을 짓는데 그 詩가 호방하고, 그 가락이 유창하다"라고 한다. 마음에 있는 것을 말로 표출하는 것이 시이고 그 시는 대부분 신 앞에서 소리를 내어 노래 부르는 의식의 '노래'였다. 시의 章句장구를 소리로 냄으로써 言靈언령(말에 산다고 믿은 靈의 힘)이 작용하여 吉祥길상(경사스러운 일)을 얻거나 저주를 가할 수 있다고 여겼다. 후에 문학의 형식으로서 사람의 심정 등을 노래한다. 일본의 '노래'(うた, 우타 — 옮긴이)도 원래 신에게 호소하는(うたえる, 우타에루) 것에서 노래라는 말이 생겼다. 詩歌類시가류는 모두 최초에는 말이 갖는 힘을 믿는 呪歌주가에서 시작되어 후에 그 문학성이 중시되어 작품이 되어간다.

| 용례 | 詩歌시가 詩壇시단 詩仙시선 詩聖시성 詩人시인 詩情시정

試
13획 | 시 | 시도하다, 시험하다, 이용하다

試
전문1

|해설| 형성. 성부는 式식. 式에는 呪具주구인 工공을 이용해서 惡邪악사를 祓淸불청한다는 의미가 있고, 축문(신에게 기도할 때 신을 향해 외치는 말)을 불청하는 행위를 말하는 것 같다. 그 방법을 시도함으로써 기도의 효과가 발생한다고 생각했기에 試에 '이용하다, 시도하다, 시험하다'라는 뜻이 있다. 형벌이나 兵事병사에 대한 呪儀주의로서 행했을 것이다. 試驗시험이라고 할 때의 驗은 靈氣영기를 느끼기 쉬운 동물인 말의 동정에 의해 신의 뜻을 시험한다는 의미일 것이다.

|용례| 試問시문 試用시용 試驗시험

式
6획 | 식 | 본받다

式
전문1

|해설| 회의. 弋익과 工공을 조합한 모양. 工은 巫祝무축(신을 모시는 사람)이 左手좌수로 쥔 呪具주구이고, 신성한 것을 지키고 惡邪악사를 물리치고 정화하는 데 쓴다. 弋은 주살(화살에 실이나 그물을 달아 쏘아서 새를 잡는 것)에 쓰는 화살의 모양인데, 이것도 주구로서 사용했을 것이다. 이 두 개의 주구를 사용해 邪氣사기를 祓淸불청해 올바른 상태를 회복하는 것이기에, 式은 法式법식(모범, 규범, 법)이라는 뜻이 되고, '본받다, 규범으로 삼다'라는 뜻이 된다. 弋과 工

을 사용해 악사를 불청하는 것을 拭닦을 식이라 한다. 試시는 축문 (기도할 때 신을 향해 외치는 말)을 정화하는 행위를 말하고, 弑시(시해 하다, 죽이다)는 呪靈주령을 가진 짐승(獸수. 왼편이 그 짐승의 모양)을 拂拭불식(씻어 없앰)해서 사멸시키는 것을 말한다.

|용례| 書式서식 式典식전 樣式양식 正式정식

拭 9획 | 식 | 닦다, 씻다

|해설| 형성. 성부는 式식. 式은 弋익과 工공을 조합한 모양. 工은 巫祝무축(신을 모시는 사람)이 左手좌수로 쥔 呪具주구이고, 惡邪악사를 물리치고 정화하는 데 쓴다. 弋은 새 등을 잡는 주살에 쓰는 화살의 모양인데, 이것도 주구로서 사용하는 일이 있었을 것이다. 주구인 弋과 工을 사용해 악사를 물리치고 정화하는 것을 拭이라 하고, '정화하다, 닦다, 씻다'라는 의미로 쓴다. 巾형겊 건을 食器식기에 대어 더러운 것을 씻는 것을 飾식이라 하고, '닦다, 꾸미다'라는 의미로 쓴다. 拭은 飾과 음이 같고 통용하는 글자이다.

|용례| 拭目식목 拂拭불식

食 9획 | 식, 사 | 밥, 먹다, 먹을거리

갑골1　금문1　금문2　전문1

|해설| 상형. 식기로 사용되는 簋궤의 모양. 皀급이 그 그릇의 모양인데 그 그릇 위에 뚜껑을 덮으면 食의 모양이 된다. 食은 식기 안의 '먹을거리'라는 뜻이 되고, 또 먹을거리를 '먹다'라는 뜻이 되고,

먹어서 몸을 기르기 때문에 '기르다'라는 뜻도 있다. 먹을거리일 때는 '사'로 읽는다. 飮食음식이라는 글자는 금문에서는 食과 人인을 조합한 飤먹을거리 사로 쓰는 경우가 많다. 사람 앞에 식기가 있어 '먹는다'는 뜻을 나타낸다. 殷代은대의 식사는 1일 2식이었다.

|용례| 斷食단식 食堂식당 食料식료 食物식물 食時식시 酒食주식

息 10획 | 식 | 숨, 숨 쉬다, 쉬다

금문1   전문1

|해설| 회의. 自자와 心심을 조합한 모양. 自는 정면에서 본 코의 모양. 여기에 心을 더해 心의 상태가 숨, 호흡으로 드러나는 것을 말한다. 그래서 大息대식, 太息태식(크게 한숨을 쉬는 것. 한탄함), 嘆息탄식, 歎息탄식(한탄하여 한숨을 쉼)이라고 한다. '숨, 숨 쉬다'라는 뜻에서 滋息자식(늘어남), 生息생식(삶, 또 식물이 번식함), 利息이식(돈을 빌려주거나 맡기거나 해서 얻는 이익)처럼 '살다, 늘어나다'라는 뜻이 된다. 또 息肩식견(어깨의 짐을 내리고 쉼), 休息휴식(몸을 쉼), 息災식재(神佛신불의 힘으로 재난을 없앰. 건강함), 終息종식(끝냄. 그만둠)처럼 '쉬다, 그만두다'라는 뜻으로 쓴다.

植 12획 | 식 | 심다, 세우다

전문1

|해설| 형성. 성부는 直직. 直에 埴찰흙 식, 殖늘어날 식의 음이 있다.

直은 省성과 ㄴ은을 조합한 모양인데, 省은 눈에 장식을 붙이고 지방을 순찰하여 부정을 단속하는 것을 말한다. ㄴ은 숨는다는 뜻. 몰래 조사하여 부정을 바로잡는 것을 直이라 하여, '바로잡다, 올바르다, 똑바로'라는 뜻이 된다. 나무를 심을 때 똑바로 세우는 것을 植이라 하여 '세우다, 심다'라는 뜻이 된다. 후에 초목 종류를 植物식물이라고 한다.

|용례| 植樹식수 誤植오식 移植이식

殖 12획 | 식 | 늘어나다, 번성하다, 무성하다

전문1

|해설| 형성. 성부는 直직. 直에 植심을 식, 埴찰흙 식의 음이 있다. 『설문해자』(4하)에 썩는다는 뜻이라고 한다. 歹부서진 뼈 알은 본래 冎로 쓰는데, 죽은 사람의 가슴 위 잔골의 모양이다. 잔골은 썩어서 뼛가루가 되고 비료로서 효과가 있어 사물을 번식시키는 것이어서 '늘어나다, 무성하다'는 뜻이 된다.

|용례| 殖民식민 殖産식산 利殖이식 增殖증식

飾 14획 | 식 | 꾸미다, 닦다

전문1

|해설| 회의. 飤사와 巾건을 조합한 모양. 飤는 사람 앞에 식기가 있는 모양으로 '음식, 먹다'라는 뜻이 되고, 食식의 본래 글자이다. 그

식사 때 몸에 부착한 헝겊(巾)을 식기에 대어 더러운 것을 닦아내는 것을 飾이라 하고 '닦다, 정화하다'라는 뜻이 된다. 희생물 소를 바칠 때도 소를 닦는(飾) 규정이 있었다. 拭식은 呪具주구인 工공으로 정화하는 것이고 닦는다는 뜻이 된다. 刷쇄는 띠에서 늘어뜨린 헝겊으로 손을 닦는 것을 말한다. 飾은 후에 '꾸미다'라는 뜻으로 쓴다.

|용례| 修飾수식 飾辭식사 裝飾장식

識 19획 | 식, 지 | 알다, 표시

금문1 | 전문1

|해설| 형성. 성부는 戠식. 戠은 戈창 과에 장식을 붙인 모양으로 '標識표지로 하다'라는 의미가 있었다. 적색 비단을 장식으로 했던 것 같다. 불이 타오르는 모양을 熾성할 치라 하고, 깃발에 붙이는 것을 幟기드림 치라고 한다. 표지로 식별하여 알 수 있기 때문에 識은 '표시'라는 의미에서 '알다, 이해하다'라는 의미가 되고, 知識지식(알고 있는 내용), 見識견식(일을 올바로 보고 본질을 간파하는 뛰어난 판단력)이라는 뜻도 된다.

|용례| 面識면식 識見식견 識字식자

申 5획 | 신 | 말하다, 신, 펴지다

갑골1 | 갑골2 | 금문1 | 금문2 | 전문1

|해설| 상형. 번개의 모양. 좌우로 빛이 굴절하는 모양을 세로 선 옆으로 늘어놓아 申의 모양이 되었다. 번개는 하늘에 있는 신이 그 威光위광을 나타낸 모양이다. 신이 발하는 것이라고 생각했기 때문에 '신'이라는 뜻이 되었고, 申은 神신의 본래 글자이다. 번개는 굴절하면서 비스듬히 치는 것이기 때문에 '펴지다'라는 뜻이 되고, 또 '거듭하다, 말하다'라는 뜻으로 쓴다. 申이 '말하다' 등의 뜻으로 쓰이게 되었기에 '신'을 뜻하는 글자로서, 申에 祭卓제탁(신에게 제사할 때 쓰는 탁자)의 모양인 示시를 더한 神이 만들어졌다.

|용례| 內申내신 答申답신 上申상신 申告신고

伸 7획 | 신 | 펴지다, 펴다

전문1

|해설| 형성. 성부는 申신. 申은 번개의 모양. 굴절하면서 비스듬히 치는 모양이기 때문에 펴진다는 뜻이 된다. 사람이 屈伸굴신하는 것을 伸이라고 하는데, 후에 일반적으로 '펴지다, 펴다'라는 뜻이 된다. 길게 소리를 펴서 신음하는 것을 呻신이라 하고, 길게 늘어뜨린 禮裝예장의 띠를 紳신이라고 한다.

|용례| 伸張신장 伸縮신축 追伸추신

迅 7획 | 신 | 빠르다, 심하다

전문1

|해설| 형성. 성부는 卂신. 卂은 『설문해자』(11하)에 "빨리 나는 것이다. 飛비에 따르는데 날개는 보이지 않는다"라고 하고, 『六書故』에 인용하는 『唐本說文』에는 "隼준은 卂의 생략에 따른다" 하므로, 卂은 새 매(隼)가 나는 모양을 그린 글자인 것 같다. 매는 조류 중에서 가장 빨리 나는 새이고 특급 열차와 비슷한 속도를 낼 수 있다는 맹금류이다. 그래서 迅은 '빠르다, 심하다'는 뜻이 된다.

|용례| 奮迅분신 迅雷신뢰 迅速신속 迅疾신질

臣

7획 | 신 | 섬기다, 신하

갑골1 　 갑골2 　 금문1 　 전문1

|해설| 상형. 위쪽을 보는 눈의 모양. 커다란 눈동자를 나타낸다. 殷은 왕조에서는 왕자인 아들을 小臣소신이라고 하여 神신을 섬겨야 할 자라고 생각했다. 신을 섬기는 사람들 중에는 眼睛안정(눈동자)을 일부러 상하게 하는 경우가 있었다. 臤어질 현은 큰 눈동자(臣)에 손(又우)을 넣어서 눈동자를 상하게 하여 시력을 잃게 하는 것을 말한다. 그렇게 해서 시력을 잃은 瞽者고자(맹인)가 신을 섬기는 臣이 되었다. 신을 섬기는 자라는 뜻에서 후에 주군을 섬기는 '신하, 가신'이라는 뜻이 되었고, 또 남을 섬기는 자 모두를 말하게 되어, '섬기다'라는 뜻으로 쓴다.

|용례| 家臣가신 臣僕신복 臣事신사 臣從신종 臣下신하

身

7획 | 신 | 몸, 신체, 임신하다, 몸소

| 금문1 | 금문2 | 전문1 |

|해설| 상형. 임신해서 배가 부른 사람을 옆에서 본 모양. 『詩經』「大雅/大明」에 "大任대임(모친의 이름), 有身유신"이라는 것은 임신하는 것을 말한다. 마찬가지로 '임신하다'라는 뜻의 孕잉은 사람의 큰 배 속에 아이가 있는 모양이다. 包포도 배 속에 태아가 있는 모양이다. 身은 '임신하다'라는 뜻에서 후에 '몸, 몸소'라는 뜻으로 쓴다.

孕의 갑골문

|용례| 單身단신 身命신명 身邊신변 身體신체 自身자신 渾身혼신

辛

7획 | 신 | 맵다, 바늘, 고생하다

| 갑골1 | 갑골2 | 금문1 | 금문2 | 전문1 |

|해설| 상형. 손잡이가 달린 큰 바늘의 모양. 입묵을 할 때 쓴다. 입묵의 형벌을 상징하는 것으로서 ㅂ축문 그릇 재(신에게 바치는 기도문인 축문을 넣는 그릇의 모양) 위에 놓으면 言언이 되고, 신에게 맹세하는 말이라는 뜻이 된다. 여자의 이마에 더하면 妾첩이고 신에게 희생으로 바쳐진 여자를 말한다. 罪의 본래 글자는 辠죄인데 自자(코의 모양)에 辛을 더해 형벌로 입묵을 하는 것을 말하고 罰벌이라는 뜻이 된다. 입묵할 때의 고통을 辛이라고 하여, '괴롭다, 모질다'는 뜻이 되고, 그 뜻을 미각으로 옮겨서 '맵다'는 뜻이 된다. 十干십간의 하나로 '신'을 말한다.

상용자해

|용례| 辛苦신고 辛辣신랄

信 9획 | 신 | 참

금문1 금문2 전문1

|해설| 회의. 人인과 言언을 조합한 모양. 言은 凵축문 그릇 재(신에게 바치는 기도문인 축문을 넣는 그릇의 모양) 위에 형벌로 가하는 입묵용의 큰 바늘을 놓고 신에게 맹세하는 것을 말한다. 신에게 맹세한 다음, 사람과 약속한 것을 信이라고 한다. 그래서 '참, 참으로 하다'라는 뜻이 된다. 또 '표식'이라는 뜻으로 써서 訊신과 통용하여 '소식, 심부름'이라는 뜻으로도 쓴다.

|용례| 所信소신 信服신복 信書신서 信愛신애 信義신의 音信음신

娠 10획 | 신 | (애를) 배다

전문1

|해설| 형성. 성부는 辰진. 辰은 蜃대합 신의 본래 글자로, 대합 같은 조개가 발을 내밀고 움직이는 모양으로, 움직인다는 뜻이 있다. 배 속의 아이가 움직이는 것을 娠이라 하여, '배다, 임신하다'라는 뜻이 된다. 애를 밴다는 뜻의 상형자는 큰 배를 한 사람을 옆에서 본 모양인 身신과, 서 있는 사람의 큰 배 속에 태아를 써넣은 孕잉이다. 妊娠임신의 妊아이 밸 임에서 성부는 壬임. 壬은 공구(누드림대)의 모양으로 工공의 중앙이 부풀어 오른 모양인데, 여자의 배가 불러

서 애를 배는 것을 妊임이라고 한다.

神 10획 | 신 | 신

금문1　금문2　전문1

|해설| 형성. 성부는 申신. 申은 번개의 모양. 번개는 하늘에 있는 신의 威光위광이 나타난 것이라고 여겼기 때문에 금문에서는 申을 '신'(神)이라는 뜻으로 쓰고, 申은 神의 본래 글자이다. 申이 '신' 외에 '말하다' 등의 뜻으로 쓰이게 되었기에, 祭卓제탁(신에게 제사할 때 쓰는 탁자)의 모양인 示시를 限定符한정부(偏편, 旁방 등. 부수)로 하여 神 자가 되었다. 示部시부의 部부에는 社사, 祠사, 祖조 등 신과 구성이 같은 글자가 많다. 神이란 본래 자연의 사물이나 힘을 신으로 숭배하는 자연신이었는데, 금문에 의하면 조상의 靈령도 신으로 제사하게 되어 있다. 후에 '신' 외에 '마음, 정신, 정신이 뛰어난 것'이라는 뜻으로도 쓴다.

|용례| 神器신기 神廬신려 神明신명 神威신위 神饌신찬 神託신탁

愼 13획 | 신 | 삼가다

금문1　전문1

|해설| 형성. 성부는 眞진. 眞은 匕화(죽은 사람의 모양)와 県현(목을 거꾸로 매단 모양)을 조합한 모양으로, 뜻밖의 재난을 당해 길에 쓰러져 죽은 사람을 말한다. 길에 쓰러져 죽은 사람의 怨靈원령은 분

노 때문에 강한 힘을 가진 靈령으로 두려워했기 때문에 그 사람을
묻고 사당을 만들어 그 안에 안치하여, 靈의 힘을 가진 옥을 곁들
여 진정시키고 잠재우는 제사를 했다. 그렇게 쓰러져 죽은 사람을
정중하게 다루는 심정을 愼이라고 했고, '삼가다'라는 뜻이 된다.

|용례| 恭愼공신 謹愼근신 愼言신언 愼重신중

전문1

紳 11획 | 신 | 넓은 띠

|해설| 형성. 성부는 申신. 申은 번개의 모양으로 번개는 굴절하면
서 비스듬히 치기 때문에 펴진다는 뜻이 된다. 길게 늘어뜨린 禮裝
예장의 띠를 紳이라고 하는데, 禮服예복의 大帶대대(넓은 띠)를 말한
다. 대대는 고관이 쓰는 것이기 때문에 搢紳진신(대대에 笏홀을 꽂다)
의 士사라고 하여, 貴紳귀신(신분이 높은 사람), 紳士신사(상급 관리)라
고 말한다.

新 13획 | 신 | 새롭다, 처음

갑골1

갑골2

금문1

금문2

전문1

|해설| 회의. 辛신과 木목과 斤근을 조합한 모양. 辛은 손잡이가 달
린 큰 바늘. 위패를 만드는 나무를 고를 때 이 바늘을 던져서 고르
는데, 바늘에 맞은 나무를 도끼로 자르는 것을 新이라고 한다. 신
의 뜻에 의해 선택된 나무를 새로 잘라내는 것이므로 '새롭다, 처

음'이라는 뜻이 된다. 신의 뜻에 의한 나무의 선정 방법은 중요한 건물을 지을 장소를 결정할 때 신성한 화살을 쏘아서 그 도달 지점을 건설 장소로 하는 것과 유사하다. 잘라낸 새로운 나무로 위패를 만들고 그 위패를 보고 절하는 모양이 親친인데, 조상에게 제사 지내는 사당 안에 새로 제사 지내는 사람으로 어버이라는 뜻이 된다. 위패를 만들고 남은 나무는 땔나무(薪신)로서 火祭화제에 사용되었다.

|용례| 新年신년 新歲신세 新築신축 斬新참신 淸新청신

13획 | 신 | 신장

전문1

|해설| 형성. 성부는 臣신. 오장의 하나인 '신장'을 말한다. 오줌의 배설을 관장하는 기관이다. 肝臟간장과 腎臟신장은 사람의 활동력의 원천이기 때문에 중요한 곳을 肝腎간신이라고 한다. 睾丸고환을 腎子신자라 하고 정액을 腎水신수라고 한다.

薪 17획 | 신 | 땔나무, 섶나무

전문1

|해설| 형성. 성부는 新신. 新은 손잡이가 달린 큰 바늘을 던져서 위패를 만드는 나무를 골라, 그 나무를 도끼로 자르는 것을 말한다. 새롭게 잘라낸 나무로 만들어진 위패를 보고 절하는 모양이 親

친으로, 사당 안에 새로 제사를 받는 부모를 말한다. 위패를 만들고 남은 나무를 薪(땔나무)이라고 하여, 火祭화제에 '땔나무'로 사용되었다. 神事신사에 사용하는 '땔나무'라는 뜻에서 후에 일반적으로 '땔나무, 잡목'이라는 뜻으로 쓴다.

|용례| 薪水신수 薪柴신시 薪炭신탄

失 5획 | 실 | 잃다, 잘못하다

전문1

|해설| 상형. 손을 들고 춤추는 사람의 모양. 巫女무녀(신을 섬기는 여자)가 손을 들고 춤추며 자아를 잊고 멍한 상태가 되는 것을 말한다. 정신을 '잃다'가 본래의 뜻인데 일반적으로 '잃다'라는 뜻으로 쓴다. 넋을 잃고 즐기는 것을 佚즐길 일, 무녀가 머리를 기울이고 몸을 비비 꼬면서 춤추는 모습을 夭비비 꼴 요라고 하는데, 妖아리따울 요의 본래 글자이다. 무녀가 혹은 낮게 혹은 높게 격렬하게 춤추는 것을 迭갈마들 질이라고 한다. 또 過失과실, 失火실화처럼 '잘못'이라는 의미로도 쓴다.

|용례| 消失소실 失望실망 失言실언 失意실의 失態실태 失敗실패

室 9획 | 실 | 건물, 방, 집

갑골1   금문1   금문2   전문1

|해설| 회의. 宀면과 至지를 조합한 모양. 宀은 조상의 靈령에게 제

사 지내는 사당(廟묘)의 지붕 모양. 중요한 건물을 세울 때는 우선 토지를 선정하는데, 예정한 곳에 신성하게 여기는 화살을 쏘아 화살이 도달한 지점을 건축 장소로 정했다. 至는 화살을 거꾸로 한 모양과 一일을 조합한 모양으로, 화살이 도달한 지점을 표시한다. 그곳에 조상에게 제사 지내는 건물을 건축하는 것이다. 室은 본래 조상에게 제사하는 '방'이라는 의미였지만 후에 사람이 거주하는 '방, 집'이라는 의미가 되고, 집에 거주하는 사람 모두, 일가, 가족이라는 뜻이 되었다. 屋옥, 臺대는 모두 至의 형태를 포함하는데 역시 화살을 쏘아서 건축할 장소를 선정해서 세운 건물이다.

|용례| 密室밀실 室家실가 室外실외 在室재실

實　14획 | 실 | 열매, 익다, 차다, 참으로

금문1　전문1

|해설| 회의. 宀면과 貫관을 조합한 모양. 宀은 조상의 靈령에게 제사 지내는 사당(廟묘)의 지붕 모양. 貫은 조개 화폐를 꿰어서 묶은 것이기 때문에, 貝貨패화를 사당에 바치는 모양이 實이고 풍부한 공물을 말한다. 그래서 '차다'라는 뜻이 되고 '익다, 열매'라는 뜻으로 써서 果實과실(열매와 그것을 둘러싼 껍질)이라고 말한다. 誠意성의가 마음에 찬 상태를 誠實성실이라고 하여, '참, 참으로'라는 의미로 쓴다.

|용례| 事實사실 實力실력 實事실사 實用실용 實質실질

心 4획 | 심 | 마음

金문1 | 金문2 | 전문1

|해설| 상형. 심장의 모양. 옛날에는 심장이 생명의 근원임과 함께 생각하는 곳으로 여겨졌다. 갑골문에는 心 자가 없다. 갑골문에서 文의 자형(文)은 정면에서 본 사람 모양의 가슴 부분에 문신(일시적으로 그린 입묵)의 문양을 그렸는데 그것이 심장의 모양이다. 심장이라는 뜻에서 금문에는 "너의 心을 敬明경명히 하라"는 말처럼 이미 心을 '마음', 德性덕성이 의거하는 곳이라는 뜻으로 쓴다.

|용례| 小心소심 心境심경 心理심리 心服심복 心身심신 心眼심안

芯 8획 | 심 | 등심초, 심

|해설| 형성. 성부는 心심. 본래 藺골풀 린이라는 등불의 심에 쓰는 풀의 이름으로 '가늘다, 등심초'를 말한다. 心과 통하여 물건의 중심, '심'을 말한다. 唐代당대(7~10세기) 이후 보이는 글자이다.

甚 9획 | 심 | 몹시, 심하다, 화덕

金문1 | 전문1

|해설| 상형. 취사하는 냄비를 위에 건 화덕의 모양. 화덕으로 충분히 취사하는 데서 '몹시, 심하다'라는 뜻이 된다. 잘 끓인 음식을 국자로 푸는 것을 斟짐이라 하고, 술통에서 국자로 술을 푸는 것을

酌작이라고 하여 분량을 재면서 푸는 것이므로 斟酌짐작(상대편의 사정을 생각해서 처리함)이라고 한다. 甚이 '몹시, 심하다'라는 뜻으로 쓰이게 되면서 화덕이라는 뜻으로는 甚에 火화를 더한 煁화덕 심 자가 쓰이게 되었다. 媅즐길 담은 푹 끓인 식사를 즐긴다는 뜻에서 남녀의 일을 즐기는 뜻이 되었을 것이다. 湛가라앉을 담은 媅과 통용하여 '즐기다, 빠지다'라는 뜻으로도 쓴다.

|용례| 激甚격심 劇甚극심 甚大심대 甚雨심우 幸甚행심

深 11획 | 심 | 깊다

금문1   전문1

|해설| 형성. 성부는 㿙심. 㿙의 본래 모양은 突이고, 동굴 속에서 불을 비추어 찾는 모양이다. 突은 조상에게 제사 지내는 사당 안에서 불을 잡는 모양인데, 家가의 장로라는 의미인 叟늙은이 수(叜)와 비슷한 글자이다. 동굴 속에서 불을 비추어 찾는 것을 探탐이라 하고, 물속에 있는 것을 찾는 것을 深이라 하는데, 물이 깊다는 뜻이 된다. 후에 일반적으로 '깊다'는 뜻이 되고, 깊숙하다는 데서 '뛰어나다, 심하다, 깊어지다' 등의 뜻으로 쓴다.

|용례| 深慮심려 深思심사 深謝심사 深山심산 深遠심원 深情심정

尋 12획 | 심 | 찾다, 길(길이 단위)

전문1

|해설| 회의. 左좌와 右우를 조합한 모양. 左는 왼손에 呪具주구인 工공을 든 모양. 右는 오른손에 Ϥ축문 그릇 재를 든 모양. 신에게 기도할 때 工과 Ϥ를 든 양손으로 춤추면서 신이 있는 곳을 찾는 것이다. 左右좌우를 위아래로 조합한 모양이 尋이고 신을 '찾다'라는 뜻이 된다. 후에 일반적으로 '찾다'라는 뜻으로 쓴다. 尋은 좌우의 손을 벌린 길이인 '길'이라는 뜻으로도 쓴다.

|용례| 尋究심구 尋問심문 尋常심상 千尋천심

審 15획 | 심 | 자세하다, 살피다

전문1

전문2

|해설| 회의. 본래 글자는 寀심으로 쓰고, 宀면과 釆변을 조합한 모양. 宀은 조상에게 제사 지내는 사당 지붕의 모양으로 사당을 말한다. 釆은 짐승의 발톱 모양으로 여기에 발바닥 모양을 더하면 番번이 된다. 審은 사당에 바치는 짐승의 발바닥 모양으로, 사당에 바치는 희생물은 완전한 것이어야 하기 때문에 희생물의 발바닥에 상처 등이 없는지 면밀히 검사하는 것을 審이라고 한다. 그래서 '살피다, 자세하다, 자상하다'라는 뜻이 된다.

|용례| 審問심문 審議심의 審定심정 審判심판 再審재심

十 2획 | 십 | 열

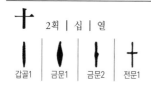
갑골1 　 금문1 　 금문2 　 전문1

|해설| 지사. 수를 셀 때 사용하는 산가지로 수를 표시하는데 가로한 개가 1, 세로 한 개인 丨이 10이었다. '열'이라는 뜻으로 쓴다. 금문에서는 丨의 중앙에 둥근 점(•)을 더했는데, 후에 十이라는 자형이 되었다. 二十이십은 가로로 두 개를 늘어놓아 廿스물 입, 三十삼십은 十을 세 개 합해서 卅서른 삽으로 쓴다. 사람 十人십인, 시 十篇십편, 집 十家십가를 한 조로 한 것은 什십, 五家오가를 한 조로 한 것은 伍오이다.

|용례| 十干십간 十分십분 十字십자 十全십전

雙 18획 | 쌍 | 쌍, 늘어서다

전문1

|해설| 회의. 雔수와 又우를 조합한 모양. 隹추는 새. 雙은 두 마리 새를 손(又)에 든 모양으로 '늘어서다, 짝, 둘'이라는 뜻이 된다. 한 마리 새를 손에 든 모양은 隻척이고 双쌍(雙의 속자)은 두 손을 늘어놓은 모양이다. 두 개로 한 조가 되는 것, 一對일대를 한 쌍이라한다.

|용례| 無雙무쌍 雙肩쌍견 雙輪쌍륜 雙方쌍방 雙玉쌍옥

氏 4획 | 씨 | 씨족

갑골1　금문1　금문2　전문1

|해설| 상형. 손잡이가 있는 작은 칼(小刀소도)의 모양. 조상의 제사

후에 행하는 씨족의 共餐공찬(모여서
식사함)에서 이 칼로 제사에 쓴 고기
를 자르기 때문에, 이 칼이 씨족의

小刀

상징이 되고 씨족 공찬에 참가하는 자를 氏라고 한다. 그래서 氏
는 '씨족'이라는 뜻이 된다. 제례 때에 왕이 鸞刀난도(방울이 달린 칼)
로 희생의 고기를 자르는 것처럼 씨족 제사에서는 씨족장이 그 일
을 맡았다. 조상의 제사와 씨족 공찬은 씨족 제도를 유지하는 데
가장 중요한 의례였다.

|용례| **姓氏**성씨 **氏族**씨족

人

牙 4획 | 아 | 어금니

| 금문1 | 금문2 | 전문1 |

|해설| 상형. 위아래 서로 교차하는 어금니의 모양. 짐승의 '어금니'를 말한다. 牙는 爪손톱 조와 함께 몸을 지키는 것이기 때문에 금문의 『師克盨』에 "爪牙조아가 되었다"고 하는 것처럼 爪牙는 정예 병사라는 뜻으로 쓴다. 코끼리(象상)는 은 왕조의 영역 내에도 서식했는데 殷墟은허에 있는 은왕 武丁무정의 왕비 婦好부호의 묘에서 정교한 象牙상아로 만든 잔(杯배)이 출토되었다. 짐승의 어금니는 강하고 날카로운 모양이지만 초목의 싹(芽아)도 강한 생명력을 갖고 살아가기 때문에 초두를 붙인 芽는 '싹, 움트다'라는 뜻으로 쓴다.

|용례| 毒牙독아 牙旗아기 牙城아성

我 7획 | 아 | 나

| 갑골1 | 갑골2 | 금문1 | 금문2 | 전문1 |

|해설| 가차. 我는 톱(鋸거)의 모양. 본래 칼날이 까칠까칠한 톱을 의미하는 글자였는데 일인칭 대명사 '나'로 사용하게 되었다. 그래서 我를 대신해서 톱을 의미하는 글자로 형성자인 鋸가 만들어졌다. 我가 톱의 모양이라는 것은 義의, 羲희가 희생으로 바치기 위해 羊양을 톱(我)으로 자르는 모양이라는 것에서 알 수 있다. 義는 희생으로 신에게 바치기 위한 양, 羲는 희생양의 뒷다리가 늘어져 남아있는 모양이다. 대명사에는 그것을 표시하는 적확한 방법이 없고

상용자해

전부 그 음을 빌린 가차 용법이다.

|용례| 忘我망아 我流아류 自我자아

亞 8획 | 아, 악 | 버금

| 갑골1 | 갑골2 | 금문1 | 금문2 | 전문1 |

|해설| 상형. 중
국 고대의 왕
이나 귀족을
매장한 지하

亞의 도상

묘실의 평면 모양. 정방형 묘실의 네 귀퉁이를 도려낸 형태. 네 모퉁
이를 도려낸 이유는 그곳에 악령이 숨을까 두려워했기 때문일 것
이다. 死者사자를 매장하는 장례 등 靈령에 대한 의식의 집행자를
亞라 했다. 중국 고대의 유력한 씨족에는 亞職아직에 종사하는 사
람이 있고 그 사람은 亞아 모양 안에 그 씨족의 이름을 명기한 것
을 紋章문장처럼 사용했다. 이를 亞字形아자형 도상이라고 한다. 아
직에 종사하는 사람은 성직에 종사하는 神官신관이기 때문에 족장
다음의 이인자로 여겼다. 그래서 亞는 '다음, 둘째'라는 의미로 쓰
이게 되었다. 亞熱帶아열대는 열대에 다음가는 따뜻한 기후의 지역
을 말한다. 벽에 바르는 백토를 堊백토 악이라 하는데, 본래는 묘실
의 천장이나 벽을 흰 흙으로 칠했다.

|용례| 亞流아류 亞聖아성

兒

8획 | 아 | 아이, 어린아이, 젖먹이

甲	吳	晃	県
갑골1	금문1	금문2	전문1

|해설| 형성. 유아의 머리 형태를 한 사람의 모양. 그 머리 형태에 의해 '아이, 어린아이, 젖먹이(3세까지의 어린아이)'라는 뜻이 된다. 『禮記』「內則」에 남아는 생후 3개월로 상투를 튼다고 하는데, 그 상투라는 머리 형태가 兒이다. 상투는 머리카락을 머리 가운데에서 좌우로 나누어 귀 언저리에서 뿔처럼 나오게 묶은 것으로 고대 일본 남자도 이와 비슷한 머리 형태를 했다. 霓암무지개 예는 머리가 둘인 용 모양의 동물이라 생각했는데 그 머리 형태가 兒와 비슷했다.

|용례| 小兒소아 兒女아녀 兒童아동 愛兒애아 嬰兒영아 遺兒유아

芽

8획 | 아 | 싹, 움트다

莧
전문1

|해설| 형성. 성부는 牙아. 牙는 짐승의 어금니로 강하고 날카롭게 굽은 모양이다. 초목의 싹도 그러한 힘을 갖고 자라나기 때문에 초두를 붙여 芽라 하여 '싹, 싹트다, 움트다'라는 뜻으로 쓴다.

|용례| 萌芽맹아 發芽발아 芽甲아갑

雅

12획 | 아 | 우아하다, 바르다

雅
전문1

|해설| 형성. 성부는 牙아. 隹추는 작은 새의 모양.『설문해자』(4상)에 "楚烏초오"라 하여, 雅를 까마귀(烏오)의 일종이라 한다. 까마귀는 나쁜 새로 여겨 농작물이 까마귀에게 해를 입지 않도록 죽인 까마귀의 깃털을 논 위에 펼친 그물망에 매달았다. 烏는 죽은 까마귀의 모양으로 그려져 있다. 雅는 牙라는 까마귀의 울음소리를 隹에 더한 글자이다. 鶴두루미 학, 鳩비둘기 구, 雉꿩 치 등 새의 이름은 새 추(隹) 방에 각각 '학', '구', '치'라는 울음소리를 쓴 글자를 변으로 더한 글자이다.『詩經』에서 舞樂무악 때 불리는 귀족 사회의 시를 '大雅대아, 小雅소아'라고 하는데 雅는 차자이고 옛날에는 악곡 이름을 夏하라고 했다. 夏는 무악 하는 사람의 모습인데 글자는 또한 頁로 쓰고 그 생략한 모양인 疋는 발을 들어 춤추는 모양이다. 그래서 雅 대신 疋를 써서 大雅, 小雅를 大疋, 小疋라고도 한다. 그러나『詩經』의 전승에서는 雅 자를 빌려 쓰고 大雅, 小雅의 시가 귀족 사회의 典雅전아(우아함), 都雅도아(고상하고 우아함)한 경향, 모습을 전하는 것이기 때문에 '우아하다'라는 뜻이 된다. 또 雅言아언(바른 말)처럼 '바르다'는 의미로 쓴다.

|용례| 雅文아문 雅懷아회 優雅우아 風雅풍아

餓 16획 ㅣ 아 ㅣ 주리다

전문1

|해설| 형성. 성부는 我아. 我는 본래 톱(鋸거)의 모양으로 날이 들쭉날쭉한 것이다. 그것은 굶주린 사람의 갈비뼈가 울퉁불퉁 튀어나온 것 같은 모습을 연상시키는 데가 있다. 먹을 것에 '주리는' 것을 餓라고 한다.

|용례| 凍餓동아 餓死아사 餓虎아호

握 12획 ㅣ 악 ㅣ 쥐다

전문1

|해설| 형성. 성부는 屋집 옥. 屋에 偓천막 악, 渥두터울 악의 음이 있다. 屋은 殯염할 빈(장사 지내기 전에 잠시 시신을 관에 넣어 안치함)을 하기 위해 판자로 만든 小屋소옥이다. 屋에 잘 정리해 넣는다는 뜻이 있다. 손가락을 구부려 세게 쥐는 것을 握쥘 악이라 하고, '잡다'라는 뜻으로 쓴다. 물속에 충분히 적시는 것을 渥악(두텁다, 윤택하다)이라고 한다.

|용례| 握手악수 掌握장악

惡

惡 12획 | 악, 오 | 나쁘다, 싫다

전문1

|해설| 형성. 성부는 亞아. 亞는 지하 묘실의 평면형이다. 그곳은 사자가 깃들인 곳이기 때문에 산 사람에게는 유쾌한 장소가 아니라 꺼리고 삼가야 할 곳이다. 그 꺼리고 삼가는 마음을 惡이라 하여 '싫다'는 뜻이 된다. 그것은 애호에 대한 증오의 감정이다. 후에 善惡선악(좋고 나쁨)의 '나쁘다'라는 뜻이 된다.

|용례| 極惡극악 惡黨악당 惡德악덕 惡夢악몽 醜惡추악 好惡호오

嶽

嶽 17획 | 악 | 큰 산

갑골1 갑골2 갑골3 전문1

|해설| 상형. 옛 자형은 山산 위에 羊양 머리 모양을 더한 것이다. 嶽악은 嵩山숭산이라는 산의 옛날 이름. 이 방면에는 羌族강족이 살고 숭산의 산신은 伯夷백이인데 姜姓강성 부족의 시조였다. 산 위에 양 머리 모양을 둔 옛 자형은 嶽이 양을 목축하던 강족의 성지였다는 신화에 근거해 만들어진 것이다. 嶽은 岳의 형성자로 만들어진 글자였다.

|용례| 山嶽산악

顎 18획 | 악 | 턱

|해설| 형성. 성부는 咢악. 일본어에서는 顎을 '턱'이라는 뜻으로 쓰는데 본래 글자는 齶잇몸 악이다. 顎은 광대뼈에 힘을 준 근엄한 얼굴을 말한다. 『玉篇』에는 "面高면고의 모습"이라고 한다.

安 6획 | 안 | 값싸다, 편안하다, 어찌

| 갑골1 | 갑골2 | 금문1 | 금문2 | 전문1 |

|해설| 회의. 宀집 면과 女녀를 조합한 모양. 宀은 조상의 靈령에게 제사 지내는 廟묘의 처마 모양. 安은 廟 안에 여자가 앉아 있는 모양인데 시집간 신부가 묘에 참배하는 것을 나타낸다. 신부가 묘에 참배하고 남편 家가 조상의 영에게 제사 지내고 이 집의 氏族靈씨족령을 받아서 남편 家 사람이 되기 위한 의식을 행하는 것이다. 이러한 의식에 의해 신부는 비로소 남편 家 사람으로 인정되고 남편 家의 조상령에게 수호받고 편안하고 평온한 생활을 할 수 있다. 의식 때 淨化정화를 위한 술을 뿌리게 하는 자형(갑골2)이나 신부의 소매에 작은 선을 더한 자형(금문2)이 있다. 이 선은 조상의 영을 빙의하게 하기 위한 옷으로서 일본 신화에 나오는 '마토코 오후후스마'(眞床襲衾. 依, 依 항목 참조 — 옮긴이)에 해당한다. 安은 '편안하다, 편안하게 하다'가 본래 의미이고 값이 편안하다는 의미의 '값싸다'는 일본어의 사용 방식이다. 손으로 눌러서 안정시키는 것을 按누를 안이라 하고, 묘에 참배하는 여자의 머리 위에 日일(靈의 힘을 갖는 玉옥)을 두어 여자의 영에 힘을 더하는 모양이 晏편안할 안으로,

마음이 편안해서 '즐겁다, 평온하다'는 뜻이 된다.

|용례| 不安불안 安價안가 安樂안락 安否안부 安心안심 安逸안일

岸 8획 | 안 | 기슭

전문1

|해설| 형성. 성부는 斤한. 干간에는 근처라는 뜻이 있다. 厂한은 산 경사면의 모양. 산이 물에 임하여 급사면으로 기울어 있는 부근을 岸이라 하여 '기슭'이라는 뜻이 된다. 산의 斜面사면에 큰 돌이 드러난 것을 岩바위 암이라 하고 토층이 겹쳐진 곳은 崖벼랑 애, 물에 임한 곳은 涯물가 애라고 한다.

|용례| 對岸대안 岸頭안두 岸壁안벽 彼岸피안

案 10획 | 안 | 책상, 생각하다

전문1

|해설| 형성. 성부는 安안. 木목을 왼쪽 변으로 하지 않고 아래에 두는 모양의 한자는 榮영, 架가, 某모 등 예가 많다. 案은 물건을 올려놓는 臺대, '책상'을 말한다. 처음에는 식사용으로 다리가 있는 것을 案, 없는 것을 槃소반 반이라 했다. 후에 책을 놓고 고안하는(궁리해서 생각해내는) 것, 고찰하는

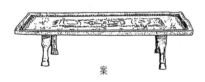
案

常用字解

597

데 사용하게 되어 '생각하는' 것을 案이라 한다.

|용례| 新案신안 案件안건 原案원안 議案의안

眼 11획 | 안 | 눈알, 눈, 보다

전문1

|해설| 형성. 성부는 艮간. 艮에 限한할 한의 음이 있다. 限은 신이 하늘에 오르내릴 때 사용하는 신의 사다리(𨸏부. 阝. 본래 모양은 𨸎) 앞에 사악한 것이 신성한 장소에 들어오지 못하도록 눈(目목. 남에게 주술을 걸어 재앙을 주는 힘을 가진 呪眼주안)을 걸어두어, 사람이 두려워 뒤를 향해 물러나는 것을 나타낸다. 眼은 그 呪力주력이 있는 '눈'을 말한다. 눈알은 눈의 중심부로 眼力안력(시력)의 大本대본이다.

|용례| 眼鏡안경 眼光안광 眼球안구 眼目안목 肉眼육안 主眼주안

顔 18획 | 안 | 얼굴

금문1 | 전문1

|해설| 형성. 성부는 彦언. 彦은 厂한(이마(額액)의 모양)에 文문(문신, 朱色주색 등으로 일시적으로 그린 입묵)을 더해 그 색깔의 아름다움을 彡삼으로 표시한 글자이다. 頁혈은 의례 때에 예배하는 사람을 옆에서 본 모양이다. 顔이란 일정한 연령에 달한 남자가 이마에 아름다운 입묵을 그리고 엄숙하게 성인식을 할 때의 얼굴 표정을 말하는 것으로, '얼굴'이라는 뜻이 된다.

|용례| 笑顏소안 顏面안면 破顏파안 紅顏홍안 厚顏후안

謁 16획 | 알 | 뵈다

전문1

|해설| 형성. 성부는 曷어찌 갈. 曷에 喝더위 먹을 갈의 음이 있다. 曷은 匃개(사자의 뼈)에 曰왈(신에게 바치는 기도문인 축문을 넣는 그릇에 축문이 있는 모양)을 더하여 그 呪靈주령(靈의 힘)에 의해 뭔가를 이루려고 기도하는 것으로, 신에게 청구하는 것을 말하고 '청하다, 묻다, 고하다'라는 의미로 쓴다. 그래서 신분이 높은 사람에게 원하는 일이 있어서 만나는 것, '뵙는' 것을 謁見알현이라고 한다.

|용례| 謁見알현 拜謁배알

暗 13획 | 암 | 어둡다

전문1 전문2

|해설| 형성. 성부는 音소리 음. 音에 諳외울 암, 黯어두울 암의 음이 있다. 본래 글자는 闇닫힌 문 암으로 門문 안에서 音을 내는 것을 나타낸다. 門은 신에게 제사를 지내는 제단의 쌍여닫이 문의 모양. 여기에 신에게 바치는 기도문인 축문(言언)을 놓고 신의 뜻을 묻는다. 言은 辛신(入墨입묵용 바늘 모양)과 ㅂ축문 그릇 재를 조합한 모양으로서, 신에게 말씀드리는 것에 잘못이 있을 때는 입묵의 형벌을 받겠다고 신에게 서약하는 것을 보이는 글자이다. 이것을 龕室감실 앞

에 두고 기도한다. 기도에 대해 밤에 축문 그릇인 ㅂ가 소리를 내어 신의 뜻이 드러난다. 言()의 ㅂ에 신이 응답한 소리를 一일로 표시하여 (音의 金文1) 모양이 된다. 감실 앞의 ㅂ에서 밤에 신의 소리, 신이 찾아오는 소리가 나는 것을 표현한 것이 闇이다. 신의 뜻은 밤에 희미한 소리로 암시되기 때문에 闇, 暗은 '어둠, 어둡다'라는 의미로 쓰인다.

|용례| 明暗명암 暗殺암살 暗室암실 暗夜암야 暗黑암흑

闇 17획 | 암 | 어둠, 어둡다

闇
전문1

|해설| 형성. 성부는 音음. 音에 諳외울 암, 黯어두울 암의 音이 있다. 門문은 신에게 제사를 지내는 제단의 쌍여닫이 문의 모양. 축문 그릇인 ㅂ재 위에 입묵용 바늘(辛신)을 세워서 기도하는 것에 응해서 신이 소리를 발하는 것을 音이라고 한다. 밤중에 신에게 제사를 지내는 제단 앞의 ㅂ에서 희미한 소리로 신의 뜻, 신의 말씀이 암시되는 것을 闇이라고 하여 '어둡다, 어둠'이라는 뜻이 된다. 어둡다는 의미의 글자로 옛날에는 闇을 썼는데 후에 暗암 자가 만들어졌다. 어둡다는 의미를 사람에게 파급하여 闇은 '어리석다'는 의미로도 쓰인다.

|용례| 闇夜암야 闇主암주 闇行암행 幽闇유암

巖 23획 | 암 | 바위

전문1

| 해설 | 상형. 본래의 자형인 嵒은 산상에 암석이 중복된 모양으로 그 전체가 상형이다. 巖은 같은 음의 글자로 崖벼랑 애 위에 신에게 바치는 기도문인 축문을 넣는 그릇(ㅂ제)을 두 개 늘어놓고 향이 있는 술을 퍼서 쏟아부어 제사하는 곳을 정결하게 하는 의례를 하는 모양이다. 벼랑 위 암벽에서 제사를 하는 것은 암벽을 신이 있는 신성한 장소라고 생각했기 때문이다. 岩은 嵒의 생략형일 텐데 일본에서는 '바위'라는 뜻으로 이 글자를 쓰는 경우가 많고 중국 문헌에서는 巖을 쓰는 경우가 많다.

| 용례 | 奇巖기암 巖石암석

押 8획 | 압 | 누르다, 붙잡다

| 해설 | 형성. 성부는 甲갑. 甲에 柙합(우리, 우리에 가두다)이라는 뜻이 있다. 본래 갑 음으로 읽었는데 후에 압으로 읽는다. 鴨오리 압도 압 음이다. 일을 강제적으로 행하는 것, 또 힘을 가해서 하는 것 등을 말하여 '누르다, 붙잡다'라는 의미로 쓴다.

| 용례 | 押收압수 押韻압운 押印압인 花押화압

壓 17획 | 압 | 누르다, 가라앉히다

전문1

|해설| 회의. 厭싫어할 염과 土토를 조합한 모양. 厭은 犬견의 骨골에
붙은 肉육(冑)을 厂벼랑 한 밑에 두고 토지의 祓除불제를 하는 의미
인데 이를 厭勝염승이라고 한다. 壓은 토지에 대하여 염승을 해서
주술의 힘으로 토지에 숨은 邪氣사기를 제압하여 토지를 깨끗이
불제하는 것을 말하기 때문에 '누르다, 가라앉히다'라는 뜻이 된다.
즉 壓은 토지의 靈령을 鎭壓진압하는 주술 의례이다.

|용례| 壓倒압도 壓迫압박 壓服압복 壓殺압살 壓縮압축 彈壓탄압

央 5획 | 앙 | 한가운데

갑골1 | 금문1 | 전문1

|해설| 상형. 목에 칼(枷가)을 쓴 사람을 정면에서 바라본 모양. 칼
은 형벌 도구이다. 央은 殃재앙 앙(형벌의 재난, 화)의 본래 글자라고
생각된다. 殃은 央에 歹부서진 뼈 알을 더하여 死罪사죄와 같은 재난
을 말한다. 손이나 발이 아니라 몸의 중앙에 가까운 목에 가해지
는 형벌이기 때문에 '한가운데'라는 뜻이 된다.

|용례| 中央중앙

仰

6획 | 앙 | 우러러보다, 분부

전문1

|해설| 형성. 성부는 卬앙. 卬은 사람이 서로 마주 보는 모양이다. 상하로 마주 볼 때는 한 사람은 위를 향해 눕고, 한 사람은 위에서 누르는 모양이어서, 밑에서 보면 우러러보고 위에서 보면 누른다는 관계가 된다. 卬을 전후 관계로 하면, 전방의 사람을 맞이한다는 관계가 된다. 그 위를 '우러러본다'는 자세에서 고귀한 사람의 명령을 받는 것, 고귀한 사람의 '분부'(명령)라는 의미로도 쓴다. 심하게 낙담할 때 하늘을 우러러본다고 하는데 심하게 놀랄 때도 仰天앙천이라고 한다.

|용례| 信仰신앙 仰望앙망 仰視앙시 仰臥앙와

哀

9획 | 애 | 슬픔, 슬퍼하다, 가여워하다

금문1 | 금문2 | 전문1

|해설| 회의. 衣의와 口를 조합한 모양. 衣는 襟옷깃 금 언저리를 여며 놓은 모양. 口는 ㅂ재인데, 신에게 바치는 기도문인 축문을 넣는 그릇의 모양. 사람이 죽으면 고인의 옷깃 언저리에 ㅂ를 두고 기도를 한다. 이렇게 해서 사자를 슬퍼하고 사자의 혼을 불러오는(招魂초혼이라고 한다) 의례를 哀라 하고 '슬픔, 슬퍼하다, 가여워하다'라는 의미로 쓴다. 사자의 옷깃 언저리에 玉구슬 옥을 더하여 사자를 사후 세계로 보내는 것을 뜻하는 袁옷 길 원(遠의 본래 글자)이나, 사자의

옷깃 언저리에 마로 된 喪章상장을 붙여 재앙을 떨쳐내는 것을 뜻하는 衰줄어들 쇠 등 哀와 같은 구조를 갖는 글자가 많이 있다.

|용례| 悲哀비애 哀歌애가 哀樂애락 哀傷애상 哀訴애소 哀切애절

挨 10획 | 애 | 밀치다

挨
전문1

|해설| 형성. 성부는 矣어조사 의. 矣에 唉아아 애, 埃먼지 애의 음이 있다. 『설문해자』(12상)에 "등을 때리는 것이다", 즉 뒤에서 등을 때리는 뜻이라고 한다. 또 세게 누르는 것을 가리켜 '밀치다'라는 뜻으로 쓰인다. 挨拶애찰은 많은 사람이 서로 앞으로 나오려고 미는 것을 말하고 일본어에서는 사교적, 의례적 인사말을 가리킨다. 拶찰은 들이닥친다는 의미이다. 서로 밀고 좁혀서 앉는 것을 挨坐애좌라고 한다.

崖 11획 | 애 | 벼랑

崖
전문1

|해설| 형성. 성부는 厓애. 厓는 성부는 圭규. 厂벼랑 한은 산의 사면이 깎아지른 듯이 가파른 벼랑의 모양. 厓는 벼랑을 말하고 산이 깎아지른 듯이 솟아오른 '벼랑'을 崖, 물가의 언덕이 벼랑처럼 된 곳을 涯애(물가, 낭떠러지)라고 한다. 崖는 涯와 통하여 涯의 뜻으로도 쓴다.

|용례| 斷崖단애

涯 11획 | 애 | 물가, 끝

전문1

|해설| 형성. 성부는 厓벼랑 애. 성부가 厓인 글자에 崖애(벼랑), 喱애 (물어뜯다), 睚애(눈초리) 등이 있다. 厓의 성부는 圭규, 산기슭이 벼랑 으로 되어 있는 곳을 말한다. 물가의 언덕이 벼랑처럼 된 곳을 涯 라 하여 '물가, 끝'이라는 뜻으로 쓴다. 圭는 흙(土토)이 벽 모양으로 쌓인 곳으로 험준한 모양이기 때문에 喱, 睚라고 쓴다.

|용례| 生涯생애 涯際애제 天涯천애

愛 13획 | 애 | 사랑하다, 아끼다

금문1　금문2　전문1

|해설| 회의. 㤅애와 心심을 조합한 모양. 뒤를 돌아보고 서 있는 사 람의 모습인 㤅의 가슴 주변에 심장의 모양인 心을 더한 모양. 떠 나려고 하지만 남은 사람에게 마음이 쓰이는 사람의 모습인데, 그 심정을 愛라 하여 '사랑하다'라는 뜻이 된다. 일본어로는 '가나 시'(かなし)라고 읽는데 남은 사람에게 마음을 남기는 것, 마음이 걸 리는 것을 가리킨다. 그래서 애정이라는 뜻이 되었다. 명확하지 않 은 흐릿한 상태를 僾어렴풋할 애라고 한다. 해가 기울어 어슴푸레해 지는 것을 曖가릴, 어두울 애라고 한다.

曖 17획 | 애 | 어둡다

|해설| 형성. 성부는 愛애. 炁애와 心심을 조합한 모양인 愛는 뒤를 돌아보고 서 있는 사람의 모습인 炁의 가슴 주변에 심장의 모양인 心을 더한 모양인데, 그 불안정하고 흐릿한 심정을 말하기 때문에 마음을 남긴다, 사랑한다는 뜻이 된다. 사람의 모습이 명확하지 않고 흐릿하게 보이는 것을 僾어렴풋할 애라고 한다. 曖는 해(日일)가 기울어 어두워지는 것을 말하고 '어둡다, 기울다'라는 뜻으로 쓰인다. 일이 명확하지 않은 상황을 曖昧애매하다고 한다.

厄 4획 | 액 | 멍에, 재앙

금문1 | 전문1

|해설| 상형. 마차의 軛멍에 액(車의 끌채(轅원) 끝에 붙이는 가로목)의 모양. 말 목에 걸어 車에 연결하는 것으로, 멍에를 거는 것을 扼누를 액이라고 한다. 산이 험한 곳, 지세가 양쪽에서 죽어오는 것 같은 곳을 阨험할 액이라고 한다. 厄액은 戹재앙 액과 통하여 '재앙'이라는 뜻으로도 쓴다.

|용례| 厄難액난 厄年액년 厄運액운 厄日액일 災厄재액

液 11획 | 액 | 즙

전문1

|해설| 형성. 성부는 夜밤 야. 夜에 掖도울 액, 腋겨드랑이 액의 음이 있다. 樹液수액(나무껍질 등에서 배어 나오는 즙)과 같이 속에서 배어 나오는 수분을 말해 '즙'이라는 뜻으로 쓴다. 또 물과 같은 상태로 되는 것, '녹다'라는 뜻으로 쓴다.

|용례| 液體액체 胃液위액 唾液타액 血液혈액

額 18획 | 액 | 이마

전문1

|해설| 형성. 성부는 客객. 본래 글자는 頟액으로 쓰고 성부는 各각. 『설문해자』(9상)에 "頟은 顙이마 상", 즉 '이마'를 가리킨다. 『書經』 「益稷」에 "밤낮없이 頟頟액액하다"라고 하는데 액액이란 열심히 나쁜 짓을 계속한다는 뜻이다. 고개를 까닥이면서 돌아다닌다는 정도의 뜻일 것이다. 이마는 안면에서 가장 눈에 띄는 곳이기 때문에 건물 정면의 가장 눈에 띄는 곳에 거는 것을 額(현판)이라 한다.

櫻 21획 | 앵 | 앵두나무

전문1

|해설| 형성. 성부는 嬰갓난아이 영. 嬰에 鸚앵무새 앵의 음이 있다. 앵무새는 鸚鵡앵무라고 쓴다. 櫻은 중국에서는 본래 앵두나무(櫻桃앵도)를 가리키는 말이었다. 일본에서는 '벚나무'를 말하고 벚꽃은 옛날부터 와카(和歌) 등에서 노래하며 감상해왔으며 현재 일본의 국화이다.

|용례| 櫻脣앵순 櫻花앵화

冶 7획 | 야 | 불리다, 요염하다

전문1

|해설| 형성. 성부는 台태. 台에 怡기쁠 이, 詒보낼 이의 음이 있다. 『설문해자』(11하)에 "녹이다(銷소)"라고 하여, 鑄冶주야(금속을 정련함)라는 뜻으로 풀이한다. 금속을 '녹이다, 불리다'라는 의미 외에 주야하여 광채를 내는 것이므로 '요염하다'는 뜻으로도 쓴다. 글자는 冫얼음 빙부에 속하는 것으로 되어 있지만 冫은 仌빙(氷, 얼음)이라는 뜻이 아니고, 金금·勻균에 포함되는 부어 넣은 銅동의 작은 덩어리인 ●를 뜻한다.

|용례| 鍛冶단야 冶工야공 冶金야금 艷冶염야

夜 8획 | 야 | 밤

금문1　금문2　전문1

|해설| 회의. 大대와 夕석을 조합한 모양. 大는 손발을 벌리고 선 사

람을 정면에서 본 모양. 夕은 저녁달의 모양이다. 사람의 겨드랑이 밑에서 달이 나타나는 모양인데, 달이 모습을 나타내는 시간대를 夜라 하고, '밤'이라는 뜻으로 쓴다.

|용례| 深夜심야 夜景야경 夜來야래 夜半야반 夜襲야습 夜雨야우

野 11획 | 야 | 들, 시골, 천하다

料	柱	欉	野
갑골1	금문1	전문1	전문2

|해설| 형성. 성부는 予여. 『설문해자』(13하)에 "郊外교외"라 하고, 壄야의 자형을 든다. 갑골문, 금문에 埜야의 자형이 있고 林림 중에 社사(土토는 신에게 제사하는 곳인 社의 본래 글자)가 있는 곳을 말한다. 壄는 埜에 성부 予를 더한 형성자이다. 里리는 田전과 土를 조합한 모양이고 田의 신에게 제사하는 社가 있는 곳이다. 里에 성부 予를 더해 野가 된다. 본래 社가 있는 林이나 田을 野라 하고 후에 '들, 들판, 시골, 천하다'는 뜻으로 쓴다.

|용례| 野生야생 野性야성 野翁야옹 野草야초 野趣야취 粗野조야

若 9획 | 약 | 같다, 젊다, 만약, 따르다, 너

芽	炭	苌	苌	苌
갑골1	갑골2	금문1	금문2	전문1

|해설| 상형. 巫女무녀(신을 섬기고 신의 말씀을 전하는 여자. 무당)가 긴 머리를 나부끼며 양손을 들고 춤추며 신에게 기도하며 신박(신의 말씀)을 구하는 모양이다. 후에 신에게 바치는 기도문인 축문을 넣

는 그릇인 ㅂ재(口)를 더하여 축문을 외치며 기도하는 것을 표시한다. 머리 위로 번쩍 쳐든 두 손의 모양이 지금의 자형에서는 초두머리 모양으로 되어 있다. 신탁을 구하며 기도하는 무녀에게 신이 빙의해서 신의 뜻이 전해져, 멍한 상태에 있는 것을 표시한 것이 若이다. 전해진 신의 뜻을 그대로 전달하는 것을 '이와 같다(若)'라고 하고, 신의 뜻에 따르는 데서 '따르다'라는 뜻이 된다. 신탁을 구하는 무녀가 젊은 무녀였으므로 '젊다'는 뜻으로도 쓰이게 되었을 것이다. 女녀, 如여, 而이 등과 통용하여 '너, 또는, 만약'이라는 뜻으로도 쓴다. 女와 口(ㅂ)를 조합한 如는 축문을 외치는 무녀의 모습이고 若과 글자 구조가 비슷하다.

|용례| 若干약간 若輩약배

約

전문1

9획 | 약 | 맺다, 대개

|해설| 형성. 성부는 勺작. 勺에 礿제사 약의 음이 있다. 勺은 자루가 조금 굽은 모양의 ㄴ杓비작(국자)의 모양이므로 실을 구부려 매듭짓는 것을 約이라 하고, '맺다, 묶다, 매듭, 맹세'라는 뜻이 된다. 또 大約대약(대개, 대강)처럼 '대략'이라는 뜻으로 쓴다. 約은 줄을 묶어 그 매듭의 모양이나 수로 결속의 내용을 표시하는 것으로, 結束결속(어떤 일에 대하여 결정하고, 장래 그것을 바꾸지 않겠다는 것을 서로 맹세함)이라고 한다. 옛날에는 중요한 계약 문서를 約劑약제라고 했다. 劑제는 方鼎방정의 측면에 칼로 새긴 銘文명문이다.

상용자해

|용례| 簡約간약 約言약언 要約요약

弱   10획 | 약 | 약하다, 쇠하다, 젊다

전문1

|해설| 회의. 弓을 늘어놓은 모양. 弓은 장식을 붙인 의례용 활(弓궁)인데 실전용 활에 비해 힘이 약하다. 弓을 두 개 늘어놓아 '활이 약하다, 약하다'는 뜻이 되고, 후에 활에 한하지 않고 일반적으로 힘이 '약하다, 쇠하다'는 뜻이 된다. 또 같은 음의 若약과 통용하여 '젊다'는 뜻으로도 쓴다.

|용례| 強弱강약 弱小약소 弱者약자 弱點약점

藥   19획 | 약 | 약

전문1

|해설| 형성. 성부는 樂악. 樂에 爍빛날 삭, 鑠녹일 삭의 음이 있고, 그 음이 전화했을 것이다. 그 전화는 勺작이 約약, 釋석이 譯역이 되는 것과 같다. 『설문해자』(1하)에 "병을 고치는 풀이다"라 하고, 약초라는 뜻으로 풀이한다. '약, 약으로 고치다'라는 뜻으로 쓴다. 樂은 자루가 달린 손 방울의 모양이고, 샤먼(신들린 상태가 되어 예언이나 병을 고치는 일을 하는 巫女무녀)이 그 손 방울을 흔들어 병마를 몰아내 병을 고치는 것을 藥료라 하는데, 療료의 옛 자형이다. 藥이 성부를 樂악으로 하는 것은 고대에 샤먼이 병을 치료하는 일을 맡았

常用字解 **611**

던 흔적일 것이다.

|용례| 服藥복약 藥局약국 藥用약용 藥草약초 藥品약품 良藥양약

21획 | 약 | 뛰다, 빠르다, 오르다

전문1

|해설| 형성. 성부는 翟적. 翟에 曜빛 요, 耀빛날 요의 음이 있다. 翟은 날아오르려고 날개를 펼치는 새의 모양. 짐승이 발을 들어 뛰어오르는 것을 躍이라 하고, '뛰다, 빠르다, 오르다'라는 뜻으로 쓴다.

|용례| 飛躍비약 躍起약기 躍動약동 躍如약여 勇躍용약

羊 6획 | 양 | 양

갑골1　갑골2　갑골3　전문1

|해설| 상형. 앞에서 본 양의 모양. 양을 전면에서 보고 그 뿔과 상반신을 옮긴 모양이다. 양의 뿔에서 뒷발까지 전체를 위에서 보고 옮긴 모양은 美미이다. 정면에서 본 소의 모양은 牛우인데, 소는 양에 비해 뿔이 크게 그려져 있다. 양은 소 등과 함께 신에게 바치는 희생으로 사용되거나 羊神判양신판에도 사용되었다. 희생으로서 신에게 바치는 양에게 결함이 없음을 확인하는 것을 義의라고 한다. 본래는 소의 희생을 犠희라고 했다.

|용례| 牧羊목양 羊毛양모 羊皮양피

洋 9획 | 양 | 넓다, 바다

洋
전문1

|해설| 형성. 성부는 羊양. 洋에 또한 祥복 상의 음이 있고, 洋洋양양을 또 蕩蕩탕탕(물의 기세가 성한 모습)이라고도 한다. 洋洋(물이 넘쳐 흐르는 모습. 또 넓고 넓은 모습. 일의 기세가 성한 모습)처럼 '넓다, 넘치다, 성하다'는 뜻으로 쓴다. 또 海洋해양, 外洋외양(넓고 넓은 큰 바다)처럼 '바다'라는 뜻으로 쓴다. 후에 '외국' 특히 '서양'이라는 뜻으로 쓰고, 洋貨양화(외국품. 서양 상품), 洋樂양악(서양의 음악)이라고 한다.

揚 12획 | 양 | 올리다, 대답하다

갑골1　금문1　금문2　금문3　전문1

|해설| 형성. 성부는 昜양. 昜은 臺대 위에 靈령의 힘을 가진 玉옥(日일의 모양)을 놓았는데 그 옥빛이 아래쪽으로 퍼져나가는 모양이다. 금문의 자형은 玉을 높이 받드는 모양으로 쓰는 것이 많다. 옥빛에 닿는 것은 사람의 정기를 성하게 하고 풍부하게 하는 振魂진혼 작용이 있다고 여겼다. 금문에 "왕의 下賜하사(休휴)에 대답한다(對揚대양)"처럼 왕의 은혜에 '대답하다'라는 뜻으로 쓴다. 옥을 높이 받드는 데서 '올리다, 오르다'라는 뜻으로 쓴다.

|용례| 高揚고양 浮揚부양 飛揚비양 揚揚양양 揚言양언

陽

12획 | 양 | 빛, 따뜻하다, 거짓말하다

| 갑골1 | 금문1 | 금문2 | 금문3 | 전문1 |

|해설| 형성. 성부는 昜양. 昜은 臺대 위에 靈령의 힘을 가진 玉옥(日일의 모양)을 놓았는데 그 옥빛이 아래쪽으로 퍼져나가는 모양이다. 옥빛에는 사람의 정기를 성하게 하고 풍부하게 하는 振魂진혼의 작용이 있다고 여겼다. 阜부(阝. 본래 모양은 𨸏)는 신이 하늘에 오르내릴 때 쓰는 신의 사다리 모양. 陽은 그 신의 사다리 앞에 玉옥을 놓고 신의 위광을 보이는 글자이다. 玉光옥광을 가리는 모양이 陰음이다. 陽은 후에 '빛, 태양'이라는 뜻이 되고, 陽光양광(태양 빛)이 미치는 곳에서 '따뜻하다, 산의 남쪽, 남쪽, 강의 북쪽, 북쪽'이라는 뜻으로 쓴다. 또 佯거짓말할 양과 통하여 '거짓말하다'라는 뜻으로 쓰고, 陽狂양광(거짓으로 미친 척하는 것. 佯狂양광), 陽言양언(거짓으로 말함)이라고 한다.

|용례| 落陽낙양 陽炎양염 陽春양춘

瘍

14획 | 양 | 헐다, 종기, 상처

| 전문1 |

|해설| 형성. 성부는 昜양. 痒앓을 양과 음훈이 가깝다. '종기'라는 뜻. 周代주대에는 瘍醫양의라는 관직이 있고 종기 치료를 담당했다. 腫瘍종양(세포가 증식해서 생기는 종기), 潰瘍궤양(헐어서 고름이 나오는 종기)이라고 쓴다.

樣 15획 | 양 | 모양, 본, 모습

樣
전문1

|해설| 형성. 성부는 羕양. 羕은 물이 출렁이며(漾양) 흐르는 모양이고, 그 수맥이 길게 이어지는 것을 말한다. 『설문해자』(6상)에 "상수리나무(栩허) 열매"라고 하지만, 수맥과 같은 文樣문양, 模樣모양을 나무에 模寫모사한 것을 말하는 글자일 것이다. 樣式양식처럼 '본, 모양'이라는 뜻으로 쓴다.

|용례| 同樣동양 模樣모양 文樣문양 異樣이양 一樣일양

養 15획 | 양 | 기르다, 키우다

갑골1 | 금문1 | 고문1 | 전문1

|해설| 형성. 성부는 羊양. 『설문해자』(5하)에 "供養공양하다"라고 하여, 음식을 바쳐 공양한다는 뜻이라고 한다. 『玉篇』에 "育육. 守수. 樂악. 畜축. 長장"이라고 한다. '기르다, 키우다'라는 뜻으로 쓴다. 고문1의 자형은 갑골문, 금문에도 보이는데 羊양에게 攴복(채찍 등으로 때린다는 뜻)을 더해 양을 사육하는 것을 말한다.

|용례| 養成양성 養心양심 養育양육 養子양자 養護양호

壤 20획 | 양 | 흙

壤
전문1

|해설| 형성. 성부는 襄양. 襄은 죽은 사람 옷의 가슴 언저리에 두 개의 ㅂ재(신에게 바치는 기도문인 축문을 넣는 그릇의 모양)와 呪具주구 인 工공을 네 개(퓬전) 놓는 모양으로, 가슴 언저리가 솟아올라 부 푼다는 뜻이 된다. 한번 경작해서 부드럽게 솟아오른 흙을 壤이라 하고, '흙, 땅'이라는 뜻이 된다. 가슴이 풍만한 여자, 살집이 풍만한 여자를 孃양이라 한다. 풍만하게 여무는 것은 穰양(풍족하다, 여물다) 이라 한다.

|용례| 壤地양지 壤土양토 土壤토양

孃 20획 | 양 | 어미, 아가씨

孃
전문1

|해설| 형성. 성부는 襄양. 襄은 죽은 사람 옷의 가슴 언저리에 두 개의 ㅂ재(신에게 바치는 기도문인 축문을 넣는 그릇의 모양)와 呪具주구 인 工공을 네 개(퓬전) 놓는 모양으로, 가슴 언저리가 솟아올라 부 푼다는 뜻이 된다. 가슴이 부푼 여자, 살집이 풍만한 여자를 孃이 라 하고, '어미, 아가씨'를 말한다. 후에 '아가씨, 어미'라는 뜻으로는 娘낭도 쓰인다.

|용례| 令孃영양

讓 24획 | 양 | 사양하다, 꾸짖다

전문1

|해설| 형성. 성부는 襄양. 襄은 죽은 사람 옷의 가슴 언저리에 두 개의 ㅂ재(신에게 바치는 기도문인 축문을 넣는 그릇의 모양)와 呪具주구로서 惡靈악령의 침입을 물리치는 工공을 네 개(丑전) 놓는 모양으로, '악령을 씻어 정화하다, 꾸짖다'라는 의미가 있다. 씻어 정화하고, 꾸짖는 말을 讓이라 한다. 씻고, 물리치는 것을 攘물리칠 양, 攘斥양척이라 한다. 양척하여 물리치는 것에서 讓은 '사양하다, 겸양하다'라는 뜻이 된다. 邪氣사기를 없애는 것을 禳푸닥거리할 양이라 하고, 城門성문에 개의 가죽을 펴서 邪氣사기를 없애는 磔禳책양이라는 제사가 중국에 있었는데, 그것은 일본에서 섣달 그믐날 밤 악귀를 쫓는 행사였던 驅儺구나와 비슷한 습속이었다.

|용례| 分讓분양 讓渡양도 讓步양보 讓與양여 讓位양위 委讓위양

釀 24획 | 양 | 빚다

전문1

|해설| 형성. 성부는 襄양. 襄은 죽은 사람 옷의 가슴 언저리에 두 개의 ㅂ재(신에게 바치는 기도문인 축문을 넣는 그릇의 모양)와 呪具주구인 工공을 네 개(丑전) 놓는 모양으로, 가슴 언저리가 솟아올라 부푼다는 뜻이 된다. 酉유는 술통의 모양. 효모가 부풀어 익는 것을 釀이라 하고, '술을 빚다, 빚다'라는 뜻이 된다.

御

11획 | 어 | 막다, 섬기다, 이용하다

갑골1	갑골2	갑골3	금문1	금문2	전문1

|해설| 형성. 성부는 卸사. 卩절은 사람이 무릎 꿇고 절하는 모양. 옛 자형에서는 영적인 힘을 가진 幺요(실 묶음을 비튼 모양)나 午오(杵저의 모양)에 절하는 모양이고, 하늘에서 신을 맞이해 사악한 것을 막는다는 뜻이다. 재앙을 막는다는 뜻으로는 후에 禦막을 어를 쓴다. 御는 '맞이하다, 막다'가 본래 의미인데, 신을 맞이하고 신을 모시는 것에서 '섬기다, 이용하다'라는 뜻이 되고, 御衣어의(황제의 의복)처럼 신분이 고귀한 사람의 행위나 물건에 대하여 쓰게 되었다. 馭말 부릴 어와 음이 같아서 馭의 뜻과 통용하는 경우가 있고, 말이나 마차를 탄다, 다룬다는 의미로도 쓴다. 일본어에서는 御身(온미. 몸의 높임말), 御召物(오메시모노. 의복의 높임말), 御靈(미타마. 靈의 높임말)처럼 존경의 뜻을 표시하는 접두어로 쓴다.

|용례| **御苑**어원 **御者**어자 **御殿**어전 **御座**어좌 **制御**제어

魚

11획 | 어 | 물고기

갑골1	갑골2	금문1	금문2	전문1

|해설| 상형. 위에서 본 물고기의 모양. 지금의 자형은 아래가 灬화(火)의 모양이지만 본래는 물고기 꼬리 모양이다. 물고기는 물속

깊이 살아서 靈物영물로 여겼다.『詩經』「小雅/魚藻」에는 조상의 靈령에게 제사하는 사당에 바쳐 제사하는 것을 노래하고, 기원전 10세기 무렵 周王주왕은 靈廟영묘가 있는 辟雍벽옹의 큰 연못에서 스스로 배를 타 물고기를 잡아서 이를 사당에 바치는 의례를 엄숙하게 행했다. 고대에 물고기를 여자에 비유한 것은 물고기가 陰음의 精정이라고 생각했기 때문일 것이다.

|용례| 鮮魚선어 養魚양어 魚介어개 魚鹽어염 魚子어자

漁

14획 | 어 | 물고기나 조개를 잡다

| 갑골1 | 갑골2 | 갑골3 | 금문1 | 금문2 | 전문1 |

|해설| 형성. 성부는 魚어. 옛 자형에는 魚에 又우(손의 모양)를 더해 물고기를 낚시하는 모양(갑골2), 그물(罔망)의 모양과 又를 더해 그물로 잡는 방법을 표시한 글자(갑골3)나 水수와 두 개의 又를 더해 물속의 고기를 두 손으로 잡는 것을 표시한 글자(금문1)가 있어서, 물고기를 낚시하고 그물로 잡고 손으로 잡는 것을 漁라 하고, '물고기나 조개를 잡다'라는 의미로 쓴다. 물고기를 조상에게 제사하는 사당에 바치는 일이 거의 3천 년 전의 주 왕조 초기 청동기의 명문에 보이는데,『詩經』의 시에도 노래되고 있다. 그 때문에 왕이 배를 타고 고기잡이하는 일도 있었다.

|용례| 禁漁금어 漁夫어부 漁師어사 漁火어화

語

14획 | 어 | 말하다, 이야기하다, 말

| 금문1 | 금문2 | 전문1 |

|해설| 형성. 성부는 吾오. 吾는 ㅂ재(신에게 바치는 기도문인 축문을 넣는 그릇 모양) 위에 ㅈ 형태의 나무 덮개를 두어 기도의 효과를 지킨다는 의미이고, 語는 기도의 '말'을 의미한다. 言은 ㅂ 위에 형벌로서 입묵할 때 사용하는 辛신(바늘)을 두는 모양이고, 재판을 하거나 맹약을 맺을 때 만약 서약을 지키지 않으면 이 바늘로 입묵의 형벌을 받겠다고 신에게 맹세하는 말을 한다. 이러한 방식으로 서약하는 것은 자신의 올바름을 신에게 강력하게 주장하는 모습을 보이기 위해서이다. 言언과 합쳐 言語언어라고 하는데, 言이 공격적인 말인 것에 비해, 語는 그러한 공격에 맞서 기도를 지키려는 방어적인 말이라고 할 수 있다. '이야기하다'라는 의미로도 쓴다.

|용례| 語感어감 語義어의 語調어조 漢語한어

抑

7획 | 억 | 누르다

전문1

|해설| 회의. 手수와 卬앙을 조합한 모양. 卬은 사람이 마주 보는 모양이다. 위아래로 마주 볼 때는 한 사람은 위를 향해 눕고 한 사람은 그것을 누르는 모양이고, 밑에서 보면 우러러보고 위에서 보면 누른다는 관계가 된다. 抑은 위에서 손으로 '누르다, 밀다'라는 뜻이 된다.

|용례| 抑壓억압 抑揚억양 抑鬱억울 抑制억제 抑止억지

億 15획 | 억 | 생각하다, 억

금문1 | 금문2 | 전문1

|해설| 형성. 성부는 意의. 意에 憶생각할 억, 臆헤아릴 억의 음이 있다. 意는 音소리 음과 心마음 심을 조합한 글자로 音은 기도하여 신의 뜻을 묻는 것에 답해, 신이 희미한 소리를 내어 신의 뜻을 표시하는 것을 말한다. 音이란 신의 말씀이다. 그 音이 무엇을 의미하는지 추측하여 신의 뜻을 헤아리고 생각하는 것을 意라고 한다. 옛날에는 意를 憶, 臆(생각하다, 헤아리다)이라는 뜻으로 썼다. 億은 본래의 '생각하다, 헤아리다'라는 의미에서 변화하여 수의 이름으로 쓰이게 되었다.

|용례| 億萬억만 億載억재 億兆억조

憶 16획 | 억 | 생각하다

전문1

|해설| 형성. 성부는 意의. 意에 憶생각할 억, 臆헤아릴 억의 음이 있다. 意는 音소리 음과 心마음 심을 조합한 글자로 音은 기도하여 신의 뜻을 묻는 것에 답해, 신이 밤중에 희미한 소리를 내어 신의 말씀을 알리는 것을 말한다. 音에 의해 표시된 신의 뜻을 마음속으로 헤아리는 것을 意, 憶이라고 한다. 또 경험한 것을 기억하고 그 기억

한 것을 생각해내는 것도 憶이라 하여 '생각하다, 기억하다'라는 의미로 쓴다.

|용례| 記憶기억 憶念억념

臆 17획 | 억 | 생각하다

전문1

|해설| 형성. 성부는 意의. 意에 憶생각할 억, 臆헤아릴 억의 음이 있다. 音소리 음과 心마음 심을 조합한 모양의 意는, 신에게 기도하여 신의 뜻을 묻는 것에 답해, 신이 내는 희미한 소리로 신의 뜻을 표시하는 것을 말한다. 音에 의해 표시된 신의 뜻을 마음속으로 헤아리는 것을 意, 憶이라 한다. 臆은 臆度억탁처럼 '헤아리다, 추량하다, 생각하다'라는 의미로 쓴다.

|용례| 臆斷억단 臆說억설 臆測억측

言 7획 | 언 | 말하다, 말

갑골1   금문1   금문2   전문1

|해설| 회의. 옛 자형은 辛신과 口를 조합한 모양. 辛은 형벌로서 入墨입묵할 때 사용하는 손잡이가 달린 큰 바늘(針침)의 모양이다. 口는 廿축문 그릇 재로서 신에게 바치는 기도문인 축문을 넣는 그릇의 모양이다. 廿 위에 辛을 놓고 "만약 誓約서약을 지키지 않을 때는 이 바늘로 입묵의 형벌을 받겠습니다" 하듯이, 신에게 맹세하고 기

도하는 말을 言이라 한다. 그래서 言은 '신에게 맹세하는 말을 하다, 말하다, 말'이라는 뜻이 된다.

|용례| 無言무언 發言발언 言及언급 言動언동 言論언론 言語언어

俺 10획 | 엄 | 나

전문1

|해설| 형성. 성부는 奄가릴 엄. 奄에 사물을 가린다는 의미가 있다. 초가지붕의 소박한 집을 庵암자 암이라 한다. 俺은 『설문해자』(8상)에 "大대", 즉 크다는 뜻으로 풀이한다. 元代원대(13~14세기)부터 '나'라는 의미로 쓴다.

嚴 20획 | 엄 | 엄하다, 삼가다

금문1　금문2　금문3　전문1

|해설| 형성. 성부는 厥엄. 厥이 嚴의 본래 글자. 厂한은 崖벼랑 애의 모양. 敢감은 杓구기 작으로 鬯酒창주(제사에 쓰는 향내 밴 술)를 퍼서 제사 장소를 정화하는 의식을 표시한다. 신이 산다고 생각하는 바위 위 터에서 ㅂ축문 그릇 재를 두 개 늘어놓고 신을 부르는 의례를 삼가 엄숙하게 행하는 것을 嚴이라 하여, '삼가다, 엄하다, 경계하다'라는 뜻이 된다. 이러한 의례를 하는 바위를 巖바위 암이라 한다.

|용례| 嚴格엄격 嚴戒엄계 嚴罰엄벌 嚴重엄중 威嚴위엄 莊嚴상엄

業 13획 | 업 | 일, 업

| 금문1 | 금문2 | 전문1 |

|해설| 상형. 악기를 나란히 늘어놓은 그릇의 모양. 위에 걸기 위한 鑿齒착치(톱니같이 들쭉날쭉하게 생긴 것)가 붙은 나무가 가로로 걸쳐 있고, 아래는 받침대를 크게 하여 세워서 쓴다. 『설문해자』(3상)에는 종이나 북을 거는 판목이라고 하므로, 業은 대형의 악기 걸이이고 여기에서 業業업업(거창하다)이라는 말이 생겼다. 版築판축(성벽을 지을 때 2열로 늘어놓은 판과 판 사이에 흙을 넣고 나무로 흙을 다지는 건축 방법)을 할 때 흙을 다지는 나무가 악기 걸이의 모양과 비슷했다. 撲칠 박은 본래 業과 廾공(좌우의 손을 늘어놓은 모양)을 조합한 글자로 業을 두 손으로 들어 때린다는 뜻이다. 이 판축으로부터 業에는 作業작업(일을 하는 것. 일), '업, 일'이라는 의미가 있다.

|용례| 始業시업 惡業악업 業務업무 業績업적

如 6획 | 여 | 같다, –만 하다

| 갑골1 | 갑골2 | 전문1 |

|해설| 회의. 女녀와 口를 조합한 모양. 女는 신을 섬기는 巫女무녀. 口는 ㅂ재로서 신에게 바치는 기도문인 축문을 넣는 그릇의 모양이다. 축문을 외치는 무녀의 모습이고, 기도하며 신의 뜻을 묻는 무녀에게 神託신탁(신의 말씀)이 있어 신의 뜻이 전달된다. 그 신의 뜻에 따르고 신의 뜻에 맞추도록 하는 것을 '–와 같다(如)'라고

상용자해

한다. 또 신의 뜻을 묻고 신의 뜻에 가깝도록 하는 것을 '-만 하다 (如)'라고 한다. 若약과 글자의 구조가 비슷하다.

|용례| 缺如결여 如實여실 如意여의

與 14획 | 여 | 주다, 함께하다, 관여하다

| 금문1 | 금문2 | 전문1 |

|해설| 회의. 与여와 臼국과 廾공을 조합한 모양. 与는 아마도 상아 두 개를 조합한 모양. 臼과 廾은 모두 좌우 두 손을 벌린 모양. 상아와 같은 귀중한 물건을 네 손으로 받들고 운반하는 모양이 與이고, 공동으로 운반하는 데서 '함께하다, 패거리'라는 뜻이 되고 운반하여 다른 곳으로 옮기므로 '주다'라는 뜻이 된다. 또 與聞여문(관여하여 들음), 關與관여(어떤 일에 관계함)처럼 '관계하다, 관여하다'라는 뜻으로 쓴다. 네 귀퉁이에 손을 대어 손수레(輦련)를 운반하는 모양이 輿가마 여이다. 酒器주기인 同동을 두 손에 들고 또 아래에서 두 손으로 들어서 대지에 술을 붓는 것을 興흥이라 하는데, 대지에 깃든 靈령을 불러일으키는 의례를 말한다. 與도 授與수여의 의식일 것이다.

|용례| 與國여국 與黨여당 與奪여탈

餘 15획 | 여 | 남다, 나머지

전문1

|해설| 형성. 성부는 余여.『설문해자』(5하)에 "많다(饒요)"라고 하여, 음식이 많은 것을 말하고 후에 일반적으로 많아서 '남다', '나머지'라는 뜻으로 쓴다.

餘와는 별개로 余 자가 있다. 余는 손잡이가 달린 긴 침의 모양. 이 긴 침을 수술칼로 써서, 환부의 피고름을 찔러서 쟁반에 옮겨 담는 것을 愈나을 유라 하고, 병이나 상처가 나아서 마음이 편안해지는 것을 愉유, 愈유라고 한다. 余는 또 땅속에 찔러서 지하에 숨은 惡靈악령을 제거하는 呪具주구로도 쓴다. 이로써 통행이 편안해지는 것을 徐서라 하고, 악령을 물리치고 정화한 길을 途도라고 한다. 余를 일인칭 '나'로 쓰는 것은 그 음을 빌린 가차 용법이다.

|용례| 餘談여담 餘力여력 餘剩여잉 餘罪여죄 餘地여지 殘餘잔여

役 7획 | 역 | 노역, 전쟁, 일, 하인

갑골1　갑골2　전문1

|해설| 회의. 彳걸을 척과 殳창 수를 조합한 모양. 彳은 行행(십자로의 모양)의 좌반분이고 간다는 뜻이 있다. 殳는 杸팔모진 창 수의 본래 글자이고 矛창 모 종류의 무기를 말한다. 무기를 갖고 멀리 변경에 나가서 수비를 맡는 것을 役이라 하고, '전쟁, 병역(군무에 복함)'이라는 뜻이 된다. 후에 '노역(인민에게 부과하는 노동), 일, 임무, 시키다, 하인'이라는 뜻으로 쓴다.

|용례| 苦役고역 使役사역 役務역무 役職역직 戰役전역 主役주역

　　　상용자해

易 8획 | 역, 이 | 바뀌다, 고치다, 쉽다

易
전문1

|해설| 회의. 日일과 勿물을 조합한 모양. 日(玉옥)이 빛나 그 빛이 퍼지는 모양을 勿로 표시했다. 玉이 받침대 위에 있는 모양이 易이고 太陽태양의 陽의 본래 글자이다. 玉光옥광에는 영적인 힘이 있어 사물을 변화시킬 수 있다고 여겼다. 그래서 易에는 변화하다, '바뀌다'라는 뜻과, '容易용이하다'(쉽다)라는 뜻이 있다. '바뀌다'일 때는 '역' 음으로 읽고 '쉽다'일 때는 '이' 음으로 읽는다.

|용례| 交易교역 難易난이 貿易무역 不易불역 安易안이 平易평이

疫 9획 | 역 | 염병

疫
전문1

|해설| 형성. 성부는 役부릴 역이 생략된 모양. 殳지팡이 수는 지팡이로 친다는 뜻의 글자이고 役은 멀리 간다는 뜻이기 때문에 疫이란 널리 유행하는 병, '역병, 유행병'을 말한다. 그것은 악한 靈령의 작용에 의한 것이라고 해서 푸닥거리 등을 했다.

|용례| 免疫면역 防疫방역 疫鬼역귀 疫病역병 疫疾역질

逆

10획 | 역 | 역, 거스르다, 맞이하다

| 갑골1 | 갑골2 | 금문1 | 금문2 | 전문1 |

|해설| 형성. 성부는 屰역. 屰은 大대(손발을 벌리고 선 사람을 정면에서 본 모양)를 거꾸로 한 형태로, 맞은편에서 오는 사람을 위에서 본 모양이다. 길을 걷는다는 뜻의 辵착(辶, 辶)을 더한 逆은 進나아갈 진과는 역방향이고 맞이한다(逆)는 뜻이 된다. 후에 屰은 大를 거꾸로 한 모양이기 때문에, 順逆순역(순서가 바른 것과 거꾸로인 것)이라는 뜻으로 써서, 일반적으로 도리에 반하는 것을 逆이라 하여, '거스르다, 등지다'라는 뜻으로 쓴다.

|용례| 反逆반역 逆境역경 逆旅역려 逆鱗역린 逆轉역전 逆風역풍

域

11획 | 역 | 지역, 구역, 구획 짓다

| 금문1 | 금문2 | 전문1 |

|해설| 형성. 성부는 或혹 혹. 或에 閾문지방 역, 棫두릅나무 역의 음이 있다. 或은 囗위(도시를 둘러싼 성벽)를 戈창 과를 잡고 지킨다는 의미로 그 수호하는 일정한 지역을 말한다. 或에 외곽 성벽인 囗를 더하면 國국이 된다. 옛날에는 或을 國으로 사용했다. 성벽으로 둘러싸인 도시가 지배하는 범위를 域이라 하여 '지역, 구역, 경계 짓다, 구획 짓다'라는 의미로 쓴다.

|용례| 域內역내 流域유역 地域지역

譯 20획 | 역 | 뜻

譯
전문1

|해설| 형성. 성부는 睪찢어질 역. 睪은 짐승의 시체 모양으로 그 시체를 산산이 해체하는 것을 釋석이라고 한다. 『설문해자』(3상)에 "四夷사이의 말을 傳譯전역하는 것"이라고 하여 다른 언어를 자국어로 바꿔 말하는 사람을 말한다. 어떤 언어를 하나하나 해체하여 다른 언어로 고치는 것, 타국어의 뜻을 전하는 것을 말한다. 중국의 주변에는 언어가 다른 많은 이민족이 있어, 예부터 전역의 일이 행해지고, 『國語』「周語中」에 "舌人설인", 『周禮』「秋官/大行人」에 "象胥상서"라는 전역의 관이 있었다.

|용례| 飜譯번역 譯語역어 通譯통역

驛 23획 | 역 | 역참, 역사

驛
전문1

|해설| 형성. 성부는 睪역. 睪은 짐승의 사체 모양이다. 윗부분 罒은 目목, 아래의 幸행이 손과 발의 모양이다. 그 사체는 각 부분으로 나뉘어(釋석) 분해되기 때문에 睪은 풀려서 오래 계속되는 상태의 것을 말하는 경우가 많다. 釈풀릴 석의 본래 글자인 釋은 釆분별할 변(동물 발톱의 상형자)과 睪을 조합한 글자로, 발톱(釆)으로 짐승 사체를 조각조각 찢어버리는 것을 말한다. 소(牛우)의 뿔(角각)을 칼(刀도)로 잘라내는 것을 解해라 하고 그 사체를 각각 분해하는 것을

釋이라 한다. 釈은 釋의 음을 尺척에 따라 표시한 글자로 釋의 약자이다. 驛도 그 예에 따라 駅으로 쓴다. 睪이 풀려서 오래 계속됨을 의미하는 것처럼 駅은 긴 도로에 의해 연속되는 '역참'을 말한다. 일본어에서는 전철역이라는 뜻으로 쓴다.

|용례| 驛馬역마 驛傳역전

延 7획 | 연 | 늘어지다, 늘이다, 이어지다, 무덤길

전문1

|해설| 회의. 㢟와 㢟길게 걸을 인을 조합한 모양. 㢟은 乏가난할 핍과 본래 같은 모양으로 死者사자가 손발을 구부린 모양. 㢟은 좁고 긴 길의 모양이다. 사자를 매장한 玄室현실(관을 놓는 방)에 이어지는 긴 지하의 길을 延道연도(羨道라고도 한다)라고 한다. 고대 중국 왕의 현실은 지하 깊은 곳에 만들어졌다. 완만하게 지하의 현실까지 늘어진 길이기 때문에 延은 '늘어지다, 늘이다, 이어지다'라는 뜻이 된다.

|용례| 蔓延만연 延期연기 延年연년 延壽연수 延引연인 延長연장

沿 8획 | 연 | 따르다, 가

전문1

|해설| 형성. 성부는 㕣산속의 늪 연. 㕣은 ㅂ제(신에게 바치는 기도문인 축문을 넣는 그릇의 모양) 위에 神氣신기가 나타나는 것을 말하고, 八

팔은 위에서 그 신기가 나타나는 모양. 兌태는 ㅂ를 머리 위에 얹은 사람(신에 봉사하는 祝축) 위에 신기가 희미하게 내려와 마음이 기쁘다는 의미이고, 㕣은 신의 뜻에 '따르다'라는 의미이다. 그 '따르다'라는 의미를 물에 옮겨서 沿따를 연이라고 하고 '따르다, 가'라는 의미가 되어 沿海연해(바닷가의 땅)라고 말한다.

|용례| 襲沿습연 沿道연도 沿路연로 沿岸연안

宴 10획 | 연 | 즐기다, 잔치

금문1 금문2 금문3 전문1 전문2

|해설| 회의. 宀집 면과 妟편안할 안을 조합한 모양. 조상에게 제사 지내는 사당(廟묘) 지붕 모양인 宀 아래에 玉옥으로 振魂진혼 의례를 하는 여자(妟안)를 더한 글자이다. 靈령의 힘을 가진 玉을 더함으로써 사람의 정기를 왕성하게 하고 풍요롭게 하는 것을 진혼이라고 한다. 그래서 宴에는 '편안하게 하다, 즐기다'라는 의미가 있다. 酒宴주연(많은 사람이 술을 마시며 즐기는 것, 잔치)이라는 의미로 쓴 것은 후세의 일이다. 진혼 의례는 은밀한 장소(匸감출 혜)에서 했기 때문에 글자는 또 匽엎드릴 언으로도 쓴다. 여자가 고개를 숙이고 玉을 더한 자세를 偃누울 언이라 한다.

|용례| 宴樂연락 宴席연석 宴安연안 宴座연좌 宴會연회 祝宴축연

研 11획 | 연 | 갈다, 닦다

研
전문1

|해설| 형성. 성부는 开견. 开에 妍고울 연, 訮다투는 소리 현의 음이 있
다. 开은 筓비녀 계의 본래 글자로, 비녀는 젓가락(箸저) 비슷하게 가
늘고 긴 모양인데, 머리를 그러모아 올리는 데 쓴다. 보통 상아나
은으로 갈고 닦아서 만들었다. 갈고 닦는 데는 단단한 돌을 쓰므
로 '닦다, 갈다'를 研이라 한다. 닦는 일에서 일반적으로 정밀하게
마무리하다, '다하다'라는 뜻이 된다. 먹을 만드는 데 사용하는 것
은 硯벼루 연이라고 하는데 옛날에는 研 자를 썼다.

|용례| 研究연구 研磨연마 研修연수 研鑽연찬

軟 11획 | 연 | 부드럽다, 약하다

|해설| 형성. 본래 글자는 輭연으로 쓰고 성부는 㝓연. 㝓은 두발을
잘라 상투가 없는 巫祝무축(신을 모시는 사람)을 정면에서 본 모양.
㝓에 '약하다, 부드럽다'는 뜻이 있고 軟은 '부드럽다, 가냘프다, 약
하다'는 뜻으로 쓴다.

|용례| 硬軟경연 軟弱연약 軟化연화

然 12획 | 연 | 타다, 그러하다

금문1

전문1

|해설| 회의. 然연과 火화(灬)를 조합한 모양. 然은 月(夕. 肉육의 생략형)과 犬견을 조합한 모양으로 희생으로 바쳐진 개의 고기이다. 여기에 불을 붙여 태우는 모양이 然이고, 고기가 탄다는 데서 '타다'라는 뜻이 된다. 개고기를 태우는 냄새는 하늘의 신이 좋아한다고 여겨서 개와 쌀을 바치고 개고기를 태워 그 냄새를 하늘에 오르게 하는, 上帝상제에게 올리는 제사를 類류라고 한다. 然이 그 음을 빌려 '그렇다, 그렇지만, 그래서' 등의 뜻으로 쓰이게 되면서 然에 다시 불을 더한 형성자인 燃연이 만들어져서 탄다는 뜻으로 쓰였다.

|용례| 當然당연 未然미연 然否연부 整然정연 天然천연

煙

13획 | 연 | 자욱하다, 연기, 맵다

煙
전문1

|해설| 형성. 성부는 垔막을 인. 垔은 竈부뚜막 조의 연기가 차서 연기를 빼는 창(西서)으로부터 밖으로 흘러나가는 모양이다. 土토 부분이 흙으로 된 부뚜막이다. 垔에는 湮인, 闉인(연기가 자욱하다)이라는 의미가 있다. 煙은 '연기' 외에 '이내, 아지랑이, 안개'처럼 모두 연기 같은 상태의 것을 말한다.

|용례| 喫煙끽연 煙景연경 煙突연돌 煙雨연우 煙月연월 煙花연화

鉛

13획 | 연 | 납

鉛
전문1

|해설| 형성. 성부는 㕣연. '납'을 말한다. 黑錫흑석이라고도 한다. 黑鉛흑연 가루와 점토를 섞은 것을 심으로 삼아 필기용 연필을 만든다.

|용례| 丹鉛단연 鉛華연화

演 14획 | 연 | 늘이다, 하다

전문1

|해설| 형성. 성부는 寅끌 인. 寅은 화살(矢시) 좌우에 손(手수)을 더한 모양으로 구부러진 화살을 똑바로 펴는 것을 말한다. 그래서 '늘이다, 하다, 퍼뜨리다'라는 뜻이 된다. 延늘일 연, 引당길 인과 가까운 글자로 생각된다.

|용례| 講演강연 上演상연 實演실연 演技연기 演繹연역 演藝연예

緣 15획 | 연 | 가장자리, 테두리

전문1

|해설| 형성. 성부는 彖판단할 단. 직물 테두리 부분을 緣이라 하여 '테두리'라는 뜻이 된다. '테, 둘레'라는 의미로 쓰고 緣故연고(혈연 등의 관계에 의한 연결, 또 사람이나 사물 상호 간의 연결, 연)처럼 '연결, 인연'이라는 뜻으로 쓴다. 지금 '연' 음으로 읽는 것은 성부의 彖단과 맞지 않는데, 테 부분은 이른바 沿邊연변이기 때문에 沿 음이 되었을 것이다. 緣의 본래 음은 '단'이고 王后왕후의 의복을 緣衣단

상용자해

의라고 한다.

|용례| 無緣무연 緣邊연변 外緣외연 絶緣절연 血緣혈연

⊙

燃 16획 | 연 | 타다, 태우다

|해설| 형성. 성부는 然연. 然에 撚비틀 연, 繎얽힐 연의 음이 있다. 然은 희생으로 바쳐진 개의 고기를 태우는 모양으로, 燃의 본래 글자이다. 然은 '타다'라는 뜻인데, '그러나'라는 접속사 등으로 쓰이게 되면서 然에 다시 火화를 더한 형성자 燃이 '타다, 태우다'라는 의미로 쓰였다. 燃은 漢代한대(기원전 3세기~기원후 3세기) 이후에 쓰였다.

|용례| 不燃불연 燃料연료 燃燒연소 再燃재연

悅 10획 | 열 | 기뻐하다

|해설| 형성. 성부는 兌열. 兄은 신에게 바치는 기도문인 축문을 넣는 그릇(ㅂ축문 그릇 재)을 머리 위에 얹고 기도하는 사람의 모양으로 신에 봉사하는 祝축을 말한다. 그 祝의 위에 神氣신기가 희미하게 내려오는 것을 八팔 모양으로 표시한 것이 兌태(기쁘다, 바뀌다)이다. 신이 빙의하여 황홀한 상태가 된 祝의 마음을 悅이라 하여 '기뻐하다'라는 뜻이 된다. 說말씀 설에도 '기뻐하다'라는 뜻이 있다.

|용례| 滿悅만열 悅樂열락 悅服열복

熱 15획 | 열 | 덥다

전문1

|해설| 회의. 埶예와 火화(灬)를 조합한 모양. 埶는 묘목을 땅에 심는 모양. 묘목을 심고 키우는 데는 溫熱온열(따뜻함)일 때가 좋다는 의미에서 火를 더했을 것이다. 熱이란 본래 자연의 온난한 기후를 뜻하는 말인 것 같고, 『逸周書』「周祝解」에 "천지 사이에 滄창(寒한) 熱열 있다"라고 한다. '덥다'는 뜻으로 쓰고, 또 熱心열심, 熱中열중(하나의 일에 정신을 집중함), 熱烈열렬(감정이 고조되어 격함)처럼 쓴다.

|용례| 發熱발열 熱氣열기 熱湯열탕 熱風열풍 灼熱작열

閱 15획 | 열 | 세다, 검열하다

전문1

|해설| 형성. 성부는 兌열. 門문은 軍門군문. 전쟁이 끝나 그 공적을 표시하는 포획물의 수를 실지로 조사하는 것을 閱이라 하여 '세다, 조사하다, 검열하다(잘 조사하다)'라는 의미로 쓴다. 그래서 閱兵열병(정렬한 군대를 돌아보고 조사함), 閱歷열력(사람이 그때까지 경험해온 것)이라 하는 것도 본래는 전쟁에서 세운 공적을 세는 의미였다.

|용례| 査閱사열 閱讀열독 閱覽열람

炎 8획 | 염 | 불길

| 갑골1 | 갑골2 | 금문1 | 전문1 |

|해설| 회의. 火화를 두 개 겹친 모양으로 맹렬히 타는 焰불꽃 염을 나타내 '불꽃'이라는 뜻이 된다. 火를 세 개 겹친 焱불꽃 염도 炎과 음훈이 같다. 焰은 또 燄염이라고도 쓰는데 焰, 燄은 형성자이다. 炎은 더위가 심하다는 뜻으로도 쓴다.

|용례| 楊炎양염 炎上염상 炎暑염서 炎熱염열 炎天염천 炎夏염하

染 9획 | 염 | 물들이다, 적시다, 담그다, 더럽히다

전문1

|해설| 회의. 水수와 朵타를 조합한 모양. 朵는 나뭇가지가 늘어진 모양. 이 나뭇가지를 물에 담가 색을 물들이는 것을 染이라고 한다. 『周禮』「天官/染人」에 풀로 염색하는 것을 적고 있다. 옛날에는 染料염료(실, 옷감 등을 물들이는 재료)에 풀이나 나무를 많이 사용했다. 색을 '물들이다'라는 뜻에서 색이 다른 곳에 '스미다, 물들여지다'라는 뜻이 되어, 感染감염(병이 옮음. 또 밖에서 영향을 받아서 물듦), 傳染전염(병원균이 밖으로 옮겨 병을 일으킴. 또 밖으로 옮겨지거나 옮김)이라고 한다. 또 汚染오염처럼 색에 물들어 '더러워지다, 더럽히다'라는 뜻이 된다.

|용례| 染色염색 染織염직 染筆염필

艷 24획 | 염 | 윤, 아름답다, 곱다

|해설| 회의. 정자는 豔고울 염으로 쓰고 豊넉넉할 풍과 盍덮을 합을 조합한 모양. 豊은 식기 豆제기 이름 두에 신에게 바치는 곡물류를 풍성하게 담은 모양. 盍은 기물 위에 뚜껑(蓋개)을 놓은 모양이다. 神饌신찬(신에게 바치는 공물)으로 바친 공물이 풍부하게 담겨 아름답게 보이는 것을 豔이라 한다. 색깔이 곱고 아름다운 것에서 艷이라는 글자가 만들어졌을 것이다. 艷은 艷의 본래 글자이다. '아름답다, 곱다, 요염하다'라는 의미로 쓴다.

|용례| 艷歌염가 艷色염색 艷容염용 艷姿염자 艷態염태

鹽 25획 | 염 | 소금

전문1

|해설| 형성. 鹵소금밭 로는 바구니 같은 그릇에 소금을 넣은 모양. 성부는 監볼 감인데 監에는 覽볼 람, 濫퍼질 람의 음도 있고, 鹽의 음도 있다. 중국의 河東하동(지금의 산시성山西省)의 鹽池고지에서는 소금이 많이 채염되기 때문에, 鹽池의 소금이라 하여 글자에 監의 모양을 남겼을지도 모른다.

|용례| 食鹽식염 鹽梅염매 製鹽제염

葉 13획 | 엽 | 잎

| 금문1 | 전문1 |

|해설| 형성. 성부는 枼엽. 枼은 나무에 새로운 가지가 세 개 뻗어 있는 모양. 그 가지 위에 있는 것을 葉이라 하고 '나뭇잎, 잎'이라는 뜻이 된다. 葉은 얇은 것이므로 일반적으로 얇은 것이라는 뜻으로 쓰고, 한 척의 배를 一葉일엽의 舟주라 하고, 종이 몇 장을 셀 때 1매를 1葉이라고 한다. 枼이 세대라는 뜻으로 쓰는 데서 葉은 '세대'라는 뜻으로 쓰고, 中葉중엽(중간쯤 되는 시대)이라고 한다.

|용례| 落葉낙엽 葉脈엽맥 枝葉지엽 紅葉홍엽 黃葉황엽

永 5획 | 영 | 길다, 흐름

| 갑골1 | 갑골2 | 금문1 | 금문2 | 전문1 |

|해설| 상형. 흘러가는 물의 모양. 永은 물이 합류해서 기세 좋게 흘러가는 모양으로 물의 흐름이 긴 것을 말한다. 물의 흐름이 긴 것에서 일반적으로 긴 것, 특히 시간이 오래다는 의미로 쓰는 일이 많다. 물이 분류하는 모양은 𠂢파이고, 물이 분류하는 것을 派물갈래 파라 하여 갈라진다는 의미로 쓴다.

|용례| 永久영구 永生영생 永續영속 永壽영수 永遠영원

泳 8획 | 영 | 헤엄치다

전문1

|해설| 형성. 성부는 永영. 永은 물이 합류해서 빠르게 흐르는 모양으로 물의 흐름이 긴 것을 말한다. 그 水流수류에 타듯이 해서 물을 건너는 것을 泳이라 하고 '헤엄치다'라는 뜻이 된다.

|용례| 競泳경영 水泳수영 泳法영법 遊泳유영

迎 8획 | 영 | 맞이하다

전문1

|해설| 형성. 성부는 卬앙. 卬은 사람이 서로 마주 보는 모양이다. 卬을 전후 관계라고 한다면, 전방의 사람을 맞이한다는 뜻이 된다. 길을 걷는다는 의미의 辵착(辶, 辶)을 더하여 맞은편에서 오는 사람을 '맞이하는' 것을 迎이라 한다. 屰거스를 역은 大대(서 있는 사람을 정면에서 본 모양)를 거꾸로 한 모양인데 맞은편에서 오는 사람을 위에서 본 모양이다. 여기에 辵을 더하여 逆은 맞이한다는 뜻이 된다. 다만 逆은 正逆정역의 逆(거스르다, 어긋나다)이라는 뜻으로도 쓴다. 卬이 상하로 서로 마주할 때는 밑에서 본다면 仰(우러러보다), 위에서 본다면 抑억(누르다)이 된다.

|용례| 送迎송영 迎賓영빈 迎春영춘 迎合영합 歡迎환영

映

전문1

9획 | 영 | 비치다, 비추다, 빛나다

|해설| 형성. 성부는 央가운데 앙. 央에 英뛰어날 영의 음이 있다. 央에는 아름답고 왕성한 것이라는 의미가 있어서 꽃이 아름다운 것을 英이라 하고, 햇빛에 아름답게 빛나고 반사하는 빛에 밝게 비치는 것을 映이라고 한다. 그래서 '비치다, 비추다, 빛나다'라는 의미로 쓴다.

|용례| 反映반영 映像영상 透映투영

英

전문1

9획 | 영 | 꽃, 뛰어나다

|해설| 형성. 성부는 央가운데 앙. 央에 映비출 영의 음이 있다. 央에는 아름답고 왕성한 것이라는 의미가 있어서 아름다운 '꽃', 또 꽃의 아름다움을 英이라고 한다. 그 의미를 사람에게 옮겨서 재능이 뛰어난 사람을 英이라 하여 '뛰어나다'라는 의미로 쓴다.

|용례| 英傑영걸 英斷영단 英名영명 英豪영호 育英육영 俊英준영

詠

전문1

12획 | 영 | 읊다, 노래하다

| **해설** | 형성. 성부는 永영. 영은 물의 흐름이 합쳐져서 그 수맥(수로)이 긴 것을 말한다. 강하고 길게 소리를 늘여서 詩歌시가를 읊는 것을 詠이라 하고 '노래하다'라는 뜻이 된다. 또 '시가를 짓다, 읊다'라는 의미로 쓴다. 詠歌영가, 吟詠음영(가락을 붙여 시가를 읊음), 朗詠낭영(시가를 소리 높이 읊음), 詠懷영회(마음의 생각을 시가로 읊음)와 같이 말한다. 일본에서 소리를 길게 늘여 가락을 붙여 시가를 부르는 것을 '읊조리다'(詠)라 하는 것도 그 의미일 것이다.

榮

14획 | 영 | 번성하다, 영광, 빛나다

전문1

| **해설** | 형성. 성부는 熒등불 형. 熒의 본래 자형은 燮이고, 야간의 경비 등을 할 때 태우는 화톳불(篝火구화)의 모양이다. 그 화톳불이 밝게 타오르는 모습을 榮이라 하여 '화려하다, 번성하다, 빛나다'라는 뜻이 된다. 그 의미를 사람에 파급하여 '영광, 번영'이라는 뜻으로 쓴다.

篝火

| **용례** | 繁榮번영 榮名영명 榮辱영욕 榮位영위 榮轉영전 榮顯영현

影

15획 | 영 | 그림자, 빛

| **해설** | 회의. 景빛 경과 彡터럭 삼을 조합한 모양. 景은 햇빛에 의해 시각을 재는 것을 말한다. 京서울 경은 출입구가 아치형 성문의 모양

으로 그 성문의 그림자를 측량해 시각을 결정했을 것이다. 彡은 빛이나 소리, 모양, 색깔이 아름다운 것을 표시할 때 더하는 기호와 같은 문자이다. 그래서 빛을 비추어서 그늘진 상태의 것을 影이라 하여 '그림자, 빛'이라는 뜻이 된다.

|용례| 影印영인 影響영향 陰影음영 人影인영

營　17획 | 영 | 경영하다

전문1

|해설| 형성. 성부는 熒. 熒의 본래 자형은 燄이고, 화톳불(篝火구화)의 모양이다. 병사들이 거주하는 兵舍병사나 궁전의 앞에서 화톳불을 태워 경계했다. 營 하부의 呂음률 려는 囗구(병사나 궁전 등 건물의 평면형)를 두 개 나란히 한 모양으로, 營은 군대나 궁전 등의 일에 힘써 노력하는 것에서 '경영하다'라는 뜻이 된다.

|용례| 設營설영 營壘영루 營業영업 營田영전 營造영조 運營운영

刈　4획 | 예 | 베다

갑골1 | 전문1

|해설| 형성. 성부는 乂예. 乂는 가위(鋏협)의 모양으로 '베다'라는 뜻이 있다. 乂는 옛날에는 '다스리다'라는 의미로 사용하여 乂安예안(나라가 다스려져 편안함)이라고 말했기 때문에 刀도(刂 선칼도방)를 붙여 풀을 벤다는 의미로 한정하여 刈라는 글자가 만들어졌을 것

이다.

預
전문1

13획 | 예 | 간여하다, 맡기다, 미리

|해설| 형성. 성부는 予여. 『說文新附』(9상)에 "편안한 것이다. … 頁
혈에 따르는지는 아직 미상이다"라고 한다. 頁은 의례용 모자를 쓰
고 절하는 사람의 모습이므로 予(베틀에 건 날실을 번갈아 여는 틈에
씨실을 통과시켜 짜는 용구인 북〔杼저〕의 모양)에 절하는 모양일 것이
다. 漢代한대의 石碑석비에도 보이지 않고, 그 후에 생긴 글자인 것
같고 글자 구조의 의미는 명확하지 않다. 豫예와 통하여 '미리'라는
뜻으로 쓰고 預知예지(미리 앎), 預備예비(미리 준비함)라고 한다. 지금
은 預金예금(금전을 은행에 맡김), 預託예탁(금전이나 물품을 일시적으로
맡김)처럼 '맡기다'라는 의미로 쓴다.

詣
전문1

15획 | 예 | 참배하다, 이르다

|해설| 형성. 성부는 旨예. 旨는 詣의 본래 모양이다. 旨는 축문을
담는 그릇의 모양인 曰왈에 대하여, 하늘에서 신령이 내려오는 모
양으로, 신령이 이르는 것을 말하고 '이르다'라는 뜻으로 쓴다. 匕비
는 오른쪽을 향한 사람의 모양인데 이 글자의 人인은 召소의 경우
와 마찬가지로 신령을 말한다. 頁혈은 禮帽예모를 쓰고 예배를 하

는 사람을 옆에서 본 모양이기 때문에 내려오는 신령을 맞이해서 절하는 것을 顝계라고 한다. 금문에는 頔로 쓴다.

|용례| 造詣조예 參詣참예

銳 15획 | 예 | 날카롭다

주문1 | 전문1

|해설| 형성. 성부는 兌예. 본래 글자는 剟예로 쓰고 화로(爐로)에 칼(刀도)을 넣어 단련하는 것을 말한다. 그로써 칼날이 더 예리해지므로 '날카롭다, 강하다'라는 의미로 쓴다. 銳는 회의자 剟예의 형성자이다.

|용례| 新銳신예 銳氣예기 銳利예리 銳士예사 銳意예의 精銳정예

豫 16획 | 예 | 즐기다, 미리

전문1

|해설| 형성. 성부는 予여. 『설문해자』(9하)에 "코끼리의 큰 것이다"라고 하고, 또 賈逵가규의 설로서 "사물에 해가 없다"라고 하지만 그 의미로 쓴 예가 없다. 옛 용례로서는 『孟子』「梁惠王下」에 "우리 왕, 즐기지(豫) 않는다"라고 한다. 망설여 결정하지 못하는 것을 猶豫유예라 하는데, 猶유는 금문의 자형은 猷유로 쓰고, 신에게 제사하고 신의 뜻을 헤아린다는 뜻이므로, 豫는 코끼리로 장래의 일을 점친다는 것일 텐데, 지금은 그것을 확인할 수 없다. 장래의 일을

점치는 데서 '미리, 진작'이라는 뜻으로 쓴다.

豫와는 별개인 予 자가 있다. 予는 상형자이고 베틀에 건 날실을 번갈아 여는 틈에 씨실을 통과시켜 짜는 용구인 북(杼저)의 모양이다. 북을 거꾸로 한 모양이 幻환이다. 予는 余나 여와 통하여 일인칭 '나'라는 뜻으로 쓴다.

|용례| 豫見예견 豫備예비 豫想예상 豫言예언 豫定예정

藝 19획 | 예 | 심다

| 갑골1 | 갑골2 | 금문1 | 금문2 | 전문1 |

|용례| 회의. 성부는 埶심을 예. 옛 자형에는 묘목을 두 손으로 받드는 모양(갑골1, 금문1)이나 묘목을 땅에 심는 모양(갑골2), 나무 밑에 土토를 더해 묘목을 심는다는 뜻을 보다 명확히 한 埶예라는 글자(금문2)가 있는데, 본래는 埶 부분만의 글자로 회의자였다. 埶가 올바른 모양인데 일찍부터 埶의 모양이 된 것 같다. 埶는 초목을 '심다'라는 뜻이었다. 초목에 관한 것이므로 초두머리를 붙여서 蓻심을 예가 되고, 후에 云운을 더해서 藝가 되었다. 지금의 상용한자는 심는 것을 표시하는 埶를 생략해서 芸의 자형을 하고 있는데, 아주 비슷한 모양의 芸김맬 운이라는 별개의 글자가 있다. 藝는 '기술, 기예'라는 뜻으로도 쓴다.

|용례| 技藝기예 藝能예능 藝術예술 學藝학예

譽 21획 | 예 | 명예, 칭찬하다

전문1

| **해설** | 형성. 성부는 與여. 與는 두 개를 조합한 상아를 네 손으로 받들어 운반하는 모양으로 함께 한다는 뜻이 있다.『설문해자』(3상)에 "稱칭하는 것이다"라고 한다. 칭찬하는 것을 말한다. 곡물류를 저울에 걸어 재는 것을 稱이라 하는데, 위로 들어서 재는 것이므로 칭찬하다는 뜻이 된다. 모두 칭찬하는 것을 譽라 하고 '칭찬하다, 명예'라는 뜻으로 쓴다.

| **용례** | 名譽명예 盛譽성예 聲譽성예 榮譽영예 譽望예망

五 4획 | 오 | 다섯

갑골1　금문1　금문2　전문1

| **해설** | 가차. 나무를 비스듬하게 교차시켜 만든 기물의 이중 덮개 모양이다. 이것을 숫자 五로 쓰는 것은 그 음만을 빌린 가차 용법이다. 一일에서 四사까지 숫자의 글자는 기다란 산가지를 一, 二이, 三삼으로 각각의 수만큼 옆으로 늘어놓은 모양이다. 𝕏는 이중으로 된 큰 나무 덮개의 모양으로, 이것을 신에게 바치는 기도문인 축문을 넣는 그릇(ㅂ재) 위에 둔 모양의 글자가 吾오이다. ㅂ에 굳게(固고) 덮개를 하여 기도의 효과를 지키는 것이므로 吾는 '지키다, 막다'라는 뜻이 된다. 五는 五行오행(천지 사이에 퍼져 운동하는 다섯 가지 원소. 木목, 火화, 土토, 金금, 水수), 五倫오륜(사람이 지켜야 할 다섯

가지 길. 부자의 親친, 군신의 義의, 부부의 別별, 장유의 序서, 붕우의 信신. 五敎오교)처럼 名數명수(숫자로 개념을 정리함)에 쓰이는 일이 많다.

午 4획 | 오 | 거스르다

| 갑골1 | 금문1 | 금문2 | 전문1 |

|해설| 상형. 공이(杵저) 형태의 그릇 모양. 이것을 呪器주기로 삼아 邪惡사악을 막는 데 썼다. 그 의례를 御어(禦어)라고 한다. 御의 가장 오랜 모양은 ﾚ(갑골1)이고 실 다발처럼 보이는데, 후에는 ﾚ(금문2)의 모양에서 午가 된다. 이것을 주기로 사용하여 卸내릴 사가 되고, 卸가 御의 본래 글자이다. 12支지의 하나인 午로 사용하고, 후에 12지 동물의 이름에 맞추어 '말'이라고 읽는다. 시각으로는 오전 12시를 말한다. '거스르다'라는 뜻으로도 쓴다.

|용례| 午睡오수 午前오전 正午정오

汚 6획 | 오 | 더럽히다, 더러워지다, 불결하다, 부정해지다, 더럽다

전문1

|해설| 형성. 본래 글자는 汙더러울 오로 쓰고 성부는 于우. 于는 끝이 완만하게 굽은 칼의 모양으로 '완만하게 굽다, 옴패다' 등의 뜻이 있다. 옴팬 곳은 진흙 등으로 더러워지기 쉽기 때문에 汚에는 '더럽히다, 더러워지다, 불결하다, 부정해지다, 더럽다'라는 의미가 있다.

|용례| 汚泥오니 汚名오명 汚染오염 汚職오직 貪汚탐오

吳 7획 | 오 | 즐기다

금문1 | 금문2 | 전문1

|해설| 회의. 矢머리 기울 녈과 口를 조합한 모양. 矢은 사람이 머리를 기울여 춤추는 모양. 口는 ㅂ축문 그릇 재로, 신에게 바치는 기도문인 축문을 넣는 그릇의 모양이다. ㅂ를 들고 춤추면서 기도하는 사람의 모양인데, 이것은 신을 즐겁게 하고 바라는 것을 실현하기 위한 행위이고, '즐기다'라는 뜻이 된다. 사람이 느긋하게 춤추는 모습을 俁俁우우라고 한다. 娛도 즐겁다는 뜻인데 吳가 娛의 본래 글자라고 볼 수 있다. 吳는 고대 중국의 국명, 지명으로 사용되었다.

|용례| 吳越오월

娛 10획 | 오 | 즐기다

전문1

|해설| 형성. 성부는 吳오. 吳는 ㅂ재(신에게 바치는 기도문인 축문을 넣는 그릇 모양)를 들고 춤추면서 기도하는 사람의 모양으로, 그것은 신을 즐겁게 하여 바라는 바를 실현하기 위한 행위였다. 여자 샤먼(예언이나 병의 치료 등을 행하는 巫女무녀) 등이 그 일을 맡았기 때문에 娛라는 글자가 생겼을 것이다. 娛는 吳의 뜻을 받아서 '슬기나, 즐겁게 하다'라는 의미로 쓴다.

|용례| 娛遊오유 娛樂오락 歡娛환오

悟 10획 | 오 | 깨닫다

금문1 | 전문1

|해설| 형성. 성부는 吾오.『설문해자』(10하)에 "覺각(깨닫다)"이라고 한다. 吾는 ㅂ축문 그릇 재(신에게 바치는 기도문인 축문을 넣는 그릇의 모양) 위에 이중으로 만든 나무 덮개를 두어 기도의 효과를 지키는 것을 말한다. 금문의 자형은 ㅂ 위에 덮개(X 모양)를 두 개 겹쳐 엄중하게 지키는 모양이다. 吾에는 지킨다는 뜻이 있는데 悟라는 것은 마음의 어지러움을 물리쳐 마음의 밝음을 지키는 것이고, 그래서 사물의 도리를 명확히 알 수가 있는(깨닫는) 것이다. 그래서 '깨닫다'라는 뜻으로 쓴다.

|용례| 覺悟각오 悟性오성 悟悔오회

傲 13획 | 오 | 거만하다

전문1

|해설| 형성. 성부는 敖오. 方방은 가로목에 죽은 사람을 매단 모양. 土토는 長髮장발을 나타내는데 옛날 장발을 하는 것은 長老장로였다. 敖의 오른쪽 攵복(攴)은 때린다는 뜻이므로 장로의 시체를 때려 그 靈령에 의해 적을 저주하는 呪儀주의를 말한다. 傲도 呪靈주령에 의해 적을 위압하는 것을 말한다. 그래서 후에 '거만하다, 얕보

상용자해

다'라는 뜻이 된다.

|용례| 倨傲거오 驕傲교오 傲慢오만 傲然오연

奧 13획 | 오 | 속, 깊숙하다

전문1

|해설| 회의. 宀집 면과 釆분별할 변과 廾받들 공을 조합한 모양. 宀은 제사를 지내는 건물의 지붕 모양. 釆은 동물의 발바닥(掌장) 모양으로 위의 丿는 爪조(발톱), 아래의 米 같은 모양은 손금이다. 廾은 収공이고, 좌우의 손을 늘어놓은 모양. 두 손으로 동물의 발바닥 고기를 바쳐서 제사 지내는 방의 구석을 奧라 하고 그곳은 집에서 가장 깊숙하고 신성한 장소이다. 그래서 奧는 '속, 깊숙하다'라는 뜻이 된다.

|용례| 深奧심오 奧妙오묘 奧義오의

誤 14획 | 오 | 잘못하다

전문1

|해설| 형성. 성부는 吳오. 吳는 ㅂ재(신에게 바치는 기도문인 축문을 넣는 그릇 모양)를 들고 춤추면서 기도하는 사람의 모양으로, 신을 즐겁게 하는 것을 말한다. 열심히 춤추며 기도하고 신들린 황홀한 상태에서 나오는 말은 정상이 아닌 잘못된(誤) 말이나 사람을 그르치게(誤) 하는 말이 많아서, 誤는 '잘못하다, 잘못'이라는 뜻이 된다.

|용례| 誤謬오류 誤寫오사 誤解오해 正誤정오

玉 5획 | 옥 | 옥

갑골1　갑골2　금문1　전문1

|해설| 상형. 세 개의 玉을 실로 꿰어 연결한 모양. 옛 자형에서는 실이 상하로 뚫고 나온 모양이 있다. 佩玉패옥(허리를 졸라매는 혁대에 늘어뜨린 옥) 등에 사용되었을 것이다. 고대인은 견고하고 광택이 나는 玉에서 생명의 힘, 靈령의 힘을 느낀 것 같고, 玉을 몸에 붙임으로써 영의 힘을 빌리려고 했던 것 같다. 玉에는 영이 깃든다고 생각했기 때문이다. 또 玉은 葬儀장의의 그릇에도 많이 사용되고 약 3천3백 년 전 殷代은대의 婦好墓부호묘에서는 정교한 玉이 다수 발견된다. 일본어에서는 '다마'(たま)라고 읽는데 '다마'는 '魂혼'(たましい)이라는 뜻이다. 玉은 玉座옥좌(고귀한 사람의 좌석)처럼 美稱미칭으로 쓰이기도 한다.

|용례| 玉杯옥배 玉石옥석

沃 7획 | 옥 | 물을 대다, 기름지다

전문1

|해설| 형성. 성부는 夭요. 『설문해자』(11상)에 "灌漑관개하다"라고 한다. 농지에 물을 대는 것을 말한다. 물을 대면 농지가 기름지게 되므로 沃土옥토(기름진 토지), 沃饒옥요(토지가 기름져 작물이 잘 자람),

沃野옥야(기름진 평지), 肥沃비옥(토지가 기름진 모양)이라고 쓴다. 『周禮』「夏官/小臣」에 "왕에게 沃하여 씻게(盥관) 하다"라는 것은 손을 씻어서 깨끗이 한다는 뜻이다. '물을 대다, 기름지다, 윤기 나다'라는 뜻이 된다.

屋 9획 | 옥 | 집, 주거

전문1

|해설| 회의. 尸주검 시와 至이를 지를 조합한 모양. 尸는 尸童시동(제사 지낼 때 신위 대신으로 앉히는 아이)이라는 설도 있지만, 지붕의 모양일 것이다. 至는 一일 위에 거꾸로 된 모양의 화살(矢시)을 그려, 쏜 화살이 도달하는 곳을 말한다. 屋은 殯염할 빈(本葬본장을 하기 전에 잠시 시신을 관에 넣어 안치함)하는 건물이고 그 건물의 장소는 신성한 화살을 쏘아 점을 쳐서 그 화살이 떨어진 곳이 선택되었다. 屋에서 사체를 풍화시키고 나서 본장하는 형식을 複葬복장이라 한다. 屋은 본래 殯을 위해 사용하는 板屋판옥(판목으로 둘러 세운 집)이었는데 후에 일반의 '집, 집터, 주거'라는 뜻이 된다.

|용례| 陋屋누옥 屋外옥외

獄 14획 | 옥 | 감옥

금문1

전문1

|해설| 회의. 言언과 㹜은을 조합한 모양. 言은 神신에게 바치는 기

도문인 축문을 넣는 그릇(ㅂ제) 위에 입묵을 할 때 사용하는 큰 침(辛신)을 놓고, 만약 서약에 거짓이 있을 때는 입묵의 형벌을 받겠다고 신에게 맹세하는 말이다. 狀은 소송의 당사자 쌍방이 바친 희생물 개를 말한다. 獄은 희생물 개를 바치고 신에게 선서하여 소송이 개시되는 것을 말하는 글자로, 본래 재판을 말하는 글자인데 재판에 져서 유죄가 된 자를 수용하는 '감옥'(牢獄뇌옥. 獄舍옥사)도 가리킨다. 재판은 慶경, 善선, 法법(灋) 등의 글자가 보이는 것처럼 解廌해치(해태)라고 불리는 양과 비슷한 신성한 동물을 쓰는 일이 많은데 獄 자에서 犬견도 쓰였다는 것을 알 수 있다.

|용례| 牢獄뇌옥 獄舍옥사 獄囚옥수 地獄지옥

溫

전문1

13획 | 온 | 따뜻함, 따뜻하다, 온화하다

|해설| 형성. 성부는 㬊온. 㬊이 본래 글자이다. 㬊은 皿명(쟁반 같은 그릇) 위 그릇에 담긴 음식이 데워져서 열기가 차 있는 모양으로 음식이 열기로 움직이는 것을 표시한다. 그래서 '따뜻함, 따뜻하다'라는 뜻이 된다. 그 뜻을 사람의 성질로 옮겨 '온화하다'는 뜻이 된다.

|용례| 高溫고온 溫暖온난 溫顔온안 溫情온정 溫和온화 溫厚온후

穩 19획 | 온 | 온화하다

전문1

|해설| 형성. 성부는 㥯은. 𤔌은은 呪具주구인 工공의 위아래로 손(爪조와 又우)을 더한 모양으로, 工 모양의 呪器주기로 神신을 감춘다(隱)는 의미이다. 그 신을 감출 때의 삼가고 우려하는 심정을 㥯이라 한다. 隱은 신이 하늘에 오르내릴 때 사용하는 신의 사다리인 自부(阝. 본래 모양은 𨸏) 앞에 신을 감춰놓은 모양. 글자가 禾화(벼, 곡물류)에 따르는 것은 농작업이 '원만하기'(穩)를 바라는 의미일 것이다. 현재 상용한자의 자형(일본 한자의 경우 — 옮긴이)은 중요한 주구인 工을 생략하여 자형이 갖는 본래의 뜻을 잃었다.

|용례| 安穩안온 穩當온당 穩便온편 靜穩정온 平穩평온

翁 10획 | 옹 | 노인

전문1

|해설| 형성. 성부는 公공. 公에 瓮독 옹의 음이 있다. 翁은 새의 목에 난 털을 말한다. 그 털이 노인의 장발과 비슷해서 장발의 노인을 翁이라 하여 '노인'이라는 뜻이 된다.

|용례| 老翁노옹 翁嫗옹구

擁 16획 | 옹 | 품다, 지키다

전문1

|해설| 형성. 성부는 雍옹.『설문해자』(12상)에 글자를 㒻옹으로 쓰고, "품다(抱포)"라고 한다. 雍은 사람의 가슴에 새를 품는 모양이고, 매사냥을 하는 매부리(鷹匠응장)가 매를 품는 모양이다. 여기에 손(手수)을 더한 형성자가 擁이고 '품다, 안다'라는 뜻이 되고 끌어안아 '지키다'라는 뜻도 된다.

|용례| 擁立옹립 擁護옹호 抱擁포옹

瓦 5획 | 와 | 기와

전문1

|해설| 상형. 휘어진 처마 기와의 모양. '기와'를 말한다.『설문해자』(12하)에 "구운 토기의 총칭"이라고 하여, 설구이한 토기의 총칭인 '질그릇'을 말한다. 토기로 만든 실패를 瓦라고 하여 막 태어난 여아에게 갖게 한 일이『詩經』에서 노래로 불린다. 질그릇이 깨지듯이 산산조각으로 흩어지는 것을 瓦解와해라고 한다. 瓷자(도자기)는 唐代당대(7~10세기) 이후에 보이는 글자이다.

|용례| 陶瓦도와 瓦器와기 瓦裂와열 瓦屋와옥

渦 12획 | 와 | 소용돌이

|해설| 형성. 성부는 咼와. 咼는 冎과(사람 상반신의 잔골)에 ㅂ재(신에게 바치는 기도문인 축문을 넣는 그릇의 모양)를 더하여 禍화(재앙)를 떨쳐 버리기를 기도하는 뜻이 된다. 상반신의 뼈는 둥글고 우묵하여 소용돌이 모양이 연상되므로 소용돌이치는 물을 渦라 하고 '소용돌이, 소용돌이치다'라는 의미로 쓴다.

|용례| 渦旋와선 渦中와중

完 7획 | 완 | 완전하다

전문1

|해설| 회의. 宀면과 元원을 조합한 모양. 宀은 조상의 영에게 제사지내는 사당(廟묘)의 지붕 모양. 元은 큰 머리를 위에 더한 사람의 모습으로 사람의 머리 부분을 강조한 모양이다. 廟 안에서 그 元(머리)의 머리카락을 묶고 冠관을 쓰는 元服원복의 의례는 남자의 성인식이고 冠이라 한다. 전쟁에서 승리하여 전사하지 않고 무사히 돌아온 것을 廟에 보고하는 의례를 표시하는 것이 完이고 무사히 일이 끝난 것, 최후까지 완수한 것, '완수하다, 완전하다'라는 뜻이 된다. 전쟁에서 포로가 된 적을 廟에 끌고 와서 元(머리)에 攴칠 복을 더하여 저주를 가하는 글자가 寇구(가해하다, 적)이고 '적, 외적'이라는 의미가 있다. 이처럼 完은 廟에서의 의례에 관한 글자이다.

|용례| 未完미완 完結완결 完了완료 完成완성 完全완전

宛 8획 | 완 | 웅크리다, 마치

전문1

|해설| 회의. 宀집 면과 夗누워 뒹굴 원을 조합한 모양. 宀은 조상의 영에게 제사 지내는 사당(廟묘)의 지붕 모양. 夗은 앉은 사람의 무릎이 불룩하게 솟아 나온 모양이다. 宛은 사당 안에 앉아 신령에게 절하는 사람의 모양으로 '웅크리다, 구부러지다'라는 의미로 쓴다. 또 宛然완연(쏙 그대로, 흡사)이라는 뜻에서 '마치, 흡사'라는 의미로 쓴다. 느릿하게 도는 모습, 또 여인의 눈썹이 아름다운 모양을 宛轉완전이라고 한다.

玩 8획 | 완 | 가지고 놀다

전문1 | 전문2

|해설| 형성. 성부는 元원.『설문해자』(1상)에 "弄롱"이라고 하여 '가지고 놀다'라는 의미라고 한다.『설문해자』는 또 貦희롱할 완 자를 玩과 같은 의미의 글자로 제시한다.『詩經』「小雅/斯干」에 남자가 태어나면 玉옥, 여자가 태어나면 瓦와(토기로 된 실패)를 갖고 놀게 하는 것을 노래하고 있다. 貝패, 玉, 土토를 사람의 생명력을 왕성하게 하는 振魂진혼의 呪器주기로 삼아 신생아가 가지고 놀게 하였던 것이다.

|용례| 愛玩애완 玩具완구 玩讀완독 玩弄완롱 玩物완물 玩月완월

腕 12획 | 완 | 팔

전문1

|해설| 형성. 성부는 宛완. 宛은 조상에게 제사하는 사당 안에 무릎 꿇고 조상의 靈령에 절하는 사람의 모습인데 그 사람의 포동포동한 무릎의 풍만함을 생각하게 하는 글자이다. 『설문해자』(12상)에는 掔완 자를 들고 팔목을 뜻한다고 하는데, 腕과는 별개의 글자일 것이다.

|용례| 敏腕민완 腕力완력 鐵腕철완

頑 13획 | 완 | 완고하다, 어리석다

전문1

|해설| 형성. 성부는 元원. 元은 사람의 목 부분을 강조해 보이는 글자. 사람의 목은 힘이 세어 무거운 머리를 받쳐도 굽지 않을 정도로 강한 것이기 때문에, 元에는 강한 것이라는 뜻이 있다. 자신의 생각이나 태도를 굽히지 않는 것을 頑固완고라 하고, 몸이 강하고 건강한 것을 頑健완건이라 한다. 어리석어 남의 의견을 듣지 않는 것은 頑愚완우, 頑迷완미라고 한다. '완고하다, 강하다, 어리석다'라는 의미로 쓴다.

緩 15획 | 완 | 느리다, 느슨하다, 늘어지다, 늦추다

緩
전문1

|해설| 형성. 성부는 爰원. 爰에 諼잊을 훤의 음이 있다. 爰은 한 물건을 위아래에서 손으로 당기는 모양으로 끈다는 뜻이 있다. 그래서 緩이란 '느슨하게' 실을 당기는 것을 말하는 글자일 것이다. 緛완이라는 글자가 있는데 素소는 염색되지 않고 남은 실 다발의 흰 부분이고, 천천히 실을 염색할 때의 일을 말하는 글자일 것이다.

|용례| 緩急완급 緩慢완만 緩步완보 緩行완행 緩和완화 弛緩이완

曰 4획 | 왈 | 말하다

갑골1　금문1　금문2　전문1

|해설| 상형. ㅂ재(신에게 바치는 기도문인 축문을 넣는 그릇의 모양)의 뚜껑을 조금 열어 속의 문서를 보는 모양. ㅂ 속에는 신의 반응이 나타나기 때문에 曰은 신의 말씀을 의미한다. '가로되'(曰)란 신의 명령, 신이 말씀하신 말이다. 그래서 『論語』의 "子曰자왈"이라는 공자의 말은 신의 말씀처럼 존중해서 옛날에는 "자(선생, 공자), 가라사대"라고 읽었다. '曰'이란 '詔조'(말씀하시기를)와 마찬가지로 '신이 말씀하시다' 정도의 뜻이다. 曰은 상용한자에는 속하지 않지만 曰을 자형에 포함하는 글자가 많아서 그 글자들을 이해하기 위해 필요한 기본 글자이기 때문에 표제자로 제시한다. 曰을 요소로 하는 글자에는 曷어찌 갈, 旨맛있을 지, 者자, 習습, 皆개, 曹마을 조, 智지, 某아

무 모, 曆력 등의 글자가 있다.

王 4획 | 왕 | 임금

| 갑골1 | 갑골2 | 금문1 | 금문2 | 전문1 |

|해설| 상형. 큰 도끼의 머리 부분의 모양. 자루를 붙인 전체 모양은 戊월(鉞)이다. 鉞월의 머리 부분의 날을 아래로 하여 실용품의 무기가 아니라 왕위를 표시하는 의례용 도구로서 옥좌(왕이 앉는 자리) 앞에 두었다. 그것은 왕의 상징이기 때문에 '임금, 군주'라는 뜻이 된다. 작은 도끼의 머리 부분을 날을 아래로 하여

王 자의 원형

둔 모양이 士선비 사이고 전사 계급의 신분을 표시한다. 王과 士는 도끼의 대소 차이이다.

|용례| 王家왕가 王國왕국 王道왕도 王命왕명 王室왕실 王位왕위

往 8획 | 왕 | 가다

| 갑골1 | 갑골2 | 금문1 | 금문2 | 전문1 |

|해설| 형성. 옛 자형(금문2)은 徍왕으로 쓰고 성부는 㞷왕. 㞷이 往의 본래 글자이다. 㞷은 王왕(의례용 도구로서 왕위의 상징인 도끼의 머리 부분 모양) 위에 之지(발자국의 모양. 간다는 뜻)를 더한 모양이다. 왕

의 명령으로 파견을 나갈 때는 왕위의 상징인 신성한 도끼 위에 발을 놓는 의식을 하여 도끼의 靈령의 힘, 위력을 몸에 옮겨 출발했다. 그래서 㞷에 간다는 뜻이 있다. 후에 걷는다는 뜻이 있는 彳척을 합쳐 往이 되어 '가다'라는 뜻이 된다. 간다는 뜻을 시간 관계에도 써서 '옛날'이라는 뜻으로도 쓴다.

|용례| 古往고왕 往年왕년 往路왕로 往復왕복 往時왕시 往往왕왕

旺 8획 | 왕 | 성하다

㫪
전문1

|해설| 형성. 성부는 王왕. 정자는 暀빛 고울 왕으로 쓰고 성부는 往왕. 往의 본래 글자는 㞷왕이었다. 㞷은 王(의례용 도구로서 왕위의 상징인 도끼의 머리 부분 모양) 위에 之지(발자국의 모양. 간다는 뜻)를 더한 모양으로, 중요한 용무로 출발할 때 신성한 도끼 위에 발을 놓는 의례를 표시하고 도끼의 靈力영력을 몸에 받는 것을 의미했다. 영력을 받아서 사람의 정기가 성하게 되는 데서 旺에 '성하다'라는 의미가 생긴다. 일이 성한 것을 旺盛왕성이라고 한다.

外 5획 | 외 | 밖, 바깥, 떼어내다, 빼다

금문1　금문2　전문1

|해설| 회의. 夕석과 卜복을 조합한 모양. 夕은 肉고기 육의 모양이고 卜은 점치는 것. 거북 종류를 外骨외골이라 하고 자라 종류를 內

骨내골이라고 한다(이러한 분류는 『周禮』「考工記/梓人」에 나온다. ─ 옮긴이). 거북의 고기를 떼어내고 그 腹甲복갑(배딱지)을 취하여 이것을 점칠 때 사용했다. 肉은 月월 모양으로 쓰고, '죽이다, 베어내다'라는 뜻이 있다. 殷王은왕의 이름으로 外丙외병, 外壬외임이라고 전해지는 것은 갑골문에서는 卜丙복병, 卜壬복임이라 쓰여 있다. 外는 거북 딱지를 사용하는 점에 사용하는 말이었는데 후에 内外내외의 '外'(바깥)라는 말로 쓴다. 바깥이라는 의미에서 '겉, 겉면, 이외, 딴곳, 빼다' 등의 뜻으로도 쓴다.

|용례| 論外논외 外見외견 外觀외관 外出외출 外患외환 除外제외

畏

9획 | 외 | 두려워하다

갑골1 갑골2 금문1 금문2 금문3 전문1

|해설| 상형. 鬼귀신 귀의 모양을 한 것이 杖지팡이 장을 지닌 모양이다. 상부의 田전 부분은 鬼의 갑골문, 금문에 보이는 것처럼 鬼의 머리 부분이다. 즉 畏는 귀신 머리를 한 사람이 지팡이를 갖고 威靈위령을 나타내는 모습을 옆에서 본 모양으로 '두려워하다, 삼가다'라는 의미로 쓰인다. 鬼의 모양을 한 사람이 양손을 든 무서운 모습을 정면에서 본 모양인 異이는 '다르다, 뛰어나다'는 뜻이 된다. 한편 일본어에서 畏는 '가시코마루'(かしこまる)라고 읽고 '가시코마리마시타'(잘 알겠습니다)라고 쓰이기도 한다.

|용례| 畏敬외경 畏服외복 畏愼외신 畏友외우

凹 5획 | 요 | 오목하다

|해설| 상형. 중앙이 아래로 오목한 모양. '오목하다, 오목'이라는 뜻으로 쓴다. 반대로 凸볼록할 철은 중앙이 위로 돌출한 모양. 凹와 凸은 도형 같은 글자이다.

|용례| 凹凸요철 凹陷요함

妖 7획 | 요 | 괴이하다, 아리땁다

전문1

|해설| 형성. 정자는 媄요로 쓰고, 성부는 芺요. 夭요는 사람이 머리를 기울이고 신체를 비비 꼬며 춤추는 모양. 芺의 윗부분은 초두머리 모양으로 되어 있지만 若약 자의 경우와 같이 머리 위로 쳐든 두 손의 모양이다. 媄는 巫女무녀(신을 모시는 여자)가 양손을 머리 위로 쳐들고 몸을 비비 꼬며 춤추는 모양으로 '아리땁다, 요염하다'는 뜻이 된다. 妖火요화(도깨비불), 妖術요술(괴이한 술)처럼 '괴이하다, 도깨비'라는 뜻으로도 쓴다.

|용례| 妖艶요염 妖麗요려 妖女요녀 妖婦요부 妖態요태

要 9획 | 요 | 요점, 허리, 구하다

금문1　금문2　전문1

|해설| 상형. 여자의 腰骨요골 모양. '허리'를 말한다. 여자의 허리뼈

는 발달이 두드러져서 아랫부분을 女녀의 모양으로 했다. 臼국 부분이 骨盤골반의 모양이다. 要는 腰요의 본래 글자이다. '허리'는 인체의 樞要추요(가장 중요함)한 부분이기 때문에 '요점, 통할하다'라는 뜻으로 쓴다. 領령(목)도 인체의 추요한 곳이므로 합쳐서 要領요령(사물의 가장 중요한 점)이라고 한다. 또 邀맞이할 요와 통하여 '맞이하다, 구하다'라는 뜻으로도 쓴다.

|용례| 要求요구 要素요소 要所요소 要人요인 要點요점 要職요직

搖 13획 | 요 | 흔들리다, 움직이다

전문1

|해설| 형성. 성부는 䍃요. 夕(月)은 肉육의 모양. 䍃는 缶부(몸통이 크고 입구가 작은 토기) 위에 肉을 둔 모양인데, 고기가 그릇 밖으로 넘치는 불안정한 모양을 표시하는 것 같다. 『설문해자』(12상)에 "움직이다(動동)"라고 하고, 불안정하기 때문에 '흔들리다, 움직이다'라는 뜻이 된다.

|용례| 動搖동요 搖動요동 搖落요락 搖曳요예 搖蕩요탕

腰 13획 | 요 | 허리

|해설| 형성. 성부는 要요. 要는 여자의 腰骨요골 모양. 要가 腰의 본래 글자이다. 要가 요점이라는 뜻으로 쓰이게 되면서 본래의 '허리'라는 뜻을 표시하는 글자로서 인체의 부분을 의미하는 月(육달월)을 더한 腰 자가 만들어졌다. 腰는 육조 시대(3~6세기)에 만들어진

글자이다.

|용례| 細腰세요 腰部요부 腰圍요위 腰痛요통

窯 15획 | 요 | 가마

전문1

|해설| 형성. 성부는 羊양. 글자는 또 窰요로 쓰고, 성부는 䍃요. 穴혈이 '가마, 화덕'의 모양이고 羊·䍃가 성부이다. 窯는 아랫부분에 불(火화. 灬)을 더했다. 匋질그릇 도는 가마에서 토기를 굽는 모양이고, 匋가 본래의 자형일 것인데 窯의 자형이 사용된다. 陶器도기를 구울 때 釉藥유약으로 색채의 광택이 변화하고 여러 가지 모양이 생기는 것을 窯變요변이라고 한다. 가마에서 점토를 구워 도자기, 벽돌, 기와 등을 제조하는 공업을 窯業요업이라고 한다.

謠 17획 | 요 | 노래, 노래하다

|해설| 형성. 성부는 䍃요. 夕(月)은 고기(肉육)의 모양. 䍃는 缶부(질그릇) 위에 고기를 놓은 모양. 䍃는 본래 䚻로 쓰는데, 䚻는 祭肉제육을 바치고 저주하듯이 기도하는 것을 말한다. 그 기도의 말을 謠라 하는데, 노래하듯이 곡절을 붙여 기도하는 말이므로, '노래하다, 노래'라는 뜻이 된다. 童謠동요란 고대에는 정치상의 풍자나 사회적 사건을 예언하는 의미를 품는 노래였다.

|용례| 歌謠가요 民謠민요 謠詠요영

상용자해

曜 18획 | 요 | 빛, 빛나다

|해설| 형성. 성부는 翟적. 翟에 燿빛날 요, 耀빛날 요의 음이 있다. 『釋名』「釋天」에 "曜는 燿. 光明照耀광명조요한 것이다"라 하여, 햇빛이 '빛나는' 것을 말한다. 『詩經』「檜風/羔裘」에 "해가 떠서 빛나는구나(曜)"라고 한다. 태양을 曜靈요령이라고 한다. 지금 曜日요일(曜의 이름으로 나타낸 한 주의 각 일)이라고 쓴다.

浴 10획 | 욕 | 뒤집어쓰다, 끼얹다, 목욕

갑골1

전문1

|해설| 형성. 성부는 谷욕. 谷에 欲바랄 욕의 음이 있다. 谷은 容용, 浴, 欲욕 자에 포함된 谷욕이고, 溪谷계곡의 谷곡과는 다른 글자이다. 容은 조상에게 제사 지내는 廟사당 묘(宀면) 안에 ㅂ재(신에게 바치는 기도문인 축문을 넣는 그릇의 모양)를 바치며 기도하여 그 ㅂ 위에 희미하게 나타난 신령의 모습이다. 그 모습을 보고 싶다고 생각하는 것을 欲이라 한다. 廟에 기도하기 위해 목욕재계를 하는 것을 浴이라 하여 '목욕(탕에 들어가 몸을 덥히고 씻음), 끼얹다'라는 뜻이 된다. 옛날 포로나 사자를 浴하는 것이 행해졌는데 그것은 祓除불제를 하기 위한 것이고 또 부활을 위한 의례였다. 머리를 감는 것을 沐머리 감을 목이라 하여, 머리를 감고 몸을 씻는 목욕은 목욕재계의 방법이었다

|용례| 浴槽욕조 入浴입욕

辱 10획 | 욕 | 욕보이다, 욕, 수치, 김매다

전문1

|해설| 회의. 辰신과 寸촌을 조합한 모양. 辰은 대합 같은 조개가 발을 내밀고 움직이는 모양. 그 조개 껍데기를 잘 부수어 나무 끝에 달아서 농구로 만든 蜃器신기를 손(寸)으로 쥔 모양이 辱이고, 신기로 김을 맨다는 뜻이 된다. 耨김맬 누는 未쟁기 뢰와 辱을 조합한 모양으로 신기로 풀을 베어 제거한다, 김맨다는 뜻으로 쓴다. 辱은 '김매다'가 본래의 뜻인데 '욕보이다, 부끄럽다'라는 뜻은 衂부끄러워할 육과 통용한 것 같다. 존경받지 못할 행동으로 부끄러운 것, 윗사람에 대해 부끄럽게 느끼는 것을 '辱스럽다'(죄송하다, 미안하다)라고 한다. 辱의 '김매다'라는 뜻은 耨누 자로 옮겨져 있다.

|용례| 凌辱능욕 陵辱능욕 汚辱오욕 恥辱치욕

欲 11획 | 욕 | 바라다, 하고 싶다, 빌다

전문1

|해설| 형성. 성부는 谷욕. 谷에 浴뒤집어쏠 욕의 음이 있다. 谷은 容용, 浴욕, 欲욕 자에 포함된 谷욕이고, 溪谷계곡의 谷곡과는 다른 글자이다. 容은 조상에게 제사 지내는 廟묘(宀면) 안에 凵재(신에게 바치는 기도문인 축문을 넣는 그릇의 모양)를 바치며 기도하여 그 凵 위에 희미하게 나타난 신령의 모습이다. 그 모습을 보고 싶다고 생각하는 것을 欲이라 하여, '바라다, 빌다'라는 뜻이 된다.

|용례| 欲望욕망 意欲의욕

冗 4획 | 용 | 틈, 쓸데없음

전문1

|해설| 회의. 본래 글자는 冘용으로 쓰고, 冖집 면과 儿사람 인을 조합한 모양. 冖은 조상에게 제사 지내는 사당의 지붕 모양으로 사당을 말한다. 冘은 사당 안에 사람이 있는 모양으로 사당에 숙직하는 사람을 말한다. 숙직하는 사람에게는 숙직 중에 일이 없었으므로 '틈'이라는 뜻이 된다. 숙직자에게 지급하는 식사를 冗食용식이라 하고, 직무가 없는 쓸데없는 관원을 冗官용관이라 한다. 冗員용원(쓸데없는 사람 수), 冗散용산(쓸데없음, 틈), 冗費용비(쓸데없는 비용)처럼 '쓸데없음'이라는 뜻으로 쓴다. 정자는 冘이고 冗은 속자이다.

用 5획 | 용 | 쓰다, -로써

甹	甹	甹	甹
갑골1	갑골2	금문1	전문1

|해설| 상형. 나무를 짜서 만든 목책(柵책)의 모양. 목책 안에 제사에 쓰는 희생물을 두고 기르기 때문에, 희생으로 하는 것을 '쓰다'라고 한다. 희생으로 '쓰다'가 본래의 뜻이다. 『春秋』「僖公十九年」에 "邾人주인, 鄫子회자를 잡아 이를 쓰다"라고 한 것은 회자의 코를 때려 피를 받아 이를 희생의 피로 썼다는 것이다. 또 일반석으로 '쓰다, 사용하다'라는 뜻으로 쓴다. 또 以이와 통하여 '-로써'라는 뜻

으로 쓴다.

|용례| 使用사용 用法용법 用心용심 用意용의 採用채용

勇 9획 | 용 | 힘이 솟다, 힘차다, 용감하다

금문1 | 금문2 | 금문3 | 전문1

|해설| 형성. 성부는 甬용. 甬은 수통의 모양인데 우물물 등이 솟아 나는 것을 涌샘솟을 용이라고 한다. 力력은 쟁기의 모양이고 쟁기로 밭을 가는 것은 힘을 요하고 단숨에 힘을 쓴다. 그렇게 내부에서 솟아 나와 단숨에 일을 이루려고 하는 힘을 勇이라 하고, '힘차다, 힘세다'는 뜻으로 쓴다. 물이 솟아 나오는 것을 涌용, 湧물 솟을 용이라 한다.

|용례| 勇氣용기 勇名용명 勇士용사 勇者용자 勇退용퇴 豪勇호용

容 10획 | 용 | 얼굴, 모습, 넣다, 용서하다

 |

갑골1 | 전문1

|해설| 회의. 宀면과 谷용을 조합한 모양. 宀은 조상에게 제사하는 사당의 지붕 모양. 谷은 溪谷계곡의 谷곡과는 다르고, 容용, 浴욕, 欲욕 자에 포함된 谷용이다. 谷은 ㅂ재(신에게 바치는 기도문인 축문을 넣는 그릇의 모양) 위에 神氣신기가 나타나는 것을 말한다. 조상에게 제사하는 사당(宀) 안에 ㅂ를 바쳐 기도하고 그 ㅂ 위에 희미하게 나타난 신의 모습을 容이라 하고, '모습, 얼굴, 모양'이라는 뜻이 된

다. 또 容疑용의(죄를 범한 혐의가 있음), 容受용수·受容수용(받아들임),
容許용허·許容허용(용서함), 容忍용인(용서하고 인정함)처럼 '넣다, 용서
하다'라는 뜻으로도 쓴다.

|용례| 美容미용 容貌용모 容飾용식 容儀용의 容止용지 威容위용

庸 11획 | 용 | 담, 늘, 어리석다

| 갑골1 | 금문1 | 전문1 |

|해설| 회의. 庚경과 用용을 조합한 모양. 庚은 두 손으로 공이(午오.
杵저)를 들고 곡물을 빻아 탈곡, 정백하는 모양. 用은 나무를 짜서
만든 목책(柵책)의 모양인데, 여기에 흙을 넣어 공이로 다져서 담(墉
용)을 만드는 것을 庸이라 하여, '담'이라는 뜻이 된다. 用과 통용하
여 '쓰다'라는 뜻이 된다. 庸이 쓴다는 뜻으로 쓰이게 되면서 土토
를 더한 墉 자가 만들어져 본래의 '담'이라는 뜻으로 쓰이게 되었
다. 庸은 후에 '늘, 보통, 어리석다' 등의 뜻으로 쓰였다.

|용례| 凡庸범용 庸夫용부 庸愚용우 中庸중용

湧 12획 | 용 | 솟다

|해설| 형성. 성부는 甬용. 甬은 물을 뜨는 데 쓰는 수통의 모양.『설
문해자』(11상)에 "오르다(滕등)"라고 한다. 수통 모양의 우물에서 물
이 '솟다, 솟아나다, 넘치다'라는 뜻이다. 기세 좋게 솟아나는 데서
勇힘찰 용에 따르는 湧 자가 만들어지고 '용'으로 읽는 관습이 생겨
났을 것이다. 字書자서에는 宋代송대(10~13세기)에 이르러 보이는 글

자이다.

|용례| 湧起용기 涌溢용일 湧泉용천 湧出용출

溶 13획 | 용 | 녹다, 녹이다, 풀다

전문1

|해설| 형성. 성부는 容용. 容은 조상에게 제사하는 사당(宀면) 안에 ㅂ재(신에게 바치는 기도문인 축문을 넣는 그릇의 모양)를 바쳐 기도하고 그 ㅂ 위에 희미하게 나타난 신의 모습인데, 사당 안에 넘쳐흐른다는 뜻이 있다. 『설문해자』(11상)에 "물이 성한 것이다"라고 한다. 물이 풍성하게 흐르는 것을 말한다. 그 물속에 모든 것이 녹아들어갈 듯한 상태이므로 溶解용해(물질이 액체 중에 잘 섞여 녹아들어감), 溶液용액(두 가지 이상의 물질이 녹아서 잘 섞인 액체)처럼 '녹다, 녹이다'라는 뜻으로 쓴다. 금속을 열로 녹이는 것을 鎔용, 熔녹일 용이라 한다.

踊 14획 | 용 | 뛰다, 춤추다, 춤

전문1

|해설| 형성. 성부는 甬용. 甬은 물통의 모양으로, 물이 솟아나는 것을 湧용이라고 한다. 『설문해자』(2하)에 "뛰다(跳도)"라고 한다. 뛰는(跳) 것을 踊이라 하고, '춤추다, 뛰어오르다'라는 뜻이 된다. 일본어에서는 춤을 의미한다. 글자는 또 蹋용으로 쓰는 경우가 있다.

|용례| 踊躍용약 舞踊무용

又 2획 | 우 | 또, 다시

| 갑골1 | 금문1 | 전문1 |

|해설| 상형. 오른손의 모양. 손가락을 편 오른손의 모양으로 右우의 본래 글자이다. 갑골문, 금문에서는 '있다'는 뜻으로 쓰고, 후에 '또, 다시'라는 뜻으로 쓰고 또 '돕다'라는 뜻으로도 썼다. 오른쪽이라는 뜻으로는 右를 썼다. ナ좌는 손가락을 편 왼손의 모양으로 左의 본래 글자이다.

友 4획 | 우 | 친구, 친하다

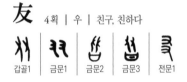

| 갑골1 | 금문1 | 금문2 | 금문3 | 전문1 |

|해설| 회의. 又우와 又를 조합한 모양. 又는 오른손의 모양. 손을 맞잡고 서로 돕는다는 의미가 되고, 서로 돕는 인간관계의 '친구, 동무, 동료'라는 뜻으로 쓴다. 또 친구로서 '친하게 지내다, 사귀다'라는 뜻으로 쓴다. 금문의 자형에는 쭘우, 쭙우처럼 아래에 신에게 바치는 기도문인 축문을 넣는 그릇 모양(ㅂ재, 曰왈)을 더한 형태가 있고, ㅂ이나 曰 위에 손을 놓고 서약을 함으로써 서로 약속하는 것을 말한다. 금문의 倗쭙붕우는 동족의 동배를 말한다. 조개(貝패)를 줄로 연결해서 묶고, 그 두 줄을 한 꾸러미로 만든 모양이 朋붕(친구, 동료)인데, 그 관계를 사람에게 옮겨 倗친구 붕이라고 한다.

|용례| 盟友맹우 朋友붕우 惡友악우 畏友외우 友邦우방 友誼우의

牛 4획 | 우 | 소

| 갑골1 | 갑골2 | 금문1 | 전문1 |

|해설| 상형. 정면에서 본 소의 모양. 앞에서 본 羊양 모양인 羊과 같은 그리기 방식인데, 羊에 비해 뿔이 크게 그려져 있다. 뿔 사이의 세로 선이 몸이고 뿔 아래의 ∨ 자형이나 가로선은 소에 특징적인 허리뼈가 튀어나온 모양을 표현한다. 고대 중국에서 소는 양이나 돼지와 함께 제사에 바치는 희생물로 사용되는데, 가장 중요한 희생물이었다. "소를 익히는(鬻상) 鼎정을 만든다"라는 문장이 주입된 높이 수십 센티미터의 큰 청동기가 있다. 소는 몸이 커서 둘로 나누기도 했던 것 같고 소를 한가운데에서 양분하는 것을 半반(나누다, 반분)이라고 한다. 그래도 그 고기는 넉넉했다(胖반). 제후가 모여서 맹세의 의식(會盟회맹)을 할 때 소의 왼쪽 귀를 잘라 그 피를 마시고 맹세했기 때문에, 회맹을 主宰주재하는 것을 가리켜 牛耳우이를 執집한다고 했다.

|용례| 牛馬우마 牛毛우모 牛步우보 牛飮우음 牛後우후

右 5획 | 우 | 오른쪽, 돕다

| 금문1 | 금문2 | 전문1 |

|해설| 회의. 又또 우와 口를 조합한 모양. 又는 오른손의 모양. 口는 ㅂ축문 그릇 재이고 신에게 바치는 기도문인 축문을 넣는 그릇의 모양이다. 오른손에 ㅂ를 잡고 기도하며 신이 있는 곳을 찾아 신의

도움을 구하는 것을 右라 하고, '돕다'라는 뜻이 된다. 왼손에 呪具주구인 工공을 잡고 기도하며 신이 있는 곳을 찾는 것을 左좌라 하고, 左와 右를 위아래로 조합한 형태가 尋심이며, 신이 있는 곳을 찾는 것을 말한다. 又는 右의 본래 글자이고, 右도 '오른쪽'이라는 뜻으로 쓴다. 또 右文우문(文事문사, 學問학문을 숭상함)처럼 '숭상하다'라는 뜻으로도 쓴다. 右에 돕는다는 뜻이 있어 佑우, 祐우는 '돕다'라는 뜻으로 쓴다.

|용례| 右岸우안 右眼우안 座右좌우

宇 6획 | 우 | 처마, 크다

금문1 금문2 전문1

|해설| 형성. 성부는 于우. 于는 끝이 완만하게 굽은 큰 칼의 모양으로 큰 것, 완만하게 굽은 것이라는 의미가 있다. 『설문해자』(7하)에서는 宇를 "屋邊옥변"이라 하여 집의 처마라는 뜻으로 풀이한다. '처마, 집, 크다'라는 뜻으로 쓴다.

|용례| 堂宇당우 屋宇옥우 宇內우내 宇宙우주

羽 6획 | 우 | 깃, 날개

갑골1 갑골2 전문1

|해설| 상형. 새 깃 모양. 새 깃을 두 장 늘어놓은 모양으로 '깃'이라는 뜻이 된다. 새는 신령의 화신으로 여겼으므로 깃발이나 무기 등

에 깃 장식을 붙였다. 작은 깃은 羽라 하고 큰 깃은 翼날개 익이라고
한다.

|용례| 羽檄우격 羽毛우모 羽扇우선 羽翼우익 羽化우화

芋 7획 | 우 | 덩이줄기

芋
전문1

|해설| 형성. 성부는 于우. 于에는 길고 크게, 끝이 완만하게 구부러
진다는 의미가 있다. 芋는 굵고 긴 모양의 '덩이줄기'(감자, 고구마, 토
란, 참마 등 — 옮긴이)를 말한다. 芋라는 뜻의 글자에는 또 藷참마 저
(薯참마 서)가 있다. 이 자형에 포함된 者자는 쌓는다(儲쌓을 저)는 의
미가 있고, 굵고 둥근 모양의 물건을 말한다. 藷(薯)는 뿌리에 양분
을 많이 쌓은 덩이줄기이다.

|용례| 芋幹우간

雨 8획 | 우 | 비, 하늘, 비가 오다

갑골1 갑골2 갑골3 금문1 전문1

|해설| 상형. 하늘에서 비가 오는 모양. '비, 비가 오다'라는 의미로
쓴다. 雲구름 운, 雪눈 설, 霰싸라기눈 산, 雹누리 박, 霜서리 상, 霧안개 무,
靄아지랑이 애, 露이슬 로, 雩물방울 우, 霪장마 음 등 비나 물에 관한 천
체 현상을 의미하는 글자에는 대개 雨를 붙인다.

|용례| 甘雨감우 降雨강우 細雨세우 煙雨연우 雨季우계 雨具우구

상용자해

偶 11획 | 우 | 인형, 늘어서다

전문1

|해설| 형성. 성부는 禺우. 禺는 顒然용연히 (가만히 앉아 있는 모습) 웅크린 자세로 있는 짐승의 모양. 그런 모양을 한 인형을 偶라고 한다. 그 재질에 따라 土偶토우, 木偶목우라고 말한다. 사람에게 저주를 가하려고 할 때, 그 木偶人목우인을 만들어 저주하는 등, 呪儀주의의 대상으로 만들어졌다. 偶人우인은 또 부장품으로 사용되기도 하여 그 경우에는 두 개씩 늘어놓는 것이 많아서 偶는 '늘어서다', 偶數우수 (2로 나뉘는 정수)라는 뜻도 된다.

土偶

|용례| 配偶배우 偶像우상 偶然우연

郵 11획 | 우 | 역참

전문1

|해설| 회의. 垂수와 邑읍을 조합한 모양. 垂는 초목의 꽃이나 잎이 아래로 드리워진 모양으로 邊陲변수(변경)의 땅을 말한다. 『설문해자』(6하)에 "변경에 글을 보내는 舍사"라 하고, 변경에 문서를 보내기 위한 '역참'이라 풀이한다. 변경으로의 통로에 驛舍역사(역참의 건물)를 두는 것을 置郵치우라 하고, 그 역사에서 여권 등을 확인했

다. 지금 郵便우편(편지, 엽서나 소포 등을 전달하는 제도), 郵送우송(우편으로 보냄), 郵券우권(우표)라고 쓴다.

隅 12획 | 우 | 모퉁이, 구석

금문1 | 전문1

|해설| 형성. 성부는 禺우. 禺는 顒然옹연히(가만히 앉아 있는 모습) 웅크린 짐승의 모양. 神像신상이나 사람을 닮게 만든 木偶목우, 土偶토우는 머리가 좀 큰 형태로 만들어지는 경우가 많다. 이들은 모두 신비롭고 불가사의한 것으로서 외경되었다. 阜부(阝. 본래 모양은 𨸏)는 신이 하늘에 오르내릴 때 사용하는 신의 사다리 모양이고 여기에 불가사의한 모양의 禺를 놓는 것은 隅가 신성하고 접근해서는 안 되는 곳이기 때문이다. 그래서 隅는 '모퉁이, 구석'(강이나 길이 굽어 들어간 곳, 깊숙이 숨겨진 곳)이라는 뜻이 된다.

|용례| 一隅일우

愚 13획 | 우 | 멍청하다

금문1 | 전문1

|해설| 형성. 성부는 禺우. 禺는 머리가 큰 파충류가 웅크린 모양일 것이다. 그것이 꼼짝하지 않고 앉아 있는 모습은 움직임이 민첩한 동물에 비하면 愚鈍우둔한(무지하고 얼빠진) 것처럼 보인다. 본래 움직임이 둔하다는 의미에서 愚를 '멍청하다'는 뜻으로 썼는데, 후에

지능의 움직임이 둔한 것도 愚라고 했다.

|용례| 暗愚암우 愚見우견 愚直우직 愚癡우치

遇 13획 | 우 | 만나다

금문1

전문1

|해설| 형성. 성부는 禺우. 禺는 顒然옹연히(가만히 앉아 있는 모습) 웅크린 짐승의 모양. 神像신상이나 사람을 닮게 만든 木偶목우, 土偶토우는 머리가 좀 큰 형태로 만들어지는 경우가 많다. 그 인형을 偶人우인이라 한다. 그것은 신비롭고 불가사의한 것이어서, 그러한 물건과 만나는 것을 遇라 하여 '만나다'라는 뜻이 된다. 우인을 만나는 것은 범상한 일이 아니기 때문에 偶然우연이라 하고, 소중히 다룰 필요가 있으므로 優遇우우(우대해서 다룸)라고 한다.

|용례| 冷遇냉우 禮遇예우 遭遇조우 厚遇후우

虞 13획 | 우 | 두려워하다, 즐기다

금문1

금문2 전문1

|해설| 형성. 성부는 吳오. 吳는 신에게 기도하는 축문을 담는 그릇인 ⊔재를 들고 춤추면서 기도하는 모양. 虞는 호랑이(虎호) 가죽을 쓰고 춤추어 신을 즐겁게 하는 것을 말한다. 호랑이 가죽을 몸에 걸치는 것은 전투에 앞서 전승을 기도하는 의례로 행하는 戲희, 劇극과 마찬가지로 神事신사로서의 무용이기 때문이다. 虞는 본래 軍

事군사에 관해 神意신의를 묻는 의미이고 神威신위를 두려워하는 것에서 '두려워하다, 두려움'이라는 뜻으로도 쓴다.

憂 15획 | 우 | 근심하다, 근심, 괴로워하다, 힘이 들다, 상

금문1　금문2　전문1　전문2

|해설| 회의. 憂근심 우와 夊쇠를 조합한 모양. 憂는 憂의 본래 글자. 頁혈은 의례 때 머리에 천을 댄 모양으로, 이 경우는 喪章상장을 댄 모양이다. 夊는 돌아선 발자국의 모양. 거상하고 머리에 상장을 붙인 사람이 슬퍼하며 서성이는 모습을 憂라 하고, '근심하다, 근심, 괴로워하다, 힘이 들다, 상'이라는 뜻이 된다. 거상하여 슬퍼하는 사람의 모습을 優우라 하고, 또 그 동작을 흉내 내는 사람을 優라고 한다. 葬儀장의 때 예장으로서 머리에 상장을 두른 사람이 조상에게 제사하는 사당 안에서 神靈신령을 우러러 탄식하는 모습이 寡과이고, 미망인을 말한다. 슬픔 때문에 마음이 어지러운 것을 擾어지러울 요라고 한다.

|용례| 杞憂기우 憂苦우고 憂國우국 憂慮우려 憂鬱우울

優 17획 | 우 | 부드럽다, 뛰어나다, 배우, 넉넉하다

전문1

|해설| 형성. 성부는 憂우. 憂는 거상하여 머리에 喪章상장을 붙인 사람이 슬퍼하며 서성이는 모습이다. 거상하여 슬퍼하는 사람의 모

　　　　　　　　　　　　　　　　　　상용자해

습을 優라 하고, 또 그 동작을 흉내 내는 사람을 優라고 한다. 장의 때 死者사자의 家人가인을 대신하여 신에게 탄식하고 호소하는 동작을 연기한 사람일 것이다. 두 사람이 나란히 희롱하며 연기하는 것을 俳배라 하고, 익살맞은 동작을 하며 춤추고 노래하는 '광대'를 俳優배우라고 한다. 優의 근심하고 슬퍼하는 모습, 동작에서 '부드럽다, 우아하다, 뛰어나다, 넉넉하다'는 뜻으로 쓰이게 되었을 것이다.

|용례| 優良우량 優越우월 優柔우유

韻 19획 | 운 | 울림

전문1

|해설| 형성. 성부는 員수효 원. 員에는 원만한 것이라는 의미가 있다. 옛날에는 均운 운을 쓴 적이 있고 그래서 일본에서는 韵운 운과 같은 글자를 만들었다. 또 韵을 생략해 匀두루 퍼질 윤이라고 했는데 그 모양이 변해서 일본 한자인 匂향내 내가 되었다. 韻은 소리의 '울림'이라는 의미뿐 아니라 韻士운사(풍류인), 風韻풍운(고상한 풍취)처럼 일반적으로 풍취가 있는 모양을 말한다.

|용례| 氣韻기운 哀韻애운 餘韻여운 韻致운치

運 13획 | 운 | 옮기다, 돌다

전문1

|해설| 형성. 성부는 軍군사 군. 軍에 暈무리 운의 음이 있다. 軍의 옛 자형은 車거 위에 깃발(旗기)이 나부끼는 모양이다. 장군이 타는 兵車병거의 旗의 움직임에 의해 군의 행동이 지휘되었다. 전군은 그 旗의 움직임에 의해 병거를 돌리고(運), 이동시키는 것이다. 그래서 '돌리다, 돌다, 움직이다, 옮기다'라는 의미로 쓴다. 暈은 해나 달의 주위에 생기는 둥근 무리이다.

|용례| 不運불운 時運시운 運動운동 運命운명 運行운행 幸運행운

雲

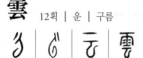

12획 | 운 | 구름

갑골1　갑골2　고문1　전문1

|해설| 형성. 성부는 云구름 운. 云은 구름이 흐르는 아래에 龍용이 만 꼬리가 약간 나타나 있는 모양으로 '구름'을 말한다. 云이 雲의 본래 글자이다. 후에 雨우를 더하여 雲이 되고, 云은 '이르다'처럼 별개의 뜻으로 사용하게 되었다. 雲은 무리가 모이는 것이기 때문에 많은 사람이 모여 구별하기 어려운 상태인 것을 말하는 일이 있다. 紜어지러울 운은 실이 얽혀 어지러운 것, 耘김맬 운은 쟁기로 흙을 갈아 그 흙이 가늘게 부수어지는 것을 말한다.

|용례| 暗雲암운 雲散운산 雲水운수 雲集운집 雲海운해 紫雲자운

鬱

29획 | 울 | 우거지다, 막히다, 우려하다

금문1　금문2　전문1

　　상용자해

|해설| 회의. 林수풀 림과 缶장군 부와 宀덮을 멱과 鬯술 창과 彡터럭 삼을 조합한 모양. 鬯은 항아리에 넣은 술에 香草향초를 담아 밀폐하여 빚는 모양이다. 彡은 아름다운 색깔이나 모양을 표시하는 기호와 같은 문자로 여기서는 술의 芳香방향을 나타낸다. 그 항아리를 두 손(臼두 손으로 물건 받들 국)으로 잡은 鬱향초 울을 周初주초의 금문에 鬱로 쓴 예가 있고, 鬱과 鬱은 통한다. 취기가 충만한 것처럼 '꽉 차다, 막히다'라는 의미가 되고 사람의 마음 상태에 사용하면 '우려하다, 노하다'라고 읽는다. 蔚성할 울에도 통하여 초목이 왕성하게 자라는 것을 말한다.

|용례| 憂鬱우울 鬱陶울도 鬱蒼울창

雄

12획 | 웅 | 수컷, 씩씩하다, 왕성하다

雄
전문1

|해설| 형성. 본래 글자는 雈웅으로 쓰고, 성부는 右우. 漢代한대(기원전 3~기원후 3세기)의 石碑석비에는 雈의 자형이 많이 사용된다. 『설문해자』(4상)에 "鳥父조부"라 하여, 새의 '수컷'이라는 뜻으로 풀이한다. 새의 암컷과 수컷은 雌雄자웅이라 하고, 동물은 牝牡빈모라고 한다. 雄強웅강(씩씩하고 힘세다), 雄壯웅장(힘차다)처럼 '씩씩하다, 왕성하다' 등 남성적인 덕성의 뜻으로 쓴다.

|용례| 雄建웅건 雄大웅대 雄飛웅비 雄豪웅호

熊　14획 | 웅 | 곰

전문1

|해설| 회의. 能능과 火화를 조합한 모양. 동물 '곰'이라는 뜻으로 쓴다. 『설문해자』(10상)에 "짐승. 돼지와 비슷하고 산에 살며 겨울에는 동면한다(蟄칩). 能에 따르고 炎의 省聲생성이다"라고 하지만, 자형도 음도 모두 熊과 다르다. 고문헌에는 熊이 嬴영과 통용하는 예가 있는데 자형도 음도 가까워서 통하는 곳이 있을 것이다. 嬴의 금문 자형은 羸라(집게)에 女녀를 더한 모양이고, 能의 금문 자형은 집게의 모양과 비슷하다. 能은 짐승의 모양인 것 같은데 왜 아래에 불(灬)을 더했는지는 명확하지 않다.

|용례| 熊掌웅장

元　4획 | 원 | 머리, 근본, 처음

갑골1	갑골2	금문1	금문2	전문1

|해설| 상형. 사람의 머리 부분을 커다란 모양으로 표시하고 그 아래에 옆에서 본 사람의 모양(儿사람 인)을 더한 글자이다. 사람의 머리를 강조한 모양으로 머리라는 뜻이 된다. 머리는 사람의 몸 중에서 가장 중요한 부분이므로 元首원수(우두머리)라 하고, 몸의 최상부이기 때문에 本元본원(근본, 처음)이라는 뜻이 되거나, 元日원일(1월 1일)과 같이 시간의 처음을 뜻하기도 하고, 根元근원과 같이 사물의 기본을 뜻하기도 한다. '머리, 근본, 처음'이라는 뜻으로 쓴다. 原원,

玄현과 음훈에서 통하는 바가 있다.

|용례| 改元개원 元來원래 元素원소 元始원시 元祖원조 元號원호

垣 9획 | 원 | 담

| 금문1 | 전문1 |

|해설| 형성. 성부는 亘걸칠 궁. 亘에 洹강 이름 원, 趄바꿀 원의 음이 있다. 亘은 사물의 주위를 둘러싼 모양. 건물 주변을 토담으로 둘러싸는 것을 垣이라 하여 '담, 울타리'라는 뜻이 된다. 옛날에는 院담원과 음이 같았기 때문에 垣이 있는 건물을 院이라 했다. 院은 본래 신성한 건물이다. 垣의 옛 자형에는 城郭성곽의 郭에 亘을 붙인 것이 있고, 垣은 성곽 주변의 토담(土壘토루)과 같은 것이었다.

|용례| 禁垣금원 垣牆원장

怨 9획 | 원 | 원망하다

전문1

|해설| 형성. 성부는 夗누워 뒹굴 원. 夗은 앉은 사람의 무릎이 불룩하게 나온 모양. 廟묘 안에 앉은 사람의 모양은 宛굽을 완이고 怨은 마음에 근심할 일이 있어 신에게 기도하는 것을 말한다. 怨訴원소는 마음속에 깊이 간직하는 것이고 '원망하다'라는 뜻이 된다. 원망하는 말은 완곡하게 말하는 것이 좋고 그러한 조용한 모습을 婉은 근할 완이라고 한다.

|용례| 宿怨숙원 怨念원념 怨恨원한

原 10획 | 원 | 들, 수원

금문1 | 금문2 | 전문1

|해설| 상형. 崖벼랑 애(厂한) 사이에서 물이 흘러내리는 모양. 벼랑에서 흘러 떨어지는 물이 계곡물이 시작되는 근본이므로 原은 '수원'이라는 뜻이 되고, 源의 본래 글자이다. 근원이라는 뜻에서 사물의 '처음, 근본'이라는 뜻이 된다. 原을 原野원야, '들판'이라는 뜻으로 쓰는 것은 같은 음의 邍넓은 들판 원과 통용한 것인데 본래는 별개의 글자이다. 邍은 㣇원과 辵착(辶, 辶)을 조합한 모양. 㣇의 夂뒤져서 올 치는 신이 내려온다는 뜻이고, 田전은 그물눈의 모양으로 사냥에 사용하는 그물이고, 㣇단은 짐승의 모양이다. 㣇은 짐승의 위에 그물을 걸고 그 위에 신이 내려오는 것을 기도하는 모양으로, 사냥하기 전에 사냥터에서 사냥의 성공을 기원하는 의식을 말한다. 그 의례를 거행하는 사냥터는 대개 초원이었기 때문에 邍은 '들판'이라는 뜻이 된다. 原이 邍과 통용하여 '들판'으로 쓰이면서 근원이라는 뜻의 글자로 源이 만들어졌다.

|용례| 原理원리 原本원본 原始원시 原案원안 原野원야

員 10획 | 원 | 둥글다, 수효

갑골1 | 금문1 | 전문1

|해설| 상형. 옛 자형은 둥근 鼎솥 정(본래 취사하기 위한 청동기로 제기로 사용된다. 貝 패는 鼎의 생략형) 위에 주둥이 부분이 둥근 것을 나타내는 ○(口)를 더한 것으로 圓鼎원정을 말하고, '둥글다'는 뜻이 된다. 또 그 전체를 둥글게 감싸서 圓둥글 원이 라는 글자가 만들어졌다. 員은 본래 圓

圓鼎

鼎의 수를 세었기 때문에 '수효'라는 의미로 쓴다. 후에 圓과는 별 개의 글자가 되어 '수효, 수효에 들어가는 사람(인원)'이라는 의미로 쓰이게 되었다.

|용례| 滿員만원 隨員수원 員數원수 人員인원 全員전원 定員정원

院 10획 | 원 | 후궁, 담, 정원

전문1

|해설| 형성. 성부는 完완전할 완. 본래는 完 음으로 읽는 글자였다. 옛날에는 寏둘러싼 담 환으로 썼는데 그 이체자로 院이 사용되어 '원' 의 음으로 읽었다. 垣원(담, 울타리)이라는 뜻으로 '담, 垣이 있는 건 물'을 院이라고 한다. 또 그 건물에 부속하는 '정원'을 말한다. 후에 학자의 주거를 書院서원, 승려가 거주하는 건물을 僧院승원이라 한다.

|용례| 病院병원 寺院사원 院落원락 醫院의원 入院입원 學院학원

媛 12획 | 원 | 공주

전문1

|해설| 형성. 성부는 爰이에 원. 婉은근할 완과 음훈이 가깝고 '공주, 우아한 여성, 아름답다'라는 뜻이 된다. 嬋媛선원(아름답다), 媛女원녀(미녀), 才媛재원(똑똑하고 교양 있는 여성)처럼 쓴다.

援 12획 | 원 | 끌다, 돕다

전문1

|해설| 형성. 성부는 爰원. 爰은 하나의 물건을 위아래에서 손으로 끌어당기는(援원) 모양으로 '끌다'라는 의미가 있고, 援은 그 음과 뜻을 취하는 글자이다. 爰에 이미 두 손이 있으므로 援은 여분으로 손을 더한 글자이다. 끌어당겨서 돕기 때문에 援은 '돕다'라는 뜻이 된다.

|용례| 救援구원 援軍원군 援引원인 援助원조 應援응원 支援지원

圓 13획 | 원 | 둥글다, 원, 둘레

전문1

|해설| 형성. 성부는 員수효 원. 員은 圓의 본래 모양으로 員원의 음이 있다. 員은 둥근 鼎정(본래 취사용의 청동기인데 제기로 쓴다. 貝패는

鼎의 생략형) 위에 口 부분이 둥근 것을 보이는 ○(口)을 더한 것으로 '둥글다'라는 의미가 있었다. 후에 員이 다른 의미로 쓰이게 되자 員의 밖에 ○을 더한 圓이 '둥글다, 원'이라는 의미로 쓰이게 되었다.

|용례| 方圓방원 圓轉원전 圓卓원탁 圓形원형

園 13획 | 원 | 정원

전문1

|해설| 형성. 성부는 袁옷 길 원. 袁은 死者사자의 옷(衣의) 옷깃 언저리에 玉옥을 두고 그 베갯머리에 之지(발자국의 모양. 간다는 뜻)를 더해서 사자가 사후 세계로 떠나는 것을 의미하는 글자로 遠멀 원의 본래 글자이다. 袁의 음과 뜻을 더한 글자로 園은 묘지의 조성을 말하는 글자이다. 그 평평한 지형의 장소는 苑원(정원, 목장)이라고 한다. 園은 園塋원영(묘지), 園陵원릉(황제, 황후의 무덤. 御陵어릉), 靈園영원(공동묘지)처럼 '무덤' 외에 '정원, 밭'이라는 뜻으로 쓴다.

|용례| 園藝원예 園田원전 園庭원정 田園전원 庭園정원

源 13획 | 원 | 수원

금문1 금문2 전문1

|해설| 형성. 성부는 原원. 原은 崖벼랑 애(厂한) 사이에서 물이 흘러내리는 모양으로 水源수원이라는 뜻이 있고, 源의 본래 글자이다.

후에 이 原과 같은 음의 邍넓은 들판 원과 통용하여 '들판'이라는 뜻으로 쓰이게 되었기 때문에 다시 水수(氵)를 더하여 源 자가 되었다. 약 2천 년 전인 漢代한대의 石碑석비에, 原을 平原평원, 源을 源泉수원으로 쓴 예가 있고, 그 무렵부터 原은 邍, 源은 源泉원천이라는 뜻으로 쓰이게 된 것을 알 수 있다. 原과 마찬가지로 모든 일의 '처음, 근본'이라는 뜻으로도 쓴다.

|용례| 起源기원 水源수원 源流원류 源泉원천 資源자원

猿 13획 | 원 | 원숭이

전문1

|해설| 형성. 성부는 袁원. 글자는 또 蝯긴팔원숭이 원, 猨원숭이 원으로 쓰고 성부는 爰이에 원. 袁과 爰은 같은 음. 원숭이는 손이 길어 물건을 잘 잡고 나무에 기어오르기를 잘하기 때문에 爰이 더 어울린다. 중국에서는 옛날에 猨 자를 썼다.

|용례| 犬猿견원 猿臂원비

遠 14획 | 원 | 멀다

금문1 금문2 전문1

|해설| 형성. 성부는 袁옷 길 원. 袁은 死者사자의 옷(衣의) 옷깃 언저리에 사람의 정기를 왕성하게 하는 振魂진혼으로서 玉옥(○)을 두고 그 베갯머리에 之지(발자국의 모양. 간다는 뜻)를 더해서 사자를 사후

상용자해

세계로 떠나보내는 것을 표시하는 글자로, 遠의 본래 글자이다. 土토는 之가 변화한 모양. 袁에 辵착(辶. 간다는 뜻)을 더한 遠은 멀리 간다는 뜻을 표시하고 '멀다'는 뜻이 된다.

|용례| 敬遠경원 久遠구원 永遠영원 遠近원근 遠大원대 遠來원래

願 19획 | 원 | 바라다

전문1

|해설| 형성. 성부는 原원.『설문해자』(9상)에 "큰 머리"라 하고,『爾雅』에는 "생각하다"라고 한다. 深思심사하는 데서 '바라다'라는 의미가 되었을 것이다. 성부가 原인 愿삼갈 원에는 '삼가다'라는 의미가 있고, 頁혈은 신에게 절하는 사람의 모습이기 때문에 願은 '삼가 기원합니다'라는 의미의 글자일 것이다.

|용례| 祈願기원 悲願비원 哀願애원 願望원망 志願지원

月 4획 | 월 | 달

| 갑골1 | 갑골2 | 금문1 | 금문2 | 전문1 |

|해설| 상형. 달의 모양. '달'을 말한다. 달은 차고 이지러지고 하는 것인데 둥근 모양의 해(태양)와 구별하기 위해서 초승달 모양으로 한다. 저녁달의 모양인 夕저녁 석과 옛 자형은 비슷하다. 갑골문자는 시기에 따라서 다르지만 초승달의 모양이다. 금문에서는 月에 점이 있고, 夕에는 없다. 지금의 자형에서는 月에는 점을 두 개, 夕에

는 점을 하나 더하여 구별한다.

|용례| 滿月만월 明月명월 月光월광 正月정월

越 12획 | 월 | 넘다, 넘기다

금문1　　전문1

|해설| 형성. 성부는 戉도끼 월. 戉은 鉞도끼 월의 본래 글자로 도끼의 모양. 곤란한 곳을 넘을 때 도끼를 呪器주기로 사용하는 일이 있었을 것이다. 往갈 왕이 신성한 도끼 위에 발을 놓아 도끼의 靈力영력, 위력을 몸에 옮겨 출발하는 것이었듯이, 戉의 呪力주력을 몸에 받아 가는 것을 越이라 하고 '넘다, 넘기다'라는 의미로 쓴다.

|용례| 越境월경 越權월권 越年월년 越冬월동 超越초월

危 6획 | 위 | 위험하다, 위태롭다, 걱정하다

전문1

|해설| 형성. 성부는 厃위. 危는 높은 厂한(崖낭떠러지 애의 모양) 위에서 사람(𠂊)이 무릎 꿇고 아래를 보는 모양으로 '위험하다, 위태롭다'는 뜻이 된다. 厃가 危의 본래 모양이다. 危는 무릎 꿇은 사람(㔾)의 모양을 벼랑(崖) 아래에 더한 글자이다. 危에는 또 '높다'는 의미도 있다.

|용례| 危急위급 危難위난 危樓위루 危害위해 危險위험

位 7획 | 위 | 자리

| 갑골1 | 금문1 | 전문1 |

|해설| 회의. 人인과 立입을 조합한 모양이다. 立은 大대(양손을 펼치고 선 사람을 정면에서 본 모양)와 一일을 조합한 회의자로, 사람이 일정한 장소에 선 모양이다. 그 선 장소를 位라 하고 '자리'라는 뜻으로 쓴다. 立이 位의 본래 글자인데 후에 位를 사용하게 되었다.

|용례| 上位상위 位置위치 退位퇴위

委 8획 | 위 | 맡기다

| 갑골1 | 갑골2 | 전문1 |

|해설| 회의. 禾벼 화와 女녀를 조합한 모양. 禾는 벼(禾) 모양의 쓰개로 稻魂도혼(벼에 사는 신령)의 상징일 것이다. 委는 禾를 머리에 쓰고 춤추는 女의 모습이다. 모내기를 할 때 풍요로운 결실을 염원하여 논의 춤을 추는데 그때 남녀 두 사람이 춤을 춘다. 남자가 추는 모습을 나타내는 글자가 年년인데, 옛날에는 禾 아래 人인을 썼다. 남자는 서서 춤을 추는데 여자는 낮은 자세로 나긋나긋하게 춤추기 때문에 委에는 '낮다, 따르다, 맡기다'라는 의미가 있다. 또 '나긋나긋'한 것에서 '가냘프다, 초췌하다'라는 뜻이 된다. 초목이 시드는 것을 萎시들 위라 하고, 손발이 저려서 힘이 빠지는 신경계의 병을 痿저릴 위라고 한다.

|용례| 委細위세 委員위원 委任위임

威

9획 | 위 | 엄숙함, 위협하다

금문1 　금문2 　전문1

|해설| 회의. 戊도끼 월과 女녀를 조합한 모양. 女에 戊(鉞도끼 월)을 더한 모양인데 도끼(鉞)에는 祓除불제하는 힘이 있다고 여겼다. 廟사당 묘에서 조상의 제사를 맡은 여자가 聖器성기인 도끼(鉞)로 정화하여 엄숙한 모습이 된 것을 나타내는 글자이다. 옛날에는 威儀위의(모습과 동작)를 바로 하는 것을 말했고, '엄숙함'이라는 뜻이 된다. 후에 사람을 '무섭게 하다, 위협하다'라는 뜻이 된다. 갑옷의 미늘을 색실로 얽어서 만든 縅갑옷미늘 다는 실 위라는 글자는 일본에서 만든 한자이다.

|용례| 示威시위 威力위력 威勢위세 威信위신 威壓위압 威嚴위엄

胃

9획 | 위 | 위, 위장

금문1 　전문1

|해설| 회의. 田전과 月월을 조합한 모양. 상부는 胃의 상형. 하부는 인체의 오장이기 때문에 月(육달월)을 붙인다. '위, 위장'이라는 뜻으로 쓴다. 옛 자형에서는 田(위장의 모양) 속에 물건이 있는 모양으로 그려져 있다. 그래서 물건이 많이 모여 있는 것을 蝟集위집이라고 한다.

|용례| 胃酸위산 胃弱위약 胃腸위장

尉 11획 | 위, 울 | 다리미, 벼슬

전문1

| **해설** | 회의. 본래 글자는 㝯위로 써서, 尸이와 火화와 又우를 조합한 모양. 尸는 개킨 의복이나 옷감이고, 여기에 손(又)으로 다리미(火)를 잡고 다리미질하는 모양이다. 옛날 관명에 사용되어 중국에서는 廷尉정위(재판을 관장하는 관명), 일본에서는 尉위(獄官옥관)처럼 쓴다. 다리미질을 해서 옷감이 부드럽고 평평해지는 것처럼 부드럽고 느긋하게 되는 기분을 慰마음 풀릴 위라고 한다.

다리미

偉 12획 | 위 | 훌륭하다, 뛰어나다

전문1

| **해설** | 형성. 성부는 韋다룸가죽 위. 韋의 음 중에 '뛰어나다, 좋다'는 의미가 있는 것 같고, 違바를 위, 韡꽃 활짝 필 위에는 '아름답다, 왕성하다, 좋다'는 의미가 포함되어 있다. 韋는 피혁 의미를 수반하는데 偉위, 違위, 韡위는 그 계통의 글자일 것이다. 偉는 사람에 대하여 하는 말인데 偉才위재(뛰어난 재능, 또 그것을 가진 사람), 偉人위인, 偉大위대, 偉容위용, 怪偉괴위(뛰어나게 웅대함)처럼 '뛰어나다, 위대하다'는 의미로 쓰인다.

12획 | 위 | 에워싸다, 숨겨두다

 금문1   전문1

|해설| 형성. 성부는 韋다룸가죽 위. 韋는 囗위(도시를 둘러싼 성벽) 위 아래로 止지(발자국 모양)가 좌로 돌고 우로 도는 모양으로, 돈다(違위)는 의미이다. 도시를 지키기 위한 행위라면 '지키다'(衛위)가 되고, 도시를 둘러싸고 공격하는 행위라면 '에워싸다'(圍)가 된다. 그래서 '에워싸다, 돌다, 지키다'라는 뜻으로 쓴다.

|용례| 外圍외위 包圍포위

 12획 | 위 | 하다, 만들다, 때문

 갑골1   갑골2   금문1   금문2   전문1

|해설| 회의. 象코끼리 상과 手손 수를 조합한 모양. 코끼리(象)의 코끝에 手를 더하여 코끼리를 일 부리는 뜻이 된다. '하다, 이용하다, 만들다, 짓'이라는 뜻으로 쓴다. 殷代은대에는 長江장강 이북에도 코끼리가 많이 서식하여 코끼리를 사용해 대형 토목 공사를 하여 궁전 등을 지었다고 생각된다. 상아의 유품 등도 많이 남아 있다.

|용례| 爲政위정 行爲행위 作爲작위 人爲인위

萎 12획 | 위 | 시들다, 마르다, 고민하다

전문1

|해설| 형성. 성부는 委맡길 위. 委는 벼(禾화)를 머리에 쓰고 춤추는 여자의 모양이다. 그 나긋나긋한 모습은 가냘프기도 하고 풀이 시드는 상태와 비슷하다. 委에 ⼗⼗(초두머리)를 붙인 萎는 초목이 시드는 것을 말하고 생기를 모두 잃어버리는 것을 말한다. '시들다, 마르다, 고민하다'라는 뜻이 된다. 『禮記』「檀弓上」에 죽을 날이 다가온 공자(기원전 551~기원전 479)가 "태산이 무너지는가, 들보가 쓰러지는가, 철인이 시드는가(萎)"라고 노래했다는 이야기가 있다.

|용례| 萎縮위축

違 13획 | 위 | 다르다, 어기다, 돌다, 어긋나다

금문1　금문2　전문1

|해설| 형성. 성부는 韋다룸가죽 위. 韋는 囗위(도시를 둘러싼 성벽) 위아래로 止지(발자국의 모양)가 좌로 돌고 우로 도는 모양으로 돈다는 뜻이 된다. 또 囗의 상하 나아가는 방향이 달라서 '다르다, 어긋나다'라는 뜻이 된다. 이처럼 걷는 방향이 다르다는 의미에서 모두 서로 다른 것, 정상적인 것과 다르다는 뜻이 된다. 韋에 辵착(辶, 辶. 간다는 뜻이 있다)을 붙인 違는 '돌다, 어긋나다, 다르다, 어기다'라는 의미로 쓰인다.

|용례| 相違상위 違命위명 違反위반 違背위배 違法위법

偽 14획 | 위 | 거짓말하다, 가짜, 거짓

전문1

|해설| 형성. 성부는 爲위. 爲에 嬀강 이름 규, 譌거짓말 와의 음이 있다. 人인과 爲를 조합해 사람의 행위에 거짓(僞)이 많다고 풀이하는 것은 잘못된 해석이고, 본래는 변화해서 다른 것으로 된다는 의미였다. 譌와와 訛와는 본래 같은 자이고 僞는 化화(변하다)와 같은 의미의 글자였다. 僞는 후에 仮僞가위(가짜)라는 뜻에서 僞詐위사(거짓)라는 뜻이 된다. '거짓말하다, 거짓말, 가짜'라는 뜻으로 쓴다.

|용례| 僞名위명 僞善위선 僞作위작 僞造위조 僞證위증 僞札위찰

慰 15획 | 위, 울 | 달래다, 풀리다, 고치다

전문1

|해설| 형성. 성부는 尉다릴 위. 尉는 본래 㞑위로 써서, 손(又우)에 다리미를 쥐고 옷감을 다리미질하는 모양이다. 다리미질을 해서 옷감이 평평하게 펴지듯이 마음이 느긋해지는 상태가 되는 것을 慰라 하고, '달래다, 풀리다, 고치다'라는 의미로 쓴다.

|용례| 慰靈위령 慰勞위로 慰撫위무 慰問위문 慰安위안

緯 16획 | 위 | 씨실

전문1

|해설| 형성. 성부는 韋위. 韋는 □위(도시를 둘러싼 성벽) 위아래를 발이 좌로 돌고 우로 도는 모양. 그렇게 좌로 가고 우로 가는 모양은 직물의 씨실을 짜는 상태와 비슷해서 '씨실'을 緯라고 한다. 날실은 經경, 합쳐서 經緯경위라 하고 일의 순서, 절차를 말한다.

|용례| 南緯남위 北緯북위 緯度위도

衞 16획 | 위 | 지키다

갑골1 갑골2 금문1 금문2 전문1

|해설| 형성. 성부는 韋위. 韋는 □위(도시를 둘러싼 성벽) 위아래로 止지(발자국의 모양)가 좌로 돌고 우로 도는 모양으로 도시의 주변을 돌아(違위) 도시를 지킨다는 의미가 있다. 韋에 行행(십자로의 모양)을 더한 衞는 도시의 주위를 순회해서 지킨다는 의미이다. 후에 모두 '지키다'를 말한다.

|용례| 防衞방위 守衞수위 衞兵위병 衞士위사 衞生위생 護衞호위

幼 5획 | 유 | 어리다, 비틀다

갑골1 갑골2 전문1

|해설| 상형. 실패에 나무를 꿰어 비트는 모양. 幼는 拗비틀 요의 본래 글자이다. 拗轉요전하다(비틀다)가 본래의 뜻이고 '어리다'는 뜻으로 쓰는 것은 그 음을 빌린 가차 용법이다. 『禮記』「曲禮上」에 "사람 태어나서 10년을 幼라고 한다. 배운다"라고 하여, 10세 때 비로소 선생에게 배우는 데서 변하여 幼學유학은 10세를 말한다.

|용례| 幼女유녀 幼年유년 幼弱유약

由 5획 | 유 | 말미암다, 연유

|해설| 상형. 본래 글자는 아마 卣술통 유. 조롱박 열매가 익어 녹아서 껍질 속이 빈 모양이다. 由는 『설문해자』에는 없고, 그 유래(내력)를 알기 어려운 글자인데, 청동기의 술통(卣) 모양과 비슷하고 아마 卣가 본래 글자일 것이다. '말미암다, 연유, 쓰다'라는 뜻으로 쓰는 것은 그 음을 빌린 가차 용법이다. 조롱박 열매가 익어서 기름 같은 상태가 된 것을 油유라고 한다. 由는 속이 빈 것인데 속이 비어서 회전하는 것을 軸축이라 하고 익어서 기름 상태가 된 것을 빼내는 것을 抽추라고 한다.

청동기 卣

|용례| 經由경유 由緒유서 由緣유연 理由이유

有 6획 | 유 | 있다, 들다, 지니다

갑골1 갑골2 금문1 금문2 전문1

상용자해

|해설| 회의. 又우와 月월을 조합한 모양. 又는 오른손의 모양이고 月은 肉육의 모양. 有는 祭肉제육을 손에 들고 신에게 바치는 모양으로 신에게 권한다는 뜻이 된다. 有는 侑권할 유의 본래 글자이다. 有는 제육을 손에 든 모양이므로 '들다, 지니다, 있다'라는 뜻으로 쓴다. '있다'라는 뜻으로는 주로 갑골문은 又우, 금문은 有, 在재를 쓴다.

|용례| 所有소유 有無유무 有用유용 有益유익 有限유한 有形유형

乳 8획 | 유 | 젖, 기르다

갑골1　전문1

|해설| 회의. 爪조와 孔공을 조합한 모양. 爪는 손가락의 모양. 孔은 뒤통수에 머리털을 깎는 듯한 곡선을 더한 아이의 모양. 그 젖먹이의 머리에 손을 더한 모양인 乳는 授乳수유(젖을 먹임)의 모습과 비슷하다. 갑골문은 젖먹이에게 수유하는 모양이다. 수유하는 데서 '젖, 기르다'라는 뜻이 되고 牛乳우유처럼 인간 이외의 동물의 '젖'도 말한다.

|용례| 母乳모유 幼兒유아 乳液유액 搾乳착유

油 8획 | 유 | 기름, 광택

전문1

|해설| 형성. 성부는 由유. 由의 본래 모양은 卣유일 것이고, 조롱박

열매가 익어 녹아서 껍질 속이 빈 모양이다. 익은 열매가 기름 같은 상태가 된 것을 油유라 하고, '기름, 기름 상태의 사물'을 뜻하고, 기름 상태는 광택이 있으므로 '광택'이라는 뜻이 된다. 油는 식물성 기름을 말하고 동물성 기름은 膏기름 고, 脂지라고 한다.

|용례| 油煙유연 油田유전 油彩유채

幽 9획 | 유 | 희미하다, 깊다, 어둡다

갑골1 금문1 금문2 전문1

|해설| 회의. 絲유와 火화를 조합한 모양. 絲는 꼰(拗요) 실 다발(幺요)을 늘어놓은 모양. 여기에 불(火)을 붙여 그슬려서 검은색으로 만드는 것을 말한다. 그 색은 幽暗유암(깊고 어두움)하기 때문에 幽微유미(깊고 희미함. 심원하고 미묘함)라는 뜻이 된다. '희미하다, 깊다, 어둡다' 등의 뜻으로 쓴다. 사람을 유암한 곳에 幽閉유폐(방이나 동굴 등에 가둬 둠)하는 것을 幽囚유수라고 한다.

|용례| 幽境유경 幽界유계 幽谷유곡 幽靈유령 幽明유명 幽魂유혼

柔 9획 | 유 | 부드럽다

금문1 전문1

|해설| 회의. 矛모와 木목을 조합한 모양. 금문에 "먼 곳을 부드럽게 하고(矞) 가까운 사람을 다스린다(친하게 한다)"라는 말처럼 矞를 柔의 뜻으로 쓴다. 矞는 卣유(酒器주기)와 夒노(춤추는 사람의 모양)를 조

상용자해

합한 모양. 신 앞에 술을 바치고 손발을 들어 춤추어 신의 뜻을 편하고 부드럽게 한다는 뜻이 된다. 釀와 柔는 음이 가깝기 때문에 釀 대신에 柔를 쓰고, 釀는 이후 쓰지 않게 되었다. 柔 자의 矛는 창이 아니라 나무를 구부린 모양인 것 같다. 신의 뜻을 부드럽게 한다는 의미에서 '부드럽게 하다, 부드럽다'라는 뜻이 된다.

|용례| 柔弱유약 柔軟유연 柔和유화 懷柔회유

唯

11획 | 유 | 그렇다, 이것, 다만

| 갑골1 | 갑골2 | 금문1 | 금문2 | 전문1 |

|해설| 회의. 口와 隹새 추를 조합한 모양. 새(隹) 앞에 ㅂ재(신에게 바치는 기도문인 축문을 넣는 그릇)를 둔 모양이다. 오래된 자형에서는 隹만을 쓰는 것도 있다. 隹는 작은 새(鳥조)의 상형이다. 새는 신의 使者사자로 여겨 자주 새점에 사용되었다. 唯는 새점으로 신의 뜻을 물은 것에 대하여 신이 '그렇다'(좋다)라고 들어준다는 의미이다. 그래서 '알겠습니다'라고 할 때, '唯. 唯唯'라고 한다. 새점으로 군의 진퇴를 점쳐 신의 동의를 얻어 전진하는 것을 進진이라고 한다. 戶호(龕室감실 외여닫이 문의 모양) 앞에서 신의 뜻을 묻는 것을 雇품 살고라고 한다. 雇는 신의 뜻을 빌린다는 것이다. 그 신의 뜻에 공손하게 절하는 것을 顧돌아볼 고라고 한다. 顧의 頁머리 혈은 신령을 대할 때 머리에 禮帽예모를 쓰고 예복을 입은 모습이다.

雖비록 수는 唯의 口(ㅂ) 아래에 虫벌레 충이 붙은 모양. 虫은 나쁜 靈령이다. 唯는 신이 '좋다'고 들어주고 승인하는 것을 말하는 글자

인데 여기에 나쁜 영이 붙어 있을 때는 무조건 '좋다'고 할 수는 없다. 그래서 '雖'(비록)는 '일단은 좋지만, 그러나'라는 식으로 조건이 붙는 것을 말한다. '이것'이라고 하는 이야기나 문장의 초두에 사용하는 말머리에는 惟유, 維유를 쓸 때가 있다.

悠 11획 │ 유 │ 아득하다, 느긋하다, 걱정하다

전문1

|해설| 형성. 성부는 攸유. 攸는 사람의 등에 물을 뿌려 씻는(滌척) 모양이고, 목욕재계를 한다는 뜻이다. 목욕재계로 심신이 맑아지고 마음이 느긋하게 가라앉는 것을 悠라 하고, '느긋하다, 평온하다'는 뜻이 된다. 悠遠유원(아득하고 멂), 悠久유구(끝없이 이어짐)처럼 '아득하다, 길다'는 뜻으로도 쓴다. 또 悠思유사(아득하고 깊은 생각)라는 뜻에서 '걱정하다'라는 뜻이 도출되었을 것이다. 『설문해자』(10하)에 "걱정하는 것이다"라고 한다.

|용례| 悠然유연 悠悠유유 悠長유장

喩 12획 │ 유 │ 비유하다, 알리다, 깨우치다

|해설| 형성. 성부는 兪유. 兪는 손잡이가 달린 수술칼(余여)인데 환부의 膿血농혈(고름과 피)을 찔러서 盤반(月은 舟이고, 盤의 모양이다)에 옮겨 담는 모양이고 그래서 옮긴다는 뜻이 된다. 또 『論語』「里仁」에 "군자는 義의에 깨닫는다(喩)"라고 써서, '깨닫다'라는 뜻이 된다.

|용례| 比喩비유 暗喩암유 隱喩은유

12획 | 유 | 즐기다, 기쁘다

전문1

|해설| 형성. 성부는 兪유. 兪는 舟주(月)와 余여를 조합한 모양. 舟는 盤반의 모양. 兪는 손잡이가 달린 수술칼(余)인데 환부의 膿血농혈(고름과 피)을 찔러서 盤에 옮겨 담는 것을 兪라 하고, 병이나 상처가 '낫다, 아물다'라는 뜻이 된다. 병이나 상처가 나아서 마음이 편안해지는 것을 愉라 하고, '즐기다, 기쁘다, 편안하다'라는 뜻이 된다. 같은 구조의 글자인 愈유는 '낫다' 외에 '(무엇보다) 낫다, 더욱더'라는 뜻으로 쓴다.

|용례| 愉樂유락 愉悅유열 愉快유쾌

猶

12획 | 유 | 꾀, 오히려

갑골1

금문1

猶
전문1

|해설| 형성. 성부는 酋추. 酋에 輶수레 유, 蝤하루살이 유의 음이 있다. 『설문해자』(10상)에 "원숭이(玃확) 무리"라 하고, "일설에 隴西농서에서 강아지를 일컬어 猶라고 한다"라고 하여 강아지라고 풀이한다. 금문의 자형은 猷유로 쓰는데, 신에게 바치는 묵은 술(酋)에 희생물 개(犬견)를 더한 모양이고, 신에게 제사하고 신의 뜻을 헤아린다는 뜻이다. 금문의 『宗周鐘』에 "짐의 猷"라 하고 '꾀'라는 뜻으로 쓴다.

猶와 猷는 偏편과 旁방을 바꾼 글자로 같은 자인데 猷는 꾀라는 뜻으로 쓰고 猶는 다른 뜻으로 쓴다. 猶는 由유와 통하여 '아직, 오히려', 誘유와 통하여 '속이다' 등의 뜻으로 쓴다.

裕 12획 | 유 | 넉넉하다, 느긋하다

금문1 금문2 전문1

|해설| 형성. 성부는 谷용. 谷은 容용, 欲욕 자에 포함된 谷용이고, 溪谷계곡의 谷곡과는 다른 글자이다. 谷은 ㅂ재(신에게 바치는 기도문인 축문을 넣는 그릇의 모양) 위에 神氣신기가 나타나는 것을 말한다. 조상에게 제사하는 사당(宀면) 안에 ㅂ를 바쳐 기도하고 그 ㅂ 위에 희미하게 나타난 신의 모습을 谷용이라 하고, 그 모습을 보고 싶다고 생각하는 것을 欲이라 한다. 금문1은 옷(衣의) 속에 谷을 표시하는데, 옷 위에 신기가 희미하게 나타나는 것을 裕유라고 하여, '넉넉하다, 느긋하다'는 뜻으로 쓴다. 裕福유복, 富裕부유(부가 있어 생활이 풍부함)라고 쓴다.

|용례| 裕寬유관 餘裕여유

遊 13획 | 유 | 놀다, 가다

금문1 금문2 전문1

|해설| 형성. 성부는 㫃유. 㫃는 㫃언(기드림을 붙인 깃대의 모양)과 子 자를 조합한 모양으로, 깃대를 든 사람의 모양이다. 㫃는 氏族靈씨

족령이 깃든 旗기를 내세워 출행하는 것을 말하고, 遊, 游유의 본래 글자이다. 旗에는 神靈신령이 깃드는 것으로, 신령이 '가는' 것, 마음대로 행동하는 것을 遊, 遊行유행(어슬렁어슬렁 걸음)이라고 한다. 『설문해자』(7상)에 "游는 旗의 깃발(流류)이다"라 하여, 또 遊 자를 제시한다. 斿가 본래 글자이고 여기에 간다는 뜻이 있는 辵착(辶, 辶)을 더한 遊가 만들어졌고, 또 헤엄친다는 뜻의 游도 만들어졌다. 遊, 游는 모두 '놀다'라는 뜻으로 쓴다. '놀다'는 본래 신령이 노는 것, 신이 자유로이 행동한다는 뜻이었는데 후에 사람이 흥이 가는 대로 행동하고 즐긴다는 뜻으로 쓰이게 되었다.

|용례| 交遊교유 遊廓유곽 遊覽유람 遊山유산 遊興유흥 遊戲유희

維

14획 | 유 | 줄, 잇다, 이것

금문1 전문1

|해설| 형성. 성부는 隹새 추. 隹에 唯그러할 유, 帷장막 유의 음이 있다. 維는 纖維섬유(가는 실 같은 물질)라고 해서, 紐끈 뉴나 綱벼리 강처럼 섬유로 짜서 강한 벼리(綱)처럼 한 것을 말하고, '줄, 잇다'라는 의미로 쓴다. 메이지 유신(明治維新)의 유신은 『詩經』「大雅/文王」의 "周주는 舊邦구방이지만 그 命명은 維유(이것) 新신하도다(새로운 천명을 받았도다)"라는 구절에서 나온 말이다.

|용례| 維新유신 維持유지

誘

誘 14획 | 유 | 꾀다, 권유하다

誘
전문1

|해설| 형성. 성부는 秀수. 秀에 莠가라지 유의 음이 있다. 『玉篇』에 "상권하여 움직이다"라 하고 '꾀하다, 권유하다, 권하다, 인도하다'라는 뜻으로 풀이한다. 『春秋左氏傳』「僖公二十八年」에 "하늘이 그 衷충을 誘하다" 한 것은, 하늘이 그 진심을 인도한다는 뜻이다.

|용례| 勸諭권유 誘導유도 誘發유발

遺

遺 15획 | 유 | 보내다, 남기다, 잃다

遺   遺   遺
금문1   금문2   전문1

|해설| 형성. 성부는 貴귀할 귀. 옛날에는 (遺의 음이 유가 아니라) 貴귀의 음이었을 것이다. 貴는 두 손으로 貝조개 패(子安貝자안패. 옛날에는 보물이었다)를 받쳐 든 모양이다. 辶쉬엄쉬엄 갈 착은 彳척(小道소도)과 止지(발자국)의 회의자로, 걸어가는 행위를 나타낸다. 귀중한 보물인 자안패를 받쳐 들고 남에게 '보내는' 것을 遺라고 한다. 보내는 쪽에서 말하면 보냄으로써 없어져버리는 것이어서 '잃다'라는 의미도 된다. 또 遺留유류(죽은 다음에 남겨둠)처럼 '남기다'라는 의미로도 쓰인다.

|용례| 遺産유산 遺失유실 遺愛유애 遺言유언 遺風유풍 遺訓유훈

儒 16획 | 유 | 선비, 유학, 부드럽다

傄
전문1

|해설| 형성. 성부는 需수. 需는 雨우와 而이(머리털을 잘라 상투가 없는 사람의 모양)를 조합한 모양으로 巫祝무축(신을 섬기는 사람)을 말한다. 가뭄 때 무축이 祈雨기우를 하는 것을 需라고 하는데 비를 구하고(需), 기다린다(需)는 뜻이 된다. 그 기우를 하는 무축을 儒라고 한다. 儒者유자의 옛 모습은 기우에 종사하는 하급의 무축이고 유복한 집의 장의를 맡은 장의사였다. 그러한 계층의 출신인 공자(기원전 6~기원전 5세기)는 보편적인 인간의 길을 추구해 대성하여 儒敎유교, 儒學유학을 개창했다. 儒는 유교, 유학이라는 뜻으로 쓰이는 일이 많다.

|용례| 儒家유가 儒敎유교 儒士유사 儒者유자 儒學유학

諭 16획 | 유 | 깨우치다

諭
전문1

|해설| 형성. 성부는 兪유. 兪는 손잡이가 달린 수술칼(余여)인데 환부의 膿血농혈(고름과 피)을 찔러서 쟁반에 옮겨 담는 모양이고, 병이나 상처가 낫는 것을 말한다. 병을 치료하듯이 사람의 잘못을 말로 깨우쳐서 고치는 것을 諭라 하고, '깨우치다, 알아듣도록 말하다, 충고하다'라는 뜻이 된다. 비유해서 깨우지는 것을 喩비유할 유라고 한다.

癒

愈
전문1

18획 | 유 | 낫다, 고치다

|해설| 형성. 성부는 兪유. 兪는 舟주(月)와 余여를 조합한 모양. 舟는 盤반의 모양. 兪는 손잡이가 달린 수술칼(余)인데 환부의 膿血농혈(고름과 피)을 찔러서 쟁반에 옮겨 담는 것을 兪라 하고, 병이나 상처가 '낫다, 아물다'라는 뜻이 된다. 병이나 상처가 나아서 마음이 편안해지는 것을 愉유, 愈유라 한다. 愈가 '낫다' 외에 '(무엇보다)낫다, 더욱더'라는 뜻으로 쓰이게 되었으므로, '낫다'는 뜻을 표시하기 위해, 疒녁(병으로 침상에 누워 있는 사람의 모양)을 더해 癒로 했다. 愈가 癒의 본래 글자인데, 癒는 중국이나 일본의 고사전에는 보이지 않는 글자이다. 瘉병 나을 유는 『설문해자』(7하)에 "병이 낫는 것"이라 하여 '낫다'라는 뜻으로 쓴다. 중국의 고대 의술에는 麻藥마약을 써서 수술하는 방법이 이미 실시되고 있었다.

|용례| 治癒치유 快癒쾌유 平癒평유

肉

전문1

6획 | 육 | 고기, 살

|해설| 상형. 고기의 모양. 큰 고기 조각으로 부드러운 고기 속에 핏줄이 보인다. '고기'라는 뜻으로 쓰고, '몸, 살'이라는 뜻으로도 쓴다.

肉은 宍육으로도 쓴다.

|용례| 食肉식육 肉袒육단 肉薄육박 肉筆육필 朱肉주육

育 8획 | 육 | 자라다, 기르다, 키우다, 양육하다

갑골1	갑골2	금문1	금문2	전문1	전문2

|해설| 회의. 云돌과 月(육달월)을 조합한 모양. 云은 태어난 아기를 거꾸로 한 모양으로 아기가 태어나는 모습을 표시한 글자이다. 그 밑에 月을 더하여 인체임을 나타낸다. 育의 본래 글자는 毓기를 육 이고 그 좌변의 每매는 母親모친의 모습이다. 毓은 모친의 뒤에 태어난 아기인 云의 머리에 머리털 充류를 더한 모양이다. 아기가 태어나는 모양인 育, 毓에는 아이를 '낳다, 기르다'라는 뜻이 있다.

|용례| 發育발육 保育보육 飼育사육 生育생육 育成육성 育兒육아

潤 15획 | 윤 | 젖다, 적시다, 윤

전문1

|해설| 형성. 성부는 閏윤. 閏의 성부는 아마도 壬임이고, 壬에 妊아 이 밸 임이라는 뜻이 있듯이 사물이 비대해지는 것을 말한다. 그래서 물이 점점 스며들어 확대되는 상태를 潤이라고 한다. 물이 浸潤침 윤한다는 뜻에서 '적시다, 젖다'라는 뜻이 되고 또 '윤기 나다, 윤기' 라는 뜻이 된다. 『大學』「第六章」에 "富부는 집을 적시고(潤), 德덕

은 몸을 적신다(潤)"라고 하는 말은 윤택하게(풍요롭게) 한다는 뜻이다.

|용례| 濕潤습윤 潤色윤색 潤筆윤필 潤滑윤활

融 16획 | 융 | 녹이다, 풀리다, 통하다

주문1 | 전문1

|해설| 회의. 본래 모양은 鬲력과 蟲충을 조합한 모양. 鬲은 세 발이 있는 취사용으로 쓰는 솥이고 또한 음식물을 저장하는 그릇이다. 그 그릇 속의 음식이 부패해 녹아서 벌레가 꾀고, 벌레가 鬲의 바깥으로 넘치는 모양이 融이고 '녹이다, 녹다'라는 뜻이 된다. 마음이 풀리는 모양, 누그러지고 즐거운 모양을 融然융연, 融融융융이라고 한다. '풀리다', 또 '통하다'라는 뜻으로 쓴다.

|용례| 融資융자 融通융통 融合융합 融解융해 融和융화

恩 10획 | 은 | 은혜, 보살피다

전문1

|해설| 형성. 성부는 因인할 인. 因은 茵席인석(자리, 명석) 위에 사람이 자는 모양으로 자리, 명석을 말한다. 그 자리는 늘 사용해 익숙한 것이기 때문에 因에 心심을 더한 恩은 '보살피다'(중시하다, 애지중지하다)라는 의미가 되어 애정을 받는 것을 말한다.

|용례| 謝恩사은 恩愛은애 恩義은의 恩情은정 恩寵은총 恩澤은택

銀 14획 | 은 | 은

銀
전문1

|해설| 형성. 성부는 艮간. 艮에 垠은(끝)의 음이 있다. 『설문해자』
(14상)에 "白金백금"이라고 하는데, 백색의 금이라는 뜻이 아니라 銀
이라는 말이고 白은 銀의 색을 말한다. 옛날에는 銅동을 赤金적금
이라고 했다. 金, 銀, 銅은 예부터 金三品금삼품이라고 불렸다. 銅
에 주석을 더해 청동을 얻는데 청동기에는 때로 은색에 가까운 것
도 있다. 지금부터 약 2천 삼사백 년 전의 中山王墓중산왕묘에서 출
토된 유물에는 금은으로 象嵌상감(금속면에 모양을 파고 금이나 은을
부어 넣는 것)한 정교한 청동기가 많다. 銀은 후에 화폐로 사용되어
금융 기관을 은행이라고 한다.

|용례| 銀杯은배 銀盃은배 銀河은하 銀貨은화

隱 17획 | 은 | 숨기다, 숨다

隱
전문1

|해설| 형성. 성부는 㥯삼갈 은. 隱은 신에게 기도할 때 사용하는 呪
具주구인 工공을 두 손(위의 손 爪조와 아래 손 又우)으로 쥐고 𨸏부(阝.
본래 모양은 ⻖으로 신이 하늘에 오르내릴 때 사용하는 신의 사다리) 앞에
서 몰래 기도하는 것이기 때문에 '숨기다, 숨다'라는 뜻이 된다. 지
금의 상용한자는 중요한 工을 생략해서 '숨길' 수가 없다. 隱은 본
래 신을 '숨기는' 것인데 그리하여 남에게 알려지지 않도록 몰래 하

는 것을 말하게 된다.

|용례| 隱遁은둔 隱密은밀 隱士은사 隱忍은인 隱逸은일 隱者은자

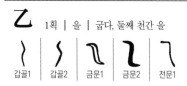

乙 1획 | 을 | 굽다, 둘째 천간 을

| 갑골1 | 갑골2 | 금문1 | 금문2 | 전문1 |

|해설| 상형. 동물의 뼈 모양. 이것을 뼈주걱으로 사용했다. 乱어지러울 란의 본자는 亂이다. 䇂란은 H(冂멀 경 모양으로, 실을 감는 얼레)에 幺요(糸가는 실 멱)를 거는데, 그 실이 엉켜 있어서 위에 爪조(手수), 아래에 又우(手) 즉 두 손을 더해 다시 풀려고 하는 모양이다. 䇂에는 '어지럽다'는 의미가 있다. 그 얽힌 실(䇂)을 뼈주걱(乙)을 사용해 푸는 것이어서 亂은 본래 '수습하다, 다스리다'라고 읽어야 할 글자이다. 후에 䇂을 '어지럽다'라고 읽는 것을 亂에 잘못 추가했기 때문에 현재 亂을 '어지럽다'라는 의미로 쓴다. 후에 乙은 십간의 甲갑에 다음가는 것으로 써서 '둘째 천간 을'을 의미한다.

|용례| 甲乙갑을 乙夜을야 乙鳥을조

吟 7획 | 음 | 노래하다

전문1

|해설| 형성. 성부는 今금. 今은 壺호(단지) 모양의 그릇에 마개가 달린 뚜껑을 덮은 모양으로, 입을 오므리고 조용히 소리를 내는 것을 吟이라 한다. 길게 소리를 늘이는 것을 咏영이라 한다. 呻吟신음이

란 앓듯이 조용히 소리를 낸다는 뜻이다. 吟은 시를 '읊다'라는 뜻
으로 쓰는 일이 많고 詩歌시가를 읊는 것을 吟詠음영이라고 한다.
吟味음미처럼 시의 정취를 맛보는 의미로 쓰는 것은 예외적인 용법
이다.

|용례| 詩吟시음

音　9획 | 음 | 소리

금문1　전문1

|해설| 회의. 言언과 一일을 조합한 모양. 본래의 자형은 言을 기본
으로 한다. 言은 신에게 맹세하고 기도하는 기도문인 축문을 넣은
그릇인 ㅂ제 위에, 만약 거짓말로 속이는 일이 있다면 入墨입묵의
형벌을 받는다는 뜻으로 입묵용 針침(辛신)을 세운 모양으로, 신에
게 맹세하여 기도하는 말을 의미한다. 이 기도에 신이 반응할 때는
한밤 조용할 때 ㅂ에서 희미한 소리를 낸다. 그 소리의 울림은 ㅂ
에 가로줄 一을 그려 표시하여 音이라는 글자가 된다. 그래서 音은
'소리'라는 뜻이 된다. 音이란 신의 '소리 내기, 방문'이고 소리에 의
해 표시된 신의 뜻, 신의 말씀이다. 신주를 모셔놓은 감실 쌍여닫
이 門문 앞의 ㅂ에서 깊은 밤 신이 찾아온 소리가 나는 것을 闇암
(어둠, 어렴풋하다)이라 하고 暗암이라고도 한다. 그 소리는 더듬거려
서 듣기 어렵기 때문에 말이 명료하지 않은 것을 瘖음(벙어리)이라
고 한다. '소리' 외에 악기의 소리나 사람의 소식 등의 뜻으로 써서
'(악기) 소리, 음색'이라는 의미로 쓴다.

常用字解　　**715**

淫 11획 | 음 | 음란하다, 만연하다, 빠지다

전문1

|해설| 형성. 성부는 罕가까이할 음. 罕은 壬정(발돋움을 하고 신에게 기도하는 사람) 위에 爪조(手수)를 더해 격렬하게 기도하는 것으로, 그러한 과도한 기도는 사악한 상태를 불러온다. 淫은 모든 정도가 지나친 상태를 말하고, '음란하다, 빠지다, 멋대로'라는 의미로 쓴다. 또 淫淫음음(흘러가는 모양), 淫雨음우(장마)처럼 비가 넘쳐 '만연하다'라는 의미로 쓰기도 한다. 사람이 욕정에 빠지는 것은 婬음란할 음이라고 한다.

|용례| 書淫서음 淫亂음란 淫行음행 浸淫침음

陰 11획 | 음 | 그늘, 그늘지다, 흐리다, 몰래

금문1 | **금문2** | **전문1**

|해설| 형성. 성부는 侌음. 侌은 云운(雲구름 운 모양으로, 雲氣운기)에 今금(마개가 있는 뚜껑의 모양으로, 덮는다는 뜻)을 더하여 氣기를 덮어 가둔다는 의미를 나타낸다. 自언덕 부(阝)는 본래 㢟로 쓰고 신이 하늘에 오르내릴 때 사용하는 신의 사다리. 陽양은 신의 사다리 앞에 日일(◯, 玉옥)을 두어 그 옥에서 나오는 빛을 말한다. 陰은 그 빛을 막아서 神氣신기를 가두는 의미이고 '막다, 덮다, 그늘, 흐리다'

716 상용자해

라는 의미로 쓴다. 또 막는 것에서 '몰래, 숨다'라는 의미로도 쓴다. 음과 양은 상대적인 개념으로 중국 사상에서는 음양 이원이 사고 방식의 근본을 이룬다. 초목이 무성하여 그늘을 이루는 것을 蔭음 (그늘, 덮다)이라고 한다.

|용례| 光陰광음 綠陰녹음 陰影음영 陰翳음예 陰雲음운

飮 13획 | 음 | 마시다

갑골1　갑골2　갑골3　금문1　금문2　전문1

|해설| 회의. 본래 글자는 㱃음으로 쓰고 酓술맛 쓸 염과 欠하품 흠을 조합한 모양. 酓은 뚜껑(今금)을 덮은 술통(酉유). 欠은 사람이 입을 벌리고 마시는 모양. 㱃은 술통 속의 술을 마시는 모양으로 '마시다'라는 뜻이 된다. 食식은 뚜껑(스삼합 집)을 덮은 食器식기의 모양이기 때문에 그 속의 것을 마시는 것은 아니지만, 후에 㱃를 대신해서 飮이 '마시다'라는 뜻의 글자로 쓰인다.

|용례| 牛飮우음 飮食음식 飮酒음주 暴飮폭음 吸飮흡음

泣 8획 | 읍 | 울다

전문1

|해설| 형성. 성부는 立립. 立은 來母字내모자(語頭어두의 자음이 l)인데, 내모자에는 呂려(lu)가 苴저(ju), 里리(li)가 悝회(kui)로 되듯이 어두의 자음 l이 k로 변하는 예가 많고, 立(li)이 泣(qi)으로 되는 것

도 그와 같은 예이다. 소리를 내지 않고 소리 죽여 울고, 눈물이 다하여 피가 흐를 정도로 비통을 극하는 것을 泣血읍혈이라고 한다. 『설문해자』(11상)에 "소리 없이 눈물을 흘리는 것을 泣이라 한다" 하고, '울다'라는 뜻이라고 한다.

|용례| 悲泣비읍 哀泣애읍 泣涕읍체 號泣호읍

凝 16획 | 응 | 엉기다, 춥다, 엄하다

금문1　　전문1

|해설| 형성. 성부는 疑의. 疑는 지팡이를 든 사람이 뒤를 바라보며 앞으로 갈지 뒤로 갈지 결정하지 못하고 서 있는 자세를 말한다. 그렇게 움직이지 못하는 모양을 얼음처럼 얼어붙은 상태에 비유해서 凝이라고 한다. 冫빙은 얼음이라는 뜻. 凝은 '얼다'라는 뜻에서 '엉기다, 엉기게 하다, 굳다, 집중하다' 등의 뜻으로 쓴다.

|용례| 凝結응결 凝固응고 凝視응시 凝集응집 凝縮응축

應 17획 | 응 | 응답하다, 마땅히

금문1　　금문2　　전문1

|해설| 형성. 성부는 䧹응. 䧹은 사람의 가슴(䧺가슴 응)에 隹새 추(鷹매 응)를 품은 모양으로, 매사냥을 의미하는 글자이다. 매사냥은 일본에서 '誓狩서수'(맹세 사냥)라고 하여, 신의 뜻을 묻는 점술의 방법으로 행해졌다. 이 매사냥의 결과는 신의 뜻의 현시로 여겼다. 應

에 '응답하다'라는 뜻이 있는 것은 본래는 신의 뜻을 묻는 것에 대해 신이 '응답하기' 때문일 것이다. 雁은 성부로서 쓰일 뿐 아니라 雁의 뜻도 포함해서 쓰이기 때문에 이러한 관계를 亦聲역성이라고 한다.

|용례| 反應반응 順應순응 應急응급 應答응답 應待응대 應接응접

衣 6획 | 의 | 옷, 입다

갑골1 | 금문1 | 전문1

|해설| 상형. 옷깃(襟금) 언저리를 여민 옷(衣의)의 모양. 일본 옷은 왼쪽을 앞으로 해서 입는데 갑골문이나 금문에는 오른쪽을 앞으로 쓰인 것이 많다. 衣는 靈령이 依의하는 곳이라고 여겨서 依 자도 영이 衣에 다가붙는 것을 나타내는 글자이다. 襲물려받을 습은 영이 달라붙은 옷을 겨입음으로써 영을 이어받아 位위를 이어받는다는 의미의 글자이다. 衣를 요소로 포함하는 글자는 哀애, 袁원(遠원의 본래 모양), 衰쇠, 睘경(還환의 본래 모양) 등 死者사자에 대한 의례에 관한 글자가 많다.

|용례| 白衣백의 衣帶의대 衣裳의상 衣食의식

依 8획 | 의 | 깃들다

갑골1 | 갑골2 | 전문1

|해설| 회의. 人인과 衣의를 조합한 모양. 人에 衣를 덧붙인 모양. 옷

에는 사람의 靈령이 달라붙는다고 여겼기 때문에, 영을 받을 때, 영을 인계할 때, 영이 달라붙은 옷을 다른 사람에게 입혀 영을 옮기는 의례를 했다. 그래서 '깃들다, 달라붙다'라는 뜻이 된다. 일본 신화에 보이는 '마토코 오후후스마'(眞床襲衾)라고 하는 것, 천황 즉위 후에 행하는 다이조에(大嘗會) 때 천황이 몸에 걸치는 '아마노 하고로모'(天羽衣)가 영이 달라붙는 옷이다. 중국 옛 글자의 예로 安안(圇), 保보(𤣥, 𩓣)에는 女녀나 子자의 소매에 작은 곡선이 더해져 있는데, 이 곡선이 영이 달라붙는 옷을 표시한다. 依의 갑골문 자형은 衣 속에 人이 그려져 있어서, 옛 시대에는 영을 옮기는 의례를 할 때 衣 속에 사람이 들어 있었을 것이다.

|용례| 歸依귀의 憑依빙의 依據의거 依賴의뢰 依然의연

宜

8획 | 의 | 제사 지내다, 마땅하다

갑골1 　금문1 　전문1

|해설| 회의. '宀'면과 且차를 조합한 모양. 옛 자형은 且(도마) 위에 夕석(肉육의 생략형)을 위아래로 두 개 놓은 모양으로, 상형자이다. 후에 조상에게 제사하는 사당(廟묘)의 지붕 모양인 宀을 더하여 회의자가 되었다. 사당 안에 고기를 나란히 바쳐 조상에게 '제사하는' 것을 宜라고 한다. 조상의 靈령 외에 神신에게 제사하는 것도 宜라 하고, 그 바치는 고기가 제물로서 마땅한 것이라고 하여, 신이 '마땅하다'라고 하는 것이다. 그래서 '마땅하다'라는 의미로 쓴다.

|용례| 時宜시의 適宜적의 便宜편의

椅

椅 12획 | 의 | 의나무, 의자

전문1

|해설| 형성. 성부는 奇기이할 기. 奇에 倚의지할 의, 猗아아 의의 음이 있다. 낙엽 고목의 이름으로 '의나무'를 말한다. 중국에서는 그 목재로 비파(琴금)나 거문고(瑟슬)를 만들었다. 倚와 통용하여 '의자, 걸상'이라는 뜻으로 쓴다. 뒤에 등받이가 있는 것을 椅子의자라 하고 팔꿈치를 걸쳐 기대는 받침대를 椅几의궤라고 한다. 亐기와 口(ㅂ재, 축문을 넣는 그릇의 모양)를 조합한 모양인 奇는 손잡이가 달린 큰 曲刀곡도(亐)를 가지고 신에게 기도하는 것을 말한다. 큰 곡도는 똑바로 서기 어려운 것이기 때문에 사람이 물건에 기대는 것을 倚라고 했을 것이다.

意

意 13획 | 의 | 헤아리다, 생각하다, 마음, 아아

전문1

|해설| 회의. 音소리 음과 心마음 심을 조합한 모양. 音으로 그 心을 헤아리는 것이어서 '헤아리다'가 본래의 뜻이다. 音이란 신의 '소리'(소리를 내는 것)이고 신 앞에 言언(신에게 올리는 기도말이나 글인 축문)을 바쳐 둔다. 言은 축문을 넣는 그릇인 ㅂ재 위에 만약 그 기도가 不正부정한 것이라면 入墨입묵의 형벌을 받겠다는 서약의 표시로 辛신(입묵용 바늘)을 더한 모양으로, 신에게 맹세하여 기도하는 말을 가리킨다. 이 言을 신 앞에서 기도하면 신은 밤중에 ㅂ 속에

서 희미한 소리를 내어 신의 뜻을 표시한다. 그 소리가 무엇을 의미하는지를 '헤아리다', 즉 신의 뜻을 헤아리는 것을 意라고 하는 것이다. 또 '생각하다, 생각해서 그 의지를 정하는 것, 마음'이라는 뜻으로도 쓴다. 추측하는 것을 憶생각할 억이라 하고, 憶度억탁이라 한다. 조심조심 추측하는 것을 臆생각할 억이라 한다. 신이 소리 내어 암시하는 것을 접수하고 '아아!' 하고 감동할 때의 말은 噫탄식할 희라고 한다.

|용례| 決意결의 同意동의 意見의견 意思의사 意中의중 贊意찬의

義 13획 | 의 | 옳다, 좋다

갑골1　금문1　금문2　전문1

|해설| 회의. 羊양과 我아를 조합한 모양. 我는 톱(鋸거)의 모양. 양을 톱으로 잘라 희생으로 하는 것을 말한다. 의식 때 바치는 희생에는 양을 쓰는 일이 많고 톱으로 반을 갈라서 바쳤다. 그것은 양의 내장까지 포함해 전부 희생으로서 완전함을 보이기 위해서고, 털의 모양이나 뿔이나 발굽 등에 결함이 없을 뿐 아니라 내장에도 아무 병이 없음을 보이기 위해서였을 것이다. 그래서 神신에게 바치는 희생의 조건에 전혀 결함이 없는 것을 '義'(옳다)라고 한다. 희생으로서 올바른 것을 義라 하고, 후에 일반적으로 '옳다, 좋다'는 의미로 쓴다. 犧牲희생의 犧는 본래 글자가 羲희생 희이다. 羲는 희생으로 삼는 양을 我(톱)로 잘랐을 때, 그 아래에 뒷발이 늘어진 모양이고 犧는 소와 같은 다른 동물의 희생도 포함하는 글자이다.

|용례| 義理의리 義憤의분 義勇의용 義人의인 義戰의전 正義정의

疑 14획 | 의 | 의심하다

疑	疑	疑	疑	疑
갑골1	금문1	금문2	금문3	전문1

|해설| 상형. 옛 자형은 矣으로 쓰고, 지팡이(杖장)를 짚은 사람이 뒤를 바라보며, 앞으로 갈지 뒤로 갈지 결정하지 못하고 서 있는 모양이다. 마음이 의심쩍어 헤매는 모양을 표시한다. 矣에 뒤를 바라보는 사람의 모양을 더한 모양이 秕의, 또 足족의 모양을 더해 진퇴를 헤매는 의미를 표시한 모양이 疑이고, '의심하다, 망설이다'라는 뜻이 된다. 본래는 앞으로 갈지 어떻게 할지 스스로 의심하며 헤맨다는 뜻이었는데, 후에 일반적으로 疑念의념이 있는 것을 말하고, 타인을 '의심한다'는 뜻이 되었다.

|용례| 容疑용의 疑問의문 疑義의의 疑惑의혹 質疑질의 嫌疑혐의

儀 15획 | 의 | 모양, 법

儀	儀	儀
금문1	금문2	전문1

|해설| 형성. 성부는 義의. 義는 양(羊양)을 톱으로 반을 갈라 그 양이 신에게 바치는 희생으로서 완전함을 확인하고 희생으로서 올바른(義) 것이라는 의미의 글자이다. 그 희생의 글자로서는 후에 犠희생 희를 쓴다. 희생을 바쳐 행하는 의식에서 예의 작법에 맞는 엄숙한 모습을 儀라 하고 '모양, 옳다, 법'이라는 뜻이 된다. 儀는 儀禮의

레에 관한 말에 많이 쓰인다.

|용례| 禮儀예의 儀式의식 儀容의용 葬儀장의

擬 17획 | 의 | 헤아리다, 본뜨다

전문1

|해설| 형성. 성부는 疑의. 疑는 지팡이를 짚은 사람이 뒤를 향해 앞으로 갈지 뒤로 갈지 결정하지 못하고 멈춰 선 모양이다. 어떻게 행동할지 여러모로 생각해 행동으로 옮기려고 하는 전 단계이므로, '임시로, 본뜨다, 비슷하게 하다'라는 뜻이 된다.

|용례| 模擬모의 擬音의음 擬人의인 擬定의정

醫 18획 | 의 | 의사, 고치다

医 | 醫
전문1 | 전문2

|해설| 회의. 殹앓는 소리 예, 고칠 예와 酉술 유를 조합한 모양이다. 醫의 옛 자형은 毉로 썼다. 医의는 匸감출 혜(숨겨진 장소)에 악령을 불제하는 힘이 있는 矢화살 시를 놓아둔 모양이다. 殹는 그 矢에 殳몽둥이 수(때린다는 뜻이 있다)를 더한 글자이고, 소리를 지르면서 矢를 때리고 그 矢의 힘으로 악령을 쫓아내는 것이다. 모든 병은 악령의 소행으로 일어난다고 여겼기 때문에 이것으로 병을 고칠(殹) 수 있다고 생각한 것이다. 병을 고치는 푸닥거리를 하는 것은 巫무당 무였기 때문에 殹에 巫를 더한 毉가 医의 옛 자형이었다. 후에 酒술 주

724   상용자해

로 상처를 씻거나 酒를 흥분제로 사용하기도 하면서 殴의 밑에 酉유(술통의 모양)를 더해 醫가 되었다. 医는 醫의 속자. 가장 오랜 시대에는 医라는 자형이 사용되었고 殴는 화살(矢)을 때릴 때 지르는 소리를 나타내는 글자였다. 현재 医는 醫의 상용한자로 쓰인다.

|용례| 名醫명의 醫療의료 醫師의사 醫藥의약

議 20획 | 의 | 상담하다

議
전문1

|해설| 형성. 성부는 義의. 義는 희생으로서 신에게 바치는 양(羊양)에 결함이 없음을 확인해 올바른 것임을 말하고, 議란 올바른 도리를 찾아 상의하는 것을 말한다. 본래는 神신에게 '상의하는' 것을 말하는 글자였을 것이다. 謀議모의(계획 등을 상담함)의 謀모도 본래는 신에게 모의하는 것을 말하는 글자였다. 일본의 祝文축문 중에 "神이 相談상담하는(議) 것으로서 상담해주셔서"라는 것이 있는데, 이 '상담'이 본래의 뜻에 가깝다.

|용례| 議決의결 議論의론 異議이의 合議합의 和議화의

二 2획 | 이 | 둘, 두 번

二 | 二 | 𠄞 | 𠄠 | 二
갑골1 | 금문1 | 금문2 | 고문1 | 전문1

|해설| 지사. 수를 셀 때 사용하는 산가지를 두 개 쌓은 모양. 산가지 두 개로 '둘'이라는 뜻이 된다. 갑골문에서는 1에서 4까지의 수

를 이 형식으로 나타낸다. 숫자 '둘' 외에 '두 번, 늘어놓다' 등의 뜻
으로 쓴다. 二는 바꿔 쓰기 쉬워서 이를 방지하기 위해 二 대신에
貳이를 쓰는 경우가 있다.

|용례| 無二무이 二分이분

以 5획 | 이 | -로써, 생각하다

|해설| 상형. 耟보습 사의 모양. 耟의 자형에서 왼쪽 耒쟁기 뢰는 날 끝
이 갈라진 보습 力력(↓)을 갖춘 모양, 오른쪽의 㠯사는 날 끝이 둥
근 보습의 모양이다. 날 끝이 둥근 보습의 모양은 자형으로서는 已
이가 될 때, 以가 될 때, 厶사가 될 때가 있다. 고대(殷周은주 시대) 已
의 용법에서는 '-로써'일 때는 축문을 넣는 그릇인 ㅂ제를 붙여서
台나 이의 자형을 쓴다. 台는 厶(보습)에 ㅂ를 더하여 蟲害충해 등을
祓除불제하고 나서 그 보습을 쓴다는 의미이다. 후에 ㅂ를 생략해
以라는 자형이 되었다. 台는 또 일인칭 '나'라는 뜻으로도 썼다.

|용례| 所以소이 以外이외 以前이전 以下이하

耳 6획 | 이 | 귀

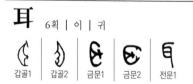

|해설| 상형. 귀의 모양. 『설문해자』(12상)에 "듣는 것을 주관하는
것"이라고 한다. 聽청은 耳와 目목과 心심을 요소로 하는 글자이고,

상용자해

耳와 目은 사람의 감각 중에서 가장 중요한 것이다. 그래서 聖성(성인)이란 귀를 기울이고 발돋움을 하고 선 사람이 ㅂ축문 그릇 재(신에게 바치는 기도문인 축문을 넣는 그릇의 모양) 앞에 있는 모양인데, 축문을 외쳐 신에게 기도하여 신의 소리, 신의 말씀을 들을 수가 있는 사람을 말한다. 신의 말씀을 똑똑하게 이해하는 것을 聰총이라고 한다.

|**용례**| 口耳구이 耳目이목 耳鼻이비 耳順이순 耳學이학

異 11획 | 이 | 다름, 다르다, 의아해하다

갑골1　　갑골2　　금문1　　금문2　　전문1

|**해설**| 상형. 鬼귀신 귀의 형상을 한 것이 두 손을 들어 무서운 모습을 한 모양. 田전 부분은 畏두려워할 외와 마찬가지로 鬼의 머리 부분이다. 畏는 鬼의 형상을 한 사람이 지팡이를 갖고 威靈위령을 나타내는 모습을 옆에서 본 모양이고, 異는 정면에서 본 모양이다. 신비롭고 神異신이한 것이 두 손을 들어 무서운 모습을 하는 것이어서 異는 크고 다른 모습의 것을 말해 '다르다, 뛰어나다'라는 의미가 되고 또 이것을 '의아해하다'라는 의미로도 쓴다. 異에 뿔(角각) 모양의 머리 장식이 있는 것을 翼바랄 기라고 한다.

|**용례**| 奇異기이 相異상이 異國이국 異同이동 異論이론 異聞이문

移 11획 | 이 | 옮기다, 옮다

전문1

|해설| 회의. 禾벼 화와 多많을 다를 조합한 모양. 禾는 곡물, 夕석은 肉육의 모양이기 때문에 多는 肉을 쌓은 모양으로 많은 고기라는 뜻이다. 이 두 가지를 바쳐서 제사를 지내 재앙을 다른 곳으로 옮기는 것을 移라고 하여, '옮기다, 옮다'라는 뜻이 된다. 재앙은 나쁜 靈령에 의해 생긴다고 여겼기 때문에 많은 공물을 바쳐 祓除불제를 해서 다른 곳으로 옮겨달라고 했다. 『春秋左氏傳』에는 왕의 재앙을 신하에게 옮기는 이야기가 있는데 移殃이앙(재앙을 타인에게 옮김)이 移의 본래 의미일 것이다.

|용례| 移動이동 移民이민 移轉이전 移住이주 推移추이

貳 12획 | 이 | 둘, 어긋나다

금문1 | 금문2 | 전문1

|해설| 형성. 성부는 弍이. 貳는 貝패(본래 청동제 제기인 鼎정의 모양)에 새겨진 명문을 창(戈과)으로 깎아서 변개한다는 뜻으로, 원문을 바꾸는 것을 말한다. 그래서 '두 번, 둘'이라는 뜻이 되고, 또 문서의 副本부본을 말한다. 지금은 숫자의 변개를 방지하기 위해 二 대신에 貳를 쓴다. 또 貳過이과(같은 잘못을 두 번 반복함), 貳志이지, 貳心이심(주군이나 동료를 배반하는 마음. 두 마음)처럼 '배반하다, 어긋나다'라는 뜻으로 쓴다.

상용자해

餌 15획 | 이 | 먹이, 미끼, 가루떡

餌
전문1

|해설| 형성. 성부는 耳이. 가루를 뭉쳐서 찐 것. '가루떡, 경단, 먹이, 미끼'를 말한다. 사람을 유혹하기 위한 함정이라는 뜻도 된다.

|용례| **鉤餌**구이 **藥餌**약이

益 10획 | 익 | 늘다

|해설| 이 글자에는 회의와 상형, 두 계통이 있다.

갑골1 | 금문1 | 금문2 | 전문1

1. 회의. 水수와 皿그릇 명을 조합한 모양. 皿 위에 물이 넘친(溢) 모양으로 溢넘칠 일의 본래 글자이다. 물이 넘치는 것에서 '늘다, 증가하다'라는 뜻이 된다. 또 '벌이, 풍요'라는 의미로 쓴다.

금문1 | 금문2 | 전문1

2. 상형. 두 갈래로 나뉜 실의 끝부분을 묶어 맨 모양. 縊목맬 액의 본래 글자이다.

|용례| **權益**권익 **無益**무익 **損益**손익 **利益**이익 **益蟲**익충

翌

11획 | 익 | 다음 날

| 갑골1 | 갑골2 | 금문1 | 전문1 |

|해설| 형성. 성부는 立립. 立에 位정도 위, 昱빛날 욱의 음이 있다. 옛 자형에서는 翼날개 익의 상형 그대로의 글자가 있어, 후에 성부로서 立을 더한 자형으로 한다. 옛날에는 翊익으로 썼고, 후에 翌의 모양이 되었다. 翊은 갑골문에 祭日제일의 이름으로 보이고, 五祀周 祭오사주제 중 '다음 날'의 제사 이름이기 때문에 후에 '다음 날'이라는 뜻으로 쓴다. 翊과 翌은 같은 자인데 후에 翊은 翼과 통하여 '돕다'라는 뜻으로 쓰고, 다음 날이라는 뜻으로는 翌을 쓴다.

|용례| 翌年익년 翌日익일 翌朝익조

翼

17획 | 익 | 날개, 돕다

전문1

|해설| 형성. 성부는 異익. 異를 금문에는 異臨익림, 休異휴익처럼 '돕다, 지키다'라는 뜻으로 쓴다. 異은 翼의 본래 글자이다. 후에 羽우를 붙여 翼 자가 되었다. 翼에는 날개라는 뜻이 있고,『설문해자』(11하)에 "날개(翅시)"라고 한다.

|용례| 扶翼부익 兩翼양익 翼贊익찬

人 2획 | 인 | 사람

갑골1 | 갑골2 | 금문1 | 전문1

|해설| 상형. 서 있는 사람을 옆에서 본 모양. '사람, 인간'을 말한다. 손발을 벌리고 선 사람을 정면에서 본 모양은 大대. 몸을 기울인 사람을 옆에서 본 모양은 勹포, 사람의 가슴에 ×형의 문신(일시적으로 그린 입묵)을 한 모양은 匈흉이고, 胸흉의 본래 글자이다. 임신하여 배가 불룩한 사람을 옆에서 본 모양은 身신, 사람의 배 속에 태아가 있는 모양은 包포, 孕잉이고 모두 人이 변화한 형태이다. 人(儿인)이 머리 위에 불빛을 인 모양은 光광, 凵축문 그릇 재(신에게 바치는 기도문인 축문을 넣는 그릇)를 인 모양은 兄형이다. 발꿈치를 들고 발돋움을 하는 사람을 옆에서 본 모양은 企발돋움할 기이다.

|용례| 成人성인 人家인가 人間인간 人文인문 人生인생 人身인신

刃 3획 | 인 | 칼날, 칼, 베다

전문1

|해설| 상형. 칼날 부분에 빛이 있는 것을 표시하는 모양. 『설문해자』(4하)에 "칼이 단단한 것"이라고 하고, "칼에 刃(날 부분)이 있는 모양을 그린 것"이라고 한다. '칼날, 칼'을 말한다. 글자를 指事지사라고 하는 설도 있지만, 지사는 장소 관계를 표시하는 것을 주로 하기 때문에 일난 『설문해자』의 설에 따라 상형으로 한다 옛 자형이 없는 글자이다.

|용례| 自刃자인 凶刃흉인

仁　4획 ｜ 인 ｜ 어질다, 사랑하다

| 금문1 | 고문1 | 전문1 |

|해설| 회의. 人인과 二이를 조합한 모양. 『설문해자』(8상)에 "친하다"라고 하여, 두 사람이 서로 친하다는 뜻으로 풀이한다. 옛 자형은 사람의 허리 아래 자그마하게 二의 모양을 더한다. 二는 아마 방석의 모양일 것이다. 仁은 사람이 방석 위에 앉는 모양이고 '따뜻함, 누긋함'이라는 뜻이 되고, 후에 '사랑하다, 자비를 베풀다'라는 뜻이 되었다. 방석이 따뜻하다는 뜻의 仁이 유교 덕목의 하나로서 점점 추상화되어 고도의 관념에 도달하는 것이다.

|용례| 寬仁관인 仁德인덕 仁心인심 仁愛인애 仁孝인효

引　4획 ｜ 인 ｜ 끌다, 끌리다

| 전문1 |

|해설| 회의. 弓활 궁과 ｜뚫을 곤을 조합한 모양. ｜은 직선인데 아마도 弓의 줄을 표시할 것이다. 引은 옛 자형이 없어서 본래 모양을 확인할 수가 없다. 弢하물며 신이나 演멀리 흐를 연도 옛날에는 같은 음이었고 모두 활을 쏘는 것을 말하는 글자이다. 활만이 아니라 일반적으로 힘을 가해 '끌다'라는 의미로 쓴다.

|용례| 強引강인 誘引유인 引見인견 引力인력 引伸인신

印 6획 | 인 | 표, 누르다, 도장

갑골1 | 금문1 | 전문1

|해설| 회의. 爪손톱 조와 卩병부 절을 조합한 모양. 卩(사람이 무릎 꿇고 앉은 모양) 위에 손가락 끝을 더한 모양. 위에서 강하게 '누르다'라는 의미가 있고 그것은 印璽인새(도장)를 누를 때의 동작이어서 '도장'이라는 뜻이 되고, 눌러서 표를 만드는 것을 모두 印이라고 한다.

|용례| 捺印날인 拇印무인 印象인상 印綬인수 印肉인육 印章인장

因 6획 | 인 | 의하다, 자리, 근본

갑골1 | 금문1 | 전문1

|해설| 회의. 囗위와 大대를 조합한 모양. 大는 손발을 벌리고 선 사람을 정면에서 본 모양. 囗는 자리의 모양이므로 因은 사람이 자리 위에 대자로 자는 모양이고 '자리, 돗자리'를 말한다. 因은 계속 돗자리로 쓰여온 것이므로 '의하다, 의지하다'라는 뜻이 된다. 茵자리 인(요)은 풀을 엮어 만든 자리.

|용례| 起因기인 原因원인 因果인과 因習인습 因襲인습 因緣인연

忍 7획 | 인 | 참다, 견디다

금문1 | 전문1

|해설| 형성. 성부는 刃인. 『설문해자』(10하)에 "잘하는 것"이라 하여, 忍耐인내(참고 견딤)라는 뜻으로 풀이한다. 忍은 靭帶인대와 관계가 있는데, 인대는 뼈와 뼈를 연결하는 강한 섬유 다발이고, 그 强靭강인(부드럽고 강함)하다는 뜻을 사람의 마음으로 옮겨서 '견디다, 참다'라는 뜻이 된다.

|용례| 堪忍감인 堅忍견인 殘忍잔인

咽 9획 | 인, 열 | 목구멍, 목메다

전문1

|해설| 형성. 성부는 因인할 인. 『설문해자』(2상)에 "嗌목구멍 익이다"라 하여 '목구멍'이라고 풀이한다. 嗌의 益익은 잘록해지는 좁은 곳을 나타내고 목구멍이 막히는 듯한 소리를 말한다. 咽은 嗌, 噎목멜 열과 통하여 '목메다'라는 뜻이 된다.

|용례| 哀咽애열 嗚咽오열 咽喉인후

姻 9획 | 인 | 시집가다, 혼인, 친척

전문1

|해설| 형성. 성부는 因인. 因에는 어떤 상태가 '계속되다, 반복하다, 겹치다'라는 의미가 있다. 고대 중국에서는 정해진 씨족끼리 결혼이 반복되었다. 그래서 姻에 결혼하는 것, '시집가다', 또 그러한 관계에 있는 '친척'이라는 의미가 생겼을 것이다.

|용례| 姻族인족 姻戚인척 婚姻혼인

認 14획 | 인 | 인정하다

訒 | 訒
전문1 | 전문2

|해설| 형성. 성부는 忍인.『설문해자』(3상)에 "訒인은 괴로워하는 것"이라고 한다.『설문해자』나『廣雅』등 옛 사전에는 본래 글자인 訒은 있는데 認 자는 아직 보이지 않는다.『三國志』「吳書/鍾離牧傳」에 종리목이 스스로 개간한 20여 畝무의 논에 벼가 익을 무렵, "縣民현민 중 이를 認識인식하는 사람이 있다" 하여, 여문 벼를 백성에게 주었다는 이야기가 실려 있다. 認識은 그 벼의 소유권을 주장한다는 의미로 쓴다. 이 외에도 認을 '소유권을 주장하다'라는 의미로 쓰는 예가 있다. 후에 그 주장을 '인정하다'라는 의미로 쓰게 되었다.

|용례| 否認부인 承認승인 認可인가 認識인식 認定인정 認知인지

一 1획 | 일 | 하나, 처음, 오로지

一 | 一 | 一
갑골1 | 금문1 | 전문1

|해설| 지사. 수를 셀 때 사용하는 算木산목이라는 막대기 한 개를 옆으로 놓은 모양. 산목 한 개로 숫자 一을 표시하여 '하나'라는 뜻이 된다. 갑골문에서는 수를 세는 데 산목을 써서 二이, 三삼, 四사는 그 산목을 벌여 놓은 모양이다. 一은 수의 처음이기 때문에 '처

음', 또 전체를 통합하는 것이어서 '전부, 모두'라는 의미로도 쓴다.

|용례| 一刻일각 一路일로 一時일시 一樣일양 一回일회 第一제일

日　4획 ┃ 일 ┃ 해, 햇빛, 낮

갑골1　금문1　전문1

|해설| 상형. 태양의 모양. '해, 태양, 햇빛'이라는 뜻으로 쓴다. 태양은 둥근 모양으로 나타내는데, 가운데가 빈 둥근 고리가 아니라, 내용이 있는 것을 표시하기 위해 속에 작은 점을 더했다. 태양은 달과 같은 차고 이지러짐이 없으므로 둥근 모양으로 한다.

|용례| 連日연일 日光일광 日輪일륜 日夜일야 日月일월 日進일진

壹　12획 ┃ 일 ┃ 오로지, 하나

전문1

|해설| 상형. 壺항아리 호의 모양. 항아리에 든 것이 발효해서 그 氣기가 항아리 속에 차는 상태를 말한다. 壹은 속에 꽉 찬 것을 말하는 것으로 '오로지'라는 뜻이 된다. 그렇게 가득 찬 항아리를 하나, 한 개라고 세었기 때문에 '하나'라는 의미로도 쓴다. 그래서 一일과 壹은 같은 음이다. 一은 二이나 三삼 등으로 쉽게 고쳐 쓸 수 있기 때문에 그것을 막기 위해서 一 대신에 壹을 쓰는 일이 있다.

逸 12획 | 일 | 달아나다, 빠르다, 즐기다

금문1

금문2

전문1

|해설| 회의. 兔토끼 토와 辵쉬엄쉬엄 갈 착(辶)을 조합한 모양. 辵은 彳 조금 걸을 척(小道소도의 모양)과 止그칠 지(발자국의 모양)를 조합한 글자로 '걸어가다, 달리다'라는 의미가 있다. 토끼는 잽싸게 뛰어 달아나기 때문에 '달아나다, 숨다, 빠르다'라는 뜻이 된다. 또 남보다 뛰어난 것을 말해 '뛰어나다, 출중하다'라는 의미로도 쓰고, 佚편안할 일과 통하여 '즐기다'라는 의미로도 쓴다.

|용례| 散逸산일 逸樂일락 逸材일재 逸足일족 逸品일품 逸話일화

任 6획 | 임 | 맡기다, 맡다, 짊어지다, 임무

갑골1

금문1

전문1

|해설| 형성. 성부는 壬임. 壬은 공구의 모양으로 工공 모양인데 중앙이 굵게 되어 있어서 壬 자 모양이 된다. 이 위에서 금속을 두들겨서 기물을 만드는 받침대이므로 강한 힘이나 무게에 잘 견딜 수 있는 공구이다. 그래서 任은 사람이 '견디다, 맡다, 짊어지다'라는 뜻이 된다. 또 委任위임(남에게 맡김)처럼 '맡기다'라는 뜻으로 쓴다. '임무, 일'이라는 뜻으로도 쓴다.

|용례| 放任방임 辭任사임 一任일임 任務임무 任意임의

妊

7획 | 임 | 아이 배다

| 갑골1 | 갑골2 | 금문1 | 금문2 | 전문1 |

┃해설┃ 형성. 성부는 壬임. 壬은 공구(두들김대)로, 工공 모양인데 중앙이 굵게 부풀어 있어서 壬 자 모양이 된다. 妊은 여자의 배가 부르는 것, 애를 배는 것을 말하고, '아이 배다'라는 뜻이 된다. 娠신은 대합 같은 조개가 움직이듯이 배 속 아이가 움직이는 것을 말하고, '아이 배다'라는 뜻이 된다. 합쳐서 妊娠임신이라고 한다. 『설문해자』(12하)에 "아이 배다(孕잉)"라고 한다. 아이를 밴다는 뜻의 상형자는 배가 부른 사람을 옆에서 본 모양인 身신과, 서 있는 사람의 큰 배 속에 태아를 그려 넣은 孕이다.

┃용례┃ 不妊불임 妊婦임부 避妊피임 懷妊회임

賃

13획 | 임 | 고용하다, 빌리다

| 금문1 | 금문2 | 전문1 |

┃해설┃ 형성. 성부는 任임. 『설문해자』(6하)에 "고용하다(庸용)"라고 한다. 賃金임금, 賃銀임은(노동에 대한 보수로 지불되는 금전)을 지불하고 사람을 쓰는 것을 말한다. '고용하다'라는 뜻 외에 '빌리다'라는 뜻으로 써서 借家차가(빌린 집)를 賃宅임택이라고 한다.

┃용례┃ 運賃운임 賃傭임용

상용자해

2획 | 입 | 들다, 들이다, 들어가다

| 갑골1 | 갑골2 | 금문1 | 금문2 | 전문1 |

|해설| 상형. 집의 입구 모양. 큰 나무를 짜서 입구로 만든 것인데 여기에 지붕의 모양을 더한 모양이 內내이다. 內는 입구에서 들어간 '안, 속'이라는 뜻으로 쓰고, 入은 입구에서 '들다, 들이다, 들어가다'라는 뜻으로 쓴다.

|용례| 亂入난입 入內입내 入門입문 入水입수 入手입수 入室입실

 12획 | 잉 | 남다

전문1

|해설| 형성. 성부는 乘승. 이 글자는 고문헌에는 보이지 않는데, 朕잉의 속자일 것이다. 朕은 가운데에 貝패(조개 화폐)가 들어간 쟁반(月은 舟 모양을 한 쟁반)을 두 손으로 받든 모양으로, '보내다, 남다'라는 뜻이 된다. 剩은 '남다, 더구나'라는 뜻으로 쓴다.

|용례| 過剩과잉 剩餘잉여 剩員잉원

子

3획 | 자 | 자식, 남자, 선생

갑골1 금문1 금문2 전문1 갑골2 갑골3

|해설| 상형. 유아의 모양. 갑골문에는 갓 태어난 털이 있는 아기 머리 모양을 표시하는 것(갑골2)이 있다. 또 子의 좌우 손을 一上一下일상일하하는 모양이 있는데 그것은 왕자의 신분이라는 것을 표시한다. 본래는 왕자라는 의미였지만 후에 일반적으로 '아이, 자식'이라는 뜻이 된다. 또 '남자, 군, 선생' 등의 뜻으로도 쓴다. 십이지에서는 첫째인 '자'로 쓴다.

|용례| 夫子부자 子息자식 長子장자

字

6획 | 자 | 기르다, 자, 문자

금문1 금문2 전문1

|해설| 회의. 宀면과 子자를 조합한 모양. 宀은 조상의 靈령에게 제사 지내는 사당(廟묘)의 지붕 모양. 아이가 태어나서 일정한 일수가 지나 양육할 가망이 있으면 사당에 출생을 보고하는 의례를 보여주는 것이 字이다. 그때 아명을 붙인다. 그것을 字라고 하여 小字소자라고 한다. 또 일정 기간이 지나면 사당에 성장을 고하고 命名명명 의례를 행하여 이름(名명)을 붙인다. 또 名과 뭔가 관계가 있는 문자를 선택하여 字를 붙였다. 그리고 실명을 부르는 것은 피하고 字를 통명으로서 사용했다. 字는 출생을 보고하는 의례이고 이 의례에 의해서 양육하는 것이 결정되고 字를 붙이므로, '기르다, 자'

라는 뜻이 되고, 그 字가 문자가 되었다.

|용례| 字養자양 字育자육 字體자체 字解자해 字形자형

自 6획 | 자 | 스스로, 코

| 갑골1 | 갑골2 | 금문1 | 금문2 | 전문1 |

|해설| 상형. 정면에서 본 코의 모양. 자기 자신을 말할 때 자신의 코를 가리키거나 코를 누르는 것은 예부터 있었던 일인 것 같고, 自는 '자기, 스스로'라는 뜻이 된다. 갑골문에 '…에서(自) …에 이르다'라는 용법이 있고, '-에서'라는 의미로 쓴다. 自는 코의 모양이고 '코'를 뜻했지만, '자신, 스스로'라는 뜻으로 쓰이게 되면서 自에 콧김 소리인 畀비를 성부로 더한 형성자 鼻코 비가 만들어졌다.

|용례| 獨自독자 自立자립 自負자부 自愛자애 自認자인 自在자재

刺 8획 | 자 | 찌르다, 비방하다

전문1

|해설| 형성. 성부는 束가시 자. 束는 끝이 날카롭고 뾰족한 나무. 이것을 標木표목으로 사용하는 경우도 있고, 찌르는 데 사용하는 경우도 있다. 刺는 '찌르다, 푹 찌르다'라는 의미로 찔러서 사람을 죽이는 것을 刺殺자살, 살인 청부업자를 刺客자객이라 한다. 또 風刺풍자, 諷刺풍자(에둘러 비방함)라고 하여, '비방하다'라는 의미로 쓴다.

|용례| 刺激자격 刺戟자극 刺繡자수 刺青자청

姊 8획 | 자 | 손윗누이

금문1 | 전문1

|해설| 형성. 성부는 宋자. 어머니를 姐누이 저라 하고, 巫女무녀(신을 모시는 여자)의 우두머리를 女嬃여수라고 한다. 여수라고 해도 수염(須수)이 있는 것은 아니기 때문에 姊, 姐, 嬃맏누이 수는 같은 계열의 말로 각각 지위, 신분을 나타내는 말일 것이다. '손윗누이'라는 뜻으로 쓴다.

|용례| 姊妹자매 姊婿자서

姿 9획 | 자 | 모습

전문1

|해설| 형성. 성부는 次차. 次는 사람이 입을 벌리고 탄식하는 모습. 次와 口(ㅂ축문 그릇 재)를 조합한 咨탄식할 자는 축문을 외치고 탄식하면서 신에게 호소하는 것을 말한다. 그렇게 비탄하는 여자의 '모습'을 姿라고 한다. 여자가 탄식하는 모습은 가장 姿態자태(媚態미태, 요염한 몸짓)가 풍부하기 때문에 '모습'은 여자의 행위로서 표시된다.

|용례| 英姿영자 勇姿용자 容姿용자 雄姿웅자 姿勢자세 姿態자태

者

9획 | 자 | 놈, 물건, 숨기다

금문1 　금문2 　금문3 　전문1

|해설| 회의. 교차한 나뭇가지와 曰왈을 조합한 모양. 曰은 신에게 바치는 기도문인 축문을 넣는 그릇(ㅂ재)에 축문이 있는 모양이다. 曰 위에 나뭇가지를 쌓고, 土토(나뭇가지 사이의 점이 土를 나타낸다)를 뿌려서 토담을 만드는 모양이 者여서, 토담, 土壘토루라는 뜻이 되는데, 堵토담 도의 본래 글자이다. 고대의 집락은 그 출입구 외에는 토담으로 둘러싸서 외부 습격에 대비했다. 토담에는 부적처럼 曰이 묻혀 있다. 그 부적에는 문자가 쓰여 있는데 그 문자를 書서라고 한다. 書의 본래 글자는 者 위에 聿율(붓의 모양)을 더한 모양으로, 邪靈사령 등을 물리치는 주술로서 적힌 신성한 문자를 書라고 한다. 또 토담(성벽)으로 둘러싼 큰 邑읍(고을)을 都도(서울)라고 한다. 京경은 출입구가 아치 형태인 都의 성문 모양이다. 京과 都를 합쳐서 京都경도, 京師경사(서울)라고 하는데, 京都는 성벽으로 방어된 무장 도시였다. 상용한자의 자형에서는 曰 위의 점(ㆍ)을 생략하는데(이 설명은 일본의 상용한자에만 해당된다. ─옮긴이), 이 ㆍ은 흙을 끼어서 曰을 묻는다는 의미가 있다. '토담, 감추다'가 者의 본래 뜻인데 후에는 '여러(諸제), 놈(사람)'이라는 뜻으로 써서, 醫者의사, 學者학자, 使者사자처럼 다른 말에 붙여서 쓴다.

茨 9획 | 자 | 가시나무

전문1

|해설| 형성. 성부는 次차. 가시가 있는 저목류의 총칭인 '가시나무'를 말한다. 『설문해자』(1하)에 "띠로 집을 덮다"라고 하여, 띠 등으로 지붕을 이는 의미라고 한다. 띠와 가시나무, 전화하여 띠로 지붕을 이은 집을 茅茨모자라고 한다.

恣 10획 | 자 | 마음대로

전문1

|해설| 형성. 성부는 次차. 차는 사람이 입을 벌리고 탄식하는 모양. 恣는 마음 내키는 대로 탄식하는 것일 것이다. 그래서 '마음대로, 멋대로'라는 뜻이 된다. 恣意자의(제멋대로 함), 自恣자자(자기 생각대로 함)라고 쓴다.

紫 11획 | 자 | 자주색

전문1

|해설| 형성. 성부는 此차. 『설문해자』(13상)에 "비단이 靑赤色청적색인 것"이라고 한다. '자주색'을 말하는데, 아름다운 間色간색이다. 중국에서는 茈지치 자라는 풀로 포목을 자주색으로 염색했다. 일본

상용자해

에서는 '지치'라는 풀의 뿌리에서 얻은 염료로 직물을 보라색으로 염색했다. 지치는 여름에 작고 흰 꽃을 많이 피우므로 지치의 어원은 무라사키(叢咲き. 무리 지어 피다)였을 것이다. 자주색은 고귀한 색으로 여겨진 듯하고, 紫禁자금(왕궁), 紫極자극(천자가 거처하는 곳), 紫宸자신(천자의 어전) 등 궁중어에 쓰인다. 고대 로마에서는 푸르푸라 조개에서 얻은 염료로 염색한 자주색 직물을 귀중하게 여겼다.

|용례| 紫紺자감 紫雲자운 紫衣자의

滋 13획 | 자 | 붇다, 늘다

갑골1 │ 전문1

|해설| 형성. 성부는 茲무성할 자. 茲는 실 다발을 늘어놓은 모양으로 물건이 많은 것을 말한다. 실 다발을 물에 적시는 것을 滋라 하고, 실 다발이 물을 머금어 불어나는 것을 말한다. 滋는 '붇다, 늘다'라는 뜻에서 '축축해지다, 번성하다, 맛있다'는 뜻이 되고, 孶자와 통하여 '기르다'라는 뜻으로도 쓴다.

|용례| 滋味자미 滋養자양

煮 13획 | 자 | 삶다, 익히다

 │

전문1 │ 전문2

|해설| 형성. 성부는 者자. 『설문해자』(3하)에서는 鬵디리 굽은 솥 력 위에 성부 者를 더한 모양이라고 하고, 鬵이라는 솥으로 음식을 삶

는다는 뜻이라고 한다. 庶서는 주방의 지붕(广엄) 아래 廿입(냄비의 모양)을 설치하고 밑에서 불(灬화)을 더한 모양으로 삶는다는 뜻이 된다. 庶가 '삶다, 익히다'라는 의미의 본래 글자이다. 者는 邪靈사령을 물리치는 부적을 묻은 토담이기 때문에 불을 더하여 취사하는 것이 아니며, 煮는 요리와는 관계가 없는 글자이다. 者와 庶는 음이 가깝기 때문에 자형상 양자를 교체해서 쓰는 잘못을 저지르는 것이다. 遮차는 막는다는 뜻으로 쓰는데 취사한다는 뜻의 庶를 글자의 요소로 삼는 것은 잘못이다. 집락에 침입하는 것을 막으려면 막는 활동을 하는 토담에 의지해야 하므로 者를 요소로 하는 글자를 써야 할 것이다. 者와 庶를 혼동하고 오용하는 것은 옛날부터 있었던 것 같고 금문에서도 혼용된다. 삶는다는 뜻의 글자로는 『설문해자』의 글자(전문2)는 쓰이지 않고, 煮 자가 쓰인다.

|용례| 煮沸자비

資 13획 | 자 | 밑천, 자본

전문1

|해설| 형성. 성부는 次차. 『설문해자』(6하)에 "貨화"라고 하여, 資材 자재(물건을 만드는 근본이 되는 재료)를 말한다. 資는 재화(물품과 금전), '밑천'을 말하는 것으로 경제 활동의 기본이 되는 것이기 때문에 資本자본이라 하고, 사람의 성격으로 옮겨서 資質자질(타고난 성질이나 재능, 천성)이라고 한다.

|용례| 物資물자 資金자금 資産자산 學資학자

雌 13획 | 자 | 암컷

전문1

|해설| 형성. 성부는 此차. 此에 細小세소한 것이라는 뜻이 있고 사소한(적은) 것을 些사라고 한다. 세소한 것이라는 뜻을 새에 옮겨서 '암컷'을 雌라고 한다. 새는 대체로 수컷이 크고 암컷은 작다. 강약 관계에서는 암컷이 弱약이고, 암컷을 지키고 싸우지 않는다고 하는 사상은 『老子』에서 출발한다. 우열을 결정하는 것을 雌雄자웅을 決결한다고 한다. 雌伏자복이란 본래 암컷 새가 수컷 새에게 복종한다는 뜻에서, 장래 활약의 기회를 기다리면서 타인의 지배에 복종하며 참는 것을 말한다.

慈 14획 | 자 | 사랑하다

금문1 | 전문1

|해설| 형성. 성부는 兹무성할 자. 兹는 滋불어날 자와 통하여 '붇다, 기르다'라는 의미가 있고 그 기르는 정을 慈라고 해서 '사랑하다'(애지중지하다, 귀여워하다)라는 뜻이 된다. 또 '정, 불쌍히 여기는 마음'이라는 뜻으로도 쓴다. 금문에는 子자를 "사랑하다"라고 써서, 子, 兹, 滋, 慈, 孳기를 자는 같은 계열의 글자임을 알 수 있다.

|용례| 慈母자모 慈悲자비 慈善자선 慈愛자애 慈雨자우

磁 14획 | 자 | 자석, 자기

|해설| 형성. 성부는 玆무성할 자. 玆는 본래 玄현(검게 물들인 실 다발의 모양)을 두 개 늘어놓은 모양으로 검은 것이라는 의미가 있다. 거무스름해진 쇠와 같은 돌을 磁라 하고, '자석'을 말한다. 또 陶磁器도자기(도기와 자기, 흙으로 구워 만든 것)라고도 쓰지만, 磁器자기(유리질의 단단하게 구워 만든 것, 사기그릇)의 磁의 본래 글자는 瓷자(오지그릇, 사기그릇)이다.

|용례| 白磁백자 磁氣자기 磁石자석 靑磁청자

諮 16획 | 자 | 묻다, 꾀하다

|해설| 형성. 성부는 咨자. 咨(꾀하다, 탄식하다)는 축문을 외치며 신에게 탄식하면서 호소한다, 묻는다는 의미였는데, 咨가 咨嗟자차(탄식)한다는 뜻으로 쓰이게 되면서 諮 자가 만들어졌다. 諮는 호소하여 일을 상담한다는 의미이고 '묻다'라는 뜻으로 쓴다.

|용례| 諮問자문 諮詢자순 諮議자의

作 7획 | 작 | 짓다, 일으키다

갑골1 갑골2 금문1 금문2 전문1

|해설| 형성. 성부는 乍사. 乍는 나뭇가지를 구부려 집의 담 등을 만드는 것을 말한다. 갑골문이나 금문에서는 성벽이나 청동기를 만드는 것을 乍라고 하여, 乍가 作의 본래 글자이다. 후에 作爲작위

(만드는 것)의 글자로 作 자가 만들어졌다. 作은 온갖 물건을 '만든다'는 뜻에서 사람의 행위 전반으로 확대되어 '짓다, 일으키다, 이루다' 등의 뜻으로 써서 作興작흥(일어남)이라고 말한다.

|용례| 盜作도작 詩作시작 贋作안작 作家작가 作詩작시 作業작업

昨 9획 | 작 | 어제

전문1

|해설| 형성. 성부는 乍사. 乍는 나뭇가지를 구부려 담 등을 만드는 것을 말하는 글자인데, 乍는 옛날에는 徂갈 조와 음이 가까워 통용했으므로, '곧'이라는 뜻이 있다. 또 昔옛 석과도 음이 가까워 昔은 옛날에는 夕저녁 석이라는 뜻으로 썼다. 성부 乍의 관계에서 日일을 더해서 '어제'라는 뜻이 되었다.

|용례| 昨今작금 昨年작년 昨晚작만 昨夕작석 昨夜작야 昨日작일

酌 10획 | 작 | 따르다

 |
금문1 | 전문1

|해설| 형성. 성부는 勺작. 勺은 국자의 모양이고 酉유는 술통의 모양. 술통에서 국자로 술을 '따르는' 것을 酌이라고 한다.『설문해자』(14하)에 "술을 채워 술잔을 돌리는 것"이라고 한다. 술잔을 주고받으며 술잔치를 벌이는 것을 말한다. 술을 따를 때 그 분량을 재면서 따르므로, 상대의 사정을 생각하고 배려하는 것을 斟酌짐작이라

하고, 사정을 잘 생각해서 처치하는 것을 酌量작량이라고 한다.

|용례| 獨酌독작 晚酌만작 酌酒작주

爵

18획 | 작 | 술잔

| 갑골1 | 갑골2 | 금문1 | 금문2 | 전문1 |

|해설| 상형. 酒器주기인 爵의 모양. '술잔'
을 말한다. 『설문해자』(5하)에 "禮器예기"라
고 하여, 상부를 雀참새 작의 모양이라고 하
지만, 옛 자형을 보면 주기인 爵을 그대로
자형으로 한 것임을 알 수 있다. 은상을 하
사할 때 이 爵을 쓰는 일이 많고 公공, 侯후
등의 신분을 하사할 때 爵으로 술을 내리

청동기 爵

는 일이 행해졌다. 그래서 公, 侯, 伯백, 子자, 男남을 오등의 爵이라
하고 그 신분을 爵位작위라고 한다. 爵의 제일 위를 公爵공작이라고
한다.

棧

12획 | 잔 | 잔교, 선반

전문1

|해설| 형성. 성부는 戔잔. 戔은 戈창 과를 겹쳐 놓은 모양으로 얇은
것을 겹친다, 또 늘어놓는다는 뜻이 있다. 물이 얕은 것을 淺천이라
하여, 나무를 연이어서 만드는 '선반'이나 '잔교'를 棧이라 한다. 唐

代당대 李白이백의 「蜀道難촉도난」이라는 시에 "天梯石棧천제석잔"이
라는 말이 있는데, 돌로 만든 잔교가 있었을 것이다.

|용례| 棧橋잔교 棧道잔도

殘 12획 | 잔 | 남다, 해치다

전문1

|해설| 형성. 성부는 戔잔. 戔은 戈창 과를 겹친 모양인데, 얇고 작은
물건을 겹친 상태를 말한다. 歹알은 冎이 본래 모양이고 殘骨잔골
의 모양. 사람의 사체 가슴 위쪽 뼈가 남아 있는 모양이다. 뿔뿔이
흩어져서 겨우 남은 뼈를 殘이라고 한다. 짐승이 짐승을 헤적거리
며 먹어대는 모습을 殘虐잔학, 殘酷잔혹(끔찍함)이라고 한다. 그래서
殘은 '남다, 해치다, 끔찍하다'라는 뜻이 된다.

|용례| 殘留잔류 殘雪잔설 殘月잔월 敗殘패잔

潛 15획 | 잠 | 자맥질하다, 숨다, 몰래

전문1

|해설| 형성. 성부는 朁참. 朁에 僭범할 참의 음이 있다. 朁은 兓침(呪
具주구로서 두 개의 비녀〔簪잠〕)을 曰왈(신에게 바치는 기도문인 축문을 넣
는 그릇에 축문이 있는 모양) 위에 놓고 몰래 사람을 저주하고 비난하
는 깃을 말힌디. 그래서 몰래 한다는 뜻이 있다. 물속을 몰래 가는
것을 潛이라고 하여, '자맥질하다, 빠져나가다'라는 뜻이 된다. 또

널리 '숨다, 몰래, 깊다'는 뜻으로 쓴다.

|용례| 潛龍잠룡 潛水잠수 潛隱잠은 潛入잠입 潛行잠행 沈潛침잠

暫 15획 | 잠 | 잠깐

暫
전문1

|해설| 형성. 성부는 斬참. 斬은 수레를 만들기 위해 목재를 베는 것을 말한다. 각 부의 나무를 베는 데 순서가 있는 데서, 물에 담가 서서히 적시는 것을 漸점점 점이라 하고, 서서히 남에게 미치는 시간을 暫잠깐 잠이라 하여, '잠깐, 순간'이라는 뜻이 된다. 글자의 하부는 曰왈이 아니라 日일의 모양이다.

|용례| 暫時잠시 暫定잠정

蠶 24획 | 잠 | 누에

 | |
갑골1 | 갑골2 | 전문1

|해설| 형성. 성부는 朁참. 『설문해자』(13하)에 "실을 토하는 벌레", 즉 '누에'를 말한다. 갑골문은 누에를 상형적으로 그렸고, 또 도판처럼 뽕잎 위에 누에 모양의 벌레를 더한 것이 있다. 또 갑골문에는 蠶示잠시(누에의 신)에게 제사 지내는 일을 기록한 것이 있고, 3천 수백 년 전 은 왕조 시대에 양잠(누에를 키워 누에고치를 얻음)을 했음을 알 수 있다. 양잠은 농경과 함께 중요한 산업이 되어 주

상용자해

왕조에서는 왕후 부인이 **親蠶**친잠 의례를 행하여 **神衣**신의·**祭衣**제
의를 짜도록 되어 있었다. 비단은 중국의 특산품으로서 수출되어
내륙 아시아를 횡단하여 지중해 연안 지방에 이르는 통상로인 실
크로드(비단길)가 열렸다.

|용례| **蠶絲**잠사 **蠶食**잠식 **蠶室**잠실

雜 18획 | 잡 | 섞이다

전문1

|해설| 형성. 글자를 분해하면 衣의와 集집이 된다. 성부는 集. '모으
다'라는 뜻도 있는 글자이다. 옷을 염색하는 데 다양한 종류의 초
목의 물감을 사용했기에 여러 가지 색깔의 옷을 만들 수 있었다.
다양한 색이 모여서 섞이는 것을 雜이라고 한다. 그래서 雜은 일반
적으로 '섞이다'라는 뜻이 된다. **雜多**잡다(여러 가지가 뒤섞임)한 것은
가치가 낮은 것이라고 하여 '천하다'는 뜻이 된다.

|용례| **亂雜**난잡 **雜居**잡거 **雜木**잡목 **雜業**잡업 **雜學**잡학 **粗雜**조잡

丈 3획 | 장 | 길, 어른

전문1

|해설| 회의. 十십과 又우를 조합한 모양. 十은 나뭇가지의 모양이고
又는 손(手수)의 모양 나뭇가지를 손에 들어 그것을 의지하는 것으
로, **杖**지팡이 장의 본래 글자이다. 또 길이의 단위로 10**尺**척(약 3미터)

을 말한다. 그러나 자형의 十은 숫자 10이 아니고 나뭇가지이다. 글자의 요소는 十과 又를 조합한 모양인 支지와 같은데 조합 방식이 다르다. 지팡이로 길이를 재므로 『春秋左氏傳』「襄公九年」에 "돌아보며 성을 재다(丈)"라고 쓴 것이 있다. 成人성인을 丈人장인이라 하는데, 30세라는 설이 있다.

|용례| 丈夫장부 丈六장륙

전문1

匠 6획 | 장 | 장인

|해설| 회의. 匚상자 방과 斤근을 조합한 모양. 옛 자형에서 匚은 바구니 모양이고 簠보라는 죽기의 모양이다. 簠는 黍稷서직(메기장과 찰기장)과 같은 곡물을 바치는 그릇으로 대나무를 엮어 만든 기물이다. 斤은 손도끼의 모양. 손도끼를 사용해서 기물을 만드는 대나무를 쪼개고 나무를 자르는 사람이 匠이다. 기물을 만드는 사람이라는 뜻이 확대되어 기물의 제작자 일반을 뜻하는 '장인'이 되고 또 기예 등을 가르치는 사람이라는 뜻이 되었다. 『周禮』「考工記」에 "匠人장인, 國국을 짓다(營영)"라고 하여 國都국도의 조영자를 말한다.

|용례| 巨匠거장 師匠사장 意匠의장 匠人장인

壯

7획 | 장 | 씩씩하다, 굳세다

금문1	전문1

|해설| 형성. 성부는 爿장. 爿은 다리가 달린 상의 모양. 그 위에 고기를 올려 승전을 기원하는 제사를 지낸 후에 그 祭肉제육을 갖고 군을 이끄는 사람을 將장, 將軍장군이라고 한다. 士사는 전사 계급의 신분을 표시하는 작은 도끼의 머리 부분의 모양으로 戰士전사를 말한다. 爿은 은왕의 왕자 출신 가문인 親王家친왕가의 집안을 표시하는 도상으로 쓰인 ♔ 형에 보인다. 將, 壯은 그 친왕가의 신분을 표시하는 것으로 생각된다. 壯은 친왕가 출신의 전사이고 전사 집단의 중핵이 된 자일 것이다. 전사라는 뜻에서 强壯강장, 壯健장건(심신이 굳세고 왕성함), 壯大장대(크고 뛰어남)처럼 '왕성하다, 굳세다, 크다'는 뜻이 된다.

|용례| 勇壯용장 雄壯웅장 壯觀장관 壯年장년 壯夫장부

長

8획 | 장 | 길다, 키, 우두머리

갑골1	금문1	금문2	전문1

|해설| 상형. 머리가 긴 사람을 옆에서 본 모양. 장발이므로 '길다, 길이, 키'라는 뜻이 된다. 머리가 긴 사람은 노인이고 씨족의 지도자로서 존경받았으므로 '우두머리, 존경하다'라는 뜻이 되고, 長者장자(덕이 뛰어난 사람. 연상의 사람. 부자), 長上상상(윗사람), 長老장로(나이 많은 사람을 높여 이르는 말. 지도적인 입장에 있는 사람), 會長회장(회

를 대표하는 사람), 社長사장(회사를 대표하는 최고 책임자)이라고 말한다.

|용례| 成長성장 長命장명 長生장생

莊

9획 | 장 | 엄숙하다, 씩씩하다

金	閉	莊
금문1	금문2	전문1

|해설| 형성. 성부는 壯장. 壯에 '왕성하다, 크다, 굳세다'는 뜻이 있다. 그래서 莊敬장경(엄숙하게 공경함), 莊嚴장엄(엄숙하고 위엄이 있음), 莊重장중(엄숙하고 무게가 있음)처럼 '엄숙하다'는 뜻으로 쓴다. 또 山莊산장(산중에 있는 별장), 別莊별장(경치 좋은 곳에 따로 지은 집), 莊園장원(큰 농경 경영지)이라고 쓴다.

將

11획 | 장 | 장차, 막 ―하려 하다, 거느리다

牆	牆
금문1	전문1

|해설| 회의. 爿장과 肉육(夕의 모양)과 寸촌을 조합한 모양. 爿은 탁자의 모양인데 그 위에 고기를 손으로 받들어 신에게 올리는 모양이 將이다. 군대 출정에서 고기를 바쳐 전승 기원 제사를 지낸 다음, 그 바친 祭肉제육(肖퇴 모양으로 脤肉신육이라고 한다)을 가지고 출정했기 때문에 군의 지휘자를 師사라고 한다. 將은 그 고기를 바쳐 제사하고 제육을 가지고 군을 거느리는 사람, 장군을 말한다. 爿은 殷王은왕의 왕자 출신 가문인 親王家친왕가의 집안을 표시하는 도

상으로 쓰인 형에 보인다. 將, 壯장은 그 친왕가의 신분을 표시하는 것이라고 생각된다. 친왕가 출신이 장군이 되었을 것이다. 將은 고기를 올려서 제사하고 장군으로서 군을 거느리고, 행하고, 행동을 시작하는 것을 말한다. '거느리다, 행하다'라는 뜻으로 쓰고 '장차'라는 뜻으로도 쓴다.

|용례| 名將명장 將校장교 將來장래 將兵장병 將士장사 將帥장수

帳

11획 | 장 | 장막, 장부

전문1

|해설| 형성. 성부는 長장. 『설문해자』(7하)에 "치는(張) 것"이라고 한다. 둘러치는 것을 말한다. '장막'(실내에 드리워서 칸막이를 하거나 빛을 차단하기 위한 천)을 뜻하고, 開帳개장(불상을 안치하는 감실을 열어서 예불하게 함), 蚊帳문장(모기장)처럼 쓴다. 帳薄장박, 帳面장면(같은 모양의 종이를 여러 장 꿰맨 책자. 노트), 臺帳대장(토대가 되는 장부), 通帳통장(예금액 등의 금액, 수량 등을 기입해 두는 장부)처럼 종이를 꿰맨(綴철) 것이라는 뜻으로 쓴다.

張

11획 | 장 | 베풀다, 메우다, 넓히다

전문1

|해설| 형성. 성부는 長장. 『설문해자』(12하)에 "활시위를 베풀다(施시)"라고 하고, 『詩經』 「小雅/吉日」에 "이미 내 활을 메우다(張)"라

고 한다. 활시위를 메운다는 것이 본래의 뜻인데, 후에 일반적으로 '메우다, 메워 넓히다, 넓히다, 열다' 등의 뜻으로 쓴다.

|용례| 更張경장 伸張신장 張大장대 張目장목 張本장본 主張주장

章 11획 | 장 | 무늬, 밝다, 표시

금문1 | 전문1

|해설| 상형. 입묵할 때 사용하는 바늘(辛신)의 끝부분에 먹물이 괸 모양. 日일 부분이 먹물이 괸 모양이다. 이것으로 새긴 아름다운 문신(입묵)을 彰밝을 창이라고 한다. 文문은 문신의 모양으로 그 문신의 아름다운 것을 彣무늬 문이라 하고 합쳐서 彣彰문창(아름다운 것, 무늬가 있는 것)이라고 한다. 章은 입묵의 아름다움에서 '밝다, 무늬'라는 뜻이 된다. 또 입묵은 형벌 외에 통과 의례로서, 또 사회생활상의 신분을 표시하는 표시로 사용되었기 때문에 '모범, 법, 표시'라는 뜻이 되고 시문이나 악곡 일절이라는 뜻으로도 쓰인다.

|용례| 記章기장 帽章모장 印章인장 章句장구 章服장복 章程장정

場 12획 | 장 | 마당

전문1

|해설| 형성. 성부는 昜양. 昜은 받침대 위에 놓은 玉옥의 빛이 아래로 퍼져나가는 모양. 昜은 靈령의 힘을 갖는다고 여겨진 옥에 의해 사람의 정기를 왕성하고 풍요롭게 하는 振魂진혼 의례를 말하고, 그

의례가 행해지는 곳을 場이라고 한다. 또 신에게 제사를 지내는 곳을 場이라고 한다. '제사 장소'가 본래의 뜻인데 후에 '밭, 빈터, 자리'라는 뜻으로 쓴다.

|용례| 道場도장 場所장소 齋場재장 戰場전장 會場회장

掌 12획 | 장 | 손바닥, 맡다

전문1

|해설| 형성. 성부는 尙상. 『설문해자』(12상)에 "手中수중"이라고 풀이한다. '손바닥'을 말한다. 掌은 물건을 파악하는(확실히 잡는) 곳이므로 확실히 파악하는 것을 掌握장악, 관리하는 것을 管掌관장이라고 한다. 또 서책이나 의식 등을 관장하는 것을 掌典장전이라 하여, '관장하다'라는 뜻으로 쓴다. 손바닥 위에 지시하는 점을 찍은 모양은 上상(위)이고, 손바닥을 뒤집어 그 아래에 지시하는 점을 찍은 모양은 下하(아래)이다. 上과 下는 손바닥의 위와 아래로 표시한 글자이다.

|용례| 掌中장중 職掌직장

粧 12획 | 장 | 꾸미다

갑골1 | 금문1 | 전문1

|해설| 형성. 본래 글자는 妝꾸밀장으로 쓰고, 성부는 爿장. 금문의 지청은 妝의 女녀 겨드랑이에 곡선을 그었는데, 그 곡선은 安안, 保

보의 옛 자형에도 더해진 것으로 새로운 靈령을 깃들게 하기 위한 옷일 것이다. 그래서 粧이란 외면을 꾸며서 새로운 靈을 맞이한다는 뜻일 것이다. '꾸미다'라는 것은 다른 인격처럼 되는 것을 말한다. 화장을 할 때 쌀가루 등을 사용하기 때문에 粧 자를 쓰게 되었을 것이다.

|용례| 粧面장면 粧飾장식 化粧화장

葬 13획 | 장 | 매장하다

갑골1   전문1

|해설| 회의. 茻망과 死사를 조합한 모양. 茻은 풀숲. 死는 죽은 사람의 가슴 위쪽 잔골에 절하고 애도하는 모양. 고대에는 사체를 일시적으로 풀숲에 버려 풍화해서 잔골이 되었을 때, 그 뼈를 수습하여 매장했는데 이를 葬이라 한다. 이러한 매장 형식을 複葬복장이라 한다. 本葬본장 이전에 유체를 板屋판옥(판자로 둘러싸 만든 집)에 넣고 풍화하기를 기다리는 것을 殯빈이라 한다.

|용례| 密葬밀장 送葬송장 水葬수장 葬儀장의 火葬화장 會葬회장

腸 13획 | 장 | 창자

전문1

|해설| 형성. 성부는 昜양. 昜에 暢창 창의 음이 있다. 『설문해자』(4하)에 "大小대소의 腸"이라고 하여, '장, 창자'를 뜻한다고 한다. 소장이

존재하는 것도 옛날부터 알려져 있었다. 脹창자장도 장이라는 뜻으로 쓰는 경우가 있는데 脹은 나중에 만들어진 글자일 것이다. 비통한 마음이 심할 때 胃腸위장(위와 장)에도 통증을 느끼는 일이 있고, 斷腸단장의 마음(창자가 끊어질 듯이 슬픈 마음)이라고 말한다. 蜀촉의 三峽삼협에서 새끼 원숭이를 사로잡은 병사의 뒤를 백여 리나 쫓아와서 죽은 어미 원숭이가 있었다. 그 어미 원숭이의 배를 열어보니 장이 갈기갈기 끊겨 있었기 때문에, 晉진의 車騎將軍거기장군이었던 桓溫환온(4세기)이 노하여 그 병사를 파면했다고 한다. 『世說新語』「黜免」에 보이는 이야기이다.

裝

𧝒
전문1

13획 | 장 | 꾸미다

|해설| 형성. 성부는 壯장. 의상의 외형을 정돈하는 것을 裝이라 하고, 裝飾장식(아름답게 보이도록 꾸밈)이라고 하여, '꾸미다'라는 뜻이 된다. 裝束장속은 원래 길 떠날 채비를 하는 것이었는데, 지금은 옷차림을 정돈한다는 뜻으로 쓴다. 의상 이외에도 裝甲장갑(갑옷을 착용함. 또 적탄을 막기 위해 차체 등에 철판을 붙임), 表裝표장(종이나 옷감을 펴서 족자 등을 꾸밈), 裝潢장황(서화 족자의 표장을 함)이라고 말한다. 책의 표지, 면지 등의 體裁체재를 만들고 외형을 정돈하는 것을 裝釘장정, 裝訂장정이라고 했고 지금은 裝丁장정, 裝幀장정이라고 한다.

獎 14획 | 장 | 권하다

전문1

|해설| 형성. 성부는 將장. 將은 탁자(爿장) 위에 손(寸촌)으로 고기 (夕의 모양)를 바치는 모양이다. 하부의 犬견은 희생으로 쓴 개다. 희생의 고기를 바쳐 신에게 권하고 제사하는 것을 獎이라고 하는데, 고기를 권한다는 뜻이 된다. 후에 일반적으로 '권하다'라는 뜻이 되고 또 '돕다'라는 뜻으로도 쓴다.

|용례| 恩獎은장 獎勵장려 推獎추장

障 14획 | 장 | 가로막다, 막다, 가리다, 가리개

障
전문1

|해설| 형성. 성부는 章장. 성부가 章인 글자에 鄣막을 장, 墇막을 장이 있고, 막는다는 뜻이 있다. 阜부(阝. 본래 모양은 𨸏)는 신이 하늘에 오르내릴 때 사용하는 신의 사다리 모양이기 때문에 障은 신성한 곳을 막아 지킨다는 뜻이 된다. 그래서 '가로막다, 막다'라는 뜻이 되고, 가로막기 위한 '가리개', 또 '장애, 지장'이라는 뜻으로 쓴다.

|용례| 障壁장벽 障礙장애 障子장자 障害장해 支障지장

藏 19획 | 장 | 창고, 감추다, 저장하다

전문1

|해설| 형성. 성부는 臧장. 臧의 성부는 戕장. 臣신이 神신을 모시는 자이고, 이를 창(戕)으로 정화하고 액막이하는 것이어서 좋다(臧)고 읽는 글자이다. 藏은 고문헌에 '감추다'라는 뜻으로 쓰이는데, 옛 자형이 없어서 어떻게 해서 '감추다'가 되었는지 알 수 없다. 藏의 자형에서 보면, 艸초(艹. 草) 속에 숨은 사람의 모습이 된다. 후에 '저장하다, 창고'라는 뜻으로 쓴다.

|용례| 所藏소장 收藏수장 藏匿장닉 藏書장서

臟 23획 | 장 | 내장

|해설| 형성. 성부는 藏장. 藏에 안에 숨은 것이라는 뜻이 있고 몸의 부분을 표시하는 月(육달월)을 더하여 臟이 되고, '내장, 창자'를 말한다. 신체 중에는 五臟오장(폐장, 심장, 비장, 간장, 신장)六腑육부(大腸대장, 小腸소장, 胃위, 膽담, 膀胱방광, 三焦삼초)가 있다. 몸의 내부 기관을 臟器장기라고 한다. 또 자기를 잘 봐달라는 목적으로 남에게 감추어서 주는 금품을 贓뇌물 장(賄賂회뢰)이라고 한다.

才 3획 | 재 | 있다, 약간

갑골1 　 갑골2 　 금문1 　 금문2 　 전문1

| 해설 | 상형. 표시로 세운 표목의 모양. 표목 상부에 가로목을 놓고 여기에 ㅂ재(신에게 바치는 기도문인 축문을 넣는 그릇의 모양)를 둔다. 이것으로써 그 장소가 聖化성화되며 才는 신성한 장소로서 '있는' 것을 말한다. 나무를 세우는 것은 일본에서 섶나무(柴시)를 제단의 경계에 꽂아서 섶나무의 힘으로 토지를 성화하는 섶나무꽂이(柴刺, 시바사시) 습속과 마찬가지로 신이 하늘에서 내려와 머무르는 장소를 성화하는 방법이다. 才는 성화되고 신성한 것으로서 존재한다는 것이 본래의 뜻으로서 才는 在재(있다)의 본래 글자이다. 금문에서는 "正月정월에 才(있다)"라는 식으로, 在의 뜻으로 쓴다. 후에 聖器성기인 작은 도끼(鉞월)의 머리 모양인 士사를 더하여 在가 되고 子자를 더하여 存존(있다, 살다)이 된다. 存在존재란 신성한 것으로서 있다는 뜻이다. 새로운 기물이 만들어졌을 때 성스러운 표시로서 才의 모양을 표찰처럼 붙여 祓除불제(깨끗이 씻어냄)한다. 才를 戈창 과의 날 위에 붙인 모양이 㦰재(처음)이고, 裁마를 재, 栽심을 재, 載처음 재는 성부가 㦰이다. 才能재능(타고난 두뇌의 작용과 능력)의 뜻도 존재하는 것 안에 처음부터 있는 기능이라는 뜻일 것이다. '있다'가 본래의 뜻이었지만 후에 才智재지, 才知재지(두뇌의 기능, 또 두뇌의 기능이 날카로움)라는 뜻으로 쓰인다.

| 용례 | 文才문재 才覺재각 才氣재기 才士재사 才色재색 才子재자

再 6획 | 재 | 거듭, 둘

갑골1　금문1　금문2　전문1

|해설| 상형. 꼰 끈의 모양. 끈을 꼴 때 그 기구(冉염)의 위아래로 一일을 더해 그곳에서부터 되풀이해서 또 계속 꼬는 모양을 표시한다. 되풀이하는 데서 '다시'라는 뜻이 된다. 다시 반복해서 실을 짠다는 뜻이므로 '둘'이라는 뜻도 된다. 冉을 위아래로 짜 맞추면 冓구가 된다.

|용례| 再起재기 再度재도 再拜재배 再三재삼 再生재생 再會재회

在 6획 | 재 | 있다

| 갑골 | 금문1 | 금문2 | 금문3 | 전문1 |

|해설| 회의. 才재와 士사를 조합한 모양. 才는 표시로 세운 標木표목의 모양. 표목의 상부에 작은 가로목을 대고, 그곳에 ㅂ축문 그릇 재(신에게 바치는 기도문인 축문을 넣는 그릇의 모양)를 단다. 이로써 그 장소가 聖化성화되고 신성한 장소로서 '있는' 것을 말한다. 才는 신성한 장소라는 것, 신이 있는 곳을 표시하는 글자인데 그곳에 士(작은 도끼의 머리 부분의 모양)를 聖器성기로서 더하여 才를 지키고 신성한 장소라는 것을 확인한다. 才가 在의 본래 글자이고 在는 신성한 것으로서 '있다'는 의미가 되고, 후에 일반적으로 사물이 '있다'는 의미, 사람이 '있다'는 의미도 된다. 才에 子자를 더하여 성화 의례에 의해 子의 생존이 보장되는 것을 存존(있다, 살다)이라 한다.

|용례| 實在실재 在留재류 在世재세 在位재위 現在현재

材 7획 | 재 | 재목, 바탕

전문1

|해설| 형성. 성부는 才재. 才는 존재하는 것을 聖化성화하기 위해 標木표목으로 세운 나무의 상부에 ㅂ축문 그릇 재(신에게 바치는 기도문인 축문을 넣는 그릇의 모양)를 달고 성화한 것을 표시한다. 그래서 才는 성화된 것을 말하고 처음부터 존재하는 것이나 재능의 작용을 말한다. 材는 才와 통하여 '바탕, 본래의 것, 작용'이라는 뜻으로 쓰고, 才能재능(타고난 머리의 작용과 능력), 材幹재간(재능), 材力재력(지혜의 작용)이라고 말한다. 그 의미를 한정하기 위해 木목을 더해서 '材木재목'(가공하지 않은 원목)이라는 뜻으로 쓴다.

|용례| 木材목재 材料재료 材木재목 題材제재

災 7획 | 재 | 재난

갑골1　　갑골2　　주문1　　전문1　　전문2

|해설| 회의. 巛재앙 재와 火화를 조합한 모양. 巛는 본래 巛재로 써서 水流수류(巛)가 막혀 넘쳐흐르는 것을 말한다. 巛는 水災수재, 홍수의 재난을 말하고 여기에 火를 더해 火災화재를 말한다. 후에 災는 수재, 화재뿐 아니라 모든 재난을 말한다. 『설문해자』(10상)에는 烖재, 灾재를 드는데 모두 화재를 주로 하는 글자이다.

|용례| 防災방재 人災인재 災害재해 災禍재화 震災진재 天災천재

宰

10획 | 재 | 주관하다, 우두머리

갑골1 | 금문1 | 금문2 | 전문1

|해설| 회의. 宀면과 辛신을 조합한 모양. 宀은 조상의 영에게 제사 지내는 廟묘(사당)의 지붕 모양. 辛은 큰 손잡이가 달린 曲刀곡도이고, 희생의 고기를 자르는 식칼이다. 곡도로 희생을 잘라 조상의 영에게 바치는 일을 하는 사람이 宰이고, 이 일은 長老장로가 맡았다. 宰는 조상의 제사를 주관하는(직무로서 담당하는) 사람이었는데 政務정무를 관장하는 사람도 말하게 되어, 宰相재상(중국에서 황제를 보좌하여 정치를 책임지고 관리하는 직)이라고 한다. '주관하다, 다스리다, 우두머리, 두목'이라는 뜻으로 쓴다.

|용례| 宰輔재보 主宰주재

栽

10획 | 재 | 심다

전문1

|해설| 형성. 성부는 𢦒재. 𢦒는 戈창 과가 만들어졌을 때 그 창날 위에 才재(신성한 標識표지)를 붙인 모양으로, 물건을 정화하고 일을 시작한다는 의미이다. 현대식으로 말하면 새 차를 사서 절에서 부적을 붙이는 것과 같다. 아마 의례로서 植樹식수 행위를 말하는 것이 본래의 뜻이었을 것이다. 栽는 '나무를 심다, 심다'라는 뜻으로 쓴다.

|용례| 栽培재배 前栽전재

財 10획 | 재 | 보물

財
전문1

|해설| 형성. 성부는 才재. 才에는 材質재질이라는 뜻이 있다. 貝패는
子安貝자안패의 모양으로 南海남해산 자안패는 매우 귀중한 것이었
으므로 고대에는 화폐로 사용되었다. 財는 財貨재화(금전이나 가치가
높은 물품), 財寶재보(보물)를 말한다. 또 才, 纔재와 통용하여 '겨우'
라는 뜻으로, 裁재와 통용하여 '자르다, 헤아리다'라는 뜻으로 써서
財察재찰(판가름함), 財成재성(구려나감)이라고 한다.

|용례| 家財가재 私財사재 財産재산 財源재원

裁 12획 | 재 | 마르다, 판가름하다

裁
전문1

|해설| 형성. 성부는 𢦏재. 𢦏는 戈과가 만들어졌을 때 그 창날 위
에 才재(신성한 표시)를 붙인 모양으로, 물건을 정화하고 일을 시작
한다는 의미가 있다. 처음 옷감을 마르는(裁. 의복을 만들기 위해 옷감
을 가지런히 자름) 것을 裁라고 한다. 마름질을 하여 의복이 되기 때
문에 裁制재제(만듦), 裁察재찰(일을 처리함)처럼 '처리하다, 판가름하
다, 결정하다'라는 뜻이 있고, 裁決재결(판결하여 명령함), 裁斷재단(일
의 좋고 나쁨을 명확히 결정함)이라고 한다.

|용례| 決裁결재 裁可재가 體裁체재

載

13획 | 재 | 싣다, 행하다

| 금문1 | 금문2 | 전문1 |

|해설| 형성. 성부는 𢦏재. 𢦏는 戈과의 날 위에 才재(신성한 표시)를 붙인 모양으로, 물건을 정화하고 일을 시작한다는 의미가 있다. 載는 아마 兵車병거를 정화하는 의례이고, 군이 출발할 때 실시했을 것이다. 그래서 '시작하다, 처음'이라는 뜻이 되고, 시작하는 것이 즉 행하는(載) 것이기 때문에 '행하다'라는 뜻이 된다. 후에 '싣다'라는 뜻으로 쓴다.

|용례| 載錄재록 載書재서 積載적재

齋

17획 | 재 | 재계하다, 삼가다

| 금문1 | 전문1 |

|해설| 회의. 齊가지런할 제의 생략형과 示시를 조합한 모양이다. 齊는 제사에 봉사할 때 세 개의 비녀를 나란히 세운 부인의 머리 장식이다. 示는 제사 때 사용하는 제사용 탁자이다. 제탁 앞에서 제사에 봉사하는 것을 齋라고 한다. 그래서 齋는 '齋戒재계(일정 기간, 식사나 외출 등을 삼가고 심신을 맑게 함), 삼가다'라는 뜻이 된다.

|용례| 潔齋결재 齋戒재계 齋場재장

爭 8획 | 쟁 | 싸우다

전문1

|해설| 회의. 몽둥이 모양의 물건을 위아래에서 손으로 잡은 모양. 爪조와 又우는 손의 모양. 몽둥이 모양의 물건을 양 끝에서 서로 끌어당기며 싸우는 모양으로 '싸우다'라는 뜻이 된다. 靜정 자에도 爭이 포함되어 있는데, 이 경우 爭은 力력(未쟁기 뢰의 모양)을 위아래에서 손으로 잡은 모양이므로 자형은 같지만 본래 글자의 구조는 다르다. 淨깨끗할 정에 포함된 爭은 靜 자의 요소인 爭이다.

|용례| 論爭논쟁 爭奪쟁탈 政爭정쟁

低 7획 | 저 | 낮다, 낮추다, 낮아지다

전문1

|해설| 형성. 성부는 氏저. 氏는 氏씨와 一일을 조합한 모양인데, 氏(손잡이가 달린 작은 칼)로 밑을 깎아서 낮고 평평하게 한다는 뜻이다. 그래서 사람의 신장이 낮은 것, 사람이 자세를 낮게 하는 것을 低라고 한다. 후에 일반적으로 '낮다, 낮추다'라는 뜻으로 쓴다.

|용례| 低級저급 低頭저두 低劣저열 低地저지 最低최저

상용자해

底 8획 | 저 | 바닥

底 갑골1 | 庢 전문1

|해설| 형성. 성부는 氐저. 氐에는 손잡이가 달린 작은 칼(氏씨)로 바닥을 깎아서 평평하게 한다는 뜻이 있다. 广엄은 건물 지붕 모양이다. 건물 바닥이 평평한 것을 底라 하고, '바닥'이라는 뜻이 된다. 『설문해자』(9하)에 "山居산거"라는 것은 아마 '止居지거'의 잘못이고, 땅을 평평하게 해서 지붕을 달고 사는 곳이라는 의미일 것이다.

|용례| 根底근저 底流저류 底面저면 海底해저

抵 8획 | 저 | 밀다, 거스르다, 부닥뜨리다

抵 전문1

|해설| 형성. 성부는 氐저. 氐에는 손잡이가 달린 작은 칼(氏씨)로 바닥을 깎아서 평평하게 한다는 뜻이 있다. 『설문해자』(12상)에 "미는(擠제) 것이다", 『廣雅』「釋詁」에 "밀다(推추)"라 하고, 힘을 주어 다른 것에 '부닥뜨리다, 밀어내다'라는 뜻이라고 한다. 또 抵抗저항(외부 힘에 맞서 겨루어 거스름)처럼 '거부하다, 거스르다'라는 뜻으로 쓴다. 두 물건의 정도가 알맞게 어울려 차금의 보증에 해당하는 재산이나 권리를 抵當저당이라고 한다.

|용례| 抵罪저죄 抵觸저촉

狙 8획 | 저 | 원숭이, 노리다

狙
전문1

| 해설 | 형성. 성부는 且차. '원숭이'를 말한다. 원숭이 키우는 사람이 도토리를 아침에 세 개 저녁에 네 개 주겠다고 하니 원숭이가 적다고 화를 내므로, 아침에 네 개 저녁에 세 개로 바꿔 준다고 하니 원숭이가 좋아했다. 『莊子』「齊物論」의 이 '朝三暮四조삼모사' 고사에서 원숭이 키우는 사람은 狙公저공으로 불린다. 또 狙擊저격(몰래 노려서 쏨)이라고 써서 '노리다'라는 뜻이 된다. 『설문해자』(10상)는 개라는 뜻을 소개하는데 그것은 '노리다'에서 나온 설일 것이다.

邸 8획 | 저 | 저택

邸
전문1

| 해설 | 형성. 성부는 氐저. 氐에는 손잡이가 달린 작은 칼(氏씨)로 바닥을 깎아서 평평하게 한다는 뜻이 있다. 『설문해자』(6하)에 "속국의 집(舍사)"이라 하고, 제후가 수도에 참상했을 때 숙박하는 '저택'을 말한다. 邸閣저각은 본래 식량을 저장하는 관의 창고였는데 후에 개인의 상점이나 豪邸호저를 말하게 되었다.

| 용례 | 官邸관저 私邸사저 邸宅저택

貯

12획 | 저 | 저장하다

| 갑골1 | 금문1 | 금문2 | 전문1 |

|해설| 형성. 성부는 宁저. 宁는 물건을 저장하는 상자의 모양으로, 저장한다는 뜻이 있다. 갑골문에는 그 상자에 貝패를 넣은 모양, 금문에는 상자에 戈창 과를 넣은 모양이 있다. 貝는 子安貝자안패로, 귀한 것이었기 때문에 화폐로 사용되었다. 宁에 貝를 더한 貯는 '저장하다'라는 뜻이 된다. 금문에는 "새로 만든 貯를 감독시키다" 라는 문장이 있는데, 이 貯는 저장을 위한 건물을 뜻한다.

|용례| 貯穀저곡 貯金저금 貯水저수 貯藏저장 貯積저적

著

13획 | 저 | 나타내다, 두드러지다, 붙다, 분명하다

전문1

|해설| 형성. 성부는 者자. 者에 楮닥나무 저, 箸젓가락 저의 음이 있다. 者는 외부의 침입자로부터 집락을 지키기 위한 담장이고, 담장 안 곳곳에는 주술의 부적처럼 曰왈(書서)이 묻혀 있다. 그것은 曰(書) 에 의해 침입자를 막는 呪力주력(주술의 힘)을 담장에 부착할 수 있 다고 여겼기 때문이다. 그래서 著는 '붙다, 붙이다'라는 뜻이 된다. 그 주력이 顯著현저하고(두드러지고), 著名저명하기(분명하기) 때문에 '두드러지다, 분명하다'는 뜻이 되고, 분명히 하는 것에서 '쓰다, 나 타내다'라는 뜻이 된다. 着착은 著의 본래 같은 글자인데, 着은 속 자이고 두 글자는 쓰는 관습이 다르다. 着은 '입다, 몸에 걸치다, 붙

다, 이르다'라는 뜻으로 쓴다.

|용례| 自著자저 著名저명 著書저서 著述저술 顯著현저

箸 15획 | 저 | 젓가락, 통

전문1

|해설| 형성. 성부는 者자. 者에 楮닥나무 저, 褚솜옷 저의 음이 있다. 『설문해자』(5상)에 "음식의 젓가락(敠기)", 즉 음식을 집어 드는 데 사용하는 '젓가락'을 뜻한다고 한다. 글자는 또 筯저로 쓴다. 불을 집는 부젓가락을 火箸화저, 火筯화저라고 한다. 著나타낼 저와 통용하는 경우가 있다.

赤 7획 | 적 | 벌거숭이, 비다, 붉다

갑골1　　갑골2　　금문1　　금문2　　전문1

|해설| 회의. 大대와 火화를 조합한 모양. 大는 손발을 벌리고 선 사람을 정면에서 본 모양. 여기에 火를 더한 모양이 赤적으로, 不淨부정을 씻어 없애는 의례를 말한다. 부정이 있는 자에게 행하는 징벌로서, 부정을 없애는 방법이다. 또 攴복(攵)을 더해 때려서 죄를 없애고 죄를 용서하는 것을 赦사라고 한다. 사람의 배후에 물을 뿌려 씻어서 몸을 깨끗이 하는 것, 재계를 하는 것을 攸유라고 한다. 불이나 물은 사람을 祓淸불청하기 위해 사용되는 일이 있었다. 赤子적자(갓난아기, 인민), 赤心적심(거짓 없는 마음, 진심), 赤地적지(초목이 전

혀 나지 않는 토지), 赤貧적빈(가진 것 하나 없이 극히 가난함)처럼 '벌거숭이, 있는 그대로'라는 의미로 쓴다. '빨강, 붉다'라는 뜻으로도 쓴다. 赤 계통의 색은 丹단, 朱주라고 했다.

|용례| 赤銅적동 赤誠적성 赤身적신 赤日적일

的 8획 | 적 | 과녁, 밝다

전문1

|해설| 형성. 본래 글자는 旳밝을 적으로 쓰고 성부는 勺작. 勺에 彴외나무다리 작, 駒이마가 흰 말 적의 음이 있다. 『설문해자』(7상)에 "밝은 것(明명)"이라고 한다. 旳旳적적은 밝은 모습을 말한다. '밝다, 분명하다'는 뜻으로 쓴다. 的은 旳의 이체자인데 후에 的 자를 쓴다. 『玉篇』에 "쏘는 과녁(質질)"이라고 한다. 射的사적(과녁[的]을 향해서 활을 쏘거나 총을 쏨)의 '과녁'을 말한다.

|용례| 的中적중 的確적확 標的표적

寂 11획 | 적 | 고요하다, 허전하다

전문1

|해설| 형성. 본래 글자는 宋적으로 쓰고 성부는 未숙.『설문해자』(7하)에 "사람의 소리 없는 것"이라고 한다. 未은 戚도끼 척의 날 부분과 날의 빛이 아래쪽으로 퍼져나가는 모양이나. 叔콩을 숙은 ㄱ,도끼를 손(又우)으로 잡는 모양. 宀면은 조상에게 제사 지내는 사당

(廟묘)의 지붕 모양. 도끼의 머리 부분을 사당에 안치하여 조상의 靈령을 가라앉히는 것을 표시하는 글자일 것인데, 인기척이 없는 사당에서 도끼날의 빛이 하얗게 빛나는 모습은 고요하고 쓸쓸한 것이다. 그래서 '고요하다, 허전하다'는 뜻이 된다.

|용례| 寂寞적막 寂滅적멸 寂寥적요 靜寂정적

笛 11획 | 적 | 피리

전문1

|해설| 형성. 성부는 由유. 由에 迪길 적의 음이 있다. 由는 박 종류의 열매가 익어 녹아서 속이 빈 상태이다. 속이 빈 대나무를 악기로 사용하는 것을 笛이라 하고, '피리'라는 뜻으로 쓴다. 『설문해자』(5상)에 "일곱 구멍(七孔칠공)의 피리(箭통)"라고 하는데, 箭은 대롱 모양이고 속이 빈 것이다. 『夢溪筆談』에 피리는 尺八척팔이라는 설이 있다(『몽계필담』〔권 5, 악률 1〕에는 허신과 동시대 인물인 마융이 묘사한 구멍이 다섯 개 난 피리가 지금〔북송 시대〕의 尺八과 비슷하다고 한다.― 옮긴이).

|용례| 警笛경적 鼓笛고적 汽笛기적 笛聲적성

賊 13획 | 적 | 해치다, 죽이다, 나쁜 놈

금문1   전문1

|해설| 회의. 본래 글자는 鼎정과 戎융을 조합한 모양. 戎은 戈창과

상용자해

干간(방패)을 조합한 모양이고 병기, 무기, 군대, 전쟁이라는 뜻이 된다. 鼎정(청동 제기)에는 보존해야 할 중요한 계약, 盟誓맹서가 새겨진 것이 있고, 이 맹서의 명문을 병기(창이나 방패)로 손상하는 것을 賊이라고 하여, '해치다, 파괴하다, 나쁜 놈'이라는 뜻이 된다. 賊은 중요한 맹서의 위반자이다. 盜도는 血盟혈맹(쟁반에 있는 희생의 피를 마시며 서약을 맺음)을 배반하는 반역자를 말하는데, 盜賊도적은 본래 맹서를 위반하는 자이고 사회적인 범죄자를 말하는데 후에는 타인의 금품을 뺏는 도둑을 말한다.

|용례| 賊軍적군 賊徒적도 義賊의적

跡

13획 | 적 | 흔적, 밟다

전문1 전문2 전문3

|해설| 형성. 본래 글자는 迹적으로 쓰고 더 오랜 자형은 速으로 쓰고 성부는 朿척. 朿은 표지로 세운 나무의 모양이다. 亦역은 朿의 잘못된 모양이므로 朿과 음훈의 관계는 없다. 행동의 표시로 朿을 세우는 것을 速이라 하고, 朿을 세운 그 '흔적'이라는 뜻이 된다. 그래서 금문에는 '禹우의 賾책'처럼 賾을 빌려 禹跡우적(홍수의 신인 禹가 치수한 흔적. 천하. 중국)이라는 뜻으로 삼는다. 跡은 '발자국'이라는 뜻의 글자로 만들어졌고 사람의 발자국만이 아니라 일반적으로 '발자국'이라는 뜻으로 쓴다. 또 '밟다, 찾다'라는 뜻으로도 쓴다. 蹟흔적 적과 통용하여 쓴다.

|용례| 古跡고적 舊跡구적 史跡사적 遺跡유적 人跡인적 追跡추적

嫡

14획 | 적 | 정실, 본처, 대를 이을 사람

금문1 | 전문1

|해설| 형성. 성부는 商적. 商은 본래의 글자가 帝제와 口를 조합한 모양. 帝는 큰 祭卓제탁(신에게 제사할 때 쓰는 탁자)의 모양. 口는 ㅂ축문 그릇 재이고 신에게 바치는 기도문인 축문을 넣는 그릇의 모양. 商은 帝에게 제사하는 것을 표시하는 啻(禘체)라는 글자이고 禘祭체제를 집행할 수 있는 자는 帝의 직계자였으므로 商은 '후계, 대를 이을 사람'이라는 뜻이 된다. 商은 嫡의 본래 글자이다. 嫡은 '정실, 본처'라는 뜻으로도 쓴다.

|용례| 嫡流적류 嫡嗣적사 嫡室적실 嫡子적자 嫡妻적처

摘

14획 | 적 | 따다, 집다, 가리키다

전문1

|해설| 형성. 성부는 商적. 商은 帝제와 口(口는 ㅂ축문 그릇 재로서, 신에게 바치는 기도문인 축문을 넣는 그릇의 모양)를 조합한 모양으로 帝에게 제사할 수 있는 신분인 사람을 商이라 하며, 嫡적의 본래 글자이다. 꽃 중에서 열매가 되는 부분을 蔕체(蒂꼭지 체)라고 하는데, 그 부분을 손으로 집어 따는 것을 摘이라고 한다. 『설문해자』(12상)에 "과수의 열매를 따는(拓척) 것"이라고 한다. 후에 일반적으로 '따다, 집어 따다, 골라내다, 고르다'라는 뜻으로 쓰고, 또 指摘지적(주의할 일을 가리킴)처럼 '가리키다'라는 뜻으로도 쓴다.

상용자해

| 용례 | 摘果적과 摘發적발 摘要적요 摘花적화

滴 14획 | 적 | 물방울, 방울져 떨어지다

滴
전문1

| 해설 | 형성. 성부는 商적. 꽃의 꼭지(蔕체, 蒂체) 부분이 열매를 맺어 둥글게 된 것을 손으로 집어 따는 것을 摘적이라고 하는데, 그렇게 둥글게 되어 떨어지는 물방울을 滴이라 하여 '물방울, 방울져 떨어지다'라는 뜻으로 쓴다. 물방울이 방울져 떨어지는 모습을 滴滴적적, 滴瀝적력이라고 한다.

| 용례 | 一滴일적 點滴점적

敵 15획 | 적 | 적수, 상대

敵   **敵**
금문1   전문1

| 해설 | 형성. 성부는 商적. 商은 帝제와 口(口는 ㅂ축문 그릇 재로서, 신에게 바치는 기도문인 축문을 넣는 그릇의 모양)를 조합한 모양으로, 축문을 외치며 상제에게 제사하는 자격에 적합한 사람을 말하며, 嫡적의 본래 글자이다. 상제의 자손으로서 그 정당한 후계자에 해당하는 자를 商이라 하고, 여기에 攴복(攵. 친다는 뜻이 있다)을 더한 敵은 商에 저대하는(적이 되어 맞서는) 자라는 뜻이 되어, '적수, 상대'라는 뜻으로 쓴다. 또 匹敵필적(대등한 상대가 됨. 같은 징도인 것)처럼 '동등하다'는 뜻으로 쓰는 경우가 있다.

適 15획 | 적 | 맞다, 가다

금문1

전문1

|해설| 형성. 성부는 商적. 商은 帝제와 口(口는 ㅂ축문 그릇 재로서, 신에게 바치는 기도문인 축문을 넣는 그릇의 모양)를 조합한 모양으로, 축문을 외치며 상제에게 제사하는 조건을 갖춘 신분의 사람을 말하며, 嫡적의 본래 글자이다. 상제의 자손으로서 제사하는 조건에 적합한, 조건에 '맞는, 해당하는' 것을 適이라 하고, 適格적격(자격에 적합함), 適正적정(조건이나 규준에 맞음)이라고 한다. '해당하다, 목적으로 하다'라는 뜻에서 '가다'라는 뜻으로도 쓴다.

|용례| 適當적당 適度적도 適用적용 適合적합 快適쾌적

積 16획 | 적 | 쌓다, 거듭하다, 축적

금문1

전문1

|해설| 형성. 성부는 責책. 責의 본래 글자는 賷으로 쓰고, 賦貢부공(稅세)으로 바치는 재물(貝패) 위에 표목(束자)을 세운 모양으로, 부공으로 바치는 재물을 말한다. 禾화는 벼, 곡물류. 부공으로 바치는 농작물을 積이라고 한다. 積을 모아서 쌓아 올려 납입하는 것이므로 '쌓다, 쌓아 올리다, 거듭하다'라는 뜻이 되고 '축적'이라는 뜻으로도 쓴다.

績 17획 | 적 | 실을 잣다, 공적

금문1 　전문1

|해설| 형성. 성부는 責책. 責의 본래 글자는 賣으로 쓰고, 賦貢부공(稅세)으로 바치는 재물(貝패) 위에 표목(束자)을 세운 모양으로, 부공으로 바치는 재물을 말한다. 禾화는 벼, 곡물류. 부공으로 바치는 농작물을 積적이라 하고, 부공으로 바치는 織物직물을 績이라고 한다. 옛날에는 貟백이라고 하여, 布帛포백(布포와 絹견. 직물)을 바쳤다. 그 績이 규정대로 잘 납입되는 것을 成績성적이라고 한다. 績은 '실을 잣다, 실을 뽑다' 또 '공적, 공훈'이라는 뜻으로도 쓴다.

|용례| 紡績방적 實績실적 業績업적

籍 20획 | 적 | 글, 문서, 쓰다, 빌리다

전문1

|해설| 형성. 성부는 耤적. 耤의 옛 자형은 耒쟁기 뢰에 발을 얹어 경작하는 모양으로 '경작하다, 경작해서 흙을 잘게 부수다'라는 뜻이 된다. 昔은 腊석이고 엷게 저며 말린 고기를 겹친 모양인데, 그렇게 흙을 잘게 경작하는 것을 耤적이라고 한다. 藉자는 '깔개, 빌리다'라는 뜻. 대나무를 얇게 쪼개어 그 위에 문자를 쓴 것을 簡대쪽 간, 竹簡죽간이라고 한다. 籍은 얇게 쪼갠 대나무로 이것을 죽간으로 사

용했다. 얇게 쪼갠 나무에 문자를 쓴 것은 木簡목간이고 종이가 사용되기 이전에는 죽간, 목간을 엮은 것이 책이었으므로 籍은 '글, 문서, 쓰다'라는 뜻이 된다. 또 藉자와 통하여 '빌리다'라는 뜻으로 쓴다.

|용례| 書籍서적 典籍전적 轉籍전적

田 5획 | 전 | 밭, 사냥

갑골1 갑골2 금문1 전문1

|해설| 상형. 구획된 밭의 모양. 갑골문에서는 한 구획의 밭이 장방형인데 금문에서는 거의 정방형으로 되어 있다. 금문에서는 대개한 사람이 경작하는 면적을 1田으로 한 것 같다. '밭, 밭 갈다'라는 뜻으로 쓰는데 갑골문이나 금문에서는 '사냥'이라는 뜻으로 쓰는경우가 많고 『詩經』, 『書經』에서도 '사냥'으로 쓰는 경우가 있다. '사냥, 사냥하다'라는 뜻으로 후에는 田을 대신해 畋전을 쓴다.

|용례| 水田수전 田夫전부 田地전지

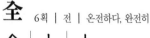

全 6획 | 전 | 온전하다, 완전히

고문 전문 전문2

|해설| 상형. 옛 자형이 없어서 확정하기 어려운데, 『설문해자』(5하)에 있는 고문의 자형에서 생각하면 佩玉패옥(허리를 매는 혁대에 매단 옥)의 모양인 것 같다. 그 글자는 패옥 밑에 장식을 늘어뜨린 것

같은 모양이다. 『설문해자』(5하)에도 "玉옥에 따른다. 純玉순옥을 全이라 한다"라고 풀이한다. 金금은 구리 등을 일정한 틀에 녹여 부은 덩어리 모양인 全에, 작은 구리 덩어리인 ⦂을 더한 모양인데, 옥 조각을 이 ⦂의 모양으로 하는 것은 생각하기 어렵다. 패옥의 각 부분이 갖추어진 것을 全이라 하여, '온전하다, 모두 갖추다, 완전히, 갖추다'라는 뜻이 된다.

|용례| 保全보전 全部전부 全員전원 全幅전폭

佩玉

典

8획 | 전 | 책, 법, 본받다

| 금문1 | 금문2 | 금문3 | 전문1 |

|해설| 회의. 冊책과 丌기를 조합한 모양. 冊은 본래 柵울짱 책의 모양인데 竹簡죽간, 木簡목간(문자를 쓴 가느다란 대나무나 나무쪽)을 엮은 모양이 柵 모양과 비슷해서 책이라는 뜻으로 쓴다. 丌는 물건을 놓아두는 臺대의 모양. 책상 위에 책을 둔 모양이 典이고 '책'이라는 뜻이 된다. 고대의 책은 본받아야 할 것으로 중시되었기 때문에 '법(규칙, 규정, 본), 본받다'라는 뜻으로 쓴다.

|용례| 古典고전 典據전거 典範전범 典雅전아 典籍전적 出典출전

前

9획 | 전 | 앞, 먼저, 나아가다, 발톱 깎다

갑골1 | 금문1 | 전문1 | 전문2

|해설| 회의. 본래 글자는 歬전, 또는 歬에 刀도를 더한 모양으로 써서, 止지와 舟주와 刀를 조합한 모양. 止는 발자국의 모양이고 舟(月)는 盤반(쟁반)의 모양이다. 盤의 물로 발(止)을 씻고 또 칼(刀)을 더하여 발톱을 가지런히 자르는 것을 말한다. 발톱을 자르는 것은 여행 가기 전이나 여행에서 귀환했을 때 행하여 不淨부정을 없애는 의례였다. 前이 '나아가다, 앞'이라는 뜻으로 쓰이게 되면서 前에 刀를 더하여 剪자를 전이 되고, 手수를 더하여 揃전(가지런히 자르다, 가지런히 하다)이 되었다. 머리털(髮발)을 자르는 것을 鬋전이라 한다. 前은 '나아가다, 앞'이라는 뜻에서 시간적으로는 '먼저, 옛날'이라는 뜻으로 쓴다.

|용례| 空前공전 目前목전 以前이전 前言전언 前日전일 前行전행

畑

9획 | 전 | 밭

|해설| 일본 한자. 火화와 田전을 조합한 모양으로 화전이라는 뜻이 된다. 수전에 대해 풀을 태워 개간한 '밭'을 말한다. 또 畠전이라고도 쓴다. 畑으로 이용되는 토지를 畑地전지라 하고, 그 전지에서 작물을 만드는 것, 또 그 작물을 畑作전작이라고 한다.

상용자해

展

전문1

10획 | 전 | 펴다, 늘이다

|해설| 회의. 尸시와 㠯전과 衣의를 조합한 모양. 尸는 드러누운 사체의 모양. 㠯은 呪具주구인 工공을 네 개 겹친 모양으로, 要所요소를 막고 주술을 하여 邪靈사령 등을 물리치기 위해 사용하는 것이다. 죽은 사람의 옷깃 언저리에 주구인 㠯을 채워 사체에 사령이 달라붙는 것을 막는 것을 展이라 한다. 사체를 펼쳐놓는 것을 展屍전시라 하고 희생을 늘어놓아 그 상태를 조사하는 것을 展犧전희라고 하듯이, 展에 '펴다, 열다, 조사하다'라는 뜻이 있다. 건물 등의 입구를 㠯으로 막아 사령 등을 그곳에 가두는 것을 塞새(막다, 요새)라고 한다.

|용례| 發展발전 伸展신전 展開전개 展示전시 進展진전

栓

10획 | 전 | 병마개

|해설| 형성. 성부는 全전. 『廣雅』「釋器」에 "못(釘정)", 『玉篇』에 "木丁목정"이라고 한다. 丁은 釘의 머리 모양이다. 못같이 생긴 모양의 주둥이가 좁은 甁병의 '마개'를 말한다. 갈고리가 있는 마개는 今금의 모양이다. 飮음의 본래 글자는 歃마실 음인데 㒼음은 酉유(술통의 모양)를 今으로 마개를 한 모양이다. 급수관의 말단에 붙여 출입구를 폐쇄하는 마개를 給水栓급수전이라 하고, 소화용으로 설치된 수도의 급수선을 消火栓소화선이리 한다.

專 11획 | 전 | 오로지, 뭉치다

갑골1　　갑골2　　전문1

|해설| 회의. 叀혜와 寸촌을 조합한 모양. 叀는 윗부분을 묶은 자루의 모양이고, 자루에 물건을 넣고 손(寸)으로 쳐서 다지는 것을 專이라 하여, '뭉치다, 치다'라는 뜻이 된다. 자루 속 물건을 쳐서 둥근 모양으로 만들고 그것을 다시 밖에서 감싼 모양이 團단, 다진 것을 손으로 뭉치는 일을 搏뭉칠 단, 뭉친 흙을 구워서 기와(瓦와)처럼 만든 것을 塼전이라고 한다. 자루 속 물건을 오로지 다지는 일에서 '오로지, 제멋대로 하다'라는 뜻이 되었을 것이다.

|용례| 專決전결 專念전념 專斷전단 專屬전속 專心전심 專用전용

傳 13획 | 전 | 전하다, 보내다, 옮기다

갑골1　　갑골2　　금문1　　금문2　　전문1

|해설| 회의. 人인과 專전을 조합한 모양. 專은 자루(橐탁, 叀혜)에 넣은 물건을 손(寸촌)으로 쳐서 둥글게 만든 것을 말하는데, 이것을 사람이 등에 짊어진 모양이 傳이고, '짊어지고 운반하다, 다른 곳에 운반해 전하다'라는 뜻이 된다. 그래서 '전하다, 후세에 전하다, 보내다, 퍼지게 하다' 등의 뜻으로 쓴다.

|용례| 宣傳선전 傳達전달 傳來전래 傳聞전문 傳說전설

塡 13획 | 전 | 막다, 메우다

전문1

|해설| 형성. 성부는 眞진. 眞에 塡귀막이 옥 전, 闐가득할 전의 음이 있다. 眞은 匕화와 県현을 조합한 모양. 匕는 사람을 거꾸로 한 형태로, 죽은 사람의 모양이다. 県은 縣교인데, 머리를 거꾸로 매단 모양이므로 眞은 顚死者전사자(쓰러져 죽은 사람), 불의의 재난을 당해 길에서 죽은 사람을 말한다. 전사자의 怨靈원령(원한을 품고 죽은 사람의 영)은 강렬한 靈力영력을 가진 것으로서 두려워하였다. 그래서 전사자의 원령을 위로하기 위해 전사자의 시신을 정중하게 묻고 사당에 안치하여 영력을 가진 옥을 더하여 가라앉히고, 자리를 설치하여 鎭坐진좌시켜서, 신중하게 원령의 분노를 진압했다. 『설문해자』(13하)에 "막는 것이다"라 하여, '막다, 메우다'라는 뜻으로 쓴다.

|용례| 補塡보전 塡塞전색

殿 13획 | 전 | 큰 집, 궁궐

전문1

|해설| 회의. 屍둔과 殳수를 조합한 모양. 屍은 几의자 기에 걸터앉은 모양으로 엉덩이 부분을 강조한 글자이고 臀볼기 둔의 본래 글자이다. 殳는 지팡이처럼 긴 창을 잡은 모양이므로 殿은 엉덩이(臀)를 두드리는 풍습(신부가 처음 시집으로 들어갈 때 아기를 많이 낳으라고 시집 사람들이 짚 뭉치 따위로 엉덩이를 두드리는 풍습 ― 옮긴이)을 표시하

는 글자일 것이다. 殿舍전사, 殿堂전당, 御殿어전(귀인의 저택. 또 크고 훌륭한 저택), 宮殿궁전(왕, 군주가 사는 어전)처럼 '저택'이라는 뜻으로 쓴다.

煎 13획 | 전 | 볶다, 달이다, 졸이다

전문1

|해설| 형성. 성부는 前전. 『설문해자』(10상)에 "볶다(熬오)"라 하고, 『玉篇』에 "불로 말리는 것이다"라고 한다. 불로 '볶는' 것을 말한다. 또 煎茶전다(찻잎을 뜨거운 물로 우려냄. 또 그 엽차), 煎藥전약(약을 달임. 또 그 약)처럼 '우리다, 달이다'라는 뜻으로 쓴다. 일본에서는 밀가루나 쌀가루를 반죽해서 구운 과자를 煎餅전병(센베, せんべい)이라고 한다.

詮 13획 | 전 | 갖추다, 분명하다

전문1

|해설| 형성. 성부는 全전. 全에 栓병마개 전, 銓저울 전의 음이 있다. 『설문해자』(3상)에 "갖추다(具구)"라고 한다. 言說언설이 갖추어지고 일의 조리가 분명한 것을 말하고 '분명하다'는 뜻으로 쓴다.
|용례| 所詮소전 詮議전의 詮次전차

電 13획 | 전 | 번개

금문1 　 전문1

|해설| 회의. 雨우와 申신을 조합한 모양. 아랫부분은 본래 申의 모양이다. 申은 번개의 모양. 申에 구름, 천둥 등 기상을 나타내는 글자에 붙이는 雨를 붙여서 電이라고 하여, '번개, 번개같이 빠르다'는 뜻으로 쓰고, 電擊전격(번개같이 빠르게 적을 공격함), 電激전격(번개같이 격렬하게 일어남), 雷電뇌전(천둥과 번개)이라고 말한다. 지금은 電氣전기라는 뜻으로 쓰는 경우가 많고, 電流전류(양전기가 電位전위가 높은 쪽에서 낮은 쪽으로 흐르는 현상), 電信전신(전류나 전파를 이용해서 하는 통신), 電報전보(전신으로 하는 통보), 發電발전(전기를 일으킴)이라고 말한다.

箋 14획 | 전 | 찌지

箋
전문1

|해설| 형성. 성부는 戔전. 戔은 가늘고 긴 창(戈과)을 포갠 모양으로 얇은 것을 쌓은 상태를 말한다. 『설문해자』(5상)에 "곁에 표시하는 글이다"라고 하는 것은 제목을 쓴 '쪽지'를 뜻한다. 옛날에는 대나무 쪽에 글자를 쓴 竹簡죽간일 것이다. 牋문서 전의 片편은 木片목편을 나타내고, 木簡목간이다. 중요한 일을 적어둔 것이어서, 牋전은 奏上주상(천자에게 아룀)의 문체라는 뜻이 되었다.

|용례| 附箋부전 箋註전주

戰 16획 | 전 | 싸움, 싸우다, 떨다

甲	斀	戰	戰
갑골1	금문1	금문2	전문1

|해설| 회의. 單단과 戈과를 조합한 모양. 單은 상부에 두 개의 깃털 장식이 붙은 타원형 방패의 모양이다. 방패(單)와 창(戈)을 조합해 '싸우다'라는 뜻이 된다. 금문의 도상에 오른손에 방패(干간)를 들어 몸을 지키고 왼손에 창을 들어 공격하는 모양이 있다. 顫떨릴 전과 동음으로 통용하여 '떨다'라는 뜻으로도 쓴다.

戰의 도상

|용례| 苦戰고전 論戰논전 反戰반전 戰沒전몰 戰死전사 戰士전사

錢 16획 | 전 | 돈, 쟁기

錢
전문1

|해설| 형성. 성부는 戔전. 戔은 가늘고 긴 창(戈과)을 포갠 모양으로 얇은 것을 쌓은 상태를 말한다. 錢은 '銅貨동화, 동전'이라는 뜻으로 쓰는데『설문해자』(14상)에 "쟁기(銚요). 옛날의 田器전기이다"라고 하듯이 본래는 농기구의 이름이었다.『詩經』「周頌/臣工」은 神田신전의 경작을 노래한 시인데, "너의 쟁기와 괭이(錢鎛전박)를 준비하라"는 구절이 있다. 후에 동전이라는 뜻이 된다. 처음에는 작은 칼(刀도)의 모양이어서 刀幣도폐, 刀布도포, 刀貨도화라고

刀幣

했다.

|용례| 錢穀전곡 錢刀전도 錢布전포 借錢차전

轉 18획 | 전 | 회전하다, 쓰러지다

轉
전문1

|해설| 형성. 성부는 專전. 專은 자루(橐탁, 叀혜)에 물건을 넣고 손 (寸촌)으로 쳐서 다지는 것을 말하는데 뭉친다는 뜻이 있다. 뭉친 것은 회전하기 쉽고 쓰러지기 쉬운 것이므로, 수레바퀴의 둥근 것 을 轉이라고 한다. 여기에서 '회전하다, 돌아다니다, 넘어지다, 쓰러 지다, 옮기다, 바뀌다'라는 뜻으로 쓴다.

|용례| 空轉공전 轉居전거 轉落전락 轉送전송 轉移전이 轉轉전전

切 4획 | 절 | 자르다, 다가오다, 날카롭다

切
전문1

|해설| 회의. 七칠과 刀도를 조합한 모양. 七은 절단한 뼈의 모양. 여 기에 칼을 더하여 '자르다'라는 뜻이 된다. 『詩經』「衛風/淇奧」에 "如切如磋여절여차"(자르듯이 갈듯이), 『毛傳』에 "뼈를 다스리는(治치) 것을 切이라고 한다"라고 하여, 切은 뼈를 가는 것이라고 한다. 그 래서 切磋절차(뼈나 옥석을 갈고 닦음)라고 한다. 切迫절박(가까이 닥 침), 緊切긴절(심하게 들이닥침), 適切적절(딱 맞음), 切諫설산(강하게 충고 함. 엄하게 꾸짖음)처럼 '다가오다, 날카롭다'는 뜻으로 쓴다.

折

7획 | 절 | 꺾다, 쪼개다

| 갑골1 | 갑골2 | 금문1 | 금문2 | 전문1 | 전문2 |

|해설| 회의. 본래 글자는 斱로 쓰고, 두 개의 屮철과 斤근을 조합한 모양. 屮은 초목의 싹이 나온 모양. 초목을 도끼로 자르는 것을 折이라 하여, '쪼개다, 꺾다'라는 뜻이 된다. 초목을 도끼로 절단하는 것이나 화살을 꺾는 것은 맹세할 때의 동작이었으므로, 신에게 맹세하는 말을 하고 맹세하는 것을 誓서라고 하여, 맹세하다(矢시)라고 읽는다.

|용례| 曲折곡절 骨折골절 屈折굴절 折衝절충 折檻절함 挫折좌절

絕

12획 | 절 | 끊다, 없애다, 매우

| 금문1 | 고문1 | 전문1 |

|해설| 형성. 성부는 色색. 옛날에는 𢇍절로 썼고 직기에 걸린 실을 절단하는 모양으로, '실을 자르다, 실이 끊어지다'라는 뜻이 된다. 후에 일반적으로 '자르다, 끊어지다, 없어지다'라는 뜻이 된다. 絕에는 본래 色絲색사라는 뜻도 있었던 것 같고, 絕妙절묘(매우 뛰어남)라고 하여, '매우, 더할 나위 없다'는 뜻으로 쓴다. 전국 시대(기원전 5~기원전 3세기)의 금문에는 아직 𢇍의 자형을 썼고, 漢代한대의 石碑석비에 와서 絕의 자형이 보인다.

節

15획 | 절 | 마디, 단락, 곡조, 절개

金文1 | 篆文1

|해설| 형성. 성부는 卽즉(卽). 『설문해자』(5상)에 "대나무의 마디(約약)"라고 한다. 대나무의 마디가 있는 곳을 말한다. 옛날에는 대나무 마디 부분에 칼자국을 새겨서 符節부절(표시)로 삼아 사자의 印인으로 지참하게 하였으므로 使節사절(국가나 군주를 대표하여 외국에 파견되는 사람)이라 하고, 그 부절을 竹使符죽사부라고 했다. 중국에서는 1957년에 銅製동제의 부절로 『鄂君啓節악군계절』이 출토되었는데, 기원전 4세기 楚초나라에서 鄂君악군에게 준 車節거절과 舟節주절이다. 여기에는 車거와 舟주가 통과할 때 취급 방법이나 물자 공급 등에 대하여 상세히 규정되어 있다. 그러한 취급 방법 등의 규정을 節度절도라 하고, 의례에 대해서는 禮節예절이라고 한다. 여기에서 일반적으로 사람의 행동을 규정하는 말이 되어 절도, 節操절조(주의, 의견을 굳게 지켜 변하지 않음. 절개)라는 뜻이 되고, 節制절제(도를 넘지 않도록 조심함)라는 뜻에서 節儉절검, 節約절약이라는 뜻이 된다. 일정한 절차, 순서가 있는 데서 節候절후(季節계절), 음의 고저, 완급의 움직임을 節奏절주라고 한다.

竊 23획 | 절 | 훔치다, 몰래

전문1

|해설| 회의. 穴혈과 米미와 离설을 조합한 모양. 离은 작은 벌레가 모이는 모양. 창고 중에 저장한 쌀에 많은 벌레가 꾀어, 모르는 사이에 쌀을 먹어치우는 것을 竊이라 하여, '몰래, 훔치다'라는 뜻이 된다. 『설문해자』(7상)에 "도둑(盜도)이 안에서 나오는 것을 竊이라고 한다"라고 하지만, 盜와는 관계가 없다. 盜는 쟁반에 있는 피에 침을 흘려 더럽혀서 血盟혈맹을 위반하는 반역자를 말한다. 곡물을 먹어치우는 벌레를 蠹좀 두라고 한다. 蠹는 곡물을 담은 자루에 벌레가 두 마리 들어 있는 모양이다.

|용례| 竊取절취 竊盜절도

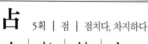 占 5획 | 점 | 점치다, 차지하다

갑골1　갑골2　갑골3　전문1

|해설| 회의. 卜복과 口를 조합한 모양. 卜은 거북의 딱지 안쪽에 세로로 길게 대추 모양의 구멍을 새기고 그 옆에 사발 모양으로 구멍을 만들어 그곳을 태워서 표면에 생긴 卜 모양의 금이 간 형태이다. 그 금이 간 모양으로 점을 치는 것이다. 口는 ㅂ재인데, 신에게 바치는 기도문인 축문을 넣는 그릇의 모양이다. 신에게 기도하여 점을 치고 신의 뜻을 묻는 것을 占이라 하고, '점치다'라는 뜻이 된다. 갑골문에는 점치는 데 사용하는 거북 딱지의 모양에 占을 써넣

은 자형(갑골3)이 있고, 이 글자는 "왕, 점쳐서 말하기를"처럼 왕이 점친다는 의미로 쓰인다. 점을 쳐서 알 수 있었던 신의 뜻은 절대적인 것이므로 후에 '차지하다, 가지다, 독점하다'라는 뜻이 된다.

|용례| 獨占독점 占斷점단 占領점령 占夢점몽 占星점성 占有점유

店 8획 | 점 | 가게, 여관

|해설| 형성. 성부는 占점. 占에 佔볼 점, 坫물건 놓는 대 점의 음이 있다. 『玉篇』에 "爵작을 돌리는 곳"이라 하여, 술잔(爵)을 두는 장소라고 하는데, 그 글자에는 대개 坫을 쓴다. 店은 坫의 이체자이겠지만, 술잔을 두는 대처럼 집의 구석에 상품을 늘어놓는 데서 '가게'라는 뜻이 되었다. 후에는 '여관, 숙소'라는 뜻으로 써서 飯店반점(여관. 또 중국요리점에 붙이는 명칭)이라고 말한다.

|용례| 開店개점 商店상점 店主점주 店鋪점포

粘 11획 | 점 | 끈끈하다

전문1

|해설| 형성. 성부는 占점. 占에 拈집을 념의 음이 있다. 본래 글자는 黏차질 점으로 쓰고 기장(黍서)의 찰기에서 '끈끈하다, 붙다'라는 뜻으로 쓴다. 『설문해자』(7상)에 "서로 붙는 것"이라고 한다. 기장의 찰기를 이용해서 붙이는 것을 말한다.

|용례| 粘液점액 粘着점착 粘土점토

漸 14획 | 점 | 담그다, 차츰 나아가다, 점점

漸
전문1

|해설| 형성. 성부는 斬참. 斬은 수레(車거)를 만들기 위해 목재를 도끼로 자르는(斬참) 것을 말한다. 각 부분의 나무를 자르는 데 순서, 절차가 있으므로 물에 담가 점점 젖는 것을 漸이라고 하여, '담그다, 젖다, 점점 젖다, 차츰 나아가다'라는 뜻이 된다. 후에 시간적인 관계에서 '점점, 점차'라는 뜻으로 쓴다. 점차 다른 곳에 미치는 시간을 暫잠시 잠이라고 한다.

|용례| 東漸동점 漸染점염 漸進점진

點 17획 | 점 | 점, 고치다, 불을 켜다

點
전문1

|해설| 형성. 성부는 占점. 占에 店가게 점, 坫물건 놓는 대 점의 음이 있다. 占은 店이라는 뜻이고, 술잔(爵작)을 놓는 좁은 장소라는 뜻이 있다. 그러한 작은 더러움, '작은 흑점, 검은 점'은 點이라 하여, 點線점선(점이 이어진 선)처럼 말한다. 작은 점을 붙여 문장을 다시 '고치는' 것을 點竄점찬, 點定점정이라고 한다. 點眼점안, 點藥점약(눈에 약물을 넣음)처럼 '넣다, 더하다'라는 뜻으로 쓰고, 點火점화(불을 붙임), 點燈점등(등불을 켬)처럼 '붙이다, 불을 켜다'라는 뜻으로도 쓴다. 또 點數점수(평가나 득점의 수), 得點득점(경기나 시험에서 얻은 점수), 採點채점(점수를 매김. 또 그 점수)이라고도 쓴다. (일본어에서) 抹茶말차

796 상용자해

를 끓이는 것을 點茶점차라고 한다.

接 11획 | 접 | 잇다, 어울리다, 대접하다
전문1

|**해설**| 형성. 성부는 妾첩. 妾은 이마에 입묵이라는 형벌을 당한 여자를 말한다. 상부의 立립은 본래 辛신의 모양으로 입묵할 때 사용하는 손잡이가 달린 큰 바늘의 모양이다. 殷代은대의 갑골문에 妾을 河神하신에게 바치는 일이 기록되어 있는데, 희생으로 신에게 바쳐진 것이다. 妾은 신을 모시고 신을 접하는 자이기 때문에 接은 신과 접하고 신과 '만나다, 어울리다'가 본래의 뜻이고, 接竈접조(부뚜막신에게 제사함)라고 쓴다. 후에 사람과 어울리고 만나는 것도 接이라고 한다. '대접하다, 접근하다, 계속하다, 잇다'라는 뜻으로도 쓴다.

|**용례**| 接客접객 接見접견 接待접대 接續접속 接遇접우

丁 2획 | 정 | 못, 정

갑골1 | 갑골2 | 금문1 | 금문2 | 전문1

|**해설**| 상형. 못(釘정)의 모양. 갑골문과 금문의 자형은 못 머리의 평면형이다. 丁은 釘의 본래 글자이다. 십간의 넷째. 丁壯정장, 丁年정년(20세)처럼 젊은이라는 뜻으로 쓴다.

井 4획 | 정 | 우물

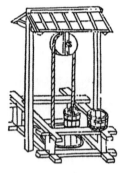

갑골1 | 금문1 | 금문2 | 전문1

|해설| 상형. 우물귀틀(나무를 井 자 형태로 짠 우물의 테두리)의 모양이다. 형벌의 刑형도 옛날에는 井으로 썼고, 우물귀틀은 이것과 구별하기 위해 井에 물을 푸는 항아리의 표시로 점(ヽ)을 찍어서 丼정이라고 했다. 나무를 엮은 井은 발이나 목에 채우는 형벌 도구인 칼(枷가)의 모양, 사람이나 짐승을 잡기 위한 구

우물귀틀

덩이인 陷穽함정의 모양, 또 기물을 만들 때 鑄型주형의 외곽 모양 등이다. 본래는 모두 같은 井의 모양이었는데 후에 각각 구별하는 방법을 취해 칼(枷)의 모양은 刑형으로, 함정의 모양은 穽정(阱함정정)으로, 주형의 외곽 모양은 型형, 形형이 되었다. 刑, 型, 形의 경우 井이 开의 모양이 되었다. 井은 우물 모양에서 '우물, 우물귀틀'이라는 뜻이 되고, '마을, 읍'이라는 뜻으로도 쓴다.

|용례| **市井**시정 **油井**유정 **井蛙**정와 **天井**천정

丼 5획 | 정 | 우물

금문1 | 전문1

|해설| 상형. 井정은 우물귀틀(나무를 井 자 모양으로 짠 우물의 테두리)

의 모양. 刑벌 형은 옛날에 荆으로 썼고, 그 井은 목에 쓰는 칼의 모양이다. 우물귀틀은 목에 쓰는 칼과 구별하기 위해 물을 푸는 항아리의 표식으로 점(丶)을 井 중앙에 더한 丼 자를 썼다. 후에 칼의 井이 开 모양이 되고, 점(丶)이 없는 井만으로 우물귀틀이라는 뜻이 되었다. 일본에서는 丼을 '돈부리'로 읽고, 깊숙이 들어간 밥그릇이라는 뜻으로 쓴다.

ㅈ

正 5획 | 정 | 바르다, 바로잡다, 참으로

갑골1　갑골2　금문1　금문2　전문1

|해설| 회의. 一일과 止지를 조합한 모양. 一은 본래 囗위로 쓰고 성곽으로 둘러싸인 邑읍을 말한다. 止(발자국의 모양)의 옛 자형은 之갈 지와 같고, 간다는 뜻이다. 正은 성읍을 향해 사람이 진격하는 모습으로 공격한다, 공격해서 征服정복한다는 뜻이 된다. 正은 征정의 본래 글자이다. 정복해서 정복지의 사람에게서 세금을 거두는 것을 征이라 하고, 그 지배의 방법을 政정이라고 한다. 정복한 사람들에게 압력을 가해서 세금의 부담을 강제하는 것을 政이라 하고, 그러한 행위를 正當정당(도리에 맞음, 바름)이라 하고, 正義정의(바른 절차, 바른 도리)라고 한 것이다. 그래서 '바르다, 바로잡다'라는 뜻이 된다. 純正순정(불순물이 없음)이라는 뜻으로도 쓴다.

|용례| 正道정도 正面정면 正室정실 正殿정전 正中정중 正妻정처

呈 7획 | 정 | 드리다, 나타내다

전문1

|해설| 회의. 口와 壬정을 조합한 모양. 口는 ∪축문 그릇 재로, 신에게 바치는 기도문인 축문을 넣는 그릇 모양이다. 壬은 발돋움하고 선 사람을 옆에서 본 모양이다. 呈은 ∪(축문 그릇)를 높이 받들어 신에게 呈示정시하는(바쳐서 보이는) 것을 말하고, '권하다, 바치다'라는 뜻이 된다. 또 露呈노정(감춰져 있던 것이 밖으로 나타남)처럼 '나타나다, 나타내다'라는 뜻으로도 쓴다.

|용례| 贈呈증정 進呈진정

廷 7획 | 정 | 마당, 관청

금문1 | 금문2 | 전문1

|해설| 형성. 성부는 壬정. 금문의 자형은 土主토주(받침대 위에 놓은 흙무덤의 모양으로 토지신을 말한다) 위에 사람이 술을 부어 정화하는 모양으로, 의례가 행해지는 신성한 장소를 나타낸다. 廴인은 그 의례의 장소를 구획하는 벽의 모양이다. 의례를 행하는 장소(마당), 정무를 보는 장소, 재판을 행하는 장소를 廷이라 한다. 그래서 관청이라는 뜻으로도 쓴다.

|용례| 公廷공정 宮廷궁정 法廷법정 廷臣정신 朝廷조정

町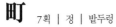

7획 | 정 | 밭두렁

전문1

|**해설**| 형성. 성부는 丁정. 『설문해자』(13하)에 "밭(田전)의 밟는 곳"이라고 하여, 밭의 '두렁길, 두렁'이라는 뜻으로 풀이한다. 일본어로는 인구가 밀집한 시가지인 '도회', 지방 공공단체(都道府縣도도부현, 市町村시정촌)의 町이라는 뜻으로 쓴다.

定

8획 | 정 | 정하다, 명확함

갑골1 금문1 전문1

|**해설**| 회의. 宀면과 正정을 조합한 모양. 『설문해자』(7하)에 "安안"이라 하여, 安定안정(사물이 자리 잡아 심한 변화가 없는 상태)이라는 뜻으로 풀이한다. 定處정처란 있는(處) 곳을 안정되게 한다는 뜻이므로, 定이란 건물의 위치, 방위를 정한다는 의미일 것이다. 定星정성이라는 별은 營室星영실성이라고도 하는데, 수도를 건설하면서 건물 위치를 정할 때의 관측에 쓰이는 별이었다. 定은 건물뿐 아니라 모든 것을 '정하다'라는 뜻으로 쓴다.

|**용례**| 規定규정 定價정가 定期정기 定石정석 定數정수

征

8획 | 정 | 치다, 가다, 거두다

| 갑골1 | 금문1 | 금문2 | 전문1 |

|해설| 형성. 성부는 正정. 正은 성곽으로 둘러싸인 邑읍을 공격하여 정복한다는 뜻이고, 征의 본래 글자이다. 여기에 '걷다'(步보)를 뜻하는 彳척을 더하여 邑으로 進軍진군한다는 의미를 보다 명확히 하고, '치다, 공격하다'라는 뜻으로 쓴다. 정복지 사람들에게서 세금을 거두었으므로 '세금을 거두다, 租稅조세'라는 뜻이 된다. 또 遠征원정(먼 곳으로 싸우러 감)처럼 '멀리 가다, 가다'라는 뜻으로도 쓴다.

|용례| 征服정복 征役정역 征人정인 征戰정전 征討정토

政

8획 | 정 | 다스리다, 정사

| 갑골1 | 금문1 | 전문1 |

|해설| 형성. 성부는 正정. 正은 성곽으로 둘러싸인 邑읍을 공격하여 정복한다는 뜻이고, 정복지의 사람들에게서 세금을 거두는 것을 征정이라고 한다. 攴(攵)은 친다, 채찍이나 회초리로 친다는 뜻이다. 政이란 정복한 사람들에게 세금을 내는 것을 채찍으로 강제하는 것을 말한다. 周代주대의 금문에 "成周성주(지금의 洛陽낙양. 은 왕조의 유민을 이곳에 이주시켰다) 사방의 賁책(공물로 바치는 생산품. 責의 본래 글자)을 政嗣정사(司사)시키다(관리하게 하다)"라고 하여, 본래는 공물이나 세금을 거두는 것이 정치, 다스리는 일의 주요한 내용이었다. 政은 '다스리다, 정사, 정치'라는 뜻으로 쓴다.

|용례| 攝政섭정 失政실정 政教정교 政道정도 政體정체 祭政제정

亭 9획 | 정 | 숙소, 정자

전문1

|해설| 상형. 아치형 출입문이 있는 높은 건물의 모양. 위에 望樓망루를 설치하는 경우도 있다. 숙사와 候望후망을 겸한 건물을 亭이라 하는데, 漢代한대의 법에는 10리마다 1亭을 두는 규정이 있었다. '驛亭역정, 역참, 숙소, 망루'라는 의미였는데 후에 '정자'(정원이나 공원 내에 휴식과 조망을 위해 세운 지붕만 었고 벽이 없는 작은 건물)라는 뜻으로도 쓴다.

|용례| 料亭요정 亭主정주

訂 9획 | 정 | 상의하다, 바로잡다

전문1

|해설| 형성. 성부는 丁정. 『설문해자』(3상)에 "平議평의하다", 즉 평론하여 의론을 정한다는 뜻이라고 한다. 丁은 못 머리의 평면형인데, 못 머리를 두들겨 안정시킨다는 뜻이 있다. 訂正정정(문장의 잘못을 올바르게 고침), 改訂개정(책의 내용을 부분적으로 고침), 校訂교정(책의 문자나 어구의 잘못을 바로잡음)처럼 '바로잡다'라는 뜻으로 쓴다.

貞

9획 | 정 | 묻다, 옳다, 참

| 갑골1 | 갑골2 | 갑골3 | 금문1 | 전문1 |

|해설| 회의. 卜복과 貝패를 조합한 모양. 卜은 거북의 딱지를 태워 생긴 금의 모양인데, 이것으로 신의 뜻을 점쳤으므로 점친다는 뜻 이 된다. 貝는 갑골문의 자형(갑골2)에 보이듯이 본래 鼎정(본래 취 사용의 청동기인데 제기로 쓴다)의 모양이고 貞은 鼎을 써서 점을 쳐 신의 뜻을 '묻는' 것을 말한다. 鼎 속 희생의 모습에 의해 길흉을 점쳤을 것이다. 그 점(貞卜정복)에 의해 얻어진 결과는 '옳다, 좋다, 참'이 된다. 『春秋左氏傳』「哀公十七年」에 "衛侯위후, 貞卜하다"라 는 말이 있다.

|용례| 貞淑정숙 貞節정절 貞操정조

庭

10획 | 정 | 마당

전문1

|해설| 형성. 성부는 廷정. 廷은 벽으로 구획된 궁중 의례를 행하는 장소(마당)로, 庭정의 본래 글자이다. 건물의 지붕 모양인 广엄을 더 한 庭은 '마당'이라는 뜻으로 써서 의례를 행하는 장소뿐 아니라 庭園정원, 校庭교정처럼 넓은 장소라는 뜻으로 쓴다. 지금은 广(지 붕)이 없는 장소를 庭이라 하고 法廷법정처럼 지붕이 있는 장소를 廷정이라 하는 경우가 많다.

停 11획 | 정 | 멈추다, 쉬다, 정해지다

전문1

|해설| 형성. 성부는 亭정. 亭은 驛亭역정(숙소)의 건물 모양으로 아치형 출입문이 있고, 숙사와 망루를 겸한 높은 건물이다. 漢代한대에는 10里리마다 1亭을 설치하고, 관리의 숙소로도 이용했다. 亭에 사람이 숙박하는 것을 停이라고 하여, '멈추다, 머무르다, 쉬다'라는 뜻으로 쓴다. 『說文新附』(8상)에 "머무르다(止지)"라고 한다.

|용례| 停年정년 停留정류 停戰정전 停止정지 停車정차 停滯정체

偵 11획 | 정 | 살피다

전문1

|해설| 형성. 성부는 貞정. 옛 자형은 없는데 貞은 鼎정(요리용 청동기로 제기로 쓴다)을 사용해서 점을 쳐 신의 뜻을 묻는 것을 말하고, 사람의 움직임을 '살피다, 찾다'를 偵이라 한다.

|용례| 密偵밀정 偵察정찰 偵候정후 探偵탐정

情 11획 | 정 | 마음, 인정

전문1

|해설| 형성. 성부는 靑청. 情은 感情감정, '마음'을 말한다. 性성을 體

체라고 하면 情은 그 用용, 작용에 해당한다. 漢代한대의 性情論성
정론에서는 性을 陽양, 情을 陰음이라는 음양의 구별로 생각했는데,
송대의 성리학에서는 性을 體, 情을 그것이 작용하는 用으로 해
석한다. 『禮記』「禮運」에 情을 "배우지 않고 능히 하는 것" 즉 才
能재능이라고 하는 해석이 있다. '인정, 생각해주다'라는 뜻으로도
쓴다.

| 용례 | 心情심정 熱情열정 情理정리 情報정보 情愛정애 風情풍정

淨 11획 | 정 | 맑다

전문1

| 해설 | 형성. 성부는 爭쟁. 본래 寒冷한랭을 뜻하는 글자였던 것 같
다. 『설문해자』(11상)에 "瀞정은 冷寒냉한이다"라고 하는데 淨과 음
훈이 가깝다. 淸靜청정한 물은 한랭한 경우가 많다. 爭은 靜 자의
요소이고 그 금문의 자형은 力력(耒쟁기 뢰 모양)을 위아래에서 잡는
모양이고, 농구인 쟁기를 정화하는 의식을 말하는 글자이다. 淨도
어쩌면 농구인 쟁기를 정화하는 의례였을지 모른다. '맑다, 맑게 하
다'라는 뜻으로 쓴다. 淨行정행(맑은 행위), 淨土정토(부처가 사는 맑은
국토)처럼 불교어에 쓰는 경우가 많다.

| 용례 | 洗淨세정 淨書정서 淨化정화

頂

11획 | 정 | 정수리, 머리 꼭대기

| 금문1 | 전문1 |

|해설| 형성. 성부는 丁정. 丁은 못(釘정)의 모양으로 옛 자형은 못 머리의 평면형이다. 頁혈은 머리에 의례용 모자를 쓰고 절하는 사람의 모습이다. 그래서 신체의 최상부를 頂이라 하여, '정수리, 머리 꼭대기'라는 뜻이 된다.

|용례| 山頂산정 頂上정상 頂點정점

晶

12획 | 정 | 밝다

| 갑골1 | 갑골2 | 전문1 |

|해설| 상형. 별빛의 모양. 별이 옛날 자형에는 晶정 아래에 生생 모양을 더한 것이 있다. 『설문해자』(7상)는 "三日삼일(세 개의 태양)의 빛"이라고 하는데 태양이 세 개나 있을 리는 없다. 여기서 日은 태양 모양의 日이 아니라, 별의 모양이다. 昌창은 두 개의 日(별의 모양)을 조합한 모양으로 별빛이라는 뜻에서 밝음, 번창함이라는 뜻이 된다. 晶은 별의 수가 셋이고 별빛이 昌보다 밝아져서, '밝다, 빛나다'라는 뜻이 된다. 별빛은 열을 띠지 않아서 그러한 빛을 가진 결정체를 水晶수정(石英석영이 육각기둥 모양으로 결정체가 된 것)이라고 한다.

程 12획 | 정 | 정도, 재다, 할당, 길

𥠇
전문1

|해설| 형성. 성부는 呈정. 呈은 ∪재(신에게 바치는 기도문인 축문을 넣는 그릇의 모양)를 높이 들어 신에게 바치는 것을 말하고, 그 의미를 포함하면 禾화는 벼, 곡물류이므로 신에게 풍작을 기도하는 뜻이 된다.『설문해자』(7상)에 "程은 品품이다"라 하고, 길이 단위로 分분의 10분의 1이라고 한다. 程은 곡물의 양을 잰다는 의미인 것 같고, 程度정도, 程量정량(일의 정도), 規程규정(규칙), 行程행정(목적지까지의 거리. 노정)처럼 '할당, 규칙, 법, 노정, 길' 등의 뜻으로 쓴다. 일이나 여행 등의 매일의 예정을 日程일정이라고 한다.

艇 13획 | 정 | 배

𦨈
전문1

|해설| 형성. 성부는 廷정. 廷에 挺直정직(똑바름)이라는 뜻이 있고 좁고 길쭉한 '배'를 말한다.『說文新附』(8下)에 "작은 배"라고 하는데, 1, 2인승의 작은 통나무배를 말한다. 요트, 보트 등의 소형선을 舟艇주정이라 하고, 보트를 넣어두는 창고를 艇庫정고라 하고, 모터보트의 경주를 競艇경정이라고 한다.

精 14획 | 정 | 자세하다, 맑다, 마음, 혼

전문1

|해설| 형성. 성부는 靑청. 『설문해자』(7상)에 쌀을 고른다는 뜻이라고 한다. 옛 문헌에 신에게 바치기 위한 쌀, 보리 등 오곡의 좋고 아름다운 것이라고 한다. 후에 일반적으로 '맑다, 아름답다, 자세하다'는 뜻으로 쓰고, 또 精神정신(마음, 마음의 작용)처럼 '마음, 혼'이라는 뜻으로 쓴다.

|용례| 精巧정교 精米정미 精密정밀 精進정진 精彩정채 精緻정치

整 16획 | 정 | 가지런히 하다

금문1 | 전문1

|해설| 형성. 성부는 正정. 敕칙(勅)에는 束薪속신(섶나무 다발)을 쳐서 정돈한다는 뜻이 있다. 正에는 바로잡는다는 뜻이 있고, 正은 正의 음을 표시할 뿐 아니라 바로잡는다는 뜻도 포함하므로 亦聲역성이라고 한다. 整은 본래 어지러운 것을 정돈한다는 뜻인데 후에 일반적으로 일을 '가지런히 하다, 바로잡다', 그래서 '바른 상태로 함'을 말한다.

|용례| 整頓정돈 整列정렬 整理정리 整飾정식 整齊정제 調整조정

錠 16획 | 정 | 제기 이름

전문1

|해설| 형성. 성부는 定정. 『설문해자』(14상)에 "鐙등"이라고 하는데, 豆두라고 불리는 食器식기에 다리가 있는 것, 이른바 '굽 달린 그릇'을 말한다. 또 냄비 요리에 쓰는 화로가 붙은 그릇으로 시루 비슷한 것을 말한다. 일본어에서는 錠劑정제(알 모양의 약)라고 쓴다.

靜 16획 | 정 | 고요하다, 편안하다

금문1 **금문2** **전문1**

|해설| 회의. 靑청과 爭쟁을 조합한 모양. 靑은 靑丹청단으로 만드는 청색의 그림물감으로 기물을 聖化성화하는 데 쓰였다. 爭은 이 글자의 경우는 力력(耒쟁기 뢰의 모양)을 爪조(손)와 又우(손)로 잡은 모양. 쟁기(耒)를 청색 안료로 祓淸불청하는 의례를 靜이라 한다. 쟁기를 정화함으로써 곡물의 충해를 방지하고 곡물의 풍작을 얻을 수 있다고 여겼다. 농구를 불청함으로써 경작이 편안해지는 것, 편안한 결실을 기원하는 데서 일반적으로 '편안하다, 고요하다'는 뜻으로 쓴다. 靖편안할 정과 통용하는 경우가 있고, 靖은 의례를 행하는 장소를 정화하는 것에서 '편안하다'는 뜻이 된다.

|용례| 安靜안정 靜嘉정가 靜觀정관 靜脈정맥 靜穩정온 靜坐정좌

弟 7획 | 제 | 아우, 순서

갑골1 금문1 금문2 전문1

|해설| 상형. 다룸가죽(韋위) 끈으로 물건을 묶은 모양.『설문해자』
(5하)에 "韋束위속의 순서(次弟차제)"라고 한다. 다룸가죽 끈으로 물
건을 순서대로 묶어 매는 것을 말하고, '차제, 순서'라는 뜻이 된다.
『설문해자』에는 第제 자가 없고 弟를 第의 뜻으로 쓴다. 第는 竹簡
죽간(가느다랗게 잘라 만든 대나무 쪽에 문자를 쓴 것)을 순서대로 묶는
것을 말한다. 순서의 뜻을 형제에게 파급하여 '아우'라는 뜻으로
쓴다.

|용례| 門弟문제 師弟사제 子弟자제 弟妹제매 弟子제자 兄弟형제

制 8획 | 제 | 자르다, 누르다, 만들다

전문1

|해설| 회의. 未미와 刀도(刂)를 조합한 모양. 未는 가지가 무성한 나
무의 모양. 그 뻗은 가지를 刀(가위)로 잘라 가지런하게 하는 것, 가
지치기하는 것을 制라고 한다. 옷을 마름질하여 의복을 만드는 것
을 製제라고 한다. 制는 가지를 '자르는' 일로 나무의 모양을 다듬
는 데서, 規制규제(일의 규정. 규정에 따라서 제한함), 制定제정(법령이나
규정을 정함)처럼 '규정'이라는 뜻이 된다. 또 制壓제압(강한 힘으로 상
대를 억압함), 制裁제재(집단의 규율을 어긴 사람에게 가해지는 압력)처럼
'누르다, 재판하다'라는 뜻이 되고, 강제한다는 뜻이 있다. 製와 통

하여 '만들다'라는 뜻으로 쓴다.

|용례| 壓制압제 制度제도 制作제작

帝 9획 | 제 | 천신, 천자

갑골1	갑골2	금문1	금문2	전문1

|해설| 상형. 祭卓제탁(신에게 제사할 때 쓰는 탁자)의 모양. 신에게 바치는 술과 음식을 올려놓는 받침대이다. 보통 제탁의 모양은 示시인데 天帝천제에게 제사하는 큰 제탁은 교차한 다리를 졸라매어 안정시킨다. 이 큰 제탁의 帝제를 사용해서 제사하는 것을 帝라고 하는데, '天神천신'(하늘에 있는 신)을 말한다. 帝는 자연신이고 그 최고 신이 上帝상제이다. 금문에 의하면 조상의 靈은 하늘에 있고 上帝의 좌우에서 시중드는 것으로 되어 있다. 帝에게 제사하는 祭祀제사는 禘제사 체라고 했다. 제사할 때 외치는 축문을 넣는 그릇인 ㅂ재(口)를 더한 모양이 啇밑동 적(啻)이고 嫡정실 적의 본래 글자이다. 帝에게 제사하는 신분인 사람을 啇, 嫡적이라고 한다. 후에 帝는 '天子천자'라는 뜻으로 쓴다.

|용례| 帝王제왕 帝位제위 天帝천제

除 10획 | 제 | 없애다, 물리치다

전문1

|해설| 형성. 성부는 余여. 余에 除없앨 제, 敍차례 서의 음이 있다. 余

는 손잡이가 달린 큰 바늘이다. 이 바늘을 呪具주구로 사용하여 흙속을 찔러서 지하에 숨은 惡靈악령을 없앤다. 그렇게 해서 악령을 祓淸불청한 길을 途도라 한다. 自부(阝)는 본래 𨸏로 쓰고, 신이 하늘에 오르내릴 때 사용하는 신의 사다리 모양이다. 그 앞의 땅에 큰 바늘을 푹 찔러서 邪氣사기를 불청하는 것, '물리치는' 것을 除라 한다. 그렇게 해서 사기를 없애고 신을 맞이하는 제단을 짓는 것을 '壇단을 제하다'라고 한다. 불청한다는 의미에서 옛것을 제거한다는 의미가 되고, 또 일반적으로 '제거하다, 없애버리다, 없애다'라는 뜻이 된다.

|용례| 掃除소제 除道제도 除夕제석 除夜제야 除外제외

祭

11획 | 제 | 제사 지내다, 제사

갑골1 | 갑골2 | 금문1 | 금문2 | 전문1

|용례| 회의. 月(夕. 肉육의 모양)과 又우와 示시를 조합한 모양. 又는 손(手수)의 모양, 示는 제단의 모양이다. 제단에 손으로 희생의 고기를 바쳐 제사 지내는 것을 祭라고 하여, '제사 지내다, 제사'라는 뜻이 된다. 祭祀제사(제사 지내는 일)라고 하는데 祭는 조상의 영에게 제사 지내는 일, 祀는 巳사(뱀의 모양)에게 제사 지내는 것으로 자연신에게 제사를 지내는 일을 말하는데, 제사 지내는 대상을 엄밀히 구별해서 사용하는 것은 아니다.

|용례| 祭器제기 祭事제사 祭壇제단 祭典제전 祭天제천 祝祭축제

第

11획 | 제 | 차례, 저택

전문1

|해설| 형성. 성부는 弟제의 생략형.『설문해자』(5하)에 "韋束위속의 次弟차제"라 하고, 가죽(韋) 끈으로 물건을 순서 있게 묶는 것을 말한다. 竹죽은 竹簡죽간(가느다랗게 잘라서 만든 대나무 쪽에 문자를 쓴 것)인데, 죽간을 순서 있게 묶은 것을 第라 하여, '次第'(순서)라는 뜻이 되고, 또 '합격하다'라는 뜻으로 쓴다. 邸집 저와 음이 통하여 '저택'이라는 뜻도 되고 第館제관, 第宅제택(저택)이라고 쓴다.

|용례| 及第급제 落第낙제 第館제관 第一제일 次第차제

堤

12획 | 제 | 둑

전문1

|해설| 형성. 성부는 是시. 是에 提들 제, 隄둑 제의 음이 있다.『설문해자』(13하)에 "막히다(滯제)"라고 한다. 물을 차단한다는 뜻일 것이다. '둑, 제방'이라는 뜻으로 쓴다. 隄는 聖所성소를 지키기 위한 제방을 말한다.

|용례| 突堤돌제 堰堤언제 堤防제방

提 12획 | 제 | 들다, 쥐다

전문1

|해설| 형성. 성부는 是시. 是에 堤둑 제, 隄둑 제의 음이 있다. 『설문해자』(12하)에 "지니다"라고 한다. '들다, 지니다'라는 뜻으로 쓴다. 또 提携제휴(손에 듦)처럼 '들다, 쥐다'라는 뜻에서 提案제안(원안을 냄. 또 그 안), 提言제언(의견이나 생각을 냄), 提示제시(내어 보임), 提出(내어놓음)이라고 말한다. 어떤 일이 성립하기 위한 토대가 되는 조건을 前提전제라고 한다.

際 14획 | 제 | 사이

𥏡
전문1

|해설| 회의. 阜부와 祭제를 조합한 모양. 阜(阝)는 본래 𨸏로 쓰고, 神신이 하늘에 오르내릴 때 쓰는 신의 사다리 모양이다. 그 앞의 제단(示시)에 손(又우)으로 고기를 바쳐 제사하는 것을 말한다. 그곳은 하늘에서 내려오는 신과 사람이 상접하는 곳으로 際란 神과 人인의 사이, '일체의 사물이 한계에 이르는 곳'을 말한다. 그곳은 신과 사람이 '만나는 곳'임과 동시에 사람이 달할 수 있는 극한의 곳을 의미한다. 그래서 際涯제애(끝), 天際천애(하늘의 끝)라고 말한다. 불교에서는 金輪際금륜제(대지의 바닥. 이것이 바뀌어 사물 일체의 극한. 어디까지나. 절대로)이라고 한다.

|용례| 交際교제 際限제한 際會제회

製 14획 | 제 | 만들다

황
전문1

|해설| 형성. 성부는 制제. 制는 무성한 나뭇가지를 刀도(가위)로 가지치기하는 것을 말한다. 옷을 마름질해서 의복을 만드는 것을 製제라고 한다. 옷을 '만드는' 일에서 일반적으로 '물건을 만들다, 만들다'라는 뜻이 된다. 물건뿐 아니라 시문을 짓는 것도 製撰제찬이라 하고, 제왕이 지은 시문, 문서를 御製어제라고 한다.

|용례| 複製복제 製作제작 製造제조 製鐵제철 製品제품

齊 14획 | 제 | 가지런하다, 같다, 삼가다

갑골1 금문1 금문2 전문1

|해설| 상형. 머리에 세 개의 비녀를 꽂은 모양. 같은 길이의 비녀 세 개를 세워 늘어놓은 모양인데 금문2의 자형은 이마 위에 세 개를 모아놓은 모양이다. 그래서 '같다, 가지런하다, 갖추다'라는 뜻이 된다. 세 개의 비녀를 꽂는 것은 제사에 봉사할 때 부인의 머리 장식이고, 祭卓제탁의 모양인 示시를 더하여 齋제가 되는데, 제사에 齋戒재계(몸과 마음을 깨끗이 하고 부정한 일을 멀리함)하여 신을 섬기는 데서 '삼가다'라는 뜻이 된다.

|용례| 均齊균제 一齊일제 齊心제심 齊唱제창

劑 16획 | 제 | 부절, 약

전문1

|해설| 회의. 齊제와 刀도(刂)를 조합한 모양. 이 글자에서 齊는 齍자를 생략한 것으로 齍는 청동기의 方鼎방정을 말한다. 齍에 刀를 더하는 것은 방정의 측면에 銘文명문을 새기는 것이다. 명문을 새겨서 약속하는 것, 또 그 약속의 명문을 劑라고 하여, '계약, 계약 문서, 부절'이라는 뜻이 된다. 『周禮』「地官/司市」에 "質劑질제(계약서)로써 信신을 맺는다"는 말은 거래에 앞서서 그 조건을 결정한 계약서를 교환하는 것을 말한다. 圓鼎원정에 새긴 명문은 則법 칙이라고 한다. 후에 '藥劑약제'라는 뜻으로 쓴다.

方鼎

|용례| 洗劑세제 錠劑정제

諸 16획 | 제 | 여러, 많다

 | |
금문1 | 금문2 | 전문1

|해설| 형성. 성부는 者자. 者는 집락을 둘러싼 담장 안에 曰왈(신에게 바치는 기도문인 축문을 넣는 그릇 ㅂ재에 축문이 있는 모양)을 묻어서, 외부 침입자를 막기 위한 呪禁주금(惡邪악사를 없애는 주술)으로 삼은 것을 말한다. 그것을 담장 곳곳에 묻은 것이어서 諸는 '여러,

많다'는 뜻이 된다. 藷저(감자, 사탕수수), 儲저(갖추다, 쌓다)는 모두 속에 많이 쌓아둔다는 뜻이 있다.

|용례| 諸國제국 諸君제군 諸般제반

濟

금문1　　전문1

17획 | 제 | 건너다, 구제하다, 되다

|해설| 형성. 성부는 齊제. 齊에 齋재계할 재의 음이 있다. 齊는 神事신사를 모시는 부인이 머리에 세 개의 비녀를 세로로 꽂아 머리 장식을 정돈한 모양으로, 정돈을 마친다는 뜻이 있다. 濟는 물을 건너서 일이 이루어진다는 의미에서 성취(실현)하다, '되다'라는 뜻이 된다.

|용례| 決濟결제 救濟구제 返濟반제 辨濟변제 濟民제민

題

전문1

18획 | 제 | 이마, 적다

|해설| 형성. 성부는 是시. 是에 醍술 제의 음이 있다. 頁혈은 머리에 의례용 모자를 쓰고 절하는 사람의 모습이다. 是는 匙숟가락 시의 모양으로 윗부분의 음식을 뜨는 국자 부분이 사람의 얼굴로 말하면 이마 부분에 해당한다. 『설문해자』(9상)에 "額이마 액"이라 하고, '이마'라는 뜻으로 쓴다. '머리, 우두머리'라는 뜻으로도 쓴다. 이마는 얼굴의 중앙 정면부이기 때문에 방의 중앙 정면에 거는 것을 題額

상용자해

제액(시문을 쓴 액자)이라 하고, '써두다, 적다'라는 의미로 쓴다.

|용례| 課題과제 題名제명 主題주제 表題표제 標題표제

弔 4획 | 조 | 조상하다, 애도하다

弔
전문1

|해설| 상형. 繳주살 줄 작의 모양. 활에 주살(화살에 줄을 매어 쏘아 새를 얽어매어 잡는 장치)의 줄을 얽어매는 모양이다. 후에 弔는 주살 줄이라는 뜻으로 쓰는 일은 없고, 전국 시대(기원전 4~기원전 3세기) 이후의 문헌에 '조상하다, 애도하다'라는 뜻으로 쓴다. 주살 줄이라는 글자로 弔를 대신하여 형성자인 繳이 쓰이게 되었다. 『설문해자』(8상)에 "弔는 마지막을 묻는 것"이라 하여, 弔問조문(유족을 애도하고 위로함)이라는 뜻으로 풀이하고, 자형을 "人인과 弓궁에 따른다"하여, 人과 弓을 조합한 모양이라고 한다. 옛날에는 사람의 사체를 일단 초야에 버리고 그것이 풍화하기를 기다렸다가 뼈를 수습했기 때문에, 초야의 짐승을 쫓기 위해 활을 가지고 가서 유골을 수습하여 사자를 조문한다는 뜻에서 人과 弓을 조합한 모양으로 조문을 뜻하게 되었을 것이다. 繳의 음이 淑좋을 숙에 가까워서 弔가 淑의 뜻으로 쓰이게 되었다. 이것을 이해하지 못하고, 『詩經』「小雅/節南山」의 "不弔昊天부조호천"을 종래는 "昊天에 불쌍히 여겨지지 못하다"라고 읽었는데, "昊天에 좋다고 생각되지 않다"(하늘의 神助신조를 받을 수 없다. 不弔는 不幸불행이라는 뜻이다.)라고 읽어야 할 구절이다.

|용례| 慶弔경조 弔辭조사 弔詞조사 弔喪조상 弔慰조위 弔意조의

爪 4획 | 조 | 손톱, 깍지

전문1

|해설| 상형. 발톱의 모양. 동물의 긴 발톱의 모양으로 '발톱'을 말한다. 사람의 손톱, 발톱이라는 뜻으로도 쓴다. 叉차는 사람의 손가락(又우는 손가락을 뻗은 오른손의 모양) 사이에 손톱이 있는 모양으로 끼우는 것을 말한다. 대나무 쪽으로 엮은 소쿠리를 笊조리 조라 하고 손톱을 벌린 것 같은 모양의 소쿠리이다.

|용례| 指爪지조 爪牙조아

兆 6획 | 조 | 조짐, 점괘

고문1 **전문1**

|해설| 상형. 卜兆복조(점괘)의 모양. 거북의 딱지를 사용하여 점을 칠 때, 안쪽에 세로로 길게 鑿착이라고 불리는 대추 모양의 구멍을 파고, 그 가로로 鑽찬이라고 불리는 절구 모양의 구멍을 파서, 그 구멍 부분을 굽는다. 그러면 표면에 鑿 부분에는 세로로, 鑽 부분에는 가로로 선이 나타난다. 세로와 가로의 선을 합치면 卜복 모양

거북 딱지의 占兆

이 된다. 이 균열의 선을 卜兆라고 한다. 卜을 좌우로 마주 보게
한 모양이 兆이고 '占兆점조'라고 한다. 이 점조에 의해 '점치는' 것
으로 '조짐, 조짐이 보이다, 처음, 표시'라는 뜻이 된다. 또 수 단위
로 써서 억의 1만 배를 말한다.

|용례| 前兆전조 兆民조민 兆億조억 兆候조후

早

6획 | 조 | 이르다, 새벽, 일찍

早

전문1

|해설| 가차. 숟가락(匙시)의 모양. 숟가락에서 음식을 뜨는 부분의
모양이고 손잡이 부분을 붙이면 是시 자가 된다. 숟가락의 음식을
긁는(搔소) 부분이 早 모양이기 때문에 早와 蚤조가 통용되는 것일
터이다. 고문에서 早를 蚤로 쓰는 예가 있고, 『孟子』「離婁下」에 "일
찍(蚤) 일어나다"라고 하여 蚤를 쓴다. 早는 숟가락이라는 뜻으로 쓰
는 경우는 없고 그 음을 빌려 '이르다, 새벽, 젊다'라는 뜻으로 쓴다.

|용례| 早計조계 早急조급 早起조기 早晩조만 早逝조서 早世조세

助

7획 | 조 | 돕다

전문1

|해설| 회의. 且조와 力력을 조합한 모양. 且는 호미(鉏서)의 모양. 力
은 쟁기(耒뢰)의 모양. 호미는 풀을 베는 것, 쟁기는 흙을 파내어 부
수는 것으로, 합쳐서 경작을 돕는다는 뜻이 된다. 후에 농경에 한

하지 않고 일반적으로 협력해서 사람을 '돕다'라는 뜻으로 쓴다.

|용례| 補助보조 佑助우조 助力조력 助成조성 助勢조세

阻 8획 | 조 | 막다, 험하다

俎
전문1

|해설| 형성. 성부는 且조. 且에 沮막을 저라는 뜻이 있다. 皀부(阝. 본래 모양은 阝)는 신이 하늘에 오르내릴 때 사용하는 신의 사다리 모양이고, 여기에 뭔가 阻害조해(방해)하는 것을 두어 타자의 침입을 '막는' 것을 말한다.『周禮』「夏官/司險」에 "두루 그 山林川澤산림천택의 阻를 알다"는 왕래가 험난한 險阻험조의 장소를 조사하여 관리하는 것을 말하고, '험난하다'는 뜻으로 쓴다. "굶주림에 시달리다(阻)"라는 용례도 있다.

|용례| 阻止조지

祖 10획 | 조 | 조상

且 **阻** **且** **俎** **祖**
갑골1 갑골2 금문1 금문2 전문1

|해설| 형성. 성부는 且조. 且는 도마(俎조)의 모양. 그 위에 제물을 늘어놓고 제사하는 도마이고, 제사 받는 사람인 '조상'이라는 뜻이 된다. 갑골문, 금문에는 且를 祖의 뜻으로 쓰고, 且가 祖의 본래 글자이다. 도마 위에 夕(肉육의 생략형)을 위아래로 두 개 놓고 조상에게 제사하는 사당 안에 올리고 조상에게 제사하는 것을 宜의라

고 한다. 후에 且에 **祭卓**제탁(제사에서 사용하는 탁상)의 모양인 示
시를 더하여 祖가 되었다. 조상, 가계의 최초의 사람이라는 뜻에서
'근본, 처음'이라는 뜻이 되고, 조상은 규범·모범이 되는 것이기 때
문에 '본받다, 규범으로 삼다'라는 뜻이 된다.

|**용례**| **開祖**개조 **始祖**시조 **元祖**원조 **祖法**조법 **祖先**조선 **祖述**조술

租 10획 | 조 | 공물

전문1

|**해설**| 형성. 성부는 且조. 且는 조상에게 제사할 때 제물을 놓는
도마(俎조)의 모양. 도마에 올려놓은 제물의 **肉**육(仌은 고기 조각의 모
양)을 俎(제물, 도마)라 하고, 도마에 올린 곡물류(禾화)를 租라고 하
여, '공물, **年貢**연공'이라는 뜻으로 쓴다. 그 제물은 제사를 위해 사
용하는 것으로 상납하게 한 것인데 그것이 후에 **租稅**조세가 되었
다. 조세의 기원은 이러한 형태로 상납된 경우가 많다.

|**용례**| **租貢**조공 **租稅**조세 **租入**조입

彫 11획 | 조 | 새기다, 꾸미다

전문1

|**해설**| 회의. 周주와 彡삼을 조합한 모양. 周는 네모난 방패의 표면
을 넷으로 구분하여 긱각 문양을 조각한 방패의 모양이다. 彡은
색깔이나 형태가 아름다운 것을 표시하는 기호적인 문자이다. 彫

는 방패 모양의 아름다움을 말하는 글자인데, 그 모양을 '새기다, 조각하다'라는 뜻으로 쓰고, 조각함으로써 '꾸미다'라는 뜻으로 쓴다. 雕조는 본래 鷲독수리 취를 말하는데 彫와 통용하여 '새기다, 조각하다'라는 뜻으로 쓴다.

|용례| 木彫목조 彫刻조각 彫文조문 彫像조상 彫飾조식 彫琢조탁

措 11획 | 조 | 두다

전문1

|해설| 형성. 성부는 昔석. 昔에 錯갈 조의 음이 있다. 『설문해자』(12상)에 "두다(置치)"라는 것은 용서한다(赦사)는 의미이다. 措置조치란 손발을 펴고 편안히 하는 것, 그러한 상태가 되도록 일을 처리하는 것을 말한다. 말의 사용법을 措辭조사라 하고, 大事대사를 잘 조치하는 자를 措大조대(才學재학에 뛰어난 서생)라고 한다. 또 올리는 것과 놓는 것, 즉 行動擧止행동거지를 擧措거조라고 한다.

曹 11획 | 조 | 마을, 관아, 관리, 한패, 무리

갑골1 금문1 금문2 전문1

|해설| 회의. 본래 글자는 𣜩로 쓰고, 棘조와 曰왈을 조합한 모양. 棘는 東동을 두 개 늘어놓은 모양. 東은 橐자루 탁의 본래 글자. 東은 자루의 모양으로 자루라는 뜻인데, 방위 이름인 동녘으로 쓰이게 되면서, 자루라는 뜻을 보존하기 위해 石탕의 음을 더한(石에 岩

상용자해

탕의 음이 있다) 형성자인 囊이 만들어졌다. 고대에는 재판을 요구할 때 원고, 피고 쌍방이 束矢속시(화살 다발), 鈞金균금(금 30근)을 제출하고, 만약 서약을 어길 때는 신벌을 받겠다는 선서를 하고 재판이 개시되었다. 東(자루)에는 束矢, 鈞金을 넣고, 曰왈은 ㅂ재(신에게 바치는 기도문인 축문을 넣는 그릇)에 축문이 든 모양으로, ㅂ를 바치고 선서하는 것이다. 曹는 재판에 필요한 조건이 갖추어져서 재판이 개시되는 것을 표시하는 재판 용어이고, 재판을 담당하는 사람을 의미했다. 그래서 '관리, 法曹법조(법률가)'라는 뜻이 된다. 또 그 관계자를 합쳐 '한패'라는 뜻으로 쓴다. 후에 曹는 관청 용어가 되고 曹局조국(관리의 사무실), 曹司조사(관리의 대기소), 曹署조서(관서)라고 말한다.

條 11획 | 조 | 나뭇가지, 줄기

𢽽
전문1

|해설| 회의. 攸유와 木목을 조합한 모양. 攸는 人인과 水수(물방울의 모양)와 攴복(攵)을 조합한 모양으로, 사람의 등 뒤에 물을 뿌려 씻어 몸을 깨끗이 하는 것, 목욕재계를 말한다. 木은 그때 사용하는 나뭇가지나 나뭇잎을 묶은 것이다. '가지, 긴 가지'가 본래의 뜻이고 여기에서 條長조장(펴짐), 條暢조창(편안함)처럼 '펴지다'라는 뜻이 되고, 條理조리처럼 '줄기'라는 뜻으로 쓰고, 簡條개조(낱낱의 조항), 條目조목(낱낱의 조항으로 쓴 문서), 條約조약(낱낱의 조항으로 쓴 약속)이라는 뜻으로 쓴다.

造

11획 | 조 | 짓다, 이르다

𦩍	𥨌	𦩍	𦩍	造
금문1	금문2	금문3	고문1	전문1

|해설| 회의. 본래 글자는 𦩍·𥨌·遭로 쓰고, 𦩍는 舟주와 告고를 조합한 모양. 舟는 쟁반의 모양. 告는 작은 나뭇가지에 ㅂ재(신에게 바치는 기도문인 축문을 넣는 그릇)를 달아 신 앞에 걸고 신에게 기도하는 것을 말한다. 쟁반에 공물을 담아 신에게 올리고 제사하는 것을 𦩍라고 한다. 𥨌는 조상에게 제사 지내는 사당(宀면) 앞에서 그 의례를 행하는 것을 표시하고, 遭는 사당에 가서 그 의례를 행하는 것을 표시한다. 그래서 옛날에는 '이르다'라고 읽었고, 사당에 참배하는 것을 말한다. 造는 遭의 일부를 생략한 자형이다. 詣예는 신령이 하늘에서 내려오는 것을 말하고, 이른다는 뜻이 있다. 학문, 예술 등에서 지식이나 기량이 심오한 곳까지 도달한 것을 造詣조예라고 한다. 금문에는 "마침내 덕을 이루다(造)"처럼 '이루다, 완수하다'라는 뜻으로 쓴다. 또 "新造신조의 貯저"(새로 지은 창고)처럼 '짓다'라는 뜻으로도 쓴다. 造는 '이르다, 이루다, 짓다'라는 뜻으로 쓴다.

|용례| 改造개조 偽造위조 造成조성 造營조영 造形조형 造花조화

眺

11획 | 조 | 바라보다

전문1

|해설| 형성. 성부는 兆조. 兆는 卜兆복조(점괘)의 모양인데, 거북의 딱지를 불에 구워 생긴 금은 모양이 정연하지 않은 것이다. 『설문

상용자해

해자』(4상)에 "눈이 바르지 않음이다"라고 하는데, 눈을 깜박인다는 의미이다. 또 엉뚱한 쪽을 바라본다는 의미도 있다. 후에 멀리 바라보는 것, '바라보다'라는 뜻이 되고, 眺矚조촉, 眺望조망(바라봄. 멀리 바라다봄)이라고 말한다.

粗

粗
전문1

11획 | 조 | 거칠다, 쓿지 않은 쌀, 대충

|해설| 형성. 성부는 且조. 『설문해자』(7상)에 "疏소"라고 하고, 아직 정선하지 않은 미곡 종류를 말한다. 그래서 '거칠다, 대충, 나쁘다'는 뜻이 되고 사물에 대해서도 사람에 대해서도 말한다.

|용례| 粗大조대 粗服조복 粗食조식 粗惡조악 粗野조야 粗雜조잡

組

組 | 緤 | 組
금문1 | 금문2 | 전문1

11획 | 조 | 끈, 짜다, 짝, 꼰 끈

|해설| 형성. 성부는 且조. 組紐조뉴(꼰 끈)를 말하고, 『설문해자』(13상)에 "綬수(꼰 끈)의 종류이다. 작은 것은 冠관(冕면)의 纓영(끈)으로 쓴다"라고 한다. 纓은 끈이 작고 세밀한 것, 큰 것을 綬라고 한다. 조뉴는 많은 실을 꼬아서 만드는 것이므로 組織조직(실을 꼬아서 베를 짬. 또 전체를 만들어냄), 組繡조수(수놓기)라고 한다. 조직은 지금은 조립된 것, 기능적인 구조물을 말한다. '꼰 끈'이라는 뜻에서 '짜다, 짜 맞추다, 짝'이라는 뜻으로 쓴다.

|용례| 改組개조 組成조성

釣
釣
전문1

11획 | 조 | 낚시하다, 낚시

|해설| 형성. 성부는 勺작. 勺은 국자의 모양이므로 본래는 勺조의 모양일 것이다. 勺는 낚싯바늘의 모양이다.『玉篇』에 "물고기를 낚는 것"이라고 한다. '낚시하다, 낚시'라는 뜻으로 쓰고, 釣名조명(명성을 구함)처럼 '구하다'라는 뜻으로도 쓴다.『詩經』에 釣魚조어(물고기를 낚음)를 노래하는 편이 있고, 결혼의 축송시, 또는 연애시에서 남녀의 일을 노래하는 것이 많다. 물고기는 여성에 비유되는 경우가 많은데, 홀아비를 鰥환이라고 한다. 鰥은 魚물고기 어와 眔답(눈물의 모양)을 조합한 모양으로 물고기에 눈물(眔) 흘린다는 뜻으로, 늙은 아내를 잃은 늙은 남자라는 의미를 표시한다.

|용례| 釣竿조간 釣果조과 釣人조인

鳥
갑골1 갑골2 금문1 전문1

11획 | 조 | 새

|해설| 상형. 새의 모양. 새의 전체 모습을 윤곽으로 그린 모양 '새'를 말한다. 새의 모양을 간략한 선으로 그린 글자는 隹추이고, 일반적으로는 隹를 새를 뜻하는 글자로 쓴다. 갑골문, 금문에서 鳥는 神聖鳥신성조로서, 鳥星조성처럼 祭祀제사의 대상이 되는 새일

때 쓴다. 鷄계는 닭의 울음소리(奚해)를 베낀 글자인데, 신성한 새로 여겨진 것 같다.

|용례| 野鳥야조 鳥網조망 鳥聲조성

朝

12획 | 조 | 아침, 내일, 정치

| 갑골1 | 금문1 | 금문2 | 금문3 | 전문1 |

|해설| 회의. 艸초와 日일과 月월을 조합한 모양. 艸는 草초인데 日의 위아래로 나누어서 쓴다. 풀 사이로 해가 나와 있는데 殘月잔월이 아직 걸린 모양으로, 새벽 때를 말한다. '아침, 내일'이라는 뜻이 된다. 금문의 자형이 月 대신에 水수를 쓴 것은, 아침 밀물이 밀려오는 때라는 의미이다. 殷代은대에는 일출을 맞이하여 朝日조일의 의례를 행하고, 그때 정치상의 대사를 결정했으므로 朝政조정(정치. 아침의 정치)이라고 말한다. 그래서 朝조는 '정치'라는 뜻이 되고 朝見조현(신하가 궁중에 가서 천자를 뵘), 朝廷조정(천자가 정무를 보는 곳), 朝野조야(조정과 민간)라고 말한다.

|용례| 朝暮조모 朝夕조석 朝食조식 早朝조조 朝餐조찬

詔

12획 | 조 | 고하다, 조칙

전문1

|해설| 형성. 성부는 召소. 召는 𠙵재(신에게 바치는 기도문인 축문을 넣는 그릇의 모양)를 바쳐 기도하고 이에 응해 신령이 내려오는 모양으

로 불러들인 신령을 표시한다. 그 신령이 말씀하는 것을 詔라고 한다. 신이 말씀하는 데서 후에 신하에 대한 천자의 '분부 말씀, 조칙'이라는 뜻이 된다.

|용례| 詔命조명 詔書조서 詔勅조칙

照 13획 | 조 | 비추다, 밝다

전문1

|해설| 형성. 성부는 昭소. 昭는 본래 卲소로 쓰고 내려오는 신령을 맞이해 절하는 모양인데, 靈威영위의 밝음을 말하여, '밝다, 빛나다'라는 뜻이 된다. 그 빛나는 빛을 표시하기 위해 昭 아래 火화(灬)를 더했다. 『書經』「泰誓下」에 "日月일월이 照臨조림하는 것 같다"고 하는데, 사방을 비추는 것을 말한다. '비치다, 비추다, 밝다'는 뜻이 된다. 빛으로 물건을 밝히는 데서, 照應조응(하나의 사물과 다른 사물이 서로 대응함), 照合조합(서류 등을 대조함), 對照대조(다른 물건과 서로 비추어 봄)처럼 양자의 관계에 대하여 말하는 것이 많다.

|용례| 照射조사 照會조회

嘲 15획 | 조 | 비웃다

전문1

|해설| 형성. 성부는 朝조. 『玉篇』에 "말로 서로 조롱하는(調조) 것"이라고 한다. 嘲는 調·啁비웃을 조와 통하고, '비웃다, 희롱하다'라

상용자해

는 뜻이다.

|용례| 自嘲자조 嘲弄조롱 嘲笑조소

潮 15획 | 조 | 조수, 바닷물

금문   전문1

|해설| 형성. 성부는 朝조. 朝는 풀(艸초) 사이에 해(태양)가 나와 있는데 殘月잔월이 아직 걸린 모양으로, 새벽 때를 말한다. 朝의 금문 자형에는 月월 대신에 水수를 쓰는 글자가 있는데, 아침 조수의 밀물과 썰물을 표시한 글자이다. 潮는 '조수, 바닷물'이라는 뜻으로 쓴다. 아침과 저녁의 만조와 간조를 潮汐조석이라고 한다. 저녁 조수의 밀물과 썰물은 汐조수 석이라고 한다. 아침과 저녁에 조수의 밀물과 썰물이 있는 것은 沿海族연해족의 지식이기 때문에 이러한 글자의 성립 배경에는 연해족의 문화가 있었음을 알 수 있다.

|용례| 干潮간조 高潮고조 滿潮만조 潮流조류 退潮퇴조 海潮해조

槽 15획 | 조 | 여물통, 나무통

전문1

|해설| 형성. 성부는 曹조. 曹는 본래 曹로 쓰고, 원고 피고 두 사람이 東동(橐자루 탁 모양)에 束矢속시(화살 묶음), 鈞金균금(금 30근)을 넣고 신에게 선서하여 재판이 시작되는 것을 말한다. 그래서 두 줄로 늘어놓은 통을 槽라고 한다. 『玉篇』에 "馬槽마조"라 하고, 말의 '여

물통'을 말한다. 槽櫪조력(말구유)이라고도 한다. 水槽수조(물을 담아 두는 용기), 浴槽욕조(목욕통)처럼 물이나 더운물을 넣는 데도 쓴다.

遭 15획 | 조 | 만나다

전문1

|해설| 형성. 성부는 曹조. 曹는 본래 䜌로 쓰고, 원고 피고 두 사람이 東동(橐자루 탁 모양)에 束矢속시(화살 묶음), 鈞金균금(금 30근)을 넣고 신에게 선서하여 재판이 시작되는 것을 말한다. 辵착(辶, 辶)은 길을 간다는 뜻이 있다. 그래서 遭는 두 사람이 길에서 마주치는 것을 말한다. 遭遇조우(뜻밖에 만남)처럼 '만나다'라는 뜻으로 쓴다.

|용례| 遭難조난

調 15획 | 조 | 조사하다, 조절하다, 비웃다

調
전문1

|해설| 형성. 성부는 周주. 周에 琱새길 조, 凋시들 조의 음이 있다. 周는 네모난 방패의 모양으로, 표면 전체에 문양을 아름답게 조각한 방패이다. 『설문해자』(3상)에 "調는 조화(龢화)하는 것"이라 하여, 調和조화(서로 잘 어울림)라는 뜻이라고 한다. 龢는 악기 소리가 조절된다는 뜻이다. '조절하다'라는 뜻으로 쓰는데, 후에 嘲비웃을 조와 통용하여 '비웃다, 놀리다'라는 뜻이 된다. 일본어에서는 '조사하다'라는 뜻으로 쓴다.

|용례| 口調구조 調達조달 調度조도 調理조리 調査조사 調節조절

操 16획 | 조 | 절개, 부리다, 잡다

전문1

|해설| 형성. 성부는 喿소. 喿는 많은 口(ㅂ재. 신에게 바치는 기도문인 축문을 넣는 그릇의 모양)를 나무에 달아 신에게 바쳐 기도하는 것을 말한다. 그 떠들썩하게 기도해대는 소리를 噪떠들썩할 조라고 한다. 또 초조하여 기도하는 것을 懆근심할 조라고 한다. ㅂ를 많이 단 나무를 손에 굳게 잡고 조종하여 원하는 일이 실현되도록 한마음으로 기도하는 일에서 '잡다, 가지다, 부리다'라는 뜻이 되고, '절개'라는 뜻으로도 쓴다.

|용례| 節操절조 操船조선 操業조업 操作조작 操縱조종

燥 17획 | 조 | 마르다

전문1

|해설| 형성. 성부는 喿소. 喿는 많은 口(ㅂ재. 신에게 바치는 기도문인 축문을 넣는 그릇의 모양)를 나무에 달아 신에게 바쳐 떠들썩하게 소리를 내어 기도하는 것을 말한다. 그러한 정황을 비유적으로 써서 불에 타들어가는 상태를 燥라고 한다. 『설문해자』(10상)에 "마르다(乾건)"라고 한다. 사람의 심정에 옮겨서 焦燥초조(애가 타서 짜증이 남)라고 한다.

|용례| 乾燥건조

繰 19획 | 조 | 실을 뽑다

缲
전문1

|해설| 형성. 성부는 喿소. 『설문해자』(13상)에 "비단의 紺色감색 같은 것"이라고 한다. 감색이나 감색 천이 본래의 뜻이다. 繰繭조견(누에의 실을 뽑아냄), 繰絲조사(실을 뽑음)처럼 '실을 뽑다'라는 뜻으로 쓴다.

藻 20획 | 조 | 말, 무늬

전문1 | 전문2

|해설| 형성. 성부는 喿소. 『설문해자』(1하)에 정자를 薻라고 하는데, 이때 성부는 巢소이다. 藻를 쓰는 경우가 많다. 喿는 많은 口(ㅂ재. 신에게 바치는 기도문인 축문을 넣는 그릇의 모양)를 나무에 달아 신에게 바치고 떠들썩하게 소리를 내어 기도하는 것을 말한다. 巢는 나무 위의 새집에 새끼 새 머리가 셋이 나란히 있는 모양이다. 모두 많다는 뜻이 있는데, 藻는 수면을 덮는 '말'(수초)을 말한다. 그 모양이 아름다운 데서 藻麗조려(무늬가 있고 아름다움), 文藻문조(문장, 시문의 무늬)라 하고, '무늬'라는 뜻으로 쓴다.

|용례| 水藻수조 海藻해조

足 7획 | 족 | 발, 충분하다, 더하다

| 갑골1 | 금문1 | 전문1 |

|해설| 상형. 무릎 관절 아래 발의 모양. 상부의 口구는 관절 부분, 하부의 止지는 발자국의 모양으로 발부리를 표시한다. 足은 발 모양 전체를 그린 것이 아니라 무릎과 발부리를 조합해서 '발'을 표시한다. 무릎 아래의 발 전체를 그린 모양은 疋발 소인데, 胥도울 서와 통하여 돕는다는 뜻으로 쓴다. 足은 '발' 외에 '충분하다, 더하다'라는 뜻으로 쓴다. 足과 疋는 모양이 매우 가깝고 또 음과 뜻이 가까운 글자이다.

|용례| 禁足금족 發足발족 補足보족 足跡족적

族 11획 | 족 | 겨레, 모이다

| 갑골1 | 갑골2 | 금문1 | 전문1 |

|해설| 회의. 㫃언과 矢시를 조합한 모양. 㫃은 기드림을 붙인 깃대의 모양으로 氏族旗씨족기를 말한다. 씨족기는 씨족군의 상징으로서 반드시 휴대하여 행진하고 씨족으로 행동할 때도 이 씨족기를 세우고 행동했다. 화살(矢)은 신성한 것이라고 하여 신에게 맹세할 때는 화살을 꺾는 듯한 동작을 하여 선서했던 것 같고, 맹세하다(矢)라고 읽는다. 갑골문에는 ㅂ축문 그릇 재(신에게 바치는 기도문인 축문을 넣는 그릇의 모양)를 디한 자형(갑골2)이 있고, 의례에 관한 글자라는 것을 표시한다. 族은 씨족기 아래에서 서약하는 의례를 표시

하고, 그 씨족의 서약에 참가하는 '겨레'(일족. 동족)라는 뜻이 된다. 氏씨는 손잡이가 있는 작은 칼의 모양인데, 조상의 제사 후에 행해지는 씨족 共餐공찬(모여서 식사함)에서 이 칼로 제사에 올린 고기를 잘라서 분배했다. 그래서 씨족 공찬의 의례에 참가하는 자를 氏(씨족)라고 했다. 族족은 씨족원이 모여 행하는 의례이므로 '모이다'의 뜻도 된다. 蔟누에섶 족, 簇조릿대 족에 '모이다'라는 뜻이 있다.

|용례| 同族동족 一族일족 族滅족멸 族人족인

存 6획 | 존 | 있다, 살다, 생각하다, 묻다

枏
전문1

|해설| 회의. 才재와 子자를 조합한 모양. 才는 표시로서 세운 標木표목의 상부에 가로목을 대고, 거기에 ㅂ재(신에게 바치는 기도문인 축문을 넣는 그릇의 모양)를 단 모양으로, 표목을 세워 장소를 聖化성화하는 의례이고 在재의 본래 글자이다. 在는 才에 聖器성기로서 士사(작은 도끼의 머리 부분의 모양)를 더해 그 장소가 신성한 장소로서 있는 것을 확인한다. 才에 子를 더한 存은 성화 의례에 의해 子가 성화되어 子의 생존이 보장되는 것을 표시하고, '있다, 신성한 것으로서 있다, 살다, 지키다'라는 뜻이 된다. 存心존심(마음에 생각하는 바. 생각), 存問존문(안부를 물음)처럼 '생각하다, 묻다'라는 의미로도 쓴다. 存在존재(현실로 그곳에 있음)라는 것은 본래 성화되어 淨化정화된 것으로서 있다는 의미였다.

|용례| 旣存기존 保存보존 生存생존 存亡존망 存命존명 存續존속

尊

12획 | 존, 준 | 고귀하다, 존중하다, 술통

| 갑골1 | 갑골2 | 금문1 | 금문2 | 전문1 | 전문2 |

|해설| 회의. 酋추와 寸촌을 조합한 모양. 옛 자형은 酋와 廾공(좌우의 손을 벌린 모양)을 조합한 모양이다. 酋는 酉유(술통의 모양)에서 酒氣주기가 나타나는 모양. 八팔은 주기가 발하는 것을 표시한다. 尊은 그 술통을 두 손으로 받쳐 들어 신 앞에 놓는 모양으로, 술통이라는 뜻이 된다. 금문에는 自부(阝. 본래 모양은 阝이고, 신이 하늘에 오르내릴 때 사용하는 신의 사다리 모양) 앞에 두는 모양(금문2)이 있다. 尊을 '존중하다, 고귀하다'라는 뜻으로 쓰는데, 그것은 술통을 하사받음으로써 위계 순서가 정해졌기 때문일 것이다.

청동기 尊

|용례| 自尊자존 尊貴존귀 尊大존대 尊卑존비 尊顔존안 尊嚴존엄

拙

8획 | 졸 | 서투르다

전문1

|해설| 형성. 성부는 出출. 『설문해자』(12상)에 "巧하지 않음"이라고 하여, 巧솜씨 좋을 교에 대비해 拙이라고 한다. '서투르다, 보잘것없다, 솜씨 없다'는 뜻으로 쓴다. 『老子』「第四十五章」에 "大巧若拙대교약졸"이라고 하여 쓸모 있음을 드러내지 않는 자가 진정으로 쓸모 있는 자라고 한다. 그래서 중국에서는 守拙수졸(세상살이에 서투르지

만 우직하게 자기 삶의 방식을 지킴)이 고상한 생활 태도로 여겨진다.

|용례| 拙工졸공 拙劣졸렬 拙速졸속

卒 8획 | 졸 | 죽다, 끝나다, 마침내

금문1 금문2 전문1

|해설| 상형. 옷깃을 포개서 묶어 맨 모양. 죽은 사람의 옷깃 언저
리를 겹겹이 포개어서 그 靈령이 사체에서 탈출하는 것을 막고, 또
邪靈사령이 들어오는 것을 방지한 것으로 보인다. 그래서 '죽다, 끝
나다, 다하다, 마침내'라는 뜻이 된다. 숨을 거두면 서둘러 옷깃 언
저리를 포개기 때문에, 卒然졸연(갑작스러움. 突然돌연)처럼 '갑자기'라
는 뜻으로도 쓴다.

|용례| 軍卒군졸 兵卒병졸 卒倒졸도 卒業졸업 卒中졸중

宗 8획 | 종 | 사당, 마루

갑골1 금문1 전문1

|해설| 회의. 宀면과 示시를 조합한 모양. 宀은 조상의 靈령에게 제
사 지내는 사당(廟묘)의 지붕 모양으로 家廟가묘를 말한다. 示는 제
사를 지낼 때 사용하는 탁자인 제탁의 모양. 사당 안에 제탁을 갖
추어 제사하는 곳은 宗廟종묘(조상의 묘)이고 '사당'이라는 뜻이 된
다. 또 여기에서 제사를 받는 조상의 靈이라는 의미에서 諸氏제씨
의 본가에 해당하는 것을 本宗본종, 本家본가라고 한다. 본래는 그

상용자해

러한 친족 관계를 의미하는 말이었지만, 후에 종교 관계에 써서 宗
派종파(그 종교 내의 분파), 宗旨종지(그 종파가 말하는 주요한 가르침)
라고 한다.

|용례| 改宗개종 宗匠종장 宗族종족

從 11획 | 종 | 따르다

갑골1	금문1	금문2	금문3	전문1

|해설| 형성. 성부는 从종. 从은 왼쪽을 향한 사람이 앞뒤로 늘어선
모양으로 從의 본래 글자이다. 辵착(辶, 辶)은 좁은 길을 걷는다는
뜻이다. 앞사람을 뒷사람이 따라서 걷는 것을 從이라 하여 남의
뒤를 따른다는 뜻이 되고, 후에 일반적으로 '따르다'라는 뜻으로
쓴다.

|용례| 服從복종 從軍종군 從事종사 從容종용 從者종자 追從추종

終 11획 | 종 | 끝나다, 끝, 마침내

갑골1	금문1	금문2	전문1

|해설| 형성. 성부는 冬동. 冬은 뜨개실의 말단을 맺어놓은 모양으
로 終의 본래 글자이다. 冬을 사계의 이름인 冬(겨울)으로 전용하게
되어 실의 말단을 표시하는 의미로 糸사변을 더하여 終 자가 만들
어졌다. 실의 말단을 맺어서 終結종결(끝)로 하기 때문에 일반적으
로 일의 '끝', 일이 '끝나다', 일을 '끝내다'라는 뜻이 된다. 처음부터

끝까지 전부를 終始종시라 하고, '마침내'라는 뜻으로도 쓴다.

|용례| 始終시종 終了종료 終生종생 終身종신 終日종일 終止종지

腫 13획 | 종 | 종기, 부스럼, 붓다

腫
전문1

|해설| 형성. 성부는 重중. 重은 자루가 부푼 모양. 『설문해자』(4하)에 "종기(癰옹)"라고 한다. 癰腫옹종은 악질의 종기를 말한다. 腫瘍종양(체내에서 비정상적으로 증식하는 세포. 악성 종양을 일반적으로 암이라고 한다), 筋腫근종(근육에 생긴 종기)이라고 쓰는데 腫은 '종기, 붓다'라는 뜻이 된다.

種 14종 | 종 | 씨, 심다, 부류

種
전문1

|해설| 형성. 성부는 重중. 『詩經』「大雅/生民」에 "여기에 嘉種가종을 내리다"라고 하여 주 왕조의 시조인 后稷후직에게 신이 좋은 곡물의 종자를 주었다는 전승을 노래한다. 種은 곡물의 '씨'를 말하는데 그로부터 種藝종예, 種樹종수(초목을 심음)처럼 '씨 뿌리다, 심다'라는 뜻으로 쓰고 種類종류(성질 등이 같은 몇 개의 개체를 모은 것)처럼 '부류, 한패'라는 뜻으로 쓴다.

|용례| 接種접종 種子종자

踪 15획 | 종 | 자취

|해설| 형성. 성부는 宗종. 蹤종과 같은 글자라고 하는데 옛 사전류에 보이지 않는다. 나중에 만들어진 글자이다. 踪迹종적(자취), 失踪실종(행방을 감춤)으로 쓴다.

縱 17획 | 종 | 세로, 용서하다, 멋대로

전문1

|해설| 형성. 성부는 从종. 从은 왼쪽을 향한 사람이 앞뒤로 늘어선 모양으로 앞사람을 따른다는 뜻이 된다. 그것은 직선적인 관계이고 직물의 실로 말하면 날실에 해당한다. 그래서 縱은 '세로' 상태의 물건을 말하고 가로와 합쳐서 縱橫종횡이라고 한다. 종횡 관계가 자유자재인 것, 생각대로 움직이는 것, 마음대로인 것, '멋대로'라는 뜻으로도 된다. 또 자유롭게 행동하는 것을 '용서하다'라는 뜻으로도 쓴다.

|용례| 放縱방종 縱斷종단 縱囚종수

鐘 20획 | 종 | 종

금문1　금문2　전문1

|해설| 형성. 성부는 童동. 童에 憧그리워할 동의 음이 있다. '종, 범종'을 말한다. 『설문해자』(14상)에 "樂鐘악종"이라고 한다. 제사나 연석

에서 사용한 악기이다. 옛날에는 높이가 수십 센티미터나 되는 큰 종으로 제사 때에 사용했는데, 곧 8器기, 14器, 16器처럼 크고 작은 종이 하나의 세트로 된 編鐘편종이 만들어져서 音階음계 악기로 사용되었다.

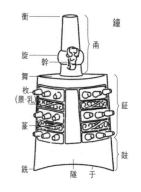

|용례| 警鐘경종 梵鍾범종 鐘聲종성

左

5획 | 좌 | 왼쪽, 돕다

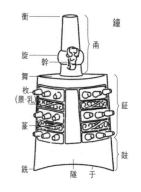
금문1   금문2   전문1

|해설| 회의. 𠂇좌와 工공을 조합한 모양. 𠂇는 左의 본래 글자로 왼손의 모양. 工은 巫祝무축(신을 모시는 사람)이 기도를 할 때 쥐는 呪具주구이다. 工을 두 손으로 쥐는 모양이 巫무(무당)이다. 左는 왼손으로 工을 쥐고 기도하여 신이 있는 곳을 찾아 신의 도움을 구하는 것을 말한다. 그래서 左는 '왼쪽, 돕다'라는 뜻이 된다. 오른손에 ㅂ축문 그릇 재(口. 신에게 바치는 기도문인 축문을 넣는 그릇의 모양)를 쥐고 기도하여 신의 소재를 찾는 글자가 右우이고 左와 右를 상하로 조합하면 尋찾을 심이 되고, 신이 있는 곳을 찾는다는 것이 본래의 뜻이다. 左는 右에 비해 아래라고 여겨져 '떨어지다, 천하다'는 의미가 있고 左遷좌천(낮은 지위로 내려감, 중앙에서 지방으로 옮김, 左降좌강), 左道좌도(사악한 길)라고 말한다.

|용례| 左傾좌경 左顧좌고 左岸좌안 證左증좌

상용자해

佐 7획 | 좌 | 돕다

| 갑골1 | 금문1 | 금문2 |

|해설| 형성. 성부는 左좌. 左는 왼손으로 呪具주구인 工공을 쥐고 기도하여 신이 있는 곳을 찾아 신의 도움을 구하는 것을 말하고, '돕다'라는 뜻이 있다. 그 의미를 확정하기 위해 사람인변을 더하여 佐로 하였다. 左가 佐의 본래 글자이다. 左는 본래 신에 관한 일에 쓰는 말이었고, 인간에 관한 일은 佐를 쓴다. 佐는 補佐보좌라는 뜻으로 대개 관직명에 쓰였다.

座 10획 | 좌 | 앉다, 자리

|해설| 형성. 성부는 坐좌. 坐는 土主토주(토지신)의 좌우에 사람이 앉은 모양. 토주의 앞에 두 사람이 앉은 것은 재판을 받기 위한 것으로, 당사자로서 재판의 자리에 나란히 앉은 것을 坐라고 한다. 그래서 타인의 죄에 연대하여 처벌받는 것을 連坐연좌, 連座연좌라고 한다. 재판을 받기 위해 토주의 앞에 앉는 데서 坐는 '앉다'라는 뜻이 된다. 재판은 神社신사에서 행해졌는데 조상의 영에게 제사 지내는 사당(廟묘)에서 행해지는 것도 있었으므로 广엄(廟의 지붕 모양)을 더해서 座가 되었다. 座는 토지신 앞에서 재판이 행해지는 것을 말하는 데서, 본래 신의 자리를 뜻하고 일본에서는 신이나 불상 등을 셀 때 一座일좌, 二座이좌라고 말한다. 중세 일본에는 寺社사사 등의 보호를 받아 활동한 동업자의 조합을 座라고 하여 油座유좌 등이 있었다. 지금 坐는 '앉다', 座는 '좌석'이라는 뜻으로 쓴다.

|용례| 座談좌담 座右좌우 座中좌중

挫 10획 | 좌 | 꺾다

전문1

|해설| 형성. 성부는 坐좌. 坐는 土主토주(토지신)의 좌우에 두 사람이 마주 보고 앉은 모양. 재판의 당사자로서 재판의 자리에 연결되어 법에 의한 처벌을 받는 것을 말한다. 挫는 挫折좌절(실패함), 頓挫돈좌(꺾임) 등으로 쓴다. 소송에 패하는 것일 것이다. 그래서 남을 굴복시키다, '꺾다, 욕보이다, 해치다'라는 뜻이 된다.

|용례| 捻挫염좌 挫傷좌상

罪 13획 | 죄 | 벌

금문1

전문1

전문2

|해설| 회의. 본래 글자는 辠로 쓰고 自자와 辛신을 조합한 모양이다. 自(코[鼻비]의 모양)에 辛(입묵을 할 때 쓰는 큰 침의 모양)으로 입묵을 하는 것을 표시한다. 죄인에게 형벌로 입묵을 하는 일이 있었으므로 辠는 '벌'이라는 뜻이 된다. 罪는 辠와 동음이므로 후에 罪를 대신 쓰는데, 罪는 본래 물고기를 잡는 대나무 그물이었다. 그러나 罪는 오래된 서책인 『詩經』이나 『論語』에도 '벌'로 쓰였다. 『설문해자』(7하)에 秦진이 辠를 罪 자로 고쳤다고 하므로 거의 2천2백 년 전, 진시황제가 문자 통일을 했을 때 罪 자로 통일되었을지도 모

844   상용자해

른다.

|용례| 功罪공죄 流罪유죄 謝罪사죄 冤罪원죄 罪過죄과 罪科죄과

主 5획 | 주 | 주인, 주되다, 임금, 주로

금문1 | 전문1

|해설| 상형. 등불의 심지 모양. 『설문해자』(5상)에 "등불 중의 火主
화주"라고 하여 등잔에서 타는 불꽃을 화주라고 한다. 금문의 자형
이 그 불꽃의 모양인데 지금의 자형은 그 아래에 등잔과 그 받침대
를 더했다. 씨족의 제사에서 불을 잡은 사람, 불을 취급하는 사람
을 叟수(늙은이, 장로)라고 한다. 叟의 본래 글자는 叜수로 쓰는데,
조상에게 제사 지내는 사당(宀면)에서 불을 손(又우)으로 잡는 모양
이다. 이것은 씨족의 장로가 담당하는 임무였다. 고대인은 불을 신
성한 것으로 생각하고 그 불을 갖는 사람이 씨족이나 집의 중심이
되는 사람이고 일을 주재하는 사람이었다. 그래서 主는 '주인, 임금,
주되다, 주로'라는 뜻이 된다.

|용례| 領主영주 主君주군 主席주석 主人주인 主將주장

州 6획 | 주 | 모래톱, 주

 | |

갑골1 | 금문1 | 전문1

|해설| 상형. 강 가운데에 있는 모래톱의 모양. 옛 자형에서는 세 갈
래 물의 흐름 중앙에 흙이나 모래가 퇴적해서 수면 위에 생긴 모래

톱을 타원형으로 그렸다. 강의 '모래톱, 주'뿐 아니라 대하 하류의 델타 지대도 州라고 했을 것이다. 그래서 州는 육지라는 뜻도 되고, 옛날 중국에서는 강의 흐름에 의해 아홉 개 지역으로 나누어, 九州구주라고 했다. 후에 행정 구역이라는 뜻으로 사용되어 州縣주현(州와 縣)이라고 한다. 洲주는 州의 속자인데 州縣의 州와 구별해서 洲渚주저(물가), 五大洲오대주(오대륙)처럼 '강의 모래톱, 주, 대륙'이라는 뜻으로 쓰인다.

朱 6획 | 주 | 붉다

금문1　금문2　금문3　전문1

|해설| 상형. 나무줄기 부분에 둥근 점(●)을 더한 모양. 나무의 그루터기를 말하는 글자라고 해석할 수 있는데 글자를 그 뜻으로 쓴 예는 없다. 朱는 색깔의 이름인 '빨강'이라는 뜻으로 쓰여,『설문해자』(6상)에 "赤心적심의 나무"(중심이 붉은 나무)라고 하는데, 朱는 朱砂주사를 굳히고 薰蒸훈증하여 수은을 분리하는 방법을 표시하는 글자이다. 주색은 수은에서 얻었을 것이다. 금문에 窯라고 쓰는 글자가 있는데(금문3), 상부의 穴혈은 훈증할 때의 굴뚝이다. 朱는 초목의 즙에서 얻은 색과 다르게, 광물질이기 때문에 색이 바래지 않고, 3천 년 이상이나 지난 殷代은대의 무덤에서 출토된 제기에 칠해진 주색이 선명하게 남아 있는 것이 많다. 때로는 제기는 삭고 주색만 흙에 붙어 있는 경우도 있다. 그 선명한 주색의 흙을 花土화토라고 한다. 고대인들은 朱를 生생의 색, 불사의 색이라고 생각했던 것

같다.

|용례| 朱墨주묵 朱印주인 朱筆주필

舟 6획 | 주 | 배, 쟁반

𠂤	𠧟	⏖	𦨶	月
갑골1	갑골2	금문1	금문2	전문1

|해설| 상형. 배는 옛날에는 큰 나무를 파내서 만드는 통나무배였고 후에 판자를 합쳐서 만든 배가 아니었다. 배의 모양은 본래는 음식이나 물을 담는 쟁반(盤)과 동형이다. 물건을 주고받을 때는 배 모양의 쟁반을 사용했으므로 受수는 舟(盤) 위아래에 손을 더한 모양이다. 兪나을 유는 손잡이가 달린 수술칼(余여)로 환부의 膿血농혈(고름과 피)을 찔러 舟(盤)로 옮겨 담는 모양으로, 병이 낫는다는 뜻이 된다. 兪에 포함된 月월도 舟이다. 盤이라는 뜻으로 쓰이는 受 자나 兪 자의 舟(쟁반)와 물에 떠다니는 舟(배)는 옛 자형에서는 기본적으로 같은 모양이다.

|용례| 孤舟고주 舟船주선 舟運주운 舟艇주정 舟車주차 舟航주항

住 7획 | 주 | 살다, 머무르다

|해설| 형성. 성부는 主주. 主는 등잔불의 모양이다. ◗가 심지가 타는 불꽃의 모양이고 그 아래는 등잔과 받침대이다. 받침대는 직립해 있고 기둥과 비슷한 점이 있다. 기둥을 나란히 해서 세운 사람이 사는 곳을 住라고 한다. 그래서 '살다, 살고 있다'라는 뜻이 되고 또 '머물다'라는 뜻이 있어서 오래 머무는 곳을 住居주거(사람이 사

는 집이나 장소)라고 한다.

|용례| 安住안주 定住정주 住所주소

肘 7획 | 주 | 팔꿈치

전문1

|해설| 형성. 성부는 寸촌. 寸에 紂경그리끈 주의 음이 있다. 寸은 음의 관계에서 보면 아마 丑축의 생략형일 것이다. 丑은 손가락 끝에 힘을 주어 구부려서 물건을 꽉 잡는 모양으로, 그렇게 하면 자연히 팔꿈치도 죄인다. 신체 부분임을 의미하는 月(육달월)을 더한 肘는 '팔꿈치'라는 뜻으로 쓴다. 공자의 제자인 宓子賤복자천이 서기의 팔꿈치를 당기거나 흔들거나 해서 쓰는 것을 방해했다고 『呂氏春秋』「具備」에 보이고, 옆에서 간섭해 자유롭게 행동하는 것을 방해하는 것을 掣肘철주라고 한다.

走 7획 | 주 | 달리다, 향하다

금문1

금문2

전문1

|해설| 상형. 두 손을 흔들며 달리는 사람의 모양. '달리는' 것을 말한다. 상반부는 大대(손발을 벌리고 선 사람을 정면에서 본 모양)와 비슷한데 한쪽 손은 비스듬하게 올리고, 한쪽 손은 비스듬하게 내리고, 머리는 조금 앞으로 기울여 달리는 모양으로, 夭요의 모양이다. 하반부는 止지(발자국의 모양으로 간다, 나아간다는 뜻이 있다)인데 달

리는 것을 강조한다. 奔달릴 분은 夭와 㱊색을 조합한 모양. 㱊은 止 셋(세 개의 발)이어서 奔은 走보다도 더 빨리 달리는 것을 말하고, 합쳐서 奔走분주(뛰어다님. 바쁘게 돌아다님)라고 한다. 奔走는 본래 제사 용어이고 제사할 때는 민첩하게 행동해야 하는 것이었다.『詩 經』「周頌/淸廟」에 "신속하게 분주하여 廟묘(조상에게 제사하는 사 당)에 있다"라고 한다.

|용례| 競走경주 遁走둔주 走路주로 走行주행 脫走탈주

ㅈ

呪 8획 | 주 | 빌다, 저주하다

|해설| 회의. 口와 兄형을 조합한 모양. 兄은 ㅂ재(신에게 바치는 기도 문이 축문을 담는 그릇의 모양)를 머리에 인 사람의 모양으로, 신에게 제사를 지내는 사람이다. 그 주술을 하는 것을 呪라 한다. 본래 글 자는 祝축이다. 祝에 '빌다'와 '저주하다'라는 뜻이 있고, 후에 '저주 하다'라는 뜻으로 呪를 쓰게 되었다. 중국 隋代수대에는 呪禁博士 주금박사라는 官職관직이 國家국가의 安寧안녕이나 병의 치유를 위한 주술 등을 관장했다. 일본 律令制율령제에서도 관직에 채용되었다.

|용례| 詛呪저주 呪禁주금 呪文주문 呪術주술

周 8획 | 주 | 둘레, 돌다, 두루

갑골1	갑골2	금문1	금문2	전문1

|해설| 회의. 네모난 방패와 口를 조합한 모양. 방패의 표면을 십 자 모양으로 구분하고 그 안에 각각 문양을 새겼다. 그 문양이 周

族주족의 紋章문장(표식)이었을 것이다. 口는 ⊔축문 그릇 재이고 신에게 바치는 기도문인 축문을 넣는 그릇의 모양이다. 주족은 그들의 문장을 조각한 방패에 축문을 외치며 전승을 기도했으므로, 기원전 1088년 무렵 은 왕조를 대신한 주 왕조의 이름으로 쓰였을 것이다. '두루'라고 읽는 匊주라는 글자가 있는데, 匊는 배로 두루 돌아보는 것을 표시한다. 周는 匊와 음이 같아서 일찍부터 통용했기 때문에 周는 '두루, 돌다, 둘레'라는 뜻으로도 쓴다.

|용례| 外周외주 一周일주 周旋주선 周圍주위 周知주지

宙

8획 | 주 | 하늘, 집

갑골1 갑골2 전문1

|해설| 형성. 성부는 由유. 由에 抽뺄 추, 紬명주 주의 음이 있다. 『설문해자』(7하)에 "배와 수레(舟輿주여)가 이르러(極극) 감춰지는(覆복) 곳"이라 하여, 수륙의 끝을 뜻한다고 한다. 『淮南子』「齊俗訓」에 "옛날부터 지금까지, 이것을 宙라 하고, 四方上下사방상하 이것을 宇우라 한다"고, 宙를 시간, 宇를 공간이라는 뜻으로 설명하는데, 宙도 宇도 모두 宀면(조상의 靈령에게 제사 지내는 사당 지붕의 모양)에 따르는 글자이므로 宙도 공간을 의미할 것이다. 由는 박 종류의 열매가 익어 녹아서 껍질 속이 빈 모양이다. 宙는 '넓다, 넓은 것'이라는 뜻으로 써서, 宇宙우주(모든 천체를 포함한 우리 주위에 끝없이 펼쳐진 공간)라고 말한다.

注 8획 | 주 | 붓다, 따르다

전문1

|해설| 형성. 성부는 主주. 主에 柱기둥 주의 음이 있다. 主는 촛대의 모양에 등잔(鐙등)에서 타는 불꽃을 더한 모양이다. 『설문해자』(11상)에 "붓다(灌관)"라고 한다. 등잔에 기름을 붓는다는 뜻일 것이다. 후에 일반적으로 '붓다, 따르다'라는 뜻으로 쓴다. 기름 용기를 등잔에 가깝게 대어 기름을 부어 넣는 것이므로 屬붙일 속과 음훈이 가까워 '붙이다, 들러붙게 하다'라는 뜻으로도 쓴다. 본문 중의 어구를 집어서 그 의미를 해설하는 것을 注釋주석이라고 하는 것은 본문에 설명을 붙인다(屬)는 의미이다.

|용례| 傾注경주 注視주시 注意주의 注入주입

奏 9획 | 주 | 연주하다, 아뢰다

전문1

|해설| 회의. 丰봉과 収소의 생략형을 조합한 모양. 丰은 신이 빙의한 위로 뻗은 나뭇가지. 収는 두 손으로 물건을 받들어 헌상하는 모양이므로, 奏는 신에게 바치는 모양이고 본래 음악을 연주하여 신에게 올린다는 뜻일 것이다. 『禮記』「玉藻」에 "연주하고 먹다"라 하여 奏樂주악(음악을 연주함)한 후에 饗食향식(회식함)한다고 한다. 神事신사의 전후에는 주악이 통례였다 옛 문헌에는 의례 전후에 金奏금주한다고 하는데, 금주란 신을 내리고 신을 보낼 때 종을

울리는 것이다. 음악을 '연주하다'라는 뜻 외에 후에 신이나 존귀한 사람에게 '아뢰다'라는 뜻으로 쓴다.

|용례| 奏上주상 奏下주하 合奏합주

柱 9획 | 주 | 기둥

程
전문1

|해설| 형성. 성부는 主주. 主에 注부을 주, 駐머무를 주의 음이 있다. 主는 촛대의 모양에 등잔(鐙등)에서 타는 불꽃을 더한 모양이다. 촛대는 직립한 모양이고 나무가 직립한 것을 柱라 하여 '기둥'이라는 뜻이 되고, 사물의 중심이 되는 것이라는 뜻으로도 쓴다.『설문해자』(6상)에 "기둥(楹영)"이라고 한다. 楹은 중앙이 부풀어 오른 圓柱원주인데 宮廟궁묘 등의 건축에 썼다. 柱는 원주뿐 아니라 角柱각주에도 쓴다.

|용례| 門柱문주 電柱전주 柱石주석 柱礎주초 支柱지주

株 10획 | 주 | 그루터기

株
전문1

|해설| 형성. 성부는 朱주. 朱는 나무줄기 부분에 둥근 점(●)을 더한 모양. 나무의 그루터기 부분을 말한다. 그루터기는 나무뿌리에 가까운 부분을 말하는데 지하에 있는 것을 根근, 지상의 부분을 株라고 한다. 일본에서는 株式주식(주식회사의 자본을 평등하게 나눈 한

묘)이라는 뜻으로 쓴다.

|용례| 守株수주 朽株후주

珠 10획 | 주 | 구슬

珠
전문1

|해설| 형성. 성부는 朱주. 朱에 둥근 것, 또 붉은색이라는 뜻이 있다. 珠를 『설문해자』(1상)에서 진주라고 설명하는데, 본래 옥의 종류를 말하는 글자일 것이다. 즉 珠玉주옥(구슬)이라는 뜻이다.

|용례| 數珠수주 珠算주산 眞珠진주

酒 10획 | 주 | 술

갑골1 | 갑골2 | 금문1 | 금문2 | 전문1

|해설| 형성. 성부는 酉유. 酉는 술통의 모양으로 酒의 본래 글자이다. '술'을 말한다. 酉 위에 八팔을 더한 酋묵은 술 추는 술통에서 술기운이 퍼져 나오는 것을 표시한다. 酋를 두 손으로 바쳐 신 앞에 놓은 모양이 尊준이다. 목제 술통을 樽준이라고 한다. 殷周은주 시대의 청동기에는 酒器주기의 종류가 많고 그 銘文명문에는 "寶隩彝보준이를 만들다"라는 것이 많다. 隩은 신이 하늘에 오르내릴 때 사용하는 신의 사다리 앞에 술통을 놓아둔 모양이다. 은 왕조에서는 제사에 술을 낳이 사용했고 ㅣ라가 망한 것이 술 탓이라고도 한다.

酎 10획 | 주 | 진한 술

전문1

| 해설 | 형성. 성부는 寸촌. 寸은 음의 관계에서 보면 아마 丑축의 생략형일 것이다. 酉유는 술통의 모양이고 酒술 주의 본래 글자이다. 『설문해자』(14하)에 "세 번 거듭한 진한 술(醇酒순주)", 즉 세 번 빚은 진하고 좋은 술이라고 한다. '진한 술'을 말한다. 술잔치를 하는 것을 酎飮주음이라고 한다. 宋玉송옥(기원전 3세기)의 『楚辭』「招魂」에 "酎飮하여 즐거움을 다하다"라는 구절이 있다. 일본어에서는 燒酎소주(芋우, 麥맥, 黑糖흑당 등을 증류해서 만든 알코올 성분이 강한 술)라고 쓴다.

晝 11획 | 주 | 낮

金文1 | 전문1

| 해설 | 회의. 聿율과 日일을 조합한 모양. 聿은 붓(筆필)을 손(又우)으로 잡은 모양. 篆文전문은 日의 주위(좌우상하)에 선이 더해져 있어서, 聿의 아래는 暈운(해무리)의 모양일 것이다. 금문의 모양은 아래가 日의 모양이기 때문에 日에 대한 어떤 呪儀주의를 표시하는 글자로 보인다. 日(태양)의 이변에 대한 액막이 방법일 것이다. '낮, 주간, 대낮'이라는 뜻으로 쓰는데, 금문이나 고문헌에 그 의미로 쓴

예가 없고, 글자의 성립이나 의미를 명확히 할 수가 없는 글자이다.

|용례| 白晝백주 晝食주식 晝夜주야 晝寢주침

週 12획 | 주 | 돌다

|해설| 형성. 성부는 周주. 周는 네모난 방패(盾순)의 표면을 십자형으로 구분하여 그 가운데 각각 모양을 조각한 모양이고, 周族주족은 그 방패를 사용했기에 周를 자신들의 이름으로 삼았다. 싸울 때는 그 방패 아래에 ㅂ재(신에게 바치는 기도문인 축문을 넣는 그릇의 모양)를 더하여 축문을 외쳐 승리를 기도했다. 匊주와 통용하여 '두루, 돌다'라는 뜻이 되고, 일정 일수로 도는 날을 묶어서 週주라고 한다. 7일을 주라고 한다.

|용례| 週刊주간 週末주말

駐 15획 | 주 | 머물다

甹
전문1

|해설| 형성. 성부는 主주. 主에 柱기둥 주, 注부을 주의 음이 있다. 主는 등잔에서 불꽃이 타는 촛대의 모양으로, 기둥(柱)처럼 일정한 곳에 서 있다는 뜻이 있다. 『설문해자』(10상)에 "駐는 말이 서는 것"이라고 한다. 말이 멈추어 서는 것뿐 아니라 일반적으로 '머물다'라는 뜻으로 쓴다.

|용례| 常駐상주 駐留주류 駐兵주병 駐在주재 駐車주차

鑄

22획 | 주 | 지어붓다

| 갑골1 | 금문1 | 금문2 | 금문3 | 전문1 |

┃해설┃ 형성. 성부는 壽수. 壽에 幬밭두둑 주, 躊머뭇거릴 주의 음이 있다. 『설문해자』(14상)에 "쇠를 녹이는 것", 즉 금속을 녹여서 거푸집에 부어 넣는다는 뜻이라고 한다. '지어붓다, 부어 넣다'라는 뜻으로 쓴다. 초기 금문의 자형은 鬲력(발이 셋으로 굽었으며 속은 빈 청동기—옮긴이) 모양의 용기를 두 손으로 들고 그 밑에 火화와 皿명을 더한 모양으로, 鑄造주조(금속을 녹여 주형에 부어 넣어 기구를 만듦)법을 보이는 상형자인데, 후에는 성부로 壽를 더한 형성자가 된다.

┃용례┃ 改鑄개주 鑄錢주전 鑄貨주화

竹

6획 | 죽 | 대나무

| 금문1 | 전문1 |

┃해설┃ 상형. 대나무의 잎이 늘어진 모양. '대나무'를 말한다. 중국에는 대나무의 종류가 많아서 『竹譜죽보』 같은 책도 있고 竹의 문화라고 할 만한 것이 있다. 『설문해자』(5상)의 竹部죽부에 속하는 글자는 144자에 달한다. 晉代진대의 王羲之왕희지(4세기)는 대나무를 좋아해서 대나무를 가리켜 "此君차군"이라고 불러서 차군은 대나무의 별명이 되었다. 일본에는 중국에서 도래한 것도 있고 일본어의 '다케'(竹, たけ)는 竹의 음과 관계가 있다고 하는데, 아마 高(たか, 다카)와 같은 뿌리의 말일 것이다.

| 용례 | 竹林죽림 竹馬죽마 竹亭죽정 竹風죽풍 破竹파죽

俊 9획 | 준 | 재빠르다, 뛰어나다

전문1

ㅈ

| 해설 | 형성. 성부는 夋준. 夋은 厶사(쟁기[耒사]의 모양)를 머리로 하는 神像신상으로, 키가 큰 신상이기 때문에 高大고대, 尊貴존귀라는 뜻이 있다. 산이 높고 험한 것을 峻준, 논밭의 신을 畯준, 발이 빠르고 뛰어난 말을 駿준이라고 한다. 사람이 '재빠른' 것, '영리한' 것, 才智재지가 뛰어난 것을 俊이라고 한다.
| 용례 | 英俊영준 俊敏준민 俊秀준수 俊才준재

准 10획 | 준 | 승인하다

| 해설 | 형성. 본래 글자는 準준으로 쓰고 성부는 隼준. 관청 용어로 일찍부터 쓰였고 천자가 재가(허가)하는 것을 말한다. 천자에게 올려서 승인받는 것을 制可제가라고 했는데, 후에 准允준윤(允도 허가한다는 뜻), 准奏준주라고 한다. 지금은 외국과 맺은 조약을 국가로서 최종적으로 동의하고 확정하는 수속을 批准비준이라고 한다.

準 13획 | 준 | 평평하다, 법, 본뜨다

전문1

|해설| 형성. 성부는 隼준.『설문해자』(11상)에 "平평"이라고 하여 수평을 측정하는 기구를 말한다. 그래서 準평준이라는 뜻이 되고, 평준이라는 뜻에서 標準표준(표식, 모범, 법), 準則준칙(근거가 되는 규칙)이라는 뜻이 된다.

|용례| 水準수준 準據준거

遵 16획 | 준 | 좇다

전문1

|해설| 형성. 성부는 尊준.『설문해자』(2하)에 "좇다(循순)"라고 한다. 遵과 循은 음훈이 가까운 글자이다. 循은 방패를 들고 순행하여 循撫순무(순종시킴)한다는 의미이다. 遵은 酒樽주준(술통)을 바쳐 순행하는 것을 말한다. 술을 바쳐 제사를 지내고 그 제사에 따르게 한다는 뜻일 것이다. 循은 무력에 의해서 遵은 제사에 의해서 '좇게 하다, 좇다'라는 뜻이 된다.

|용례| 遵法준법 遵守준수

中 4획 | 중 | 가운데, 안쪽

갑골1 갑골2 금문1 전문1

|해설| 상형. 깃발의 모양. 갑골문, 금문에는 깃대의 상부와 하부에 기드림을 붙인 자형이 있는데, 이 기드림은 깃발로 군의 행동을 지휘할 때의 標識표지가 된다. 은 왕조의 군은 좌군, 우군, 중군의 삼

군으로 편제되어 있었다. 이 깃발은 중군의 깃발이고 중군의 장군
은 원수로서 전군을 통솔했다. 그래서 中은 '가운데, 중앙'이라는
뜻이 되고 또 '중간, 안쪽, 속, 옳다' 등의 뜻으로 쓴다.

|용례| 途中도중 心中심중 中斷중단 中途중도 中央중앙 胸中흉중

仲 6획 | 중 | 가운데

금문1 　전문1

|해설| 형성. 성부는 中중.『설문해자』(8상)에 "가운데(中)"라고 한 것
은, 형제의 순서에서 가운데(仲) 아들이라는 뜻이다. 형제의 순서는
殷代은대에는 大대, 中중, 小소라 하고, 周代주대에는 伯백, 仲, 叔숙,
季계라고 한다. 은대에 형제의 가운데 아들을 말하는 글자는 中軍
중군의 깃발인 中과 구별해서 깃대의 상하에 기드림을 붙이지 않는
다. 전문의 자형이 ㅂ재를 따르는 것은 잘못이다.

|용례| 伯仲백중 仲介중개 仲裁중재

重 9획 | 중 | 무겁다, 거듭하다, 겹

금문1 　전문1

|해설| 회의. 東동과 土토를 조합한 모양. 東은 위아래를 묶은 자루
의 모양이고 橐자루 탁의 본래 글자이다. 자루 아래 저울추처럼 土
를 더한 모양이 重이고 '무겁다'는 뜻이 된다. 量량은 重(자루의 모
양) 상부에 곡물 등의 주입구를 붙인 모양이고, 곡물의 양을 재는

것을 말한다. 重量중량(무게)이라는 뜻에서 重層중층(여러 겹 겹침), 重累중루(겹침), 重要중요, 重寶중보(중요한 보물, 또 편리한 것), 重厚중후, 愼重신중 등의 뜻으로 쓴다.

衆 12획 | 중 | 무리

갑골1 갑골2 금문1 금문2 전문1

|해설| 회의. 옛 자형(갑골2)에서는 口위와 3人인을 조합한 모양. 口는 도시를 둘러싼 성곽의 모양. 성곽 아래에 3인이 늘어선 모양을 더하여 도시 안에 사람이 많은 것을 표시하여, '많은 사람, 많다'는 뜻이 된다. 口 아래에 巴파(巴는 卩절인데 무릎 꿇은 사람을 옆에서 본 모양)를 더한 글자는 邑읍이고, 성곽 안에 사람이 있는 것을 표시하여 '서울, 고을, 마을'이라는 뜻이 된다. 금문에서는 口를 目목의 모양으로 그리는데 衆은 어쩌면 감시받는 사람이라는 뜻일지도 모른다. 어쨌든 '많다, 많은 사람, 백성, 서민'이라는 뜻으로 쓴다.

|용례| 民衆민중 衆多중다 衆目중목 衆生중생 衆議중의 聽衆청중

卽 9획 | 즉 | 들다, 즉

갑골1 금문1 전문1

|해설| 회의. 皀급과 卩절을 조합한 모양. 皀은 設궤(식기)의 본래 글자. 卩은 무릎 꿇은 사람을 옆에서 본 모양. 卽은 음식 앞에 사람이 무릎 꿇은 모양으로, 식사의 자리에 드는 뜻이 된다. 자리뿐 아

상용자해

니라 지위에 드는 것을 卽位즉위라고 한
다. 일반적으로 '들다'라는 뜻으로 쓴다.
자리에 드는 것을 卽席즉석이라고 하여
'당장'이라는 뜻이 되고 그 자리에 임해
서 즉시 일을 하는 것, '즉시, 곧'이라는

청동기 殷

뜻이 되므로, 卽은 '곧'이라는 뜻이 된다. 則과 통하여 '즉'이라는
뜻으로 쓴다. 皀(식기)을 놓고 사람이 마주 보고 앉은 모양이 鄕향
할 향, 식사를 하고 배가 불러 皀을 앞에 두고 뒤를 향하여 트림을
하는 사람의 모습은 旣이미 기이다.

|용례| 卽死즉사 卽時즉시 卽應즉응 卽座즉좌

汁 5획 | 즙 | 즙

汁
전문1

|해설| 형성. 성부는 十십. 제사에 쓰는 향기 밴 술을 汁獻즙헌이라
고 한다. 鬱鬯울창(술에 향기를 배게 하는 풀) 등 여러 가지를 섞어 만
들므로 汁이라고 했을 것이다. 후에 일반적으로 액체의 '즙'을 汁이
라 하고, 물건이 섞이는 액체의 상태를 말하는 것 같다.

|용례| 果汁과즙 墨汁묵즙 肉汁육즙

症 10획 | 증 | 병

|해설| 형성. 성부는 正정. 病狀병상을 말하는 글자로 병상을 症狀증
상이라 하고, 증상이 나타나는 것을 症候증후라고 한다. 옛 문헌에

는 보이지 않고 근세 이래의 속자이다. 證증, 徵정과 같은 음이었으므로 옛날에는 證, 徵이 사용되었다. 즉 병상을 표시하는 증거가 되는 징후를 말하는 글자로 證(증거, 표시), 徵(증거, 표시)의 뜻 중에서 병상에 관한 뜻에만 한정해서 症증 자가 만들어졌다. 성부의 正을 부수인 疒병들어 기댈 녁에 더한 것이다.

|용례| 炎症염증 輕症경증

曾 12획 | 증 | 시루, 겹치다, 일찍이, 곧

금문1   금문2   전문1

|해설| 상형. 시루(甑증)의 모양. 상부의 八팔은 김이 올라가는 모양. 시루는 물을 끓여 증기를 내는 솥 위에 먹을 것을 넣은 그릇을 얹는 이중 구조이므로, 曾은 '시루, 겹치다'라는 뜻이 된다. 曾이 甑의 본래 글자이다. 부사로 '일찍이, 곧'이라는 뜻으로 쓰는 것은 그 음을 빌린 가차 용법이다.

蒸 14획 | 증 | 찌다, 덥다, 많다

전문1

|해설| 형성. 성부는 烝증.『설문해자』(1하)에 삼의 줄기 부분을 풀어 헤쳐서 만든, 등불이나 횃불에 쓰는 '겨릅대'(麻幹마간)라고 한다. 삼 껍질을 벗기고 난 줄기인데 속어로 麻骨梏마골부라고 한다. 薪蒸신증(땔감과 잡목)처럼 붙여 말하는 경우가 있다. '겨릅대'라는 뜻에서

상용자해

파생하여 '찌다, 덥다, 많다'는 뜻이 되었다.

|용례| 蒸氣증기 蒸民증민 蒸發증발 蒸暑증서 燻蒸훈증 薰蒸훈증

增 15획 | 증 | 늘다, 더하다

금문1 | 전문1

|해설| 형성. 성부는 曾증. 曾은 시루(甑증)의 모양으로 물을 끓여 증기를 내는 솥 위에 먹을 것을 넣은 시루를 얹은 것이다. 흙을 쌓아 올린 데서 '늘다, 늘리다, 더하다'라는 뜻이 된다.

|용례| 激增격증 急增급증 增大증대 增益증익 增進증진

憎 15획 | 증 | 미워하다, 미움

전문1

|해설| 형성. 성부는 曾증. 『설문해자』(10하)에 "미워하다(惡오)"라고 한다. '미워하다'라는 뜻으로 쓴다. 『禮記』「曲禮上」에 "사랑해서 그 惡악을 알고, 미워해서(憎) 그 善선을 안다"는 말이 있다.

|용례| 愛憎애증 憎惡증오

證 19획 | 증 | 증거, 표시

전문1 | 전문2

|해설| 형성. 성부는 登등. 登에 澄맑을 징의 음이 있다. 證은 본래 徵
징(증거, 표시)과 통용하는 글자였다. 證은 『설문해자』(3상)에 "말에
徵驗징험(증거)이 있는 것"이라고 한다. 證이란 징험이 있는 말을 의
미하고 '증거, 밝히다, 표시'라는 뜻으로 쓴다. 일본에서는 證의 상
용한자를 証으로 쓰는데, 証은 『설문해자』(3상)에 "諫간하는 것"이
라 하고, 본래는 간한다는 뜻의 다른 글자이다.

|용례| 實證실증 立證입증 證據증거 證明증명 證人증인

贈 19획 | 증 | 보내다

전문1

|해설| 형성. 성부는 曾증. 曾은 시루(甑증)의 모양이고, 끓이는 솥
위에 먹을 것을 넣은 시루를 얹은 것으로, '겹치다'라는 뜻이 있다.
그래서 여분으로 보내는 것을 贈이라 하고 '보내다'라는 뜻으로 쓴
다. 『周禮』「春官/男巫」에 "堂贈당증"이라는 惡夢악몽을 없애는 방
법이 있고, 또 죽은 사람에게 보내는 것을 賵贈부증이라고 하는데,
모두 貝패나 재물을 써서 없애는 것을 목적으로 하는 呪儀주의일
것이다.

|용례| 寄贈기증 贈答증답 贈與증여

支 4획 | 지 | 지탱하다, 가지, 가르다

전문1

상용자해

|해설| 회의. 十십과 又우를 조합한 모양. 十은 나무의 작은 가지. 又는 손의 모양. 支는 작은 가지를 손에 쥔 모양으로 枝의 본래 글자. 후에 줄기(本본)와의 관계에서 줄기에서 갈라진 가지를 말한다. 그래서 支는 '가지, 갈라지다, 가르다'라는 뜻이 된다. 十干十二支십간십이지를 干支간지라고 하는 것은 줄기와 가지의 관계이다. 나뭇가지는 물건을 지탱하는 데 쓰므로 '지탱하다'라는 뜻이 있고, 支持지지(지탱하여 도움), 支柱지주(지탱하는 기둥)라고 말한다.

|용례| 收支수지 支給지급 支流지류

止 4획 | 지 | 멈추다

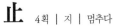

갑골1 | 갑골2 | 전문1

|해설| 상형. 발자국의 모양. 갑골1이 오른발, 갑골2가 왼발의 발자국이다. 止는 步걸을 보의 상반부인데 좌우 발자국을 앞뒤로 연결한 모양이 步이다. 발에 힘을 주어 세게 발자국을 찍는 데서 止는 '멈추다'라는 뜻으로 쓰이고, '발자국'이라는 글자로는 止에 足족을 더한 趾지 자가 만들어졌다. 止가 趾의 본래 글자이고 趾는 형성자이다. 之는 갑골문자 자형은 止와 같아서 趾의 모양이고 趾의 모양으로 발의 움직임을 표시한다. 之는 '가다, 나아가다'라는 뜻이 된다. 대명사의 '이것, 이'라는 뜻으로 쓰는 것은 그 음을 빌린 가차용법이다.

|용례| 制止제지 中止중지 止宿지숙 止息지식

地 6획 | 지 | 땅, 토지, 곳

금문1	금문2	전문1	전문2

|해설| 형성. 성부는 也야. 也에 池못 지, 馳달릴 치의 음이 있다. 본래 글자는 墜추로 썼고, 墜는 隊대와 土토를 조합한 모양이다. 隊대는 𨸏부(阝. 본래 모양은 𨸏이고, 신이 하늘에 오르내릴 때 사용하는 신의 사다리 모양) 앞에 희생 동물인 㒸수를 놓아둔 모양인데, 신이 내려서는 곳을 표시한다. 土는 흙을 만두 모양으로 뭉쳐서 臺대 위에 올려놓은 모양인데 이것을 토지신으로 한다. 墜는 토지신이 내려서는 곳에서 토지신에게 제사하고, 신이 내려서는 곳이라고 하는 뜻이었다. 墜가 후에 墜落추락(떨어짐)이라는 뜻이 되어 墜를 대신하는 형성자로 地가 만들어졌다. 地는 '땅, 토지, 곳' 등의 뜻으로 쓴다.

|용례| 産地산지 地價지가 地靈지령 地面지면 地表지표

池 6획 | 지 | 연못, 해자

전문1

|해설| 형성. 성부는 也야. 也에 地땅 지, 馳달릴 치의 음이 있다. 池는 池苑지원, 圓池원지(연못과 정원), 池亭지정(연못가의 정자), 城池성지(성과 그 주위의 해자)처럼 인공적으로 만들어진 堀池굴지(땅을 파서 만든 연못)를 말하는 경우가 많고, '연못, 해자'라는 뜻으로 쓴다. 也는 뱀의 모양이고 구부러진 모양의 사물을 말한다. 後漢후한의 張芝장

지(2세기)는 연못의 물로 붓을 씻으며 글을 배워 초서를 잘 써서 草聖초성으로 불리게 되었는데, 그의 먹 때문에 연못의 물이 검게 변해 연못을 墨池묵지라고 불렀다고 한다.

旨 6획 | 지 | 뜻, 맛있다

금문1	전문1

|해설| 회의. 氏씨와 曰왈을 조합한 모양. 氏는 씨족의 共餐공찬(모여서 식사함)에서 씨족장이 제사에 바친 고기를 잘라 나눌 때 사용하는 작은 칼. 曰은 신에게 바치는 기도문인 축문을 넣는 그릇에 축문이 있는 모양(ㅂ)인데, 이 글자의 경우는 조금 달라서 고기 등을 조리한 것을 넣은 그릇인 것 같다. 그릇의 물건을 작은 칼로 자르는 것을 旨라고 하여, 잘라 먹고 맛이 좋다, '맛있다'는 뜻이 된다. 음식의 맛에서 일의 맛, '취지, 뜻'이라는 의미로도 쓰게 되었다. 축문을 넣은 그릇인 曰에 하늘에서 신이 내려오는 모양인 旨(詣이를예)와는 구조가 다른 글자이다.

|용례| 本旨본지 要旨요지 旨酒지주 趣旨취지

至 6획 | 지 | 이르다, 매우

갑골1	갑골2	금문1	금문2	전문1

|해설| 회의. 화살을 거꾸로 한 모양과 一일을 조합한 모양. 一은 도달한 지점으로, 화살이 그 지점에 도달한 것을 표시하고, '이르다'

라는 뜻이 된다. 신성한 것으로 여긴 화살을 쏘아서 그 도달한 지점으로 토지를 선택하고 그곳에 중요한 건물을 세웠다. 그래서 신성한 건물인 室실이나 臺대는 모두 至를 글자의 요소로 한다. 화살이 끝까지 도달한 곳이기 때문에 至極지극(더할 나위 없음)이라고 하여, '극히, 매우'라는 뜻도 된다.

|용례| 至急지급 至難지난 至當지당 至福지복 至心지심 至人지인

志 7획 | 지 | 뜻하다, 뜻, 새기다

금문1 | 전문1

|해설| 형성. 성부는 士사. 글자 상부의 士는 본래 之지의 모양이다. 之는 간다는 뜻이기 때문에 마음(心심)이 있는 쪽을 향해 가는 것을 志라고 하여, '뜻하다, 뜻'이라는 뜻이 된다. 『詩經』「大序」에 "詩시는 志가 가는 곳이다. 마음에 있는 것을 志라 하고, 말로 發발하는 것을 詩라 한다"고 하는데, 志는 옛날에는 마음에 있다, 마음에 새긴다는 의미였다. 志는 誌새길 지와 통용한다.

|용례| 有志유지 志氣지기 志望지망 志學지학 志行지행 寸志촌지

枝 8획 | 지 | 가지

전문1

|해설| 형성. 성부는 支지. 支는 작은 가지(十십)를 손(又우)으로 쥔 모양으로 枝의 본래 글자이다. 支를 '지탱하다, 가르다'라는 뜻으

로 쓰게 되면서, 나무의 '가지'라는 의미를 표시하기 위해서 木목을 더해서 枝가 되었다. 또 枝葉지엽(가지와 잎)처럼 줄기에서 갈라진 것을 말한다. 支에 나뉜다는 의미가 있어서 四肢사지(팔다리)라고 쓴다.

|용례| 枝幹지간

芝 8획 | 지 | 지초

전문1

|해설| 형성. 성부는 之지. 『설문해자』(1하)에 "神草신초"라고 하여, 靈芝영지(길하다고 여기는 버섯) 종류를 말한다. 1년에 세 번 꽃이 피고 이것을 먹으면 몸이 가벼워지고 불사의 몸이 된다고 한다. 일본어에서는 '잔디'(시바, 시바쿠사. 芝草지초 — 옮긴이)라는 뜻으로 쓴다. 일본 고유의 연극을 가리키는 시바이(芝居)는 한쪽 면에 잔디가 자라는 곳인 시바후(芝生. 잔디밭)에서 공연되었기 때문에 생긴 말이라고 한다.

知 8획 | 지 | 알다, 깨닫다, 맡다(관리하다)

전문1

|해설| 회의. 矢화살 시와 口를 조합한 모양. 화살은 신성한 것이라고 하여 서약할 때 그 표시로서 화살을 쓰므로 '맹세하다'라고 읽고 화살을 부러뜨리는 것은 맹세할 때의 동작이었다. 口는 ㅂ축문

그릇 재이고, 신에게 바치는 기도문인 축문을 넣는 그릇의 모양이다. 신에게 기도하고 신에게 서약하는 것을 知라고 하여, '분명히 알다, 알다, 깨닫다'라는 뜻으로 쓴다. 신에게 서약해서 비로소 '분명히 알고, 깨달을' 수 있는 것이다. 또 '정치를 맡다'(知政지정)처럼 '맡다'라는 뜻으로도 쓴다. 智지의 본래 글자는 矢와 干방패 간과 口를 조합한 모양인데, 화살(矢) 외에 다시 聖器성기로서 방패(干)를 더해 신에게 맹세하는 것을 표시한 글자이다. 知는 주로 '알다'라고 동사로 쓰는 것에 비해 智는 '지혜, 지식'으로 명사적으로 쓴다.

|용례| 未知미지 熟知숙지 知見지견 知名지명 知命지명 知人지인

肢 8획 | 지 | 손발

전문1

|해설| 형성. 성부는 支지. 支는 작은 가지(十십)를 손(又우)으로 쥔 모양으로 본래 나뭇가지를 말한다. 일반적으로 본체에서 갈라져 나온 것을 支라 하는데, 신체 부분을 의미하는 月(육달월)을 더한 肢는 '수족'이라는 뜻이 된다. 일을 하지 않는 것을 肢體不動지체부동이라고 한다.

|용례| 四肢사지 上肢상지 肢體지체 下肢하지

持 9획 | 지 | 가지다, 유지하다

금문1 | 전문1

상용자해

|해설| 형성. 성부는 寺지. 寺에 물건을 보유하고 또 그 상태를 지속한다는 의미가 있고, 持의 본래 글자이다. 손에 계속 갖고 있는 것을 持라 하고, '가지다, 유지하다'라는 뜻으로 쓴다. 시간적으로 지속하는 것을 時시라고 한다.

|용례| 保持보지 持參지참

指 9획 | 지 | 가리키다

榰
전문1

|해설| 형성. 성부는 旨지. 旨는 그릇에 있는 고기 등을 작은 칼로 자르는 모양으로, 음식 맛이 좋은 것을 말한다. 指는 어쩌면 그 음식을 가리키는 뜻일지도 모른다. '손가락, 가리키다, 향하다, 지시하다'라는 뜻으로 쓴다. 사람의 손에서 둘째 손가락을 食指식지라고 한다. 손가락에는 여러 가지 동작이 있고 指揮지휘(지시함), 指使지사(지시해 부림), 指畫지화(손가락으로 선을 그어 보임), 指呼지호(손짓해 부름), 指示지시(가리켜 보임), 指摘지적(문제가 되는 일을 들추어 구체적으로 지시함), 指南지남(사람을 가르쳐 지도함)이라고 쓴다.

祉 9획 | 지 | 복

祉
갑골1

祉
전문1

|해설| 형성. 성부는 止지. 『설문해자』(1상)에 "福복"으로 설명하며, 합쳐서 福祉복지(행복)라고 말한다. 『詩經』「大雅/皇矣」에 "이미 帝제

의 祉를 받네"라고 하는데, 그 복지는 신으로부터 주어지는 것이었다. 『詩經』「周頌/烈文」에도 "이 祉福지복을 주시다"라는 구절이 보인다.

紙 10획 | 지 | 종이

紙
전문1

|해설| 형성. 성부는 氏씨. '종이'를 말한다. 『설문해자』(13상)에 "솜(絮서) 一苫이엉 점"이라고 하듯이, 옛날에는 헌 솜 등을 겅그레로 떠서 판자에 펴서 종이를 만들었다. 그래서 紙는 糸사변으로 되어 있지만 옛날에는 帋종이 지로 써서 布포를 글자의 요소로 했다. 종이는 2세기 초 後漢후한 시대에 蔡倫채륜이 발명했다고 하는데 채륜은 나무껍질, 삼베 부스러기, 헤진 포목, 어망 등을 이용해서 종이를 만들었다. 종이라는 이름은 채륜 이전에 있었지만 채륜은 제법을 크게 개선한 채륜지를 만들어 그 종이는 蔡侯紙채후지라고 불리며 귀하게 여겨졌다. 唐軍당군과 이슬람군이 싸운 751년 탈라스 전투에서 포로가 된 중국인이 아랍인에게 종이 뜨는 방법을 가르쳤고, 종이 뜨는 기술은 아랍인의 손을 거쳐 곧 유럽에도 전해졌다.

|용례| 古紙고지 紙衣지의 紙筆지필

脂 10획 | 지 | 기름

脂
전문1

|해설| 형성. 성부는 旨지. 旨는 그릇에 있는 물건을 고기를 자르는 작은 칼로 자르는 모양으로, 맛있는 고기를 말한다. 月(육달월)과 旨를 조합하여 맛있는 고기라는 것을 표시하고, 맛있는 고기는 기름이 오른 것이므로 '기름'이라는 뜻이 된다. 동물의 기름을 脂膏지고라고 하는데 脂는 고기 속에 든 기름, 膏는 내장의 기름을 말한다.

|용례| 樹脂수지 油脂유지 脂肪지방 脂粉지분

ㅈ

漬

전문1

14획 | 지 | 담그다, 적시다, 스미다

|해설| 형성. 성부는 責책. 責은 옛날에는 𧴪으로 썼고, 성부는 朿자였다. 『설문해자』(11상)에 "漚담글 구"라 하고, 물에 담가 씻는 것을 말한다. '담그다, 적시다'라는 뜻으로 쓴다. 『史記』「禮書」에 "失敎실교에 漸漬점지(감화됨)하다"라는 말이 있는데, 漸은 점점 스며들어가는 것, 漬는 충분히 담그는 것을 말한다.

誌

전문1

14획 | 지 | 새기다, 기록

|해설| 형성. 성부는 志지. 志는 마음이 있는 방향을 향해서 가는 것(의지)을 말하고, 또 마음에 새긴다는 의미로 쓴다. 誌는 志에 대해 ⊥ 동사적인 용법으로 생각되고, '새기다'로 읽고, 또 그 '새겨진 것, 써둔 것, 기록'을 말한다.

| 용례 | 墓誌묘지 日誌일지 雜誌잡지 誌面지면

摯 15획 | 지 | 쥐다

갑골1 전문1

| 해설 | 형성. 성부는 執집. 執은 수갑을 채워 죄인을 잡는 모양. 후에 손으로 잡는 것을 말한다. 摯는 執의 뜻을 받아, 단단히 잡다, '쥐다'라는 뜻이 된다. 贄폐백 지는 사람을 만나서 주는 선물이다. 摯와 贄 모두 굳세게 잡는다는 뜻의 글자이다.

| 용례 | 眞摯진지

遲 16획 | 지 | 늦다, 더디다

갑골1 갑골2 금문1 금문2 전문1

| 해설 | 형성. 성부는 犀서. 犀에 墀바를 지, 犀어릴 치의 음이 있다. 갑골문, 금문의 자형은 遲지로 쓰고 성부는 犀서. 犀는 사람의 뒤에서 辛신(손잡이가 달린 형벌용의 큰 바늘)으로 벌을 가하는 모양이다. 여기에 辵착(辶, 辶. 간다는 뜻이 있다)을 더해 보행이 곤란해지는 것을 遲라고 하여, '늦다, 더디다, 느리다, 순조롭지 않다'는 뜻이 된다. 『詩經』「邶風/谷風」은 버려진 여자를 노래한 시로 "가는 길 더디더디(遲遲)"라는 구절이 있는데 遲遲는 의성적인 말이다.

| 용례 | 遲刻지각 遲鈍지둔 遲速지속 遲延지연

直 8획 | 직 | 곧, 고치다, 옳다, 다만

금문1 | 전문1

|해설| 회의. 省성과 ㄴ은을 조합한 모양. 省은 눈(目목)의 呪力주력 (주술의 힘)을 강화하기 위해 눈썹(眉미)에 장식을 붙여 지방을 순찰하여 부정을 바로잡는 것을 말한다. ㄴ은 담장 등을 세우는 모양으로 숨는다는 뜻이 있다. 直은 몰래 조사해서 부정을 바로잡는다는 뜻일 것이다. 그래서 '바로잡다, 옳다'라는 뜻이 되고, 바로잡는 것이므로 '똑바르다, 솔직하다'는 뜻이 된다. 또 '곧'이라는 뜻으로 쓰고, 但단과 통용하여 '다만', 宿直숙직(숙박하여 밤의 당번을 맡음)처럼 '맡다'라는 뜻으로도 쓴다.

|용례| 曲直곡직 率直솔직 實直실직 正直정직 直立직립 直視직시

織 18획 | 직 | 짜다, 베짜기, 직물

 금문1 | 금문2 | 전문1

|해설| 형성. 성부는 戠직. 戠은 창(戈과)에 장식을 붙인 모양이고 표식으로 삼는다는 의미가 있었다. 적색 비단을 장식으로 했던 것 같고, 불이 활활 타는 모습을 熾치라고 한다. 織은 직물인데 특히 문양이 있는 직물이고 織文직문이라고 한다. 금문에 "너에게 戠衣직의를 내린다"라는 말처럼, 직문을 하사하는 것이 있고, 禮裝用예장용이었다. 戠은 織의 본래 글자이다. 기원전 2세기의 馬王堆漢墓마왕퇴한묘에서 출토된 유물 중에는 넋을 잃고 보게 할 정도로 아름다

운 견직물이 있다. '직물, 능직 비단'이라는 뜻에서 '짜다, 베짜기'라는 뜻이 된다.

|용례| 紡織방직 織機직기 織女직녀 織婦직부

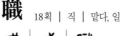

職 18획 | 직 | 맡다, 일

금문1 | 금문2 | 전문1

|해설| 형성. 성부는 戠직. 戠은 창(戈과)에 장식을 붙인 모양이고 붉은 직물 등을 붙여서 표지로 삼는다는 의미가 있었다. 금문의 자형에 머리에 戠을 붙인 모양(금문1)이 있는데, 戠을 귀에 붙이는 모양이 職이다. 戰場전장에서 살해한 적의 왼쪽 귀를 잘라내어 전공의 증거로 삼는데, 그 귀에 비단 표지를 붙이는 것이 職이다. 표지를 붙여서 전공을 취급하는 것을 職이라고 하므로, '맡다'(직무로서 담당하다)라는 뜻이 되고, '임무, 일'이라는 뜻이 된다.

|용례| 職權직권 職務직무 職事직사 職業직업 職掌직장 退職퇴직

津 9획 | 진 | 배어나다, 나루터

금문1 | 전문1

|해설| 형성. 본래 글자는 津진으로 쓰고, 성부는 聿진. 聿은 辛器신기(입묵할 때 쓰는 바늘)로 피부를 찔러 그곳에서 津液진액(피가 섞인 액체)이 배어나는 모양이다. 그때의 고통을 盡애통해할 혁이라고 하는데, 㿦벽은 奭석 자에도 포함되어 있듯이 양쪽 유방에 새긴 입묵

의 모양이고 皿명은 피를 받는 그릇이다. 津은 진액이 배어나는 것을 말하는 글자인데, '나루터'라는 의미는 금문에 淮회와 舟주를 조합한 모양의 글자에서 왔을 것이다. 그것은 새점을 쳐서 배로 가는 것의 안전을 확인한다는 의미의 글자인데, 이 글자는 津(津)과 음이 같았으므로 津을 '나루터'라는 뜻으로 쓰게 되었을 것이다.

|용례| 津人진인

9획 | 진 | 귀하다

전문1

|해설| 형성. 성부는 㐱진. 㐱에 趁쫓을 진의 음이 있다. 갑골문에는 조개를 포함하는 모양의 상형자가 있는데, 후에 형성자로 된다. 㐱은 머리숱이 많은 사람의 모양이므로 珍과 의미상의 관계는 없다. 『설문해자』(1상)에 "보배(寶보)"라고 한다. 보배로 삼아야 할 玉옥을 말한다. 후에 일반적으로 '귀하다'는 뜻으로 쓴다.

|용례| 珍客진객 珍貴진귀 珍寶진보 珍異진이 珍鳥진조 珍重진중

唇 10획 | 진 | 입술

전문1

|해설| 형성. 성부는 辰진. 辰은 蜃대합 신의 본래 글자로, 대합 같은 소개가 빌을 내밀고 움지이는 모양이고 肉片육편 같은 것이 움직인다는 의미가 있다. 여기에 ㅂ축문 그릇 재를 더하여 점을 친다는 의미

일 것이다. 몸체의 부분을 표시하는 月(육달월)을 더한 脣입술 순과 통용하여 '입술'이라는 뜻으로 쓴다.

振 10획 | 진 | 흔들다, 떨치다, 구휼하다

전문1

|해설| 형성. 성부는 辰진. 辰은 蜃대합 신의 본래 글자로, 대합 같은 조개가 발을 내밀고 움직이는 모양으로, 움직인다는 뜻이 있다. 손으로 흔들어 움직이는 것을 振이라 하여, '흔들다, 떨치다'라는 뜻이 된다. 물건을 흔들어 움직인다는 뜻에서 마음을 흔들어 움직여서 분발하게 한다, 격려한다는 뜻으로도 쓴다. 또 賑구휼할 진과 통용하여 '구휼하다'라는 뜻으로도 쓴다.

|용례| 不振부진 振救진구 振窮진궁 振動진동 振興진흥

陣 10획 | 진 | 늘어놓다

전문1

|해설| 회의. 본래 글자는 㪔진으로 쓰고, 陳진과 攴복(攵)을 조합한 모양. 금문에 나라 이름 陳은 㪔, 田齊전제의 陳氏진씨의 陳은 墜의 모양인 글자가 있다. 自부(阝. 본래 모양은 𨸏)는 신이 하늘에 오르내릴 때 사용하는 신의 사다리 모양. 그 신성한 神梯신제 앞에 兵車병거를 놓은 모양이 陣이고, 그곳이 군의 본진이 되었을 것이다. 본진에 병거를 늘어놓았으므로 '늘어놓다, 나란히 하다'라는 뜻도 되었

을 것이다.

|용례| 圓陣원진 陣頭진두 陣中진중

眞 10획 | 진 | 참

眞
전문1

|해설| 회의. 匕화와 県현을 조합한 모양. 匕는 人인을 거꾸로 한 모양으로 죽은 사람의 모양. 県은 머리를 거꾸로 매단 모양으로, 眞은 顚死者전사자, 생각지 못한 재난을 당해 길에서 쓰러져 죽은 사람을 말한다. 이렇게 뜻하지 않은 재난을 당해 죽은 사람의 怨靈원령(한을 품고 죽은 사람의 영)은 강한 힘을 가진 靈으로 두려움의 대상이었다. 眞(길에서 쓰러져 죽은 사람)에게 절하는 모양이 顚쓰러질 전으로, 쓰러져 죽는 것을 말한다. 그래서 전사자를 정중히 묻어 사당 안에 안치하여, 靈의 힘을 가진 옥을 곁들여 진정시키고, 자리를 갖추어 鎭坐진좌시키고, 삼가 그 분노를 가라앉혔다. 이렇게 眞을 요소로 하는 글자의 대부분은 모두 전사자의 원령을 두려워하여 위로하는 의례에 관한 글자이다. 일본의 『만요슈』(萬葉集)에도 가키노모토노 히토마로(柿本人麻呂, 7세기 시인)가 물에 빠져 죽은 궁녀에게 바친 長歌장가가 있다. 眞은 죽은 사람이고 그것은 이미 변화하는 것이 아니기 때문에, 영원한 것, 참된 존재라는 뜻이 되었고, '참'이라는 뜻이 된다. 眞이 '참'이 되는 것은 인생은 일시의, 가짜의 세계인데 사후 세계는 영원하다는 고대인들의 생각에 따른다. 그것은 사람의 시체를 뒤에서 받치는 모양인 久구가 '오래되다,

永久영구하다'는 의미가 된 것과 같다.

|용례| 純眞순진 眞君진군 眞相진상 眞實진실 眞意진의 眞人진인

陳
11획 | 진 | 늘어놓다, 오래되다, 진술하다

금문1	금문2	금문3	전문1

|해설| 회의. 阜부와 東동을 조합한 모양. 阜(阝)는 본래 阝 모양으로 신이 하늘에 오르내릴 때 사용하는 신의 사다리 모양. 그 앞에 東(위아래를 묶은 자루〔橐탁〕모양)을 놓아둔 모양인데, 제물을 늘어놓는다는 뜻이다. 금문에는 墜으로 쓰는 글자가 있는데 土는 흙을 만두 모양으로 뭉쳐서 받침대 위에 올려놓은 모양으로, 토지신을 말하기 때문에 토지신 앞에 제물이 든 자루를 늘어놓는다는 뜻이 된다. '늘어놓다'라는 뜻에서 그대로 진열해 두는 것이므로 陳腐진부(케케묵음. 오래되어 썩음)처럼 '오래되다'라는 뜻이 된다. 또 陳述진술, 陳說진설(입으로 말함)처럼 말을 늘어놓다, '말하다'라는 뜻으로도 쓴다.

|용례| 開陳개진 陳辯진변 陳編진편

進
12획 | 진 | 나아가다, 추천하다

갑골1	금문1	금문2	전문1

|해설| 형성. 성부는 隹추. 隹에 隼새 매 준의 음이 있다. 隹는 새의 모양이고 새점을 쳐서 군의 진퇴를 결정하고 진군시키는 것을 進이

라고 하여, '움직이다, 나아가다'라는 뜻이 되고, 추천한다(薦)는 뜻
으로도 쓴다.『詩經』「小雅/常棣」에 "脊令척령(새 이름), 들판에 있
네, 형제에 급난 있네"라고 하여, 척령이 꼬리를 흔들며 물결 모양
으로 날아서 이상한 기운을 느끼게 하므로 급난의 전조로 여겼다.
隹는 성부인데 隹(새)라는 뜻도 포함하는 바가 있어서 그러한 관계
를 亦聲역성이라고 한다.

|용례| 躍進약진 進講진강 進言진언 進取진취

診 12획 | 진 | 보다

전문1

|해설| 형성. 성부는 㐱진. 㐱은 인체에 彡삼을 더한 모양으로 사람
의 몸에 發疹발진이 생긴 모양이다. 이것은 체내에 병이 있는 조짐
이기 때문에, 그 병든 곳을 보는 것을 診이라고 한다. '병상을 보다,
보다, 조사하다'라는 뜻으로 쓴다.『莊子』「人間世」에 "꿈을 診하
다(알리다)"와 같은 용례가 있는데 꿈 판단의 의미도 있었을 것이다.
(『장자』「인간세」에 나오는 診夢진몽의 診은 점을 치는 것이라는 주장도 있
고, 청대의 고증학자 王念孫왕염손이 주장하듯이 알리는 것이라는 주장도
있다. 시라카와 선생은 診 자 본래의 뜻에 따라 점을 친다는 의미도 있었을
것이라는 추측이다. — 옮긴이)

|용례| 檢診검진 診療진료 診察진찰 打診타진

盡 14획 | 진 | 다하다, 전부

| 갑골1 | 갑골2 | 금문1 | 전문1 |

| **해설** | 회의. 聿율과 皿명과 물방울의 모양을 조합한 모양. 聿은 작은 나뭇가지 같은 막대기를 손에 든 모양. 가는 막대기로 물을 담은 그릇을 씻는 모양으로 전부 씻어내는 것을 말한다. 후에 일반적으로 '다하다, 끝까지 가다, 끝나다, 전부'라는 뜻으로 쓴다.

| **용례** | 無盡무진 盡力진력 盡心진심 盡日진일

震 15획 | 진 | 떨다, 흔들리다, 천둥, 놀라다

전문1

| **해설** | 형성. 성부는 辰진. 辰은 蜃대합 신의 본래 글자로, 대합 같은 조개가 발을 내밀고 움직이는 모양으로, 움직인다는 뜻이 있다. 『설문해자』(11하)에 "천둥, 사물을 흔드는 것"이라 하여 천둥이 크게 울린다는 뜻이라고 한다. 갑골문에 震진이라는 글자가 있고, "이 邑읍에 震하는 것 없는가", "오늘 저녁 自퇴(師사, 군대)는 震하는 것 없는가"처럼, 地震지진이나 震驚진경(돌발적인 사건에 놀람)할 일이 없는지 점을 친다. 대합(蜃)의 살에 靈威영위의 힘이 있다는 신앙이 있었을 것으로 생각된다. 본래는 '천둥, 천둥이 치다'라는 뜻이었는데 천둥의 울림으로 '떨다, 흔들리다'라는 뜻이 되고, 후에 일반적으로 사람이나 물건이 '떨다, 흔들리다'라는 뜻이 되고 '놀라다, 전율하다'라는 뜻으로도 쓴다.

|용례| 激震격진 餘震여진 震恐진공 震怒진노 震動진동 震慄진율

鎮

18획 | 진 | 가라앉히다, 다스리다, 누르다

鎮
전문1

|해설| 형성. 성부는 眞진. 眞에 塡메울 전, 瑱귀막이 옥 전의 음이 있다. 眞은 匕화(죽은 사람의 모양)와 県현(목을 거꾸로 매단 모양)을 조합한 모양으로, 불의의 재난으로 길에서 죽은 사람을 말한다. 길에서 죽은 사람의 怨靈원령(한을 품고 죽은 사람의 영)은 그 분노로 강한 힘을 가진 靈령이라고 두려워했기 때문에, 그 분노를 가라앉히기 위해 귀막이 옥(瑱)을 쓰는데, 사당을 지어 그 안에 두어 삼가 鎭魂진혼(죽은 사람의 영을 위로하고 가라앉힘) 의례를 했다. '가라앉히다, 가라앉다, 다스리다'라는 뜻으로 쓴다.

|용례| 重鎭중진 鎭撫진무 鎭靜진정 鎭定진정 鎭座진좌

叱

5획 | 질 | 꾸짖다

叱
전문1

|해설| 형성. 성부는 七칠. '칫, 칫' 하고 혀를 차서 울리는 소리를 옮겨 쓴 글자. 혀를 차면서 꾸짖는 것이어서 '꾸짖다, 욕하다'라는 뜻이 된다. 咤꾸짖을 타도 마찬가지로 혀를 차는 소리를 옮겨 쓴 것이다. 힙쳐서 叱咤질타라고 하여 큰 소리로 꾸짖는 것을 말한다.

|용례| 叱正질정 叱責질책

迭

전문1

9획 | 질 | 번갈아

|해설| 형성. 성부는 失실. 失에 跌넘어질 질의 음이 있다. 失은 巫女무녀(신을 모시는 여자)가 손발을 올리고 춤추는 모양으로 자신을 잊고 멍한 상태가 되는 것을 말한다. 무녀가 혹은 낮게 혹은 높게 격렬하게 춤추는 것을 迭이라 하고, '번갈아, 교대로'라는 뜻이 된다.

|용례| 更迭경질

疾

갑골1 | 갑골2 | 금문1 | 고문1 | 전문1

10획 | 질 | 병, 빠르다, 미워하다

|해설| 회의. 갑골문, 금문의 자형은 大대와 矢시를 조합한 모양이다. 大는 손발을 벌리고 선 사람을 정면에서 본 모양인데 여기에 사람이 겨드랑이 밑에 화살을 받는 모양을 더하여 화살로 받은 상처를 표시한 글자이다. 후에 大를 疒녁(침상 위에 사람이 병들어 자는 모양)으로 고쳐, 병상에 있는 사람의 모양으로 만들었다. 그래서 疾은 화살의 상처라는 뜻에서 일반적인 '병'이라는 뜻이 되어 疾病질병이라고 말한다. 病은 본래 '疾은 病이다'라고 풀이하듯이 병이 무거운 것을 의미했다. 병이라는 뜻에서 疾視질시(미운 눈으로 봄), 疾妬질투(부러워하거나 시샘함)처럼, '미워하다, 원망하다'라는 뜻이 되고 또 疾風질풍(격렬하게 부는 바람), 急疾급질(빠름)처럼 '빠르다'는 뜻으로 쓴다.

상용자해

|용례| 疾患질환 疾走질주 眼疾안질

秩 10획 | 질 | 쌓다, 차례, 녹봉

전문1

|해설| 형성. 성부는 失실. 失에는 帙책갑 질, 紩기울 질의 음이 있다. 『설문해자』(7상)에 "쌓는 모양"이라 하고, 『詩經』「周頌/良耜」(三家詩삼가시)에 "이를 쌓으니 秩序질서 있네"라고 한다. '쌓다, 차례로 쌓아 올리다, 차례(순서를 매기다)'라는 뜻으로 쓴다. 순서를 매겨서 쌓아 올리는 데서 질서(사물의 올바른 순서. 규칙)라고 한다. 관청에서는 관직의 순서에 의해서 급여가 결정되므로 秩祿질록, 秩俸질봉(관리의 봉급. 봉록)이라고 한다.

窒 11획 | 질 | 막다

전문1

|해설| 형성. 성부는 至지. 至에 姪조카 질, 絰복띠 질의 음이 있다. 『설문해자』(7하)에 "막다(塞색)"라 하고, 塞은 㗊전(呪具주구인 工공을 네 개 겹친 모양)으로 邪靈사령 등을 봉쇄하는 모양으로 '막다'라는 뜻이 된다. 至는 화살(矢시)이 도달한 곳을 표시하기 때문에, 窒은 화살을 주구로 삼아 '막는' 것을 표시하는 글자이다.

|용례| 窒塞질색 窒素질소 窒息질식

嫉 13획 | 질 | 샘하다, 미워하다

전문1

|해설| 형성. 성부는 疾질. 疾에 미워한다는 뜻이 있고 嫉은 '미워하다, 샘하다, 시기하다'라는 뜻이 된다. 『설문해자』(8상)는 글자를 㛩로 쓰고 嫉은 그 별체자라고 하는데 지금은 일반적으로 嫉을 쓴다. 嫉妬질투의 嫉이나 妬도 女녀에 따르는 것은 여성에게 시기하는 감정이 강하기 때문일 것이다.

質 15획 | 질 | 바탕, 바로잡다

전문1

|해설| 회의. 所은과 貝패를 조합한 모양. 所은 두 개의 斤도끼 근. 貝는 본래 鼎정(본래 취사용 청동기로 祭器제기로 쓴다)의 모양이다. 두 개의 도끼로 鼎에 銘文명문을 새겨 넣는 것을 質이라 하여, 새겨서 약속하는 것, 새겨진 質劑질제(계약서)를 말한다. 則칙이 圓鼎원정에 칼로 중요한 계약 사항을 새겨 넣음을 말하는 것처럼 質도 중요한 약속을 새겨 넣는 것을 말한다. 劑제는 方鼎방정에 칼로 새긴 명문을 말한다. 質, 則, 劑는 모두 鼎에 새긴 계약, 약속을 말한다. 그래서 계약의 기본이 되는 것이기 때문에 本質본질이라 하고, 그것으로써 모든 것을 바로잡는 것이어서 質正질정이라 하고, 또 기본으로 거슬러 올라가서 무엇을 묻는 것을 質問질문이라고 한다. 계약, 약속이라는 본래의 뜻에서 '이루다, 바로잡다, 바탕, 인질' 등 많은 뜻

으로 쓰이는 글자이다.

|용례| 言質언질 人質인질 質實질실 質疑질의

朕 10획 | 짐 | 나

| 갑골1 | 갑골2 | 금문1 | 금문2 | 전문1 |

|해설| 회의. 본래 글자는 𦩶짐으로 쓰고, 舟주와 𠬞소를 조합한 모양. 舟는 물건을 담는 쟁반의 모양. 𠬞는 두 손으로 물건을 받쳐 든 모양. 𦩶은 쟁반의 물건을 두 손으로 받들어 보낸다는 뜻으로, 朕보낼 잉의 본래 글자이다. 殷代은대의 왕자에 子자, 余여, 我아, 朕이라고 칭하는 것이 있고 특정한 신분 칭호였는데 후에 그대로 대명사가 되었다. 朕은 '나'라는 일인칭 대명사로 쓰는데 그것은 음을 빌려서 쓰는 가차 용법이다. 朕의 음이 '잉'인데 '짐'으로 읽고 천자의 자칭으로 쓰이게 된 것은, 기원전 221년에 중국 본토를 최초로 통일해 황제가 된 秦진 왕조 시황제부터이다. '짐'이라는 음은 朕조짐 진(zhen)을 잘못 쓴 것 같다.

執 11획 | 집 | 잡다

| 갑골1 | 갑골2 | 금문1 | 금문2 | 전문1 |

|해설| 회의. 幸행과 丮극을 조합한 모양. 幸의 옛 자형은 양손에 채우는 수갑의 모양. 丮은 양손을 내민 모양으로 양손에 刑具형구인 수갑을 채운 모양이 執으로, 죄인을 체포한다는 뜻이 된다. 후에

일반적으로 물건을 '잡다'라는 뜻이 되고, 잡는다는 뜻에서 손에 쥔다는 뜻이 되고, 또 執行집행, 執務집무처럼 '행하다'라는 뜻으로도 쓴다.

|용례| 執念집념 執心집심 執政집정 執筆집필 確執확집

集 12획 | 집 | 모으다, 모이다, 이루다

갑골1 금문1 전문1 전문2

|해설| 회의. 隹추와 木목을 조합한 모양. 隹는 새 모양으로 새를 뜻한다. 옛날에는 雧모을집으로 썼고 많은 새가 모여 나무에 멈추는 모양으로, '모이다'라는 뜻이 된다. 금문의 『毛公鼎』에 "하늘이 크게 그 명을 이루다(集)"라는 말이 있고, 일찍부터 '이루다'라는 뜻으로 썼는데, 아마 새가 집산하는 상태에 따라 새점을 쳐서 일을 결정하고, 그 일이 성취된다는 의미일 것이다. 集을 대신해서 就취를 쓰는 문헌의 예도 있으므로 集과 就는 통용했을 것이다.

|용례| 收集수집 集結집결 集錄집록 集散집산 集合집합 會集회집

徵 15획 | 징 | 부르다, 징험

금문1 금문2 전문1

|해설| 회의. 彳척과 𡈼정과 攴복(攵)을 조합한 모양. 彳은 십자로의 모양인 行행의 좌반분 모양으로 도로를 뜻한다. 攴에는 때린다는 의미가 있다. 𡈼은 장발인의 모양으로 장로를 가리킨다. 徵은 도로

에서 적의 장로를 잡아 때려서 구하는 것을 얻으려고 하는 고대의 주술을 나타낸다. 장로를 때려서 장로가 가진 靈령의 힘을 자극해 그 요구하는 것의 실현을 구하는 행위를 徵이라 하고, 그 징험이 나타나는 것을 徵이라 한다. 그래서 徵은 '구하다, 징험, 징빙'이라는 뜻이 되고, 찾는 것에서 '부르다'(불러들이다, 들여오다)라는 뜻이 된다. 적의 장로를 때리는 것은 징벌을 가하는 의미도 갖는 행위이므로 적을 징벌하는 것을 懲징이라 한다.

|용례| 徵發징발 徵召징소 徵收징수 徵集징집 徵招징초

澄 15획 | 징 | 맑다, 맑게 하다

전문1

|해설| 형성. 성부는 登등. 글자는 본래 澂징으로 쓰는데, 『설문해자』(11상)에 "澂은 맑은 것(淸청)"이라고 하여 물이 맑다는 뜻으로 쓴다. 물이 맑은 데서 마음이 맑다 등, 일반적으로 '맑다, 맑게 하다'라는 뜻으로 쓴다. 漢代한대의 비문에는 모두 澄 자를 썼고, 澄이 일반적으로 통용하는 자가 되었다.

|용례| 澄明징명 澄淸징청 淸澄청징

懲 19획 | 징 | 혼내다, 징벌하다

선분1

|해설| 형성. 성부는 徵징. 徵은 도로에서 적의 장로를 잡아 때려서 그 요구하는 것의 실현을 구하는 주술적인 행위를 말한다. 적의 장로를 잡아서 때리는 것은 징벌을 가해 적에게 타격을 준다는 의미를 갖는 행위이기도 했으므로, 懲은 '징벌하다, 혼내다, 혼나다'라는 뜻이 된다.

|용례| 懲戒징계 懲罰징벌 懲惡징악 懲役징역

且

5획 | 차 | 또, 도마

|갑골1|갑골2|금문1|금문2|전문1|

|해설| 상형. 도마(俎조)의 모양. 俎는 도마 옆에 편육을 더한 모양. 且 위에 夕(肉육의 생략형)을 두 개 두어 조상의 영에게 제사 지내는 사당(宀면) 안에 바쳐 조상에게 제사 지내는 것을 宜의라고 한다. 옛날에는 且를 조상이라는 뜻으로 썼다. 후에 '또, 잠시, 장차'라는 뜻으로 쓴다.

次

6획 | 차 | 잇다, 다음, 머물다

|갑골1|갑골2|금문1|금문2|전문1|

|해설| 상형. 사람이 입을 벌리고 탄식하는데 그 탄식하는 숨결이 나타난 모양. 欠흠은 입을 벌리고 선 사람을 옆에서 본 모양으로, 二가 그 내뱉는 숨을 표시한다. 次, 咨탄식할 자, 諮물을 자는 같은 계통의 글자이다. 次침 선은 입을 벌리고 침을 흘리는 모양으로, 羨부러워할 선은 희생양의 고기를 앞에 두고 침을 흘리며 부러워한다는 뜻이다. 탄식한다는 뜻의 글자로 咨가 만들어져서, 次는 貳이(둘, 거듭하다)와 통용하여 '잇다, 다음'이라는 뜻이 되어, 次第차제(순서)라는 뜻으로도 쓴다. '머물다'라는 뜻은 佽자(군대의 주둔지)와 음이 가까워 통용했을 것이다.

|용례| 今次금차 目次목차 席次석차 次善차선 次回차회

借 10획 | 차 | 빌리다, 가령

전문1

|해설| 형성. 성부는 昔석. 昔에 藉깔 자의 음이 있다. 『설문해자』 (8상)에 "빌리다(假가)"라고 한다. 빌리다는 일시적으로 물건을 빌려 쓴다는 뜻이다. '빌리다, 빌려주다'라는 뜻으로 쓴다. 옛날에는 借使차사, 借如차여(만약, 가령)라는 뜻으로 써서 『詩經』「大雅/抑」에 "가령(借) 아직 모른다고 해도"라는 구절이 있다. 금전 등을 빌릴 때도 일시적이라고 생각하고 빌리는 것이다. 그래서 貸借대차(물품, 금전 등을 빌려주고 빌림)라는 뜻이 된다.

|용례| 借家차가 借金차금 借問차문 借用차용

差 10획 | 차, 치 | 뽑다, 어긋나다, 틀리다

金文1   金文2   전문1

|해설| 형성. 성부는 左좌. 금문의 자형은 禾화와 左를 조합한 모양 (금문1), 또 禾와 右우를 조합한 모양(금문2)으로, 禾(禾稷화직. 벼와 기장)를 신에게 바쳐 제사한다는 의미이다. 후에 양을 희생으로 바쳐 신에게 제사한다는 羞수(바치다, 부끄러움)의 자형의 영향을 받아서 잘못하여 差의 자형이 되어 형성자가 되었다. 신에게 바치는 공물의 좋고 나쁨을 가리는 데서 '뽑다'라는 뜻이 되고, 농작물의 종류는 키가 다르기 때문에 고르지 않은 것을 參差참치라고 하여 '틀리다, 어긋나다, 다르다'라는 뜻도 된다.

상용자해

|용례| 較差교차 誤差오차 差別차별 差異차이

遮 15획 | 차 | 막다

遮
전문1

|해설| 형성. 성부는 庶서. 庶는 주방의 지붕(广엄) 아래 廿입(냄비의 모양)을 설치하고 밑에서 불(灬)을 더한 모양으로 삶는다는 뜻이 된다. 막는다, 차단한다는 의미로는 취락을 둘러싼, 邪靈사령을 물리치는 효력이 있는 부적을 묻은 토담인 者자를 요소로 하는 글자가 적당하다. 者와 庶는 음이 가까워 옛날부터 혼동해서 잘못 쓰이고 있는 것이다. 神聖신성을 지키기 위해 邪惡사악을 방지하는 것을 遮迾차열이라고 하는데 천자의 호위를 말하기도 한다.

捉 10획 | 착 | 잡다

捉
전문1

|해설| 형성. 성부는 足족. 『설문해자』(12상)에 "잡다(搤액)"라고 하면서, "일설에 쥔다(握악)고 한다"라고 설명한다. 사람의 배후에 다가와 행위를 재촉하는 것을 促촉이라 하고, 좇아와 손에 잡는 것을 捉이라 하여, '잡다'라는 뜻이 된다. 捕捉포착(잡음), 把捉파착(확실히 잡음), 捉手착수(손을 맞잡음), 捉筆착필(붓을 잡고 씀)로 쓴다. 물속의 달을 잡는 것을 捉月착월이라고 하는데, 당대의 시인 李白이백은 술에 취해 강에 비친 달을 잡으려 하다가 빠져 죽었다고 한다.

着

12획 | 착 | 입다, 붙다

|해설| 형성. 본래 글자는 著저로 쓰고 성부는 者자. 者에 楮닥나무 저, 箸젓가락 저의 음이 있다. 者는 외부의 침입자에 맞서 집락을 지키기 위한 담장이고, 담장 안 곳곳에 주술의 부적처럼 曰왈(書서)이 묻혀 있다. 그것은 曰(書)에 의해 침입자를 막는 呪力주력(주술의 힘)을 담장에 붙일 수 있다고 생각했기 때문이다. 그래서 著는 '붙다, 붙이다'라는 뜻이 된다. 着은 著의 속자인데 양자는 쓰는 습관이 다르다. 着의 음은 '착'이고 着衣착의(옷을 입음. 입은 옷), 着用착용(의복 등을 입음), 着手착수(손을 댐. 시작함), 着眼착안, 着目착목(중요한 점에 눈을 댐. 또 착안점), 着岸착안(기슭에 이름), 着地착지(땅에 내려 닿음), 到着도착(목적지에 이름)처럼 '몸에 걸치다, 입다, 닿다, 이르다'라는 뜻으로 쓴다. 著의 음은 '저'로 著明저명(분명함), 著作저작(글로 써서 나타냄), 顯著현저(두드러짐)처럼 '분명하다, 나타내다, 두드러지다'라는 뜻으로 쓴다.

搾

13획 | 착 | 짜다

|해설| 형성. 성부는 窄착. 乍사는 나뭇가지를 구부린 모양. 구부린 나뭇가지를 구멍 속에 넣어 구멍을 좁게 만드는 것을 窄이라 하고, 구멍 속에 작은 가지를 힘을 주어 손으로 밀어 넣는 것을 搾이라고 한다. 그것은 힘을 주어서 짜는 동작과 비슷하므로 搾에 '짜다'라는 뜻이 있을 것이다. 옛 사전에 보이지 않는 글자이다.

|용례| 壓搾압착 搾取착취

錯 16획 | 착 | 닦다, 섞이다, 잘못하다

전문1

|해설| 형성. 성부는 昔석. 昔에 醋술 권할 작의 음이 있다. 昔은 얇게 자른 肉片육편을 햇볕에 말린 고기의 모양이다. 그 고기는 말라서 흩어지는 것이므로 흐트러진 것, 잘게 뒤섞인 것을 말한다. 錯은 地金지금에 象嵌상감(금속 표면에 모양을 새겨 금, 은 등을 끼워 넣는 기법)하여 아름다운 모양을 내는 것을 말한다. 그래서 '닦다'라는 뜻이 된다. 또 '섞이다, 잘못하다'라는 뜻으로 써서 錯落착락, 交錯교착(뒤섞임)이라고 말하고, '잘못하다'라는 뜻으로도 쓴다. 措둘 조와 통하여 錯意조의(신경을 씀)라고 한다.

|용례| 錯覺착각 錯亂착란 錯誤착오 錯綜착종

贊 19획 | 찬 | 돕다, 칭찬하다

贊
전문1

|해설| 회의. 兟신과 貝패를 조합한 모양. 兟은 두 개의 비녀(簪잠)를 늘어놓은 모양. 비녀는 옛날에는 呪具주구로 사용하는 일이 있었고, 貝에 簪을 더해 기도하여 신의 도움을 구하는 것을 贊이라 한다. 기도에 대해 신이 동의하여 신의 도움을 받아 일이 성취(실현)되는 데서, 신의 덕을 찬양하는 것을 贊이라고 한다. 그래서 贊은 '돕다, 동의하다, 찬양하다, 칭찬하다'라는 뜻이 된다. 兟을 曰왈(신에게 바치는 기도문인 축문을 넣는 그릇에 축문이 있는 모양) 위에 놓고 사람

을 헐뜯는 것을 譖참이라고 한다. 讚참은 譖과 상대되는 말이다.

|용례| 贊同찬동 贊成찬성 贊意찬의 協贊협찬

札 5획 | 찰 | 패

𣏃
전문1

|해설| 회의. 木목과 乚찰을 조합한 모양. 乚은 나무를 얇게 깎은 모양인데 독립해서 사용되는 일은 없고 그 재료인 木을 더해 札로 했다. 札은 '나뭇조각, 패'라는 뜻이고 얇고 가늘고 긴 나뭇조각인 木簡목간에 문자를 쓴 것으로, '문서'라는 의미도 된다. 목간은 깎아서 몇 번이나 사용했으므로 書記서기(문서를 작성하는 관리)를 '刀筆吏도필리'라고 했다.

|용례| 鑑札감찰 標札표찰

刹 8획 | 찰 | 절, 짧은 시간

𣏚
전문1

|해설| 회의. 본래 글자는 𣏚찰로 쓰고, 朵살과 刀도(刂)를 조합한 모양. 朵은 殺죽일 살, 弑죽일 시에 그 요소로 포함된 글자이고, 재앙(希털 긴 짐승 이)을 가져오는 짐승의 모양이다. 刹은 재앙(希)을 가져오는 짐승을 칼로 죽여 없애는 것을 말하는 글자일 것이다. 『說文新附』(4하)에 "刹은 기둥(株주)이다"라고 하여 旗柱기주를 말한다고 한다. 梵語범어의 음역어로서 쓰는데, 刹那찰나는 범어 kṣaṇa의 음역

으로 극히 짧은 시간을 말한다. 古刹고찰(유서 깊은 오랜 절), 梵刹범찰(사원), 名刹명찰(역사가 있는 유명한 절)이라고 하여, '절'이라는 뜻으로 쓴다.

捯 9획 | 찰 | 들이닥치다

|해설| 회의. 手수와 孚열을 조합한 모양. 孚은 목을 잘리고 머리털이 남은 사람의 두골 모양이다. 捯은 그 두골을 손으로 집어 드는 의미의 글자라고도 생각되지만, 옛 자형을 알 수 없어서 본래의 의미는 명확하지 않다. 唐代당대(7~10세기) 이후에 용례가 보이는 글자로 韓愈한유의 「신묘년(811년)에 눈 내리네」라는 시에 "排捯배찰"이라는 말이 있고, 뒤에서 '들이닥치다'라는 뜻으로 쓰이는 것이 가장 오랜 용례이다. 捯指찰지란 손가락을 고문하는 형구로 힘을 가해 들이댄다는 뜻으로 쓴다. 挨애에 '치다, 밀다'라는 뜻이 있고 挨捯애찰은 사람들이 남을 밀치고 앞으로 나아가려고 서로 미는 것을 말하는데, 일본어에서는 사교적, 예의적인 인사말로 쓴다. 禪宗선종에서는 일문일답하여 상대방의 깨달음의 정도를 시험하는 것을 一挨一捯일애일찰이라고 한다.

察 14획 | 찰 | 물어보다, 분명히 하다, 생각하다

전문1

|해설| 회의. 宀면과 祭제를 조합한 모양. 宀은 큰 건물의 지붕 모양

으로 조상의 靈령에게 제사 지내는 사당(廟묘) 같은 제사 의례를 행하는 건물. 그 안에서 제사를 지내 신의 뜻을 물어보는 것을 察이라 하고, 신에 의해 일을 명확히 하는 것도 察이라고 한다. 그래서 察은 '물어보다, 보다, 분명히 하다, 분명함'이라는 뜻이 된다. 또 '생각하다'라는 뜻으로도 쓴다.

|용례| 考察고찰 明察명찰 省察성찰 察知찰지

擦 17획 | 찰 | 비비다, 문지르다

|해설| 형성. 성부는 察찰. 際사이 제는 신과 사람이 상접하는 곳을 말하고, 察은 제사를 지내 신의 뜻을 물어보는 것, 신의 뜻에 접하는 것을 말한다. 擦은 상접하여 손으로 비빌 때의 소리를 옮겼을 것이다. 그래서 擦은 '비비다, 문지르다'라는 뜻이 된다. 오랜 시대의 용례는 없고 宋元송원 시대(10~14세기) 이래 쓰이고 있다.

|용례| 摩擦마찰 擦過찰과

參 11획 | 참, 삼 | 간여하다, 섞이다, 셋

갑골1 금문1 금문2 전문1 전문2

|해설| 회의. 厽담 쌓을 루와 㐱숱 많을 진을 조합한 모양. 厽는 비녀 세 개를 가운데 모아 머리에 꽂은 모양이다. 㐱은 무릎 꿇은 사람을 옆에서 본 모양에 비녀의 구슬이 빛나는 것을 표시하는 彡삼을 더한 모양이다. 비녀 세 개에서 '셋'이라는 뜻이 되고 가운데 모인 비녀 세 개의 길이가 가지런하지 않은 것에서 '모이다, 가지런하지 않

다'라는 뜻이 된다. 參詣_{참예}는 寺_사, 神社_{신사}에 참배하는 것, 가지 런하지 않은 것을 參差_{참치}라 한다. 숫자 三_삼은 가필하여 바꾸기 쉬우므로 개변을 방지하기 위해 參을 대용으로 쓰는 경우가 있다.

|용례| 參加_{참가} 參考_{참고} 參會_{참회}

斬 11획 | 참 | 베다, 죽이다

斬
전문1

|해설| 회의. 車_거와 斤_근을 조합한 모양. 『周禮』「考工記/輪人」에 "三材_{삼재}(수레의 각부에 사용하는 목재)를 베다"라고 하여, 수레를 만 들기 위한 목재를 '베는' 것을 말한다. 斤은 절단하는 도끼. 목을 베 는 데서 '죽이다'라는 뜻이 되는데, 斬首_{참수}라는 글자는 옛날에는 伐_{칠 벌}을 사용했다.

|용례| 斬殺_{참살} 斬新_{참신} 斬罪_{참죄}

慘 14획 | 참 | 비참하다, 해치다, 아프다

慘
전문1

|해설| 형성. 성부는 參_참. 『설문해자』(10하)에 "毒_독"이라고 하는데, 아픈 상태가 심한 것을 말한다. 慘은 '비참하다, 해치다, 아프다, 잔 혹하다'라는 뜻이 된다. 參 음, 夋_준 음, 朁_참 음을 가진 글자에 悲 慘_{비참}(슬프고 아픔), 酸鼻_{산비}(신하게 마음이 아프고 슬픔), 朁悽_{참처}(진 심으로 슬픔)처럼 아프도록 슬퍼하는 의미가 있는 것은 그러한 음이

의성적으로 슬프고 처량한 의미를 표시하기 때문이었을 것이다.

|용례| 陰慘음참 慘劇참극 慘殺참살 慘虐참학

倉 10획 | 창 | 창고

갑골1

금문1

전문1

|해설| 상형. 곡물 등을 넣는 창고의 모양. 지붕으로 덮고 아래는 땅에 닿지 않도록 공간을 두어, 그 위에 포장한 물건을 수납하는 창고의 모양이다. 아마 마루를 깐 형식의 창고일 것이다. '창고'라는 뜻으로 쓴다. 경지 사이에 있는 곡물 창고의 모양을 靣곳집 름, 靣이 있는 지역을 啚시골 비,

倉

곡물 창고와 경지를 鄙비(시골, 천하다)라 하고, 곡물 창고의 소재지를 기입한 農圃농원의 지도를 圖도라 한다. 일시적으로 벼(禾화)를 보관하는 곳은 囷곳집 균, 벼를 靣에 수납하는 곳은 廩름(곳집, 쌀광)이라고 한다.

|용례| 穀倉곡창 倉庫창고 倉粟창속

唱 11획 | 창 | 외치다, 노래

전문1

|해설| 형성. 성부는 昌창. 昌은 日일(별의 모양)을 두 개 겹친 모양인데 별이 밝다는 뜻이 된다. 晶정은 별이 셋이 되어 별빛이 더욱 밝

다는 뜻이 된다. 昌은 밝다는 뜻에서 번창하다는 뜻이 되고, 번창한 노랫소리를 唱이라고 한다. 唱은 '노래, 높이 부르다, 외치다'라는 뜻이 된다. 노래하고 춤추는 사람을 倡_창, 娼_창(여광대, 기생)이라고 한다.

|용례| 提唱_{제창} 唱歌_{창가} 唱和_{창화}

窓 11획 | 창 | 창

고문 | 전문 | 전문 | 전문3

|해설| 형성. 옛 자형인 囧, 囱, 窻은 모두 창의 모양으로 상형자이다. 窓은 窻을 생략한 형태이고 성부는 囱이라고 해야 할 것이다. 『설문해자』(10하)는 囱을 정자로 하고, "담장에 있는 것을 牖_유라하고, 방에 있는 것을 囱이라 한다" 하고, 창틀이 있는 천창을 말한다. 窓은 '창'이라는 뜻으로 쓴다. 心을 더한 것은 총명하다는 뜻일 텐데 그 의미로 쓰는 경우는 없다.

|용례| 同窓_{동창} 車窓_{차창} 窓邊_{창변}

創 12획 | 창 | 만들다, 상처, 비롯하다

금문1 | 전문1 | 전문2

|해설| 형성. 성부는 倉_창. 글자는 또 刱_창으로 쓰고 성부는 刅_창으로 보는 해석도 있지만, 刱은 丼(주형이 틈)을 푸는 모양이므로 회의자라고 해야 할 것이다. 創은 刱 자를 형성화한 것이므로 刱에

常用字解 **901**

따라 글자의 의미를 생각해야 할 것이다. 刅은 주형의 틀을 칼(刀도)로 떼어내어 속의 기물을 꺼내는 것을 말한다. '만들다, 비롯하다, 처음'이라는 뜻이 된다. 刅은 '상처'라는 뜻이고 創은 형성자이다. 刅은 본래 槍창 창으로 인한 '상처'를 말하는 글자였다. 刅, 刅, 創은 별개의 글자였지만 創만을 쓰게 되었다.

|용례| 獨創독창 創傷창상 創始창시 創業창업 創意창의 創作창작

彰 14획 | 창 | 밝다

전문1

|해설| 회의. 章장과 彡삼을 조합한 모양. 章은 입묵을 할 때 사용하는 바늘의 끝부분에 먹물이 고인 모양으로 밝다는 뜻이 있다. 색깔이나 모양이 아름다운 것을 표시하는 기호와 같은 문자인 彡을 더한 彰은 입묵의 문양이 아름다운 데서 '밝다'는 뜻이 된다. 文문은 문신(일시적으로 그리는 입묵)의 모양으로 그 문신의 아름다운 것을 彣무늬 문이라 하고, 합쳐서 彣彰문창(아름다움, 무늬가 있음)이라고 한다.

|용례| 彰明창명 表彰표창 顯彰현창

采 8획 | 채 | 따다, 색깔

갑골1 갑골2 갑골3 금문1 전문1

|해설| 회의. 爪조와 木목을 조합한 모양. 나무(木) 위에 손(手수, 爪

는 손가락 끝)을 더해 나무 열매를 손으로 따는 것을 말하고, '따다'라는 뜻이 된다. 또 초목에서 색을 딴다는, '색, 색채'라는 의미로도 쓰이고, 采章채장(색채와 문양)이라고 말한다. 후에 색이나 모양이 아름다운 것을 표시하는 기호와 같은 문자인 彡삼을 더한 형성자인 彩가 '색채, 무늬'라는 뜻으로 쓰이게 되었다. 또 '따다'라는 뜻으로는 손수변(扌)을 갖춘 형성자인 採채가 쓰이게 되었다.

|용례| 風采풍채

  11획 | 채 | 채색, 무늬

전문1

|해설| 형성. 성부는 采채. 采는 나무(木목) 위에 손(手수, 爪조는 손가락 끝)을 더해 나무 열매를 손으로 딴다는 뜻이다. 采는 초목에서 색을 딴다는, 색채라는 뜻으로도 쓰이게 된다. 彡삼은 색이나 모양이 아름다운 것을 표시하는 기호 같은 문자이다. 采에 이미 색채라는 뜻이 있는데 색채의 아름다움을 표시하기 위해 다시 彡을 더해 彩가 되어, '채색하다, 무늬, 아름다운 색채, 채색'이라는 뜻으로 쓴다.

|용례| 文彩문채 彩紋채문 彩色채색 彩雲채운 彩衣채의

採 11획 | 채 | 따다

|해설| 형성. 성부는 采채. 采는 나무(木목) 위에 손(手수, 爪조는 손가락 끝)을 더해 나무 열매를 손으로 딴다는 뜻이다. 采가 採의 본래

글자이다. 采가 초목에서 색을 딴다는, 색채라는 뜻으로 쓰이게 되면서, '따다'라는 뜻으로는 손수변(扌)을 더한 採가 쓰이게 되었다.

|용례| 採光채광 採錄채록 採用채용 採種채종 採集채집 採取채취

菜 12획 | 채 | 나물

전문1

|해설| 형성. 성부는 采채. 采는 나무(木목) 위에 손(手수, 爪조는 손가락 끝)을 더해 나무 열매를 손으로 딴다는 뜻이다. 菜는 '나물, 야채'를 말한다. 옛날에 야채는 神饌신찬(신에게 바치는 술과 식사)으로 쓰였기 때문에 『禮記』 「學記」에 "菜를 제사 지내다"라는 구절이 있다.

|용례| 蔬菜소채 菜食채식 菜園채원

債 13획 | 채 | 빚

전문1

|해설| 형성. 성부는 責책. 責은 본래 責책으로 쓰고, 賦貢부공(稅세)의 납입을 바라는 것을 말한다. 債는 본래 부공의 납입 의무가 있는 것을 가리키는 말이었다. 후에 대차 관계에 의해 지불 의무가 있는 부채를 말하고, '빚'이라는 뜻이 된다. 周주의 赧王난왕(주 왕조 말기 기원전 3세기의 왕)은 신하에게 많은 빚을 졌는데 갚으라는 독촉을 받자 높은 누대로 도망쳤기 때문에 사람들이 그 누대를 "逃債도

채의 臺대"라고 불렀다. 責은 債의 본래 글자이다.

|용례| 國債국채 債務채무 債權채권

冊 5획 | 책 | 문서, 책

| 갑골1 | 갑골2 | 금문1 | 금문2 | 전문1 |

|해설| 상형. 나무를 박아 넣은 목책의 모양. 冊책은 柵목책 책의 본래 글자이다. 옛 자형에서는 木목에 장단이 있고 그것을 가로로 엮어서 문의 모양이 되어 있다. 양문 형태로 그린 모양(금문2)도 있다. 금문의 도상에 兩冊양책 사이에 짐승을 그린 것도 있어서 희생 소나 양을 가두는 우리의 문이라는 것을 알 수 있다. 후에 이 문의 모양을 書冊서책이라는 뜻으로 쓰는 것은 竹簡죽간, 木簡목간(문자를 쓴 얇고 가늘고 긴 대나무나 나뭇조각)을 엮은 모양이 이것과 비슷하기 때문이다. 지금은 '문서, 책, 책을 세는 단위'라는 뜻으로 쓴다.

|용례| 別冊별책 冊命책명 冊子책자

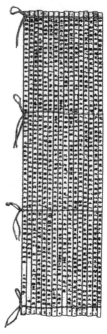

목간으로 된 책

柵 9획 | 책 | 목책, 울타리, 성채

金文1

|해설| 형성. 성부는 冊(册책). 冊은 나무를 박아 넣은 목책의 모양으로 柵의 본래 글자이다. 금문의 도상에 冊과 冊의 사이에 희생 소와 양을 그린 것이 있어, 冊이 희생 짐승을 가두는 우리 문의 모양이라는 것을 알 수 있다. 柵은 '목책, 울타리, 성채'라는 뜻으로 쓴다.

木과 羊과 兩柵 모양의 도상

|용례| 城柵성책 柵壘책루 柵門책문 鐵柵철책

責 11획 | 책 | 꾸짖다, 구하다, 책무

갑골1　금문1　금문2　전문1

|해설| 형성. 본래 글자는 𧷎책으로 쓰고 성부는 朿자. 朿는 끝이 날카롭게 뾰족한 나무이고, 표목으로 세우는 경우도 있고 또 꽂이로도 쓴다. 이것을 賦貢부공(稅세)으로 바치는 재물(貝패) 위에 붙여서 표시하는 것을 𧷎이라고 하여, 부공으로 바치는 재물을 말한다. 그 재물이 농작물이라면 積적이라 하고 직물이라면 績적이라고 한다. 責은 부공이라는 뜻에서 '부공을 구하다, 부공을 징수하다, 탈취하다'라는 뜻이 되고 또 '꾸짖다, 책망하다'라는 뜻이 된다. 또 責務책무(책임을 지고 완수하지 않으면 안 되는 일. 임무)라는 뜻으로도 쓴다. 부공의 책무가 있는 것을 債빚 채라고 한다. 責任책임이란 원래

납세의 의무를 말한다.

|용례| 引責인책 自責자책 職責직책 責問책문

策 12획 | 책 | 채찍, 지팡이, 패, 계략

금문1 | 전문1

|해설| 형성. 성부는 束자. 束는 끝이 뾰족한 긴 나무. 『설문해자』 (5상)에 "말의 채찍"이라고 풀이하고 있고, '말에 채찍질하다'(策馬책마)라고 쓴다. 말의 채찍을 지팡이에 붙인 것을 杖策장책이라고 한다. 문자를 쓰는 패(조각)인 竹簡죽간, 木簡목간을 簡策간책이라고 한다. 策은 문자를 쓰는 것이기 때문에 계략을 쓰는 것을 策謀책모, 策略책략(계략을 꾸밈, 계략)이라고 한다. 이 '패, 문서'를 뜻하는 策의 본래 글자는 冊책(목간을 묶은 모양)이고, 策命책명(왕, 황제가 내리는 명령서)은 옛날에는 冊命책명이라고 했다. '채찍, 지팡이, 패, 계략'이라는 뜻으로 쓴다.

|용례| 對策대책 無策무책 策士책사 策定책정

妻 8획 | 처 | 아내

전문1

|해설| 상형. 머리 장식을 갖춘 여자의 모양. 머리 위에 세 개의 비녀를 꽂고 여기에 손(又우)을 더해 머리 장식을 갖춘 여자의 모습이다. 이것은 결혼식 때 정장한 여자의 모습이고 妻는 '아내'라는 뜻

이 되고 동사로 써서 '시집보내다'로 읽는다. 夫지아비 부는 大대(서 있는 사람을 정면에서 본 모양)에 一일을 더해 상투에 비녀를 가로로 꽂은 남자의 모양으로 정장한 남자의 모습을 표시한다. 夫, 妻는 결혼식 때 정장한 남녀의 차려입은 모습을 보이는 글자이다.

|용례| 惡妻악처 愛妻애처 愚妻우처 妻子처자

淒 10획 | 처 | 춥다, 무시무시하다

|해설| 형성. 성부는 妻처. 妻에 悽슬퍼할 처, 棲살 서의 음이 있다. 『玉篇』에 "寒한"이라고 하여 '춥다'는 뜻이라고 한다. 본래는 얼음이 언 것을 말하는 글자로, '차갑다'는 뜻으로 쓴다. 悽처(무시무시하다, 쓸쓸하다)와 통하여 '무시무시하다'는 뜻으로도 쓴다.

|용례| 淒雨처우 悽絶처절 悽慘처참

處 11획 | 처 | 있다, 곳, 두다

| 금문1 | 금문2 | 전문1 | 전문2 |

|해설| 회의. 虎호랑이 호와 几안석 궤를 조합한 모양. 호랑이가 의자에 걸터앉은 모양이다. 虎는 호랑이 가죽을 쓴 사람이다. 전쟁에 앞서서 호랑이 가죽을 쓰고 戲희, 劇극 등의 전승을 기원하는 모의 의례를 행하는 일이 있었는데 그 의례를 행하는 사람이 걸터앉은 모양이다. 위엄 있게 차려입고 앉은 것을 處라고 한다. 금문에는 "宗室종실에 處하다"라고 쓰여 있다. 그래서 '있다, 聖所성소에 있다'는 뜻이 되고, 또 '있는 곳, 곳'이라는 뜻이 되고, '두다, 자리 잡다, 다

루다, 결정하다' 등의 뜻으로도 쓴다.

|용례| 對處대처 善處선처 處女처녀 處理처리 處士처사 處所처소

尺 4획 | 척 | 자, 척, 작다

尺
전문1

|해설| 상형. 손가락의 엄지와 중지를 쫙 벌려 아래로 향한 모양. 위는 손목 부분, 아래의 八팔 부분이 양 손가락을 벌린 모양이다. 손가락 하나의 폭은 寸촌이고 寸의 10배의 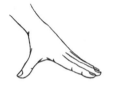 길이가 尺이다. 그래서 '척, 10촌의 길이, 자, 작다, 겨우'라는 뜻이 된다. 일본의 고어에서는 '아타'(あた)라고 하고 '八咫팔지의 鏡경'(야타노카가미. 큰 거울. 神器신기 3종의 하나)처럼 쓰는데, 寸에 해당하는 말은 없고 네 손가락의 폭을 '쓰카'(つか)라고 한다.

|용례| 曲尺곡척 尺度척도 尺牘척독 尺地척지 尺紙척지 尺寸척촌

斥 5획 | 척 | 물리치다

전문1

|해설| 상형. 옛 자형이 없어서 글자의 의미를 확인하기 어려운데 지금의 자형에서 생각하면 도끼(斤근)로 나무를 쪼개는 모양이다. 『설문해자』(9하)에는 㡿적 자를 드는데 屰거스를 역은 大대(손발을 벌리고 선 사람을 정면에서 본 모양)를 거꾸로 한 모양으로, 맞은편에서

사람이 오는 모양이다. 广집 엄은 건물이기 때문에 㡿은 건물에서 사람이 퇴출하는 모양으로 이쪽에서 보면 사람이 건물에서 '물러가다'라는 뜻이 된다. 斥은 '물리치다, 내쫓다, 엿보다'라는 뜻으로 쓴다.

| 용례 | 排斥배척 斥候척후

拓 8획 | 척, 탁 | 줍다, 열다

전문1

전문2

| 해설 | 형성. 성부는 石석. 石에 宕클 탕, 妬시샘할 투의 음이 있다. 『설문해자』(12상)에 "줍다(拾습)"라 하고 따로 摭주울 척의 자형도 든다. 摭의 성부는 庶서. 庶에 蹠밟을 척의 음이 있다. 庶는 부엌에서 냄비를 써서 요리하는 모양인데 냄비 속의 음식을 주워 모은다는 뜻이 있다. 주워 모으는 것을 摭取척취라고 한다. 후에 拓은 拓殖척식·拓植척식(미개지를 개척하여 그곳에 정주함), 拓地척지·開拓개척(산야를 개간하여 경작지로 만듦)처럼 '열다'라는 뜻으로 쓰고, 또 拓本탁본처럼 '두드리다'라는 뜻으로 쓴다.

脊 10획 | 척 | 등, 등뼈

전문1

| 해설 | 회의. 𠦬괴와 肉육을 조합한 모양. 𠦬는 등의 살 모양이고 등뼈라는 뜻. 여기에 肉을 더한 脊은 등 전체를 가리키고 '등, 등뼈'

라는 뜻이 된다. 등뼈는 몸의 중핵인 데서 일반적으로 사물의 중심으로 통하는 길을 脊梁척량(등성마루)이라고 한다. 『詩經』「小雅/正月」에 "倫륜 있고, 脊 있네"라는 구절의 倫이나 脊은 모두 길이라는 뜻이다.

|용례| 脊髓척수 脊柱척주

隻　10획 | 척 | 하나

전문1

|해설| 회의. 隹추와 又우를 조합한 모양. 隹는 새. 又는 손의 모양. 隹는 새를 손에 든 모양으로 새 한 마리라는 뜻이 된다. 『설문해자』(4상)에 "새 한 마리"를 뜻한다고 한다. 두 마리의 새를 든 모양은 雙쌍. 갑골문에는 隻을 獲획(잡다)의 뜻으로 쓰고, "코끼리를 잡을(隻) 것인가"라고 말한다. 서방의 羌族강족을 포획할 때도 "羌강을 잡을(隻) 것인가"라고 말한다. 후에 雙 자가 만들어져서 隻은 '한 마리, 하나'라는 뜻으로 쓰이게 되었다. 또 물건을 셀 때의 양수사로 쓴다.

|용례| 一隻일척 隻句척구 隻手척수

戚　11획 | 척 | 도끼, 근심하다

금문1　진문1

|해설| 형성. 성부는 尗숙. 尗은 도끼의 날과 그 날의 빛이 아래쪽

으로 퍼지는 모양. 未에 戈과를 더한 戚은 도 끼 전체의 모양을 표시한 것이라고 할 수 있다. '도끼'라는 뜻으로 쓴다. 왕위의 상징으로서 의 례용 도구로 사용된 큰 도끼보다 소형인 戚도 儀器의기로 사용되었다. 옛날에 방패(干간)와 도끼(戚)를 들고 武舞무무의 춤을 추었다. 慼근 심할 척과 통하여 '근심하다'라는 뜻으로도 쓴 다. 또 親戚친척이라고 하여 '집안'이라는 뜻이 된다.

戚

|용례| 外戚외척 姻戚인척

千 3획 | 천 | 천

갑골1　금문1　전문1

|해설| 형성. 성부는 人인. 갑골문, 금문의 자형은 人의 자형 다리 부분에 짧은 선을 더해 人과 구별하고, 숫자 '천'이라는 뜻으로 쓴 다. 갑골문에서는 숫자 이천, 삼천을 다리 부분에 二이, 三삼을 더 해 표시한다.

|용례| 千金천금 千變천변 千歲천세

川 3획 | 천 | 내

갑골1　금문1　전문1

　상용자해

|해설| 상형. 흐르는 물의 모양. 세 갈래로 되어 흐르는 물의 모양으로 기세 좋게 흐르는 큰물의 흐름을 나타낸다. 작은 물의 흐름은 水수이다. 川천이라는 음은 穿뚫을 천과 관계가 있다고 하는데, 巡돌 순(巛천은 川), 順따를 순이 川을 요소로 자형에 포함하므로, 음훈 관계에서 보면 川은 巡, 順과 관계가 있을 것이다. 또 히라가나 'つ'(쓰), 가타카나 'ツ'(쓰)의 字源자원은 川의 옛 음인 thjyuən에서 왔다고 생각된다.

|용례| 川谷천곡 川澤천택 河川하천

天 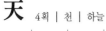 4획 | 천 | 하늘

| 갑골1 | 갑골2 | 금문1 | 금문 2 | 전문1 |

|해설| 상형. 손발을 벌린 사람을 정면에서 본 모양인 大대 위에 큰 머리를 붙인 모양이다. 인체의 가장 위에 있는 머리를 의미하는 天을 빌려 '하늘'을 天이라고 부르게 되었다. 天은 신이 있는 곳으로 여겨졌고, 天을 신성하다고 하는 생각은 殷代은대에 이미 있고, 갑골문에서 殷은(스스로 商상이라 불렀다)은 그 수도를 "天邑商천읍상"(商의 신성한 수도라는 뜻일 것이다)이라 한다. 地지의 본래 글자는 墜추인데, 天에 있는 신이 오르내릴 때 사용하는 신의 사다리를 사용해 내려서는 곳이라는 뜻이다. 기원전 1088년 무렵의 은 왕조에서 주 왕조로의 교체는 天命천명(天의 命)에 의한 것이라는 천명 사상은 주 왕조가 되고부터 생겼다. 모든 것은 천명에 의해 결정된다고 여기게 되고, 사람의 힘이 미치지 않는 것을 모두 天이라 하게

되어, 天은 '自然자연, 타고난 것'이라는 뜻으로도 쓰인다.

|용례| 先天선천 雨天우천 蒼天창천 天變천변 天性천성 天子천자

泉 9획 | 천 | 샘

갑골1 갑골2 갑골3 전문1

|해설| 상형. 벼랑 아래에서 흘러내리는 물의 모양.『설문해자』(11하)에 "水原수원이다. 물이 흘러나와 내를 이루는 모양을 본뜬다"라고 한다. '源泉원천, 샘'을 말한다. 原원은 泉에 厂한(벼랑의 모양)을 더한 모양으로 源원(수원)을 말하는 글자이다. 錢전과 음이 통하므로 王莽왕망(1세기) 때에 화폐를 貨泉화천이라 했는데, 화천의 글자를 쪼개어 '白水眞人백수진인'이라고 불렀다.

|용례| 冷泉냉천 玉泉옥천 溫泉온천 泉水천수

淺 11획 | 천 | 얕다

금문1 전문1

|해설| 형성. 성부는 戔전. 戔은 가늘고 긴 창(戈과)을 포갠 모양으로 얇은 것을 쌓은 상태를 말한다. 淺은 '물이 얕다'는 것을 말하고, 여기에서 일반적으로 '얕다, 엷다, 적다'는 뜻이 되고, 사람에 대해서는 '천박하다, 어리석다'는 뜻이 된다.

|용례| 深淺심천 淺見천견 淺薄천박 淺識천식 淺學천학

상용자해

遷

15획 | 천 | 옮기다, 옮다, 변하다

금문1 | 전문1

|해설| 형성. 성부는 𤯛천. 𤯛은 죽은 사람(襾아는 머리, 巳범은 하반신이 앉는 모양)을 収공(두 손)으로 안아서 옮기는 모양이다. 죽은 사람을 우선 板屋판옥(판자로 둘러싼 집)에 넣어 풍화하기를 기다려 매장하는 複葬복장의 방법이 있고, 고대 중국의 서방에서 행해졌다. 辵착(辶, ⻍)은 걷는다, 간다는 뜻이다. 遷은 시신을 판옥으로 옮긴다는 뜻에서 일반적으로 '옮기다, 옮다, 변하다'라는 뜻으로 쓴다. 도술을 수련한 사람은 仙人선인, 僊人선인이 되었다.

|용례| 變遷변천 遷都천도 遷移천이 遷座천좌 遷化천화

踐

15획 | 천 | 밟다, 실행하다

전문1

|해설| 형성. 성부는 戔전. 戔은 가늘고 긴 창(戈과)을 포갠 모양으로 얇은 것을 쌓은 상태를 말한다. 발자국이 쌓이는 것, 이어지는 것을 踐이라고 하여, '밟다, 짓밟다, 걷다'라는 뜻이 된다. 일본에 地靈지령을 누르기 위해 발로 땅을 힘껏 밟고 주문을 외치며 걷는 헨바이(反閇)라는 의례가 있는데, 그것은 옛날 중국의 踐土천토와 같을 것이다. 중요한 의례에는 '아침에 걸어서' 가는 것이 禮예였다. 이것을 履踐이천(신행한)이라 하여, 踐은 '실행하다'라는 뜻으로 쓴다.

|용례| 實踐실천 踐履천리

薦 17획 | 천 | 천거하다, 차리다, 자주

금문1

금문2

전문1

|해설| 회의. 艸초(草)와 廌태를 조합한 모양. 廌는 解廌해태라고 불리는 양과 비슷한 신성한 동물이고 神判신판(신이 판결하는 재판) 때 이 동물을 이용했다. 『설문해자』(10상)에 "동물이 먹는 풀"이라 하지만, 해태가 먹는 풀을 표시하는 글자로 보이지는 않는다. 금문에 위아래로 풀을 더한 자형이 있는데, 薦이란 풀을 깔고 그 위에 희생의 해태를 놓아 신에게 바치는 것을 표시하는 글자이다. 『周禮』「天官/薦人」에 "무릇 제사에는 그 邊제기 이름 변의 薦羞천수의 實실을 차린다"라고 하는데, 조리하지 않은 공물을 薦이라 하고, 조리한 공물을 羞라고 한다. '신에게 천거하다, 차리다, 공물'이라는 뜻에서 일반적으로 '천거하다'라는 뜻으로 쓴다. 荐자주 천과 통하여 '자주'라는 뜻으로 쓴다.

|용례| 自薦자천 薦擧천거 推薦추천

凸 5획 | 철 | 볼록하다

|해설| 상형. 중앙이 위로 돌출한 모양. 반대로 중앙이 아래로 오목한 모양은 凹오목할 요. 합쳐서 凹凸요철이라고 한다. 모두 도형 같은 문자이다. 梁양의 武帝무제(5~6세기)가 남경에 세운 一乘寺일승사 扁額편액(가로로 긴 현판)의 글자는 멀리서 보면 요철이 있는 듯이 보여서 凹凸寺요철사라고 불렸다고 전해진다.

|용례| 凸起철기 凸版철판

哲 10획 | 철 | 깨닫다, 총명하다

金	梫
금문1	전문1

|해설| 형성. 성부는 折철. 折은 초목을 도끼로 자르는 것을 말한다. 초목을 절단하는 일이나 화살을 꺾는 일은 신에게 맹세할 때의 행동이다. 哲의 본래 글자로 생각되는 悊공경할 철의 금문 자형에는 折부분을, 神신이 하늘에 오르내릴 때 사용하는 신의 사다리 모양(阜부. 본래 모양은 𨸏)에 斤도끼 근을 덧붙인 모양으로 만든 것(금문1)이 있다. 그것은 신의 사다리를 도끼로 만든다는 의미일 것이다. 신에게 맹세하거나 신의 사다리를 만들어 신이 강림하는 것을 맞이할 때의 마음을 哲(悊)이라 하고, '깨닫다, 총명하다, 현명하다'라는 뜻이 된다.

|용례| 先哲선철 聖哲성철 哲士철사 哲人철인

徹 15획 | 철 | 늘어놓다, 뚫다

갑골1	金	전문1
갑골1	금문1	전문1

|해설| 형성. 성부는 㪔철. 㪔은 본래 㪚로 쓰고, 鬲력(목 부분이 잘록한 세 발 모양의 기물)을 손(又우)으로 든 모양으로, 제사 뒤의 향연 때 鬲을 다 늘어놓은 것을 徹이라 하여, '늘어놓다'의 뜻이 된다. 鬲을 거두는 것을 撤철이라고 한다. 다 늘어놓는 것이기 때문에 貫徹관철(꿰뚫음), 徹底철저(바닥까지 꿰뚫음, 구석구석까지 골고루 퍼짐)처럼 '뚫다, 퍼지다'라는 뜻으로 쓴다. 처음부터 끝까지 같은 생각이나

태도로 일관하는 것을 徹頭徹尾철두철미, 외곬으로 마음먹는 것을 一徹일철이라고 한다. 시간적으로도 써서 徹夜철야(밤새 자지 않음)라고 한다.

撤 15획 | 철 | 거두다

|해설| 형성. 성부는 㪔철. 㪔은 본래 敊로 쓰고, 鬲력(목 부분이 잘록한 세 발 모양의 기물)을 손(又우)으로 든 모양으로, 제사 뒤의 향연 때 鬲을 다 늘어놓은 것을 徹철이라 한다. 鬲을 거두는 것을 撤이라고 하여, '거두다, 치우다, 없애다'라는 뜻이 된다. 撤饌철찬(신에게 바치는 제물을 치움)이 본래의 뜻이었다.

|용례| 撤去철거 撤兵철병 撤收철수 撤退철퇴 撤廢철폐 撤回철회

鐵 21획 | 철 | 쇠, 단단하다

전문1

|해설| 형성. 성부는 𢧜철. 𢧜에 검다는 뜻이 있는 것 같고, 검붉은 털의 말을 驖구렁말 철이라고 한다. 『설문해자』(14상)에 "黑金흑금"이라고 한다. '쇠'를 말한다. 鐵은 단단한 재질이기 때문에 '단단하다, 굳세다'는 뜻으로 쓴다.

|용례| 鐵甲철갑 鐵骨철골 鐵筋철근 鐵人철인

添 11획 | 첨 | 더하다

|해설| 형성. 성부는 忝첨. 식사의 수 등을 '더하다'라는 뜻으로 쓴다. 添加첨가(더함), 添削첨삭(시가, 문장, 답안 등에서 더하고 줄여서 더 좋게 만듦), 添付첨부(서류 등에 참고가 되는 것을 더함)라고 쓴다.

貼 12획 | 첩 | 붙이다

전문1

|해설| 형성. 성부는 占점. 占에 帖문서 첩, 笘회초리 점의 음이 있다. 본래는 물건을 차금의 담보로 잡히는 것인데, 가불해서 쓰는 것을 販帖판첩이라고 한다. 후에 종이 등을 '붙이다'라는 뜻으로 쓴다. 唐代당대(7~10세기) 조칙의 문장을 고치는 것을 貼黃첩황이라고 했는데, 황색 종이에 쓰인 조칙을 고칠 때 같은 황색 종이를 붙인 것이다. 붙이는 것을 貼付첩부라고 한다.

疊 22획 | 첩 | 겹치다, 접다

전문1

|해설| 회의. 畾뢰와 宜의를 조합한 모양. 畾는 본래 晶정이 올바르고 수많은 玉옥의 모양. 宜는 도마(俎조) 위에 고기를 두 개 늘어놓은 모양이다. 玉과 고기를 겹쳐 놓아서 '겹치다, 접다'의 뜻이 된다.

|용례| 疊韻첩운

靑 8획 | 청 | 푸르다

금문1   금문2   전문1

|해설| 형성. 성부는 生생. 금문 자형에서 상부는 生이었다. 하부의 丹단은 丹을 채취하는 우물의 모양이고, 靑丹청단(靑色청색의 단), 朱丹주단(朱色주색의 단)은 그 우물에서 채취되었다. 丹은 유황을 포함한 토석으로 물감의 재료가 되었다. 丹에는 여러 가지 색을 띤 것이 있고, 『山海經산해경』에는 白丹백단, 靑丹, 丹臒단확, 靑臒청확의 이름이 보인다. 청색 물감은 이 丹을 재료로 하여 만들어졌다. 靑은 '푸르다'는 뜻으로 쓴다. 朱붉을 주는 朱砂주사(수은과 황의 화합물)를 원료로 하여 얻은 색인데, 靑도 朱도 광물질이기 때문에 변색하지 않아서 그릇의 聖化성화 등에 쓰인다. 生은 풀이 돋아나는 모양으로 풀의 색은 청색에 가까운 색이다.

|용례| 群靑군청 靑史청사 靑山청산 靑雲청운

淸 11획 | 청 | 맑다, 투명하다

전문1

|해설| 형성. 성부는 靑청. 靑은 丹단을 재료로 만들어지는 청색인데, 그 색조는 맑은 것, 조용한 것을 느끼게 하는 것으로 『설문해자』(11상)에 "맑은 것이다. 투명한 물의 모습이다"라고 한다. '물이 맑다, 투명하다'는 의미를 사람의 성질, 심정으로 옮겨서 '깨끗하다, 청아하다, 밝다'는 뜻으로 쓴다.

|용례| 清麗청려 清明청명 清純청순 清新청신 清逸청일 清楚청초

晴

12획 | 청 | 개다

전문1

|해설| 형성. 성부는 靑청. 靑에 투명하다는 뜻이 있어서 晴은 '개다'라는 뜻이 된다. 『설문해자』(7상)에는 夝맑을 청 자를 들어, "비 내리고 밤에 개어서 별이 보이는 것이다"라고 한다. 生생을 星성이라는 뜻으로 보고, 夝을 星空성공이라는 뜻으로 보았을 것이다. 晴의 옛 용례는 없고 본래는 『설문해자』의 설명과 같은 글자일 것이다.

|용례| 晴雨청우 晴天청천 快晴쾌청

請

15획 | 청 | 빌다, 구하다

전문1

|해설| 형성. 성부는 靑청. 『설문해자』(3상)에 "뵙다(謁알)"라 하고, 신분이 높은 사람을 뵙는다는 뜻이라고 한다. 漢代한대에 '春朝秋請춘조추청'의 규정이 있어서 春, 秋의 정해진 때에 올라와서 천자를 뵙게 했다. 뵙는 것을 청하는 데서 '빌다, 구하다, 바라다'라는 뜻으로 쓴다. 일본어에서는 '우케루'(받다)라고 읽고 공사를 請負청부하다, 下請하청(받은 일을 다른 사람이 다시 인수함)이라고 한다.

|용례| 普請보청 請求청구 請負청부 請謁청알 請願청원

聽 22획 | 청 | 듣다, 허락하다

갑골1 갑골2 금문1 금문2 전문1

|해설| 회의. 耳이와 壬정과 德덕의 일부를 조합한 모양. 壬은 발돋움하고 선 사람을 옆에서 본 모양. 그 위에 큰 귀를 더해 귀가 밝은 것, 신의 소리를 들을 수 있는 것을 말한다. 갑골문, 금문에는 耳와 ㅂ재(신에게 바치는 기도문인 축문을 넣는 그릇의 모양)를 조합한 모양이 있고, 신에게 축문을 외치며 기도하고 신의 소리, 신의 계시(말씀)를 들을 수 있는 것을 말한다. 신의 소리를 들을 수 있는 총명한 덕을 聽이라 하고, 그래서 '듣다'라는 뜻이 된다. 발돋움해서 신에게 기도하고 신의 소리를 들을 수 있는 사람을 聖성이라 하고, 성직자라는 뜻이 된다. 또 신의 소리를 깨닫고 이해하는 것을 聰귀 밝을 총이라고 한다. 聽은 들어주고 '허락하다, 맡기다'라는 뜻으로도 써서, 聽許청허(들어주고 허락함)라고 말한다.

|용례| 傍聽방청 靜聽정청 聽衆청중 聽診청진 淸聽청청

廳 25획 | 청 | 관청

|해설| 형성. 성부는 聽청. 聽은 신의 소리를 들을 수 있는 聰明총명의 덕을 말한다. 廳은 사건을 듣고 소송을 재판하는 일을 하는 '관청'을 말한다. 『玉篇』에 "客廚객주"라 하고, 객실을 뜻한다고 한다.

|용례| 官廳관청 廳舍청사

替 12획 | 체 | 바꾸다, 버리다

금문1 　 전문1 　 전문2

|해설| 회의. 본래 글자는 暜로 쓰고 竝병과 曰왈을 조합한 모양. 竝병(竝)은 정면을 향한 사람이 나란히 서 있는 모양으로, 재판에서 원고와 피고를 가리킨다. 曰은 ㅂ축문 그릇 재(신에게 바치는 기도문인 축문을 넣는 그릇의 모양)에 선서문이 있는 것을 표시하고, 재판에 즈음하여 신에게 선서한다는 뜻이 된다. 선서해서 싸우고, 재판에 패배한 자는 버려지므로 暜는 '버리다'라는 뜻이 된다. 후에 交替교체(바꿔 들어감), 代替대체(다른 것에 대신함), 隆替융체(번성과 쇠퇴)처럼 '바꾸다, 쇠퇴하다'라는 뜻이 된다.

逮 12획 | 체 | 미치다, 잡다

전문1

|해설| 형성. 성부는 隶미칠 대. 隶는 재액을 가져오는 짐승의 꼬리를 손(又우)으로 잡은 모양으로, 이로써 禍화를 다른 곳으로 돌려 재액을 없앨 수 있다고 여겼다. 그래서 逮는 '미치다, 미치게 하다'라는 뜻이 되어, 逮及체급이라고 말한다. 후에 逮捕체포(범인, 용의자를 붙잡음)처럼 '잡다'라는 뜻으로 쓴다.

滯 14획 | 체 | 막히다, 남다

滯
전문1

|해설| 형성. 성부는 帶대. 帶는 띠에 巾건(의례용 앞치마)을 붙인 모양. 『설문해자』(11상)에 "막히다(凝용)"라 하고 도중에 막혀서 앞으로 나아가지 못하는 것을 말한다. 띠를 졸라맨 것처럼 물이 한곳에 정체하는 것을 滯라고 하여, 후에 일반적으로 '막히다, 남다'라는 뜻으로 쓴다.

|용례| 延滯연체 凝滯응체 滯納체납 滯留체류 滯在체재 滯貨체화

遞 14획 | 체 | 갈마들다, 보내다, 번갈아

遞
전문1

|해설| 형성. 성부는 虒사. 虒는 호랑이 가죽을 벗겨내는 모양으로 제거한다, 교체한다는 뜻이 있다. 『呂氏春秋』「恃君」에 "번갈아(遞) 흥하고 번갈아 폐하다"라 하여, 차례로 흥하고 폐하는 것을 말한다. '갈리다, 교체하다, 갈마들다, 번갈아'라는 뜻으로 쓴다. 순차 交替교체한다는 뜻에서 遞信체신(소식을 차례로 거쳐서 보냄. 우편이나 통신의 사무), 遞送체송(차례로 보냄. 우송함)처럼 '보내다'라는 뜻으로 쓴다. 또 遞減체감(점차 줄어듦), 遞增체증(점차 늘어남)이라고 말한다.

締 15획 | 체 | 조이다, 매다

전문1

|해설| 형성. 성부는 帝제. 帝는 큰 祭卓제탁(신에게 제사할 때 음식과
술을 올려놓는 탁자)의 모양인데, 탁자 아래 다리를 교차시켜 고정했
다. 그 제탁의 교차시킨 다리를 조여 매는 것을 締라고 하여, '매다,
조이다'라는 뜻이 된다.

|용례| 締結체결 締交체교 締約체약

諦 16획 | 체 | 자세히 하다

전문1

|해설| 형성. 성부는 帝제. 『설문해자』(3상)에 "자세히(審심) 하는 것",
즉 '자세함'을 뜻한다고 한다. 자세하다는 뜻은 諟체(명료하다, 자세하
다)와 통용하여 생긴 뜻일 것이다. 불교어로서 諦觀체관(진리를 깨달
음)이라는 말이 있다.

|용례| 諦思체사 諦視체시

體 23획 | 체 | 몸, 형상

금문1 전문1

|해설| 형성. 성부는 豊례. 어두의 자음이 l인 음은 옛날에는 賴뢰(獺

달), 留류(籀주)처럼 t 음과 통하는 관계가 있었다. 『周禮』 「天官/內饔내옹」에 "體名肉物체명육물을 辨변한다"라고 하듯이, 본래 희생의 '몸'을 말한다. 후에 사람의 '몸'이라는 뜻으로도 쓰고, 일반적으로 '형상, 모습'이라는 뜻으로 쓴다.

|용례| 五體오체 人體인체 體格체격 體面체면 體勢체세 體裁체재

初

7획 | 초 | 처음, 첫, 시작, 비로소

갑골1　　금문1　　금문2　　전문1

|해설| 회의. 衣의와 刀도를 조합한 모양. 가위(刀)로 옷감을 재단해 옷을 만든다는 의미이다. 첫 옷을 만드는 것으로, 아기의 배내옷(産衣산의)으로 입힐 옷을 만드는 것을 말한다. 배내옷을 만들 때 옷감을 가위로 처음 자르는 의례가 있었을 것이다. 그래서 '처음, 비로소'라는 뜻이 된다. '처음, 비로소'라고 읽는 글자에는 의례적인 뜻이 있는 것이 많고, 창(戈과)날 위에 才재(신성한 표시)를 부적처럼 붙인 모양이 𢦏재, 𢦏와 ㅂ축문 그릇 재를 조합한 哉시작할 재는 戈의 사용에 즈음하여 축문을 외쳐 정화하는 의례를 말한다. 載처음 재는 兵車병거에 𢦏(부적)를 붙여 병거를 祓淸불청하는 의례이다. 初를 𧘝로 쓰는 예가 있는데 배내옷을 말한다.

|용례| 當初당초 初見초견 初期초기 初産초산 初心초심 初版초판

抄

7획 | 초 | 건지다, 빼앗다, 베끼다

|해설| 형성. 성부는 少소. 少는 작은 조개를 줄로 꿰맨 모양으로

흩어진 작은 조개를 모아서 꿰매는 것을 말한다. 抄는 작은 것을 건져서 잡는 것을 말하고, '건지다, 빼앗다'라는 뜻이 되고 또 '초록, 베끼다'라는 뜻으로 쓴다. 일본에서는 무로마치 시대 선종 승려들의 강의 필기록을 抄物초물이라고 했는데 초기 口語구어의 귀중한 자료이다.

| 용례 | 詩抄시초 抄錄초록 抄本초본 抄寫초사

肖 7획 | 초 | 닮다

금문1   전문1

| 해설 | 형성. 성부는 小소. 『설문해자』(4하)에 "골육이 닮은 것이다. … 그 先人선인을 닮지 않았다. 그래서 不肖불초라 한다"라 하고, '닮다'라는 뜻이라고 한다. 금문에는 "仦嗣초사"라는 말이 있는데, 조상의 업을 계승하는 것을 말한다. 肖는 작은 살이 뼈에 붙은 모양으로 屑설은 부스러기, 梢초는 나뭇가지 끝이므로 肖는 작은 것을 뜻하는 말이다.

| 용례 | 不肖불초 肖像초상

招 8획 | 초 | 부르다

전문1

| 해설 | 형성. 성부는 召소. 召는 ㅂ재(신에게 바치는 기도문인 축문을 넣는 그릇의 모양)를 바쳐 신령이 내려오기를 기도하고, 이에 응해 위

에서 사람이 내려오는 모양. 이 경우 내려오는 사람은 신령이라는 의미이다. 召에 손을 더하여 부르는 동작을 招라고 한다. 『설문해자』(12상)에 "손으로 부르는 것이다"라 하고, 사람을 불러들인다는 뜻이라고 하는데, 『楚辭』에 「招魂」「大招」 등 신령을 불러들이는 작품이 있듯이, 축문 그릇을 바쳐서 부르는 것은 신령이다. 사람을 부를 때는 呼호라고 하는데, 乎는 울림판의 모양으로 그 소리를 울려서 부르는 것이다. 존귀한 사람이나 현자를 부를 때는 招聘초빙(예를 다하여 부름)이라고 한다.

|용례| 招待초대 招請초청 招致초치 招魂초혼

秒 9획 | 초 | 까끄라기, 조금

전문1

|해설| 회의. 禾화와 少소를 조합한 모양. 『설문해자』(7상)에 "벼의 까끄라기(芒망)", 즉 벼 알갱이 끝에 나와 있는 '까끄라기'(빳빳한 털)를 뜻한다고 한다. 까끄라기는 극히 가늘고 작은 것이기 때문에 '희미하다, 조금'이라는 뜻으로 쓴다. 시간이나 각도를 잴 때의 작은 단위이고, 分분의 60분의 1을 秒라고 한다.

|용례| 秒速초속 秒針초침 寸秒촌초

草 10획 | 초 | 풀, 조잡하다

전문1

|해설| 형성. 성부는 무조. 무는 숟가락(匙시)의 음식을 뜨는 부분의 모양. 草는 艸풀 초와 같은 뜻으로 써서 옛날에는 艸 자를 사용했다. 草原초원(풀이 자라는 들판), 草萊초래(무성한 잡초), 山草산초(산에 자라는 풀)라고 말한다. 草庵초암, 草屋초옥, 草堂초당(짚이나 띠로 지붕을 얹은 소박한 집), 草茅초모(풀이 우거진 전원), 草莽초망(재야), 草稿초고(문장의 원고)처럼 '소박하다, 조잡하다, 원고' 등의 뜻으로 쓴다. 또 創창과 통하여 '처음, 시작하다'라는 뜻으로 써서 草創초창(일의 처음. 선구), 草昧초매(세계의 처음)라고 한다.

焦

12획 | 초 | 그을리다, 애태우다

금문1

전문1

전문2

|해설| 회의. 隹추와 火화(灬)를 조합한 모양. 隹에 불을 더해 새를 태우는 것을 말한다. 『설문해자』(10상)에는 雥초라는 자형이 있고, 이것은 많은 새를 태운다는 뜻이다. 후에 일반적으로 '태우다, 그을리다'라는 뜻이 되고, 또 사람의 심정에 옮겨서 焦心초심, 焦慮초려(애를 태움, 고뇌함)라고 말한다. 燋초도 '태우다'라는 뜻으로 쓴다.

|용례| 焦灼초작 焦土초토

硝

12획 | 초 | 초석

|해설| 형성. 성부는 肖초. 硝石초석은 초산 칼륨을 주성분으로 하는 유리 상태의 결정체로 태울 때 자색의 불을 낸다. 칼륨 비료로도 사용되는데 폭발성이 있어서 화약에 사용된다. 화약을 만드는

방법은 중국에서 일찍이 개발되었는데, 그것은 道家도가가 연금술 등을 시도하는 과정에서 발견되었다. 북송 시대(10~12세기) 이전에 실용화되었고 1044년에 간행된 『武經總要무경총요』에 보인다. 硝子초자는 수정 같은 것으로 초석과는 무관하다. 유리의 표기에 硝子를 쓰기도 한다.

超 12획 | 초 | 뛰어넘다, 멀다

전문1

|해설| 형성. 성부는 召소. 召에 迢멀 초의 음이 있다. 『설문해자』(2상)에 "뛰다(跳도)"라고 하는데, 뛰어서 넘는 것이어서 '뛰어넘다'라는 뜻이 된다. 超越초월(아득히 넘음), 超出초출·超絶초절(탁월함), 超人초인(보통 이상의 능력을 가진 사람), 超然초연(멀리 떨어져 있음)이라고 말한다. 超俗초속(세속 사이에서 벗어남), 超脫초탈(세속 사이의 움직임을 초월하여 높은 경지에 있음)처럼 세속의 일을 넘는다는 뜻으로 쓴다. 迢초에 '아득하다, 멀다'는 뜻이 있듯이 아득히 넘는다고 할 때 쓴다.

酢 12획 | 초 | 초, 갚다

 |
금문1 | 전문1

|해설| 형성. 성부는 乍사. 獻酬헌수(술잔을 주고받음)할 때 객이 주인에게 잔을 돌리는 것을 酢라고 하여, '갚다'라는 뜻으로 쓴다. 『詩

經』「大雅/行葦」에 "혹은 獻헌하고, 혹은 酢초하다"(술잔을 되돌리다)라는 것이 본래의 뜻이었다. 獻은 주인이 객에게 술잔을 권하는 것. 글자는 또 醋초, 작으로 쓰는 경우가 있다. 乍사나 昔석에는 지나간다는 뜻이 있고, 후에 술이 오랜 시간이 지나서 쉬게 된 것을 酢敗초패라고 하여, 그 초패한 것을 酢라 하고 '초'의 뜻으로 쓴다.

|용례| 酢爵초작 鹽酢염초

礁 17획 | 초 | 암초

|해설| 형성. 성부는 焦초. '암초'를 말한다. 수면 위로 나타났다 숨었다 하는 바위를 암초라고 한다. 보기 어렵기 때문에 暗礁암초라 하고 배가 그 위에 올라앉는 것을 坐礁좌초라고 한다. 그 암초가 珊瑚산호로 형성되어 있을 때는 산호초라고 하고 바퀴와 같은 모양의 산호초를 環礁환초라고 한다. 물고기에 서식 장소를 주기 위한 돌이나 블록 등을 가라앉힌 곳을 魚礁어초, 漁礁어초라고 한다.

礎 18획 | 초 | 주춧돌

[전문1]

|해설| 형성. 성부는 楚초. 楚는 가시나무나 덤불, 또 초목이 무성하게 뿌리가 뻗어난 곳을 말한다. 그래서 礎石초석(건물 기둥의 토대가 되는 돌. 주춧돌)이라고 한다. 초석이라는 뜻에서 일반적으로 基礎기초라는 뜻이 된다. 건물의 초석을 정하는 것, 공사를 시작하는 것을 定礎정초, 사업의 기본을 정하는 것을 礎業초업, 문장의 기초가

되는 것을 礎案초안이라고 한다.

促 9획 | 촉 | 재촉하다, 다가오다

전문1

|해설| 형성. 성부는 足족.『설문해자』(8상)에 "다그치다(迫박)"라고 한다. 사람의 배후에 다가온다는 뜻이고, 행위를 '재촉하다, 독촉하다'라는 뜻으로 쓴다. 促促촉촉(당황한 모습)이라고도 쓴다.

|용례| 促成촉성 促進촉진 催促최촉

觸 20획 | 촉 | 닿다, 건드리다

금문1　전문1

|해설| 형성. 성부는 蜀촉. 蜀은 수컷 짐승의 모양으로 虫훼의 부분은 수컷의 성기 모양이다. 수컷 짐승이 뿔로 서로 싸우는 것을 觸이라 하는데, 교미기에는 암컷을 놓고 싸우는 모습을 흔히 볼 수 있다. 뿔이 있는 짐승이 싸울 때 뿔을 맞대고 싸우므로 '닿다'라는 뜻이 되고, 후에 일반적으로 '닿다, 건드리다'라는 뜻으로 쓴다.

|용례| 感觸감촉 接觸접촉 觸發촉발

屬 21획 | 촉, 속 | 잇다, 붙다, 부탁하다

屬
전문1

|해설| 회의. 尾_미와 蜀_촉을 조합한 모양. 尾는 꼬리를 똑바로 편 동물의 모양으로 암컷이다. 蜀은 수컷의 모양. 虫_훼 부분이 수컷 성기의 모양이다. 尾와 蜀을 조합하여 암수가 교미하는 것을 말한다. 그래서 '잇다, 계속하다, 연결되다'라는 뜻이 된다. 또 '붙다, 접근하다, 부탁하다'라는 뜻으로 쓴다. 남에게 일을 부탁하는 것을 囑_{부탁}할 촉이라고 한다.

|용례| 屬文_{속문} 屬性_{속성} 連屬_{연속} 從屬_{종속}

囑 24획 | 촉 | 부탁하다

|해설| 형성. 성부는 屬_속. 屬에 囑_촉의 음이 있다. 屬은 尾_미(짐승 암컷)와 蜀_촉(짐승 수컷)을 조합한 모양으로, 암수가 이어진 것, 즉 교미하는 것을 말한다. 그래서 서로 이어진 것을 屬, 주목하여 눈을 떼지 않는 것을 囑_촉, 계속 말하여 그것을 하게 하는 것을 囑_촉이라고 하여, '부탁하다, 위임하다'라는 뜻이 된다.

|용례| 委囑_{위촉} 依囑_{의촉} 囑言_{촉언} 囑託_{촉탁}

寸 3획 | 촌 | 마디, 치, 조금

寸
전문1

|해설| 회의. 又우와 一일을 조합한 모양. 又는 손가락을 펼친 오른손의 모양으로, 그 손가락 밑에 더한 一은 손가락 하나라는 의미였을 것이다. 손가락 하나의 폭의 길이를 寸촌이라고 한다. 손가락을 최대로 펼쳤을 때 엄지에서 중지까지의 길이가 尺척이고, 尺의 10분의 1의 길이가 寸이다. 尺은 엄지와 중지를 펼쳐 아래 방향으로 하고, 상부에 손목 부분을 더한 모양이다. 손가락 하나의 폭의 길이는 짧아서 '조금, 겨우'라는 뜻이 된다. 길이를 계측하는 데 처음에는 인체를 이용했다.

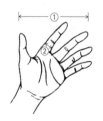

전체 손의 모양에서, 엄지와 중지를 벌려 아래로 향하게 했을 때 손목에서부터 아래의 모양이 尺이다.
①의 길이는 尺,
②의 길이는 寸

|용례| 寸斷촌단 寸分촌분 寸尺촌척

村 7획 | 촌 | 마을, 시골

村
전문1

|해설| 형성. 성부는 寸촌. 寸에 忖헤아릴 촌의 음이 있다. 옛날에는 邨촌으로 썼고 屯둔과 阝(邑읍)을 조합한 모양. 屯은 직물의 가장자리 장식의 모양으로, 짜다가 만 곳을 끝맺음한 모양이고, 실을 모은다는 의미가 있다. 邑은 囗위(성곽의 모양)와 巴파(阝. 무릎 꿇은 사람을 옆에서 본 모양)를 조합한 모양으로 성 안에 사람이 있다는 의미가 되고, 수도, 시가, 마을을 말한다. 邨은 사람이 모여 사는 '마을, 시골'이라는 뜻으로 쓴다. 村은 邨의 형성자이다. 晉진 陶淵明도연명

(4~5세기)의 시 「전원으로 돌아간다」에 "어둑어둑한 遠人원인의 村"
이라는 구절이 있는데 이 무렵부터 村이라는 글자가 쓰이고 있다.

|용례| 農村농촌 村落촌락 村翁촌옹

塚 13획 | 총 | 무덤

금문1　　금문2　　전문1

|해설| 형성. 성부는 冢총. 冢은 희생으로서 살해된 거세된 개를 묻
고 위에 흙을 쌓아 올린 무덤의 모양으로, 塚의 본래 글자이다. 塚
은 속자이고 唐代당대 이후에 쓰인다. 冢은 '무덤, 묘'라는 뜻으로
쓰고 또 '神社신사, 大社대사, 장남' 등의 뜻으로도 쓴다. 조상에게
제사 지내는 사당의 지붕 모양('면) 아래에, 희생으로서 살해된 개
를 더하면 家가가 된다.

銃 14획 | 총 | 총

|해설| 형성. 성부는 充충. 充은 배가 많이 비만한 사람의 모양인데
둥근 구멍이 있는 물건의 이름을 말하는 것으로 전용되었다. 『玉
篇』에 "銎도끼 구멍 공"이라고 하여, 도낏자루를 끼워 넣는 구멍을 말
한다. 후에 銃총이 발명되어 총이라는 뜻으로 쓰는 것은 총구가 그
구멍과 비슷하기 때문일 것이다. 화기 중 작은 것이 銃이고 큰 것이
砲포인데 합쳐서 銃砲총포(소총과 대포)라고 한다.

|용례| 拳銃권총 銃彈총탄

總 17획 | 총 | 모으다, 총괄하다, 모두

전문1

|해설| 형성. 성부는 悤총. 『설문해자』(13상)에 "모아서 묶는 것"이라 하고, 실의 끝부분을 묶어서 송이처럼 정리하는 것이라고 한다. 『釋名』「釋首飾」에 "總은 束髮속발", 즉 묶은 머리라고 한다. '모으다, 총괄하다(하나로 모아 정리하다), 모두'라는 뜻으로 쓴다. 또 總督총독(군사령관. 또는 식민지의 정치, 군사를 감독하는 장관)처럼 일괄해서 지배한다는 의미로도 쓴다.

|용례| 總計총계 總括총괄 總理총리 總意총의 總合총합

撮 15획 | 촬 | 집다, 취하다

撮
전문1

|해설| 형성. 성부는 最최. 最는 冃쓰개 모와 取취를 조합한 모양. 取는 戰場전장에서 죽인 자의 왼쪽 귀를 공훈의 증거로 삼기 위해 절취한다는 의미. 절취한 수많은 귀를 덮어서 취집하는 것을 最최, 손가락 끝으로 집는 듯 잡는 것을 撮이라고 하여, 撮은 '집다, 취하다'라는 뜻이 된다. 좁은 한 줌의 토지를 '一撮일촬의 土토'라고 한다. 지금은 撮影촬영(사진이나 영화를 찍음)이라는 글자에 쓴다.

最 12획 | 최 | 가장, 잡다

전문1

|해설| 회의. 曰쓰개 모와 取취를 조합한 모양. 取는 耳이와 又우(손의 모양)를 조합한 모양으로, 전쟁터에서 살해한 자의 왼쪽 귀를, 죽인 증거로 손으로 절취한다는 뜻이다. 曰는 두건의 종류로 덮는다는 뜻이 있다. 절취한 귀가 많을 때 위에서 덮어서 모으는 것을 最라 하고, 손가락 끝으로 집듯이 해서 잡는 것을 撮촬이라고 한다. 절취한 적의 왼쪽 귀의 수로 군공을 정하고 공적 제일을 最라고 한다. 그래서 最는 '잡다, 모으다'라는 뜻 외에 '제일, 가장'이라는 뜻이 된다.

|용례| 最大최대 最上최상 最少최소 最愛최애 最終최종 最後최후

催 13획 | 최 | 열다, 재촉하다

전문1

|해설| 형성. 성부는 崔최. 崔는 崔嵬최외처럼 산이 높고 험한 모양을 가리키는 말인데, 뭔가 사람에게 다가오는 듯한 힘이 있는 것을 말한다. 그래서 催재촉할 최, 摧꺾을 최처럼 성부가 崔인 글자는 모두 강하게 다가간다는 뜻이 있다. 催는 '열다, 재촉하다'라는 뜻으로 쓴다.

|용례| 開催개최 共催공최 主催주최 催眠최면 催迫최박

抽 8획 | 추 | 빼다, 뽑다

紬
전문1

|해설| 형성. 성부는 由유. 由에 宙하늘 주, 紬명주 주의 음이 있다. 由는 박 종류의 열매가 익어 녹아서 껍질 속이 빈 모양인데, 抽는 그 익은 열매를 빼낸다는 의미일 것이다. 그래서 '빼내다, 빼다, 뽑아내다, 뽑다'라는 뜻이 된다. 내부에 있는 것을 뽑아낸다는 뜻이고 **抽**籤추첨·**抽選**추선(제비뽑기), **抽刀**추도(칼을 뺌)라고 하는데, 사물의 본질적인 부분을 뽑아내는 것을 **抽象**추상이라고 한다.

秋 9획 | 추 | 가을

蠢 | **蠢** | **烉**
갑골1 | 갑골2 | 전문1

|해설| 회의. 본래 글자는 穐추로 쓰고, 禾화와 龜귀와 火화(灬)를 조합한 모양. 禾는 벼, 곡물이고 龜는 메뚜기 같은 벌레의 모양이다. 가을이 되면 메뚜기가 크게 발생해서 곡물을 먹어치워 피해를 입기 때문에 메뚜기 등을 불로 태워 없애며 풍작을 기원하는 의례를 했을 것이다. 그 의례를 보이는 글자가 穐이고 '결실'이라는 뜻이 된다. 후에 벌레 모양의 龜를 생략하고 火만을 남겨서 秋가 되었다. 갑골문에 虫충 종류를 불로 태우는 모양의 글자(갑골2)가 있는데, 이 의례와 관계가 있을 것이다. 의 의례는 가을의 **蟲害**충해와 관계가 있어서 계절의 '가을'이라는 뜻으로 쓰이게 되었을 것이다. 갑골문에는 사계의 이름인 **春夏秋冬**춘하추동을 표시하는 자료는 없다.

|용례| 晚秋만추 秋季추계 秋氣추기 秋雨추우

追 10획 | 추 | 쫓다, 이르다

갑골1	갑골2	금문1	금문2	전문1

|해설| 회의. 𠂤퇴와 辵착을 조합한 모양. 𠂤는 군이 출정하기 전, 조상에게 제사 지내는 사당이나 軍社군사에서 전승을 기원하는 제사를 할 때 바치는 고기(𠂤 모양으로 脤肉신육이라고 한다)의 모양이다. 군이 행동할 때는 항상 이 신육을 받들고 행동했다. 辵(辶, 辶)에는 간다는 뜻이 있다. 신육을 받들고 도망가는 적을 추격하는 것을 追라 하고, 적을 쫓는다는 뜻이 된다. 후에 일반적으로 '쫓다, 따라잡다, 이르다'라는 뜻으로 쓴다.

|용례| 追加추가 追記추기 追尾추미 追從추종

推 11획 | 추, 퇴 | 밀다, 추천하다, 추측하다

전문1

|해설| 형성. 성부는 隹추. 隹는 새의 모양. 唯유, 進진, 誰수에 포함된 隹는 새점에 사용되는 것으로, 推도 새점과 관계가 있을 것이다. 새점으로 일을 推測추측(어떤 일을 근거로 아마 이럴 것이라고 생각함. 찌합)하고, 推進추진(물건을 앞으로 밀고 나감. 또 일이 순조롭게 되도록 노력함)하는 것을 말한다. '밀다, 추천하다, 추측하다'라는 뜻으로 쓴다. 唐代당대의 시인 賈島가도(8~9세기)가 "중은 月下월하의 문을

민다(推)"라는 구절을 만들었을 때, 推를 두드리다(敲고)로 고치는 쪽이 좋을지 어떨지 고심했기 때문에, 시문의 표현을 잘 다듬는 것을 推敲퇴고라고 한다.

|용례| 類推유추 推量추량 推察추찰

椎

椎
전문1

12획 | 추 | 몽치, 치다, 모밀잣밤나무

|해설| 형성. 성부는 隹추. 隹에 堆언덕 퇴, 錐송곳 추의 음이 있다. 몽치(槌퇴)로 치는 것을 말하고 槌추(몽치, 치다, 두들기다)와 음훈이 같은 글자이다. '몽치, 치다, 두들기다'라는 뜻으로 쓴다. 또 상록 고목의 이름으로 '모밀잣밤나무'를 말한다. 식용이 되는 도토리 모양의 열매를 맺는데, 옛날에는 그 잎으로 음식을 싸기도 했다. 『만요슈』(萬葉集, 一四二)에 "집에 있으면 그릇에 담을 밥을, 나그네 여행길에는 잣밤나무 잎에 담네"라는 노래가 있다.

|용례| 脊椎척추 椎擊추격 椎殺추살 椎打추타

墜

15획 | 추 | 떨어지다, 잃다

갑골1 | 갑골2 | 금문1 | 금문2 | 전문1

|해설| 회의. 隊무리 대와 土토를 조합한 모양. 隊는 𠂤부(阝. 본래 모양은 𠂤이고, 신이 하늘에 오르내릴 때 사용하는 신의 사다리 모양) 앞에 희생 동물인 豕수를 놓아둔 모양인데, 신이 내려서는 곳을 표시한다.

土는 흙을 만두 모양으로 뭉쳐서 臺대 위에 올려놓은 모양인데 이 것을 토지신으로 한다. 墜는 토지신이 내려서는 곳에서 토지신에 게 제사하고, 신이 내려서는 곳이라고 하는 뜻이었다. 그래서 墜는 '땅, 토지, 곳'이라는 뜻이 되고 地지의 본래 글자였다. 墜가 후에 墜 落추락하다(떨어지다)라는 뜻으로 쓰이게 되면서, '땅, 토지, 곳'이라 는 뜻의 형성자인 地지가 만들어졌다. 墜는 '떨어지다' 외에 失墜실 추(잃어버림)처럼 '잃다'라는 뜻으로도 쓴다.

|용례| 擊墜격추 墜死추사

樞 15획 | 추 | 문지도리, 주축, 근본

樞
전문1

|해설| 회의. 木목과 區구를 조합한 모양. 區는 기도하는 그릇(∐)을 많이 놓고 기도하는 숨겨진 장소이다. 그 입구 문의 회전축을 樞라 고 하여, '문둔테, 문지도리'라는 뜻으로 쓴다. 그것은 문의 움직임 을 지배하는 것이므로 '주축, 근본'이라는 뜻이 된다.

|용례| 中樞중추 樞機추기 樞要추요 樞軸추축

醜 17획 | 추 | 추하다, 나쁘다, 부끄러워하다

醜
전문1

|해설| 형성. 성부는 酉유. 酉는 본래 酋룩은 술 추와 같은 글자였다. 鬼귀도 蒐사냥 수와 같이 쓰는 경우가 있지만, 醜의 자형이 본래 이

鬼의 자형을 따르는 것이었는지는 의문이다. 殷
代은대의 圖象도상(紋章문장 같은 것)에 亞醜形아
추형 도상이라 불리는 것이 있어 여기에는 술을
따르는 사람이 그려져 있다. 그 사람의 모습은

亞醜形 도상

세 갈래로 묶은 머리를 크게 강조하는 모습이고 술통에서 따르는
술은 제사에 쓰는 향기가 밴 술일 것이다. 술을 따라 의례를 행하
는 모습이고 보통 때의 모습과는 매우 다르기 때문에 보기에 추하
다고 여겼을 것이다. 오른쪽 부분을 사람의 모습으로 만든 글자는,
갑골문에서 邑읍(집락)에 재앙이 있다고 생각될 때, "醜한 것 있을
까?" 하고 재앙을 없애기 위해 醜의 의례를 행할지 말지를 점칠 때
쓰였으므로 이미 문자로 성립되어 있음을 알 수 있다. 醜의 의례를
행하는 사람의 모습에서 '추하다'는 뜻이 되고 또 '나쁘다, 부끄러
워하다'라는 뜻이 되었을 것이다.

|용례| 老醜노추 美醜미추 醜名추명 醜聞추문 醜惡추악 醜穢추예

畜 10획 | 축, 휵, 후 | 저장하다, 기르다

금문1　　금문2　　전문1

|해설| 회의. 玄현과 田전을 조합한 모양. 玄은 실 다발을 비튼 모양.
田은 염색 물감을 넣은 솥의 모양. 염색 물감이 든 솥에 실 다발
을 적셔서 염색하는 것을 畜이라 하고, 오랜 시간 적셔서 색을 깊
이 들이는 것이어서, '겹겹이 쌓다, 멈추다, 저장하다'라는 뜻이 된
다. 畜에는 세 음이 있다. 축일 때는 '저장하다', 휵일 때는 '기르다,

치다', 후(許救切, 許와 救의 반절 ─ 옮긴이)일 때는 '가축, 짐승'이라는 뜻으로 쓴다. 畜生축생(새나 짐승. 또 사람을 욕해서 하는 말)이라는 말은 隋수 왕조의 황제 文帝문제(6~7세기)가 태자를 욕하며 쓴 말인데 '후생'이라고 읽어야 할 것이다.

|용례| 家畜가축 畜舍축사 畜產축산 畜養축양

祝 10획 | 축 | 축하하다, 기도하다, 무축

| 갑골1 | 갑골2 | 금문1 | 금문2 | 전문1 |

|해설| 회의. 示시와 兄형을 조합한 모양. 示는 신에게 제사할 때 쓰는 탁자인 祭卓제탁의 모양. 兄은 ㅂ축문 그릇 재를 머리에 인 사람의 모양으로 신에게 제사하는 사람을 가리킨다. 神事신사를 담당하는 자는 형제 중에서는 장남이었다. 祝은 제탁 앞에서 신에게 제사하는 것을 나타내고 '기도하다'라는 뜻이 된다. 또 '기도하는 사람, 신에게 제사하는 사람, 神官신관'이라는 뜻도 되고, 후에 '축하하다'라는 뜻으로도 쓴다.

|용례| 巫祝무축 祝禱축도 祝詞축사 祝壽축수

逐 11획 | 축 | 쫓다, 싸우다, 달리다

| 갑골1 | 갑골2 | 금문1 | 금문2 | 전문1 |

|해설| 회의. 豕시와 辵착을 조합한 모양. 豕는 돼지. 辵(⻌, ⻍)은 걷다, 달리다. 돼지를 쫓는 것을 逐이라고 하여, 일반적으로 '쫓다'라

는 뜻이 되고, 쫓는 데서 '싸우다, 달리다'라는 뜻으로 쓴다. 군을 파견해서 적을 추격하는 것을 追추라고 한다. 逐의 갑골문 자형은 犬견과 之지(발자국의 모양으로 간다는 뜻), 금문의 자형은 犬과 辵을 조합한 모양이 많고, 개를 쫓는다는 뜻이 된다. 옛 자형 쪽이 '쫓다'에 적합하다. 개를 후에 잘못하여 豕로 했을 것이다.

|용례| 角逐각축 逐一축일 逐日축일 逐次축차

軸 12획 | 축 | 굴대, 두루마리

軸
전문1

|해설| 형성. 성부는 由유. 由에 舳축(고물, 키)의 음이 있다. 由의 본래 모양은 卣술통 유인데, 호리병박이고 속의 알맹이가 익어 녹아서 속이 빈 모양이다. 속이 빈 채로 회전하는 것을 軸이라고 한다. 배(舟주)의 방향을 움직이는 軸의 작용을 하는 것을 舳이라고 한다. 서화를 표구해서 축에 말듯이 한 것을 掛物괘물(족자)이라고 하는데 掛軸괘축이라고도 한다.

|용례| 主軸주축 地軸지축 車軸차축

蓄 14획 | 축 | 저장하다, 기르다

蓄
전문1

|해설| 형성. 성부는 畜축. 『설문해자』(1하)에 "쌓다(積적)"라 하고, 풀을 모아 쌓아 올린다는 뜻이라고 한다. 畜은 염색 물감이 든 솥에

실 다발을 오랜 시간 담가 물들이는 것을 말하여, '쌓아 올리다, 저장하다'라는 뜻이 있다. 蓄은 '모으다, 저장하다, 쌓다'라는 뜻으로 쓴다. 畜과 통하여 '기르다'라는 뜻으로도 쓴다.

|용례| 備蓄비축 貯蓄저축 蓄髮축발 蓄藏축장 蓄財축재 蓄積축적

築 16획 | 축 | 쌓다

| 금문1 | 전문1 |

|해설| 형성. 성부는 筑축. 筑의 아랫부분은 巩공과 같고, 공구인 工공을 두 손으로 세게 잡은 모양. 竹죽은 아마 대나무 바구니일 것이고, 여기에 흙을 넣어 공구로 다지는 것, 건조물의 토대를 쌓아 올리는 것을 筑이라 하는데, 筑은 아마 築의 본래 글자일 것이다. 筑에 木목을 더한 것은 흙을 다지는 데 版築판축(성벽 등의 건축법으로, 板木판목과 판목 사이에 넣은 흙을 다져가는 방법)의 방법을 쓰기 때문일 것이다. '쌓다, 세우다'라는 뜻으로 쓴다.

|용례| 改築개축 建築건축 築城축성 築室축실 築港축항

縮 17획 | 축 | 줄이다, 오그라들다

| 전문1 |

|해설| 형성. 성부는 宿숙. 縮, 蹴축(차다), 蹙축(대들다, 오그라들다)에는 모두 줄이다는 뜻이 있고 같은 계열의 말이다. 『孟子』「公孫丑上」의 "스스로 반성해서 바르다면(縮), 상대가 천 명 만 명이라도

나는 물러서지 않으리라"에서는 直직(바르다)을 뜻하고, 直과 통용하여 쓴다.

|용례| 短縮단축 縮小축소

蹴 19획 | 축 | 차다, 밟다

전문1

|해설| 형성. 성부는 就취.『설문해자』(2하)에 "밟다(躡섭)"라고, 발로 밟는 뜻이라고 한다. '짓밟다, 차다'와 같이 격한 동작을 말한다. '밟다, 차다'라는 뜻으로 쓴다.

|용례| 一蹴일축 蹴球축구 蹴鞠축국

春 9획 | 춘 | 봄

금문1 | 금문2 | 전문1

|해설| 형성. 본래 글자는 萅춘으로 쓰고 성부는 屯둔. 屯에 純순수할 순의 음이 있다. 屯은 직물 가장자리의 실을 매듭지은 술 장식의 모양으로, 純의 본래 글자이다. 뜨개실의 말단을 매듭지은 모양은 冬동이다. 屯 자는 술 장식의 모양이지만, 글자에는 추운 겨울 동안 가두어진 풀뿌리라는 뜻이 있다. 그것이 햇볕을 받아 겨우 싹을 내려고 한다는 뜻에서 초두머리(艹, 草초)를 더해 萅이 된다. 봄이 되면 벌레가 꿈틀대기 시작하므로 蠢꿈틀거릴 준이라고 한다. 갑골문에는 사계의 이름을 확인할 수 있는 자료가 없고 2천 수백 년 전의

금문에 이르러서 봄의 본래 글자인 旾이 나타난다. (금문은 춘추 시대의 것으로 알려지므로 갑골문의 출현에서 '春'이 나타나기까지 약 천 년이 걸린 셈이다. ― 옮긴이)

|용례| 早春조춘 春景춘경 春季춘계 春光춘광 春眠춘면 春色춘색

出 5획 | 출 | 나가다, 가다

갑골1 갑골2 금문1 전문1

|해설| 상형. 발을 내디딜 때 뒤꿈치의 흔적이 뚜렷하게 남은 모양. 止지(발자국의 모양) 뒤에 발자국을 곡선으로 그려서 세게 내디딘 것을 표시한다. 그래서 '출발하다, 나가다, 가다'라는 뜻이 된다. 금문의 자형은 凵재(신에게 바치는 기도문인 축문을 넣는 그릇의 모양)를 더했는데 출발할 때 뚜렷하게 발꿈치의 흔적을 남겨서 여행의 안전을 기원하는 의례가 있었을 것이다.

|용례| 捻出염출 出納출납 出頭출두 出藍출람 出現출현

充 6획 | 충 | 차다, 맡기다, 살찌다

전문1

|해설| 상형. 뚱뚱한 사람의 모양. 특히 복부가 비만한 사람의 모양인 것 같다. 뚱뚱한 사람은 체력과 기력이 넘친다고 해서 充滿충만(가득 참)이라는 뜻이 된다. 대야에 들어가 물을 뒤집어쓰는 사람의 넓적다리가 솟아오르는 것을 盈찰 영이라고 한다. 充盈충영이란 본

래 사람이 비만한 모습을 말한다. '차다, 채우다' 외에, 充當충당(어떤 목적이나 용도에 맡김)처럼 '맡기다'라는 뜻으로도 쓴다.

|용례| 補充보충 充實충실 充電충전 充足충족 擴充확충

沖 7획 | 충 | 용솟다, 깊다, 비다

갑골1 | 금문1 | 전문1

|해설| 형성. 성부는 中중.『설문해자』(11상)에 "용솟다"라 하고, 물이 솟아나는 모습이라고 하는데, 오히려 물이 깊어 조용한 모습을 말하는 글자인 것 같다. 움직임을 속에 간직한 조용한 상태를 말하고, 沖虛충허(마음이 담박함), 沖淡충담(마음이 결백하고 무욕함), 沖天충천(하늘 높이 떠오름)이라고 한다.

忠 8획 | 충 | 진심, 참, 옳다

금문1 | 전문1

|해설| 형성. 성부는 中중.『설문해자』(10하)에 "공경하다"라 하여, 마음을 다한다는 뜻이라고 한다. 갑골문의 中은 깃대의 상부와 하부에 기드림을 붙인 中軍중군의 깃발 모양이므로, 마음을 다한다는 것은 마음을 지배한다는 뜻도 포함한다고 보는 게 좋다. '마음을 다하다, 진심, 참, 옳다, 공경하다' 등의 뜻으로 쓴다.『論語』에는 忠信충신(진심을 다함), 忠恕충서(충실과 배려. 자신의 양심에 충실하고 타인에게 배려가 깊음) 등의 말이 있는데 忠君충군(주군에게 충성함)이라는

말은 없다. 주군에게 충성한다는 것은 후에 생긴 의미이다. 전국 시대(기원전 5~기원전 3세기) 義士의사의 출현으로 忠義충의(주군이나 국가를 위해 충성함)라는 관념이 성립했다고 생각된다.

|용례| 忠告충고 忠實충실

衷 10획 | 충 | 마음, 진심

| 금문1 | 전문1 |

|해설| 형성. 성부는 中중. 『설문해자』(8상)에 "안에 입는 속옷(襲衣설의)", 즉 의상 안에 입는 내의라고 한다. 『春秋左氏傳』「襄公二十七年」에 "甲갑을 속(衷)으로 한다"는 것은 옷 속에 갑옷을 착용한다는 것이다. 그래서 안에 있어 밖에 드러나지 않는 '마음, 진심'이라는 뜻으로 쓰고, 衷心충심(마음속, 진심, 진심으로), 衷情충정·衷誠충성(진심. 성심)이라고 한다. 또 中과 통하여 折衷절충(양쪽의 좋은 부분을 취해 적당히 조화함)이라고 한다.

衝 15획 | 충 | 찌르다, 맞부딪치다

전문1

|해설| 형성. 성부는 重중. 重에 踵쫓을 종, 動움직일 동의 음이 있다. 『설문해자』(2하)에 "通道통도"라고 하는데, 글자는 童동에 따르는 모양이나. 撞당은 '치다'리는 뜻인데 衝은 行행(십자로의 모양. 길)에서 撞擊당격(부딪침)하는 것을 말한다. 『詩經』「大雅/皇矣」에 "臨衝임

충"이라는 공성용 전차가 있는데 큰 쇠를 轅원(수레 양쪽에 길게 앞으로 나와 마소 등을 매는 두 개의 나무 막대기)의 선단에 붙여서, 성문에 충돌해서 부수는 것이다. 衝은 '치다, 맞부딪치다'라는 뜻이고 강한 힘으로 정면에서 부딪친다는 뜻이 있다.

|용례| 衝擊충격 衝突충돌

蟲 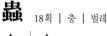 18획 | 충 | 벌레

전문1　전문2

|해설| 회의. 虫훼가 세 개 모여 있는 모양. 蟲의 상용한자로 쓰는 虫충은 본래 蟲과는 별개의 글자이고, '훼'로 읽는다. 虫훼는 뱀과 같은 파충류나 살무사(蝮복)를 말한다. 蚰곤은 『설문해자』(13하)에 "벌레(蟲)의 총칭"이라 하고, 蟲은 곤충처럼 밀집하는 작은 '벌레'를 말한다. 虫훼는 뱀 같은 파충류의 모양이고, 뱀의 모양은 巳멈출 사가 될 때도 있는데, 자연신에게 제사하는 것을 祀사라고 한다. 머리가 큰 뱀의 모양은 它타(뱀, 다른 것)이고 蛇사의 본래 글자이다.

|용례| 幼蟲유충 蟲害충해 害蟲해충

吹 7획 | 취 | 불다

갑골1　갑골2　금문1　금문2　전문1

|해설| 회의. 口와 欠흠을 조합한 모양. 欠은 앞을 향해 입을 벌리고 선 사람을 옆에서 본 모양으로, 숨을 내쉬고 말을 하고 노래를 부

상용자해

르고 외칠 때의 모양이다. 이 글자의 옛 자형은 입을 열고 무릎 꿇은 사람의 모양으로 그려져 있다. 口는 ∪^{축문 그릇 재}이고, 신에게 바치는 기도문인 축문을 넣는 그릇의 모양이다. 吹는 ∪에 숨을 세차게 내뿜는 모양으로 기도의 효과를 없애는 주술의 뜻이 있었을지도 모른다. '숨을 내쉬다, 불다'라는 뜻으로 쓰고, 吹管^{취관}, 吹笛^{취적}(피리를 붊)처럼 악기를 부는 뜻으로도 쓴다.

|용례| 鼓吹_{고취} 吹奏_{취주} 吹嘘_{취허}

取

8획 | 취 | 취하다, 장가들다

甲	取	取
갑골1	금문1	전문1

|해설| 회의. 耳_이와 又_우를 조합한 모양. 又는 손의 모양. 전장에서 죽인 자의 왼쪽 귀를 죽인 증거로 절취하는 것을 取라고 한다. 적의 귀를 절취한다는 의미에서 일반적인 사물이나 일을 '취하다, 빼앗다'라는 뜻이 되고 또 '아내를 취하다'(장가들다)라는 뜻으로도 쓴다. 살해한 적의 왼쪽 귀를 절취해서 가지고 돌아와 그 수로 군공을 결정했다. 귀를 절취하는 것을 取, 또 聝^{귀 벨 괵}이라 하고, 목을 절취하는 것을 馘^{목 벨 괵}이라고 한다. 절취한 귀가 많을 때 위에서 덮어 모으는 것을 最^최라 하고 손가락 끝으로 집듯이 잡는 것을 撮^촬이라고 한다. 聚^{모일 취}도 본래 절취한 왼쪽 귀를 모으는 것을 말하는 글자였다.

|용례| 進取_{진취} 聽取_{청취} 取得_{취득} 取材_{취재}

炊 8획 | 취 | 불을 때다, 밥을 짓다

전문1

|해설| 회의. 火화와 欠흠을 조합한 모양. 欠은 입을 벌리고 선 사람을 옆에서 본 모양. 炊는 불에 숨을 내뿜는 모양으로 불에 공기를 보내어 불의 기세를 살려서 불을 때는 것을 말하고, '밥을 짓다, 불을 때다'라는 뜻으로 쓴다. 『史記』「封禪書」에 晉진의 巫祝무축이 제사하는 五帝오제 중에 先炊선취가 있는데 이후의 부뚜막신에 해당할 것이다.

|용례| 自炊자취 炊事취사 炊煙취연

臭 10획 | 취 | 냄새, 냄새나다, 구리다

갑골1   전문1

|해설| 회의. 自자와 犬견을 조합한 모양. 自는 정면에서 본 코의 모양. 개(犬)는 동물 중에서 냄새를 맡는 후각이 특히 예민하기에 개의 코를 의미하는 臭는 '냄새, 냄새나다, 냄새 맡다'라는 뜻이 되고, '나쁜 냄새, 구리다'는 뜻으로도 쓴다.

|용례| 口臭구취 惡臭악취 臭氣취기

就

12획 | 취 | 이루다, 오르다, 끝나다

전문1

|해설| 회의. 京경과 尤우를 조합한 모양. 京은 출입구가 아치형인 都도의 성문 모양이다. 위에 망루가 있는 큰 성문이고 京觀경관이라 한다. 尤는 죽은 개의 모양으로, 희생을 의미하는 글자로 쓰인다. 경관의 축조가 끝나서 낙성식을 행할 때 희생 개의 피를 뿌려 不淨부정을 없애는 釁禮흔례를 하는 것을 就라고 한다. 이로써 경관의 축조가 成就성취(완성, 실현)되기 때문에 '이루다'라는 뜻이 되고 성취함으로써 일이 시작되므로 '오르다'(취임하다)라는 뜻이 된다.

|용례| 就業취업 就任취임 就職취직 就寢취침 就學취학

趣

15획 | 취 | 정취, 향하다, 빠름

금문1 | 전문1

|해설| 형성. 성부는 取취. 『周禮』의 "趣馬취마"에 상당하는 직을 금문에서는 "走馬주마"로 쓰고, 趣와 走는 옛날에 통용하는 글자였기 때문에, 趣에는 빨리 가다, '향하다, 빠름'이라는 뜻이 있다. 또 금문에 "吉金길금을 취하다"라는 용법이 있으므로 '취하다'라는 뜻이 있다.

|용례| 趣意취의 趣向취향 興趣흥취

醉 15획 | 취 | 취하다

醉
전문1

|해설| 형성. 성부는 卒졸. 卒에 萃모일 췌, 瘁병들 췌의 음이 있다. 酉
유는 술통의 모양. 성부가 卒인 글자에 碎부술 쇄, 蔡풀숲 채 등 흩어
진다는 뜻이 있는데, 醉는 술에 의해 마음이 흩어지는 것을 말하
고, '취하다'라는 뜻이 된다. 心醉심취(어떤 일에 마음을 빼앗겨 열중하
게 됨)처럼 '마음을 빼앗기다, 빠지다'라는 뜻으로도 쓴다.

|용례| 泥醉이취 醉客취객 醉狂취광 醉眼취안 醉態취태 醉漢취한

側 11획 | 측 | 곁, 옆, 어렴풋이

금문1   전문1

|해설| 형성. 성부는 則측. 則은 본래 鼎측으로 쓰고, 鼎정(청동 제기)
의 측면에 중요한 계약 사항을 칼로 새긴 것을 말한다. 그 명문을
새긴 곳, 圓鼎원정의 측면(좌우의 면)이라는 뜻을 사람에게 파급하
여 側이라 하고, 사람의 '곁, 옆'이라는 뜻이 된다. 또 仄측(어렴풋이,
천하다)과 통하여 '어렴풋이, 천하다'라는 뜻으로 쓴다. 片側편측처럼
'사물의 한쪽'이라는 뜻으로도 쓴다.

|용례| 側溝측구 側近측근 側目측목 側聞측문 側壁측벽

測 12획 | 측 | 재다

전문1

|해설| 형성. 성부는 則측. 則은 본래 劂측으로 쓰고, 鼎정(청동 제기)의 측면에 중요한 계약 사항을 칼로 새긴 것을 말한다. 이 원정에 새겨진 約劑약제(계약서)는 準則준칙(따라야 할 규칙)이 되고 그 준칙에 맞는지를 생각하는 것을 '재다'라고 한다. 특히 물의 깊이를 재는 것을 測이라고 하는데, 測은 물 이외의 것에 대해서도 일반적으로 '재다'라는 뜻으로 쓴다.

|용례| 計測계측 觀測관측 目測목측 測量측량 測定측정

層 15획 | 층 | 겹치다

전문1

|해설| 형성. 성부는 曾층. 曾은 시루(甑증)의 모양. 시루는 물을 끓여 증기를 내는 솥 위에 먹을 것을 넣은 그릇을 얹은 이중 구조의 그릇이다. 그래서 '層雲층운(층을 이루어서 쌓인 구름), 地層지층(토사, 암석 등이 포개져 쌓임)처럼 '겹치다'라는 뜻이 된다.

|용례| 高層고층 上層상층 重層중층

治 8획 | 치 | 다스리다, 고치다, 정사

전문1

|해설| 형성. 성부는 台태. 台에 笞태의 음이 있다. (治와 笞는 우리 음으로는 다르지만, 중국 음으로는 chi로 음이 같고, 일본어에서도 음이 '지'와 '치'로 유사하다.─옮긴이) 台는 耜보습 사의 모양인 厶사에 口(신에게 바치는 기도문인 축문을 넣는 그릇 ㅂ재의 모양)를 더한 모양이고, 농경의 개시를 맞아 보습(耜)을 祓淸불청하여 풍작을 기원하는 의례를 말한다. 治는 이것을 물에 파급하여 물을 다스리는(治) 의례를 말하는 글자일 것이다. 종종 큰 강이 범람하여 홍수 피해를 입어온 중국에서는 물을 다스리는 것이 정치상 중요한 일이었으므로 '세상을 다스림, 政事정사, 政治정치'라는 의미가 되었다. 또 몸이나 마음을 '다스리다'라는 의미도 되고, 모든 것을 처리하다, '수습하다, 고치다'라는 의미로도 쓰였다.

|용례| 政治정치 治國치국 治療치료 治世치세 治安치안

値 10획 | 치 | 값, 값어치, 만나다

전문1

|해설| 형성. 성부는 直직. 直에는 置둘 치의 음이 있다. 直은 德덕과 음훈이 가까운 글자로 사물의 본질을 직시하는 것을 말한다. 『설문해자』(8상)에 "일설에 만나다(逢遇봉우)라는 뜻이다"라고 하여, '만나다'라는 뜻으로 쓴다. 또 直과 통하여 '값, 값어치'라는 뜻으로도

상용자해

쓴다.

|용례| 價値가치 値遇치우

恥 10획 | 치 | 부끄럽다, 부끄럼

전문1

|해설| 회의. 耳귀 이와 心마음 심을 조합한 모양. 마음(心)에 부끄러운 것이 있으면 먼저 귀(耳)가 붉어져 부끄럼이 귀에 나타나기 때문에 恥는 '부끄럽다, 부끄럼'이라는 뜻이 된다. 耻부끄러울 치는 心의 자형을 止로 잘못 쓴 것으로서 속자이다.

|용례| 無恥무치 羞恥수치 恥辱치욕

致 10획 | 치 | 이르다, 보내다, 다하다, 멋

 | |
금문1 　 금문2 　 전문1

|해설| 회의. 至지와 攴칠 복(攵)을 조합한 모양. 금문의 자형에 至와 人인을 조합한 모양의 臸가 있다. 至는 쏜 화살이 도달한 곳을 표시한다. 그 화살의 도달점에 사람이 이르는 것을 臸(到도)라고 하여, '이르다, 도달하다, 어떤 상태가 되다'라는 뜻이 된다. 금문에서는 臸를 '臸(致)하다'처럼 쓰는 용례가 있고, 臸에 '이르다'와 '보내다'라는 뜻이 있어 후에 到 자와 致 자가 되었다. 致는 送致송치(보내어 도달하게 함)처럼 '보내다, 부치다'라는 뜻으로 쓴다. 또 極致극치(최상의 상태), 雅致아치(우아한 정취), 風致풍치(정취, 멋)처럼 '다하다,

멋'이라는 뜻으로도 쓴다.

|용례| 誘致유치 一致일치 合致합치

稚 13획 | 치 | 어리다

稺
전문1

|해설| 형성. 본래 글자는 稺로 쓰고 성부는 屖서. 屖에 遲(遲늦을 지)의 음이 있다. 『설문해자』(7상)에 "稺는 어린(幼유) 벼"라 하고, 아직 자라지 않은 작은 벼(禾화. 곡물류)를 뜻한다고 한다. 그래서 '어리다, 유치하다, 늦다'는 뜻으로 쓰는데 특히 사람에 대하여 말하는 경우가 많다.

|용례| 幼稚유치 稚魚치어 稚子치자 稚拙치졸

置 13획 | 치 | 두다

전문1

|해설| 형성. 성부는 直직. 直에 値값 치의 음이 있다. 윗부분은 网 그물 망이고 수직으로 세운다는 뜻이 있다. 새 잡는 그물 등을 세워서 걸어두는 것을 置라고 한다. 『呂氏春秋』「異容」에 "湯탕(은 왕조의 초대 왕), 기도하여 그물 치는 자가 사면에 두는 것을 보다"라 하는 것은 사면에 새 잡는 그물을 치는 것을 말한다. 그물을 세워 걸어두는 데서 '두다, 그대로 두다, 설치하다' 등의 뜻으로 쓴다.

|용례| 配置배치 放置방치 處置처치 置酒치주

齒 15획 | 치 | 이, 나이

갑골1　갑골2　금문1　전문1

|해설| 형성. 성부는 止지. 그 아래는 치아가 나란히 있는 모양으로 '이'를 말한다. 갑골문은 성부 止가 없고 치아 모양의 상형자이다. 은대부터 이미 齲충치 우라는 글자가 있고, 치아 사이에 虫충을 더했다. 또 갑골문에 "이 아플 일 있는가?"라는 점을 치는 예도 있다. 동물의 치아는 치아로 그 연령을 알 수가 있어서 年齒연치라 하고, 치아를 '나이, 연령'이라는 뜻으로도 쓴다. 70세 노인에게 天子천자가 하사하는 지팡이를 齒杖치장이라고 했다.

|용례| 乳齒유치 義齒의치 齒德치덕 齒牙치아

緻 16획 | 치 | 촘촘하다, 깁다

전문1

|해설| 형성. 성부는 致치. 『설문해자』(12상)에 撤치를 "찌르다(刺자)"라고 하는데, 성부 致치에 촘촘하게 찌른다는 뜻이 있을 것이다. 緻는 '촘촘하다, 촘촘하게 깁다, 꿰매다'라는 뜻이 된다. 『설문해자』(13상)에 緻를 "빽빽하다(密밀)"라고 한 것은 송대의 徐鉉서현(10세기)이 덧붙인 설명이다. 緻密치밀(결이 촘촘함)을 옛날에 '致密'로 쓴 예가 있어서 致가 쓰였음을 알 수 있다.

|용례| 細緻세치 精緻정치

癡

19획 | 치 | 어리석다

전문1

|해설| 회의. 疒녁과 疑의를 조합한 모양. 疒은 침상 위에 사람이 병으로 누워 있는 모양. 疑는 지팡이를 세운 사람이 돌아서서 갈지 말지 망설이며 서 있는 모양으로, 의심하여 헤맨다는 뜻이 있다. 그렇게 사물을 판단할 수 없는 상태의 정신적인 병이 있는 사람을 癡라고 하여, '어리석다, 더디다, 미치다'라는 뜻이 된다.

|용례| 癡漢치한 癡人치인 音癡음치 愚癡우치

則

9획 | 칙, 즉, 측 | 법칙, 본받다, 즉

금문1　금문2　전문1　전문2

|해설| 회의. 본래 글자는 𠟭으로 쓰고, 鼎정과 刀도(刂)를 조합한 모양. 鼎(본래 취사용의 청동기인데 제기로 쓴다)의 측면에 刀를 더한 모양으로 鼎에 명문을 새기는 것, 또 그 새긴 명문을 𠟭이라고 한다. 중요한 계약 사항은 鼎에 기록하고 보존했다. 𠟭은 圓

圓鼎

鼎원정에 새긴 約劑약제(계약서)인데 方鼎방정에 새긴 계약의 명문을 劑제라 하고, 두 개의 도끼로 鼎에 명문을 새기는 것을 質질이라고 한다. 鼎에 새긴 명문은 그대로 지켜야 할 규칙이 되었으므로 則은 '법칙, 규칙, 모범, 본받다'라는 뜻이 된다. 또 '즉'이라는 뜻으로 쓴다.

상용자해

敕

11획 | 칙 | 바로잡다, 훈계하다, 조칙

금문1	금문2	전문1

|해설| 회의. 속자 勅은 束속과 力력을 조합한 모양. 束은 잡목을 묶어 맨 모양. 力은 쟁기(耒뢰)의 모양. 그래서 쟁기를 묶는 모양이라고 하지만, 쟁기에 束薪속신(섶나무 다발)을 더하여 정화하는 의례를 의미하는 글자인 것 같고, 훈계하여 바로잡는다는 의미이다. 敕은 束과 攴복(攵)을 조합한 모양으로 속신을 쳐서 정돈한다는 의미이다. 勅과 敕은 별개의 글자인데 일본에서는 勅을 敕의 상용한자로 쓴다. 옛 자형은 敕으로 쓰고, 이것이 바른 모양일 것이다. 勅은 '바로잡다, 훈계하다, 조칙'이라는 뜻으로 쓴다. 또 천자의 일을 말하는 용어에 붙여 쓴다.

|용례| 勅令칙령 勅命칙명 勅使칙사 勅語칙어 勅諭칙유

親

16획 | 친 | 어버이, 친하다, 몸소

갑골1	금문1	금문2	전문1

|해설| 회의. 辛신과 木목과 見견을 조합한 모양. 辛은 손잡이가 달린 큰 바늘. 이 침을 던져서 위패를 만드는 나무를 고르고, 그 새롭게 잘라낸 나무로 만든 위패를 보고 절하는 모양이 親이다. 금문에는 竀친 자형(금문2)도 있다. 宀면은 조상의 영에게 제사하는 사

당의 지붕 모양으로, 사당을 말한다. 새로운 위패는 부모의 위패인 것이 많고, 사당 안에서 절을 받는 위패는 부모의 위패이기 때문에 親은 '선조, 부모'라는 뜻이 된다. 사당 안에서 새로운 위패에 절하는 것은 친한 사람이기 때문에 '가족, 친하다, 친하게 지내다'라는 뜻이 되고, 또 '몸소'라는 뜻으로도 쓴다.

|용례| 內親내친 親交친교 親近친근 親密친밀 親愛친애 親族친족

七　2획 | 칠 | 일곱

갑골1 | 금문1 | 금문2 | 전문1

|해설| 가차. 절단한 뼈의 모양. 여기에 刀도를 더하면 切자를 절이 된다. 숫자 일곱이라는 의미로 쓰는 것은 그 음을 빌린 가차 용법이다. 옛날 중국에서는 홀수를 존중하는 풍습이 있어 3, 5, 7 등은 신성한 수로 여겼다. 문학 작품으로서 「七發칠발」, 「七啓칠계」는 七이라는 편수와는 무관하게 諷誦文學풍송문학으로서 정신적 위안을 주는 문학으로 생각되었다.

|용례| 七竅칠규 七夕칠석

漆　14획 | 칠 | 옻

금문1 | 전문1

|해설| 형성. 성부는 桼칠. 桼은 나무껍질을 벗겨 옻이 흐르는 모양으로 漆의 본래 글자이다. 액상이기 때문에 漆 자로 하여, '옻'을 말

한다. 옻은 솔로 바르므로 髟표(모발의 모양)와 조합하여 鬃옻 휴로 쓴다. 옻은 동아시아의 특산품이고 2천 수백 년 전 周주 왕조 시대 사여품의 하나로서 彤弓동궁·彤矢동시(붉은 옻칠을 한 활과 화살), 旅弓노궁·旅矢노시(검은 옻칠을 한 활과 화살)가 보이는데, 의례용 활과 화살이었다. 漢代한대의 유품에도 정교한 칠기가 많다.

|용례| 漆器칠기 漆畫칠화 漆黑칠흑

 7획 | 침 | 가라앉다, 잠기다, 숨다

갑골1 갑골2 금문1 전문1

|해설| 형성. 성부는 尤임(yin). 尤에 枕베개 침, 鴆짐새 짐의 음이 있다. 갑골문은 물속에 소나 양을 그린 상형자이다. 홍수가 났을 때 소나 양을 희생으로서 강에 가라앉혀 제사 지낸다는 의미이다. 희생을 가라앉힌다는 뜻에서 일반적으로 '가라앉히다, 가라앉다'라는 뜻이 되고, '묻히다, 숨다, 조용하다, 침착하다, 빠지다' 등의 뜻으로 쓴다. 희생을 쓰는 방법에는 희생을 강에 가라앉히는 沈 외에 땅속에 묻어 地靈지령에게 제사 지내는 薶메울 매가 있고, 합쳐서 沈薶침매라고 한다.

|용례| 消沈소침 沈溺침닉 沈沒침몰 沈着침착 沈痛침통

 8획 | 침 | 베개

전문1

|해설| 형성. 성부는 冘임(yin). 冘에 沈가라앉을 침, 鴆짐새 짐의 음이 있다. 冘은 사람이 베개를 베고 잠자는 모양이고, 枕은 나무로 만든 '베개'를 말한다. 죽은 남편을 애도해 그 무덤 앞에서 제사를 할 때의 노래인 『詩經』「唐風/葛生」에 "角枕각침은 깨끗하고, 錦衾금금은 빛나는데 …"라고 관 속의 남편을 노래하고 있다.

|용례| 枕肱침굉 枕頭침두 安枕안침

侵 9획 | 침 | 침범하다

금문1

전문1

|해설| 형성. 성부는 㑴침. 㑴은 帚추(비(箒비 추)의 모양)를 손(又우)에 잡은 모양으로, 비(帚)에 향기가 밴 술을 뿌려서, 비를 흔들어 寢殿침전(正殿정전)을 祓清불청하는 것을 표시한다. 그 酒氣주기가 점점 침전에 침투하여 주기에 스며들어 정화되어가는 것을 浸침이라 한다. 주기가 스며들어 번지듯이 사람에게 침투해 가는 것을 侵이라 하여, '침범하다, 해치다'라는 뜻이 된다.

|용례| 侵攻침공 侵寇침구 侵略침략 侵掠침략 侵犯침범 侵蝕침식

浸 10획 | 침 | 담그다, 적시다

전문1

|해설| 형성. 성부는 㑴침. 㑴은 帚추(비의 모양)를 손(又우)에 잡은 모양으로, 비(帚)에 향기가 밴 술을 뿌려서, 비를 흔들어 寢殿침전(正

殿정전)을 祓淸불청하는 것을 표시한다. 그 酒氣주기가 점점 침전에 침투하여 주기에 스며들어 정화되어가는 것을 浸침이라 한다. '담그다, 스며들다'라는 의미가 되고, 스며들어 '젖는다'는 뜻이 된다.

|용례| 浸水침수 浸潤침윤 浸透침투

針 10획 | 침 | 바늘

鍼
전문1

|해설| 형성. 본래 글자는 鍼침으로 쓰고 성부는 咸함. 咸에 箴바늘 잠의 음이 있다. 針은 十십에 따르는데 十은 丨곤(바늘 모양)의 중간쯤에 실을 넣는 작은 구멍을 표시하는 肥點비점(•)을 더한 모양이 후에 十 자가 되었다. 『설문해자』(14상)에 "꿰매는 수단"이라고 하는데 '바느질 바늘'이라는 뜻이다. 낚싯바늘은 구부러져서 鉤갈고랑이 구라고 한다. 針, 箴은 치료용 바늘인데, 치료하는 데서 '경계하다, 경계'라는 뜻으로도 쓴다.

|용례| 方針방침 鍼灸침구 針路침로

寢 14획 | 침 | 자다, 사당

갑골1　갑골2　금문1　전문1

|해설| 회의. 본래 글자는 寱침으로 쓰고 夢몽의 생략형과 㝱침을 조합한 모양. 夢은 夢魘몽나이고 수면 중에 가위눌려 병들어 자는 것을 寱이라 하고, '자다'라는 뜻이 된다. 갑골문과 금문에서는 帚

침으로 쓰고, 宀면과 帚추(篲추의 본래 글자)를 조합한 모양이다. 宀은 조상에게 제사 지내는 사당(廟묘)의 지붕 모양이고, 帚는 비의 모양이다. 향기가 밴 술을 뿌린 비를 흔들어 사당 안을 祓淸불청하는 것을 㝮이라 하고, '사당'이라는 뜻이 된다. 후에 사당을 뜻하는 글자로는 寑침을 쓴다. 㝮에 爿장(침대의 모양)을 더한 㝱(寢)은 '자다'로 쓰이고, 寑과 통하여 '사당'이라는 뜻으로도 쓴다. 寢은 옛 자형이 아니고 『설문해자』에 수록되어 있지 않다.

|용례| 寢具침구 寢廟침묘 寢食침식 寢室침실 寢臥침와

稱
偁
전문1

14획 | 칭 | 재다, 들다, 칭찬하다, 일컫다

|해설| 형성. 성부는 爯칭. 爯은 冉염(저울추)을 손으로 들어 올리는 모양. 禾화는 穀類곡류. 곡류를 저울에 거는 것을 稱이라 하여, '재다'라는 뜻이 된다. 재어서 추에 상당하는 무게가 되는 것을 '맞다'라고 하고, 위로 들어 올려 재기 때문에 '들다', 올려서 재는 것이기 때문에 '칭찬하다'라는 뜻이 된다.

|용례| 佳稱가칭 名稱명칭 異稱이칭 稱美칭미 稱揚칭양 稱譽칭예

快 7획 | 쾌 | 기분 좋다, 빠르다

전문1

|해설| 형성. 성부는 夬쾌. 夬는 본래 叏로 쓰고 손(又우는 손의 모양)으로 날붙이 등을 쥔 모양으로 뭔가를 도려내는 것을 말한다. 缶부(토기)를 도려내는 것을 缺결이라 하고 夬결의 본래 글자이다. 종기 등을 이것으로 잘라내서 병이 나아 마음이 '기분 좋은' 상태가 된 것을 快라고 한다. 愉유란 月(舟의 모양으로 쟁반)에 余여(수술칼)로 피고름을 찔러 빼내어 병이나 상처가 나아 마음이 편안해진 것을 말한다. 愉快유쾌(즐겁고 기분이 좋음)는 본래 병에서 해방되어 기분이 좋은 것을 말한다. 기분이 좋아져서 일을 진행하는 기운이 높아지므로 快走쾌주(빨리 달림), 快足쾌족(발이 빠름)처럼 '빠르다'는 의미로도 쓴다.

|용례| 明快명쾌 爽快상쾌 快樂쾌락 快眠쾌면 快適쾌적 快活쾌활

他 5획 | 타 | 다른 것, 딴것

금문1

|해설| 형성. 성부는 也타. 也는 옛날에는 '它다를 타로 썼고, 머리가 큰 뱀(蛇사)의 모습이다. 금문에는 "也邦타방(타국)"이라는 말이 있고, '다른 것'이라는 의미로 쓰인다. 『詩經』「鄘風/柏舟」에 "之死矢靡它지사시미타, 죽음에 이르기까지 맹세하건대 두 마음 없으리"라고 它를 두 마음(二心이심)이라는 뜻으로 썼다. 금문이나 고문헌에는 也, 它를 '다른 것, 딴것'이라는 뜻으로 썼고, 他는 它의 형성자이다.

|용례| 自他자타 他家타가 他國타국 他方타방 他言타언 他人타인

打 5획 | 타 | 치다

전문1

|해설| 형성. 성부는 丁정. 丁은 釘못 정의 머리 모양. 못을 쳐 넣는 것을 打라 하고 '치다, 때리다'라는 뜻이 된다. 丁은 못의 머리를 칠 때의 擬聲의성의 소리 같다. 근세 이후 동사 앞에 붙여 打聽타청(물어보다), 打睡타수(잠자다)라고 말한다.

|용례| 亂打난타 打球타구 打破타파

妥 7획 | 타 | 편안하다, 온화하다

갑골1 | 금문1 | 금문2 | 전문1

|해설| 회의. 爪조와 女녀를 조합한 모양. 女 위에 손(爪)을 더한 모양이다. 여자를 편안히 한다는 뜻이 된다. 『爾雅』「釋詁」에 "편안히 앉다(安坐안좌)"라고 하는데, 綏安수안(편안함)의 綏편안할 수의 본래 글자이다. 妥協타협(쌍방이 서로 이견을 좁혀 일치점을 찾아서 일을 조정함)처럼 온화한 상태가 된다는 뜻으로 쓴다. '편안하다, 온화하다'는 뜻이다.

|용례| 妥結타결 妥當타당

唾 11획 | 타 | 침, 침을 뱉다

전문1

|해설| 형성. 성부는 垂수. 垂는 나뭇가지 끝의 꽃이 아래로 늘어진 모양으로, 떨어지는 것이라는 뜻이 있다. 唾는 『설문해자』(2상)에 "口液구액"이라 하고, 唾液타액(침)을 말한다. 唾棄타기(깔봄)는 침을 뱉을 때의 소리를 옮긴 말일 것이다. '침, 침을 뱉다'라는 뜻이 된다.

|용례| 唾罵타매 唾壺타호

惰 12획 | 타 | 게으르다

전문1

전문2

|해설| 형성. 본래 글자는 憜타로 쓰고 성부는 隋타. 隋는 自부(阝. 본래 阝 모양으로 신이 하늘에 오르내릴 때 사용하는 신의 사다리 모양)와 左좌(呪具주구인 工공을 손으로 잡은 모양)와 月(肉의 모양)을 조합한 모양이다. 隋를 '수'가 아니라 '타'로 읽을 때는 신의 사다리 앞에 풍성하게 바쳐진 祭肉제육을 뜻한다. 土토는 土主토주의 모양으로 토지신이기 때문에, 隋(墮타)는 신에게 바친 제육이 무너져 떨어진다는 의미가 되고 그 무너질 것 같은 마음을 憜(惰)라 하고 '게으르다, 태만하다'는 뜻이 된다.

|용례| 惰氣타기 惰眠타면 怠惰태타

墮 15획 | 타 | 떨어지다, 부수다, 깨지다

전문1

|해설| 형성. 성부는 隋수. 隋는 自부(阝. 본래 阝 모양)와 左좌와 月(肉의 모양)을 조합한 모양이다. 自는 신이 하늘에 오르내릴 때 사용하는 신의 사다리 모양. 左는 呪具주구인 工공을 손에 쥔 모양. 隋는 신의 사다리 앞에 고기를 바치고, 工을 쥐고 기도하며 신이 있는 곳을 찾는 모양으로, 隋를 '수'가 아니라 '타'로 읽을 때는 바쳐진 祭肉제육을 뜻한다. 墮는 土토(土主토주의 모양. 토지신)에 제육을 바친다는 의미인데, 많은 제육을 쌓듯이 바치는 것이어서 제육이 '무

상용자해

너진다'는 뜻이 된다. 후에 '떨어지다, 무너지다, 부수다, 깨지다'라는 뜻으로 쓴다.

|용례| 墮落타락 墮淚타루

卓 8획 | 탁 | 숟가락, 뛰어나다

금문1 전문1

|해설| 상형. 큰 숟가락(무조, 匙시)의 모양. 윗부분은 본래 음식을 뜨는 국자 부분이고 아랫부분은 자루이다. 작은 숟가락의 모양은 是시. 是에 숟가락 모양의 匕비를 더한 匙는 형성자이다. 큰 숟가락이어서 卓異탁이·卓偉탁위·卓越탁월·卓拔탁발(남보다 훨씬 뛰어남), 卓見탁견·卓識탁식(뛰어난 생각이나 판단력)처럼 '뛰어나다, 낫다'는 뜻이 된다. 또 卓子탁자·卓球탁구·食卓식탁처럼 '탁상'이라는 뜻으로 쓴다.

託 10획 | 탁 | 기대다, 부탁하다, 맡기다, 청탁하다

전문1

|해설| 형성. 성부는 乇탁. 乇은 끝이 늘어져서 한쪽으로 쏠리는 풀잎의 모양인데, 宅택, 毫박, 託탁 등의 글자에서 보면 풀잎으로 점을 치는 방법을 표시하는 글자일 것이다. 託은 점을 쳐서 신의 뜻을 묻고, 神託신탁(신의 명령)을 받는 것이므로 '기대다, 의지하다, 부탁하다, 맡기다, 청탁하다'라는 뜻으로 쓰게 되었을 것이다. 托탁(받다, 부탁하다)과 통용한다.

|용례| 結託결탁 寄託기탁 委託위탁 依託의탁

濁 16획 | 탁 | 흐리다

금문1

전문1

|해설| 형성. 성부는 蜀촉. 蜀에 鐲징 탁, 斀칠 탁의 음이 있다.『설문해자』(11상)에 川천의 이름이라 하고,『玉篇』도 川의 이름이라고 하는데 "또한 맑지 않은 것"이라고 한다. 물이 '흐리다'는 뜻에서 일반적으로 '흐리다, 더러워지다, 어지러워지다'라는 뜻으로 쓴다.

|용례| 白濁백탁 汚濁오탁 淸濁청탁 濁流탁류 濁聲탁성 濁世탁세

濯 17획 | 탁 | 씻다, 헹구다

전문1

|해설| 형성. 성부는 翟적. 翟은 새가 날아가려고 깃을 올리는 모양. 새가 수면에서 날갯짓을 하는 것을 濯이라 하고, 날개를 헹구어 씻는다는 뜻이 된다. 후에 널리 '씻다, 헹구다'라는 뜻으로 쓴다. 洗세는 본래 여행에서 돌아오면 대야의 물로 발을 씻어 깨끗이 하는 것을 말하는 글자였다. 합쳐서 洗濯세탁(의류 등을 씻어 때를 없앰. 또 괴로움 등을 잊어버리고 산뜻한 기분이 됨)이라고 한다.

炭 9획 | 탄 | 숯

전문1

|해설| 회의. 山산과 厂한과 火화를 조합한 모양. 厂은 산벼랑(崖애)의 모양. 산벼랑 밑에서 숯을 굽는다는 뜻일 것이다. '숯'을 말한다. 『淮南子』「時則訓」에 "季秋계추(가을의 끝)의 달에 초목이 누렇게 떨어지니, 섶나무를 베어서 숯(炭)을 만든다"라고 한다. 탄화된 것은 장기간 보존할 수 있다는 사실이 일찍이 알려졌고, 『抱朴子』「至理」에 "숯이 되면 곧 억년이 지나도 버리지 못할 것이다"라는 말이 보인다.

|용례| 炭火탄화 塗炭도탄 木炭목탄

嘆 14획 | 탄 | 탄식하다

전문1

|해설| 형성. 성부는 堇한. 堇에 歎(탄식할 탄)의 음이 있다. 堇은 기근일 때 ㅂ재(신에게 바치는 기도문인 축문을 넣는 그릇의 모양)를 머리에 인 巫祝무축(신을 섬기는 사람)을 손을 앞으로 교차하여 묶은 채 불태워 죽이는 모양이다. 무축을 불태워 신에게 기도하는 것은 미개 사회에서 많이 행해진 일로 신에게 호소하는 방법이었다. 口는 ㅂ. 축문을 외우고 무축을 불태우고 비를 청하여 신에게 탄식하며 호소하는 것을 嘆이라고 하여, '탄식하다'라는 뜻으로 쓴다. 歎탄(노래하다, 탄식하다)은 嘆과 음훈이 같아서 통용한다. 欠흠은 앞을 향

해 입을 벌리고 선 사람을 옆에서 본 모양으로 탄식할 때의 동작을 표시한다.

|용례| 感嘆감탄 嘆訴탄소 嘆息탄식 嘆願탄원

綻 14획 | 탄 | 터지다

|해설| 형성. 성부는 定정. 본래 글자는 袒단으로 쓰고 성부는 旦단. 旦은 옷 솔기가 터진다는 뜻이었는데 후에 옷을 벗어 어깨를 드러낸다는 뜻으로 쓰이게 되었기 때문에, '터지다'에는 綻 자를 쓰게 되었다. 破綻파탄은 찢어져 터지는 것을 말하는데, 또 이제까지의 관계가 깨지는 것을 말한다.

誕 14획 | 탄 | 속이다, 크다, 태어나다

전문1

|해설| 형성. 성부는 延연. 延에 蜑단(새알, 어부)의 음이 있다. 『설문해자』(3상)에 "말이 큰 것이다"라고 한다. 虛誕허탄(사실무근의 일을 과장해서 말함. 엉터리), 妄誕망탄(엉터리)처럼 '속이다, 사기 치다, 거짓말하다, 크다' 등의 뜻으로 쓴다. 誕生탄생, 生誕생탄처럼 '태어나다'로 쓰는 것은 글자의 뜻에 의한 것이 아니라 『詩經』「大雅/生民」의 "여기(誕)에 달을 채워 태어나는(生) 것 새끼 양처럼"(달이 차서 태어나네 새끼 양처럼 편안하게)이라는 구절에 의해서 誕生이라는 成語성어가 된 것이다.

彈 15획 | 탄 | 튀기다, 탄환, 타다, 바로잡다

전문1

|해설| 형성. 성부는 單탄. 갑골문 자형에는 활의 현 중간에 ○를 더해 탄환(탄력식 활의 탄환)을 튀기는 모양의 글자(ậ)가 있어, 탄환을 튀긴다는 뜻을 표시한다. 『설문해자』(12하)에 "丸환을 하는 것"이라는 설명은 그런 의미이다. 그래서 '튀기다, 때리다, 탄환'이라는 뜻이 된다. 옛날에는 활의 현을 당겨 울려서 惡靈악령을 없애는 일이 행해졌다. 신성하게 여겨진 활이나 화살에는 주술의 힘이 있다고 생각했던 것이다. 그래서 彈은 '없애다, 공격하다, 바로잡다'라는 뜻으로 쓴다. 또 彈琴탄금(거문고를 탐), 彈絃탄현(현악기를 탐)처럼 '타다'라는 뜻으로도 쓴다.

|용례| 糾彈규탄 防彈방탄 彈力탄력

脫 11획 | 탈 | 벗다

전문1

|해설| 형성. 성부는 兌열. 兌에 敓빼앗을 탈, 捝칠 탈의 음이 있다. 兌은 兄형(巫祝무축. 신을 섬기는 사람) 위에 신의 기척이 희미하게 내리는 것을 八팔 모양으로 표시한 것이고, 신이 빙의해서 황홀한 상태에 있는 무축을 말한다. 그 무축의 마음을 悅열이라고 한다. 兌은 넋이 빠져 멍한 상태를 말하고 月(육달월)을 더하여 살이 빠지는 것을 脫이라고 한다. 脫은 일반적으로 '빠지다, 빠져나가다, 벗어나

다'라는 뜻이 되고, 脫衣탈의처럼 '벗다'라는 뜻으로도 쓴다.

|용례| 脫出탈출 脫走탈주 脫俗탈속 逸脫일탈 虛脫허탈

奪 14획 | 탈 | 빼앗다, 잡다

금문1

전문1

|해설| 회의. 大대와 隹추와 寸촌을 조합한 모양. 금문의 자형은 衣의
와 隹추와 又우를 조합한 모양. 大는 衣의 윗부분 모양. 옷 속의 새
(隹)가 날아가려는 것을 손(又우. 寸)으로 잡으려는 모양이고, '잡다,
빼앗다'라는 뜻이 된다. 아마 죽은 사람의 옷에서 새 모양의 靈령
이 탈출하는 것을 잡아두는 의례를 말하는 글자일 것이다. 새(隹)
발에 잡아두는 도구(田전 모양)를 끼워서 옷 속에 잡아두는 모양이
奮분이고 새가 날아가려고 '날개 치다, 떨치다'라는 뜻이 된다.

|용례| 掠奪약탈 奪取탈취 奪還탈환 奪回탈회

探 11획 | 탐 | 찾다, 묻다

전문1

|해설| 형성. 성부는 罙심. 罙에 琛보배 침의 음이 있다. 罙의 본래
모양은 突깊을 심이고, 동굴 속의 물건을 불을 비추어 찾는 모양이
다. 동굴 속에서 불을 비추어 찾는 것을 探이라고 한다. 『설문해자』
(12상)에 "멀리 이것을 취하는 것"이라고 한다. 숨은 것을 찾는 것이
므로 '찾다, 엿보다, 묻다'라는 뜻으로 쓴다.

상용자해

|용례| 探檢탐검 探求탐구 探索탐색 探勝탐승 探知탐지 探險탐험

貪 11획 | 탐 | 탐하다

전문1

|해설| 회의. 今금과 貝패를 조합한 모양. 今은 단지나 병의 뚜껑 모양. 그릇에 물건을 넣고 사용하지 않는 것을 말한다. 넣어두기 위한 그릇이라는 점에서 보면, 아래의 貝 부분은 본래는 鼎정(취사용 청동기로 제기로 쓴다) 모양이었다고 생각된다. 그래서 넣어둔 채로 꺼내기를 아까워한다는 뜻이 되고, '탐하다'라는 뜻이 된다.

|용례| 慳貪간탐 貪婪탐람 貪吏탐리 貪慾탐욕

塔 13획 | 탑 | 탑

전문1

|해설| 형성. 성부는 荅좀콩 답. 옛 용례는 없고 불교어의 번역을 위해 만들어낸 글자인 것 같다. 梵語범어(고대 인도의 산스크리트어) stūpa의 음역어인 卒塔婆졸탑파의 약어이다. 佛塔불탑(석가의 유골인 불사리를 안치해둔 높은 건축물)을 말하는데, 불교와 무관한 길쭉하고 높은 건물을 말하는 경우도 있다.

搭

13획 | 탑 | 싣다, 타다

|해설| 형성. 성부는 荅좀콩 답. 옛 용례는 없고 송대 **林逋**임포 (10~11세기)의 「**胡山小隱**호산소은」이라는 시에 "어깨에 **道衣**도의를 걸치고(搭) 돌아간다"는 구절이 있고, 어깨에 손으로 걸치는 동작을 말한다. 지금은 **搭載**탑재(사람이나 물건을 자동차, 선박, 비행기 등으로 실음. 또 무기를 자동차, 선박, 비행기 등에 장비함), **搭乘**탑승(자동차, 선박, 비행기 등에 올라탐)처럼 '싣다, 타다'라는 뜻으로 쓴다.

湯

12획 | 탕 | 뜨거운 물

금문1　　금문2　　전문1

|해설| 형성. 성부는 昜볕 양. 昜에 **瑒**옥 탕, **暢**펼 창의 음이 있다. 昜은 대 위에 놓은 玉옥(日)의 빛이 아래쪽으로 퍼지는 모양이다. 玉光옥광을 햇빛에 비유해 햇빛으로 데워진 물을 湯이라 하고, '뜨거운 물'이라는 뜻이 된다. 고대 일본에는 일의 是非시비, 正邪정사를 판정하기 위해 신에게 맹세하고 열탕에 손을 넣게 하는 **盟神探湯**맹신탐탕이 행해졌다. 죄가 있는 자는 화상을 입지만, 올바른 자는 화상을 입지 않는다고 믿었다. 중국에서도 鼎정(취사용 청동기)을 사용해 같은 일을 했다.

|용례| **熱湯**열탕 **湯泉**탕천 **湯治**탕치

太

4획 │ 태 │ 크나, 매우, 통하다

| 고문1 | 전문1 |

|해설| 형성. 성부는 大대. 太는 泰태의 생략형으로 보는 것이 좋다. 泰는 大와 収공과 水수를 조합한 모양. 大는 손발을 벌리고 선 사람을 정면에서 본 모양이고, 収은 좌우의 손을 벌린 모양. 泰는 물 속에 빠진 사람을 두 손으로 잡아 올리는 모양으로 '편안하다'는 뜻이 된다. 또 '풍부하다, 크다, 매우'라는 뜻으로 쓴다. 太 자의 大 아래의 점은 泰 자의 水의 생략형으로 보는 것이 좋다. 옛 문헌에서는 太와 大를 구별하지 않는 것이 많고, 泰, 太, 大는 통용하여 쓰이는데 그 습관에 구별이 있다. 太極태극(우주를 구성하는 근원의 부분), 太古태고(먼 옛날), 太子태자(천자나 제후의 후계), 太陽태양 등에는 太를 쓴다.

汰

7획 │ 태 │ 일다, 사치하다

|해설| 형성. 성부는 太태. 『설문해자』(11상)에 汰대를 쓰고, "일다(쌀을 썻다)"라는 뜻이라고 한다. 汰에도 같은 뜻이 있다. 또 太를 태와 통하여 '사치하다'라는 뜻으로도 쓰고, 신분에 맞지 않는 사치를 汰侈태치라고 한다. 沙汰사태라는 것은 砂金사금을 캘 때 모래를 흔들어 골라내는 것을 말하는데, 일본어에서는 소식, 재판 등을 말한다. 물로 씻어서 골라내는 것을 淘汰도태, 洮汰조태라 하고, 나쁜 것을 제거하여 좋은 것을 남기는 것을 말한다.

怠 9획 | 태 | 게으르다, 빈둥거리다

금문1 | 전문1

|해설| 형성. 성부는 台태. 台는 厶사(耜보습 사의 모양)에 ㅂ재(신에게 바치는 기도문인 축문을 넣는 그릇의 모양)를 더해, 보습을 淨化정화하여 신에게 풍작을 기도하는 의례를 말하고, 그 풍작을 기뻐할 때 쓴다. 그렇게 신의 은혜에만 의지하는 마음을 '게으르다, 빈둥거리다'라고 하는 듯하다. 그것은 해야 할 일을 업신여기기 때문이고, 이를 怠慢태만(빈둥거리고 소홀히 함)이라고 한다. 怠는 殆위태할 태와 통용하여, 『論語』「爲政」에 "생각하고 배우지 않으면 위태롭다"(생각해도 배우지 않으면 확실한 것이 되지 않는다)의 殆를 怠 자로 쓴 텍스트가 있다.

|용례| 倦怠권태 怠惰태타

胎 9획 | 태 | 배다

전문1

|해설| 형성. 성부는 台태. 台는 厶사(耜보습 사의 모양)에 ㅂ재(신에게 바치는 기도문인 축문을 넣는 그릇의 모양)를 더해, 보습을 淨化정화하여 풍작을 신에게 기도하는 의례를 말한다. 사람의 출생은 작물의 생산에 대응하는 것으로 생각하여 受胎수태(임신함)를 기도할 때도 ㅂ를 바치고 厶(耜)를 정화하고 기도했다. 그래서 台에 몸의 부분을 의미하는 月(육달월)을 더한 胎는 '배다, 임신하다'라는 뜻이 된

다. 여자가 厶와 ㅂ로 출산의 무사함을 기도하는 것을 始시라고 한다. 『詩經』「周南/芣苢」는 아들을 얻기 위해 芣苢부이(질경이)를 따는 나물 캐기 노래인데, 부이에는 胚胎배태(임신하다)의 음이 들어 있다.

|용례| 母胎모태 胎教태교 胎兒태아

泰 10획 | 태 | 편안하다, 풍부하다, 크다, 매우

전문1

|해설| 회의. 大대와 収공과 水수를 조합한 모양. 大는 손발을 벌리고 선 사람을 정면에서 본 모양이고, 収은 좌우의 손을 벌린 모양. 泰는 물속에 빠진 사람을 두 손으로 도와 올리는 모양으로 '편안하다'는 뜻이 된다. 또 '풍부하다, 크다, 매우'라는 뜻으로 쓴다. 太는 泰의 생략형으로 보는 것이 좋다. 泰, 太, 大는 때로 통용하는 경우가 있다. 泰山태산은 천자가 천지에 제사 지내는 封禪봉선의 의례를 행하는 제일의 명산의 이름, 北斗북두는 지표가 되는 北斗星북두성이고, 泰山北斗태산북두, 줄여서 泰斗태두는 그 방면의 제일인자로서 우러러 존경받는 사람을 말한다.

|용례| 安泰안태 泰然태연 泰平태평

態 14획 | 태 | 모습, 일부러

전문1

常用字解

|해설| 형성. 성부는 能능. 能은 옛날에는 耐내와 동음이었다. 『荀子』「成相」에 "사람의 態는 갖춰질 줄을 모른다"고 한다. 態에는 擬態의태(비슷한 것. 흉내), 일부러 꾸민다는 뜻이 있다. 그렇게 밖으로 보이는 의식적인 짓을 態勢태세(언제라도 뭔가를 할 수 있는 몸가짐이나 상태), 態度태도(느끼거나 생각하거나 한 것이 표정이나 동작으로 드러난 것. 표정이나 몸짓 등. 또 마음가짐이나 몸가짐)라고 한다. 姿態자태(사람의 모습), 容態용태(사람의 모양. 몸의 상태), 狀態상태(모양), 實態실태(실제의 모양)처럼 '모습, 형상, 모양, 몸짓'이라는 뜻으로 쓴다.

駄

전문1

14획 | 태 | 싣다

|해설| 형성. 본래 글자는 馱로 쓰고 성부는 大대. 후에 駄가 쓰인다. 말의 등에 짐을 '싣다'라는 뜻으로 쓴다. 駄載태재(짐을 실음)해서 운송하는 대금을 駄賃태임이라고 한다. 下駄하태(게다. 일본의 나막신 — 옮긴이), 駄作태작(다사쿠. 볼품없는 작품)은 일본어의 용법이다.

宅

6획 | 택 | 있다, 집

갑골1 금문1 전문1

|해설| 형성. 성부는 乇탁. 乇은 『설문해자』(6하)에 끝이 늘어져서 한쪽으로 쏠리는 풀잎의 모양이라 하는데, 宅, 亳박, 託탁 등의 글자에서 보면 풀잎으로 점을 치는 방법을 표시하는 글자일 것이다.

託은 신의 명령을 듣는다는 뜻이고, 宅은 건물을 세울 때 신의 뜻을 듣는 방법을 표시하는 글자일 것이다. 宀면은 조상에게 제사 지내는 사당의 지붕 모양. 갑골문에 "三帚(帚=婦부)는 사당(新寢신침)에 있는가(宅)"라고 하는데, 이것은 사당 안에서 신탁(신의 명령)을 구하여 신의 뜻을 받는다는 뜻일 것이다. 그래서 宅은 본래 신의 뜻이 있는 곳, 신성한 존재가 있는 곳이라는 뜻일 것이다. 후에 사람이 있는 곳을 말하여, '있다, 살다, 집, 저택'이라는 뜻으로 쓴다.

|용례| 歸宅귀택 自宅자택 住宅주택 宅居택거 宅舍택사 宅地택지

擇 16획 | 택 | 가리다

금문1 금문2 전문1

|해설| 형성. 성부는 睪역. 睪에 斁망가질 두, 鐸방울 탁의 음이 있다. 睪은 동물 사체의 모양인데 罒은 눈, 幸은 손발의 모양이다. 비바람을 맞고 산산이 흩어진 동물 사체에서 쓸 만한 것을 손으로 골라내는 것을 擇이라 하여, '가리다'라는 뜻이 된다. 동물의 발톱으로 시체를 갈기갈기 찢는 것을 釋석이라고 한다.

|용례| 採擇채택 擇友택우 擇一택일

澤 16획 | 택 | 저습지, 은택, 광택

전문1

|해설| 형성. 성부는 睪역. 睪에 擇가릴 택, 鐸방울 탁의 음이 있다. 『玉

篇』에 "물이 멈추는 곳을 澤이라 한다", 또『風俗通』「山川」에 "수초가 交厝(錯)교착한다" 하고, 늪이나 호수의 수초가 자라는 곳, '저습지'를 뜻한다고 한다.『설문해자』(11상)에 "光潤광윤", 즉 '광택'이라고 풀이한다. 潤澤윤택(사물이 풍부하게 있음), 恩澤은택, 惠澤혜택(은혜)처럼 '적시다, 은혜'라는 뜻으로도 쓴다. 오랫동안 사용한 기물이나 책에 묻은 광택이나 손때를 手澤수택이라고 한다.

土 3획 | 토 | 흙

갑골1 　갑골2 　금문1 　금문2 　전문1

|해설| 상형. 둥글게 뭉친 흙을 대 위에 놓은 모양. 土토를 세로로 긴 만두 모양으로 뭉쳐 대 위에 놓아둔 모양으로, 이것을 토지신(土主토주)으로 삼았다. 갑골문에는 토주에 술을 뿌리는 자형도 있는데 토지신에 정화의 술을 뿌리며 拜禮배례한 것이다. 토주가 있는 곳이 神社신사(신에게 제사하는 곳)가 되었기 때문에 土는 社사의 본래 글자이고 옛날에 社 음으로 읽었다. 갑골문에서 土는 社라는 뜻으로 쓰였는데, 土가 '흙, 흙덩이, 대지'라는 뜻으로 쓰이게 되면서 土에 示시(신에게 제사할 때 사용하는 탁자인 祭卓제탁의 모양)를 더한 社가 '神社'의 글자로 쓰이게 되었다.

|용례| 國土국토 土木토목 土室토실 土地토지

吐 6획 | 토 | 토하다, 꺼내다

吐
전문1

|해설| 형성. 성부는 土토. 『설문해자』(2상)에 "쏟다(寫사)", 즉 吐瀉토사하다(토하다)라는 뜻이라고 한다. '토하다, 꺼내다, 버리다'라는 뜻으로 쓴다. 吐는 토할 때의 소리를 옮긴 의성적인 글자일 것이다.

|용례| 嘔吐구토 吞吐탄토 吐露토로 吐舌토설 吐血토혈

討 10획 | 토 | 치다, 찾다

討
전문1

|해설| 형성. 성부는 寸촌. 寸은 아마 본래 丑축의 모양일 것이다. 丑은 손가락 끝에 힘을 주어 구부려서 물건을 단단히 잡는 모양으로, 紐뉴는 끈을 말한다. 『孟子』「告子下」에 "천자는 討伐토벌하지 못한다"라고 하는데, 討토는 친다(誅주)는 뜻이다. 『禮記』「王制」에 "모반하는(畔반) 자는 君군이 친다(討)"고 하는 것도 誅伐주벌(征伐정벌)의 뜻이다. '치다'라는 뜻으로 쓰고 토벌, 征討정토(병을 파견해 공격하여 침)라고 한다. 또 討究토구·討求토구(깊이 찾고 물음)처럼 '찾다'라는 뜻으로 써서 討議토의·討論토론(의견을 제출하여 서로 논함)으로도 쓴다.

通 11획 | 통 | 통하다, 다니다

갑골1 갑골2 금문1 전문1

|해설| 형성. 성부는 甬용. 甬에 痛아플 통의 음이 있다. 甬은 水桶수통의 모양. 辵착(辶, 辶)에는 간다는 뜻이 있다. 수통은 대롱 모양으로 속이 빈 것이기 때문에 막힘없이 빠져나가는 것을 通이라 하고, '통하다, 건너가다, 이르다, 다니다, 두루' 등의 뜻으로 쓴다.

|용례| 開通개통 通達통달 通讀통독 通史통사 通算통산 通說통설

痛 12획 | 통 | 아프다, 앓다, 심하다

전문1

|해설| 형성. 성부는 甬용. 甬에 通통할 통의 음이 있다. 甬은 水桶수통의 모양인데 대롱 모양으로 속이 빈 것이기 때문에 막힘없이 빠져나간다는 뜻이 있다. 녁은 침상 위에 병으로 누워 있는 사람의 모양. 병이 들어 심한 아픔이 온몸을 쑤시는 것을 痛이라 하고, '아프다, 앓다, 괴롭다'는 뜻이 된다. 또 '심하다, 대단하다, 철저하다'는 뜻으로도 써서 痛飮통음(실컷 술을 마심), 痛快통쾌(아주 기분이 좋음), 痛恨통한(심하게 유감으로 생각함), 痛罵통매(심하게 욕함), 痛烈통렬(매우 엄함)이라고 한다.

|용례| 激痛격통 苦痛고통 心痛심통

筒 12획 | 통 | 대롱

전문1

|해설| 형성. 성부는 同동. 同은 대롱 모양의 酒器주기. 『書經』「顧命」에 "上宗상종(관명)이 同瑁동모(주기의 이름)를 받들다"라고 하는데, 同은 술잔의 이름이다. 竹죽은 그 마디 부분에서 절단하면 쉽게 대롱 모양의 그릇을 얻을 수 있다. '대롱, 대나무 대롱'을 말한다.

|용례| 水筒수통 圓筒원통

統 12획 | 통 | 총괄하다

 전문1

|해설| 형성. 성부는 充충. 充은 살찐 사람을 옆에서 본 모양인데 특히 복부가 비만한 모습이다. 『설문해자』(13상)에 "벼리(紀기)"라고 한다. 많은 실이 모이는 곳을 말한다. 그래서 '총괄하다, 모아서 정리하다, 정리하다'라는 뜻으로 쓴다. 다수의 사물을 하나로 정리하는 것을 統一통일이라 하고, 그 系統계통(일정한 순서를 따라 계속되는 통일적인 관계)을 바로잡아 統括통괄, 統轄통할(정리해서 다룸. 정리해서 다스림)하는 것을 統制통제, 統理통리라고 한다.

ㅌ

退 10획 | 퇴 | 물러나다

금문1 | 고문1 | 전문1

|해설| 회의. 정자는 復퇴로 쓰고 彳척과 日일과 夊쇠를 조합한 모양. 彳은 십자로의 모양인 行행의 왼쪽 모양으로 조금 걷는다는 의미가 있다. 日은 식기의 殷궤. 夊천천히 걸을 쇠는 뒤를 향해 걷는 발자국의 모양. 復는 제사가 끝나서 殷(식기)에 담은 제물을 뒤로 물리는 모양으로, '물리다, 끌어내리다'라는 뜻이 된다. 退却퇴각(물러남)의 退는 옛날에는 徺퇴를 썼다. 靈령의 힘을 가진 동물인 豕수를 써서 행위를 계속할지 여부를 점치고 점의 결과 계속하는 것을 遂수라 하고, 물러나는 것을 徺라고 한다. 후에, 復, 徺는 쓰지 않게 되어 退가 '물리다, 끌어내리다'라는 뜻으로 쓰인다.

|용례| 退官퇴관 退去퇴거 退席퇴석 退潮퇴조 後退후퇴 進退진퇴

堆 11획 | 퇴 | 높이 쌓이다

|해설| 형성. 성부는 隹추. 隹에 碓절구 대, 椎망치 최의 음이 있다. 높이 쌓이는 것을 堆積퇴적이라고 하듯이 '높이 쌓이다'라는 뜻으로 쓴다. 옛날에는 언덕이라는 뜻으로 썼는데 흙을 높이 쌓아 올리는 것을 말하게 되었다. 높이 쌓아 올린 암석을 堆石퇴석, 높이 쌓아 올린 흙을 堆土퇴토라고 한다. 볏짚이나 낙엽을 쌓아 썩혀 만든 비료를 堆肥퇴비라고 한다.

投

전문1

7획 | 투 | 던지다

|해설| 회의. 手수와 殳수를 조합한 모양. 殳수는 槍창과 비슷한 무기인데 길이 1丈장 2尺척 남짓한 지팡이 모양의 창이다. 几는 새의 깃털이기 때문에 이 창에는 새의 깃털 장식을 붙였을 것이다. 殳의 본래 글자가 殳이다. 殳를 손에 들고 다루는 것을 投라고 하는데, 殳로 邪靈사령을 쳐서 물리치는 것을 말한다. 『春秋左氏傳』「文公十八年」에 "이것을 四裔사예(사방의 끝)에 던진다"는 것은 사악한 자를 멀리 추방한다는 뜻이다. '버리다, 던져버리다, 던지다'라는 뜻으로 쓴다.

|용례| 投棄투기 投身투신 投獄투옥 投下투하

妬

전문1

8획 | 투 | 질투하다, 시기하다

|해설| 형성. 성부는 石석. 石에 宕멋대로 탕, 橐자루 탁의 음이 있다. 『설문해자』(12하)에 妬를 "妒투"로 쓰고, "婦부가 夫부를 질투하는(妒) 것이다"라고 하는데, 성부를 戶호로 해서는 음이 맞지 않는다. 淸代청대의 段玉裁단옥재(18~19세기)가 妬로 한 것이 옳다. 嫉妬질투, 妬婦투부(질투심 깊은 처)처럼 '질투하다, 시기하다'라는 뜻이 된다.

透 11획 | 투 | 통하다, 틈이 생기다, 들여다보이다

전문1

|해설| 형성. 성부는 秀수.『廣雅』『玉篇』에는 글자의 음을 '숙'이라 하고, '놀라다'를 뜻한다고 한다. 그것이 본래의 뜻이겠지만 지금 그 용례는 남아 있지 않다. 六朝육조 시대(3~6세기) 이후에 '통하다'라는 뜻으로 쓴다.『夢溪筆談몽계필담』에 透光鏡투광경의 이름이 보이고 지금도 그 유품이 몇 점 있다. 구리 거울인데 각도에 따라 빛이 통한다고 한다.

|용례| 透明투명 透寫투사 透徹투철

鬪 20획 | 투 | 싸우다

전문1

|해설| 형성. 정자는 鬪투로 쓰고, 성부는 斲착. 斲은 문양이 있는 방패와 斤근을 조합한 모양으로 싸운다는 뜻이 된다. 鬥투는 두 사람이 머리를 헝클인 채 손을 맞잡고 격투하는 모양으로 싸운다는 뜻이 된다. 합쳐서 鬪는 '싸우다'라는 뜻이 된다. 戰은 單단(위에 두 개의 깃 장식이 붙은 타원형 방패 모양)과 창(戈과)을 조합한 모양으로 싸운다는 뜻을 표시하는 글자이다.

|용례| 健鬪건투 戰鬪전투 鬪牛투우 鬪爭투쟁 鬪志투지

特 10획 | 특 | 수소, 한 사람

特
전문1

|해설| 형성. 성부는 寺시. 寺에 待기다릴 대, 等가지런할 등의 음이 있다. 『설문해자』(2상)에 "朴特박특, 牛父우부"라 하고, 큰 수소를 말한다. 또 『詩經』「魏風/伐檀」의 「毛傳」에 "짐승의 세 살 난 것을 特이라 한다" 하여, 소에 한하지 않고 큰 짐승 수컷을 말한다. 사람에 대하여 『詩經』「秦風/黃鳥」에 "百夫백부(수많은 남자)의 特"(백부에서 뛰어난 사람)이라고 하듯이 '뛰어나다, 다르다'는 뜻이 있다. 또 獨독과 통용하여 '한 사람, 다만'이라는 뜻으로 쓴다.

|용례| 獨特독특 特色특색 特異특이 特徵특징 特筆특필 特出특출

把 7획 | 파 | 쥐다, 잡다, 손잡이

把
전문1

|해설| 형성. 성부는 巴파. 巴는 기물의 손잡이 모양. 손잡이를 손에 쥐는 것을 把라고 하여, '쥐다, 잡다, 손잡이'라는 뜻으로 쓴다.『설문해자』(12상)에 "쥐다(握악)"라고 한다. 把握파악(손에 잡아 쥠)하는 것을 말한다. 요점을 완전히 이해하는 것도 파악이라고 한다.

|용례| 把持파지 把捉파착

波 8획 | 파 | 물결

波
전문1

|해설| 형성. 성부는 皮피. 皮에 破깨뜨릴 파, 跛절뚝발이 파의 음이 있다. 皮는 짐승 가죽을 손으로 벗겨내는 모양인데, 구불구불 계속되는 것, 기울어지는 것이라는 뜻이 있다. '물결, 물결이 일다'라는 뜻으로 쓴다. 波紋파문(돌 따위를 물에 던졌을 때 생기는 바퀴 모양으로 퍼져가는 물결무늬)처럼 점점 영향이 미치는 범위가 넓어져가는 것을 波及파급이라고 한다.

|용례| 音波음파 波瀾파란 風波풍파

派 9획 | 파 | 갈라지다, 보내다

전문1

|해설| 형성. 성부는 𠂢파. 𠂢는 물이 갈라져 흐르는 모양으로, 派의 본래 글자이다. 𠂢에 氵(水수)를 더한 派는 '갈라져 흐르다, 갈라지다, 보내다'라는 뜻이 된다. 물이 합류해서 기세 좋게 흐르는 곳을 永영이라 하고, 그 물의 기세가 길게 하류에 미치는 것을 漾출렁거릴 양이라고 한다.

|용례| 分派분파 派兵파병 派生파생 派出파출

破 10획 | 파 | 깨트리다, 깨지다, 지다

전문1

|해설| 형성. 성부는 皮피. 皮에 坡제방 파, 跛절뚝발이 파의 음이 있다. 皮는 짐승 가죽을 손으로 벗겨내는 모양『설문해자』(9하)에 "돌이 깨지는 것", 『玉篇』에 "解離해리하는 것"이라 하고, 돌의 표면이 깨져 벗겨지는 것이라 풀이한다. 『廣雅』「釋詁」에 "깨트리는(壞괴) 것"이라고 하고, 破壞파괴(건물, 기물, 조직 등이 깨짐)라고 쓴다. 破는 '깨트리다, 깨지다, 부수다, 부서지다, 찢어지다, 지게 하다, 지다' 등의 뜻으로 쓴다.

|용례| 擊破격파 論破논파 突破돌파 破産파산 破碎파쇄 破顏파안

婆

11획 | 파 | 늙은 여자

전문1

전문2

|해설| 형성. 성부는 波파. 옛날에는 媻반으로 썼고 성부는 般반. 般에는 般樂반락(즐김)이라는 뜻이 있다. 여자가 춤추는 모습을 婆娑파사라 하고, 宋玉송옥(기원전 3세기)의 「神女賦신녀부」에 "人間인간(인간 세계)에 婆娑했네"라고 한다. 후에 '늙은 여자'라는 뜻으로 쓰고 産婆산파(출산을 돕고 신생아를 돌보는 직업의 여성), 老婆노파(늙은 여자)라고 쓴다. 노파의 마음 씀씀이는 빈틈이 없으므로 필요 이상으로 돌봐주려고 하는 기분을 老婆心노파심이라고 한다.

罷

15획 | 파 | 지치다, 그만두다

전문1

|해설| 회의. 网망과 能능을 조합한 모양. 网은 그물의 모양. 能은 물속에 사는 곤충의 모양. 곤충이 그물에 걸린 모양이 罷이고 '지치다, 약해지다, 약하다'는 뜻이 된다. 그물에서 도망가려고 해서 지치고, 곧 도망가는 것을 '그만두는' 것이다.

|용례| 罷免파면 罷業파업 罷弊파폐

判 7획 | 판 | 갈리다, 가르다, 심판하다

전문1

|해설| 형성. 성부는 半반. 半은 희생 소를 둘로 나누는 모양. 刀도 (刂)를 더해 둘로 나뉘는 뜻을 표시한다. '가르다, 갈리다'라는 뜻이 되고, 하늘과 땅이 나뉘어 생긴 것, 開闢개벽을 剖判부판이라고 한다. 중요한 계약은 같은 계약 사항을 쓴 종이를 둘로 나누어 증거로서 각자가 보존하는 것이 규칙이었다. 그 양분하는 부분에 割印할인을 찍은 계약서를 判書판서라 하여, 그 판서에 의해 계약상의 일을 심리하고 판정하기 때문에 判斷판단(어떤 일에 대한 생각을 결정함), 判定판정(판단하여 어느 쪽인지를 결정함), 判決판결(재판소가 판단의 근거를 표시하여 유죄, 무죄를 언도함. 재판함), 審判심판(사실을 취조해서 판단함), 判明판명(분명하게 밝힘)처럼 '심판하다, 분명하게 하다'라는 뜻으로 쓴다.

坂 7획 | 판 | 비탈

|해설| 형성. 성부는 反반. 反은 厂한(벼랑〔崖애〕의 모양)에 손을 걸치고 기어오르려고 하는 모양. 그러한 벼랑과 같은 지세를 坂이라고 하여, '비탈'이라는 뜻이 된다. 비탈이 되어 있는 길을 坂道판도라 하고, 경사가 급한 비탈을 急坂급판이라고 한다. 『설문해자』(14하)에 阪판을 들어, "비탈을 阪이라고 한다. 일설에 澤障택장이라고 한다"리 히서, '비탈'과 '제방'이라는 뜻으로 풀이한다. 自부(阝)는 본래 阝 모양이고 신이 하늘에 오르내릴 때 사용하는 신의 사다리이므로,

그 사다리가 있을 만한 신성한 장소를 수호하기 위해 설치된 '비탈, 제방'을 阪이라고 했을 것이다. 坂은『설문해자』에는 보이지 않는 글자인데, 阪이 본래 글자이고 坂은 나중에 만들어진 글자이다. 일본에서는 坂을 쓰는 경우가 많다.

阪 7획 | 판 | 비탈

전문1

|해설| 형성. 성부는 反반. 反은 厂한(벼랑(崖애)의 모양)에 손을 걸치고 기어오르려고 하는 모양. 自부(阝)는 본래 阝 모양이고 신이 하늘에 오르내릴 때 사용하는 신의 사다리이므로, 그 사다리가 있을 만한 신성한 장소를 수호하기 위해 설치된 '비탈, 제방'을 阪이라고 했을 것이다. 阪은 坂판으로도 쓰는데 阪이 본래 글자이고 坂은 나중에 만들어진 글자이다.

板 8획 | 판 | 판자, 나뭇조각, 판목

갑골1 | 금문1

|해설| 형성. 성부는 反반. 얇게 깎아낸 나뭇조각을 板이라 하여, '판자, 나뭇조각, 판목'이라는 뜻으로 쓴다. 금문은 木목에 손에 쥔 도끼를 더한 모양으로, 나무를 깎아내는 것을 표시하는데 그것이 板의 본래 글자일 것이다.『설문해자』에는 板 자가 보이지 않고『玉篇』에 "片木편목이다. 版판과 같다"라고 하므로 아마 板과 版은 본

래 같은 글자였다고 생각된다. 板과 版은 통용하는 경우가 많고 板木판목(목판 인쇄를 위해 문자나 그림을 새긴 板)을 版木판목이라고도 쓴다.

|용례| 鐵板철판 板刻판각 板本판본 黑板흑판

版 8획 | 판 | 판자, 나뭇조각, 판목

版
전문1

|해설| 형성. 성부는 反반. 片편은 版築판축(성벽 등의 건축법인데 板판과 板 사이에 넣은 흙을 다져 쌓는 방법)할 때 사용하는 좌우에 대는 板의 모양으로 '판자'라는 뜻이 되고, 板은 '나뭇조각, 판목'으로도 쓴다. 殷代은대 중기의 수도였던 鄭州정주 성터에는 한 변이 1킬로미터 정도 되는 판축의 흔적이 남아 있다. 版과 板은 아마 본래 같은 자일 것이고 통용하는 경우가 많다. '판자, 나뭇조각, 판목'이라는 뜻으로 쓴다.

|용례| 木版목판 出版출판 版本판본 版籍판적 版行판행 版畵판화

販 11획 | 판 | 팔다

전문1

|해설| 형성. 성부는 反반. 『설문해자』(6하)에 "싸게 사서 비싸게 파는 것이다"라 하여, 싼 물건을 사서 비싸게 파는 '장사'를 뜻한다고 한다. 또 이익을 목적으로 '팔다'라는 뜻으로 쓴다. 『周禮』「地官/

司市」에 "朝市조시는 아침에 장사한다. … 夕市석시는 저녁에 장사한다. 販夫판부, 販婦판부를 주로 한다"라 하고, 조시(아침 시장)에서 사들인 상품을 석시(저녁 시장)에서 판다고 한다.

|용례| 販路판로 販賣판매

瓣 19획 | 판 | 외씨, 꽃잎

瓣
전문1

|해설| 형성. 성부는 辡따질 변. 『설문해자』(7하)에 "오이의 열매"라고 한다. 오이의 '씨'를 말한다. 후에 '꽃잎'이라는 뜻으로 쓴다.

八 2획 | 팔 | 여덟

| 갑골1 | 금문1 | 금문2 | 전문1 |

|해설| 지사. 좌우로 사물이 나뉜 모양. 본래 산가지(수를 계산할 때 쓰는 도구)로 수를 표시하는 방법이고, 숫자 '여덟'을 표시한다. 半반은 희생으로 바치는 소를 정가운데에서 둘로 나누는 모양으로, '나누다, 반'이라는 뜻이 된다.

|용례| 八方팔방 八日팔일 八重팔중 八珍팔진

貝  7획 | 패 | 조개

| 갑골1 | 금문1 | 금문2 | 전문1 |

|해설| 상형. 子安貝자안패의 모양. 갑골문, 금문은 자안패의 모양이다. 남방 바다에서 나는 자안패는 내륙부에서 생활하는 殷은, 周주 왕조 영역의 사람들에게는 귀중품이었다. 옛날에는 呪器주기로 삼았고, 또 財寶재보로 귀중하게 여겼다. 貝패를 끈으로 연결해 묶어서

子安貝

두 줄을 한 꾸러미로 한 모양이 朋붕(친구, 무리)이고, 금문에서는 "貝五朋패오붕", "貝十朋패십붕", "貝二十朋패이십붕"을 賜與사여하는 예가 많이 보인다. 貝는 또한 금속제 화폐가 보급되기까지 화폐로 사용되었다. 그래서 재보, 경제 관계의 한자에는 貝를 글자의 요소로 포함하는 것이 많다.

|용례| 貝殼패각 貝貨패화

唄 10획 | 패 | 노래

|해설| 형성. 성부는 貝패. 梵語범어(고대 인도의 산스크리트어) pāthaka의 음역어인 唄匿패닉(부처의 공덕을 찬송하는 노래)의 약어. 唄讚패찬, 梵唄범패라고 쓰고 佛德불덕을 기리는 찬불가라는 뜻으로 쓴다.

敗

11획 | 패 | 깨지다, 지다, 해치다

갑골1	갑골2	금문1	전문1

|해설| 회의. 貝패와 攴복(攵)을 조합한 모양. 攴은 나뭇가지를 손(又우)으로 잡는 모양으로 친다는 뜻이 된다. 조개(貝)는 子安貝자안패의 모양으로, 귀중품이고 보물로 여겨 옛날에는 화폐로서 사용되었다. 이 보물을 치는 것을 敗패라고 하여, '깨트리다, 파손하다, 부수다, 해치다'라는 뜻이 된다. 또 敗戰패전, 敗北패배(싸움이나 시합에 짐)처럼 '지다, 깨지다'라는 뜻으로 쓴다. 갑골문에는 鼎정과 攴을 조합한 모양의 글자(갑골2)가 있고, 鼎정(본래 취사용의 청동기인데 제기로 쓴다)에 새겨진 중요한 계약 사항의 명문을 파손한다는 뜻이 된다.

|용례| 敗壞패괴 敗俗패속 敗走패주 敗退패퇴

霸

21획 | 패 | 희다, 으뜸

금문1	금문2	전문1

|해설| 회의. 雨우와 革혁과 月월을 조합한 모양. 革은 짐승 가죽 모양인데 머리에서 수족까지 전체 가죽을 벗겨 무두질한 모양이다. 옛 자형에 靃가 있는데, 짐승의 사체가 비바람을 맞아 색이 바래 하얗게 된 모양이다. 그 흼이 殘月잔월이 빛을 잃은 색과 비슷하므로, 月을 더해 霸가 되었다. 霸는 하얗게 된 짐승의 사체이므로, '희다'는 뜻이 된다. 伯우두머리 백과 통하여 '으뜸, 패자'라는 뜻으로

쓴다. 이 의미로 쓰는 것은 음만을 빌린 가차 용법이다. 伯은 본래 白백으로 쓰는데, 白은 백골이 된 두개골, 해골의 모양으로 霸와 마찬가지로 '희다'는 뜻이 있다. 周代주대의 금문에서는 달 표면의 밝기 변화에 따라 1개월을 4주로 나누어 初吉초길(제1주), 旣生霸기 생패(제2주), 旣望기망(제3주), 旣死霸기사패(제4주)라고 했다. 상용한자 인 覇는 본래 霸의 속자이다.

|용례| 制霸제패 霸權패권 霸氣패기

膨 16획 | 팽 | 부풀다

|해설| 형성. 성부는 彭팽. 彭은 壴고(북의 모양)와 彡삼(소리나 빛, 모양 등의 아름다운 것을 표시하는 기호 같은 문자)을 조합한 모양으로, 북소리가 울리는 것을 말하고, 왕성하다는 뜻이 있다. 크게 부풀어 오르는 것을 膨大팽대라 하고, 내부에서 부풀어 오르는 것을 膨脹팽창, 膨張팽장이라고 한다. '부풀다'라는 뜻으로 쓴다. 彭에 신체 부분을 표시하는 月(육달월)을 더한 것은 복부에 팽창을 느끼는 일이 많기 때문일 것이다.

片 4획 | 편 | 쪽, 조각, 납작한 것

ㅂ | K
갑골1 | 전문1

|해설| 상형. 版築판축에 사용하는 덧대는 나무의 모양. 덧대는 나무판사를 좌우에 세워 그 사이에 넣은 흙을 다져서 쌓는 성벽 등의 건축법을 판축이라 한다. 片편은 그 덧대는 나무 한쪽의 모양이

므로 '한쪽, 한편, 쪽'이라는 뜻이 되고 한쪽이므로 '조금, 나뭇조각, 옷조각, 얇고 작은 것, 납작한 것'이라는 뜻으로 쓴다.

|용례| 斷片단편 一片일편 破片파편 片時편시 片語편어 片言편언

片

便 9획 | 편, 변 | 소식, 편안하다, 쉽다

전문1

|해설| 회의. 人인과 更경을 조합한 모양. 更에 바꾼다, 고친다는 뜻이 있다. 『설문해자』(8상)에 "편안히 하다"라고 한다. 馭(탈 어)의 금문 자형(🐎, 🐎)의 부수는 更과 매우 가까운 모양인데, 채찍을 손에 든 모양이고, 채찍질한다는 뜻이 된다. 말에 타서 채찍질하는 것을 馭라 한다. 사람을 채찍질해서 멋대로 편리하게 부리는 것을 便이라고 한다. 便宜편의(형편이 좋음), 便乘편승(다른 사람의 탈것에 같이 탐. 좋은 기회를 얻어 이용함), 便船편선(편승해야 할 배, 마침 타고 나가는 배), 便覽편람(쉽게 알 수 있게 만든 소책자), 簡便간편(간단하고 편리함)처럼 '쉽다, 형편이 좋다'는 뜻으로 쓴다. 또 '소식'이라는 뜻으로 써서 便箋편전(편지를 쓰기 위한 용지), 郵便우편(편지, 엽서나 소포 등을 전달하는 제도)이라고 한다. 또 小便소변, 大便대변, 便器변기처럼 '오줌, 똥'이라는 뜻으로도 쓴다.

偏

偏 11획 | 편 | 기울다, 하나, 오직

전문1

|해설| 형성. 성부는 扁편. 扁은 외여닫이 사립문 모양. 扁에 한쪽, 하나라는 뜻이 있다. 『설문해자』(8상)에는 "기울다(頗파)"라고 한다. '기울다, 하나, 한쪽, 오직'이라는 뜻으로 쓴다. 偏枯편고란 반신불수를 뜻하는데 홍수 신 禹우는 중국 전토의 치수를 위해 동분서주하여 편고가 되었다고 전해진다.

|용례| 不偏불편 偏見편견 偏旁편방 偏食편식 偏愛편애 偏在편재

遍 13획 | 편 | 두루

전문1

|해설| 형성. 성부는 扁편. 扁은 외여닫이 사립문 모양. 扁은 기울다, 한쪽이라는 뜻인데, 걷는다, 간다는 뜻의 彳척, 辵착(辶, 辶)을 더한 徧편, 遍은 '두루(널리 퍼져 있음), 퍼지다'라는 뜻으로 쓴다. 『설문해자』(2하)에 徧을 정자로 하고, "돌다"라고 한다. 徧이 더 오래된 자형이다.

|용례| 普遍보편 一遍일편 遍歷편력 遍身편신

編 15획 | 편 | 엮다, 묶다, 글

갑골1   전문1

|해설| 형성. 성부는 扁편. 扁은 외여닫이 사립문 모양. 『설문해자』(13상)에 "簡간을 잇는(次차) 것이나"라고 한다. 竹簡죽간, 木簡목간(문자를 쓴 가느다란 대나무나 나무쪽)을 차례대로 꿰매가는 것, 한쪽씩

엮어가는 것을 말한다. 죽간, 목간은 옛날에는 가죽끈으로 꿰매었다. '엮다, 꿰매다, 잇다, 글, 책'이라는 뜻으로 쓴다.

|용례| 編成편성 編輯편집 編纂편찬

平

5획 | 평, 편 | 평평하게 하다, 평평하다, 평안하다, 같다

金	金	平
금문1	금문2	전문1

|해설| 회의. 于우와 八팔을 조합한 모양. 于는 자귀의 모양. 八은 나무 부스러기의 모양. 자귀로 나무를 평평하게 깎아 나무 부스러기가 좌우로 흩어지는 모양이 平이고, '평평하게 하다, 평평하다'는 뜻이 된다. 平定평정(진압함), 平安평안(무사하고 안온함), 平和평화, 和平화평(전쟁이 없고 세상이 평온함), 公平공평(모두 같이 취급함), 平等평등(편향이나 차별이 없이 같음)처럼 쓰고, '평평하게 하다, 평온하다, 평안하다, 같다'는 뜻으로 쓴다. 平의 古音고음은 便편에 가깝고, 『書經』「堯典」의 "平章평장"(밝게 다스림)을 『史記』「五帝紀」에 "便章편장"이라 한다. 편 음은 아마 자귀로 칠 때의 소리를 옮겼을 것이다.

|용례| 平面평면 平生평생 平素평소 平時평시 平野평야 平原평원

坪

8획 | 평 | 평, 평평하다

坪	坪	坪
금문1	금문2	전문1

|해설| 형성. 성부는 平평. 平은 자귀로 나무를 평평하게 깎는 모양. 『설문해자』(13하)에 "땅이 평평한 것이다"라 하고, 평평한 토지를 말

하는데, 용례가 적은 글자이다. 일본에서는 '쓰보'(⟨ぼ)라 읽고 면적을 나타내는 단위로 쓴다. 6척 사방, 약 3.3평방미터이다. 건물이 차지하는 토지 면적을 평수로 표현한 것을 建坪건평이라 한다.

評 12획 | 평 | 상의하다, 품평

|해설| 형성. 성부는 平평. 平은 자귀로 나무를 평평하게 깎아 나뭇조각이 좌우로 흩날리는 모양이고, 평평하다, 같다는 뜻이 있다. 『廣雅』「釋詁」에 "平이다. 議의이다"라 한다. 공평하게 評議평의하는 것, 상의해서 評價평가(물건의 가치나 가력을 결정함)하는 것을 評이라 하고, '상의하다, 헤아리다, 품평'이라는 뜻으로 쓴다.

|용례| 批評비평 書評서평 評定평정 評判평판 風評풍평 好評호평

肺 8획 | 폐 | 허파, 마음

𦙾
전문1

|해설| 형성. 성부는 市불. 市의 본래 모양은 米발이고, 초목이 자라 우거져 흔들리는 것을 말한다. 肺는 호흡 작용에 의해서 움직이는 것이다. 가장 중요한 호흡 기관인 '肺臟폐장(폐)'라는 뜻으로 쓴다. 또 마음이라는 뜻으로도 쓴다.

|용례| 心肺심폐 肺肝폐간 肺腑폐부 肺炎폐렴

陛 10획 | 폐 | 섬돌

전문1

|해설| 형성. 성부는 坒섬돌 비. 坒는 흙 계단 위에 두 사람이 나란히 선 모양. 『설문해자』(14하)에 "높은 곳에 오르는 섬돌(階계)"이라 한다. 宮廟궁묘의 堂室당실에 오르는 '섬돌'(계단)을 말한다. 천자를 존경해서 폐하라고 부르는 것은 직접 말하는 것을 피한 호칭인데 궁전의 계단 밑에서 배알한다는 뜻이다.

閉 11획 | 폐 | 잠그다, 닫다

 금문1 금문2 전문1

|해설| 회의. 門문과 才재를 조합한 모양. 才는 표시로서 세운 나무. 이것을 문에 세워 문의 내외를 구분하는 呪禁주금(惡邪악사를 물리치는 주술)으로 삼는 것을 閉라 하고, 문안에 '가두다, 잠그다, 막다', 또 문을 '닫다'라는 의미로 쓴다. 침묵하는 것을 閉口폐구라고 하는데, 일본어에서는 설복되어 말이 막히는 것, 항복하는 것을 폐구라고 한다.

|용례| 開閉개폐 密閉밀폐 閉塞폐색 閉藏폐장 閉店폐점

幣 15획 | 폐 | 신에게 바치는 공물(폐백), 돈

전문1

|해설| 형성. 성부는 敝폐. 敝는 㡀폐(의례 때 입는 무릎 덮개의 모양)와 攴복(攵. 친다는 의미가 있다)을 조합한 모양으로, 무릎 덮개가 해진다는 뜻이 된다. 『설문해자』(7하)에 "비단(帛)"이라 하는데, 신에게 제사할 때 신에게 바치는 '幣帛폐백'을 말한다. 신에게 기도할 때 바치는 공물로서 중국에서는 비단, 옥, 말, 피혁 등을 바쳤다. 후에 貨幣화폐(돈)라는 뜻으로 쓴다.

|용례| 幣物폐물 紙幣지폐

弊 15획 | 폐 | 쓰러지다, 해지다

전문1

|해설| 형성. 성부는 敝폐. 敝는 㡀폐(의례 때 입는 무릎 덮개의 모양)와 攴복(攵. 친다는 뜻)을 조합한 모양으로, 무릎 덮개가 해진다, 파손된다는 뜻이 있다. 『설문해자』(10상)에 獘폐를 정자로 하고, "쓰러지다(頓仆돈부)"라 하여, 개가 쓰러져 죽는다는 뜻이라고 한다. 敝의 뜻으로 해석하면 弊는 피로한 결과 쓰러진다는 뜻이 된다. '쓰러지다, 피로하다, 해지다'라는 뜻으로 쓴다.

|용례| 舊弊구폐 弊屋폐옥 弊衣폐의 弊風폐풍 弊害폐해 疲弊피폐

廢 15획 │ 폐 │ 쇠퇴하다, 그만두다, 버리다

廢
전문1

│해설│ 형성. 성부는 發발. 發은 개전에 앞서서 먼저 활을 쏘는 것을 말한다. '그만두다, 버리다'라는 뜻으로는 본래 灋법(法의 본래 글자)을 사용했다. 금문에서는 "짐의 명을 폐하지(灋) 말라"고 한다. 灋은 신판에서 패한 사람(大대)을 解廌해치(양과 비슷한 신성한 동물)와 뚜껑을 연 맹세의 기물(凵거)과 함께 물에 흘려 버리는 것을 말하고, '버리다'라는 뜻이 된다. 灋에서 廌치를 생략한 法이 '법'이라는 뜻으로 쓰이게 되면서, 형성자인 廢를 '그만두다, 쇠퇴하다, 버리다'라는 뜻으로 쓰게 되었다. 广엄은 건물의 지붕 모양이므로, 廢는 본래 건물을 쓰지 않는 것으로 버리고 떠나는 것을 말하는 글자일 것이다.

│용례│ 廢物폐물 廢止폐지 廢品폐품 荒廢황폐

蔽 16획 │ 폐 │ 덮다, 감추다

蔽
전문1

│해설│ 형성. 성부는 敝폐. 敝는 㡀폐(의례 때 입는 무릎 덮개의 모양)와 攴복(攵. 친다는 뜻)을 조합한 모양으로, 맞아서 무릎 덮개가 해지는 것을 말한다. 해지고 낡은 무릎 덮개처럼 어지럽게 자라난 풀을 蔽라 하고, 어지럽게 자라난 풀의 모습에서 '덮다, 덮어 가리다, 감추다, 어둡다' 등의 뜻으로 쓴다.

|용례| 隱蔽은폐 障蔽장폐 蔽膝폐슬

包 5획 | 포 | 싸다, 아이 배다

전문1

|해설| 상형. 사람의 배 속에 태아가 있는 모양. 勹포는 옆에서 본 사람의 모양. '아이 배다'라는 뜻에서 '싸다, 넣다'라는 뜻이 된다. 孕 아이 밸 잉은 큰 배 속에 태아가 있는 사람을 옆에서 본 모양이고, 身 신은 임신한 사람을 옆에서 본 모양이다.

|용례| 梱包곤포 包容포용 包圍포위 包裝포장 包藏포장

布 5획 | 포, 보 | 베, 천, 펴다

금문1   금문2   전문1

|해설| 형성. 본래 글자는 㠯포로 쓰고, 성부는 父부. 『설문해자』 (7하)에 "삼(枲시)으로 짠 직물"이라 한다. 삼(麻 마)으로 짠 '천'을 말한다. 옛날에는 목면이 없었고, 麻가 직물의 주요 원료였다. 목면은 남방이 원산이므로 후에 이입된 것이다. 고대 중국에는 청동제 화폐의 하나로 농구인 쟁기 모양을 한 布錢포전이 있었다. 『詩經』「衛風/氓」에 "布를 안고 와서 비단실(絲사)을 산다"라고 하는데, 그러한 행상인이 있었다. 敷펼 부와 통하

布錢

여 '펴다, 넓히다, 이어지다'라는 뜻으로 쓴다.

|용례| 散布산포 宣布선포 布告포고 布教포교 布帛포백 布施보시

怖 8획 | 포 | 무섭다, 두려워하다

전문1 　　전문2

|해설| 형성. 성부는 布포. 『설문해자』(10하)에 悑포를 정자로 하고, "두려워하다(惶황)"라 하고, 이체자로서 怖를 든다. 悑의 성부는 甫보. 甫에 専폐 부의 음이 있다. 布, 甫는 공포를 느꼈을 때의 마음 상태를 소리로 나타낸 글자일 것이다. 畏怖외포, 恐怖공포(두려워 떪), 驚怖경포(놀람과 함께 두려워함)처럼 '두려워하다, 떨다'라는 뜻으로 쓴다.

抱 8획 | 포 | 안다, 품다, 껴안다

전문1

|해설| 형성. 성부는 包포. 包는 사람의 배 속에 태아가 있는 모양으로, '싸다, 감싸다, 넣다'라는 뜻이 있다. 손으로 싸는 것을 抱라 하고, '안다, 품다, 껴안다'라는 뜻으로 쓴다. 『老子』「第十九章」에 "통나무(樸박)를 안다"라 하고, 인간 본래의 소박한 마음을 지키는 것을 말한다.

|용례| 抱負포부 抱懷포회

泡 8획 | 포 | 거품

전문1

│해설│ 형성. 성부는 包포. 包는 사람의 배 속에 태아가 있는 모양으로, 속으로 감싼다는 뜻이 있다. 그렇게 물이 공기를 품고, 부푼 상태가 되는 것을 泡라 하고 '거품'이라는 뜻이 된다. 거품을 泡沫포말이라 하고, 곧 부서져 없어지는 것이므로 덧없는 것을 비유해서 말한다. 물거품을 水泡수포라 하고, 노력한 일이 헛되이 된 것을 물거품으로 돌아간다고 한다. 거품이 나는 것을 發泡발포라고 한다.

胞 9획 | 포 | 포의, 동포

전문1

│해설│ 형성. 성부는 包포. 包는 사람의 배 속에 태아가 있는 모양. 『설문해자』(9상)에 "아이가 생기는 주머니(裏리)"라고 한다. 胞衣포의 (태아를 감싼 얇은 막이나 태반 등. 胎衣태의)를 말한다. 이것을 약의 재료로 이용하는 일이 있었다. 같은 모친의 배에서 태어난 형제자매를 同胞동포라 하고, 생물체를 구성하는 기본 단위를 細胞세포라고 한다.

哺 10획 | 포 | 먹이다, 기르다

전문1

|해설| 형성. 성부는 甫보. 먹이를 입에 머금고 새끼에게 주는 것이고, 그래서 '먹이다, 기르다'라는 뜻이 된다. 哺食포식(먹이를 주어서 기름), 哺乳포유(젖을 주어서 기름)라고 말한다. 吐哺握髮토포악발은 위정자가 인재를 얻는 데 열심인 것의 비유이다. 周公旦주공단은 현자가 오면 식사 중이라면 입속의 것을 뱉고, 머리를 감는 중이라면 머리를 움켜쥐고 만났다고 한다. 『韓詩外傳』「卷三, 天子之位」등에 보이는 고사에 의한다.

捕 10획 | 포 | 사로잡다, 붙잡다

전문1

|해설| 형성. 성부는 甫보. 甫는 뿌리를 감싼 묘목의 모양으로, 속으로 물건을 감싼다는 뜻이 있다. 그래서 捕縛포박(잡아서 묶음)하는 것을 捕라고 한다. 포박을 피해서 도망가는 것을 逋달아날 포라고 한다. '사로잡다, 붙잡다'라는 뜻으로 쓴다.

|용례| 生捕생포 捕捉포착 捕獲포획

浦 10획 | 포 | 만, 물가

전문1

|해설| 형성. 성부는 甫보. 甫는 뿌리를 감싼 묘목의 모양으로, 속으로 물건을 감싼다는 뜻이 있다. 『설문해자』(11상)에 "물가(水瀕수빈)"라고 하는데, 아마 둥글게 들어간 듯한 모양의 灣만일 것이다. 또 '물가'라는 뜻으로 쓴다.

|용례| 浦帆포범 浦月포월

砲 10획 | 포 | 대포

|해설| 형성. 성부는 包포. 包는 사람의 배 속에 태아가 있는 모양으로 감싼다, 넣는다는 뜻이 있다. 砲身포신(대포의 몸통)에 탄환을 채워 발사하는 '대포'를 砲라고 한다. 본래 글자는 礮포로 쓰고, 성부는 駁논박할 박. 駁, 包는 포성을 옮긴 의성어일 것이다. 화기의 작은 것을 銃총, 큰 것을 砲라고 한다. 炮포(굽다, 태우다)는 礮와 통하여 大砲대포라는 뜻으로 쓴다.

|용례| 砲擊포격 砲彈포탄

飽 13획 | 포 | 싫증 나다, 물리다, 만족하다

전문1

|해설| 형성. 성부는 包포. 包는 사람의 배 속에 태아가 있는 모양으

ㅍ

로, 배가 불룩한 상태를 말한다. 식사를 해서 배가 부르고 만족한 상태가 되는 것을 飽라 하고, '만족하다'라는 뜻이 되고 만족해서 '싫증 나다, 물리다'라는 뜻이 된다.

|용례| 醉飽취포 飽滿포만 飽食포식 飽和포화

舗 15획 | 포 | 쇠 장식, 늘어놓다, 깔다

전문1

|해설| 형성. 성부는 甫보. 甫는 뿌리를 감싼 묘목의 모양. 『설문해자』(14상)에 글자를 鋪포로 쓰고, 門문의 쇠 장식이라고 한다. 후에 店舗점포(상품을 늘어놓고 팔기 위한 건물. 가게)처럼 舗 자로 쓰고, '늘어놓다'라는 뜻으로 쓴다. 또 舗石포석(도로에 까는 돌), 舗裝포장(도로의 표면에 아스팔트나 콘크리트 등을 깔고 굳힘. 鋪裝포장)처럼 '깔다'라는 뜻으로 쓴다.

襃 17획 | 포 | 기리다, 칭찬하다

褒
전문1

|해설| 형성. 성부는 孚부. 襃의 衣의의 가운데 부분이 孚의 모양이고, 子자 위에 손(爪조)을 대는 모양이다. 『설문해자』(8상)에 "옷이 博裾박거한 것이다"라고 하여 옷자락(裾거)이 넓은 옷이라고 하지만, 가슴에 아이를 안아 가슴이 불룩한 모양이고 '넓다, 낙낙하다'는 뜻이 된다. 또 襃賞포상, 襃美포미(사람을 칭찬함. 또 칭찬해서 주는 금

품)처럼 '칭찬하다'라는 뜻으로 쓴다.

幅 12획 │ 폭 │ 폭, 가장자리

幅
전문1

|해설| 형성. 성부는 畐복. 畐에 부푼다, 차오른다는 뜻이 있다. 巾건은 무릎 덮개라는 뜻. 『설문해자』(7하)에 "직물(布帛포백)의 너비"라고 한다. 巾의 '폭, 가로의 길이'를 말한다. 옷감 등의 가장자리를 邊幅변폭이라고 하여 '가장자리'라는 뜻으로 쓰고, 또 '겉, 외관'이라는 뜻으로도 쓰는데, 겉을 꾸미는 것을 변폭을 꾸민다고 한다.

|용례| 全幅전폭 振幅진폭 幅員폭원

暴 15획 │ 폭, 포 │ 폭로하다, 드러나다, 쪼이다, 갑자기, 거칠다

暴 │ **暴**
금문1 │ 전문1

|해설| 회의. 日일과 짐승 사체의 모양을 조합한 모양. 짐승 사체가 햇볕에 쪼이는 모양으로 '쪼이다'라는 뜻이 되고, 속속들이 드러낸다는 데서 '폭로하다'라는 뜻이 된다. 강한 햇볕에 쪼여서 사체가 갑자기 분해되고 뼈가 드러나기 때문에, '곧, 갑자기, 드러나다'라는 뜻으로 쓴다. 暴이 暴虐포학(마음이 거칠어 사람을 괴롭힘), 亂暴난폭(거친 행동을 함)처럼 '거칠다'는 뜻으로 쓰이게 되면서 '쪼이다'라는 뜻이 글자로 다시 日을 더한 曝폭이 쓰이게 되었다.

|용례| 暴戾폭려 暴力폭력 暴露폭로 暴言폭언 暴雨폭우 暴行폭행

爆

19획 | 폭 | 터지다

전문1

|해설| 형성. 성부는 暴폭. 暴은 햇빛에 바랜 짐승 사체의 모양으로, 말라서 산산이 흩어진 모양이다. 『설문해자』(10상)에 "태우다(灼작)"라고 하는데, 강한 불로 태워서 산산이 흩어지는 것을 爆이라 하고 '터지다, 찢어지다'라는 뜻이 된다. 폭죽의 큰 소리로 惡鬼악귀를 물리치는 것은 중국에서는 예부터 행해지고 있었다. 폭죽은 옛날에는 靑竹청죽을 불에 구워 터트린 것이었는데, 후에 작은 竹筒죽통에 화약을 채운 것을 많이 연결해서 만들었다.

|용례| 空爆공폭 爆擊폭격 爆發폭발 爆藥폭약 爆彈폭탄 爆破폭파

表

8획 | 표 | 겉, 나타내다, 표시

전문1

|해설| 회의. 衣의와 毛모를 조합한 모양. 衣에 毛를 더해 裘갖옷 구의 털을 표시한다. 裘는 털이 있는 쪽이 겉, 털이 없는 쪽이 안이기 때문에, '겉'이라는 뜻이 되고 겉이라는 뜻에서 '나타내다, 나타나다'라는 뜻이 된다. 『설문해자』(8상)에 "상의. 衣에 따르고 毛에 따른다. 옛날에는 裘를 입었는데 털로써 겉으로 한다"라고 설명한다. 또 表識표지처럼 '표시'라는 뜻으로도 쓴다.

|용례| 發表발표 表面표면 表象표상 表情표정 表題표제 表札표찰

俵　10획 | 표 | 흩다, 나누다

|해설| 형성. 성부는 表표.『玉篇』에 "흩다"라 하고, 사람에게 나누어 주는 것을 말하여, '나누다'라는 뜻으로 쓴다. 布施보시의 교환권을 俵子표자라고 한다.

票　11획 | 표 | 튀다, 빠르다, 쪽지

전문1

|해설| 회의. 본래 글자는 㶱표로 쓰고, 囟정수리 신과 臼국과 火화를 조합한 모양. 囟은 사람의 머리 부분의 모양. 臼은 좌우의 손을 마주한 모양. 㶱는 죽은 사람의 머리나 사체를 두 손에 들고 태우는 모양으로, 그 불의 기세에 의해 사체가 떠오르는 것을 말하고, '튀다, 가볍게 오르다, 흔들리다, 빠르다'라는 뜻이 된다. 票輕표경(재빠름), 票然표연(가볍게 오르는 모습)이라고 말한다. 票에 다시 火를 더한 熛불꽃 표는 시체를 태우는 강한 불기운을 말한다. 성부가 票인 僄표(가볍다, 재빠르다), 嫖날랠 표, 慓급할 표, 飆질풍 표 등에는 빠르다, 재빠르다는 뜻이 있다. 후에 票子표자(지폐. 어음), 傳票전표(돈의 출입이나 물품 수수 등을 기록한 쪽지), 投票투표(선거 또는 採決채결에서 후보자명이나 찬성, 반대의 표시를 쓴 종이를 상자에 넣음)처럼 '쪽지, 종잇조각'이라는 뜻으로 쓴다.

漂 14획 | 표 | 떠돌다, 흔들리다

전문1

|해설| 형성. 성부는 票표. 票는 사체를 두 손에 들고 태우는 모양으로, 그 불의 기세에 의해 사체가 떠오르는 것, 흔들리는 것을 말한다. 수면에 떠서 흔들리는 것을 漂라 하여, '떠돌다, 흔들리다'라는 뜻이 되고, 漂泊표박(여기저기 헤매며 걸음. 방랑함)처럼 '방랑하다'라는 뜻으로도 쓴다. 늘어져서 대롱대롱 흔들리는 표주박(瓢簞표단) 등의 열매를 瓢조롱박 표라고 한다.

|용례| 浮漂부표 漂流표류 漂白표백

標 15획 | 표 | 나뭇가지 끝, 기둥, 표시, 세우다

전문1

|해설| 형성. 성부는 票표. 票는 사체를 두 손에 들고 태우는 모양으로, 그 불의 기세에 의해 사체가 떠오르는 것을 말한다. 『설문해자』 (6상)에 "나무의 가지 끝(杪末초말)"이라고 한다. 나무의 가지 끝을 標識표지로서 標示표시(표시로서 보이는 것)하거나 標柱표주(표시의 기둥)를 세우는 것으로, '표시, 보이다, 기둥, 세우다'라는 뜻으로 쓴다.

|용례| 標札표찰 標紙표지 標準표준 標榜표방 指標지표 商標상표

品 9획 | 품 | 물건, 종류

| 갑골1 | 갑골2 | 금문1 | 금문2 | 전문1 |

|해설| 회의. 口를 세 개 늘어놓은 모양. 口는 ㅂ축문 그릇 재로, 신에게 바치는 기도문인 축문을 넣는 그릇 모양이다. ㅂ를 많이 늘어놓고 축문을 외우면서 많은 기도를 모아서 하는 것을 品이라 하고, '물건, 물품, 여러 가지, 종류, 나누다, 분류, 수' 등의 뜻으로 쓴다. 많은 ㅂ를 늘어놓고 기도하는 숨겨진 장소를 區지역 구, 그 기도하는 소리를 謳노래할 구, 기도의 실현을 구하여 殳창 수(지팡이처럼 긴 창)로 ㅂ를 치는 것을 毆때릴 구라고 한다.

|용례| 氣品기품 上品상품 人品인품 絶品절품 品格품격 品性품성

風 9획 | 풍 | 바람, 관습

| 갑골1 | 갑골2 | 전문1 |

|해설| 형성. 성부는 凡범. 갑골문은 새의 모양. 신성한 새이므로 관장식을 달았다. 鳳봉(봉황)의 본래 모양과 같다. 그 새의 좌상이나 우상에 성부인 凡을 더했다. 천상에는 용이 산다고 생각하면서, 風은 용의 모습을 한 신이 일으킨다고 생각하게 되어, 鳳 모양에서 鳥조(새)를 빼내고 虫훼(용이나 파충류의 모양)를 더하여 風 자가 만들어지고 '바람'이라는 뜻으로 쓰인다. 공기의 움직임에 의해 '바람'의 뜻을 표현한 것이 아니라, 신성한 새니 ㅂ과 같은 모습을 한 靈獸영수에 의해 그 뜻을 표시한 것이다. 고대에는 바람을 새의 모양

을 한 신, **風神**풍신이라 생각하고, 그 풍신이 각지에 나가서 사람들에게 영향을 주어 **風俗**풍속(그 지역 독자의 관습, 생활 방식)이나 **風物**풍물(그 지방 독특한 경치나 산물)이 생긴다고 생각했다.

|용례| **風格**풍격 **風力**풍력 **風雪**풍설 **風雲**풍운 **風潮**풍조 **風化**풍화

豐 18획 | 풍 | 풍족하다, 크다

| 갑골1 | 갑골2 | 금문1 | 금문2 | 전문1 |

|해설| 상형. 식기인 **豆**두에 **黍稷**서직(기장) 종류를 담아 넣은 모양. 기장은 제사 때의 공물이 되는 것인데, 발이 높은 식기인 **豆**에 많은 기장 종류를 담아 올리는 것이 **豐**이고 '많다, 풍족하다'는 뜻이 된다. 많은 데서 '크다, 번성하다'는 뜻으로도 쓴다. **豐**의 상용한자인 **豊**과 같은 자형인 **豊**례는 **醴**단술 례의 본래 글자이다.

|용례| **豐穰**풍양 **豐饒**풍요 **豐潤**풍윤 **豐作**풍작

皮 5획 | 피 | 가죽

| 금문1 | 고문1 | 전문1 |

|해설| 상형. 짐승의 가죽을 손(**又**우)으로 벗겨내는 모양. 『설문해자』(3하)에 "짐승 가죽을 벗겨내는 것. 이것을 **皮**라 한다"라고 설명한다. **革**혁은 짐승 머리에서 손발까지 전체 가죽을 벗겨 무두질한 모양이다. **皮革**피혁(가공한 동물의 가죽)은 고대 의복이나 **武具**무구, **裝備**장비의 가장 중요한 재료였다. '가죽' 외에 **皮相**피상(표면에 나타난

현상), 皮肉피륙(겉. 몸)처럼 '겉, 외면'이라는 뜻으로 쓴다.

|용례| 樹皮수피 脫皮탈피 表皮표피

彼 8획 | 피 | 저, 저쪽

금문1 | 전문1

|해설| 가차. 본래 형성자로 성부는 皮피. 彳척(가다)에 따르고, 밖으로 행동한다는 뜻의 글자일 것인데, 대명사 '저, 저쪽, 저편'이라는 뜻으로 쓴다. 대명사는 본래 그 글자가 없고, 다른 글자의 음을 빌려서 쓰는 가차 용법이다. 금문에서는 "저(皮) 吉人길인"처럼 皮를 쓰는데, 皮革피혁의 皮와 구별하기 위해 彳척을 더해 彼로 했을 것이다. 彼此피차(저것과 이것)의 此차는 작은 것이라는 뜻의 글자인데, 대명사 '이것, 이, 이곳'으로 쓰는 것은 음을 빌린 가차 용법이다.

|용례| 彼我피아 彼岸피안

披 8획 | 피 | 열다

전문1

|해설| 형성. 성부는 皮피. 皮는 짐승 가죽을 손으로 벗겨내는 모양으로, 그 벗겨내는 동작을 披라 하여 '열다'라는 뜻이 된다. 『설문해자』(12상)에 "옆에서 잡는 것을 披라고 한다"라고 하는데, 잡고 여는 것을 말한다. 披閱피열(서장 등을 열고 봄), 披見피견(열어서 봄), 披讀피독(책을 읽음), 披瀝피력(마음속을 숨기지 않고 밝힘), 披露피로(모두

에게 널리 알리고 보임)라고 쓴다.

疲

전문1

10획 | 피 | 지치다

|해설| 형성. 성부는 皮피. 『설문해자』(7하)에 "지치다(勞로)"라 하고, '지치다, 피로하다'라는 뜻으로 쓴다. 지친다는 뜻의 글자에 病병, 罷파, 憊비 등 같은 계통의 음을 쓰는 것은 거친 호흡을 하는 것과 관계있을 것이다.

|용례| 疲勞피로 疲弊피폐

被

금문1 | 전문1

10획 | 피 | 입다, 이불, 덮어쓰다

|해설| 형성. 성부는 皮피. 皮는 표면을 덮는 것인데, 『설문해자』(8상)에 "잠옷이다. 길이 한 몸 반(一身有半일신유반)"이라고 한다. 후에 小臥被소와피라고 하는데, 이른바 잠옷이다. '이불, 잠옷, 입다'라는 뜻으로 쓴다. 被는 일반적으로 위에서 덮어쓰는 것을 말하고, '덮다, 쓰다, 입다'라는 뜻으로 쓴다. 또 남에게 받는 것을 被害피해(해를 입다), 被告피고(소송 사건에서 고소당한 쪽의 사람)처럼 말하고, 수동의 뜻으로 쓴다.

|용례| 被服피복

상용자해

避

17획 | 피 | 피하다, 벗어나다

전문1

|해설| 형성. 성부는 辟벽. 辟에 臂비(팔, 팔꿈치)의 음이 있다. 辟(임금, 죄)은 尸시와 口구와 辛신을 조합한 모양으로 尸는 옆에서 본 사람의 모양, 辛은 손잡이가 달린 가느다란 曲刀곡도의 모양. 辟은 곡도로 사람의 허리 살을 도려내는 형벌을 표시하고, 口는 잘라낸 살점의 모양이다. 허리 살이 잘려 곧바로 설 수 없어서 몸이 구부러지는 것을 僻기울어질 벽이라 하는데, 그 자세는 무엇을 피할 때의 자세와 비슷하다. 그래서 길을 피하는 것을 避피라 한다.『설문해자』(2하)에 "돌다(回회)",『玉篇』에 "回避회피하다"라고 한다. 후에 일반적으로 '피하다, 벗어나다, 물러나다'라는 뜻으로 쓴다.

|용례| 逃避도피 退避퇴피 避難피난 避雷피뢰

匹

4획 | 필 | 필, 종류, 짝, 나란히 서다

금문1 금문2 금문3 전문1

|해설| 상형. 나란히 서 있는 말의 가슴 아래 언저리를 복선으로 그린 모양. 본래 馬匹마필(말. 말을 한 필, 두 필 세는 데서 말을 말한다)을 말하는 글자이고, 금문에서는 "마필을 하사한다", "馬 四匹사필을 하사한다"라고 말한다. 나란히 서 있는 말이므로, 匹偶필우(짝. 배필), 匹配필배(나란히 서다. 짝)처럼 '종류, 짝, 나란히 서다'라는 뜻으로 쓴다. 대등한 상대가 되는 것, 같은 정도인 것을 匹敵필적이라고 한다.

必 5획 │ 필 │ 반드시

금문1　　금문2　　전문1

|해설| 상형. 병기의 戈_{창 과}와, 矛_{창 모}나 鉞_{도끼 월}의 머리 부분을 자루에 장착하는 부분의 모양. 必은 柲_{자루 비}의 본래 글자이다. 必을 '반드시'라는 뜻으로 사용하게 되면서, 따로 柲 자가 만들어졌다. '반드시'라는 뜻으로 쓰는 것은 그 음을 빌린 가차 용법이다. 금문에서는 "반드시(弋익)"처럼 弋을 쓰는데, 그것이 柲 부분의 본래 모양이다. 宓_{편안할 복}, 秘_{비(祕)}, 密_밀, 蕊_{삼갈 비}, 閟_{사당 비}, 謐_{편안할 밀}은 聖器_{성기}로서의 必을 쓰는 의례를 말하는 글자이다.

|용례| 必罰_{필벌} 必死_{필사} 必勝_{필승} 必然_{필연} 必至_{필지}

筆 12획 │ 필 │ 붓, 쓰다

전문1

|해설| 회의. 竹_죽과 聿_율을 조합한 모양. 聿(붓, 쓰다)은 筆(붓)의 모양과 又_우를 조합한 모양. 又는 손의 모양이므로 聿은 붓을 손에 잡은 모양이고, 붓이라는 뜻이 된다. 聿이 筆의 본래 글자이다. 筆은 죽재로 만드는 것이 많고, 聿에 竹을 더한 筆은 '붓, 붓으로 쓰다, 쓰다'라는 뜻이 된다. 붓을 만드는 것은 秦代_{진대(기원전 3세기)}의 蒙恬_{몽염}이 시작했다는 설이 있지만, 갑골문에는 朱_주나 墨_묵으로 쓴 필적이 있고, 금문도 처음에 붓으로 쓴 글자를 주형으로 삼았을 것이다. 문자가 만들어진 고대부터 필기구는 이미 있었고, 붓의

형식을 갖춘 것이 있었던 것으로 생각된다. 竹簡죽간, 木簡목간에 글자를 적기 위한 붓과 잘못 쓴 글자를 깎아낼 때 쓴 작은 칼을 합쳐서 刀筆도필이라 하고, 문자를 쓰고 적는 것만을 일로 하는 말단 관리를 刀筆吏도필리라고 한다.

聿의 갑골문

|용례| 加筆가필 達筆달필 毛筆모필 運筆운필 筆記필기 筆力필력

乏 5획 | 핍 | 부족하다

금문1 | 전문1

|해설| 상형. 누운 자세의 사체 모양. 익사자가 누워서 떠오른 것을 泛뜰 범이라 하고, 익사자가 엎어져 떠오른 것을 氾뜰 범이라 한다. 죽은 사람을 무덤에 묻는 것은 窆묻을 폄이라고 한다. 匱乏궤핍(물자가 부족함), 欠乏흠핍(부족함), 耐乏내핍(부족을 견딤), 貧乏빈핍(가난함)처럼 '부족하다'는 뜻으로 쓴다.

下

3획 | 하 | 아래, 뒤, 밑, 내리다, 내려가다

⌒	⊐	T	T
갑골1	금문1	고문1	전문1

|해설| 지사. 손바닥을 엎고 그 아래에 지시하는 점을 찍어서 손바닥 아래를 표시해 '아래'라는 뜻을 표시한다. 위는 손바닥 위에 지시하는 점을 찍어서 손바닥 위를 표시해 '위'라는 뜻을 표시한다. 후에 지시하는 점은 수직선이 되어 丁, 亠 모양이 되고 또 그 옆에 점을 더하여 下, 上상 모양이 되었다. 모든 것의 '아래, 아래쪽', 아래로 '내리다, 내려가다', 시간 관계에서는 '뒤, 끝' 등의 뜻으로 쓴다. 상하 관계는 우열 관계도 나타내어 '떨어지다'라는 뜻으로도 쓴다.

|용례| 眼下안하 下降하강 下端하단 下流하류 下位하위 下筆하필

何

7획 | 하 | 무엇, 짊어지다, 어찌, 어디

| 갑골1 | 금문1 | 금문2 | 전문1 |

|해설| 형성. 성부는 可가. 옛 자형(금문1)은 사람이 뒤를 돌아보고 입을 벌려 '무엇, 어디'라고 의문의 모습을 표시하는 상형자였다. 또 '짊어지다'라는 뜻을 표시하는 것 같은 글자에 창(戈과)을 짊어진(荷하) 사람 모양의 글자(갑골1)도 있는데, 의문을 뜻하는 何와는 별개의 계통이라고 생각된다. 可는 바라는 일이 실현되도록 神신에게 요구하고, 그 승인을 구하는 행위이기 때문에 음훈이 何와 관계가 있다. '무엇, 어찌, 어디, 어느'라는 뜻으로 쓴다.

|용례| 奈何내하 誰何수하 如何여하 何事하사 何如하여 何人하인

河 8획 | 하 | 강

갑골1 갑골2 금문1 전문1

|해설| 형성. 성부는 可가. 可에는 呵꾸짖을 가처럼 큰 소리를 내서 꾸짖는다는 의미와, 丁는 나뭇가지라서 구부러진다는 의미가 있다. 중국에서는 단순히 河라고 하면 黃河황하를 가리킨다. 황하는 오르도스 지역에서는 90도 구부러져 남쪽으로 흐르고 渭水위수와의 합류 지점에서 다시 90도 꺾여 동쪽으로 흐른다. 옛 자형은 丁이고 황하가 굽어서 흐르는 모양을 표시한다고도 볼 수 있다. 중국에서는 북방의 강은 河, 남방의 강은 長江장강처럼 江강이라고 부르는 경우가 많다.

|용례| 山河산하 運河운하 銀河은하 天河천하 河口하구 河畔하반

夏 10획 | 하 | 여름

금문1 전문1

|해설| 상형. 舞樂무악용 冠관을 쓰고 양 소매를 흔들며 발을 앞으로 올리고 춤추는 사람의 모양. 옛 악곡의 이름에는 九夏구하, 三夏삼하처럼 말하는 것이 많다. 夏에 '크다'는 의미가 있는 것은 그 무악 하는 사람들의 얼굴과 몸집이 컸기 때문일 것이다. 夏를 中夏중하처럼 中國중국이라는 뜻으로 쓰는 경우가 있지만, 중국 역사에 보이는 夏, 西夏서하라는 나라는 대개 서쪽 땅에 있던 나라이거나 서방에서 일어난 나라이기 때문에 夏는 주로 서부 민족을 가리키는

ㅎ

말이었을 것이다. 夏를 계절 이름인 '여름'으로 사용하는 것은 춘추 시대(기원전 8~기원전 5세기)의 금문에 와서 처음 보이기 때문에 오래된 용법은 아니다. 夏의 이체자인 頀의 생략형 疋는 후에 『詩經』의 大雅대아, 小雅소아의 雅 대신에 쓰이는 경우가 있다. 『詩經』의 대아, 소아 시편에는 무악에 불린 시가 있었다고 생각된다.

|용례| 暑夏서하 夏雲하운 夏日하일 夏至하지

荷

11획 | 하 | 짐, 짊어지다, 연

갑골1　금문1　금문2　전문1

|해설| 형성. 성부는 何하. 何의 옛 자형에는 戈창 과를 짊어지는(荷하) 글자가 있고, 何에 '짊어지다'라는 의미가 있다. 何와 통하여 '짐, 짊어지다'라는 의미로 쓴다. 풀 이름으로는 '연'을 말한다.

|용례| 出荷출하 荷擔하담 荷風하풍

賀

12획 | 하 | 축하하다, 기뻐하다

금문1　전문1

|해설| 회의. 加가와 貝패를 조합한 모양. 加는 力력(쟁기(未뢰)의 모양)에 ㅂ재(신에게 바치는 기도문인 축문을 넣는 그릇)를 더하여 쟁기를 祓除불제하여 蟲害충해를 막는 의례를 말한다. 貝는 子安貝자안패의 모양으로 생산력을 상징하는 것으로 생각되었다. 그래서 賀는 생산력을 높이기 위해 행하는 의례이고 새로운 생명을 '축하하는' 의례

가 된다. 賀는 본래 농경의례를 의미하는 글자였는데 모든 생명과
생산에 대하여 기도하고 축하하는 의미로 쓴다. 또 '기뻐하다, 기쁨'
이라는 뜻으로 쓴다.

|용례| 謹賀근하 祝賀축하 賀慶하경 賀壽하수 賀正하정

虐 9획 | 학 | 사납다, 학대하다

고문1 | 전문1

|해설| 상형. 호랑이가 발톱을 드러낸 모양(고문1). 윗부분은 호랑이
의 상반신이고 아랫부분은 발톱을 세운 모양이다. 사람의 모양을
더한 자형(전문1)은 사람이 호랑이 발톱에 걸려 있는 것이므로 사
람이 위험하다는 뜻이 된다. 그래서 虐은 '학대하다(잔혹하게 다루
다, 못살게 굴다), 가혹하다'라는 의미로 쓴다. 호랑이는 옛 중국에서
는 북에도 남에도 있어, 북방에서는 虎호, 남방에서는 於菟어토라고
했다. 일본어 '도라'(とら)는 어토의 음이 전화한 것으로 생각된다.

|용례| 殘虐잔학 虐待학대 虐殺학살 虐政학정

學 16획 | 학 | 배우다

갑골1 | 갑골2 | 갑골3 | 금문1 | 금문2 | 전문1

|해설| 회의. 爻효와 臼국과 冖멱과 子자를 조합한 모양. 글자의 본래
모양은 㸒인네, 지붕에 下木친목(x자로 교차시킨 나무 — 옮긴이)이
있는 學舍학사의 모양이다. 후에 더해진 臼은 좌우의 손으로 敎導

교도한다는 의미가 있고 斅이라는 글자가 된다. 또 나이가 어리고 배우는 子를 더하여 學이 되어 '배우다'라는 뜻이 된다. 고대에 일정한 연령에 도달한 젊은이들은 씨족의 장자들 밑에서 씨족의 전통과 생활 규범을 배웠다. 敎는 爻와 攴때릴 복(攵)을 조합한 글자이다. 學에도 옛 攴을 더한 자형(금문2)이 있었다.

|용례| 敎學교학 獨學독학 學問학문 學習학습 學業학업 學者학자

鶴 21획 | 학 | 두루미

전문1

|해설| 형성. 성부는 崔학. 새의 이름으로 '두루미'를 말한다. 鶴은 崔이라는 그 울음소리로 이름을 붙였을 것이다. 鳩비둘기 구는 九구, 鷄닭 계도 奚계라는 그 울음소리로 이름을 붙였을 것이다. 鶴의 울음소리는 멀리까지 잘 들려서 『詩經』 「小雅/鶴鳴」에 "학, 九皐구고(깊숙한 늪지)에서 울어 소리가 하늘에 들리다"라는 구절이 있다. 예로부터 瑞鳥서조로 여겼다. 옛날에는 仙人선인이 타는 것이라 하였고 후에 고귀한 사람의 집에서 길렀다.

|용례| 仙鶴선학 乘鶴승학 鶴企학기 鶴望학망 鶴髮학발 鶴壽학수

汗 6획 | 한 | 땀

전문1

|해설| 형성. 성부는 干간. 몸에서 나오는 '땀'을 말한다. 눈에서 나

상용자해

오는 것은 淚눈물 루, 涕눈물 체, 코에서 나오는 것은 洟콧물 이라 하고 합쳐서 涕洟체이라 한다. 입에서 나오는 것은 唾침 타, 液침 액. 干은 어쩌면 身幹신간(몸)의 뜻을 이어받는 것일지도 모른다.

|용례| 發汗발한 汗顔한안

恨 9획 | 한 | 한하다, 한스럽다

전문1

|해설| 형성. 성부는 艮간. 艮은 눈(目목) 아래에 뒤를 향한 사람의 모습(匕비)을 그린 모양이다. 目은 사람에게 저주를 걸어 재앙을 주는 힘을 가진 呪眼주안. 이것을 신이 하늘에 오르내릴 때 사용하는 신의 사다리(自부. 阝. 본래 모양은 阝) 앞에 내건 모양이 限한이고, 이를 極限극한으로 하여 더는 나아가지 못하고 물러나는 모양이 艮이다. 나아가려고 해도 못 나아가고 물러날 때의 마지못한 마음을 恨이라 한다. 그래서 '한하다, 미워하다'라는 뜻이 된다.

|용례| 怨恨원한 遺恨유한 痛恨통한 悔恨회한

限 9획 | 한 | 제한하다, 한계

금문1　금문2　전문1

|해설| 회의. 自부와 目목과 匕비를 조합한 모양. 自(阝)는 본래 阝 모양으로 신이 하늘에 오르내릴 때 사용하는 신의 사다리 모양이다. 그곳은 신성한 장소이기 때문에 사악한 것이 들어서지 못하도록

目(사람에게 주술을 걸어 재액을 주는 힘을 가진 呪眼주안)을 걸어두면, 그곳부터 사람은 들어갈 수가 없어서 물러나기 때문에, 뒤를 향하는 사람(匕의 모양)을 그 주안 밑에 그린 모양이 限이다. 이곳이 극한의 곳으로서 더는 나아갈 수가 없기 때문에 限은 '제한하다, 한계'라는 뜻이 된다.

|용례| 極限극한 無限무한 限界한계 限度한도 限定한정

寒 12획 | 한 | 춥다, 얼다, 가난하다

 금문1   전문1

|해설| 회의. 篆文전문의 자형은 宀면과 茻잡풀 우거질 망과 人인과 仌얼음 빙을 조합한 모양. 宀(건물 지붕의 모양) 안에 풀(茻)을 깔아 거기에 사람이 거주하고 아래에는 얼음이 있다. 추위를 피해서 풀을 까는 모양으로 '춥다'는 의미를 표시한다. 그 추운 상태를 사람에게 옮겨서 '쓸쓸하다, 가난하다'라는 의미로도 쓴다. 금문의 자형은 하부에 두 횡선(깔개의 모양)을 더했다. 현재 寒의 자형은 塞막을 색의 상부와 동형인데, 塞은 呪具주구인 工공을 겹친 茲펼 전을 채워 惡靈악령 등을 봉쇄하는 모양이고 寒과는 본래의 자형이 다르다.

|용례| 防寒방한 寒暖한난 寒冷한랭 寒門한문

閑 12획 | 한 | 막다, 고요함

 금문1   전문1

상용자해

│해설│ 회의. 門문과 木목을 조합한 모양. 門 앞에 木을 쓰는데,『설문해자』(12상)는 "闌란"(경계)이라고 하여 문의 경계를 뜻한다고 한다. 그래서 閑에는 '막다'라는 뜻이 있고 防閑방한(막음)이라고 말한다. 間간과 통용하여 '틈, 고요함'이라는 뜻으로 써서 間暇간가, 閑暇한가라고 쓴다.

│용례│ 安閑안한 閑靜한정 閑職한직

漢 14획 │ 한 │ 사나이

금문1

전문1

│해설│ 형성. 성부는 㣫한. 본래 산시성(陝西省섬서성)에서 동남 방향으로 흐르는 강의 이름으로 漢水한수라고 했다. 그 유역의 땅을 漢이라 하고 이 유역의 왕이었던 劉邦유방이 기원전 202년에 秦진을 대신해 세운 왕조를 漢이라 부르는데, 후에 漢은 中國중국이라는 뜻으로 쓰이게 되었다. 4, 5세기 무렵부터 남자를 漢子한자라 부르게 되면서 '남자'라는 뜻으로도 쓰인다.

│용례│ 癡漢치한 漢字한자 漢土한토 好漢호한

韓 17획 │ 한 │ 우물귀틀

금문1

전문1

│해설│ 회의. 정자는 㑙간에 따르고 㑙과 韋위를 조합한 모양이다.『설문해자』(5하)에 "井垣정원"이라 하여, '나무로 井 모양으로 짠 우

ㅎ

물귀틀'을 뜻한다고 한다. 𠦑은 기드림을 붙인 깃대의 모양이고 韋는 다룸가죽의 모양이기 때문에 韓은 다룸가죽을 만다는 뜻일 것이다. '우물귀틀'이라는 뜻은 그 음을 빌린 가차 용법이다. 국명, 인명, 지명으로 쓴다. 4~6세기 무렵 한반도 동남부에 있었던 소국의 총칭을 韓, 伽羅가라(일본어로는 둘다 '가라'로 읽음 — 옮긴이)라고 했다.

割 12획 | 할 | 쪼개다, 나누다, 해치다

금문1 금문2 전문1

|해설| 형성. 성부는 害해. 害는 손잡이가 달린 큰 침으로 ㅂ재(신에게 바치는 기도문인 축문을 넣는 그릇의 모양)를 꿰뚫어서 그 기도의 효과를 잃게 하는 것, 해치는 것을 말한다. 割은 또 刀도(刂)를 더하여 그 행위를 강조한 글자이고 분단하는 것, 분할하는 것을 말한다. '쪼개다, 나누다, 해치다'라는 의미로 쓴다.

|용례| 割據할거 割斷할단 割腹할복 割愛할애

轄 17획 | 할 | 비녀장

전문1

|해설| 형성. 성부는 害해. 害에 割쪼갤 할의 음이 있다. '비녀장'이라는 뜻으로 쓴다. 비녀장의 상형자는 𥅘할이고, 수레의 굴대 끝에 수레바퀴가 빠지지 않도록 비녀장을 연결한 모양. 轄은 형성자이다.

害는 수레가 회전할 때 그 비녀장이 울리는 소리를 옮겼을 것이다. **轄擊**할격은 수레가 많아서 통행할 때 그 비녀장이 서로 부딪히는 것인데 도시 인구가 많은 것을 비유한다. 비녀장을 박는 것에서 '관리하다, 단속하다'라는 의미로 쓴다.

|용례| 管轄관할 所轄소할 直轄직할 統轄통할

含 7획 | 함 | 품다, 머금다

전문1

|해설| 회의. 今금과 口구를 조합한 모양. 今은 본래 항아리 같은 그릇에 마개가 있는 뚜껑의 모양이다. 含은 사람이 죽었을 때 그 死氣사기가 빠져나오는 것을 막기 위해 玉옥을 입(口)에 품게 하고 뚜껑을 닫는 것으로 '품다, 품게 하다'라는 뜻이 된다. 그 옥을 含玉함옥이라 하여 死者사자의 부활을 기원하는 뜻에서 매미(蟬선) 모양의 옥을 썼다. 옥을 입에 품는다는 뜻에서 후에 속에 '품는다'는 뜻으로 쓴다.

매미 모양의 옥

|용례| 包含포함 含有함유 含蓄함축

陷 11획 | 함 | 빠지다, 빠트리다

전문1

|해설| 형성. 성부는 臽함. 臽은 臼절구 구의 모양으로 깊이 파인 구

멍에 사람이 빠지는 모양으로, 함락하는(구멍으로 빠지는) 것을 말한다. 후에 일반적으로 '빠지다, 빠트리다'라는 뜻으로 쓴다. 짐승 등을 잡는 함정은 阱함정 정. 阜부(阝. 본래 모양은 𨸏)는 신이 하늘에 오르내릴 때 사용하는 신의 사다리이기 때문에, 그 앞에 聖所성소를 지키는 함정을 파는 일을 陷이라 하고 그 함정을 陷阱함정이라 한다. 신의 사다리 앞에는 성소를 지키기 위해 여러 가지 방호 조치를 취했다. 呪眼주안(남에게 주술을 걸어 재앙을 주는 힘을 가진 邪眼사안)으로 사람을 물리치는 것은 限한(艮간은 눈 아래에 물러나는 사람을 그린 모양), 隁굽이 외는 귀신 머리 모양의 물건을 놓아두는 것이고, 隣린은 사람을 책형(나무 기둥에 묶어놓고 찔러 죽이는 형벌)에 처하고서 燐火인화(도깨비불)를 놓는다는 의미이다. 鬲력(항아리 모양의 토기)을 두고 隔離격리하는 隔이라는 글자도 있었다.

| 용례 | 缺陷결함 陷落함락 陷沒함몰

艦 20획 | 함 | 싸움배

| 해설 | 형성. 성부는 監감. 『玉篇』에 "版屋판옥의 舟주"라 하여, 배 위에 版屋(板屋판옥, 널판으로 둘러싼 방)을 설치하여 화살을 막는 구조의 배로 '군선, 싸움배'를 말한다. 대하의 장강을 끼고 전쟁이 일어나게 된 삼국 시대(3세기) 무렵부터 만들어졌다. 監은 鑑감의 본래 글자로 水鏡수경으로 사용하는 큰 水盤수반을 말한다.

| 용례 | 旗艦기함 艦隊함대

合 6획 | 합 | 맞다

갑골1

금문1

전문1

| 해설 | 상형. 口 위에 뚜껑을 덮은 모양. 口는 ㅂ축문 그릇 재로서 신에게 바치는 기도문인 축문을 넣는 그릇의 모양. 그릇과 뚜껑이 맞는 것을 合이라 하고 '맞다'라는 뜻이 된다. 그래서 合一합일, 合體합체, 合計합계라는 뜻이 된다. 사람이 만난다, 會合회합한다는 會회의 본래 글자는 逾. 또 卿로 쓰는 것이 있는데 合의 좌우에 사람이 마주 보고 앉은 모양으로 사람이 만나는 것을 말한다. 會는 본래 잡탕을 만드는 방법을 표시하는 글자이므로 사람이 만난다는 뜻은 合 자에 포함되어 있다.

| 용례 | 結合결합 合理합리 合併합병 合宿합숙 合意합의 合戰합전

抗 7획 | 항 | 막다, 맞다, 맞서다

전문1

| 해설 | 형성. 성부는 亢항. 亢은 동맥 부분을 포함하는 사람의 목구멍 모양. 흥분했을 때 동맥이 드러나므로 분노, 한탄하는 것을 忼慨강개라고 한다. 그러한 기분으로 강하게 반대하는 것을 抗이라 하여, '막다, 거부하다, 맞다, 맞서다'라는 뜻이 된다. 직선적인 상태를 말할 때 坑갱, 忼한탄할 강, 抗, 杭항(배. 말뚝) 등 亢 음 자를 쓰는 일이 많다

| 용례 | 對抗대항 抗禮항례 抗議항의 抗爭항쟁

恆 9획 | 항 | 늘

갑골1 갑골2 금문1 전문1

|해설| 형성. 성부는 亘항. 본래 글자는 亘으로 써서, 위아래 두 횡선 사이에 반달을 그린 자형이었다. 『詩經』「小雅/天保」에 "달이 차는(恆) 것과 같구나"라는 구절이 있는데 반달 모양의 활을 당긴 것 같은 상태를 말한 것이다. 달에 사는 여신을 恆娥항아라고 하는데, 차고 기우는 것을 반복하면서도 소멸함이 없기 때문에 그런 이름을 얻었을 것이다. '늘, 오래되다'라는 뜻으로 쓴다.

|용례| 恆久항구 恆例항례 恆產항산 恆常항상

航 10획 | 항 | 배, 건너다

전문1

|해설| 형성. 성부는 亢항. 亢은 頏목항의 모양으로 직선적인 상태, 직선적인 것을 말한다. 옛날에는 큰 강을 건널 때 뗏목을 엮어 만든 浮橋부교를 사용했는데 이것을 杭항이라 했다. 뗏목 대신 배를 쓰게 되면서 航이라고 한다. 배를 사용해 직선으로 강을 건너는 것을 말하는 글자이고, '배, 건너다'라는 뜻이 된다. 지금은 航空항공(비행기 등으로 공중을 낢)처럼 하늘을 난다, 건넌다는 의미로도 쓴다.

|용례| 就航취항 航路항로 航海항해 航行항행

港 12획 | 항 | 항구

전문1

|해설| 형성. 성부는 巷항. 巷은 길이 몇 갈래로 나뉘는 곳인 번화한 거리라는 의미이다. 巷에 氵(水수)를 더하여 갈라진 길을 갈라진 강이라는 뜻으로 한 것이 港이다. 물이 갈라져 흐르는 河口하구가 선착장, '항구'였다.

|용례| 歸港귀항 寄港기항 母港모항 出港출항 港灣항만

項 12획 | 항 | 목

전문1

|해설| 형성. 성부는 工공. 工은 공작용 기구의 모양으로 물건을 치는 받침대 등으로 쓴다. 그렇게 튼튼하게 위를 지탱하는 힘이 있는 곳, 신체에서는 목을 項이라고 한다. 頸목 경은 織機직기에 날실을 건 모양인 巠경이 성부이고, 동맥이 드러나는 멱 부분(숨통 언저리)을 말하고, 項은 그 뒷부분을 말한다. 목은 또 領령이라고 한다. 승낙할 때는 머리를 앞으로 숙이는데 아무래도 승낙하지 않는 것을 强項강항이라고 한다. 後漢후한 때 董宣동선(기원전 1~기원후 1세기)이라는 관리는 광무제의 노여움을 샀지만 사죄하지 않았기 때문에 (『後漢書』「酷吏列傳」에 동선의 일이 실려 있다. ― 옮긴이), 强項侯강항후라는 이름을 받았다. 項은 분류의 項目항목(사물의 소분류)이라는 의미로도 쓰고 事項사항(하나하나의 일), 條項조항이라고 말한다.

害 10획 | 해 | 해치다, 재앙

금문1 금문2 금문3 전문1

|해설| 회의. 손잡이가 달린 큰 침과 口를 조합한 모양이다. 口는 口입 구가 아니고 본래 모양은 ㅂ축문 그릇 재로, 신에게 바치는 기도 문인 축문을 넣는 그릇의 모양이다. 큰 침으로 그릇을 찔러 파손하고 그 기도의 효과를 손상하여 기도의 실현을 방해하는 것이 害이기 때문에, 害에는 '손상하다, 방해하다, 해치다'라는 뜻이 있고, 해치는 행위에 의해서 '재앙'이 생기는 것이다. 보다 작은 침으로 ㅂ를 찌르는 글자가 舍사이고, '버리다'(捨사)라는 뜻이 있다. 害, 舍는 지금의 상용한자에서는 害, 舍의 모양으로 변하여, 침 끝이 잘려 침 끝이 ㅂ에 닿지 않아 ㅂ를 손상할 수가 없어서 해칠 수도 버릴 수도 없어지고 無害무해한 글자가 되었다.

|용례| 加害가해 公害공해 危害위해 利害이해 自害자해 害惡해악

海 10획 | 해 | 바다

금문1 전문1

|해설| 형성. 성부는 每매. 每에 海바다 해, 晦어두울 회의 음이 있다. 每는 머리 장식을 많이 붙인 여자의 모습으로 머리가 거추장스러운 상태를 말한다. '바다'라는 뜻으로 쓴다. 중국에서 四海사해라는 것은 사방이 바다라는 의미가 아니라 中華중화(문명이 앞선 중국)에 대해 사방은 미개의 나라라는 의미이다. 바다는 또 알려지지 않은

암흑의 세계였다.

|용례| 深海심해 絶海절해 海內해내 海濱해빈 海岸해안 海運해운

楷

전문1

13획 | 해 | 본

|해설| 형성. 성부는 皆개. 『설문해자』(6상)에 "木목"이라 하여 공자의 무덤에 제자들이 심은 나무라고 하는데 어떤 나무인지 분명하지 않고 아마 전설일 것이다. 皆는 신령이 하늘에서 나란히 내려와 화목한 모양을 말한다. 그것은 규범에 따른 것이기 때문에 楷는 '본, 법, 모범'이라는 뜻이 된다. 한자를 쓸 때 점획을 흘리지 않고 쓰는 방법을 楷書해서라고 한다.

解

13획 | 해 | 풀다, 녹이다, 풀리다

갑골1

금문1

전문1

|해설| 회의. 角뿔 각과 刀칼 도와 牛소 우를 조합한 모양. 소(牛)의 뿔(角)을 칼(刀)로 잘라내는 것을 말한다. 짐승 사체를 해체하는 것을 釋석이라 하는데 釋은 釆변(짐승의 발톱)으로 睪역(짐승 사체)을 찢어 해체하는 것. 解와 釋은 짐승의 뿔을 잘라내고 고기를 해체하는 것이 본래의 뜻이었다. 그래서 解釋해석(의미나 내용 등을 밝힘)이라고 한다. 후에 解는 널리 의문을 '풀다', 문제를 풀어내서 해결하는 것을 말한다.

ㅎ

該 13획 | 해 | 약속, 갖추다

전문1

|해설| 형성. 성부는 亥해. 『설문해자』(3상)에 "軍中군중의 約약"이라 하고 軍中의 約束약속을 의미한다고 하는데, 여기에서 '갖추다, 포괄하다' 등의 뜻이 생겼을 것이다.

|용례| 當該당해 該當해당 該博해박

諧 16획 | 해 | 만나다, 어울리다, 화하다

전문1

|해설| 형성. 성부는 皆개. 皆는 많은 신이 하늘에서 내려오는 것을 말한다. 그래서 '만나다, 어울리다, 화하다'라는 뜻이 된다. 諧謔해학(농담)처럼 '장난'이라는 뜻으로도 쓴다. 일본어의 하이카이(俳諧. 익살스러운 말)는 에도 시대 하이쿠(俳句)나 렌구(連句) 등의 문예를 말한다.

骸 16획 | 해 | 시체

전문1

|해설| 형성. 성부는 亥해. 亥는 짐승의 모양으로 재앙(希이)을 가져오는 呪靈주령을 가진 짐승을 옆에서 본 모양이다. 骸는 짐승 사체(屍시)의 골격을 말하고 '시체'라는 뜻이 된다. 骸骨해골은 시체의 뼈. "해골을 청한다"(乞骸骨걸해골)는 것은 주군에게 바친 내 몸의 殘骸잔해를 받고 싶다는 의미로, 관직에 있던 사람이 사직을 원할 때의 상투어였다.

|용례| 死骸사해 殘骸잔해 形骸형해

劾 8획 | 핵 | 캐묻다, 조사하다

전문1

|해설| 형성. 성부는 亥해. 力력은 쟁기(耒뢰)의 모양. 이 글자를 彈劾탄핵(책임 있는 지위에 있는 사람의 부정을 파헤쳐 책임을 추급함)이라는 뜻으로 사용하는데 劾의 자형에서는 그 의미를 찾을 수 없다. 亥는 짐승의 모양이다. 재앙(希이)을 일으키는 짐승과 자형이 비슷한데 亥를 쳐서 그 재앙을 떨쳐 버리는 의례가 있고 이를 殺부적 해라 한다. 彈탄은 弓활 궁을 튕기는 것. 활줄을 울려서 떨쳐 버리는 것은 의식 때 건물 주변에서 행해지는 것이다. 改개의 옛 자형은 攺(현재 攺는 두 개의 음, 즉 개(고치다)와 이(역귀 쫓다)가 있다. 改의 원래 뜻은 '역귀 쫓을 이'라는 변형된 발음의 음훈에 담겨 있다. —옮긴이)이고, 巳사(뱀 종류)를 때려 재앙을 떨쳐 버리는 의례였다. 그래서 劾은 아마 殺를 잘못 쓴 자형일 것이라고 생각한다. 殺는 『설문해자』(3하)에 "殺攺에이는 大剛卯대강묘(병을 물리치는 주문을 쓴 것으로 허리에 찬다)

ㅎ

로서, **精魅**정매(귀신이 주는 빌미)를 쫓아내는 것"이라고 한다. **彈劾**탄핵이란 활의 줄을 울려서 **惡邪**악사를 쫓고, **呪靈**주령이 있는 짐승을 때려 **祓除**불제를 한다는 의미로, 사람에 대하여 해야 할 일은 아닌데 지금은 사람을 비난할 때 쓴다. **劾罪**핵죄는 죄를 취조하는 것.

核
10획 | 핵 | 씨, 단단하다

전문1

|해설| 형성. 성부는 亥해. 亥는 짐승 **骨骼**골격(몸의 뼈대)의 모양으로 '단단하다'는 뜻이 있고 **核**핵은 그 뜻을 포함한 글자이기 때문에 **骼**격에 가까운 음으로 사용하게 되었다. 과일의 열매(씨)가 核의 본래 뜻으로 그것은 사물의 중심이기 때문에 **中核**중핵(중심), **核心**핵심(사물의 중심)이라 하고, 움직이기 어려운 것이기 때문에 **核實**핵실(정확)이라고 한다.

行
6획 | 행 | 가다, 행하다, 길

갑골1 　갑골2 　금문1 　금문2 　전문1

|해설| 상형. 십자로의 모양. 큰길이 교차하는 모양으로 사람이 가는 곳이기 때문에 '가다'라는 뜻이 된다. 이러한 십자로는 여러 가지 **靈**령이 왕래하는 곳이기 때문에 그곳에서는 여러 가지 고대 주술이 행해졌다. 대개는 **衒術**현술이라고 하는, 사람을 미혹하는 괴이한 **妖幻**요환의 술이다. 십자로에서 행해지는 주술에는 **衒**자랑할 현,

術재주 술 등이 있다. 行은 가는 것에서 널리 행위하는 것 일반을 말하여, '행하다, 하다'라는 뜻으로 쓴다.

|용례| 步行보행 行脚행각 行動행동 行列행렬 行商행상 行狀행장

幸 8획 | 행 | 다행, 행복

갑골1	갑골2	금문1	전문1

|해설| 상형. 쇠고랑(수갑)의 모양. 옛 자형으로 보면 양손에 채우는 형벌의 도구인 쇠고랑의 모양이다. 이것을 양손에 채운 모양은 執잡을 집, 보복형으로서 손에 의한 범죄에 쇠고랑을 채우는 것을 報갚을 보라고 한다. 報는 양손에 쇠고랑을 채우고 무릎 꿇은 사람을 손(又우)으로 뒤에서 억누르는 모양이다. 幸은 아마 倖요행 행이라는 뜻일 것이다. 쇠고랑만의 형벌로 끝나는 것은 僥倖요행(뜻밖에 얻는 행복)이고 무거운 형벌을 면한다는 뜻에서 幸이라고 했을 것이다. 그래서 幸에 '다행'이라는 뜻이 있다.

|용례| 多幸다행 薄幸박행 不幸불행 至幸지행 幸甚행심 行幸행행

向 6획 | 향 | 향하다, 맞은편, 창

갑골1	금문1	전문1

|해설| 회의. 门(창의 모양)과 口를 조합한 모양. 口는 ㅂ축문 그릇 재이고 신에게 바치는 기두문인 축문을 넣는 그릇의 모양. 중국 북부의 황토 지대에서는 반지하식 주거가 많고 집의 창은 하나였는데 창

ㅎ

문으로 들어오는 밝은 빛을 신이 찾아온 것으로 여겨 창가에 ㅂ를 바쳐 신에게 제사했다. 向은 본래 신을 맞이하고 신에게 제사하는 窓창이었다. 후에 嚮향과 통하여 '향하다'라는 뜻으로, 또 曏앞서 향과 통하여 '앞서'라는 뜻으로 쓴다.

|용례| 對向대향 方向방향 向上향상 向者향자 向學향학

享 8획 | 향 | 제사 지내다, 누리다, 대접하다

갑골1 | 금문1 | 금문2 | 전문1

|해설| 상형. 옛 자형에서는 건물의 모양이고, 상부는 京경과 같이 망루가 있고, 하부는 그 기단의 모양과 같다. 여기서 조상에게 '제사하는' 것을 享이라 하고, 또 그 제사를 '받는' 것을 享이라 한다. 제물을 바쳐 饗향(제사)하는 것이어서 享과 饗은 동음이다. 君臣군신 등이 모여서 잔치를 하는 것을 饗이라 하고, 신에게 제물을 올리는 것을 享이라 한다. 또 饗과 통하여 '대접하다'라는 뜻으로 쓴다.

|용례| 享年향년 享樂향락 享受향수

香 9획 | 향 | 향기, 향기롭다

전문1

|해설| 회의. 본래 글자는 黍서와 曰왈을 조합한 모양. 黍는 기장. 曰은 ㅂ축문 그릇 재에 축문이 든 모양. 기장을 권하며 축문을 올리고 신에게 기도하는 의미의 글자일 것이다. 『書經』에 黍稷서직(메기장과

찰기장) 등의 좋은 향은 신의 마음을 움직인다고 한다. 그래서 신에게 제사할 때는 鬯酒창주(향기가 밴 술)를 바치거나 개를 태워서 그 냄새를 하늘에 올려 보내거나 했다. 香은 기장의 향내를 권하여 신에게 기도하는 글자이고 '향기, 향기롭다'라는 뜻이 된다. 향을 즐기는 것은 고아한 취미이므로, 고아한 것을 비유해서 香魂향혼(미인의 영혼), 香夢향몽(아름다운 꽃 등을 꿈꿈)이라고 한다.

|용례| 色香색향 殘香잔향 香氣향기 香囊향낭 香爐향로 香水향수

鄕 13획 | 향 | 마주하다, 마을

| 갑골1 | 금문1 | 금문2 | 전문1 |

|해설| 회의. 皀급과 卯묘를 조합한 모양. 卯는 사람이 마주 보고 앉은 모양. 皀은 殷궤이고 조상의 제사 때에 음식을 담아 바치는 그릇이다. 제사 후 饗宴향연에

청동기 殷

殷를 놓고 두 사람이 앉아 있는 모양이 鄕이고, '마주하다'라는 뜻이 되고 향연이라는 뜻이 된다. 또 그렇게 향연에 초대되는 신분의 사람을 卿경(대신)이라고 한다. 卿이 소유하는 영지를 鄕이라 하고, 후에 그 영지라는 의미를 포함해서 皀의 좌우에 각각 邑읍(마을, 촌락)을 더한 鄕 자가 만들어졌다. 鄕의 偏편과 旁방은 본래는 邑 자이고 鄕과 卿은 옛날에는 같은 모양의 글자였다. 鄕은 '마을, 촌락, 시골, 고향'이라는 뜻으로 쓰인다.

ㅎ

|용례| 故鄉고향 歸鄉귀향 異鄉이향 鄉里향리 鄉試향시 鄉土향토

響

22획 | 향 | 울리다, 울림, 소리

響
전문1

|해설| 형성. 성부는 鄉향. 鄉은 皀급(殷궤. 음식을 담는 그릇)을 끼고 두 사람이 마주 앉아 饗宴향연하는 모양으로 '맞이하다'라는 뜻이 있다. 맞대하여 공명하는 소리를 響이라 하여, '울리다, 울림, 소리' 라는 뜻이 된다.

|용례| 反響반향 餘響여향 影響영향 音響음향 響應향응 響板향판

許

11획 | 허 | 허락하다

금문1 | 금문2 | 전문1

|해설| 형성. 성부는 午오. 午에 御어의 음이 있다. 許는 御(막다)와 음훈의 관련이 있는 글자로 생각된다. 午는 御의 옛 자형에서는 幺요(실 묶음을 비튼 모양)에 절하는 모양으로, 그 실 묶음은 신에게 기도할 때 사용한 靈령의 힘을 가진 呪物주물이었다. 幺는 후에 午(杵저)의 모양이 된다. 절굿공이(杵) 모양의 午에 절하며 신에게 기도하고, 이에 응해 신이 내려와서 기도를 들어주고 허락하는 것이다. 許란 본래 신이 '허락한다'는 것을 말한다. 후에 일반적으로 '허락하다, 인정하다'라는 뜻이 된다.

|용례| 默許묵허 許可허가 許諾허락

상용자해

虛

12획 | 허 | 묘지, 헛되다, 거짓

금문1 　 금문2 　 전문1

|해설| 형성. 성부는 虍호. 글자의 하부는 본래 丘구의 모양. 丘는 옛날에 都도가 건설된 곳으로 신성한 건물이나 묘지가 있었다. 都가 황폐해서 건물의 흔적이나 묘지만이 남은 것을 故虛고허라고 한다. 虛는 墟허(都의 유적, 흔적)의 본래 글자이다. 虛는 廢墟폐허(건물, 시가 등이 아주 황폐한 흔적)라는 뜻에서 현존하지 않는 것, '헛되다'라는 뜻이 되고, 내용이 없으므로 '거짓, 거짓말'이라는 뜻으로도 쓰인다.

|용례| 空虛공허 虛空허공 虛實허실 虛心허심 虛言허언 虛僞허위

軒

10획 | 헌 | 처마, 수레, 난간

전문1

|해설| 형성. 성부는 干간. 『설문해자』(14하)에 수레 앞에 돌출한 두 개의 나무 막대인 끌채(轅원)가 위로 구부러져, 車箱차상(牛車우차에서 사람이 타는 상자 모양 지붕이 있는 부분)에 덮개를 씌운 차의 이름이라고 한다. 악기를 실내의 삼면에 거는 것을 軒懸헌현이라고 하므로 삼면이 있는 건물을 廊下낭하, 窓창, 欄干난간을 포함해서 軒이라고 한다. 그러한 건물은 높은 건물이므로 高軒고헌(높은 건물)이라 하고, 일을 히려고 하는 기세가 왕성한 모양을 軒昻헌앙이라고 한다. 또 軒은 집의 처마라는 뜻으로 쓴다.

憲 16획 | 헌 | 법

금문1　금문2　전문1

|해설| 형성. 성부는 害헌. 害의 상부는 害의 상부와 같이 손잡이가 달린 큰 針침의 모양. 이 침으로 눈 위에 형벌로 入墨입묵을 한 글자가 害이고, 형벌이라는 뜻이 된다. 약 3천 년 전의 주 왕조 초기의 청동기 명문에 害이라는 인명이 보이는데, 아마 형벌의 집행을 직무로 맡은 사람이었을 것이다. 害이 憲의 본래 글자이고 憲은 형벌에 의해서 일을 바로잡는 '규칙, 법'이라는 뜻이 되고, 또 '법칙, 본보기, 모범'이라는 뜻이 되었다. 『詩經』「小雅/六月」에 "萬邦만방, 憲으로 삼다"(세상의 모범이 되었다)라는 말이 있다.

|용례| 家憲가헌 憲法헌법 憲章헌장

獻 20획 | 헌 | 바치다

갑골1　금문1　금문2　전문1

|해설| 회의. 鬳솥 권과 犬견을 조합한 모양. 『설문해자』(10상)나 고문헌에서는 獻을 제사 때 개를 국(羹갱)으로 바친다는 뜻이라고 풀이하지만, 개는 조리해서 바쳐진 것이 아니라 희생으로 사용된 것이다. 건물이 완성되거나 祭器제기가 만들어졌을 때 犬牲견생(희생물 개)을 써서 祓淸불청한 것이다. 예를 들면 京경(아치형 출입구가 있는 성문)이 완성되면 견생의 피를 뿌려 낙성식을 하는 것을 就취라 하고, 車거를 견생을 써서 불청하는 것을 祓푸닥거리할 불이라 한다. 이

러한 예에서 보면 獻은 鬲력(鼎정) 모양
의 그릇을 제기로 사용하기 위해 견생
을 써서 불청하는 의례였을 것이다. 제
사 때 신에게 바치는 供物공물을 담는
제기는 희생물 개나 닭의 피로 정화된
것이다. 희생으로 정화된 鬲 모양의 그
릇을 獻이라 하고, 신에게 바치는 물건

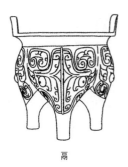

鬲

을 담는 그릇이기 때문에 獻은 '바치다, 천거하다'라는 뜻이 된다.

|용례| 文獻문헌 獻納헌납 獻杯헌배 獻上헌상

險

16획 | 험 | 험하다, 위태롭다

險
전문1

|해설| 형성. 성부는 僉첨. 僉에 儉검소할 검, 驗시험할 험의 음이 있다.
僉은 두 사람이 나란히 서서 신에게 바치는 기도문인 축문을 넣는
그릇인 ㅂ축문 그릇 재를 받들고 기도를 하는 모양이다. 自부(阝. 본래
모양은 Ｅ)는 신이 하늘에 오르내릴 때 사용하는 신의 사다리이고,
사다리 같은 높고 험한 지형의 장소가 신성하다고 생각하여 그곳
을 기도하고 지키는 의례를 險이라고 했을 것이다. 그래서 險은 '험
하다, 위태롭다'라는 뜻이 된다. 險에는 또 除道제도(길을 정화함)라
는 의미가 있는 것 같고, 葬儀장의 때 靈柩영구를 선도하는 것을 除
道神제도신이라고 했다.

|용례| 保險보험 探險탐험 險路험로 險惡험악

驗 23획 | 험 | 시험하다, 표시

驗
전문1

|해설| 형성. 성부는 僉첨. 僉에 檢찾을 검, 險험할 험의 음이 있다. 僉은 두 사람이 각각 신에게 바치는 기도문인 축문을 넣는 그릇인 ㅂ 축문 그릇 재를 받들고 나란히 춤추며 기도하는 모양이다. 그 기도에 응하여 표시나 조짐이 나타나는 것을 驗이라 한다. 말(馬마)을 글자의 요소로 하는 것은 말이 靈氣영기를 느끼기 쉬운 동물이라고 하여, 말을 가지고 신의 뜻을 시험하는 의례가 있었기 때문이라고 생각된다. 일본에서도 예로부터 神社신사에서 神事신사로 競馬경마(말타기 경주)가 행해지고 있다. 그래서 驗은 '시험하다, 조사하다'라는 뜻이 되고 또 '표시, 조짐, 증거, 효과'라는 뜻으로도 쓰인다.

|용례| 實驗실험 靈驗영험 效驗효험

革 9획 | 혁 | 가죽 | 고치다

革 **革** **革**
금문1 금문2 전문1

|해설| 상형. 짐승 가죽의 모양. 머리에서 손발까지 전체의 가죽(皮피)을 벗겨 무두질(털, 지방을 제거하고 부드럽게 함)한 모양이다. 皮는 짐승 가죽을 손(又우)으로 벗겨내는 모양이고 합쳐서 皮革피혁이라 한다. 皮를 무두질하여 완성한 모양이 革이고 '가죽'이라는 뜻이 된다. 생가죽과 전혀 다른 것이 되는 것이므로 革은 '고치다, 고쳐지다'라는 뜻이 되어 改革개혁(고쳐서 보다 좋은 것으로 만듦)이라고

말한다. 또 일반의 개혁에 파급해서 革命혁명(왕조가 바뀜, 국가나 사회의 조직을 급격히 바꿈)처럼 쓴다. 韋다룸가죽 위는 皮를 무두질할 때 나무에 걸어 말리는 모양으로, 합쳐서 韋革위혁(다룸가죽)이라고 한다.

|용례| 沿革연혁 變革변혁 革囊혁낭 革新혁신

嚇 17획 | 혁 | 위협하다, 꾸짖다

|해설| 형성. 성부는 赫혁. 赫은 赤붉을 적을 두 개 늘어놓은 모양으로 '붉다, 왕성하다, 격노하다'라는 뜻이 있다. 격노한 것을 赫怒혁노라 하고 격노했을 때 내는 소리를 嚇이라 한다. 격노했을 때 내는 소리이기 때문에 嚇은 '위협하다, 꾸짖다'라는 뜻이 되고 威嚇위혁(위협함)처럼 쓴다. 『莊子』「秋水」에 썩은 쥐를 잡은 솔개가 그 위를 나는 작은 새를 올려보며 "嚇" 하고 위협한 이야기가 실려 있다.

玄 5획 | 현 | 검다, 깊다, 조용하다

| 금문1 | 금문2 | 전문1 |

|해설| 상형. 실 다발을 비튼 모양. 玄은 백색 실 다발을 비틀어서 염색 물감이 든 솥에 담가 물들여 흑색이 된 실이고, '검다'는 뜻이 된다. 『설문해자』(4하)에 "幽遠유원하다"라고 한 것은 검고 붉은 기를 띤 그 염색이 색감으로서 그윽함을 느끼게 하기 때문일 것이다. 검붉은 색채의 감각이 이념화되어 幽玄유현이 되고 玄은 '그윽하다, 깊다, 조용하다'는 뜻이 된다. 『周禮』라는 오래된 책에 染汁염즙에

ㅎ

세 번 담그면 纁분홍빛 훈, 일곱 번 담그면 緇검을 치 색이 된다고 한다. 玄은 緇에 가까운 불그레한 흑색이고, 여섯 번 담갔을 것이다. 실 다발 끝의 묶은 부분은 본래(素)의 백색 그대로이므로 素흴 소라고 한다.

|용례| 玄米현미 玄夜현야 玄遠현원

弦 8획 | 현 | 활시위

전문1

|해설| 형성. 성부는 玄현. '시위, 활시위'를 말한다. 弓궁에는 弦현이라 하고, 弦樂器현악기는 絃樂器라고도 쓴다. 弦은 絃줄 현과 음훈이 통하여 弦歌현가(현악기에 맞추어 노래함)를 絃歌현가라고도 한다. 반달 모양이 활시위 모양과 비슷해서 弦月현월(上弦상현 또는 下弦하현의 반달)이라고 한다.

|용례| 管弦관현 上弦상현

現 11획 | 현 | 나타나다

|해설| 형성. 성부는 見견. 고문헌에는 보이지 않고 아마 顯현의 형성자로서 만들어진 글자일 것이다. 왼편의 王왕은 아마도 靈령의 힘을 가진 玉옥일 것인데 옥에 실 장식을 달아 신령의 빙의로 삼고, 이에 절하는 모습이 顯이다. 여기에 신령이 나타나는(顯) 것이다. 現은 이 顯을 대신하는 글자로서 '나타나다'라는 뜻으로 쓰였을 것이다.

|용례| 表現표현 現金현금 現象현상 現實현실 現在현재 顯現현현

舷 11획 | 현 | 뱃전

|해설| 형성. 성부는 玄현. 『集韻』에 "船邊선변"이라 하고, '뱃전'을 말한다. 晉代진대 郭璞곽박(3~4세기)의 「江賦」에 "採菱채릉(곡명)을 노래하면서 舷을 두들긴다"라는 구절이 가장 오래된 용례이다.

|용례| 右舷우현 舷頭현두 舷側현측

賢 15획 | 현 | 어질다, 뛰어나다

금문1 금문2 전문1

|해설| 형성. 성부는 臤현. 臤은 臣신(위쪽을 쳐다보는 눈의 모양으로 큰 눈동자)에 又우(손의 모양)를 더한 모양으로, 눈동자를 다쳐서 시력을 잃게 하는 것을 말한다. 이러한 방법으로 시력을 잃은 사람이 臣(섬기다, 종)이고, 神신에게 바쳐져서 신에게 봉사하는 자였다. 臣 중에는 보통 사람과 달리 여러 가지 뛰어난 재능을 가진 사람이 있어 그 사람을 臤이라 한다. 臤이 賢현의 본래 글자이고 고대에는 臤을 '어질다'는 뜻으로 썼다. 貝패는 멀리 남방의 바다에서만 나는 子安貝자안패인데 매우 귀중한 것으로 여겨 화폐로도 사용했다. 그래서 臤에 貝를 더한 모양인 賢은 高價고가라는 뜻이 될 것인데, 臤을 대신해서 '어질다, 뛰어나다'는 뜻으로 쓰이게 되었다.

|용례| 先賢선현 聖賢성현 賢明현명 賢士현사 賢者현자 賢哲현철

縣 16획 | 현 | 걸다, 나라

금문1 **금문2** **전문1**

|해설| 회의. 県교와 系계를 조합한 모양. 県는 머리를 거꾸로 달아 맨 모양으로 밑에 머리카락이 어지럽게 날리고 있다. 系는 끈이다. 縣은 나무에 끈으로 머리를 거꾸로 늘어뜨린 모양으로 '걸다, 늘어뜨리다'라는 뜻이 된다. 縣이 후에 행정 단위인 현이라는 뜻으로 사용되면서 따로 懸매달 현이라는 글자가 만들어졌다. 周주 왕조 시대에는 나라에서 직접 지배해 중앙에 직속하는 곳을 縣이라고 했다. 기원전 221년 중국 본토를 통일한 秦진 시황제가 전국을 36郡군으로 나누고 군 아래에 縣을 설치했다. 일본에서는 1871년(메이지 明治 4년) 藩번을 폐지하고 3府부 302縣을 설치한 것이 행정 구획으로서 縣의 시작이다.

|용례| 縣令현령

懸 20획 | 현 | 걸다

|해설| 형성. 성부는 縣현. 縣은 머리를 거꾸로 나무에 끈으로 매단 모양으로 '걸다, 매달다'라는 뜻이 있다. 縣이 懸현의 본래 글자인데 縣이 나라가 직접 지배하는 영지, 행정 단위의 뜻으로 쓰이면서 '걸다'라는 뜻으로는 懸을 쓴다. 縣에 心심을 더하여 어떤 일이 마음에 걸려 걱정하는 감정을 말한다. 係계는 장식실을 사람에게 연결해서 그 사람을 붙들어 맨다는 의미의 글자인데, 懸과 음훈이 가깝다.

|용례| 懸金현금 懸命현명 懸賞현상 懸案현안

顯 23획 | 현 | 밝다, 나타나다

금문1	금문2	금문3	전문1

|해설| 회의. 㬎현과 頁혈을 조합한 모양. 頁은 머리에 의례용 모자를 쓰고 절하는 사람을 옆에서 본 모양. 㬎은 日일(靈령의 힘을 가진 玉옥의 모양) 아래에 실 장식을 시라카(白香. 삼 등을 잘게 찢어서 백발처럼 만들어 묶은 것)처럼 붙여 신령이 빙의하는 곳으로 쓰는 것이다. 顯은 옥에 절하며 신내림을 하는 사람의 모양으로, 이에 대해 신이 옥에 빙의하여, 幽유의 세계(靈界영계)에서 현세로 나타나는(顯) 것이다. 신령이 나타나는 것을 顯이라 하여, '나타나다, 밝다, 드러나다, 명백하다'는 뜻이 된다. 후에 顯의 형성자로 만들어진 것이 現현일 것이다.

|용례| 貴顯귀현 幽顯유현 顯榮현영 顯著현저 顯彰현창 顯現현현

穴 5획 | 혈 | 구멍

전문1

|해설| 상형. 土室토실의 입구 모양. 『설문해자』(7하)에 "土室"이라고 한다. 고대 중국 북부 황토 지대의 황토층이 두꺼운 지역에서는 지붕이 있는 집을 세우는 것이 곤란했기 때문에 반지하 형식의 집에 거주했다. 중앙을 정방형으로 깊게 파고 사방에 횡혈을 파서 지하

토실을 만들었다. 절벽이 있는 곳은 절벽에 직접 횡혈을 파서 토실을 만들었다. 그 토실의 입구가 穴이고 '구멍'이라는 뜻으로 쓴다. 토실의 입구는 八팔의 모양으로 'ᄼ'면(지붕)이 있는 것이 아니다.

|용례| 墓穴묘혈 巖穴암혈 穴居혈거

 6획 | 혈 | 피, 피를 묻히다

갑골1 | 전문1

|해설| 회의. 그릇(皿명)에 피가 있는 모양. '피, 피를 묻히다'라는 뜻으로 쓴다. 『설문해자』(5상)에 "제사에 바치는 희생의 피"라고 하는데, 소나 양 등 희생의 피는 중요한 신에게 드리는 공물이었다. 또 제사에 사용하는 제기가 만들어졌을 때, 마무리로 피를 발라 정화했다. 齊宣王제선왕이 두려워하면서 끌려가는 소를 보고 "어디로 끌고 가는 것이냐" 묻자, 소를 끌고 가는 자가 "새로 만든 鐘종에 희생 소의 피를 칠하려고 합니다"라고 대답했다. 그러자 선왕이 벌벌 떨고 있는 소를 불쌍히 여겨 소 대신에 양을 썼다는 이야기가 『孟子』에 보인다.

|용례| 鮮血선혈 血管혈관 血淚혈루 血盟혈맹 血液혈액 血戰혈전

 13획 | 혐 | 싫어하다

전문1

|해설| 형성. 성부는 兼겸. 兼은 두 개의 禾화(벼)를 합쳐 손에 쥔 모

양이다. 하나의 벼(禾)를 손에 쥔 것은 秉잡을 병이다. 두 개를 합쳐 쥐는 것은 하나만 쥐는 것에 비해 뭔가 불충분하다, 불만족하다는 뜻이 있을 것이다. 嗛싫어할 겸, 歉뜻에 차지 아니할 겸은 모두 불만스럽고 성에 차지 않는다는 뜻의 글자이다. 불만이라는 뜻을 인간관계로 옮겨서 嫌혐이라고 한다. 그래서 嫌은 사람을 '싫어한다'는 뜻이 된다.

|용례| 嫌惡혐오 嫌疑혐의

協 8획 | 협 | 합하다, 맞다

協
전문1

|해설| 형성. 성부는 劦협. 劦은 力력(쟁기[耒뢰]의 모양)을 세 개 조합한 모양으로 농경 때 협력해서 밭을 가는 것을 말한다. 농작업에는 협동 작업이 필요한 일이 많았을 것이다. 協은 힘을 합쳐 밭을 가는 데서, 힘을 합쳐 일을 하다, 돕다, 마음을 합치다 등, '합치다, 함께 하다, 맞다'라는 뜻으로 쓴다.

|용례| 協力협력 協議협의 協調협조 協贊협찬 協和협화

峽 10획 | 협 | 산골짜기

|해설| 형성. 성부는 夾협. 夾은 사람이 두 겨드랑이에 사람을 안은 모양으로, 물건을 끼운다는 의미가 있다. 산이 좌우에 자리해 산과 산에 끼인 좁은 곳을 峽이라 한다. 그 좁은 곳에 물이 있는 곳을 谷곡이라 하여 峽谷협곡(폭이 좁고 양안이 절벽이 되어 있는 골짜기)이라

고 한다.

|용례| 海峽해협 峽流협류

挾 10획 | 협 | 끼다, 가지다

전문1

|해설| 형성. 성부는 夾협. 夾은 사람이 두 겨드랑이에 사람을 안은 모양으로, 물건을 끼운다는 의미가 있다. 夾은 挾의 본래 글자인데 또 손을 더해 손으로 끌어안는 의미를 표시하여 '끼우다, 끼워 넣다, 잡다'라는 뜻으로 쓴다.

|용례| 挾擊협격 挾書협서

狹 10획 | 협 | 좁다, 좁아지다, 답답하다

|해설| 형성. 성부는 夾협. 夾은 사람이 두 겨드랑이에 사람을 안은 모양으로, 물건을 끼운다는 의미가 있고, 또 좌우에서 육박한 좁은 곳이라는 의미가 있다. 도로는 일정한 폭이 있는데 獸道수도(짐승이 다니면서 자연히 만들어진 산속 작은 길)는 길이라고 할 수 없을 정도로 좁은 곳이기 때문에, 夾에 犭개사슴록변 견을 붙여서 狹이 된다. 狹은 좁은 길이라는 뜻에서 '좁다, 좁아지다, 답답하다'라는 뜻이 된다.

|용례| 偏狹편협 狹量협량 狹路협로 狹陋협루 狹小협소 狹義협의

脅 10획 | 협 | 위협하다, 으르다, 옆구리

전문1

|해설| 형성. 성부는 劦협. 劦은 세 개의 力력(쟁기(耒뢰) 모양)을 조합한 모양으로 협력해서 밭을 가는 것을 의미하고, 協협의 본래 글자이다. 옆구리에 늑골이 나란한 모양이 쟁기가 나란한 모양과 비슷해서 脇협은 늑골이 보이는 '옆구리, 겨드랑이'라는 뜻이 된다. 신체 부분을 의미하는 月(육달월)을 더했다. 脅은 脇과 글자의 요소는 같지만 어깨를 으쓱대면서 늑골을 드러내어 사람을 '위협하다, 으르다'라는 뜻으로 쓴다. 脇을 위협한다는 의미로 쓰는 일은 없다.

|용례| 脅迫협박 脅威협위 脅奪협탈

脇 10획 | 협 | 옆구리

|해설| 형성. 성부는 劦협. 劦은 力력(날 끝이 벌어진 쟁기(耒뢰)의 모양)을 세 개 조합한 모양으로 협력해서 밭을 가는 것을 의미하고, 協협의 본래 글자이다. 옆구리에 늑골이 나란한 모양이 쟁기가 나란한 모양과 비슷해서 신체 부분을 의미하는 月(육달월)을 더한 脇은 늑골이 보이는 '옆구리, 겨드랑이'를 말한다. 脅위협할 협과 글자의 요소가 같고 본래 같은 자이지만, 다만 관용으로서 脇을 '위협하다'라는 뜻으로 쓰는 일은 없다. 좌석의 옆에 두는 팔걸이를 脇息협식이라고 한다.

날 끝이 갈라진 쟁기를 든 사람

頰 16획 | 협 | 뺨

頰
전문1

|해설| 형성. 성부는 夾협. 大대(손발을 벌리고 선 사람을 정면에서 본 모양)와 人인과 人을 조합한 모양인 夾협은 사람이 양 겨드랑이에 사람을 껴안은 모양으로, 물건을 끼운다는 의미가 있다. 『설문해자』(9상)에 "面旁면방"이라 하여 얼굴 양옆에 있는 '뺨'이라고 풀이한다. 頰輔협보는 뺨. 輔는 광대뼈를 말한다. 頰車협거는 턱의 이칭. 턱은 이를 싣기 때문에 車라고 한다는 것이다. 頁혈은 의례용 모자를 쓴 사람을 옆에서 본 모양인데, 額액(頟. 이마), 頭머리 두, 頷턱 함, 頸목 경, 項목 항, 領목 령, 須수염 수 등, 사람의 얼굴이나 그 주변의 부분을 말하는 글자에는 頁을 포함하는 것이 많다.

兄 5획 | 형 | 형

兄
갑골1 | 갑골2 | 갑골3 | 금문1 | 금문2 | 전문1

|해설| 회의. 口와 人인(儿)을 조합한 모양. 口는 ㅂ축문 그릇 재로, 신에게 바치는 기도문인 축문을 넣는 그릇의 모양이다. 兄은 이 ㅂ를 머리 위에 얹은 사람을 옆에서 본 모양으로, 신에게 제사를 지내는 사람을 가리킨다. 형제 중에서 집의 제사를 담당한 사람이 장남이었기 때문에 兄은 '형'이라는 뜻이 된다. 맏형이 집의 제사를 잇고, 막내딸이 시집가지 않고 집에 남아 집의 제사를 지킨다는 습속이 있었다. 옛 자형에는 소매에 춤출 때의 장식을 붙인 글자(갑골2, 3과

금문2)나 무릎을 꿇은 모양의 글자(갑골3)가 있어서 兄이 제사에 종사하는 사람이었던 것을 알 수 있다. 兄에 祭卓제탁(신에게 제사할 때 쓰는 상)의 모양인 示시를 더하면 祝축이 되어 신을 섬기는 사람을 가리킨다.

|용례| 義兄의형 兄弟형제

刑 6획 | 형 | 죄, 형벌

금문1 　 금문2 　 전문1 　 전문2

|해설| 형성. 본래 글자는 荆형벌 형으로 쓰고 성부는 井정. 井은 목에 씌우는 칼의 모양인데 刑의 옛 자형에는 손에 수갑을 채운 모양의 글자(금문1)가 있고, 목이나 손에 井(칼. 행동의 자유를 빼앗기 위해 목이나 손발에 채우는 형벌 도구)을 채우는 것이 刑, 刑罰형벌이었다. 형벌 방법으로서 후에는 코나 귀를 베는 형벌, 목을 베는 참수, 허리를 베는 腰斬요참 등 육체를 잘라 손상하는 형벌이 많아져, 井에 刀도(刂)를 더한 刑(刑)이 되었다.

|용례| 嚴刑엄형 處刑처형 刑期형기 刑法형법 刑死형사

形 7획 | 형 | 모양, 형상

形
전문1

|해설| 회의. 본래 글자는 形형으로 쓰고 井정과 彡삼을 조합한 모양. 井에는 두 가지 뜻이 있는데 刑형(荆이 본래 글자)은 목에 씌우

는 칼이고, 形은 나무틀의 모양이다. 나무틀로 짠 鑄型주형(주물을 만들기 위해 녹인 금속을 흘려 붓는 틀)의 바깥 틀이다. 이 주형에 의해 형성된 주물(녹인 금속을 틀에 흘려 넣어 만든 기물)의 '모양, 아름다운 모양'을 形이라고 한다. 彡은 색깔이나 모양이 아름다운 것을 표시하는 기호와 같은 문자이므로 形은 주물의 모양이 갖추어져서 아름다운 것을 말한다. 후에 形은 주물 이외의 것도 포함해서 물건의 '모양', 또 사람의 '모습'이라는 뜻으로 쓴다.

| **용례** | 變形변형 原形원형 形狀형상 形相형상 形成형성 形體형체

型   9획 | 형 | 모양, 주형

금문1   금문2   전문1

| **해설** | 형성. 성부는 刑형. 刑의 본래 글자는 荊인데, 井정은 鑄型주형(주물을 만들기 위해 녹인 금속을 흘려 붓는 틀)의 바깥 틀이다. 그 바깥 틀에 흙(土토)을 다져서 만든 주형이 型이고 刂도(刀)는 주형을 整形정형하기 위한 날붙이일 것이다. 옛 자형에는 土 대신에 田전을 더한 것이 많은데 田은 솥의 모양. 솥에서 녹인 청동 등의 금속을 주형에 부어 넣어 주물을 만드는 것이다. 型은 '주형'이라는 뜻에서 일반적으로 '모양'이라는 뜻으로 쓴다. 고열로 굽고 군혀 단단해진 주형을, 금속을 부어 넣은 뒤 칼로 가르는 것을 剛강이라 한다.

| **용례** | 原型원형 典型전형 造型조형

桁 10획 | 형, 항 | 도리, 차꼬

|해설| 형성. 성부는 行행. 行에 널려 있는 것이라는 의미가 있다. 『玉篇』에 "집의 도리"라고 하여, '서까래를 받치기 위해 기둥과 기둥 위에 건너 지르는 나무'를 말한다. 또 옷걸이라는 뜻으로도 써서 옷걸이에 건 옷을 桁衣항의라고 한다.

螢 16획 | 형 | 반딧불

|해설| 형성. 성부는 熒형. '반딧불'을 말한다. 熒에 熒빛 형의 음이 있다. 熒은 본래 熒예로 쓰고 횃불을 × 모양으로 조합한 모양으로 그 불빛을 熒이라 한다. 횃불의 불 가루가 흩날리며 빛나는 모습을 반딧불이 어지러이 나는 모습에 비유해서 나온 글자일 것이다. 熒火형화는 반딧불을 말한다. 가난해서 등잔 기름을 살 수 없어 반딧불이나 눈의 희미한 빛으로 독서하는 고생을 해서 공부하는 것, 苦學고학하는 것을 螢雪형설이라 하고 고학하여 올린 성과를 형설의 功공이라고 한다. 지금은 형광등, 형광 도료와 같이 쓴다.

|용례| 螢火형화

衡 16획 | 형 | 멍에, 가로, 저울

금문1

전문1

|해설| 회의. 行행과 角가과 大대를 조합한 모양. 行은 십자로의 모양으로 교차하는 길이다. 角은 쇠뿔, 大는 소의 몸을 위에서 본 모

양. 衡은 길에 있는 멍에를 멘 소를 정면에서 바라본 모양이다. 衡은 牛車_{우차}나 馬車_{마차}의 끌채(轅_원. 수레 앞에 길게 나란히 나온 봉)의 앞 끝에 붙인 가로목, '멍에'이고 소를 끌게 하기 위한 것이다. 가로목이기 때문에 '가로, 가로로 지른 것'이라는 뜻이 된다. 가로의 균형이 잡힌 것을 平衡_{평형}이라고 한다. 좌우의 평형을 저울질하는 것을 衡(天秤_{천칭})이라 하고, 衡에 무게를 재는 '저울'이라는 뜻이 있다. 길이와 부피와 무게를 度量衡_{도량형}이라 한다. 두 개의 문기둥 상부에 가로목을 건너지른 문을 衡門_{형문}이라 한다.

惠

12획 | 혜 | 은혜를 베풀다, 사랑하다

금문1　　금문2　　전문1

|해설| 형성. 성부는 叀_혜. 叀는 상부를 묶은 주머니(橐_탁)의 모양으로 이것을 惠(은혜를 베풀다)라는 뜻으로 사용하는 것은 叀의 뜻과는 상관없이 그 '혜'라는 소리만을 빌려 쓰는 형성 용법이다. 금문에서는 叀를 그대로 惠라는 뜻으로 사용한다. 옛날에는 惠가 '은혜를 베풀다'보다 오히려 '삼가다, 꺼리다'라는 긴장된 마음의 상태를 표시한 용례가 많다. 그렇게 신경을 써서 배려해주는 것에서 후에 '은혜를 베풀다, 사랑하다(귀여워하다)'라는 의미가 되었을 것이다.

|용례| 恩惠_{은혜} 惠愛_{혜애} 惠雨_{혜우} 惠澤_{혜택}

互 4획 | 호 | 서로

互 전문1   **𥬠** 전문2

|해설| 상형. 줄을 감아 넣는 그릇의 모양.『설문해자』(5상)에 𥬠호 자를 들어 "줄을 거두는 것"이라 하고, 𥬠가 본래 글자이다. 가운데 부분을 손으로 쥐고 상하로 반복해서 감는 것으로 交互교호(갈마들 다)라는 뜻이 되고, 相互상호(서로)라는 뜻이 된다. 宮궁은 室실, 室 은 宮인 것처럼 두 개의 문자가 상호 그 뜻이 되는 관계에 있는 것 을 互訓호훈이라 한다.

|용례| 互角호각 互選호선 互市호시 互助호조

戶 4획 | 호 | 지게문, 집

日 갑골1   **尸** 금문1

|해설| 상형. 외여닫이 문의 모양. 신에게 제사를 지내는 감실의 외 여닫이 문 모양이다. 쌍여닫이 문의 모양은 門문이다. 戶나 門은 내 외를 나누는 신성한 곳이라고 하여 갑골문에는 三戶삼호나 三門삼 문에 제사하는 예가 있다. 그 안에 ㅂ축문 그릇 재(신에게 바치는 기도문 인 축문을 넣는 그릇의 모양)가 들어 있는 감실 문을 손으로 여는 것 을 啓계라 하고, 신의 啓示계시(말씀)를 보는 것도 啓라고 한다. 신의 계시를 받는 것을 시작하는 것은 肇시작할 조라고 한다. 일가에는 각 각 聖所성소가 있고, 一戶일호리 하여 一家일가라는 뜻으로 쓴다. 戶 는 '문짝'이라는 뜻에서 '집'이라는 뜻으로 쓴다.

好

6획 | 호 | 좋아하다, 사랑하다, 아름답다, 좋다

| 갑골1 | 갑골2 | 금문1 | 금문2 | 전문1 |

|해설| 회의. 女녀와 子자를 조합한 모양. 갑골문에는 여성이 아이를 안은 모양(갑골1)이나 어머니가 아이를 안은 모양(갑골2)이 있기 때문에, 본래 어머니가 유아를 애지중지하는 것을 말하는 글자일 것이다. 『詩經』「小雅/常棣」에 "妻子처자가 好合호합하다"라는 구절이 있다. 어머니의 아이에 대한 애정이라는 뜻에서, 모습이 '아름답다', '친숙하다'는 뜻이 되고, 일반적으로 상태가 좋은 것을 말한다. 또 양호한 것을 '좋아하다'라는 뜻으로도 쓴다.

|용례| 愛好애호 絶好절호 好音호음 好意호의 好學호학

呼

8획 | 호 | 부르다

| 갑골1 | 갑골2 | 금문1 | 금문2 | 전문1 |

|해설| 형성. 성부는 乎호. 乎는 呼의 본래 글자였다. 乎는 작은 판자에 나뭇조각이나 방울을 달아서 흔들어 울리는 딸랑이 판자의 모양으로, 사람을 부를 때나 새를 쫓을 때 사용했다. 본래는 신을 부를 때 사용했다. 그래서

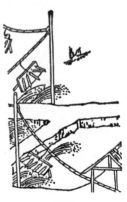

딸랑이

상용자해

乎는 '부르다, 외치다'라는 뜻이 된다. 乎가 조사의 '아, 을, 에' 등으로 쓰이게 되면서 따로 呼 자가 만들어져서 '부르다'라는 뜻으로 쓰이고, 또 '숨을 내쉬다, 뱉다'라는 뜻으로도 쓰였다.

|용례| 點呼점호 呼應호응 呼吸호흡

弧 8획 | 호 | 활

전문1

|해설| 형성. 성부는 瓜과. 瓜를 음으로 하는 것은 瓜(오이)의 모양이 완만하게 굽어서 활을 그 모양에 비유했기 때문일 것이다. 弧는 '활, 활 모양의 사물'을 말한다.『설문해자』(12하)에 "木弓목궁"이라고 한다. 나무를 구부려 활의 몸체로 만든 활을 말한다. 휨이 적은 활을 가리키는 말이었다.

|용례| 括弧괄호

虎 8획 | 호 | 호랑이

갑골1 갑골2 갑골3 금문1 금문2 전문1

|해설| 상형. 호랑이의 모양. 고양잇과 맹수 '호랑이'를 말한다. 호랑이는 虎文호문(호랑이 가죽의 모양)에 특징이 있는 동물이기 때문에 갑골문에서는 호문이 있는 모습으로 그려져 있다. 馬마나 鹿록도 말과 사슴 모양을 그린 상형자인데, 전체의 모습을 그리고 각각의 특징인 갈기와 뿔의 모양을 훌륭하게 더했다. 갑골문에는 鳳봉, 龍

룡처럼 虎에도 머리 위에 관 장식이 더해진 글자(갑
골1)가 있는데, 모두 신성한 동물로 여겼을 것이다.
楚초나라에서는 호랑이를 於免어토라고 했다. 금문
에 호랑이 모양의 도상이 있는 것으로 보아 호랑이
를 기르는 데 관계한 부족이 있었을 것이다.

|용례| 虎口호구 虎視호시 虎臣호신 虎穴호혈

호랑이 도상

湖 12획 | 호 | 호수

금문1　　금문2　　전문1

|해설| 형성. 성부는 胡호. 胡는 소의 턱 밑에 늘어진 살을 말한다.
늘대도 胡가 있어서 나이 먹은 늘대는 앞으로 나가려고 하면 胡
(턱 가죽)를 밟고 뒤로 물러나려고 하면 꼬리를 밟아, 진퇴에 궁하
다고 한다. 가마우지나 펠리칸도 턱주머니가 있다. 강물이 넘쳐흐
르면 강 옆으로 호수나 늪이 생기는 경우가 많은데, 湖는 강의 큰
턱주머니와 같은 것이고 여기에 물이 차 있는 곳이다. '호수'를 말
한다.

|용례| 湖畔호반 湖沼호소 湖水호수

號 13획 | 호 | 부르짖다, 울다

전문1

|해설| 형성. 성부는 号호. 号는 口 아래에 丂교를 더한 모양. 口는

ㅂ축문 그릇 재로서, 신에게 바치는 기도문인 축문을 넣는 그릇의 모양이다. ㅁ는 나뭇가지의 모양. 기원하는 일이 실현되도록 큰 소리로 울고 외치며 신에게 호소하는 것을 号라고 한다. 그래서 号는 '부르짖다, 울다'라는 뜻이 된다. 号에 虎호를 더한 것은 울고 외치는 큰 소리를 호랑이가 포효하는 소리에 비유해서였을 것이다. 나뭇가지로 ㅂ를 치고 기원하는 일의 성취를 신에게 강하게 호소하는 것은 可가(좋다, 허락하다, 해야 한다)라고 한다.

|용례| 號哭호곡 號令호령 號泣호읍

豪 14획 | 호 | 호저, 강하다

주문1

금문1

|해설| 형성. 성부는 高고의 생략형. 글자의 하부는 豕시, 혹은 彖단으로 긴 털이 달린 짐승이다.『山海經』「西山經」에 "鹿臺녹대의 산, 그 짐승에 白豪백호 많다"라 하고,『穆天子傳』에 豪牛호우, 豪羊호양의 이름이 보이는데 털이 많고 힘센 짐승인 것 같고 서방의 고산 지대에는 그런 짐승이 많았을 것이다. '강하다'는 의미를 사람에게 옮겨서 豪俊호준(才知재지가 뛰어난 사람), 豪雄호웅(비상하게 무용이 뛰어남), 强豪강호(비상하게 강함)라 하고, 사물에 옮겨서 豪莊호장(건물의 규모가 크고 뛰어남)이라 하고, 일에 옮겨서 豪快호쾌(규모가 크고 자유롭고 기분이 좋은 모양)라고 한다.

|용례| 酒豪주호 豪氣호기 豪放호방 豪雨호우 豪遊호유 豪華호화

護 21획 | 호 | 지키다

전문1

|해설| 형성. 성부는 蒦젤 확.『설문해자』(3상)에 "救視구시하다"라고 하며, 감시하고 지킨다는 의미가 있다. 蒦은 萑물억새 환을 손(又우는 손의 모양)으로 잡고 새점을 치는 것을 표시하는 글자이고, 새점으로 재액을 없애고 몸을 지키기를 바란다는 의미일 것이다. 그래서 護는 '지키다'라는 뜻이 된다.

|용례| 救護구호 愛護애호 護送호송 護身호신 護持호지

惑 12획 | 혹 | 홀리다

금문1 | 전문1

|해설| 형성. 성부는 或혹. 或은 囗위(도시를 둘러싼 성벽의 모양)의 주변을 창(戈과)으로 지키는 모양이고 그 지키는 땅을 域역이라고 한다. 或은 있는 것이 제한된 모양이고 '혹은'이라고 쓰인다. '혹은'이라고 하듯이 다른 가능성이 있는 것을 의심하는 기분을 惑이라 하여, '홀리다, 의심하다, 이상히 여기다'라는 뜻이 된다.

|용례| 誘惑유혹 疑惑의혹 惑亂혹란 惑星혹성

酷 14획 | 혹 | 독하다

전문1

|해설| 형성. 성부는 告고. 『설문해자』(14하)에 "술맛이 厚후한 것이다"라고 하는데, 술맛이 진한 것을 말한다. 알코올 도수가 높고 진한 술을 말할 것이다. 후에 바뀌어 일의 정도가 '엄하다, 격렬하다, 심하다'는 것을 酷이라 한다.

|용례| 冷酷냉혹 殘酷잔혹 慘酷참혹 酷似혹사 酷暑혹서 酷熱혹열

婚 11획 | 혼 | 혼인

금문1 금문2 전문1

|해설| 형성. 성부는 昏혼. 『설문해자』(12하)는 昏夕혼석(저녁) 때부터 결혼 의식이 시작된다는 의미라고 한다. '혼인, 결혼'이라는 뜻으로 쓴다. 금문의 자형은 상형이다. 爵작(술 그릇)으로 술을 따르는 모양으로 결혼할 때의 의례를 표시하는 글자인 것 같다. 고대 중국에서는 혼례에 三飯三酳삼반삼윤이 행해졌는데, 삼윤은 일본에서 신랑신부가 같은 잔으로 술을 세 번씩 마시고 세 개의 잔으로 합계 아홉 번 마시는 의례에 해당한다.

|용례| 結婚결혼 離婚이혼 再婚재혼 婚約혼약 婚姻혼인

混 11획 | 혼 | 섞다, 흐리다

전문1

|해설| 형성. 성부는 昆곤. 昆은 곤충의 모양이고 比비는 그 다리의 모양이다. 곤충은 군집하여 섞인 것이 많기 때문에 混은 '섞다'라는 뜻이 된다. 混一혼일, 混同혼동한 상태라는 것으로 混沌혼돈(하늘과 땅이 아직 나뉘지 않은 상태. 또 사물의 구별이 확실하지 않은 상태), 混冥혼명(어둡고 먼 곳)처럼 쓴다. 『老子』 「第二十五章」 "사물이 있어서 섞여서 이루어지고, 천지에 앞서서 생긴다"함은 우주 창생의 때를 말할 것이다.

|용례| 混合혼합

魂 14획 | 혼 | 넋

전문1

|해설| 회의. 云운과 鬼귀를 조합한 모양. 云은 雲의 본래 글자로 雲氣운기(구름, 또 구름 형상을 한 것)의 모양. 鬼는 죽은 사람의 人鬼인귀로 靈령이 되어 靈界영계에 있는 것을 말한다. 魂은 '넋'을 말한다. 사람의 魂은 사람이 죽은 다음에 운기가 되어 영계에 들어간다고 여겨졌다. 이에 비해 몸은 죽어서 形骸형해(뼈)가 되어 그 모습이 남는다. 이것을 魄백(넋, 몸)이라 한다. 白백은 하얗게 된 頭骨두골의 모양이다. 魂은 '마음'이라는 뜻으로도 써서, 魂膽혼담(마음속으로 몰래 생각하는 계획), 詩魂시혼(시의 경지, 시를 쓰는 마음)이라고 한다.

상용자해

|용례| 商魂상혼 靈魂영혼 鎭魂진혼 魂魄혼백

洪 9획 | 홍 | 홍수, 크다

전문1

|해설| 형성. 성부는 共공. '홍수'를 말한다. 고대의 홍수(큰물)는 하늘에 넘친다(滔도. 물이 가득 차다)고 할 정도로 기세가 격렬한 것이었다. 그래서 洪은 洪大홍대(아주 큼), '크다, 대단히'라는 뜻이 되고, 또 훌륭하다, 광대하다는 뜻도 된다.

|용례| 洪業홍업

紅 9획 | 홍 | 연지, 다홍, 빨강

전문1

|해설| 형성. 성부는 工공. 『설문해자』(13상)에 "비단의 赤白色적백색"이라고 하여, 흰색을 띤 적색, 桃紅도홍(복숭아꽃과 같은 다홍색)과 같은 색을 말한다. '연지, 다홍, 빨강'이라는 뜻으로 쓴다.

|용례| 深紅심홍 眞紅진홍 紅旗홍기 紅白홍백 紅顏홍안 紅葉홍엽

虹 9획 | 홍 | 무지개

전문1

|해설| 형성. 성부는 工공. 工은 좌우에 걸쳐 윗부분이 조금 휘어진 모양의 공구이다. 활 모양으로 나타나는 무지개는 그 모양과 비슷하다. 옛날에는 무지개를 하늘에 사는 용 모양의 괴수라고 생각했기에 工에 虫훼(용이나 파충류의 모양)를 더한 虹은 '무지개'라는 뜻이 된다. 색이 선명한 수컷 무지개를 虹이라 하고 색이 엷은 암컷 무지개를 霓예, 蜺예라고 한다. 兒아는 용 모양의 괴수 머리 모양이고 좌우 머리 사이의 몸 부분은 工형으로 휜 모양이다. 갑골문에는 "저물녘에 다시 나온 무지개가 북쪽에서 와서 강에서 물을 마셨다"고 하여, 무지개가 나타나는 것은 하늘에서 내려와서 황하의 물을 마시기 위함이라고 한다.

蜺의 갑골문

|용례| 虹橋홍교 虹蜺홍예 虹霓홍예

化 4획 | 화 | 바뀌다, 죽다, 따르다

| 갑골1 | 금문1 | 전문1 |

|해설| 회의. 人인과 匕화를 조합한 모양. 匕는 人을 거꾸로 한 것으로 죽은 사람의 모양이다. 머리와 발이 거꾸로 된 匕(死者사자)가 등을 맞대고 누워 있는 모양이 化이고 사람이 죽는 것을 말한다. 化는 생기를 잃고 변화하는 것, 모든 것은 변화하면서 생과 사를 되풀이하므로 변화하는 것을 말한다. 또 자연이 사물을 육성하는 것, 도덕과 사상에 따라 가르치고 인도하는 것을 化라고 한다. '죽다, 바뀌다, 따르다'라는 의미로 쓴다.

|용례| 教化교화 美化미화 變化변화 俗化속화 純化순화 化身화신

火 4획 | 화 | 불, 타다

갑골1	갑골2	전문1

|해설| 상형. 타오르는 불(火)의 모양. '불'을 말한다. 옛 자형은 불꽃 전체의 모양인데 현재의 火라는 글자는 위로 불 가루를 날린 모양으로 되어 있다. 火가 두 개 쌓이면 炎염(불꽃)이 된다. 화라는 음은 격렬하게 탈 때의 소리인 것 같고 불이 났을 때의 소리를 譆譆희희라고 형용한 예가 있다. 불에 타서 내려앉는 것을 燬훼(불, 타다)라고 한다. 水火수화라는 말은 물에 빠지고 불에 타는 위험이나 고통의 비유에 쓰이는데 水와 火를 조합한 글자가 災재앙 재이다. 災 상부의 巛재는 물이 넘쳐 일어나는 水害수해를 말하는 글자이다. 災는 홍수와 火災화재에 의한 재난을 의미한다.

|용례| 防火방화 放火방화 聖火성화 鎭火진화 火熱화열 火影화영

和 8획 | 화 | 누그러지다, 부드러워지다, 대답하다

금문1	금문2	전문1

ㅎ

|해설| 회의. 禾화와 口를 조합한 모양. 禾는 軍門군문에 세우는 표지목의 모양. 禾를 늘어놓은 秝력은 군문의 모양이다. 口는 ㅂ재이고 신에게 바치는 기도문인 축문을 넣는 그릇의 모양이다. ㅂ를 둔 군문의 앞에서 서약하여 媾和구화(전쟁을 멈추고 평화로운 상태로 돌아

감)하는 것을 和라 하고 '누그러지다, 부드러워지다'라는 뜻이 된다. 『中庸』「第一章」에 "和라는 것은 천하의 達道달도이다"라 하여, 和는 최고의 덕행임을 표시하는 말이라고 한다.

| **용례** | 講和강화 和氣화기 和樂화락 和睦화목 和親화친 和解화해

花 8획 | 화 | 꽃

凇 | 華
전문1 | 전문2

| **해설** | 형성. 성부는 化화. 본래 글자는 華꽃 화로 꽃잎이 아름답게 난만하게 핀 모양의 상형자이다. 후에 형성자인 花가 5세기 무렵에 만들어졌다고 생각된다. 花는 풀이나 나무의 '꽃'을 말하고 또 '꽃 같은 아름다움, 화려함'을 말한다.

| **용례** | 開花개화 洛花낙화 花壇화단 花木화목 花顔화안 花月화월

貨 11획 | 화 | 돈, 보물

貨
전문1

| **해설** | 형성. 성부는 化화. 化는 두 구의 사체가 누워 있는 모양으로, 변화한다는 뜻에서 교환한다는 뜻이 생겼을 것이다. 옛날에는 화폐로서 貝조개 패가 사용되어 貝貨패화라고 한다. 貝는 南海남해산의 子安貝자안패로 생산의 呪力주력이 있는 것으로 여겨졌다. 후에는 청동이나 직물을 돈으로 사용해서 刀貨도화(刀 모양을 한 청동제의 돈), 貨幣화폐(幣는 비단)라고 한다. '돈' 외에 '보물, 물품, 팔다'라

는 의미로 쓴다.

|용례| 硬貨경화 雜貨잡화 貨物화물 貨殖화식

華
12획 | 화 | 꽃, 화려함

金문1 金문2 전문1

|해설| 상형. 꽃잎이 아름답게 흐드러지게 핀 모양. 흐드러진 꽃의 모양이어서 '꽃, 화려함'이라는 뜻이 된다. 그 꽃을 따는 것을 拜절할 배라고 한다. 허리를 굽혀 꽃을 따는 자세가 拜禮배례 자세에 가까워 拜는 '배례하다'(절하다)라는 뜻이 되는데, 이 拜의 오른쪽 부분이 華의 모양이다. 花는 후에 華를 형성자로 고치고, 대신 化화 음이기 때문에 花로 만든 것이다.

|용례| 榮華영화 香華향화 華麗화려 華美화미 華辭화사

畫
12획 | 화, 획 | 그림, 그리다, 가르다, 꾀하다

金문1 金문2 金문3 전문1

|해설| 회의. 聿붓 율과 田전을 조합한 모양. 聿은 筆필, 田은 周주의 최초 형태인데 周는 네모난 방패(盾순)의 모양이다. 畫는 방패에 모양을 '그리는' 일, 또 그려진 '그림'(모양)을 말한다. 周는 네모난 방패의 표면을 십자 모양으로 구분한 속에 모양을 조각한 글자이고, 주 왕조를 건설한 周族주족은 그런 방패를 사용했기 때문에 周라고 이름 붙였을 것이다. 출진할 때는 그 방패에 ㅂ재(기도문인 축문을

넣는 그릇)를 더하여 승전을 기원했다고 생각된다. 畫가 구획(나누어 구별함)이라는 뜻으로 쓰이는 것은 周의 경우처럼 방패 모양을 구획해서 그리는 일이 많기 때문일 것이다. 구획이라는 뜻으로는 본래 劃나눌 획을 썼다. '그림, 그리다'의 경우는 '화'로 읽고 '가르다, 나누다, 꾀하다'의 경우는 '획'으로 읽는다.

|용례| 企畫기획 畫讚화찬 繪畫회화

話 13획 | 화 | 이야기하다, 이야기

전문1

|해설| 형성. 성부는 舌괄. 舌의 본래 글자는 昏괄로 쓰고, 손잡이가 있는 작은 칼(氏씨)로 ㅂ재(신에게 바치는 기도문인 축문을 넣는 그릇의 모양)를 푹 찔러서 그 기도의 효과를 잃게 하는 것이고, 지운다(刮괄)는 뜻이 있다. 그렇게 타인을 해치도록 말하는 것을 話라 하고, '이야기하다, 해치다, 이야기'라는 뜻으로 쓴다. 『설문해자』(3상)에 "會合회합해서 善言선언하는 것이다"라 하여 칭찬하는 뜻이라고 하지만, 글자의 성립에서 보면 남을 비방하고 저주하는 이야기, 비방하는 것을 말한다. 話는 訛거짓말할 와, 獪교활할 회와 음훈이 가깝고 통용하는 경우가 있다.

|용례| 對話대화 通話통화 話言화언 話題화제 會話회화

靴 13획 | 화 | 구두, 가죽신

전문1

|해설| 형성. 성부는 化화. 글자는 또 鞾가죽신 화로 쓴다. 본래는 軍靴군화였던 것 같고, 『隋書』「禮儀志, 七」에 "戎服융복에 施시한다" 하여 군복을 입을 때 착용한다고 되어 있다. 재상과 같은 고관을 알현할 때는 예의에 어긋나기 때문에 신지 않았다.

|용례| 革靴혁화

禍 14획 | 화 | 재앙

갑골1 | 금문1 | 전문1

|해설| 형성. 성부는 咼와. 咼는 冎과(사람 상반신의 잔골)에 ㅂ재(신에게 바치는 기도문인 축문을 넣는 그릇의 모양)를 더하여 禍(재앙)를 떨쳐 버리기를 기도하는 뜻이 된다. 禍는 잔골의 呪靈주령에서 비롯된다고 여겼기 때문이다. 示시는 신에게 제사를 지낼 때 사용하는 祭卓제탁의 모양이기 때문에 재앙을 떨쳐 버리는 의례를 禍라고 하여 '재앙'이라는 뜻으로 쓴다.

|용례| 災禍재화 慘禍참화 禍根화근 禍福화복 禍殃화앙 禍源화원

枠 8획 | 얼레(와쿠)

|해설| 일본 한자. 본래 글자는 籰얼레 확이고 성부는 隻척. 籰은 실

을 감는 도구. 중심에 회전하는 축을 붙인 나무틀을 만들어 실을 감는 도구이다. 그러한 모양으로 네모 형태로 나무를 짠 것을 枠(와쿠)라고 한다. '와쿠'는 篗의 음 '확'을 그대로 취한 것이다.

確 15획 | 확 | 굳다, 확실하다

|해설| 형성. 성부는 寉학. 寉은 날아오르려고 하는 새(隹추) 위에 冂경(테의 모양)을 더하여 강하게 붙드는 것을 말한다. 寉에 石석을 더하여 돌이 '굳다'는 뜻을 더한 것으로, 돌로 다진 것은 굳고 확실하다는 뜻이 된다. '굳다, 확실하다'라는 뜻으로 쓴다.

|용례| 正確정확 確固확고 確立확립 確實확실 確定확정 確乎확호

擴 18획 | 확 | 넓히다

|해설| 형성. 성부는 廣광. 廣은 형용사인데 手수(손수변)를 더하여 동사로 만들고 그 때문에 음이 약간 변화했을 것이다. 廣은 넓고 큰 건물을 말한다. 그래서 擴은 '넓고 크게 하다, 넓히다'라는 뜻의 동사로서 쓴다. 彍활시위 당길 확은 활을 힘껏 당기는 것.

|용례| 擴大확대 擴散확산 擴張확장 擴充확충

穫 19획 | 확 | 수확하다, 거둬들이다

전문1

|해설| 형성. 성부는 蒦잴 확. 蒦의 옛 모양은 隻척이고 隹추(새)를

又우(손의 모양)로 잡는 모양으로 원래 새를 잡는다는 의미이다. 여기에 禾화(벼, 곡물류)를 더하여 농작물을 '수확하다, 거둬들이다'라는 뜻으로 쓴다. 禾 대신에 犬견(犭. 사냥개)을 더한 獲획은 鳥獸조수를 수렵한다는 뜻이 된다. 穫은 獲보다 나중에 만들어진 글자이다.

|용례| 收穫수확

丸 3획 | 환 | 둥글다, 둥글게 하다, 구슬

갑골1 　 전문1

|해설| 상형. 활시위에 둥근 彈탄을 댄 모양. 이것을 당겨서 탄을 쏘는(彈) 것이기 때문에 彈丸탄환(고대 중국에서 彈弓탄궁의 탄알)이라고 한다. 彈은 둥근 모양이므로 작고 '둥근' 모양의 물건을 丸이라 한다. 그런 모양으로 만든 약을 丸藥환약, 대굴대굴 구르는 것을 丸轉환전이라고 한다. 활에 쓰는 탄알을 彈丸탄환, 총에 쓰는 탄알을 銃丸총환이라고 했는데, 지금은 탄환을 총환의 뜻으로 쓴다.

幻 4획 | 환 | 환상, 홀리다

금문1 　 금문2 　 전문1

|해설| 상형. 予여의 자형을 거꾸로 한 모양. 予는 직기에 세로로 건 날실을 번갈아 넣고 씨실을 통과시켜 베를 짜는 도구인 杼북 저의 모양이다. 幻은 杼를 거꾸

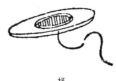

杼

로 해서, 거꾸로 보낸다는 뜻이 되고, 杼가 좌우로 오가며 솜씨 좋게 베를 짜내므로, 幻은 사람을 '홀리다'라는 뜻이 된다. 후에 幻術환술(사람의 눈을 흐리는 이상한 술법. 奇術기술), '환상'이라는 뜻이 된다.

|용례| 夢幻몽환 幻覺환각 幻滅환멸 幻想환상 幻影환영 幻惑환혹

患
전문1

11획 | 환 | 앓다, 근심하다

|해설| 형성. 성부는 串관. 串은 冊관과 마찬가지로 고대에는 貝패를 잇달아 묶은 모양이고, 貫관은 그 아래에 貝를 더한 모양이다. 잇달아 묶은 貝는 서로 부딪혀 깨지기 쉬운 것이기 때문에 그것을 '근심하고, 앓고, 고민하는' 것을 患이라 한다. 근심 중에 가장 심한 것은 병이기 때문에 병을 病患병환이라 한다. 본래는 경제적인 근심을 말하는 글자였다.

|용례| 患難환난 患者환자 患害환해

喚
전문1

12획 | 환 | 부르다, 소리치다

|해설| 형성. 성부는 奐환. 奐은 짐승이 가랑이를 벌려 낳은 새끼를 사람이 두 손으로 들어 올리는 모양이다. 새끼가 활기차게 태어나는 모습을 渙然환연이라고 한다. 羊양 새끼가 태어나는 것을 羍어린

양 달이라 하는데 그렇게 쑥 태어나는 상태를 達통달할 달이라 하는 것과 마찬가지다. 태어날 때 큰 소리를 내는 것을 喚이라 하여 '부르다, 소리치다'라는 의미로 쓴다.

|용례| 叫喚규환 召喚소환 喚起환기 喚問환문 喚聲환성

換 12획 | 환 | 바꾸다, 바뀌다

전문1

|해설| 형성. 성부는 奐환. 奐은 짐승이 가랑이를 벌려 낳은 새끼를 사람이 두 손으로 들어 올리는 모양으로 새끼가 태어날 때의 모습이다. 奐은 새로운 생명이 태어나는 것인데, 그것이 '交換교환하다'(바꾸다)라는 뜻으로 된 과정은 잘 알 수 없다. '바꾸다, 바뀌다'라는 뜻으로 쓴다. 헌것에 손을 보태서 새로운 것으로 만드는 일을 換骨奪胎환골탈태라고 한다.

|용례| 轉換전환 兌換태환 換氣환기

環 17획 | 환 | 옥, 고리

금문1　금문2　전문1

|해설| 형성. 성부는 睘환. 睘은 죽은 사람 의상의 옷깃 언저리에 죽은 사람의 靈령에 힘을 더하는 玉옥(○)을 두고, 위에 생명의 상징으로서 눈(目목)을 그린 모양으로, 죽은 사람이 살아 돌아오기를 기원하는 의례를 말한다. 이 의례에 사용하는 옥을 環이라 하고 '옥, 고

리'라는 뜻이 되고 둥근 모양이기 때문에 '돌다'라는 뜻이 된다.

|용례| 巡還순환 玉環옥환 環境환경 還流환류 環視환시

還 17획 | 환 | 돌아오다

갑골1 금문1 금문2 금문3 전문1

|해설| 형성. 성부는 睘환. 睘은 葬儀장의 때 죽은 사람 의상의 옷깃 언저리에 죽은 사람의 靈령에 힘을 더하는 玉옥(○)을 두고, 위에 생명이 있는 것을 증명하는 눈(目목)을 그린 모양으로, 죽은 사람이 살아 돌아오기를 기원하는 의례이다. 睘은 죽은 사람이 살아 '돌아오는' 것을 기도하는 뜻이었는데, 辵착(辶, 辶. 걷는다는 뜻이 있다)을 더하여 往還왕환의 '돌아오다'라는 뜻으로 쓰이게 되었다.

|용례| 生還생환 還歸환귀 還曆환력 還俗환속

歡 22획 | 환 | 기뻐하다

전문1

|해설| 형성. 성부는 雚관. 雚은 鸛황새 관으로 신성한 새라 하여 새점에 사용된 것으로 생각된다. 그래서 雚을 사용해 새점을 쳐서 신의 뜻을 보는 것을 觀관이라 한다. 欠흠은 입을 벌리고 선 사람을 옆에서 본 모습으로 소리를 내어 기도하는 것을 말한다. 歡이란 雚을 써서 기도하고 기원이 실현된 것을 '기뻐한다'는 의미일 것이다. 勸권은 雚에 力력(쟁기(耒뢰)의 모양)을 더한 농경의례에 관한 글자

이기 때문에 觀, 歡도 아마 농경에 관한 글자일 것이다. 懽_환, 讙_환, 驩_환은 모두 '기뻐하다'로 읽는 글자이다.

|용례| 哀歡_{애환} 歡樂_{환락} 歡聲_{환성} 歡心_{환심} 歡迎_{환영} 歡呼_{환호}

活 9획 | 활 | 살다

전문1

|해설| 형성. 성부는 舌_괄. 舌의 본래 글자는 昏로 쓰고, 작은 손잡이가 달린 刀도(氏씨)로 ㅂ_재(신에게 바치는 기도문인 축문을 넣는 그릇의 모양)를 찔러 그 기도의 효과를 잃게 하는 것으로, 깎는다(刮깎을 괄)는 뜻이 있다. 그 깎을 때의 소리를 형용해서 活活_{괄괄}이라고 한다. 물이 기세 좋게 흐르는 소리도 괄괄이라고 한다. 活이란 생명이 생생하고 기세 있는 힘을 말하고, '살다'라는 뜻으로 쓴다.

|용례| 生活_{생활} 活氣_{활기} 活動_{활동} 活力_{활력} 活潑_{활발} 活況_{활황}

滑 13획 | 활, 골 | 미끄러지다, 매끄럽다

전문1

|해설| 형성. 성부는 骨_골. 骨에 猾_{교활할 활}의 음이 있다. 骨의 표면은 아주 매끄러워서 물에 젖어 '매끄러운, 미끄러지는' 상태를 滑이라 한다. 滑稽_{골계}는 본래 酒器_{주기}의 이름으로 마셔도 마셔도 마르지 않는 그릇이라고 한다. 여기서 바뀌어 막힘없이 말하는 것을 말한다. 또 익실을 부려 말하는 것이 많아서 '익살'이라는 뜻이 된다.

ㅎ

|용례| 圓滑원활 潤滑윤활 滑降활강 滑走활주 滑澤활택

況 8획 | 황 | 상태, 모양

전문1

|해설| 형성. 성부는 兄형. 兄은 성부인데 본래는 家가의 장남으로서 신의 제사를 담당한 자이고 신의 제사를 한 사람을 祝축이라 한다. 祝은 신을 섬기고 신을 불러들여 맞이할 수가 있었다. 祝의 기도에 응해서 신이 내려온 것 같은 상황을 惝怳창황(멍한 모양)이라 한다. 그래서 況은 '상태, 모양'이라는 의미로 쓴다.

|용례| 概況개황 實況실황 現況현황

皇 9획 | 황 | 임금, 빛나다

금문1 **금문2** **전문1**

|해설| 상형. 王왕의 상부에 玉옥 장식을 더한 모양이다. 王은 왕의 상징으로 사용하는 큰 도끼의 머리 부분의 모양이고, 그 도끼날을 아래로 하여 玉座옥좌(왕이 앉는 자리) 앞에 두었다. 도끼 자루를 장착하는 부분에는 옥을 장식한다. 그 옥빛이 위로 퍼져나가는 모양을 더하면 皇이 되므로 皇은 '빛나다'라는 뜻이 된다. 또 빛나는 도끼의 머리 부분은 왕위의 상징이기 때문에 皇은 '왕, 군주, 천자'라는 뜻으로 쓴다. 약 2천2백 년 전 중국 본토를 처음 통일한 秦王진왕(이름은 政정)은 왕을 대신해 새로 皇帝황제라는 칭호를 사용하고

스스로 시황제라고 불렀다. 이후 2천 년이 넘는 동안 중국에서는 황제의 칭호가 사용되었다. 황제란 본래 하늘의 신, 天帝_{천제}라는 의미였다. 일본에서는 天皇_(덴노) 칭호를 쓴다.

|용례| 皇室_{황실} 皇天_{황천}

荒 10획 | 황 | 거칠다

금문1 　 전문1

|해설| 형성. 성부는 巟_황. 巟은 죽은 사람의 모양인데 그 남은 뼈에 아직 머리털이 남은 상태이다. 그러한 사체가 풀덤불 사이에 버려진 상태를 荒이라 하여, 飢饉_{기근} 상태를 말한다. 그 사체의 뼈가 초야에 버려진 곳을 荒野_{황야}(황폐한 들판)라 하고, 일반적으로 질서가 사라진 상태를 荒誕_{황탄}, 荒唐_{황당}(엉터리)이라고 한다. 荒에는 '거칠다, 무절제해지다, 부실하다, 망치다, 거짓말'이라는 뜻이 있다.

|용례| 荒涼_{황량} 荒地_{황지} 荒天_{황천} 荒土_{황토} 荒廢_{황폐} 荒凶_{황흉}

黃 12획 | 황 | 누런빛

갑골1 　 갑골2 　 금문1 　 금문2 　 전문1

|해설| 상형. 갑골문자의 자형은 불화살의 모양으로 그 불빛에서 '누런빛'이라는 뜻이 되었을 것이다. 금문의 자형은 패옥(허리에 차는 혁대에 늘어뜨린 옥)의 모양으로 보이고, 옆에 옥을 더한 자형도 있는데, 그것은 璜_황(패옥의 구슬)의 상형으로 보면 된다. 허리에 차는

ㅎ

패옥을 조합한 모양이 黃의 자형이 되고, 또 그 엷은 반투명한 색이 황색이 되었다. 오행설에서 황색은 중앙의 색이므로 천자의 지위에 비유하여 黃門황문(宮門궁문)처럼 말한다.

黃 자 모양의 편옥

|용례| 卵黃난황 玄黃현황 黃金황금 黃髮황발 黃泉황천 黃土황토

慌   13획 | 황 | 허둥지둥하다, 당황하다

|해설| 형성. 성부는 荒황. 荒은 머리가 흐트러진 사체가 풀숲 사이에 버려진 상태를 말한다. 기근을 荒凶황흉이라 하고 기근이 든 해를 荒歲황세, 荒年황년이라고 한다. 그렇게 생사가 걸린 위험한 사태가 눈앞에 다가온 상태를 荒이라 하여, 놀라서 허둥지둥하는 것을 恐慌공황(경제 혼란을 말하기도 한다)이라고 한다. 慌은 '허둥지둥하다' 외에 '멍하다'는 뜻으로도 써서, 恍忽황홀·恍惚황홀(멍하니 있는 모습), 慌罔황망(당황해서 멍하니 있음)이라고 한다.

回   6획 | 회 | 돌다, 돌리다, 둘러싸다, 돌아오다

금문1

전문1

|해설| 상형. 연못(淵연) 등에서 빙글빙글 도는 물의 모양. 그래서 '돌다, 돌리다, 둘러싸다'라는 의미가 되고, 돌기 때문에 '돌아오다'

라는 의미도 된다. 淵도 물이 빙글빙글 돌며 흐르는 모양을 표시한 글자이다. 물이 빙글빙글 돌며 흐르는 것을 洄_회라 하는데 回가 본래 글자이다. 공자의 高弟_{고제}인 顔回_{안회}(기원전 6~기원전 5세기)는 字_자를 子淵_{자연}이라고 한다. 당시 사람의 이름과 자는 回와 淵이 모두 물이 빙글빙글 돈다는 의미의 글자인 것처럼 관련이 있는 자를 선택해서 지었다.

|용례| 迂回_{우회} 奪回_{탈회} 回歸_{회귀} 回首_{회수} 回轉_{회전} 回春_{회춘}

灰 6획 | 회 | 재

전문1

|해설| 회의. 火_화와 又_우를 조합한 모양. 火 위에 又(손의 모양)를 든 모양으로 아마 남은 불을 꺼내 '재'를 치우는 것을 표시할 것이다. 남은 열기가 없이 완전히 식어버린 재를 死灰_{사회}라 하여 생기가 없는 것을 비유할 때 쓴다.

|용례| 燼灰_{신회} 灰心_{회심} 灰汁_{회즙} 灰塵_{회진}

栃 9획 | 회 | 상수리나무

|해설| 일본 한자. 도치, 도치노키(칠엽수. 일본 특산종. — 옮긴이)를 말한다. 낙엽 高木_{고목}의 이름으로 산지의 저습지 옆에 자란다. 종자에서 전분을 얻고 떡도 만든다. 글자는 또한 일본 한자인 杤_회로 쓴다. 杤는 木_목에 万_만(千_천의 10배)을 더한 글자라는 설이 있다. 栃의 중국 이름은 橡_{상수리나무 상}이다.

ㅎ

悔 10획 | 회 | 뉘우치다, 후회하다

전문1

|해설| 형성. 성부는 每매. 每에 海바다 해, 晦어두울 회의 음이 있다. 每는 머리 장식을 많이 붙인 여자의 모습으로 머리가 거추장스러운 상태를 말한다. 海, 晦에는 어둡다는 뜻이 있다. 그러한 답답하고 어두운 심리 상태를 悔라 하고 '뉘우치다, 후회'라는 뜻이 된다. 恨한은 성부가 艮어긋날 간으로, 艮은 눈(目목. 邪眼사안)이 두려워 후퇴하는 사람의 모양이다. 그래서 悔恨회한(잘못을 뉘우치고 언짢게 생각함)이라고 말한다.

|용례| 悔心회심 悔悟회오 後悔후회

會 13획 | 회 | 만나다, 모이다

금문1   전문1

|해설| 상형. 뚜껑이 있는 냄비(鍋과)의 모양. 상부는 뚜껑의 모양, 중간의 ㅍ은 음식을 취사하는 냄비의 모양이고 아래의 日은 그 받침대의 모양이다. 냄비 뚜껑을 덮고 취사를 하는 모양이라고 생각하면 될 것이다. 여러 가지 먹을거리를 모아 잡탕 같은 것을 만드는 것이어서 '모으다, 모이다, 만나다'라는 뜻이 된다. 合합은 기물에 뚜껑을 덮은 모양이고 그릇과 뚜껑이 '맞는' 것을 말한다. 합하여 會合회합이라 하는데 요리가 아니라 사람이 서로 모인다는 의미로 쓴다.

상용자해

|용례| 機會기회 密會밀회 法會법회 散會산회 會釋회석 會食회식

賄 13획 | 회 | 보내다, 뇌물

전문1

|해설| 형성. 성부는 有유. 有는 祭肉제육을 손에 들고 신에게 바치고 권하는 것을 뜻한다.『설문해자』(6하)에 "財재"라고 한다. 자기가 소유하는 재산을 말한다.『詩經』「衛風/氓」에 "너의 車차를 가져오면, 내가 賄(家財가재)를 옮겨주지"라고 하며 氓(행상인)이 여인을 꼬드겨 자기 짐을 정리해서 마을을 나가자고 노래한다. 이 자기 재산이라는 것이 賄의 본래 뜻일 것이다. 후에 자기 재물을 타인에게 '보내다', '선물'이라는 뜻이 되고, 賄賂회뢰(자기를 잘 봐달라는 목적으로 타인에게 보내는 금전, 물품. 뇌물)라는 뜻으로 쓴다.

|용례| 收賄수회 贈賄증회

懷 19획 | 회 | 품, 그리워하다, 따르다, 생각하다, 품다

금문1   전문1

|해설| 형성. 성부는 褱회. 褱는 옷(衣의) 속에 眔답(눈에서 눈물이 흐르는 모양으로 淚눈물 루라는 뜻)을 더한 모양으로, 죽은 사람의 옷깃 언저리에 눈물을 흘려 죽은 사람을 그리고 생각하는 것을 말하며, 죽은 사람을 조문할 때의 슬프고 안타까운 애석의 마음을 懷리한다. 그래서 懷古회고처럼 과거를 그리워하는 의미로도 쓰는데 마

음속에 생각하는 것을 말하기도 한다. '그리워하다, 따르다, 생각하다, 품다, 품'이라는 뜻으로 쓴다.

|용례| 述懷술회 懷疑회의 懷中회중 懷抱회포

繪 19획 | 회 | 그림, 그리다

전문1

|해설| 형성. 성부는 會회. 會는 여러 가지 먹을거리를 모은 잡탕 냄비를 말하는 글자인데, 그렇게 다양한 색깔을 사용해 아름다운 채색 직물을 만드는 것을 繪라고 한다. 본래 직물의 문양, 모양을 말하는데 후에 '그림, 그리다'라는 의미로 쓴다. 繪畵회화는 거의 2천 5백 년 전 공자 시대에도 있었고 『論語』「八佾」에 "그림 그리는 일은 素소를 나중에 한다"는 공자의 말이 있다. 그림을 그릴 때는 백색(素)으로 완성한다는 의미이다.

|용례| 繪像회상 繪畵회화

獲 17획 | 획 | 잡다, 얻다

갑골1　　갑골2　　금문1　　금문2　　전문1

|해설| 형성. 성부는 蒦잴 확. 蒦의 옛 모양은 隻척이고 隹새 추를 又우(손의 모양)으로 잡는 모양으로, 이것이 獲의 본래 글자이다. 원래 새를 잡는다는 의미의 글자인데 犬견(犭. 개사슴록변)을 더하여 사냥개를 써서 동물을 사냥한다는 의미로도 사용하게 되었다. 후에

일반적으로 사물이나 사람을 '잡다, 얻다'라는 뜻으로 쓰이게 되었는데, 다만 농작물을 수확할 때는 犬 대신에 禾화(벼, 곡물류)를 더한 穫확을 쓴다.

|용례| 亂獲난획 獲得획득

橫 16획 | 횡 | 가로, 제멋대로

橫
전문1

|해설| 형성. 성부는 黃황. 黃은 허리에 차는 佩玉패옥의 옥 모양. 그 옥을 璜서옥 황이라 한다. 橫은 본래 대문의 빗장에 쓰는 가로목을 말한다. 그로부터 縱세로 종, 橫가로 횡의 '가로'라는 뜻으로 쓴다. 縱에는 '順從순종하다, 따르다'라는 뜻이 있고, 橫에는 '굽히다, 방해하다, 제멋대로'라는 뜻이 있어서 橫은 나쁜 뜻으로 쓰이는 경우가 있다.

|용례| 驕橫교횡 專橫전횡 橫斷횡단 橫領횡령 橫死횡사 橫暴횡포

孝 7획 | 효 | 효도

금문1

금문2

전문1

|해설| 회의. 耂(老의 생략형)와 子자를 조합한 모양. 耂는 장발 노인을 옆에서 본 모양이다. 여기에 子를 더하여 자식이 노인을 잘 모신다는 뜻이 되어, '효도, 효행'을 말한다. 공자 이전의 주 왕조 시대 청동기 명문(금문)에는 孝가 조상을 잘 섬기고 조상에게 제사

지낸다는 의미로 쓰이는 일이 많았다. 공자에서 시작된 儒家유가는 효를 그 禮敎예교(의례와 교화)의 기본 덕목으로 가장 존중하여 후에 『孝經효경』(공자와 제자인 증자의 문답 형식으로 효에 대해 말한 책)이 편찬되었다.

|용례| 不孝불효 孝順효순 孝養효양 孝子효자

效 8획 | 효 | 듣다, 본받다, 따르다, 효과

| 갑골1 | 갑골2 | 금문1 | 금문2 | 전문1 |

|해설| 회의. 글자의 본래 모양은 옛 자형이 보여주듯이 矢시와 攴복(攵)을 조합한 모양. 攴에는 친다는 뜻이 있다. 화살(矢)을 쳐서 구부러진 모양의 화살대를 바로잡는다는 뜻의 글자이다. 화살대를 두 손으로 바로잡는 것을 寅삼갈 인이라고 한다. 화살의 모양이 바로 잡혀 올바른 결과가 얻어지는 것이므로 效본받을 효라고 읽고, 바른 모양을 따르기 때문에 倣效방효(본받아 따름)라 하고, 방효의 결과를 效果효과라고 한다. 效는 '본받다, 따르다, 효과, (효력이) 듣다'라는 뜻이 된다. 현재는 자형을 잘못해 矢를 交교로 하고, 상용한자는 또 攴을 力력(쟁기의 모양)으로 바꾸어 効로 만들어서, 글자 본래의 뜻을 이해할 수 없게 되었다.

|용례| 藥效약효 效能효능 效力효력 效驗효험

酵 14획 | 효 | 누룩

|해설| 형성. 성부는 孝효. 『玉篇』에 "酒酵주효"라 하여 술을 발효시

키는 술밑, '누룩'을 말한다. 익어서 거품이 생기는 것을 걸러서 술로 만든다. 술은 중국에서 일찍부터 국가의 전매품이 되었다. 酵粥효죽(발효시킨 죽)으로 술을 만드는 것을 금지하고 위반하는 자는 『金史』「食貨志」에 의하면 장으로 80대를 맞는 형벌에 처하도록 규정되었다.

|용례| 醱酵발효 酵母효모

曉 16획 | 효 | 새벽, 깨닫다

曉
전문1

|해설| 형성. 성부는 堯요. 堯는 토기를 구울 때 竈아궁이 조의 선반 위에 토기를 쌓아놓는 모양으로, 높다는 뜻으로 쓴다. 曉는 해가 높이 솟기 시작하는 '새벽'을 말한다. 점점 주변이 밝아지고 사물의 모습도 밝아지므로 '깨닫다'라는 뜻이 된다.

|용례| 春曉춘효 曉月효월 曉天효천 曉解효해

后 6획 | 후 | 왕비, 뒤

갑골1　갑골2　금문1　전문1

|해설| 회의. 人인과 口를 조합한 모양. 사람 앞에 신에게 바치는 기도문인 축문을 넣는 그릇(ㅂ)을 둔 모양이다. 이 모양의 오래된 자형은 없지만 君군과 글자 만드는 방식이나 의미가 가깝다. 그래서 后는 옛날 '왕의 비, 后妃후비'를 의미했다. 자형은 다르지만 갑골문

ㅎ

에서는 여자가 아이를 출산하는 모양이고, 毓기를 육의 모양과 닮았다. 갑골문에서는 后(後)祖丁후조정을 毓祖丁육조정이라고 쓰고, 毓과 后는 같은 자이고, 后를 後후(뒤)라는 뜻으로 쓴다.

|용례| 皇后황후

朽 6획 | 후 | 썩다

朽
전문1

|해설| 형성. 성부는 丂교. 丂는 날이 활 모양으로 굽은 작은 칼의 모양. 칼로 나무를 깎으면 그곳에서 나무가 썩기 쉬우므로 朽는 '썩다'라는 뜻이 된다.

|용례| 枯朽고후 老朽노후 腐朽부후 不朽불후 朽骨후골 朽木후목

侯 9획 | 후 | 과녁, 살피다

갑골1 | 금문1 | 금문2 | 금문3 | 전문1

|해설| 회의. 옛 자형은 医로 쓰고, 厂한(처마에 내어 댄 차양의 모양)과 矢시를 조합한 모양이다. 처마 아래에 화살을 쏘아 집 주변의 邪氣사기를 없애는 侯禳후양이라는 의례를 나타내는 글자이다. 후에 처마 위에 사람을 그린 矦후로 쓰고, 옥상에서 화살을 쏘아 사기를 없애는 모양이 된다. 다시 이 의례에 수행하는 사람을 더하여 侯라는 자형이 된다. 國都국도에서 떨어진 주변 지역에서 外敵외적의 모습을 살피고 외적의 사기를 없애는 자를 侯, 諸侯제후라고 했

다. 그래서 侯에는 '살피다'라는 뜻이 있다. 또 화살을 쏘는 '과녁'을 말한다.

|용례| 王侯왕후 列侯열후

厚

9획 | 후 | 두껍다, 두텁다

갑골1 금문1 금문2 전문1

|해설| 회의. 厂한과 𣆪후를 조합한 모양. 厂은 조상의 영에게 제사 지내는 사당(廟묘)의 지붕 모양. 𣆪는 의례 때 사용하는 鬯酒창주(향기 나는 술)를 바치는 모양으로 제물을 의미하는 글자이다. 그래서 厚는 사당에서 제물을 바치고 극진하게 조상의 영에게 제사 지내는 것을 말한다. 상대에 대한 생각이 '극진하다, 정녕하다'라는 뜻이었는데 후에 물체의 두께에 대해서 얇다의 반대말 '두껍다'라는 뜻으로도 쓰이게 되었다.

|용례| 厚薄후박 厚生후생 厚顔후안 厚遇후우 厚意후의 厚情후정

後

9획 | 후 | 뒤, 늦다, 후

갑골1 금문1 금문2 전문1

|해설| 회의. 彳조금 걸을 척과 幺작을 요와 夂천천히 걸을 쇠를 조합한 모양. 彳은 십자로의 모양인 行의 좌반분으로 도로이고, 幺는 실을 꼰(抝요) 형태의 呪具주구이다. 幺를 사용해 기도하여 적이 후퇴하기를 바라는 것으로, 夂(뒤를 향한 발자국의 모양)를 더한다. 後는 도

로에서 呪器주기인 幺를 사용해 적이 후퇴하기를 바라는 呪儀주의
이다. 그래서 後는 '뒤로 물러나다, 뒤'라는 뜻이 되고, 뒤라는 뜻에
서 '늦다, 후'라는 뜻이 된다.

|용례| 歿後몰후 病後병후 後刻후각 後繼후계 後續후속 後援후원

候

候
전문1

10획 | 후 | 살피다, 기다리다, 때

|해설| 형성. 성부는 矦후. 矦는 본래 厌로 쓰고 처마 아래에 화살
을 쏘아 집 주변의 邪氣사기를 없애는 侯禳후양이라는 의례를 말한
다. 후에 厌의 처마 위에 사람을 더해 矦가 되고, 다시 의례를 수행
하는 사람을 더해 侯가 되었다. 侯는 國都국도의 주변에서 外敵외적
의 모습을 살피고 외적의 사기를 없애는 것을 임무로 하던 諸侯제
후였다. 侯가 후에 公侯伯子男공후백자남 五等오등의 爵號작호로 쓰
이게 되면서 따로 候라는 글자가 만들어져 '살피다, 살펴보다, 기다
리다'라는 뜻으로 쓰인다. 살펴본다는 뜻에서 계절의 추이를 72候
로 나누어, 時候시후(계절), 氣候기후이라는 뜻이 되었다.

|용례| 候補후보 伺候사후

喉

喉
전문1

12획 | 후 | 목구멍

|해설| 형성. 성부는 侯후. 『설문해자』(2상)에 "咽목구멍 인"이라고 한

다. 咽도 喉도 '목구멍'을 말한다. 咽은 목이 메는 소리, 喉는 꼴깍 하는 소리를 옮긴 것으로 생각된다. 입과 식도 사이에 咽頭인두가 있고 그 속의 기관에 연결되는 부분에 喉頭후두가 있다. 후두에 있는 연골이 융기해서 結喉결후(喉骨후골. 성년 남자 목 중앙에 솟아난 부분. 아담의 사과라고도 한다. — 옮긴이)가 생긴다.

嗅 13획 | 후 | 맡다

전문1

|해설| 회의. 본래 글자는 齅후이고, 鼻비와 臭냄새 취를 조합한 모양이다. 嗅는 그 약자인데 고대에는 그다지 용례가 없다. 臭는 좋은 향기에도 싫은 냄새에도 썼지만 후에 싫은 냄새에만 쓰게 되었다. 殠썩은 냄새 추도 악취라는 뜻이다. 嗅, 齅는 동사로 써서 '맡다'라는 뜻이 된다. 嗅覺후각(냄새를 맡는 감각)이라고 쓴다.

訓 10획 | 훈 | 가르치다, 이끌다, 읽다

전문1

|해설| 형성. 성부는 川천. 옛날에 訓은 順순과 통용하는 경우가 많았고, 順도 성부는 川이다. 고대 중국에서는 토지의 靈령에게 제사 지낼 때 여러 가지 액막이(祓除불제)하는 말을 하여 토지의 영을 편안히 하려고 했다. 言靈언령(말에 깃든다고 믿는 불가사의한 힘. 발설된 말의 내용대로 일이 실현되는 영의 힘이 있다고 믿었다)으로 토지의 영을

편안히 할 수 있다고 여겼다. 토지의 영에게 제사할 때 신에게 외치는 말을 訓이라고 했다. 후에 訓은 '가르치다, 이끌다, 훈계하다'라는 뜻이 되고, 나아가 '읽다, 해독하다'라는 뜻이 된다.

|용례| 音訓음훈 訓戒훈계 訓告훈고 訓詁훈고 訓練훈련 訓辭훈사

 16획 | 훈 | 공적

 |
금문1 | 전문1

|해설| 형성. 성부는 熏훈. 옛 자형에서는 勛훈으로 쓰는 자가 있다. 員은 둥근 鼎정(본래 음식을 익히는 청동기인데, 제기로 쓴다)의 모양이고, 力력은 쟁기(耒뢰)의 모양이기 때문에 勛은 농경에 관해서 포상하는 일이었을지도 모른다. 약 2천8백 년 전의 청동기인 毛公鼎모공정의 명문 중에 爵작(술잔)으로 술을 따라 하사하는 모양으로 만들어진 글자가 있는데, 이것이 勳의 본래 모양일 것이다. 어떤 공적에 대하여 술을 하사하여 공적을 칭찬하는 것인지도 모른다. 鼎이나 爵이 熏의 모양으로 변하여 형성자인 勳이 만들어졌을 것이다. 勳은 '공적'이라는 뜻으로 쓴다.

|용례| 殊勳수훈 勳功훈공 勳章훈장

 18획 | 훈 | 향기 나다, 향기, 연기를 피우다

전문1

|해설| 형성. 성부는 熏훈. 熏은 橐주머니 탁(東동의 모양) 속의 물건을

불로 굽고 연기에 그을리는 모양. 『설문해자』(1하)에 "香艸향초", 즉 좋은 향이 나는 풀이라고 한다. '향기 나다, 향기'라는 뜻 외에 熏과 통하여 '연기를 피우다'라는 의미로 쓴다. 그 강한 향기를 받아 향기가 몸에 스며드는 것을 薰染훈염이라고 한다. 그래서 자신의 덕으로 남을 감화하는 것을 薰化훈화, 薰陶훈도라고 한다.

|**용례**| 薰風훈풍 薰香훈향

毀 13획 | 훼 | 깨다, 헐다

금문1 | 고문1 | 전문1

|**해설**| 회의. 𦥑와 殳수를 조합한 모양. 殳는 때린다는 뜻. 臼구는 두 개골의 봉합 부분인데 이것이 있는 것은 幼兒유아이다. 고문1에서는 臼의 밑이 壬정으로 되어 있고, 유아가 발돋움해서 서 있는 모양일 것이다. 유아를 때려서 '깨다, 손상하다, 헐다'라는 뜻이 된다. 아마 미성년 아동을 희생으로 삼는 의례가 있었을 것이다. 殷代은대의 묘에서는 다수의 미성년자 뼈가 출토된다. 毀의 가장 엄한 방법은 불을 쓴 것이다. 燬훼는 시체를 태우는 것을 말한다.

|**용례**| 破毀파훼 毀損훼손 毀譽훼예

揮 12획 | 휘 | 휘두르다

전문1

|**해설**| 형성. 성부는 軍군. 軍에 暉빛 휘, 輝빛날 휘의 음이 있다. 軍은

車차 위에 깃발(旗기)이 나부끼는 모양이고, 그 깃발을 휘둘러 군을 움직이는 것을 말하는 글자이다. 發揮발휘(능력이나 성격을 밖으로 드러냄)의 發은 開戰개전하기 전에 활을 쏘고, 진격을 알리는 방법이고, 揮는 깃발을 흔들어 군을 행동하게 하는 방법으로, 모두 군사에 관한 말이었다. 揮는 후에 손을 '휘두르다, 움직이다'라는 뜻으로 사용하여 붓(筆필, 毫호)을 휘둘러 문자나 그림을 그리는 것을 揮毫휘호라 한다.

|용례| 指揮지휘 揮淚휘루

彙 13획 | 휘 | 고슴도치, 모이다

전문1

전문2

|해설| 상형. 고슴도치가 몸을 웅크려 털을 세운 모양. 고슴도치의 털은 밀집해 있어서 '모이다, 모으다'라는 뜻이 되고, 彙集휘집(분류하여 모음)처럼 쓴다. 『설문해자』(9하)에 彙와 함께 나오는 蝟고슴도치 위는 나중에 만들어진 형성자이다. 전문의 자형에서 성부 胃위의 상부는 위장 속에 무엇이 있는 모양으로 되어 있다. 그래서 '모이다'라는 뜻이 된다.

|용례| 語彙어휘 字彙자휘 彙類휘류

輝 15획 | 휘 | 빛나다

전문1

|해설| 형성. 성부는 軍군. 軍에 揮휘두를 휘의 음이 있다. 『설문해자』(10상)에는 煇빛날 휘를 정자로 하여 "光광"이라 하고, '빛, 빛나다'라는 뜻으로 쓴다. 煇휘와 같은 자이지만, 輝가 일반적으로 쓰인다. 본래는 반짝반짝 같은 음을 옮긴 의성어였던 것 같다.

|용례| 光輝광휘 輝光휘광

休 6획 | 휴 | 쉬다, 행복

갑골1 | 금문1 | 금문2 | 전문1

|해설| 회의. 人인과 木목을 조합한 모양. 木은 옛 자형에는 禾화의 모양이고, 禾는 가로목이 붙어 있는 기둥이다. 군영의 문 양 옆구리에 군문의 표목으로 禾를 세워 兩禾軍門양화군문이라고 했다. 그래서 군사적인 서약이나 평화 교섭 등도 진행되는데 禾 앞에서 講和강화하는 것을 和라고 한다. 전쟁에서 공을 세운 사람을 표창하는 것을 休라 하여, 休는 '행복, 좋다, 경사스럽다, 기쁨'이라는 것이 본래의 뜻이었다. 休는 나무 아래에서 사람이 쉰다든가, 보리밭에서 사람이 쉰다는 의미라는 설명이 있지만, 그것은 잘못된 해석이다. 周주 왕조 때 전쟁 이외의 공적에 대해서도 왕이나 상관이 표창하여 귀중한 貝패나 馬마 등을 포상으로 주는 일이 있는데, 그런 때 休假휴가가 주어지는 일도 있어서 休는 '쉬다'라는 뜻으로 쓰이게 되었을 것이다.

|용례| 運休운휴 定休정휴 休憩휴게 休息휴식 休養휴양 休止휴지

ㅎ

携 13획 | 휴 | 데리고 가다, 종사하다

전문1

| **해설** | 형성. 본래 글자는 攜휴로 쓰고 성부는 巂휴. 巂는 머리에 긴 털이 난 새(隹추)를 臺座대좌(凸경) 위에 놓은 모양이다. 여기에 手수변을 더하여 대좌에 놓인 새를 '데리고 가는' 것을 攜라고 한다. 새를 써서 새점을 치기 위해 데리고 간 것이다. 예를 들면 군대의 진퇴를 결정할 때는 새점을 쳤다. 또 의문이 있을 때는 신에게 제사를 지내는 감실 입구 앞에서 새점을 쳤는데 이것을 雇품 살 고라고 한다. 신을 雇用고용해서(신의 뜻을 빌려서) 신의 뜻을 돌아보는 (顧고) 것이다. 새를 데리고 간다는 뜻에서 후에 '휴대하다, 들고 가다'라는 뜻으로 쓴다.

| **용례** | 提携제휴 携帶휴대

凶 4획 | 흉 | 나쁘다, 흉사

전문1

| **해설** | 상형. 문신(일시적으로 그린 입묵)을 그린 가슴의 모양. 凵감은 가슴의 모양, ×는 붉은색 등으로 그린 문신의 모양이다. 사람이 죽었을 때 그 가슴에 ×형 문신을 그려 나쁜 靈령이 그 사체에 들어가지 못하도록 呪禁주금(주술)을 하는 것을 凶이라 한다. 그것은 사망했을 때의 일이기 때문에 凶事흉사(불길한 일)로 여겼다. 그래서 凶은 '나쁘다, 흉사'라는 뜻이 된다. 凶에 사람의 전신을 옆에서 본

모양인 勹포를 더해 匈가슴 흉이 되고, 신체 일부라는 의미의 月(육
달월)을 더해 胸가슴 흉이 된다. 匈은 胸의 본래 글자이다. 凶 아래
에 儿인(어진사람인발. 사람 하반신 모양)을 더하면 兇흉(나쁜 사람)이
된다.

|용례| 吉凶길흉 凶徒흉도 凶惡흉악 凶作흉작

胸 10획 | 흉 | 가슴

전문1

|해설| 형성. 성부는 匈흉. 匈이 胸의 본래 글자이다. 匈은 사람의
가슴(胸)에 ×형 문신(일시적으로 그리는 입묵)을 한 모양이다. 사람이
사망하면 나쁜 靈령이 그 사체에 들어오지 못하도록 붉은색으로
×형 문신을 그려 呪禁주금(주술)으로 삼았다. 그 글자가 凶흉인데
여기에 사람의 전신을 옆에서 본 모양인 勹포를 더하여 匈흉이 되
고, 또 신체 일부라는 의미의 月(육달월)을 더하여 胸이 되었다. 凶
은 '나쁘다, 나쁜 일', 匈·胸은 '가슴'이라는 뜻으로 쓴다.

|용례| 心胸심흉 胸襟흉금 胸中흉중 胸懷흉회

黑 12획 | 흑 | 검은색, 검다

금문1

금문2 | 전문1

|해설| 회의. 柬간과 火화를 조합한 모양. 柬은 東동(槖자루 탁의 모
양) 속에 물건이 있는 모양. 여기에 밑에서 불을 붙여 자루 속 물건

을 태워서 검게 만들거나, 또는 검은 분말로 만드는 것을 표시하여, '검은색, 검다'라는 뜻이 된다. 같은 방법으로 불로 그슬려 연기를 피우는 모양을 薰훈이라고 한다. 薰은 연기를 피운 향기를 주로 하는 글자인데 염색일 때는 黑이 된다. 幽유는 늘어놓은 실 다발에 불을 붙여 연기를 내서 검은색을 입히는 것을 표시하고, 黑과 그 방법이 비슷하다.

|용례| 黑煙흑연 黑雲흑운 黑衣흑의 黑子흑자

痕

痕
전문1

11획 | 흔 | 흔적, 흉터

|해설| 형성. 성부는 艮간. 艮은 目목 아래에 뒤를 향한 사람의 모양(匕비)을 쓴 것이다. 目은 사람에게 재앙을 가져오는 呪眼주안. 그 눈이 두려워서 물러서는 사람의 모양이 艮이고 어긋난다는 뜻이 된다. 跟발꿈치 근은 물러나는 발의 발자취이다. 後漢후한 蔡琰채염(2~3세기)의 『胡笳十八拍』에 "모래밭의 백골에 刀痕箭瘢도흔전반 있구나"라 하여, 백골에 남은 칼에 베인 상처의 흔적(刀痕), 화살을 맞은 상처의 흔적(箭瘢)을 노래하는 구절이 있다. 痕은 '흔적, 흉터'를 말한다.

|용례| 彈痕탄흔 血痕혈흔 痕跡흔적 痕迹흔적

吸 7획 | 흡 | 들이쉬다

전문1

|해설| 형성. 성부는 及급. '들이쉬다'라는 뜻으로 쓰는데, 吸은 숨을 쉴 때의 소리를 글자로 했을 것이다. 옛 건강법에 導引도인이라는 것이 있어 숨을 들이쉬는 것을 引이라 하고 숨을 내뱉는 것을 吐토라고 한다. 숨을 내뱉거나 들이쉬는 것을 呼吸호흡이라 한다. 고대 중국의 神人신인은 바람을 들이쉬고 이슬을 마시며 장생했다고 한다.

|용례| 吸收흡수 吸引흡인 吸入흡입 吸血흡혈

興 16획 | 흥 | 일어나다, 일으키다, 행하다, 흥취

갑골1 갑골2 금문1 전문1

|해설| 회의. 同동과 臼국과 廾공을 조합한 모양. 同은 술잔. 臼과 廾은 모두 좌우의 손을 늘어놓은 모양이다. 술잔인 同을 두 손으로 잡고 또 밑에서 두 손으로 들고 술을 따르는 것을 말한다. 대지에 사는 地靈지령에게 제사 지낼 때 대지에 술을 뿌려 지령을 깨워 불러일으키는 의례를 興이라 한다. 神신에게 제사할 때 신을 불러일으키기 위해 술을 뿌리고 춤을 추었다. 『周禮』「地官/舞師」에 "小祭祀소제사에는 興舞흥무하지 않는다"라고 하는데, 중요한 제사에는 흥무를 행했던 것이다. 지령을 불러일으키는 것에서 '일으키다'라는 뜻이 되고, 지령이 눈뜨는 것에서 모든 것이 '일어나다, 시

ㅎ

작하다, 행하다, 융성하다, 흥취'라는 뜻이 된다.

|용례| 復興부흥 再興재흥 興國흥국 興起흥기 興亡흥망 興味흥미

希 7획 | 희 | 드물다, 바라다

|해설| 상형. 성기게 짠 옷감의 모양. 위의 爻효가 그 짠 모양이고 아래의 巾건이 麻마의 옷감이다. 본래 '드물다'(希)라는 뜻으로 쓰였는데 그것은 옷감의 발(짜임새)이 거칠기 때문일 것이다. 후에 드물다는 뜻으로는 稀드물 희를 쓰게 되어 希는 '바라다'라는 뜻으로 쓰인다. 그것은 希의 음이 覬기, 幾기, 冀기 등과 가깝고 이 글자들은 모두 '바라다'로 읽는 글자라서 이와 통용되었기 때문일 것이다.

|용례| 希冀희기 希望희망

姬 10획 | 희 | 공주

갑골1　　금문1　　금문2　　전문1

|해설| 회의. 女녀와 臣이를 조합한 모양. 臣는 유방의 모양. 女에 유방을 더해 성인이 된 여자를 나타낸다. 고대에 '姬'는 '彦언'에 대하여 여성 일반을 의미하는 말이었다. 후에 고귀한 사람의 딸이나 왕비를 가리켜 말하게 되었다. 彦은 일정한 연령이 된 남자가 이마(厂한)에 아름다운 文身문신(文은 붉은색 등으로 일시적으로 그린 입묵으로 문신이라고 한다. 彡삼은 색깔이나 모양이 아름다운 것을 표시하는 기호 같은 문자)을 그려 성인 의례(지금의 성인식에 해당한다)를 행하는 것을 표시하는 글자로 성인이 된 남자(彦)를 말한다. 姬도 성인 의례에

관한 글자였을 것이다.

|용례| 歌姬가희 寵姬총희

喜 12획 | 희 | 기쁘다

갑골1　금문1　금문2　전문1

|해설| 회의. 壴고와 口를 조합한 모양. 북(太鼓태고)의 모양인 壴에 신에게 바치는 기도문인 축문을 넣는 그릇 ㅂ축문 그릇 재(口)를 더한 모양이다. 신에게 기도할 때 북을 치면서 노래하고 춤추며 제사를 지내면 신은 기뻐하므로, 喜는 본래 신을 즐겁게 하고 기쁘게 하기 위해서 북을 치고 기도한다는 의미였다. 후에 사람의 마음으로 옮아가서, 喜는 '기쁘다, 즐겁다'라는 뜻이 되었다.

|용례| 狂喜광희 悲喜비희 歡喜환희 喜樂희락 喜怒희로 喜色희색

戲 17획 | 희 | 희롱하다

금문1　금문2　전문1

|해설| 회의. 虛희와 戈과를 조합한 모양. 豆두(발이 높은 그릇) 모양의 등받이에 걸터앉은 호랑이 가죽을 몸에 걸친 자를, 뒤에서 창으로 치는 모양이다. 호랑이 모양은 어쩌면 軍神군신을 본뜬 형상일 것이다. 이것을 치는 몸짓을 하는 것은 勝戰승전을 기도할 때의 舞樂무악인 것이다. 戲는 고대에 '左右戲좌우희'처럼 군의 左軍좌군, 右軍우군을 말하는 부대명이나 싸운다는 의미로 쓰였다. 개전을 알릴 때

에 "청하노라, 그대의 군대와 戱하기를(싸우기를)"이라고 신청한 것이다. 군사에 관한 말이었던 戱가 '희롱하다, 조롱하다, 놀다'라는 뜻이 된 것은, 승전을 기도하는 몸짓이 희롱하고 조롱하는 몸짓과 비슷하다고 보게 되었기 때문일 것이다.

漢代에 돌에 그린 그림

|용례| 遊戱유희 戱劇희극 戱談희담 戱弄희롱

犧 20획 | 희 | 희생

犧
전문1

|해설| 형성. 성부는 羲희. 羲는 희생으로 삼는 羊양을 我아(톱)로 자르고, 희생으로서 외형, 내장에 결함이 없음을 확인하는 것을 말하는 글자이고, 절단된 양의 뒷발이 늘어진 모양이다. 뒷발이 늘어지지 않은 모양은 義의이다. 羲가 犧의 본래 글자이고, 희생양이다. 희생 중에서도 소의 희생은 가장 중요하게 여겼으므로, 소를 더한 犧 자가 만들어져서 소 이외의 양, 돼지 등을 포함한 동물의 '희생'이라는 뜻으로 사용된다.

|용례| 犧牲희생 犧尊희준 犧樽희준

詰 13획 | 힐 | 채우다, 묻다, 따지다

詰
전문1

|해설| 형성. 성부는 吉길. 吉은 ㅂ재(신에게 바치는 기도문인 축문을 넣는 그릇의 모양) 위에 신성한 도끼(鉞월)를 놓고 기도의 효과를 ㅂ재에 가두어 지킨다는 뜻이고, '채우다'라는 뜻이 있다. 기도의 효과를 가두어 기도하는 일이 실현되어 좋은 효과를 얻는 것을 다그쳐 찾는 것이므로, '묻다, 따지다, 힐책하다'라는 뜻으로도 쓴다.

|용례| 詰難힐난 詰問힐문

음훈 찾아보기

* 음은 **돋움체**, 뜻은 바탕체로 표기했다.

상용자해

상용자해

상용자해

상용자해

상용자해

상용자해

상용자해